SERVIÇO SOCIAL NA HISTÓRIA

AMÉRICA LATINA, ÁFRICA E EUROPA

Dados Internacionais de Catalogação na Publicação (CIP)
(Câmara Brasileira do Livro, SP, Brasil)

Serviço social na história : América Latina, África e Europa / Maria Carmelita Yazbek Marilda Villela Iamamoto (orgs.). — São Paulo : Cortez, 2019.

Bibliografia.
ISBN 978-85-249-2757-7

1. África 2. Assistentes sociais - Prática profissional 3. Europa 4. Projeto ético-político 5. Serviço social - América Latina - História 6. Serviço social como profissão I. Yazbek, Maria Carmelita. II. Iamamoto, Marilda Villela.

19-30238 CDD-361.3023

Índices para catálogo sistemático:

1. Projeto ético-político : Prática profissional : Serviço social 361.3023

Iolanda Rodrigues Biode - Bibliotecária - CRB-8/10014

MARIA CARMELITA YAZBEK
MARILDA VILLELA IAMAMOTO
(ORGS.)

SERVIÇO SOCIAL NA HISTÓRIA

AMÉRICA LATINA, ÁFRICA E EUROPA

SÃO PAULO — SP

2019

CORTEZ EDITORA

SERVIÇO SOCIAL NA HISTÓRIA: América Latina, África e Europa
Maria Carmelita Yazbek • Marilda Villela Iamamoto (Orgs.)

Capa: de Sign Arte Visual
Preparação de originais: Agnaldo Alves, Jaci Dantas de Oliveira
Revisão: Maria de Lourdes de Almeida; Patrizia Zagni
Diagramação: Linea Editora
Coordenação editorial: Danilo A. Q. Morales
Assessora Editorial: Maria Liduína de Oliveira e Silva
Editora-assistente: Priscila Flório Augusto

Direitos para esta edição
CORTEZ EDITORA
R. Monte Alegre, 1074 — Perdizes
05014-001 — São Paulo-SP
tel. (5511) 3864 0111; 3611 9616
cortez@cortezeditora.com.br
www.cortezeditora.com.br

Impresso no Brasil — outubro de 2019

Para Leila Lima,

Assistente social. Companheira brasileira batalhadora e profética. Desbravou caminhos e abriu veredas na gênese do projeto ético-político do Serviço Social brasileiro. Impulsionou e apoiou a originária articulação latino-americana do Serviço Social histórico-crítico. Atuou pioneiramente com migrantes e refugiados de guerra em vários países no Alto Comissariado das Nações Unidas para Refugiados (ACNUR).

À Leila, nosso reconhecimento e fraterno companheirismo.

Há homens {e mulheres} que lutam um dia e são bons, há outros que lutam um ano e são melhores, há os que lutam muitos anos e são muito bons. Mas há os que lutam toda a vida e estes são imprescindíveis.

Bertolt Brecht

Sumário

Argentina

Uruguai

Colômbia

Costa Rica

Chile

Introdução

Marilda Villela Iamamoto
Maria Carmelita Yazbek

A coletânea *Serviço Social na História*: América Latina, África e Europa[1] aborda o Serviço Social nestas regiões em tempos sombrios de reação conservadora, mas também de resistências e luta na defesa da vida, dos direitos e da democracia.

Esta coletânea é um meio de promover o intercâmbio de pesquisadores brasileiros com intelectuais de destaque na cena acadêmica internacional do Serviço Social, alargando o escopo do debate nessa área, alimentando grupos de pesquisa instituídos e fortalecendo a internacionalização de programas de pós-graduação no país.

Constata-se uma lacuna na produção acadêmica brasileira quanto ao conhecimento do Serviço Social no circuito mundial nas últimas décadas. A presente

1. A iniciativa de organizar uma publicação sobre o tema desta coletânea foi gestada durante o período de estágio pós-doutoral de Marilda V. Iamamoto, realizado no Programa de Estudos Pós-Graduados em Serviço Social da Pontifícia Universidade Católica de São Paulo (PUC-SP), sob a supervisão da Profa. Dra. Maria Carmelita Yazbek, em 2011.

coletânea propõe-se a contribuir com essa aproximação, a partir de vozes nem sempre consensuais presentes no Serviço Social nos países considerados.

O Serviço Social na América Latina, na busca de manter-se "contemporâneo ao seu tempo" (Murilo Mendes), apresenta uma fecunda tradição de autoquestionamentos: pensar-se criticamente num permanente movimento de autossuperação, compartilhando iniciativas similares presentes em outras regiões.

O Serviço Social no cenário mundial conforma-se como uma *unidade de diversos*. *A diversidade é marca decisiva do Serviço Social nesse universo*, como o aqui espelhado, o que desafia e impulsiona a interlocução acadêmica. A trajetória sócio-histórica e cultural do Serviço Social decorre tanto das particularidades históricas nacionais, quanto da reserva de forças acadêmicas e político-profissionais acumuladas nos países, fruto do protagonismo dos sujeitos que a elas se dedicam.

Reconhecer essa diversidade do Serviço Social mundial *não ofusca a afirmação de sua unidade perante desafios históricos comuns nesse início de século, aqui condensados na mundialização do capital*. As condições históricas contemporâneas se expressam de forma distinta nos países e nos respectivos colégios de assistentes sociais. A busca de construção da unidade conclama o debate respeitoso a partir de desafios compartilhados: o aperfeiçoamento acadêmico e ético-político da formação e do exercício profissionais; a ampliação de suas bases de legitimação social junto aos demais profissionais e aos sujeitos alvo dos serviços prestados; a expansão dos espaços ocupacionais e o reconhecimento do Serviço Social como área de conhecimento pela comunidade científica; e os compromissos éticos com valores que dignificam o gênero humano.

As diversidades nacionais do Serviço Social são tributárias das relações entre as classes e destas com o Estado na formação histórica dos países e suas refrações nas expressões da "questão social" e na política social pública. Elas também são fruto de iniciativas de assistentes sociais na institucionalização e desenvolvimento do Serviço Social nos respectivos países, que se apresentam no trabalho e na formação acadêmico-profissional (níveis médio, superior, universitário e pós-graduado *stricto sensu*), na pesquisa e na produção científica acumulada, nas formas de representação político-corporativas de assistentes sociais e nas concepções de Serviço Social.

Distintas bases doutrinárias e/ou matrizes de conhecimento presidem a análise do Serviço Social e a ação/trabalho de assistentes sociais, forjando a variedade de pautas em debate na atualidade. Conforme Yazbek (2018a), podem ser citadas: o *pensamento conservador* e a *matriz positivista* em suas abordagens *funcionalista* (Comte, Spencer, Durkheim, Malinowski, Merton, Parsons e Dahrendorf), no *pragmatismo* de Dewey e no *interacionismo simbólico* (Mead); a *matriz estruturalista* (Althusser, Bourdieu, Foucault) e o *pós-estruturalismo* (Derrida, Deleuze, Lyotard Guattari e outros); a *matriz marxista* (Marx, Gramsci, Lukács); a *matriz fenomenológica* e o *pensamento pós-moderno* (Lyotard, Boaventura Santos, dentre outros)[2].

O Serviço Social crítico contemporâneo, difundido na Europa, Estados Unidos e Oceania, tem sua gênese no Serviço Social radical de inspiração marxista, da década de 1970, presente na Inglaterra, Canadá, Austrália e EUA. O texto de Santos, Moljo e Martins (2017) identifica na produção do Serviço Social crítico e radical na atualidade características como: a negação do Serviço Social tradicional e conservador, a crítica ao positivismo, a defesa das lutas identitárias como aquelas em prol da emancipação da mulher, das práticas antiopressivas dirigidas à negritude, à etnia, à homossexualidade, às diferenças, ao envelhecimento e a defesa da luta de classes e as "boas práticas" na ordem do capital. Essas características revelam que o desenvolvimento capitalista gerou uma sociedade fragmentada onde a "questão social" se expressa por múltiplas mediações. Concepções oriundas de Marx tendem a ser criticadas/negadas, tidas como "anti-históricas", reduzidas a "tendências estruturalistas" (Idem, 2017).

O pensamento hegemônico prevalecente no Serviço Social mundial tem sido pautado, predominantemente, por concepções e diretrizes veiculadas por organismos multilaterais: as metas do milênio da Organização das Nações Unidas (ONU) direcionam a agenda dos debates nessa época de radicalização neoliberal. A otimista agenda da ONU para 2030 centrada

---

2. Inspirada na Escola de Frankfurt, Matus (2012) apresenta uma sistematização de vertentes analíticas presentes no Serviço Social internacional, englobadas na ampla noção de crítica assumida pela autora. Elas se baseiam: a) na evidência; b) na noção de prática antiopressiva do Serviço Social anglo-saxão; c) nas correntes pós-estruturalistas e nas relações de poder; d) na hermenêutica e na consciência trágica; e) no marxismo expresso no Serviço Social crítico latino-americano (Marx, Lukács, Gramsci, Benjamim, Horkheimer, Bloch e outros).

no "desenvolvimento sustentável" é desafiada perante elevados níveis de desigualdades na América Latina[3]. A Comissão Econômica para a América Latina (Cepal) estabelece um conjunto de metas para o desenvolvimento sustentável no apoio à Agenda 2030 na região, *tendo por norte a igualdade:* a redução da desigualdade nos países e entre eles, o fim da pobreza e da fome; a segurança alimentar; a garantia da vida saudável e com bem-estar; a educação inclusiva; a igualdade de gênero; o acesso à água e ao saneamento para todos; a industrialização inclusiva com fomento de inovação; as medidas para combater mudanças climáticas; o uso sustentável dos mares e recursos marinhos; a defesa dos ecossistemas; a promoção de sociedades pacíficas e o fortalecimento da Aliança Mundial para o desenvolvimento sustentável[4].

---

3. O crescimento das desigualdades é reconhecido pela Cepal (2016) no documento *Panorama Social da América Latina 2016*, que considera a desigualdade como um fenômeno *multidimensional* — sofrendo interferência *da distribuição de renda, da estrutura de classe expressa na propriedade de ativos físicos e financeiros, do gasto público e social, da estrutura etária, do tempo e da presença das populações afrodescendentes;* e convive com experiências de redução da pobreza.

4. ONU/CEPAL. Agenda 2030 para o desenvolvimento sustentável nos países da América Latina e Caribe.

1. Erradicar a pobreza em todas as suas formas no mundo.
2. Erradicar a fome, assegurar a segurança alimentar e a melhora da nutrição e promover a agricultura sustentável.
3. Garantir uma vida saudável e promover o bem-estar de todos em todas as idades.
4. Garantir uma educação inclusiva e equitativa de qualidade, promover oportunidades de educação permanente a todos.
5. Obter a igualdade de gênero e empoderar toda as mulheres e as crianças.
6. Garantir a disponibilidade e a gestão sustentável da água e o saneamento básico para todos.
7. Garantir o acesso a uma energia exequível, viável, sustentável e moderna para todos.
8. Promover o crescimento econômico sustentado, inclusivo e sustentável, o emprego pleno e produtivo e o trabalho decente para todos.
9. Construir infraestruturas resilientes, promover a industrialização inclusiva e sustentável e fomentar a inovação.
10. Reduzir a desigualdade nos países e entre eles.
11. Fazer com que as cidades e os agrupamentos humanos sejam inclusivos seguros, resilientes e sustentáveis.
12. Garantir modalidades de consumo e de produção sustentáveis.
13. Adotar medidas urgentes para combater a mudança climática e seus efeitos.
14. Conservar e utilizar de forma sustentável os oceanos, os mares e os recursos marinhos para o desenvolvimento sustentável.
15. Proteger, estabelecer e promover o uso sustentável dos ecossistemas terrestres, realizar a gestão sustentável dos bosques, lutar contra a desertificação, deter e restaurar a degradação das terras e deter a perda da biodiversidade.

A proposta da ONU/CEPAL tem por *suposto básico a possibilidade da igualdade na expansão capitalista*, o que se choca com o persistente aprofundamento das desigualdades, reconhecida pelos organismos multilaterais e por cientistas renomados, que vêm comprovando que desenvolvimento capitalista não rima com igualdade: crescem simultaneamente a acumulação de capital e as desigualdades (Piketty, 2014, 2015). A crise do capital é subestimada e passa a ser lida como um arsenal de "oportunidades", mas não para a maioria da população sobre a qual recaem seus efeitos (Iamamoto, 2019).

Assim, soldar uma *unidade* do Serviço Social no cenário mundial envolve *uma construção coletiva* — de cariz político-profissional — *inscrita na disputa pela hegemonia em relação a formas de explicar, direcionar e realizar o Serviço Social.* Uma proposta de definição mundial de Serviço Social é certamente expressão da correlação de forças nessa disputa pela hegemonia[5]. Mas é também buscar aquilo que "permanece na mudança" e na diferença, segundo uma feliz expressão de Lukács (2013, p. 12).

Na presente coletânea, *situar o Serviço Social na história* nos distintos países aqui considerados supõe impregnar de história o Serviço Social na sociedade contemporânea. O pressuposto é *que história na sua processualidade*

---

16. Promover sociedades pacíficas e inclusivas para o desenvolvimento sustentável, facilitar o acesso à justiça para todos, e construir em todos os níveis instituições eficazes e inclusivas de prestação de contas.

17. Fortalecer os meios para implementar e revitalizar a Aliança Mundial para o Desenvolvimento: https://repositorio.cepal.org/bitstream/handle/11362/40155/15/S1700334_es.pdf. *Agenda 2030 y los Objetivos de Desarrollo Sustenible. Una oportunidad para América Latina y Caribe.* Acesso em: 25 maio 2018.

5. Na última reformulação da definição mundial do Serviço Social em 2012, os debates foram impulsionados pelas entidades internacionais de Serviço Social, especialmente a Federação Internacional de Trabalhadores Sociais (FITS) e a Associação Internacional de Escolas de Trabalho Social (IASSW/AIETS). O Brasil, sob a condução do Conselho Federal de Serviço Social, criou um grupo de trabalho para colaborar nessa tarefa e participou da formulação de uma proposta elaborada em conjunto com representantes de organizações nacionais de profissionais de Serviço Social da Argentina, Brasil, Chile, República Dominicana, Paraguai, Porto Rico e Uruguai, com a Associação Latino-Americana de Investigação e Ensino em Trabalho Social (ALAIETS), com a Associação Brasileira de Ensino e Pesquisa em Serviço Social (ABEPSS) e com a contribuição individual de muitos/as colegas de distintos países da América Latina e Caribe. Proposta como "Definição Mundial de Trabalho Social" a ser adotada pela FITS e pela AIETS, discutida na Assembleia Mundial em julho de 2012, em Estocolmo, Suécia. Conf. http://www.cfess.org.br/arquivos/diagramacao_definicao_workshop.pdf. Acesso em: 27 jun. 2019. A definição aprovada pode ser acessada em: https://www.ifsw.org/what-is-social-work/global-definition-of-social-work/. Acesso em: 27 jun. 2019.

— no seu vir a ser — é o "terreno" da análise do Serviço Social, o que conclama uma perspectiva de totalidade na leitura dos processos histórico-sociais. Pretende-se, pois, "*situar o Serviço Social na história, na contrapartida de uma história do Serviço Social aprisionada em seus muros internos, uma vez que se entende serem as condições que peculiarizam o exercício profissional de assistentes sociais uma concretização da dinâmica das relações sociais vigentes na sociedade em determinadas conjunturas históricas*" (Iamamoto; Carvalho, 1982, p. 81).

Nessa perspectiva, *situar o Serviço Social na história dos países* requer romper as fronteiras do Serviço Social em seus supostos "componentes internos" — não para perdê-los, mas para elucidar com maior rigor as características dessa especialização do trabalho coletivo e área de conhecimento na sociedade inclusiva. Exige-se considerar os determinantes societários que inscrevem o Serviço Social na divisão social e técnica do trabalho da sociedade na cena contemporânea, estabelecendo limites e possibilidades ao trabalho do(a) assistente social, à educação, à produção acadêmico-profissional no Serviço Social e à organização dessa categoria profissional. Exige-se também atribuir visibilidade às iniciativas de sujeitos individuais e coletivos, desencadeadas nacionalmente, que constroem o Serviço Social, suas conquistas e nortes a ele atribuídos nos países.

Nesta coletânea, o ângulo de leitura do Serviço Social assumido pelas organizadoras tem por pressuposto que o Serviço Social só pode ser entendido *no movimento histórico da sociedade*, no *complexo processo de (re)produção das relações sociais capitalistas*. Este é entendido como reprodução da totalidade da vida em sociedade, na sua processualidade. Ele inclui não apenas a reprodução da vida material, visto que a reprodução do capital é relação social que implica a reprodução ampliada das classes com suas tensões e conflitos. Envolve a *reprodução espiritual*, isto é, das formas de consciência social — jurídicas, políticas, religiosas, artísticas, entre outras — através das quais os homens tomam consciência da vida social. Esse processo de (re)produção *contém a possibilidade do novo*, pois se trata de uma totalidade histórica em constante movimento, resultante da ação dos sujeitos e de suas lutas, sujeitos que são produto da história e a constroem coletivamente. O mesmo movimento que cria as condições para a reprodução contraditória da sociedade de classes, cria e recria os conflitos resultantes de suas relações sociais e a possibilidade de sua superação (Marx, 1974a, 1974b, 1974c; Iamamoto e Carvalho, 1982, Yazbek, 2000, 2018a, 2018b). É nesse horizonte que se considera o Serviço Social na divisão social e técnica do trabalho na sociedade do capital e o assistente social como trabalhador especializado, parte do trabalhador coletivo.

Atribuir visibilidade às *diversidades* presentes do Serviço Social mundial torna-se ainda mais necessária em momentos de grande inflexão histórica como a "globalização"[6] ou "mundialização do capital", em que "o capital se torna ubíquo em escala jamais alcançada anteriormente" (Ianni, 1995, p. 5). O atual processo de internacionalização do capital "é simultaneamente formação do *capital social global* entendido como uma forma nova e desenvolvida de *capital em geral*" (Idem p. 56), adquirindo força inédita o *capital financeiro*.

A lógica financeira do regime de acumulação tende a provocar crises que se projetam no mundo gerando recessão, como sustenta Salama (1999). É resultante da financeirização *a* volatividade do crescimento econômico, que redunda em concentração de riqueza e da propriedade, intensifica a exploração da força de trabalho com descomunal extração de mais-valia do trabalho vivo, o crescimento do trabalho desprotegido, o subemprego e o desemprego que atingem todos os trabalhadores inclusive assistentes sociais

Na base da crise atual, tem-se a superacumulação de capacidades de produção especialmente elevadas e a superprodução, acompanhadas de uma acumulação de *capital fictício sem precedentes* (Chesnais, 2001, 2013), apoiada na superexploração de trabalhadores(as).

Os países — especialmente aqueles situados na periferia dos centros hegemônicos mundiais — são constrangidos a buscar financiamentos com os quais crescem as dívidas interna e externa e os serviços da dívida — o pagamento de juros —, ampliando o *déficit* comercial. As exigências do pagamento

6. A noção ideológica de *globalização* enquanto categoria mítica do capitalismo anuncia o mercado único, a difusão das tecnologias da comunicação através das quais as empresas poderiam produzir e vender em qualquer lugar possível, e a um preço substancialmente idêntico, a mesma mercadoria. Fala de uma economia sem fronteira, que superaria o tempo e os limites do Estado nacional e conciliaria as diferenças e desigualdades econômicas e geopolíticas entre as várias regiões do globo, como consequência da força expansiva e equalizadora da mercadoria. Todavia, esconde que o capital cresce sobre si mesmo através da exploração, em primeiro lugar, das diferenças de classe e de todas as diferenças possíveis. Assim, a realidade oculta por trás do conceito estereotipado de globalização e de sua forte valência ecumênica e pacificadora revela um maior aprofundamento das assimetrias econômicas e culturais das condições gerais de vida entre classes, países, raças e continentes de nosso planeta (Cf. Finelli, 2003, p. 104-105; Finelli, 2000)

de serviços da dívida aliadas a elevadas taxas de juros geram escassez de recursos para investimento e custeio, afetando diretamente o desmonte e a regressão de direitos e das políticas e dos serviços sociais públicos.

Assim, as políticas governamentais favorecedoras da esfera financeira e do grande capital produtivo — das instituições e dos mercados financeiros —, difundidas pelos organismos multilaterais, capturam os Estados nacionais e redimensionam as políticas públicas sob a ortodoxia neoliberal. Esta recomenda a crescente focalização das políticas sociais em segmentos específicos dotados de maior "vulnerabilidade" e mais pauperizados, assim como a mercantilização da prestação de serviços. Abrem-se novos nichos de investimento ao grande capital privado, com incidências na educação, saúde e proteção social, meio ambiente, dentre outras. Radicalizam-se desigualdades e ampliam-se os níveis de pobreza, reforçados por *políticas tributárias regressivas*, em que a arrecadação fiscal tem uma incidência proporcionalmente maior sobre as menores rendas, penalizando os contribuintes de menor poder aquisitivo (Salvador; Boschetti, 2006; Behring, 2003, Behring; Boschetti, 2006).

Desde a década de 1990, com a expansão de mercados globais em condições de extrema instabilidade econômica, verificou-se um aumento das desigualdades econômicas e sociais no interior das nações e entre elas. "Não há indícios de que essa polarização não esteja prosseguindo dentro dos países, apesar de uma diminuição geral da pobreza extrema" (Hobsbawm, 2007, p.11). Dados do Banco Mundial[7], em pesquisa de 2015, atestam ser a África a região mais pobre do planeta, sediando os 5 países mais desiguais. Na América Latina e no Caribe, encontram-se 6 entre os 14 países mais desiguais ao nível global: Honduras (6º), Colômbia (7º), Brasil (8º), Guatemala (9º), Panamá (10º) e Chile (14º). As desigualdades nas relações de propriedade e de renda são acompanhadas de disparidades atinentes às relações de gênero, geração, étnico-raciais, formações regionais e disputas ambientais.

Os(as) assistentes sociais têm nas múltiplas expressões da desigualdade condensadas na "questão social" a "matéria" sobre a qual incide o seu trabalho. Certamente encontram-se aí as raízes das diferenças do Serviço Social no cenário mundial.

---

7. Disponível em: http://www.resbr.net.br/wp-content/uploads/2015/05/resumo.pdf. Acesso em: 28 maio 2018. Reseña. Prosperidad compartida y fin de la pobreza en América Latina y el Caribe.

A centralidade do capital financeiro e seu domínio sobre o capital produtivo traz graves consequências para a "classe-que-vive-do-(próprio)-trabalho", como salienta Yazbek (2018b): manutenção de taxas elevadas de desemprego, insegurança e instabilidade nos empregos, crescimento do trabalho informal e precário, redução de salários, precarização das relações de trabalho, incluindo terceirizações e contratos por prazos determinados entre outros processos.

Em tempos de recessão, os assistentes sociais também sofrem com a redução do trabalho formal e, consequentemente, o acesso aos direitos trabalhistas e ao salário indireto. Cresce com o *trabalho precário, temporário, a contratação por projetos*, que gera *insegurança da vida dos profissionais*. A experiência do desemprego temporário e a ameaça de desemprego afetam diretamente a sobrevivência material e social do assistente social, que depende da venda de sua força de trabalho para a obtenção de meios de vida como qualquer trabalhador assalariado. *Essa precarização das condições de trabalho repercute na qualidade dos serviços prestados por assistentes sociais e na sua relação com a população:* projetos são abruptamente interrompidos quando termina o seu financiamento temporário, expectativas da população envolvida nas atividades são frustradas, a legitimidade obtida para realização do trabalho do assistente social é truncada, além das implicações éticas aí envolvidas.

Nesse contexto de crise, ocorrem profundas transformações nas *políticas sociais*, âmbito privilegiado do trabalho profissional, com o advento, por um lado, da ruptura trabalho/proteção social e, por outro, com a recomposição dessas políticas que se tornam cada vez mais focalizadas e condicionadas. Ou seja, trazem a lógica do *workfare* ou da contrapartida por parte dos que recebem algum benefício.

Multiplicam-se as condicionalidades, e a finalidade do *workfare* não é civilizatória, nem de preservação dos valores morais do trabalho, como quer fazer crer o pensamento conservador; senão a violência que torna compulsório aceitar qualquer emprego, ainda que indigno, mal remunerado e precário — aceitar, portanto, um novo padrão laboral desfavorável aos trabalhadores em troca do direito à sobrevivência (Lavinas, 2012, p. 3). É nesse contexto em que os programas de transferência de renda focalizados e condicionados passaram a ser vistos como estratégia de expansão de mercados via relações monetárias. Trata-se da "gestão social do risco" pela provisão de apoio material para aqueles que, nessa conjuntura, passam a viver as destituições mais agudas para melhor enfrentar os riscos inerentes à "globalização" e as incertezas crescentes daí derivadas. "Trata-se de ampliar e consolidar mercados, na contramão do princípio básico de proteção social que é dissociar a reprodução das condições de vida e bem-estar das condições de mercado. A meta é, literalmente, inserir no mercado contingentes numericamente importantes da população mais vulnerável"[8], e a "política social passa a operar junto aos incapazes de viver exclusivamente de seu trabalho, porque a precarização do emprego e das condições de trabalho lhe roubam esse direito" a um custo relativamente barato... Basta recordar que na América Latina, onde esses programas se espraiaram praticamente por todos países, a despesa com eles não ultrapassa 0,6% do PIB" (Lavinas, 2012, p. 3).

Esse processo contou com a formulação decisiva das instituições multilaterais (FMI e Banco Mundial) e necessitou de uma operação político-ideológica (Filgueiras; Gonçalves, 2009, p. 97), que passou a abordar a pobreza fora dos confrontos entre capital e trabalho, despolitizando essa relação. De modo geral, *na política social, a luta contra a pobreza ocupa o lugar da luta de classes:* as classes trabalhadoras, mesmo ampliando a radicalização de sua exploração, transformam-se nos "pobres" no âmbito das políticas sociais de corte liberal (Yazbek, 2018b). Assim, as relações de produção capitalistas são obscurecidas e silenciadas em favor das relações de distribuição — âmbito em que operam as políticas sociais —, cujo horizonte máximo não ultrapassa relações sociais menos injustas, naturalizando-se a sociedade capitalista. Oliveira (2003, p. 146), referindo-se ao Brasil, lembra que se vive em uma *"sociedade desigualitária sem remissão"*, onde o "pobre" substitui a classe no tratamento analítico dos conflitos de classe, o que tem sido uma constante (Yazbek, 2018b).

Essa concepção hegemônica de Política Social face às desigualdades econômico-sociais globais, difundida na América Latina e em vários países da União Europeia, desconsidera "as razões e os mecanismos estruturais mais profundos, que (re)produzem as desigualdades" (Filgueiras; Gonçalves,

8. Sobre a questão do consumo (e endividamento) popular e o pobre consumo dos pobres nos circuitos acelerados do capital financeiro, em São Paulo, ler o trabalho de SCIRÉ, Claudia. *Consumo popular, fluxos globais.* Práticas e artefatos entre a riqueza e a pobreza. São Paulo: Annablume, 2012.

2009, p.107). E, dessa forma, a exemplo no caso brasileiro e latino-americano, são deixadas de lado na análise as "estruturas concentradas de propriedade e poder" que caracterizam particularmente as periferias do capitalismo.

A mundialização do capital incide na cultura com sua mercantilização universal, descartabilidade, superficialidade e banalização da vida. Ela gera cismas e tremores, e na esfera da ética, quando orientada por valores radicalmente humanos e as interpretações que cultivam as "grandes narrativas", tornam-se alvos da crítica pós-moderna. A intolerância política e religiosa, os xenofobismos, se recrudescem. Crescem também os deslocamentos forçados de massas de população em busca de um lugar para sobreviver, assim como a resistência aos imigrantes e aos refugiados políticos.

Ao mesmo tempo, expande-se a pilhagem de recursos naturais do planeta e a crescente mercantilização das riquezas naturais: a exploração em moldes capitalistas de minerais, da água, do ar e das florestas, o que requer acesso à propriedade privada da terra e aos licenciamentos de parte do Estado para exploração econômica de recursos em regiões protegidas.

As políticas de raiz liberal para enfrentar a crise expressam, pois, um projeto de classe para restaurar e consolidar o poder do capital, privatizando lucros e socializando custos (Harvey, 2011). Alarga-se a distância entre ricos e pobres, radicalizando desigualdades e as lutas contra elas.

As conjunturas de crises são as que mais dificultam a organização dos trabalhadores — especialmente a organização operária —, mas existem resistências e lutas travadas no dia a dia, silenciadas pela mídia[9]. Contraditoriamente, é também nos contextos de crise que a organização é ainda mais indispensável na defesa de seus interesses coletivos.

9. No Brasil, podem ser lembradas: as greves de trabalhadores urbanos, as lutas dos "trabalhadores sem-terra" e camponeses pela reforma agrária; o movimento dos trabalhadores sem-teto pela habitação; das nações indígenas pela preservação de seu patrimônio material e cultural; as lutas das mulheres contra a opressão e pela legalização do aborto e reconhecimento de seus direitos; dos trabalhadores aposentados por direitos na previdência social; da juventude na ocupação das escolas e pelo preço dos transportes; dos afrodescendentes contra a opressão secular e pela preservação de suas raízes e direitos; dos migrantes que atravessam as fronteiras nacionais, na defesa de sua cultura e de sua integração na nova sociedade; da juventude trabalhadora da periferia das grandes cidades na defesa de suas expressões culturais e contra o genocídio de jovens, negros, pobres das periferias urbanas; a luta contra a fobia em relação a Lésbicas, Gays, Bissexuais, Travestis e Transexuais (LGBTT).

As forças de resistência dos trabalhadores sofrem importantes impactos com os efeitos da crise no aumento da precariedade das condições de vida e de trabalho — como o já salientado. Ampla investida ideológica por parte do capital e do Estado volta-se à cooptação de trabalhadores, agora travestidos em "parceiros", solidários aos projetos do grande capital e do Estado. Alia-se a *intensificação da repressão e a criminalização das classes subalternas* em suas dimensões de gênero, raça, etnia, orientação sexual e território e dos movimentos sociais afetando a força política dos trabalhadores.

Esse é o terreno histórico que nos convoca a intensificar o diálogo com pesquisadores de outros países para repensar o Serviço Social na história presente e seus fundamentos históricos e teórico-metodológicos. A mundialização do capital opera independentemente das fronteiras nacionais, mas seus resultantes sociais trazem a marca da história que a concretiza, parafraseando Netto (2001, p. 48). As repercussões da mundialização incidem na configuração contemporânea do Serviço Social mundial, entretanto, sua visibilidade depende de como elas são — ou não — apropriadas e tratadas analiticamente na literatura profissional em suas implicações na profissão e na constituição dessa disciplina científica.

A orientação analítica assumida nesta coletânea distingue-se da polissêmica acepção de *Serviço Social internacional*. Esta pode referir-se: a) a organizações internacionais "que utilizam métodos ou pessoal de Serviço Social"; b) "à cooperação em Serviço Social entre países", e c) ao "intercâmbio entre métodos e conhecimentos em Serviço Social entre países" (Deslauriers; Hurtubise, 2007). O Serviço Social internacional também tem se voltado à ação de assistentes sociais em programas ou agências internacionais (Idem, p. 9). Mas pode ainda abranger a profissão — e sua prática — nos diversos países: lugar e papéis desempenhados pelos assistentes sociais, seus procedimentos de ação, questões em que incidem, desafios, angulação mais próxima desta coletânea.

Na trilha de análise aqui anunciada, o *Serviço Social no cenário mundial* contemporâneo extrapola o trabalho em organismos multilaterais, assim como ações de entidades internacionais representativas do Serviço Social, ainda que as englobe enquanto vozes coletivas legitimadas e representativas do Serviço Social no cenário mundial: a *International Association of Schools of Social Work* (IASSW), a *International Federation of Social Workers* (IFSW), o *International Council on Social Welfare* (ICWS) e suas vice-presidências regionais para a América Latina. Articulações próprias da América Latina e Caribe, como o *Comitê Latino-Americano e Caribenho de Organizações Profissionais de Serviço Social (Colacats)*, também marcam presença.

O relativo afastamento do Serviço Social na América Latina e Caribe do debate mundial do Serviço Social — sendo o Brasil um caso emblemático — é historicamente datado. Essa ausência pode ser lida como decorrente da *necessidade de reinvenção do Serviço Social, da formação acadêmica e da pesquisa nessa área enraizadas na trajetória histórico-cultural da América Latina e do Caribe. Este desafio foi posto pelo movimento de reconceituação do Serviço Social nos anos 1960-1970*. Buscava-se um Serviço Social genuinamente latino-americano, enraizado nos dilemas da "questão social" e da "questão nacional" nos países dependentes, no marco das relações entre o Estado e as classes sociais, no compromisso com os interesses e necessidades dos segmentos especialmente "oprimidos". Essa orientação implicou rupturas com o colonialismo científico e cultural que presidiu as origens da profissão na região, espelhada nas influências franco-belgas e norte-americanas. A recusa de teorias importadas dos centros europeus e norte-americanos alimentou elaborações originais, calcadas na realidade dos países da região. Elas foram adensadas pela maturação acadêmica verificada no Serviço Social nas últimas quatro décadas, atribuindo solidez teórica e densidade histórica à produção científica no marco das particularidades históricas da América Latina e Caribe. Podem encontrar-se aí as raízes do relativo distanciamento identificado no Serviço Social brasileiro do circuito mundial do Serviço Social. Simultaneamente, esse distanciamento contribuiu para o empobrecimento do diálogo acadêmico do Serviço Social latino-americano com seus pares de outras latitudes, afastando-o do debate no circuito mundial da disciplina, o que se busca superar. São indícios desse distanciamento a baixa representatividade da região nas entidades internacionais da área de Serviço Social ao longo das últimas quatro décadas (o que vem sendo recentemente revertido[10]); a ausência de traduções de obras de referência

10. Em junho de 2019, no total de 130 países filiados *à International Federation of Social Workers*, a América Latina, sob a presidência da argentina Profa. Silvana Martinez, registra 18 países associados (13,84%). São eles: 1) *Argentina* — Federación Argentina de Asociaciones Profesionales de Servicio Social (FAAPSS); 2) *Bolívia* — Colegio Nacional de Trabajadores Sociales de Bolivia; 3) *Brasil*

internacionais, em contraste com o estimulante e diversificado mercado editorial nacional[11]; a ausência de traduções para o inglês — e outras línguas dotadas de maior comunicabilidade universal — da volumosa e profícua produção brasileira em Serviço Social e oriunda de países de língua hispânica na América Latina e no Caribe; a residual presença de pesquisadores estrangeiros na profícua produção bibliográfica de Serviço Social do país, entre outros aspectos.

Ao nível da organização da categoria profissional, o relativo afastamento do Serviço Social no país do circuito mundial tem sido revertido nas últimas décadas com o efetivo protagonismo de nossas entidades, especialmente o Conselho Federal de Serviço Social, seja na articulação do Serviço Social latino-americano e caribenho, seja na disputa de espaços nas instâncias internacionais de representação do Serviço Social.

Temos que salientar também iniciativas de intercâmbio acadêmico de parte de Programas de Pós-Graduação da área de Serviço Social — mestrado e doutorado — e seus pesquisadores. Elas se expressam na organização de Seminários Internacionais e publicações em Anais e periódicos científicos, e

— Conselho Federal de Serviço Social (CFESS); 4) *Chile* — Colegio de Asistentes Sociales de Chile; 5) *Colômbia* — Federación Colombiana de Trabajadores Sociales (FECTS); 6) *Costa Rica* — Association of Social Worker s/ Colegio de Trajadores Sociales de Costa Rica; 7) *Cuba* — Sociedad Cubana de Trabajadores Sociales de la Salud; 8) *El Salvador* — Association of Social Workers in Salvador/Asociación de Trabajadores y Trabajadoras Sociales en El Salvador; 9) *República Dominicana* — Asociación Dominicana de Trabajadores Sociales Profesionales (ADOTRASOP); 10) *Granada* — Association of Profesional of Social Workers in El Salvador; 11) *Haiti* — Association Hautienne des Travaillers; 12) *México* — Mexican Association of Social Workers; 12) *Netherlans Antilles* — Netherlans Antilles Association of Social Workers; 13) *Nicarágua* — Asociación Nicaraguense de Trabajadores Sociales "Mildred Abaunza"; 14) *Panamá* — Asociacion de Trabajadores Sociales de Panama; 15) *Peru* — Colegio de Asistentes Sociales del Peru; 16) *Paraguay* — Paraguay National Association of Social Workers; 17) *Puerto Rico* — Puerto Rico Association of Social Workers; 18) *Uruguay* — Asociación de Asistentes Sociales del Uruguay (ADASU). Disponível em: http://www.ifsw.org/f38000109.html. Acesso em: 26-06-2019. Não foram encontradas informações atualizadas quanto aos países filiados à *Internacional Association Schools of Social Work* (IASSW).

11. No caso brasileiro, as traduções de obras referenciais de que se tem notícia remontam à década de 1980, como os livros de Corrigan e Leonard (1981), Galper (1986) — representantes do Serviço Social radical anglo-saxônico — e de Verdés-Leroux (1982), no caso francês. A última abordagem global do tema do Serviço Social Internacional remonta a 1982, com o livro publicado pela Editora Agir, de VIEIRA, Balbina Otoni. *(1982) Serviço Social. Visão Internacional — 1928-1978.* Em 2015, *a Revista Serviço Social & Sociedade* dedica seu número 121 ao tema *Desafios ao Serviço Social em diversos países.* Disponível em: http://www.scielo.br/scielo.php?script=sci_issuetoc&pid=0101-662820150001&lng=en&nrm=iso. Acesso em: 12 jul. 2019.

em recentes publicações conjuntas entre pesquisadores de distintos países[12], fruto de parcerias internacionais em pesquisa e intercâmbios acadêmicos.

Os Programas de Pós-Graduação em Serviço Social ampliaram, nas duas últimas décadas, suas experiências no âmbito de relações internacionais, particularmente na formação de docentes e pesquisadores no país e no exterior, além da difusão da produção do Serviço Social brasileiro e das possibilidades de troca de conhecimentos e realização de investigações conjuntas através de programas de cooperação acadêmica[13].

---

12. Ver, por exemplo, os volumes da Coleção Carlos Nelson Coutinho, referente à Jornada Internacional de Pesquisadores do Programa de Pós-Graduação em Serviço Social da UFRJ, *Lutas e resistências ao conservadorismo reacionário*, ocorrida em 2018. Coletâneas conjuntas podem ser ilustradas com: SESC e CBCISS (Org.). *O Trabalho Social França-Brasil*. São Paulo: SESC-SP, 2011; Martins, A. *et al.* (Orgs.). *Serviço Social Portugal-Brasil*. Formação e exercício em tempos de crise. Campinas (SP): Papel Social, 2016; Siqueira da Silva, J. F.; Gutiérrez, T. P. M. (Orgs.). *Política Social e Serviço Social*. Brasil e Cuba em debate. São Paulo: Veras Ed., 2016. No Chile, ver: Vidal, P. M. *Las caras del trabajo social en el mundo*: per(e)sistencias bajo el capitalismo tardio. Santiago: RIL Editores, 2017. Disponível em: http://repositorio.uchile.cl/handle/2250/159317. Na Espanha, ver: Guerra, Y.; Carrara,V.; Martins, A.; Oliveira, M. X. (Orgs.). *Trabajo y formación en trabajo social:* avances y tensiones en el contexto de Iberoamérica.1. ed. Granada, Espanha: Editorial Universidad de Granada, 2017, p. 1.

13. Dentre as iniciativas pioneiras de cooperação técnica internacional, destacam-se: a articulação do Programa de Estudos Pós-Graduados da Pontifícia Universidade Católica de São Paulo (PUC-SP) com o Serviço Social português a partir de convênio com o Instituto Superior de Serviço Social de Lisboa (ISSSL) em Portugal, ainda na década de 1980, que redundou na formação da primeira geração de mestres e doutores em Serviço Social em Portugal. Esse foi o primeiro curso de Mestrado em Portugal na área, em fevereiro de 1987. Uma década depois é criado no mesmo ISSSL o primeiro Doutorado, ainda sob a responsabilidade da PUC-SP. Como resultado dessa forte cooperação, tivemos até 2006 a titulação de 41 mestres e 10 doutores no ISSSL, e 13 mestres e 3 doutores no Instituto de Serviço Social do Porto — ISSSP, outro parceiro no primeiro intercâmbio para formação de mestres e doutores em Portugal. Outros resultados significativos devem ser lembrados na consolidação desse processo: criação em Lisboa em 2001 *do Centro Português de Investigação e História em Trabalho Social*, sob a direção da Dra. Alcina Martins (primeiro Centro de Pesquisa em Serviço Social português); Criação da *Revista Intervenção Social* e outras publicações, entre as quais *a Coleção Estudos Comparados Brasil/Portugal* (primeira da área no país). Outros acordos de 2006 a 2013 levaram à oferta de cursos de pós-graduação em Serviço Social no Instituto Superior Miguel Torga, em Coimbra, e na Universidade Lusófona de Portugal (Lisboa e Porto), além de uma parceria com o Centro de Estudos Sociais — CES, com a Universidade de Coimbra. Esses e outros convênios subsequentes foram de fundamental importância para o desenvolvimento do Serviço Social português e para a consolidação da política de intercâmbio entre o Serviço Social brasileiro e o português. Com a Argentina, o primeiro acordo na área do Serviço Social com a PUC-SP ocorreu em 1996, resultando na criação do primeiro Mestrado e do primeiro Doutorado em Serviço Social na Argentina. A universidade parceira foi a Universidade Nacional de La Plata — UNLP, onde foram titulados inicialmente 17 mestres e 12 doutores em Serviço Social da Escola de Serviço Social. Também na Argentina foi criada uma revista institucional, a *Revista Escenarios*, da UNLP, que tem até hoje circulação regular.

Tendo em vista incentivar o intercâmbio entre assistentes sociais e pesquisadores brasileiros com estudiosos de outros países, esta coletânea está voltada a ampliar o debate e o conhecimento acerca de diferentes modos de ser e de pensar o Serviço Social. Ela reúne autores de alguns países da América Latina, África e da Europa, evidenciando caminhos da profissão e questões que unificam o Serviço Social no cenário mundial.

A apresentação dessa produção rica e diversa, marcada com o selo das particularidades nacionais, está estruturada em duas partes: Na Parte I são apresentados trabalhos de autores brasileiros, latino-americanos e africanos. Os países que representam a América Latina, além do Brasil são: a Argentina, o Chile, a Colômbia, a Costa Rica e o Uruguai. O continente africano se faz representar por dois textos de autores angolanos. Na Parte II temos a produção europeia expressa em textos de autores de Portugal, França, Reino Unido, Suíça e Suécia. Finaliza o livro um conjunto de reflexões que resultam da leitura dos textos que compõem esta coletânea, com ênfase na dimensão dos fundamentos da profissão, apreendidos à luz da teoria social de Marx.

Expressamos nossos mais sinceros agradecimentos (às)aos autoras(as) desta coletânea, que gentilmente acataram o nosso convite e nos brindaram com sua inestimável contribuição, construindo coletivamente essa possibilidade de intercâmbio acadêmico e enriquecendo a análise do Serviço Social em seus respectivos países no tempo presente.

Nosso reconhecimento à Dra. Elaine Rossetti Behring e à Dra. Ivanete Boschetti, que colaboraram nos textos da capa desta coletânea, contribuindo à sua difusão.

Nossos especiais agradecimentos à Cortez Editora, nas pessoas do sr. José Xavier Cortez e de Miriam Cortez, que apostaram nesta publicação, como vêm apoiando, há aproximadamente quatro décadas, a renovação crítica do Serviço Social brasileiro.

Finalmente, com muita alegria, reiteramos nossa gratidão a todos aqueles que tornaram possível este livro: autores, editores, revisores e tradutores.

São Paulo (SP)/Juiz de Fora (MG), 12 de agosto de 2019.

Referências

BEHRING, E. R. *Brasil em contrarreforma*. Desestruturação do Estado e perda de direitos. São Paulo: Cortez, 2003.

______; BOSCHETTI, I. *Política social*: fundamentos e história. São Paulo: Cortez, 2006. (Col. Biblioteca Básica de Serviço Social, vol. 2).

CHESNAIS, F. *Mundialização*: o capital financeiro no comando. *Outubro*, São Paulo, n. 5, p. 7-28, 2001.

______. As raízes da crise econômica mundial. *Revista Em Pauta*, v. 11, n. 31, p. 21-37, 2013. ISSN: 2238-3786.

CORRIGAN, P.; LEONARD, P. *Prática do Serviço Social no capitalismo*. Uma abordagem marxista. Rio de Janeiro: Zahar, 1981.

COUTINHO, C. N. Gramsci e as Ciências Sociais. *Serviço Social & Sociedade*, São Paulo, ano 11, n. 34, p. 21-40, dez. 1990.

______. *O estruturalismo e a miséria da razão*. São Paulo: Expressão Popular, 2017.

DESLAURIERS, J. P.; HURTUBISE, Y. (dirs.) *El Trabajo Social internacional* – elementos de comparación. Argentina: Lumen-Humanitas, 2007.

FILGUEIRAS, L.; GONÇALVES, R. Desestruturação do trabalho e política social. *In*: PEREIRA, Potyara Amazoneida et al. *Política social, trabalho e democracia em questão*. Brasília, Programa de Pós-Graduação em Política Social (PPGPS), Universidade de Brasília, 2009.

FINELLI, R. Globalizzazione: una questione astrata, ma non troppo. *In*: *Globalizzazione e identità. Annuario del Centro Studi Franci Fortini*, 2000. Estratto.

______. O pós-moderno: a realidade do moderno. *In*: COUTINHO, C. N.; TEIXEIRA, A. P. *Ler Gramsci, entender a realidade*. Rio de Janeiro: Civilização Brasileira, 2003. p. 109-112.

GALPER, J. *Política social e Trabalho Social*. São Paulo: Cortez, 1986.

HOBSBAWM, E. *Globalização, democracia e terrorismo*. São Paulo: Companhia das Letras, 2007.

HARVEY, D. *O enigma do capital e as crises do capitalismo*. São Paulo: Boitempo, 2011.

IAMAMOTO, M. V.; CARVALHO, R. *Relações sociais e Serviço Social no Brasil:* um esboço de interpretação histórico-metodológica. São Paulo: Cortez, 1982.

IAMAMOTO, M. V. Perspectivas críticas do Serviço Social na América Latina e interlocuções internacionais. *In*: MORGADO, R. *Jornada Internacional de Pesquisadores do Programa de Pós-Graduação em Serviço Social da UFRJ*. Lutas e resistências ao conservadorismo reacionário. Vol. I. Rio de Janeiro: EDUFRJ, 2018. p. 225-255. (Coleção Carlos Nelson Coutinho).

______. A formação acadêmico-profissional em Serviço Social: uma experiência em construção na América Latina. *Serviço Social & Sociedade*. São Paulo, n. 134, p. 13-33, jan./abr. 2019. Disponível em: http://www.scielo.br/pdf/sssoc/n134/0101-6628-sssoc-134-0013.pdf. Acesso em: 4 ago. 2019.

______. Marxismo e Serviço Social. *Revista Libertas*, Juiz de Fora, v. 18, n. 2, p. 204-226, ago.-dez., 2018. Disponível em: https://periodicos.ufjf.br/index.php/libertas/article/view/18603/9729_. Acesso em: 4 ago. 2018.

IANNI, O. *Teorias da globalização*. Rio de Janeiro: Civilização Brasileira, 1995.

LAVINAS, L. Na contramão dos Direitos Universais. Notas para reflexão. *Plataforma Social. Cadernos Temáticos 1*. Política Social e Desenvolvimento: o Brasil entre dois projetos. Instituto de Economia. Unicamp, outubro, 2012.

LUKÁCS, G. *Para uma ontologia do ser social II*. São Paulo: Boitempo, 2013.

MARTINS, A. et al. (Orgs.). *Serviço Social Portugal-Brasil*. Formação e exercício em tempos de crise. Campinas (SP): Papel Social, 2016.

MARX, K.; ENGELS, F. *A ideologia alemã (Feuerbach)*. São Paulo: Grijalbo, 1977.

______. Introdução à crítica da economia política (1857). *In*: *Marx*. São Paulo: Abril Cultural, 1974a. p. 107-138. (Col. Os Pensadores).

______. Prefácio. *In*: *Marx*. São Paulo: Abril Cultural, 1974b. p. 135-138. (Col. Os Pensadores).

______. *El Capital. Capítulo VI. Inédito*. Buenos Aires: Siglo XXI ed., 1974c.

MATUS, T. *Punto de fuga*. Imagines dialécticas de la crítica en Trabajo Social contemporáneo. Tese (Doutorado em Serviço Social) — Programa de Pós-Graduação em Serviço Social da UFRJ, 2012.

NETTO, J. P. Cinco notas a propósito da questão social. *Temporalis*, ABEPSS, Brasília, p. 41-45, 2001.

OLIVEIRA, F. *Crítica à razão dualista / O ornitorrinco*. São Paulo: Boitempo, 2003.

PIKETTY, T. *O capital no século XXI*. Rio de Janeiro: Intrínseca, 2014.

______. *A economia da desigualdade*. Rio de Janeiro: Intrínseca, 2015.

SALAMA, P. *Pobreza e exploração do trabalho na América Latina.* São Paulo: Boitempo, 1999.

SALVADOR, E.; BOSCHETTI, I. Orçamento da seguridade social e política econômica. Perversa alquimia. *Serviço Social & Sociedade,* São Paulo, n. 87, p. 25-57, 2006.

SANTOS, C. M.; MOLJO, C. B.; MARTINS, A. Trabajo social crítico, de que se trata?. *In*: GUERRA, Y.; CARRARA, V.; MARTINS, A.; OLIVEIRA, M. X. de (Org.). *Trabajo y formación en trabajo social:* avances y tensiones en el contexto de iberoamérica.1. ed. Granada, Espanha: Editorial Universidad de Granada, 2017.

SCIRÉ, C. *Consumo popular, fluxos globais.* Práticas e artefatos entre a riqueza e a pobreza. São Paulo: Annablume, 2012.

SESC/CBCISS (Orgs.). *O Trabalho Social França-Brasil.* São Paulo: SESC-SP, 2011.

SIQUEIRA da SILVA, J. F.; GUTIÉRREZ, T. P. M. (Orgs.). *Política Social e Serviço Social.* Brasil e Cuba em debate. São Paulo: Veras Ed., 2016.

VERDÉS-LEROUX, J. *Trabalhador Social. Prática, hábitos, ethos e formas de intervenção.* São Paulo: Cortez, 1982.

VIEIRA, B. O. *Serviço Social. Visão Internacional — 1928-1978.* Rio de Janeiro: Agir, 1982.

YAZBEK, M. C. Fundamentos históricos e teórico metodológicos e as tendências contemporâneas do Serviço Social. *In*: GUERRA, Y., LEWGOY, A.; SERPA, M.; SILVA, J. F. S. (Org.). *Serviço Social e seus fundamentos:* conhecimento e crítica. 1. ed. São Paulo: Papel Social, 2018a. p. 47-84.

______. Serviço Social, Questão Social e Políticas Sociais em tempos de degradação do trabalho humano, sob o domínio do capital financeiro. *Serviço Social em Revista,* v. 21, n.1, p. 183-194, 2018b.

______. Os fundamentos do Serviço Social na contemporaneidade. *In*: CEAD-UnB (Org.). Curso — Programa de capacitação continuada para assistentes sociais. Brasília-DF: CEAD-UnB, 2000, v. 4. p. 19-34.

Fontes eletrônicas

BANCO MUNDIAL Reseña. Prosperidade compartida y fin de la pobreza en América Latina y el Caribe. Disponível em: http://www.resbr.net.br/wp-content/uploads/2015/05/resumo.pdf. Acesso em: 28 maio 2018.

CFESS. Disponível em: http://www.cfess.org.br/arquivos/diagramacao_definicao_workshop.pdf. Acesso em: 27 jun. 2019.

CEPAL *Panorama Social da América Latina 2016*. Disponível em: https://www.cepal.org/pt-br/publicaciones/41738-panorama-social-america-latina-2016-documento-informativo. Acesso em: 25 maio 2018; Disponível em: http://agenciabrasil.ebc.com.br/internacional/noticia/2017-05/desigualdade-na-america-latina-segue-em-ritmo-muito-alto-diz-cepal. Acesso em: 15 jun. 2018.

IFSW. Disponível em: https://www.ifsw.org/what-is-social-work/global-definition-of-social-work/. Acesso em: 27 jun. 2019.

ONU CEPAL. Agenda 2030 y los Objetivos de Desarrollo Sostenible. Una oportunidad para América Latina y Caribe. Santiago: Nações Unidas. jan. 2018. Disponível em: https://repositorio.cepal.org/bitstream/handle/11362/40155/15/S1700334_es.pdf. Acesso em: 25 maio 2018.

REVISTA SERVIÇO SOCIAL E SOCIEDADE. Desafios ao Serviço Social em diversos países, n. 121. Disponível em: http://www.scielo.br/scielo.php?script=sci_issuetoc&pid=0101-662820150001&lng=en&nrm=iso. Acesso em: 12 jul. 2019.

PARTE I

SERVIÇO SOCIAL NA AMÉRICA LATINA E NA ÁFRICA

Brasil

O Serviço Social brasileiro em tempos de mundialização do capital

Marilda Villela Iamamoto*

Esses tempos de mundialização do capital e de crise são *tempos difíceis, tempo de paradoxos.* Tempos de intensificação de políticas de contrarreformas do grande capital produtivo aliado às finanças. A liderança do *capital que rende juros, forma mais fetichizada* assumida pelo capital, obscurece o seu vínculo com a exploração do trabalho, que alimenta a expansão e valorização do capital mundializado.

O *paradoxo* desses tempos de crise expressa simultaneamente o crescimento das desigualdades decorrentes da financeirização das relações econômicas na era da "acumulação flexível", com regressão e destruição de direitos conquistados, e a expansão da extrema direita respaldada no voto popular e compromissada com uma agenda econômica ultraliberal de corte de direitos, privatização de serviços sociais e sua mercantilização, com drástica redução dos fundos públicos para o financiamento de políticas sociais universais (Behring, 2003, 2010; Behring e Boschetti, 2006). A concentração da propriedade territorial e da riqueza têm, no seu verso, a ampliação do fosso de desigualdades entre classes e o crescimento da pobreza. Desigualdades de gênero, raça/etnia/geração, orientação sexual e território matizam as desigualdades de classes. Elas são acompanhadas da destruição de bens naturais e sua generalizada mercantilização; do crescimento do desemprego,

* Este texto veicula reflexões inéditas e extratos de minhas últimas produções.

do trabalho instável e desprotegido, da regressão de direitos, condensando a alienação e a banalização da vida humana — não sem resistências e lutas — em nome do "desenvolvimento".

Ao mesmo tempo, *a vaga conservadora e a expansão da extrema direita, não raro de viés fascista, captura para si o poder de Estado em governos nacionais mediante respaldo do voto popular*. Um *radical conservadorismo se alastra nos ordenamentos políticos democráticos minimalistas, com legitimação popular.* As contrarreformas são expressão da "democracia blindada" (Demier, 2012; Duriguetto e Demier, 2017, p. 11) — nova versão da democracia restrita que atravessa a formação social brasileira, já identificada por Fernandes (1975): da "democracia dos oligarcas à democracia do grande capital". Na "democracia blindada", os núcleos políticos decisórios estratégicos mostram-se "praticamente impermeáveis às demandas populares". A hipertrofia dos aparatos coercitivos do Estado se expressa na "criminalização da pobreza, na judicialização do protesto social, na repressão política aberta e na militarização" (Duriguetto e Demier, 2017, p. 11), intensificando o controle penal do Estado sobre os pobres e as lutas e movimentos sociais. "Consenso" e acentuada "coerção" (Gramsci, 2007) na preservação do poder convivem nesses tempos de paradoxos, submetendo formas de organização e luta de segmentos subalternos.

Ao longo dos três últimos decênios, o Serviço Social na América Latina e no Caribe tem sido polarizado por uma *dupla inflexão*. A primeira e mais representativa tem sido de um *esforço coletivo*, a partir da década de 70 do século XX, de *ruptura teórica e política com o lastro liberal-conservador* que preside as origens e desenvolvimento do Serviço Social na região, rompendo sua prevalência exclusiva, mas com ele convivendo. A segunda inflexão é o redimensionamento de *uma reação (neo) conservadora vigorosa e/ou disfarçada em aparências que a dissimulam* (Netto, 1996), apoiada na negação da sociedade de classes e na naturalização da ordem do capital em sua mercantilização universal. Assim, na atualidade, no debate do Serviço Social latino-americano — tanto no Brasil quanto nos países de língua espanhola — coexistem concepções teóricas e metodológicas sistêmicas, pós-modernas e histórico-críticas, que vêm presidindo as formulações e a pesquisa nessa área, com incidências no trabalho cotidiano, como já indicou Yazbek (2018).

O propósito deste texto é: a) efetuar uma breve caracterização do processo de financeirização e o redimensionamento da "questão social" no seu âmbito; b) reafirmar a ótica de leitura do Serviço Social no processo de (re) produção das relações sociais; c) apresentar uma breve retrospectiva histórica do Serviço Social no Brasil; d) apresentar um quadro do Serviço Social brasileiro contemporâneo; e) concluir com alguns desafios.

1. "Questão social" e hegemonia das finanças[1]

O processo de financeirização indica um *modo de estruturação da economia mundial* (Husson, 1999, p. 99). A esfera estrita das finanças, por si mesma, nada cria. Nutre-se da riqueza criada pelo investimento capitalista produtivo e pela mobilização da força de trabalho no seu âmbito. Nessa esfera, o capital-dinheiro aparece como se tivesse o poder de gerar dinheiro no circuito fechado das finanças, independente da retenção que faz dos lucros e dos salários criados na produção. O fetichismo das finanças só é operante se existe produção de riquezas, ainda que as finanças minem seus alicerces ao absorverem parte substancial do mais-valor produzido.

O capital-dinheiro *aparece* como coisa autocriadora de juros, dinheiro que gera dinheiro (D — D') *obscurecendo as cicatrizes de sua origem.* O dinheiro tem agora "amor no corpo", como cita o Fausto, de Goethe (Marx, 1985, p. 295, t. III, v. IV) Nessa forma mais fetichizada do capital, o juro aparece como se brotasse da mera *propriedade* do capital, *independente da produção e da expropriação do trabalho não pago dos trabalhadores.*

A forma do *capital portador de juros* faz com que cada rendimento monetário regular *apareça* como juro de um capital, quer provenha ou não de um capital. É o caso da dívida pública: o credor possui o título de dívida contra o Estado, que lhe dá direitos sobre as receitas anuais do Estado, produto anual dos impostos, formando um *capital ilusório e fictício.* O capital financeiro avança sobre o *fundo público*, formado tanto pelo lucro do empresariado, quanto pelo trabalho necessário dos assalariados, que são apropriados pelo Estado sob a forma de impostos e taxas.

1. Resgato, neste item, de forma condensada, elementos da análise sobre o tema constante em Iamamoto (2007), agregando várias outras contribuições.

Os principais agentes do processo de financeirização são os *grupos industriais transnacionais* e os *investidores institucionais* — bancos, companhias de seguros, sociedades financeiras de investimentos coletivos, fundos de pensão e fundos mútuos —, que se tornam proprietários acionários das empresas e passam a atuar independente delas. Através de operações realizadas no mercado financeiro, interferem no ritmo de investimentos dessas empresas, na repartição de suas receitas e na definição das formas de emprego assalariado e gestão da força de trabalho, no perfil do mercado de trabalho.

É preciso ressaltar o seguinte: os dois braços em que se apoiam as finanças — *as dívidas públicas e o mercado acionário das empresas* — só sobrevivem com decisão política dos Estados e o suporte das políticas fiscais e monetárias. Eles encontram-se na raiz de uma dupla via de redução do padrão de vida do conjunto dos trabalhadores, com o efetivo impulso dos Estados nacionais: por um lado, a privatização do Estado, o desmonte das políticas públicas e a mercantilização dos serviços, a chamada flexibilização da legislação protetora do trabalho. Ela combina-se com a desigual distribuição de renda e a menor tributação de rendas altas, fazendo com que a carga de impostos recaia sobre a maioria dos trabalhadores. Os investimentos em ações de empresas no mercado financeiro apostam *em expectativas de lucratividade futuras das empresas*, interferindo silenciosamente: nas políticas de gestão e de enxugamento da mão de obra; na intensificação do trabalho e no aumento da jornada; no estímulo à competição entre os trabalhadores num contexto recessivo, dificultando a organização sindical; na elevação da produtividade do trabalho com tecnologias poupadoras de mão de obra; nos chamamentos à participação e consentimento dos trabalhadores às metas empresariais, além de uma ampla regressão dos direitos, o que se encontra na raiz das metamorfoses do mercado de trabalho. (Antunes, 1997, 1999; Bhir, 1999; Santana e Ramalho, 2003). A sugestão é que a *mundialização financeira unifica, dentro de um mesmo movimento, processos que tendem a ser tratados pelos intelectuais de forma isolada: a "reforma" do Estado, a reestruturação produtiva, a "questão social", a ideologia neoliberal.*

Nesse contexto, a "questão social" expressa a *banalização do humano*, resultante de indiferença frente à esfera das necessidades das grandes maiorias e dos direitos a elas atinentes.

A mundialização do capital tem profundas repercussões na órbita das políticas públicas, mediante as diretrizes de *focalização, privatização, descentralização, desfinanciamento e regressão do legado dos direitos do trabalho.* As múltiplas manifestações da "*questão social*" tornam-se objeto de ações filantrópicas e de benemerência e de "*programas focalizados de combate à pobreza*", que acompanham a mais ampla *privatização da política social pública*, cuja implementação passa a ser delegada a organismos privados, o chamado "terceiro setor". Ao mesmo tempo, expande-se a compra e venda de bens e serviços, alvo de investimentos empresariais que avançam no campo das políticas públicas.

A "*questão social*"[2] é inerente à sociedade de classes e seus antagonismos, envolvendo uma arena de lutas políticas e culturais contra as desigualdades socialmente produzidas, com o selo das particularidades nacionais. A *gênese* da "questão social" encontra-se no caráter coletivo da produção e da apropriação privada do trabalho, de seus frutos e das condições necessárias à sua realização. É, portanto, indissociável da emergência do trabalhador livre, que depende da venda de sua força de trabalho para a satisfação de suas necessidades vitais. Trabalho e acumulação são duas dimensões do mesmo processo, fruto do trabalho pago e não pago da *mesma* população trabalhadora, como já alertou Marx (1985).

Sendo o capital uma relação social por excelência, que supõe o trabalho assalariado em sua busca incessante de lucro, tende a se expandir indefinidamente por meio da apropriação de trabalho não pago dos trabalhadores. Seu ciclo expansionista realiza-se por meio da ampliação da parcela do capital investida em meios de produção (capital constante), aumentando a produtividade do trabalho e reduzindo relativamente aquela parcela de capital investida em força de trabalho (capital variável). Outra condição e resultado contraditório desse mesmo processo *é a ampliação da superpopulação relativa* — ou população "sobrante" para as necessidades médias de

2. Esta concepção de "questão social", presidida pelas relações de classe que orienta a presente análise, distingue-se da perspectiva sociológica que a apreende como disfunção ou ameaça à coesão e à ordem social, inspirada na tradição de E. Durkheim, típica da escola francesa. Distingue-se ainda daqueles que consideram a existência de uma "nova questão social" resultante da "inadaptação de antigos métodos de gestão do social", produto datado da "crise do Estado Providência" (Rosanvallon, 1995,1997,1998; Fitoussi e Rosanvallon, 1997).

valorização do capital —, fazendo crescer o desemprego e a precarização das relações de trabalho. Assim, o *pauperismo como resultado do trabalho — do desenvolvimento das forças produtivas do trabalho social —, é uma especificidade da produção fundada no capital* (Marx, 1985; Netto, 2001). Em outros termos, o processo de acumulação, ao se realizar, faz crescer o fosso das desigualdades entre as classes sociais — a acumulação da riqueza e da pobreza —, o que, por sua vez, restringe a capacidade de consumo das mercadorias produzidas, e impulsiona as crises.

A atual desregulamentação das políticas públicas e dos direitos sociais desloca a atenção à pobreza para a iniciativa privada ou individual, impulsionada por supostas motivações solidárias e benemerentes, submetidas ao arbítrio do indivíduo isolado e ao mercado, e não à responsabilidade pública do Estado, com claros chamamentos à sociedade civil.

As conquistas sociais acumuladas têm sido transformadas em causa de "gastos sociais excedentes" que se encontrariam na raiz da crise fiscal dos Estados. Com a difusão da ideia liberal de que o "bem-estar social" pertence ao foro privado dos indivíduos, famílias e comunidades, a intervenção do Estado no atendimento às necessidades sociais é pouco recomendada, transferida ao *"mercado" e à filantropia*, como alternativas aos direitos sociais que só existem na comunidade política. Para Yazbek (2001), o pensamento neoliberal estimula um vasto empreendimento de "refilantropização do social", e opera uma profunda despolitização da "questão social" ao desqualificá-la como *questão pública, questão política e questão nacional.*

2. Serviço Social e o processo de (re)produção das relações sociais

Desde a década de 1980, vimos salientando (Iamamoto e Carvalho, 1982) ser o Serviço Social uma *especialização do trabalho da sociedade, inscrita na divisão social e técnica do trabalho social*, o que supõe afirmar *o primado do trabalho na constituição dos indivíduos sociais*. Ao se indagar sobre *significado social do Serviço Social no processo de produção e reprodução das relações sociais, tem-se um ponto de partida e um norte.* Este não é a prioridade do "mercado", tão cara aos liberais. Para eles, a esfera privilegiada na compreensão da vida social é a esfera da distribuição da riqueza, visto que as leis históricas que regem a sua produção são tidas como assemelhadas àquelas da natureza, de difícil alteração por parte da ação humana.

A análise do Serviço Social no âmbito das relações sociais capitalistas visa a superar os influxos liberais na compreensão e condução da "prática profissional". Esta é vista como prática do indivíduo isolado, desvinculada da trama social que cria sua necessidade e condiciona seus efeitos na sociedade. Os processos históricos tendem a ser reduzidos a um "contexto", distinto da prática profissional, que a condicionariam "externamente". A "prática" é tida como uma relação singular entre o assistente social e o usuário de seus serviços — seu "cliente" — desvinculada da "questão social" e das políticas sociais correspondentes. Nessa perspectiva, a formação profissional deveria privilegiar a construção de estratégias, técnicas e formação de habilidades — centrando-se no "como fazer" — a partir da justificativa que o Serviço Social é uma "profissão voltada à intervenção no social". Esse caminho está fadado a criar um profissional que *aparentemente sabe fazer, mas não consegue explicar as razões, o conteúdo, a direção social e os efeitos de seu trabalho na sociedade.* Corre-se o perigo do assistente social ser reduzido a um mero "técnico", delegando a outros a tarefa de pensar a sociedade. *O resultado é um profissional mistificado e da mistificação, dotado de uma frágil identidade com a profissão.*

A reprodução das relações sociais é entendida como reprodução *desta sociedade, em seu movimento e em suas contradições*: de um modo de vida que envolve o cotidiano da vida social. O processo de reprodução das relações sociais não se reduz, pois, à reprodução da força viva de trabalho e dos meios materiais de produção, ainda que os abarque. Ele refere-se à reprodução das forças produtivas sociais do trabalho e das relações de produção na sua globalidade, envolvendo sujeitos e suas lutas sociais, as relações de poder e os antagonismos de classes. Abrange a reprodução da vida material e da vida espiritual, isto é, das formas de consciência social — jurídicas, religiosas, artísticas, filosóficas e científicas — através das quais os homens tomam consciência das mudanças ocorridas nas condições materiais de produção da vida material, pensam e se posicionam na sociedade (Iamamoto e Carvalho, 1982).

Esse modo de vida implica contradições básicas: por um lado, a igualdade jurídica dos cidadãos livres é inseparável da desigualdade econômica derivada do caráter cada vez mais social da produção, contraposta à apropriação privada do trabalho alheio. Por outro lado, ao crescimento do capital corresponde a crescente pauperização relativa do trabalhador, o que se encontra na gênese da "questão social" nessa sociedade. (idem). Assim, o processo de reprodução das relações sociais não é mera repetição ou reposição do instituído. É, também, *criação de novas necessidades, de novas forças produtivas sociais do trabalho em cujo processo aprofunda desigualdades.* Nele são recriadas *novas relações sociais entre os homens na luta pelo poder e pela hegemonia de parte das diferentes classes e grupos na sociedade.* Esse rumo da análise recusa visões unilaterais que apreendem dimensões isoladas da realidade, sejam elas de cunho *economicista, politicista ou culturalista.*

As condições que circunscrevem o trabalho do assistente social expressam a dinâmica das relações sociais vigentes na sociedade. O exercício profissional é necessariamente polarizado pela trama de suas relações e interesses sociais. Participa tanto dos mecanismos de exploração e dominação, quanto, ao mesmo tempo e pela mesma atividade, da resposta às necessidades de sobrevivência das classes trabalhadoras e da reprodução do antagonismo dos interesses sociais. Como a sociedade é atravessada por projetos sociais distintos — projeto de classes para a sociedade — tem-se um terreno histórico aberto à construção *de projetos profissionais também diversos,* indissociáveis dos projetos mais amplos para a sociedade. É essa presença de forças sociais e políticas reais que permite à categoria profissional estabelecer estratégias político-profissionais no sentido de reforçar interesses das classes subalternas, alvo prioritário das ações profissionais.

Os assistentes sociais realizam uma ação de cunho socioeducativo na prestação de serviços sociais, viabilizando o acesso aos direitos e aos meios de exercê-los. Contribuem para que necessidades e interesses dos sujeitos sociais adquiram visibilidade na cena pública e possam ser reconhecidos, estimulando a organização de segmentos de trabalhadores na defesa e ampliação dos seus direitos. Afirma-se o compromisso com necessidades e direitos dos sujeitos com que se trabalha, na defesa da qualidade dos serviços sociais.

3. Desenvolvimento e renovação crítica do Serviço Social no Brasil

Para Hobsbawm (2006, p. 83), "a história é o banco de memória da experiência", o que motiva breve retrospectiva histórica da trajetória do Serviço Social no Brasil. O recurso à história, ao mesmo tempo em que registra memória da experiência, contribui *para elucidar a força irruptiva da novidade do presente ante a experiência do passado.* A *história contemporânea* propicia condições mais maduras para reler e compreender o passado como parte do processo histórico em seu permanente movimento de vir a ser. Assim, recusa-se a idealização do passado — "a utopia como nostalgia" (Idem, p. 38) — como o fazem profetas conservadores, que sonham ter os "bons tempos do passado" reeditados no presente

Na década de 30 do século XX, o Serviço Social surge no Brasil intimamente vinculado às iniciativas da Igreja Católica, parte das estratégias de qualificação do laicato, especialmente sua parcela feminina — por meio dos movimentos da ação social e ação católica —, em sua missão de apostolado junto à *família operária*. Registram-se, nas origens da profissão, *fortes influências do Serviço Social francês e belga.*

O período de 1936 a 1945 marca o surgimento das primeiras escolas de Serviço Social e sua expansão no país, com prevalência da influência católica[3]. Também marcam presença iniciativas do Estado, seja em aliança com a Igreja, seja sob influência do movimento sanitarista[4] ou ainda como parte

3. 1936. Escola de Serviço Social de São Paulo, que se incorpora à PUC-SP em 1972; 1937. Escola de Serviço Social do Instituto de Educação Familiar e Social, no Rio de Janeiro, que se agrega à PUC-RJ, em 1946 e é incorporada em 1972; 1940. Escola de Serviço Social de Pernambuco, a primeira do Nordeste, que foi extinta em 1970 e incorporada à UFPE em 1971; 1940. Instituto de Serviço Social de São Paulo, que se agrega à FAPS em 1946 e, em 1957, torna-se Instituto de Ensino Superior; 1944. Escola de Serviço Social da Bahia, integrando-se à Universidade Católica de Salvador em 1961; 1945. Escola de Serviço Social do Paraná, integrada à Pontifícia Universidade Católica do Paraná, em 1969; 1945. Escola de Serviço Social de Porto Alegre, integrada, em 1948, à Universidade Católica. Dados extraídos de Pereira (2007)

4. A Sociedade Brasileira de Higiene, fundada em 1923, abria o caminho ao Serviço Social na perspectiva de uma ação essencialmente educativa individual e coletiva no âmbito da saúde pública visando a prevenção de doenças de massa, nas trilhas de Oswaldo Cruz, Carlos Chagas e outros, em um contexto de acelerada urbanização, de migrações rurais urbanas, de crescimentos

do movimento da Escola Nova[5], marco inaugural do projeto de renovação educacional do país. A Escola Nova defendia a bandeira de uma escola única, pública, laica, obrigatória e gratuita, alvo da crítica forte e continuada da Igreja Católica, concorrente do Estado na educação da população, que tinha sob seu controle a propriedade e a orientação de parcela expressiva das escolas da rede privada (Iamamoto, 2014).

O Serviço Social desenvolve-se após a II Guerra Mundial, nos chamados "trinta anos gloriosos" que marcaram uma ampla expansão da economia capitalista monopolista. Sob a hegemonia do capital industrial, inspirada no *padrão fordista-taylorista*, a produção em massa para o consumo de massa dinamiza a acumulação de capital gerando excedentes, parte dos quais são absorvidos pelo Estado. Este utiliza parcela do orçamento público no financiamento de políticas sociais públicas, contribuindo para a socialização dos custos de reprodução da força de trabalho. A *política keynesiana*, direcionada ao "pleno emprego" e à manutenção de um padrão salarial capaz de manter o poder de compra dos trabalhadores, implicou o reconhecimento do movimento sindical em sua luta por reivindicações políticas e econômicas. Permitiu, assim, que famílias pudessem aplicar sua renda monetária para consumir e dinamizar a economia. Ainda que não se possa falar de um *Welfare State* consolidado no Brasil, a prestação de serviços sociais públicos foi expandida, permitindo às famílias de trabalhadores, dotadas de emprego formal protegido, ter acesso aos direitos. Essa expansão criou condições para a constituição de um mercado profissional de trabalho e de institucionalização da profissão.

Condizente com a crescente influência dos EUA no cenário mundial no II Pós-Guerra, no contexto da Guerra Fria, o Serviço Social recebe os influxos

---

das favelas — "visto que as fontes de trabalho assalariado não ofereciam condições de higiene e moradia" (Pinheiro, 1985, p. 47). Em 1930, é criado o Ministério da Educação e Saúde; e, mais tarde, o *Serviço Especial de Saúde Pública* — sendo organizada a Escola de Enfermagem do Estado do Rio; o Ministério do Trabalho, da Indústria e do Comércio. Em 1934, é aprovada a *Consolidação das Leis Trabalhistas*, que altera a assistência prestada aos trabalhadores.

5. É o caso da *Escola Técnica Cecy Dodsworth*. Sua fundadora, Isolina Pinheiro, defendia a *Escola Nova*, cujos princípios foram proclamados *no Manifesto dos Pioneiros da Escola Nova*, lançado em 1932. Redigido por Fernando de Azevedo, o texto foi assinado por 26 intelectuais, entre os quais Anísio Teixeira, Afrânio Peixoto, Lourenço Filho, Roquette Pinto, Delgado de Carvalho, Hermes Lima e Cecília Meireles.

da *influência norte-americana, fundada na teoria sistêmica e no funcionalismo, expressa nas formulações do Serviço Social de Caso, Serviço Social de Grupo e no Desenvolvimento de Comunidade.*

No período de 1965 a 1975, no trânsito dos anos dourados a uma onda longa recessiva (Mandel,1985) e no auge da guerra-fria, um marco importante no Serviço Social na América Latina é o *movimento de* reconceituação. Ele foi impulsionado pela intensificação das lutas sociais no continente a partir da experiência cubana de 1959, contestando-se o imperialismo norte-americano e as relações de dependência assim como o colonialismo cultural no Serviço Social com a importação de parâmetros profissionais. Lutas e movimentos sociais na América Latina e no Caribe se refratam na Universidade, nas Ciências Sociais, na Igreja, tendo na juventude estudantil uma das protagonistas chaves. Verifica-se, nessa época, amplo questionamento do Serviço Social — finalidades, fundamentos, compromissos éticos e políticos, procedimentos operativos e formação profissional — que assume formas distintas nos vários países. Mas a unidade do movimento de reconceituação assentava-se *na busca de construção de um Serviço Social latino-americano*: na recusa à importação de teorias e métodos alheios à nossa história, na crítica aos fundamentos das abordagens de Serviço Social de Caso, de Grupo e o Desenvolvimento ou Organização de Comunidade. Denunciava-se a pretensa neutralidade político-ideológica da ação de assistentes sociais. Estes assumem o desafio de contribuir na "organização", "capacitação" e "conscientização" de segmentos "oprimidos" e "marginalizados" na região, sob a influência da proposta educacional de Paulo Freire e da Teologia da Libertação, dentre outras. De base teórica e metodológica eclética, esse movimento assume nítidas feições nacionais, inicialmente polarizado pelas *teorias desenvolvimentistas*, da *teoria da dependência*, e, na década de 1970, ocorrem *as primeiras aproximações do Serviço Social à diversificada tradição marxista*, a partir de manuais de divulgação e de autores diversos, com raras recorrências às fontes originárias dessa matriz de conhecimento, o que ainda motiva investigação.

No Brasil, forças profissionais então hegemônicas reagem ao movimento desencadeado no Cone Sul. A hipótese é que os conhecidos Seminários de Teorização do Serviço Social voltados ao aperfeiçoamento e à modernização do Serviço Social "tradicional" e promovidos pelo Centro Brasileiro de Intercâmbio em Serviços Sociais (CBCISS) — especialmente os de Araxá (1967) e o de Teresópolis (1975) —, são uma resposta às articulações progressistas do Serviço Social no Cone Sul. Tais iniciativas são parte da luta pela hegemonia por parte de orientações conservadoras e modernizantes no cenário do Serviço Social brasileiro (Aquino, Silva e Vieira, 2017).

A Escola de Serviço Social da Universidade Católica de Minas Gerais (ESS/UCMG)[6] integra-se aos rumos progressistas da reconceituação latino-americana nos países de língua espanhola. Ela constrói um *projeto acadêmico* que abrange a *formação teórico-prática* e *o exercício profissional*. Inscrita na região ferrífera e no cinturão industrial e operário de Belo Horizonte, as forças políticas aí presentes, com refrações no movimento estudantil (Batistoni, 2017), balizam também a experiência da ESS/UCMG. O conhecido "Método BH" é uma das expressões dessa experiência ao lado da proposta de formação acadêmica, que confrontam linhas teóricas dominantes na academia e nas entidades dessa categoria profissional.

Nesse período ocorre, na América Latina, uma (re)criação de entidades de Serviço Social: o Centro Latinoamericano de Trabajo Social (Celats), organismo acadêmico da Associación Latinoamericana de Escuelas de Trabajo Social (Alaets). Tais entidades, no período 1975-1985, desenvolvem uma rica pauta de debates e pesquisas sobre a organização político-corporativa e acadêmica dessa categoria, os sujeitos sociais atendidos, a vinculação institucional do Serviço Social e as políticas sociais; impulsionam a articulação latino-americana e a capacitação profissional permanente, quando a pós-graduação *stricto sensu* apenas iniciava. A aproximação com essas iniciativas vai impulsionar a *renovação crítica do Serviço Social brasileiro*.

Mas o Serviço Social brasileiro contemporâneo, com raízes na reconceituação latino-americana, é expressão de amplo movimento de lutas pela democratização da sociedade e do Estado no País, com forte presença das lutas operárias que impulsionaram a crise da ditadura militar (1964-1985). Foi com a ascensão dos movimentos das classes sociais trabalhadoras, das lutas em torno da elaboração e aprovação da Carta Constitucional de 1988 e da defesa do Estado de Direito, que a categoria foi sendo socialmente

6. Para uma análise global da experiência do grupo de Belo Horizonte, ver os seguintes documentos elaborados entre 1971 e 1974: "A prática como fonte de teoria" (1971); "Uma proposta de reestruturação da formação profissional", publicados em Quiroga (1973a e1973b, respectivamente).

questionada pela prática política de diferentes segmentos da sociedade civil e não ficou a reboque desses acontecimentos. Essas profundas modificações por que passou a sociedade brasileira explicam o florescimento de um processo de lutas democráticas, cuja visibilidade no cenário político só se dá no último quartel da década de 1970. Tal processo condiciona o horizonte de preocupações emergentes no Serviço Social, exigindo novas respostas profissionais, o que vai resultar em significativas alterações no *ensino, na pesquisa e na organização político-corporativa dos assistentes sociais.* Revigora-se uma ampla e *fecunda organização da categoria em suas bases sindicais, acadêmicas e profissionais.*

4. Serviço Social brasileiro contemporâneo

O Serviço Social brasileiro, nas últimas cinco décadas, remontando ao início dos anos 1970, vem realizando forte embate com o tradicionalismo profissional e seu lastro conservador e buscou adequar criticamente a profissão às exigências do seu tempo, qualificando-a academicamente. E fez radical giro na sua dimensão ética: constituiu democraticamente a sua base normativa, expressa na Lei da Regulamentação da Profissão, que estabelece as competências e as atribuições profissionais, e *no Código de Ética do Assistente Social, de 1993.*

Dentre os valores e princípios éticos que norteiam o exercício profissional do assistente social registra-se: o reconhecimento *da liberdade como valor ético central*, que requer o reconhecimento da autonomia, emancipação e plena expansão dos indivíduos sociais e de seus direitos; a *defesa intransigente dos direitos humanos* contra todo tipo de arbítrio e autoritarismo; a *defesa, aprofundamento e consolidação da cidadania e da democracia*, entendida como socialização da participação política, da cultura e da riqueza produzida; o posicionamento a favor da equidade e da justiça social, que implica a universalidade no acesso a bens e serviços e a gestão democrática; o empenho na *eliminação de todas as formas de preconceito e a garantia do pluralismo;* o compromisso com *a qualidade dos serviços prestados* na articulação com outros profissionais e trabalhadores. (CRESS-7ª Região, 2000)

Os princípios éticos norteadores do projeto profissional estão fundados no ideário da modernidade que apresenta *a questão central da liberdade do ser social* no coração de reflexão ética; ser social *que se constitui pelo trabalho e dispõe de capacidade teleológica consciente, afirmando-se como produto e sujeito da história*. Mas é preciso considerar que a ordem burguesa é em seu cerne contraditória: ao mesmo tempo em que fornece as bases históricas para o desenvolvimento de demandas vinculadas à liberdade (direitos, garantias sociais e individuais, autonomia, autogestão), simultaneamente bloqueia e impede sua realização. Assim, esse valor da liberdade passa a existir mais como *projeto do que como uma realidade conquistada*. (Paiva *et al.*, 1996, p. 162). O mesmo ocorre com o *valor da igualdade*: só existe enquanto projeto, ainda que afirmada socialmente como requisito para a troca entre livres e iguais proprietários de mercadoria — o que se refrata no ideário dos direitos de cidadania. Na dinâmica das relações entre as classes sociais, o alargamento do patamar dos direitos defronta-se inevitavelmente com os limites impostos pela lógica da acumulação, dilema esse já reconhecido por Marshal (1967) em seu estudo clássico sobre a cidadania. Sabemos que a cidadania não é dada aos indivíduos de uma vez para sempre e não vem de cima para baixo. Ela é resultado de uma luta permanente, travada quase sempre a partir de baixo, das classes subalternas. As demandas de grupos e classes sociais prefiguram direitos que só são satisfeitos quando assumidos nas e pelas instituições do Estado, que asseguram uma legalidade positiva, atribuindo-lhes uma dimensão de universalidade.

Os direitos sociais permitem ao cidadão uma participação mínima na riqueza material e espiritual criada pela coletividade. Eles foram negados durante muito tempo — o que se atualiza hoje pelos expoentes do neoliberalismo —, sob alegação de que estimulam a preguiça, violam o direito individual à propriedade e estimulam o paternalismo estatal.

Como afirma Anderson (*apud* Coutinho, 2000), a lógica capitalista se expressa essencialmente pela *afirmação do mercado como forma suprema de regulação das relações sociais*. Logo, tudo o que limita ou substitui o mercado em nome de um direito social — ou da justiça social —, é uma vitória da economia política do trabalho, isto é, uma outra lógica de regulação da vida social. Isso explica a atual reação dos neoliberais aos direitos sociais, que não interessam à burguesia. Ela pode tolerá-los e, inclusive usá-los a seu favor, mas procura limitá-los ou suprimi-los nos momentos de recessão, quando tais direitos se chocam com a lógica de ampliação máxima dos lucros.

Por tudo isso, a *ampliação da cidadania* — esse processo progressivo e permanente de ampliação de direitos — termina por se chocar com a lógica do capital e expõe a contradição entre cidadania e classe social: a condição de classe cria déficits e privilégios, obstáculos para que todos possam participar igualitariamente da apropriação das riquezas espirituais e materiais socialmente criadas. Essa consideração requer uma *concepção de cidadania e de democracia para além dos parâmetros liberais.* Como sustenta Coutinho (2000), "a cidadania entendida como capacidade de todos os indivíduos, no caso de uma democracia efetiva, de se apropriarem dos bens socialmente produzidos, de atualizarem as potencialidades de realização humana, abertas pela vida social em cada contexto historicamente determinado". Nesta acepção abrangente, a democracia inclui a socialização da economia, da política e da cultura na direção da emancipação humana, isto é, da erradicação dos processos de exploração, dominação e alienação.

Ao se debruçar sobre o dever ser, a reflexão ética não é neutra, mas compromissada com valores que dizem respeito a determinadas projeções sociais e que têm protagonistas histórico-sociais efetivos. E os princípios éticos, ao impregnarem o exercício cotidiano, indicam *um novo modo de operar o trabalho profissional,* estabelecendo balizas para a sua condução nas condições e relações de trabalho em que é exercido e nas expressões coletivas da categoria profissional na sociedade.

O que merece destaque é que o projeto profissional[7] não foi construído numa *perspectiva meramente corporativa.* Ainda que abarque a defesa das prerrogativas profissionais, o projeto os ultrapassa porque é dotado de "caráter ético-político". Ele permite elevar esse *projeto a uma dimensão de universalidade e estabelece um norte quanto à forma de operar o trabalho cotidiano, impregnando-o*

7. Segundo Netto (1999, p. 95), os projetos profissionais, construídos coletivamente pela categoria, apresentam a autoimagem da profissão; elegem valores que a legitimam socialmente; delimitam e priorizam seus objetivos e funções; formulam requisitos (técnicos, institucionais e práticos) para o seu exercício; prescrevem normas para o comportamento dos profissionais; estabelecem balizas de sua relação com os usuários dos seus serviços, com outras profissões e com as organizações e instituições, públicas e privadas (entre estes, também e destacadamente, com o Estado, ao qual coube historicamente o reconhecimento jurídico dos estatutos profissionais).

de interesses da coletividade ou da "grande política", como momento de afirmação da teleologia e da liberdade na práxis social.

É nos limites daqueles princípios éticos que se constitui o *pluralismo*, com reconhecimento de orientações distintas na arena profissional e o seu embate. O pluralismo propugnado não se identifica com a versão liberal, em que todas as tendências profissionais são tidas como supostamente igualitárias, mascarando desiguais arcos de influência que exercem na profissão, os vínculos que estabelecem com projetos societários distintos e antagônicos, apoiados em forças sociais também diversas. Como nos lembra Coutinho (1991), o pluralismo como *fenômeno social e político* traz a marca do liberalismo, sendo típico do mundo moderno. Baseia-se na ideia dos direitos naturais inalienáveis do indivíduo em face da comunidade, cuja negação leva ao despotismo. A positividade do conflito assumida envolve o reconhecimento da diferença e da competição; a tolerância é reconhecida assim como a divisão de poderes, na contrapartida do poder absoluto. (*idem*). Ultrapassando o viés liberal, o autor defende o pluralismo com hegemonia, sob inspiração de Rousseau e Gramsci, no qual entram em cena não indivíduos isolados, mas sujeitos coletivos: uma vontade coletiva, que leva em conta os interesses nela representados. Mas *no terreno do conhecimento*, o pluralismo *não pode ser identificado com a conciliação de pontos de vista inconciliáveis* (Coutinho, 1991). Ele envolve a abertura ao diferente, que se reconhece como tal. Implica ainda o debate de concepções de mundo, nos termos de Gramsci: visões do real com normas de ação adequadas e luta pela hegemonia.

A *consolidação desse projeto exige* radical esforço de integrar o "dever ser" com o *trabalho do(a) assistente social*. Ou seja, articular o *projeto profissional ao exercício da profissão nas condições sociais concretas de sua realização, mediadas pelo estatuto assalariado e pela organização política das classes em suas expressões coletivas.*

No Brasil, o Serviço Social foi regulamentado como uma "profissão liberal", dela decorrendo os estatutos legais e éticos que prescrevem uma autonomia teórico-metodológica, técnica e ético-política à condução do exercício profissional. Entretanto, o exercício da profissão *é tensionado pela compra e venda da força de trabalho especializada do assistente social*, enquanto trabalhador assalariado, determinante fundamental na autonomia do profissional, impregnando essa atividade dos constrangimentos do trabalho alienado. Estabelece-se assim *"a tensão entre projeto profissional e alienação do trabalho, indissociável do estatuto assalariado"*. Ou, em outros termos, repõe-se nas particulares condições do trabalho do assistente social profissional, *o clássico dilema entre causalidade e teleologia, entre estrutura e ação do sujeito.*

A condição assalariada — seja como funcionário público ou assalariado de empregadores privados, empresariais ou não — *envolve, necessariamente, a incorporação de parâmetros institucionais e trabalhistas que regulam as relações de trabalho, que estabelecem as condições em que esse trabalho se realiza: intensidade, jornada, salário, controle do trabalho, índices de produtividade e metas a serem cumpridas* (Iamamoto, 2007; Raichelis, 2011, 2013). Os organismos empregadores redefinem funções e atribuições dos seus empregados; oferecem os recursos materiais, *financeiros, humanos e técnicos indispensáveis à objetivação do trabalho; recortam as expressões da "questão social" matéria da atividade profissional, o que condiciona conteúdo do trabalho realizado e estabelecendo limites e possibilidades à realização dos propósitos profissionais.*

A possibilidade de imprimir uma direção social ao exercício — moldando o seu conteúdo e o modo de operá-lo — decorre da *relativa autonomia* de que dispõem a/o assistente social resguardada pela legislação profissional e passível de reclamação judicial. *Essa autonomia é dependente da correlação de forças econômica, política e cultural em nível societário* e se expressa, de forma particular, nos distintos *espaços ocupacionais* construídos na relação com sujeitos sociais determinados: *no Estado* (no Poder Executivo e Ministério Público, no Judiciário e no Legislativo); *nas empresas capitalistas*; nas *organizações político-sindicais;* nas *organizações privadas não lucrativas* e nas demais instâncias públicas de controle democrático (Conselhos de Políticas e de Direitos, conferências, fóruns, ouvidorias). Outro vetor de requisições ao trabalho do assistente social são *as necessidades dos sujeitos sociais a quem se dirige o trabalho condicionadas* pelas relações de poder, que, reelaboradas na óptica dos empregadores, transformam-se em demandas profissionais. Assim, o trabalho do assistente social fica sujeito às forças sociais que nele incidem.

Os assistentes sociais brasileiros atuam predominantemente na formulação, planejamento e execução de políticas públicas na perspectiva de defesa e ampliação dos direitos da população. Atuam na esfera privada, principalmente no âmbito do repasse de serviços, benefícios e na organização de atividades vinculadas à produção material. E em processos de organização e formação política de segmentos diferenciados de trabalhadores (CFESS, 2008).

Nesses espaços ocupacionais, os (as) assistentes exercem suas *competências e atribuições* profissionais, resguardados (as) por lei: estudos socioeconômicos; orientação social a indivíduos, grupos e famílias; assessorias, consultorias e supervisão técnica; formulação, gestão e avaliação de políticas, programas e projetos; mobilização social e práticas educativas; instruções sociais de processos, sentenças e decisões; formulação do projeto de trabalho profissional e pesquisa; magistério, direção e supervisão acadêmica, que não têm tido a necessária visibilidade na literatura profissional recente.

No seu trabalho cotidiano, o assistente social trata com situações singulares vividas por indivíduos e suas famílias, grupos e segmentos populacionais, atravessadas por determinações de classes. São desafiados a desentranhar da vida dos sujeitos singulares que atendem as dimensões particulares e universais aí presentes, condição para transitar necessidades sociais da esfera privada para a luta por direitos na cena pública em fóruns e espaços coletivos. Isso requer tanto competência teórico-metodológica para ler a realidade quanto atribuir visibilidade aos fios que integram o singular no coletivo quanto à incorporação da pesquisa e do conhecimento do modo de vida, de trabalho e expressões culturais desses sujeitos sociais, requisitos essenciais do desempenho profissional, além da sensibilidade e da vontade política que movem a ação.

Saliento três tendências, de raiz liberal, que vêm interferindo decisivamente nas respostas institucionais à "questão social":

A primeira é o *reforço do individualismo e responsabilização da família trabalhadora pela ultrapassagem dos níveis de pobreza.* A tendência é transferir aos indivíduos e suas famílias — apesar da precariedade das condições de sua sobrevivência — a responsabilidade de criar condições para o enfrentamento das desigualdades, expresso nas *condicionalidades para o acesso às políticas públicas.* Assistentes sociais são chamados a exercer a fiscalização das famílias, *a priori* infantilizadas e criminalizadas no cumprimento dessas condicionalidades: a exercer a "vigilância social" ou o "policiamento social" dos pobres, evitando "artimanhas no uso indevido de recursos públicos", demanda persistente desde os primórdios da profissão. É interessante observar que ao grande capital não é requerida qualquer "vigilância" perante os créditos públicos obtidos para mover seus negócios.

A segunda tendência é a *moralização da questão social*, ou seja, a *subjetivação de necessidades dos sujeitos*, escamoteando as condições miseráveis de sobrevivência de amplos contingentes de trabalhadores sobrantes. Constata-se a tendência de "não sujar as mãos com as necessidades de sobrevivência material", em favor de um trabalho considerado 'mais nobre' nas esferas da cultura, da educação ou psicológica: a tendência de encarar a vivência da pobreza como questão psicológica, cuja aceitação passaria pela via terapêutica, individual ou familiar, sublimando as desigualdades e negando determinações coletivas de classe. A moralização da "questão social" também se mostra no chamamento ao voluntariado com uma dupla implicação; a) a *desqualificação das necessidades da população sujeitas a um atendimento de segunda classe, não especializado, como se boa vontade substituísse o conhecimento teórico e técnico-político do modo de vida e a cultura das classes subalternas*; b) o trabalho voluntário é situado acima do bem e do mal, *metafisicamente superior.*

A terceira tendência é a *assistencialização da barbárie do capital e a criminalização de suas manifestações*: esta junção atualiza o Estado Penal, (Wacquant, 2001) e permite reiterar uma antiga e persistente aliança entre repressão e assistência no trato da "questão social". Assistentes sociais são chamados a verificar *in loco* as condições de vida da população trabalhadora, ingressando no seu espaço doméstico e familiar, o que pode redundar em antiéticas invasões da privacidade em nome da burocracia, do controle estatal e do cumprimento dos parâmetros de produtividade do trabalho.

No âmbito das políticas sociais referências ao *risco social, vulnerabilidade e a exclusão social* têm sido largamente incorporadas no trabalho cotidiano. A gestão de políticas passa a ser vista como *"administração ou gestão do risco social" perante segmentos populacionais em "situação de vulnerabilidade"*. Esta foi uma inflexão operada nas políticas de proteção social do Banco Mundial, a partir de 2000, com suporte acadêmico em teóricos de amplo reconhecimento na sociologia europeia, como Ulrich Beck (Beck, 1997a, 1997b, 1998, 2008) e Anthony Giddens (Giddens, 1991, 2005; Giddens e Pierson, 2000; Giddens, Beck e Lash, 2007), municiadores intelectuais da "terceira via" ante a "morte do socialismo" e da "luta de classes".

A *hipótese é a de que a chamada teoria do risco é o anverso da teoria da crise do capital*. Em outros termos: não há crise do capital, mas existem contradições e impasses decorrentes *do êxito da radicalização da modernidade na era da globalização* (visto ser o desenvolvimento capitalista um processo natural e perene). Assim, a crise do capital é *fetichizada* e apresentada ao reverso: meros riscos inerentes ao sucesso do capital, passíveis de serem administrados. Emerge uma *nova maneira de encarar a política de proteção social* como: *estratégia de manejo ou administração de risco.* Nesse conjunto de categorizações de clara inspiração liberal — *riscos, ativos, vulnerabilidades, igualdade de oportunidades* — a pobreza passa a ser vista como *fracasso individual no ingresso aos mecanismos de mercado.* Caberia ao Estado compensar as "falhas do mercado" e fornecer redes de proteção social aos pobres vulneráveis para lidar com o risco. Ante a necessidade de reduzir gastos sociais, recomenda-se o *empoderamento de indivíduos* e redução de sua dependência perante as instituições estatais. Atribui-se aos indivíduos atomizados e suas famílias a responsabilidade de se protegerem contra os riscos (naturais e artificiais). Ao mesmo tempo, tem-se a focalização das políticas e programas sociais de caráter massivo e de baixo custo nos segmentos pobres mais vulneráveis: indivíduos, famílias e comunidades.

5. Conclusão: desafios ao Serviço Social

Na contramão do mar de individualismo e de insensibilidade ante os dilemas da coletividade, os assistentes sociais no Brasil preservaram sua capacidade de indignação ante desigualdades e injustiças sociais, mantendo viva a esperança em tempos mais humanos. Afirma-se a busca permanente de aperfeiçoamento, a inquietação criadora e o compromisso com a qualidade dos serviços prestados, sintonizados com as necessidades dos sujeitos individuais e coletivos. Consolida-se nova imagem social da profissão relacionada aos direitos, voltada à participação qualificada dos sujeitos sociais em defesa de suas necessidades e direitos. Avança-se no reconhecimento, por parte do assistente social de sua condição de trabalhador assalariado, integrado ao trabalho coletivo, na defesa das condições de trabalho e da qualidade dos atendimentos. Salienta-se a conquista da Lei n. 2.317/2010, que reduz a carga horária semanal de trabalho do assistente social para 30 horas sem redução de salário. São precisadas as competências e atribuições do assistente social nas políticas públicas de saúde, assistência social, educação, cidades, na área sociojurídica, dentre outras.

O contingente de assistentes sociais no país é de 183.740 profissionais ativos, em maio de 2018, conforme dados do Conselho Federal de Serviço Social (CFESS).

A *educação em Serviço Social no país é exclusivamente de nível superior* desde suas origens e inscrita no circuito universitário, a partir da década de 70 do século XX. Ela é regida por *diretrizes curriculares nacionais do ensino de graduação* (ABESS/CEDEPSS, 1996, CONES-MEC/SESU, 1999), reguladas pelo Estado[8], que norteiam os 538 cursos de graduação existentes em 2017, oferecidos por 501 instituições de ensino, conforme dados da ABEPSS. O ensino privado é majoritário em relação a vagas e matrículas, com ampla incidência no Ensino à Distância (Vidal, 2016).

Com base em dados do Ministério da Educação, de 2017, Antunes (2017, p. 22)[9] identificou 561 cursos de graduação em Serviço Social em atividade, que oferecem um total de 210.864 vagas. Deste universo, 521 são presenciais, ofertando o total de 76.830 vagas; 40 são na modalidade de EAD e ofertam 134.034 vagas. Segundo a mesma fonte, todos os cursos de graduação em Serviço Social ofertados no Brasil na modalidade de EAD são de natureza privada[10].

A pós-graduação *stricto sensu* na área de Serviço Social encontra-se consolidada com 34 Programas de Pós-Graduação em 2018, sendo que 19 programas ofertam apenas cursos de *mestrado* e 18 ofertam cursos de *doutorado*, todos de caráter acadêmico, quase todos em universidades públicas, com ênfase em *Serviço Social, Políticas Públicas e Políticas Sociais*, segundo dados da Fundação Coordenação de Aperfeiçoamento do Ensino Superior (CAPES). O mestrado inicia-se na década de 1970 e o doutorado na de 1980.

---

8. Disponível em: http//portal.mec.gov.br. MEC-SESU/CONESS/1999. Acesso em: 5 jun. 2018.

9. Disponível em: http://tede.unioeste.br/bitstream/tede/3265/2/Andressa_Antunes_2017.pdf. Acesso em: 5 jun. 2018.

10. Os cursos de graduação em Serviço Social ofertados em instituições de ensino superior de natureza pública e modalidade presencial, em âmbito nacional, perfazem 67, disponibilizando 5.109 vagas. Já os cursos ofertados em instituições de ensino superior de natureza privada e modalidade presencial, estes totalizam 454 cursos e dispõem de 71.721 vagas (Antunes, 2017, p. 22.)

O Serviço Social, desde os anos 1980, é oficialmente reconhecido como *área de conhecimento* pelas agências públicas oficiais de fomento à pesquisa e inovação tecnológica, conquista pioneira na América Latina. Pesquisadores na área — com rica interlocução junto às Ciências Sociais e Humanas — adensam o mercado editorial especializado. Assim, à *condição de profissão,* agrega-se a dimensão de *disciplina científica ou área de conhecimento,* afirmando o estatuto teórico da profissão e sua contribuição à produção de conhecimento (Mota, 2013, 2016).

A pauta temática da pesquisa em *Serviço Social* no Brasil centra-se nos seguintes eixos, que conformam dos Grupos de Trabalho e Pesquisa articulados pela ABEPSS (Mauriel, 2017): (1) Serviço Social, fundamentos trabalho e formação profissional; (2) Serviço Social e política social; (3) Trabalho, questão social e Serviço Social; (4) Ética, direitos humanos e Serviço Social; (5) Movimentos Sociais e Serviço Social (6) Serviço Social e relações de exploração/opressão de classe, raça/etnia e sexualidades; (7) Questão agrária, questão urbana e ambiental e Serviço Social; (8) Classes sociais, geração e Serviço Social.

Uma série de temas relativos aos fundamentos do Serviço Social ainda desafiam os investigadores da área, dentre os quais: a) Serviço Social mundial, estreitando laços de intercâmbio acadêmico-profissional; b) Estudos históricos sobre a América Latina e as particularidades nacionais do Serviço Social, favorecendo estudos comparados; c) Vertentes teórico-metodológicas presentes no debate profissional nos distintos cenários nacionais; d) Crítica teórica dos fundamentos do Social de Caso, Serviço Social de Grupo e do desenvolvimento de Comunidade, que marcam presença no debate contemporâneo do Serviço Social mundial; e) Trabalho cotidiano social e estratégias para sua realização; f) Dilemas clássicos da prática política que se atualizam no trabalho de assistentes sociais: o burocratismo, o "basismo", o "espontaneísmo", o "reformismo", entre outros; g) Quem é o assistente social hoje e sua condição de trabalhador(a) nos recortes de renda, gênero, etnia, geração dentre outros; h) Metamorfoses do mercado de trabalho e dos espaços ocupacionais no Estado, empresas e organizações civis não lucrativas; i) Sujeitos sociais alvo das ações profissionais — segmentos da classe trabalhadora em seus recortes de gênero, etnia, geração, território;

j) tendências de privatização e mercantilização da educação superior e incidências no trabalho docente, na qualidade da formação acadêmica, na submissão do conhecimento às demandas do mercado e na alienação das atividades do pesquisador.

É hora de soldar laços no interior do Serviço Social latino-americano e caribenho — e mais amplamente no cenário mundial do Serviço Social —, e sintonizar o trabalho do assistente social com as necessidades dos sujeitos sociais com os quais se trabalha na resistência à vigorosa reação conservadora de forças regressistas. Nossa atenção volta-se às lutas e movimentos dos trabalhadores rurais e urbanos e aos *novos sujeitos coletivos* (Gramsci, 1981, 1979, 2001) presentes na luta contra as desigualdades na defesa dos direitos humanos: o movimento dos sem-teto e dos trabalhadores sem-terra; o movimento das nações indígenas pela preservação de seu patrimônio material e cultural; as lutas das mulheres contra a opressão e assédio, pela legalização do aborto; as manifestações contra o desmonte da previdência social; dos afrodescendentes por direitos e contra o preconceito; da juventude trabalhadora da periferia das grandes cidades contra o genocídio de jovens, negros, pobres das periferias urbanas, a luta contra a fobia LGBT, contra todas as formas de racismo.

Esse quadro requer acumular forças políticas e forjar a resistência. Ela exige o retorno ao trabalho de educação política apoiando processos de organização popular, capacitação e educação política, decifrando suas expressões socioculturais (Duriguetto e Abramides, 2014). Tem-se como horizonte a defesa de um projeto societário emancipado, comprometido com os interesses e ideário dos trabalhadores, com a socialização da riqueza produzida pelo trabalho, a universalização dos direitos, e a preservação da natureza e os recursos naturais.

Reitero ser necessário qualificar a dupla dimensão do trabalho profissional: 1) a contribuição na reprodução material dos sujeitos, expressa na prestação de serviços sociais de qualidade previstos nas políticas públicas; 2) a dimensão educativa que incide na cultura das classes subalternas, em suas maneiras de ver, viver e sentir a vida, fortalecendo a dimensão coletiva das lutas sociais na construção de uma contra-hegemonia em termos gramscianos.

Finalizo com Carlos Drummond de Andrade, em *Mãos Dadas:*

> Não serei poeta de um mundo caduco.
> Também não cantarei um mundo futuro.
> Estou preso à vida e olho meus companheiros.
> Estão taciturnos, mas nutrem grandes esperanças.
> Entre eles, considero a enorme realidade.
> O presente é tão grande, não nos afastemos.
> Não nos afastemos muito, vamos de mãos dadas.

Referências

ABESS/CEDEPSS. Proposta básica para o projeto de formação profissional. *Serviço Social & Sociedade:* O Serviço Social no século XXI, São Paulo, ano XVII, n. 50, p. 143-171, abr. 1996.

CONESS/MEC_SESU/CONESS. http//portal.mec.gov.br. MEC-SESU/CONESS/1999. Acesso em: 5 jun. 2018.

ANTUNES, A. E. M. *O movimento de expansão dos cursos de graduação em Serviço Social no estado do Paraná*: a particularidade da Educação a Distância. Dissertação de Mestrado. Unioeste, Toledo, Paraná, 2017. Disponível em: http://tede.unioeste.br/bitstream/tede/3265/2/Andressa_Antunes_2017.pdf. Acesso em: 5 jun. 2018.

ANTUNES, R. (Org.). *Neoliberalismo, trabalho e sindicatos.* Reestruturação produtiva na Inglaterra e no Brasil. São Paulo: Boitempo, 1997.

______. *Os sentidos do trabalho.* São Paulo: Boitempo, 1999.

AQUINO, I. G. de C.; SILVA, A. P. R.; VIEIRA, P. L. C. O Movimento de Reconceituação na América Latina e suas expressões internacionais: análise crítica da participação e contribuição do CBCISS. *Em Pauta*, Rio de Janeiro, n. 40, v. 15, p. 151-165, 2º semestre 2017.

BATISTONI, R. O Movimento de Reconceituação no Brasil: o projeto profissional da Escola de Serviço Social da Universidade Católica de Minas Gerais (1964-1980). *Em Pauta*, Rio de Janeiro, n. 40, v. 15, p. 136-150, 2º semestre 2017.

BEHRING, E. Crise do capital, fundo público e valor. *In*: BOSCHETTI, I. *et al. Capitalismo em crise*: política social e direitos. São Paulo: Cortez, 2010, p. 13-34.

BECK, U. *La sociedad del riesgo*: hacia una nueva modernidad. Barcelona: Ed. Paidós, 1998.

______. Autodissolução do risco da sociedade industrial: que isso significa. *In*: *Modernização reflexiva*: política, tradição e estética na ordem social moderna. São Paulo: Ed. UNESP, 1997a.

BECK, U. A reinvenção da política: rumo a uma teoria da modernização reflexiva. *In*: *Modernização reflexiva*: política, tradição e estética na ordem social moderna. São Paulo: Ed. UNESP, 1997b.

______. *La sociedad del riesgo mundial.* En busca de la seguridad perdida. Espanha, Barcelona: Ed. Paidós Ibérica, 2008.

BEHRING, E. R. *Brasil em contrarreforma.* Desestruturação do Estado e perda de direitos. São Paulo: Cortez, 2003.

______; BOSCHETTI, I. *Política social*: fundamentos e história. São Paulo: Cortez, Col. Biblioteca Básica de Serviço Social, v. 2, 2006.

______. Crise do capital, fundo público e valor. *In*: ______ *et al. Capitalismo em crise, política social e direitos.* São Paulo: Cortez, 2010. p. 13-34.

BHIR, A. *Da grande noite à alternativa.* O movimento operário europeu em crise. 2. ed. São Paulo: Boitempo, 1999.

CFESS, 15/05/2008 http://www.cfess.org.br/arquivos/05_manifestograduacao distancia_2008.pdf

CHESNAIS, F. Mundialização: o capital financeiro no comando. *Outubro,* São Paulo, n. 5, p. 7-28, 2001.

______. As raízes da crise econômica mundial. *Revista Em Pauta,* v. 11, n. 31, 2013, p. 21-37, ISSN: 2238-3786.

COUTINHO, C. N. C. *Gramsci.* Um estudo sobre seu pensamento político. Rio de Janeiro: Campus, 1989.

______. Notas sobre cidadania e modernidade. *In*: *Contra a corrente. Ensaios sobre democracia e socialismo.* São Paulo: Cortez, 2000.

______. Pluralismo: dimensões teóricas e políticas. *Cadernos ABESS* n. 4. São Paulo: Cortez, 1991, p. 5-12.

CRESS 7ª Região (RJ). *Assistente Social:* ética e direitos. Coletânea de Leis e Resoluções. Rio de Janeiro: Lidador, maio, 2000.

DEMIER, F. Democracias blindadas nos dois lados do Atlântico. Formas de dominação político-social e contrarreformas no tardo capitalismo (Portugal-Brasil). *Libertas*. Juiz de Fora, v. 12, n. 2, 2012.

DURIGUETTO, M. L.; DEMIER, F. Democracias blindadas, contrarreformas e luta de classes no Brasil contemporâneo. *Argumentum*. Vitória, v. 9, n. 2, p. 8-19, maio/ago. 2017.

DURIGUETTO, M. L.; ABRAMIDES, M. B. (Orgs.). *Movimentos sociais e Serviço Social — uma relação necessária*. São Paulo: Cortez, 2014.

FERNANDES, F. *A revolução burguesa no Brasil*. Ensaios de interpretação sociológica. Rio de Janeiro: Zahar, 1975.

FITOUSSI, J. P.; ROSANVALLON, P. *La nueva era de las desigualdades*. Buenos Aires: Manantial, 1997.

GIDDENS, A. *As consequências da modernidade*. 2. ed. São Paulo: Ed. UNESP, 1991.

______. *A terceira via*. Reflexões sobre o impasse político-cultural e o futuro da social-democracia. Rio de Janeiro: Record, 2005.

GIDDENS, A.; PIERSON, C. *Conversas com Anthony Giddens*. O sentido da modernidade. Rio de Janeiro: Editora FGV, 2000.

GIDDENS, A.; BECK, U.; LASH, S. *Modernização reflexiva*. Política, tradição e estética na ordem social moderna. 2. reimp. São Paulo: Ed. UNESP, 2007.

GRAMSCI, A. *Maquiavel, a política e o Estado moderno*. 3. ed. Rio de Janeiro: Civilização Brasileira, 1979.

______. *Cadernos do Cárcere*. Rio de Janeiro: Civilização Brasileira, 2001, v. 4.

______. *Cadernos do Cárcere*. 3. ed. Rio de Janeiro: Civilização Brasileira, 2007, v. 3.

______. *A concepção dialética da história*. Rio de Janeiro: Paz e Terra, 1981.

HARVEY, D. *O enigma do capital e as crises do capitalismo*. São Paulo: Boitempo, 2011.

______. *A condição pós-moderna*. São Paulo: Loyola, 1993.

HOBSBAWM, E. *Sobre História*. 2. ed. São Paulo: Companhia das Letras, 2006.

HUSSON, M. *Miséria do capital*. Uma crítica ao neoliberalismo. Lisboa: Terramar, 1999.

IAMAMOTO, M. V.; CARVALHO, R. *Relações Sociais e Serviço Social no Brasil. Um esboço de interpretação histórico-metodológica*. São Paulo: Cortez, 1982.

______. *Serviço Social em Tempo de Capital Fetiche*. São Paulo: Cortez, 2007.

______. Os 70 anos da Faculdade de Serviço Social da UERJ na história do Serviço Social brasileiro. *In*: VELOSO, R. *et al*. *Trajetória da Faculdade de Serviço Social da UERJ*: 70 anos de história. Rio de Janeiro: Ed. UERJ, 2014, p. 21-52.

LEI n. 12.317, de 26 de agosto de 2010. http://www.planalto.gov.br/ccivil_03/_Ato2007-2010/2010/Lei/L12317.htm

MANDEL, E. *O capitalismo tardio*. São Paulo: Nova Cultural, 1985.

MARSHAL, T. H. *Cidadania, classe social e "status"*. Rio de Janeiro: Zahar, 1967.

MARX, K. *O Capital*. Crítica da Economia Política. São Paulo: Nova Cultural, 1985.

MAURIEL, A. P. O. Os Grupos Temáticos de Pesquisa da ABEPSS na relação entre pós-graduação e graduação. *Revista Katálysis*. Florianópolis, v. 20, n. 2, p. 262-271, maio/ago., v. 20. 2017. ISSN 1982-0259.

MOTA, A. E. Serviço Social brasileiro; insurgência intelectual e legado político. In: OLIVEIRA e SILVA M. L. *Serviço Social no Brasil*. História de resistência e ruptura com o conservadorismo. São Paulo: Cortez, 2016, p. 165-182.

______. Serviço Social brasileiro: profissão e área de conhecimento. *Revista Katalysis*, v. 16, n. esp., 2013, p. 17-27.

NETTO, J. P. Cinco notas a propósito da questão social. *Temporalis:* ABEPSS, Brasília, DF, n. 3, p. 41-45, 2001.

______. A construção do projeto ético-político do Serviço Social frente à crise contemporânea. *In*: CFESS/ABEPSS; CEAD/UnB (Org.). *Crise contemporânea, questão social e Serviço Social*. Capacitação em Serviço Social e política social. Brasília: CEAD/UnB, 1999.

PAIVA, B.; SALES, M. A. Nova Ética Profissional: Práxis e Princípios. BONETTI, D. A. *et al*. (Orgs.). *Serviço Social e Ética*. Convite a uma nova práxis. São Paulo: Cortez/CFESS, 1996.

PEREIRA, L. D. Política Educacional Brasileira e Serviço Social: do confessionalismo ao empresariamento da formação profissional. Tese (Doutorado em Serviço Social) — Programa de Pós-Graduação em Serviço Social, Universidade Federal do Rio de Janeiro, Rio de Janeiro, 2007.

PINHEIRO, M. I. *Serviço Social. Uma interpretação do pioneirismo do Rio de Janeiro. Documentário*. Rio de Janeiro: Edições UERJ, 1985.

______. *Serviço Social. Documento histórico. Serviço Social Infância e Juventude Desvalidas. 1939*. UERJ/CEPUERJ/Cortez, 1985a.

QUIROGA, Consuelo (Org.). *Compendio sobre la metodología del trabajo social*. Buenos Aires: ECRO, 1973a.

______. *Compendio sobre la reestructuración de la carrera de trabajo social*. Buenos Aires: ECRO, 1973b, p. 25-67.

RAICHELIS, R. O assistente social como trabalhador assalariado: desafios frente às violações de seus direitos. *Serviço Social & Sociedade* n. 107. São Paulo, Cortez Editora, jul./set. 2011.

______. Proteção Social e trabalho do assistente social: tendências e disputas na conjuntura de crise mundial. *Serviço Social & Sociedade* n. 116. Especial: Proteção Social. São Paulo. Cortez Editora, out./dez., 2013.

ROSANVALLON, P. *La nueva cuestión social*. Repensar el Estado providencia. Buenos Aires: Manancial, 1995.

______. *A crise do Estado providência*. Goiânia: UnB, 1997.

______. *A nova questão social*. Repensando o Estado Providência. Brasília, DF: Instituto Teotônio Vilela, 1998.

SANTANA, M. A.; RAMALHO, J. S. *Além da fábrica:* trabalhadores, sindicatos e a nova questão social. São Paulo: Boitempo, 2003.

YAZBEK, M. C. Pobreza e exclusão: expressões da questão social. *Temporalis* ABEPSS, ano III, n. 3, p. 33-40, jan./jun. 2001.

______. Fundamentos históricos e teórico-metodológicos e as tendências contemporâneas do Serviço Social. *In*: GUERRA, Yolanda; LEWGOY, Alzira; SERPA, Moema; SILVA, José Fernando Siqueira (Orgs.). *Serviço Social e seus fundamentos: conhecimento e crítica*. 1. ed. São Paulo: Papel Social, 2018b, v. p. 47-84.

VIDAL, K. C. *O ensino a distância*: um reflexo da expansão mercantilizada da Educação Superior e os impactos no Serviço Social. Dissertação de Mestrado. São Paulo: PUC-SP, 2016.

WACQUANT, L. *As prisões da miséria*. Rio de Janeiro: Zahar Ed., 2001.

O Serviço Social no Brasil. Trabalho, formação profissional e projeto ético-político

Raquel Raichelis

1. Introdução

As profissões são construções históricas que ganham inteligibilidade quando inseridas no movimento das sociedades que lhes atribuem significados e sentidos, no complexo processo de produção e reprodução das relações sociais. O reconhecimento do Serviço Social como profissão e a profissionalização dos seus agentes na sociedade brasileira decorrem de complexas interações entre processos institucionais e lutas sociais nos marcos da questão social, nos quais o Estado capitalista da era dos monopólios amplia suas funções econômicas e políticas.

Os elementos que condicionam a profissionalização do Serviço Social no Brasil estão diretamente articulados à dinâmica das relações entre as classes sociais e a ação regulatória do Estado, frente aos conflitos e contradições inerentes à disputa pela apropriação da riqueza, bens e serviços produzidos socialmente.

A institucionalização do Serviço Social na sociedade brasileira, o processo de formação de assistentes sociais, bem como a estruturação do mercado de trabalho profissional são resultantes de relações históricas — sociais, políticas, econômicas e culturais — que criam (e recriam) a necessidade social da profissão, condicionam suas tarefas e demandas, circunscrevem seu espaço institucional, atribuem características particulares ao sujeito vivo do trabalho, definem o perfil dos destinatários dos serviços profissionais.

Nesses termos, as reflexões que se seguem partem da concepção do Serviço Social como expressão do trabalho coletivo inserido na divisão social e técnica do trabalho (Iamamoto e Carvalho, 1982; Iamamoto, 2007), articulado aos distintos estágios que caracterizam o capitalismo dependente na sociedade brasileira, em sua dinâmica mundializada e financeirizada.

As origens da profissionalização do Serviço Social no Brasil podem ser localizadas na transição do capitalismo concorrencial para o capitalismo monopolista, quando são criadas as bases para a institucionalização do Serviço Social enquanto profissão socialmente reconhecida pelo Estado e classes dominantes, como uma das estratégias do Estado para responder à "questão social", como expressão das lutas de classe, que exige o suporte de instituições sociais responsáveis pela mediação contraditória das respostas às novas necessidades sociais, tanto do capital como do trabalho.

É nesse âmbito que ganha significado a afirmação de Netto (1992, p. 69, grifos do autor), segundo a qual "[...] na emergência profissional do Serviço Social, não é este que se constitui para *criar* um dado espaço na rede sócio-ocupacional, mas *é a existência deste espaço que leva à constituição profissional*".

2. Notas sobre as origens históricas do Serviço Social e a construção do projeto profissional brasileiro

As origens do Serviço Social no Brasil remontam à progressiva intervenção do Estado na "questão social", momento em que estava em curso na sociedade brasileira a formação e o desenvolvimento da classe operária e de suas lutas pelo reconhecimento de direitos coletivos pelo Estado e empresariado. O contexto é o da emergente sociedade urbano-industrial dos anos 1930, em uma conjuntura peculiar de acirramento das lutas sociais contra a exploração abusiva do trabalho nas primeiras fábricas que se instalavam nos centros urbanos, especialmente no sudeste do país.

As iniciativas pioneiras de organização do Serviço Social foram conduzidas pela Igreja Católica, a partir da ação de grupos majoritariamente femininos integrantes do movimento católico leigo que, a partir de entidades assistenciais católicas, desenvolviam ação social junto aos segmentos mais vulnerabilizados e empobrecidos da classe operária. (Iamamoto e Carvalho, 1982; Yazbek, 2012).

Há que se destacar a importância singular da Igreja Católica na estruturação do Serviço Social no Brasil, responsável pelo ideário, pela organização das instituições formadoras dos(as) primeiros(as) assistentes sociais, pelos conteúdos teórico-práticos dessa formação acadêmico-profissional, pelos primeiros campos de estágio vinculados a entidades sociais católicas mantidas pelo laicato católico e voltadas precipuamente à família operária, especialmente mulheres e crianças.

Contudo, o Serviço Social não é apenas expressão direta da ação assistencial e filantrópica da Igreja Católica, em cuja base material se apoiou durante muitos anos. Expressão do novo *apostolado social*, a profissão nascente condensa principalmente "uma forma de intervenção ideológica, que se baseia no assistencialismo como suporte de uma atuação cujos efeitos são essencialmente políticos: o enquadramento das populações pobres e carentes, o que engloba o conjunto das classes exploradas". (Iamamoto e Carvalho, 1982, p. 227)

Também nessa direção deve ser entendida a influência europeia, notadamente franco-belga, no discurso e nas ações das pioneiras do Serviço Social. O autoritarismo, o doutrinarismo, o paternalismo, o ideário vocacional e missionário presentes no movimento católico encontram nas classes dominantes brasileiras a base social que os assimila e (re)alimenta, principalmente por meio da ação dos núcleos femininos unificados pela militância no meio católico.

Apesar do significativo aparato institucional da Igreja Católica e dos seus agentes leigos na estruturação do perfil emergente da profissão, a profissionalização do Serviço Social decorre da progressiva intervenção do Estado brasileiro frente ao agravamento da "questão social", como expressão do acirramento das lutas de classes típicas da ordem burguesa, que exigem a mediação estatal, em dupla perspectiva: a) no sentido de garantir condições adequadas ao processo de acumulação em benefício do grande capital monopolista; b) e, simultaneamente, na perspectiva de responder, por vezes antecipar-se, às pressões da mobilização e organização da classe operária nas suas lutas por direitos e cidadania social.

É nessa conjuntura, nos marcos da expansão do capitalismo monopolista, que se apresentam, em novo patamar, as contradições da ordem burguesa e levam o Estado a enfrentar a "questão social", como questão política e pública, o que requisita o desenvolvimento de novas funções estatais, não apenas econômicas, mas também políticas e sociais. Torna-se necessário pois transmutar a "questão social" em um somatório de problemas a ser administrado e controlado pela via institucional, por meio de políticas públicas e agências de poder estatal nos mais diversos âmbitos da vida social.

Exemplo emblemático é o amplo conjunto de leis regulamentadoras das relações entre capital e trabalho, como a Consolidação das Leis do Trabalho (CLT), o Salário Mínimo, a jornada de 8 horas, o direito a férias, a proteção do trabalho da criança e da mulher, a Legislação Sindical e outras tantas medidas de cunho corporativista, levadas a efeito pela ditadura varguista do Estado Novo, nas décadas de 1930 e 1940.

Contudo, se para a emergente classe operária brasileira, as ações no campo da proteção social se redefinem como parte de um pacto político entre as classes sociais, com a intermediação estatal, para o trabalhador pobre, sem carteira assinada ou desempregado, restam as *obras* sociais e filantrópicas que se mantêm responsáveis pela assistência aos mais pobres.

Assim, em uma complexa dinâmica societária, configura-se o mercado de trabalho para o Serviço Social na divisão social e técnica do trabalho, sendo assistentes sociais reconhecidos(as) como executores(as) das políticas sociais, em distintas áreas como saúde, habitação, previdência social, educação, assistência social, nas quais se desenvolvem programas e serviços sociais à classe trabalhadora e suas famílias (Netto, 1992). Pela mediação das políticas sociais ampliam-se as possibilidades de intervenção profissional, mais além da ação social até então implementada no âmbito privado, sob o patrocínio das instituições vinculadas à Igreja Católica.

O mercado de trabalho para o(a) assistente social no Brasil se alarga nas décadas de 1940 e 1950, com a criação de instituições assistenciais de grande porte, como a Legião Brasileira de Assistência Social — LBA, em 1942, primeira instituição assistencial de abrangência nacional criada em função do ingresso do Brasil na 2ª Guerra Mundial; e o conhecido *Sistema S*, integrado por instituições que veiculam iniciativas de frações da burguesia industrial e comercial, voltadas a uma ação socioassistencial junto às famílias operárias, para além dos muros da fábrica, como o Serviço Social da Indústria — SESI (1946); o Serviço Nacional de Aprendizagem Industrial — SENAI (1946); o Serviço Social do Comércio — SESC (1942), disseminadas com grande aporte financeiro e incentivo do Estado brasileiro.

Os anos entre 1936 e 1945 marcam o surgimento das primeiras escolas de Serviço Social: a pioneira em São Paulo, em 1936, seguida da Escola do Rio de Janeiro, em 1937, Escola de Serviço Social de Pernambuco, em 1940, a primeira do nordeste brasileiro; assim como em 1945 as escolas do Paraná e Rio Grande do Sul, pioneiras da região sul do Brasil, entre outras que serão fundadas sob a égide dos valores católicos, por iniciativas tanto do Estado quanto do patronato, contribuindo também para a interiorização das unidades de ensino em várias regiões do país.

A relação orgânica com a Igreja Católica vai imprimir à formação dos assistentes sociais uma abordagem da "questão social" como problema moral, de responsabilidade individual dos(as) trabalhadores(as) e famílias. A contribuição do Serviço Social, neste momento, incidirá sobre o ideário, as condutas e a sociabilidade da família operária, na perspectiva de integração dos grupos e classes subalternas aos valores da vida urbana exigidos pelo emergente capitalismo industrial. Trata-se de um enfoque psicologizante e moralizador, que terá como referenciais orientadores o pensamento social da Igreja Católica, no contexto em que esta instituição busca recuperar sua hegemonia na sociedade a partir do crescente protagonismo estatal.

Ao mesmo tempo, a dinâmica de interiorização e modernização das administrações públicas municipais, bem como a extensão de programas sociais às populações rurais (Iamamoto e Carvalho, 1982) nas décadas de 1950/1960, criam as bases institucionais e materiais para a consolidação do mercado nacional de trabalho para os assistentes sociais (Netto, 1992).

Após a 2ª Guerra Mundial, a expansão da economia capitalista de base keynesiano-fordista, no contexto da transnacionalização dos mercados, crescimento da indústria e do emprego regulado, contribui para a ampliação de políticas públicas financiadas pelo fundo público, que visam dinamizar o consumo daquela parcela de trabalhadores com emprego formal e regulamentado, constitutiva da *cidadania regulada* (Santos, 1979), ao lado de uma enorme massa de trabalhadores destituídos de direitos porque não incorporados ao mercado formal de trabalho. A generalização dos direitos sociais no Brasil só ocorrerá tardiamente, por meio da Constituição Federal de 1988, que estabelece parâmetros universalizadores de direitos para o conjunto dos segmentos sociais (Iamamoto, 2011), com grandes desafios para sua efetivação.

Concretiza-se assim a pretendida intervenção racionalizadora do Estado burguês e suas instituições, sobre os efeitos da "questão social", que vai implicar na necessidade de profundas redefinições, expansão e refuncionalização da formação profissional (Netto, *idem*), tarefa empreendida pela política educacional da ditadura civil-militar que vigorou no país de 1964 a 1985.

Na divisão social, técnica e sexual do trabalho, para assistentes sociais, será reservada, prioritariamente, a relação com os segmentos sociais mais vulnerabilizados pelas sequelas da "questão social", que buscam nas políticas públicas, especialmente nos serviços e programas sociais públicos, respostas às suas necessidades mais imediatas e prementes.

Embora o Serviço Social tenha sido regulamentado em 1949 pelo Ministério do Trabalho como profissão liberal, assistentes sociais integram o mercado como trabalhadores(as) assalariados(as) que vendem sua força de trabalho em troca de um salário, o que permite elucidar a dimensão contraditória de seu trabalho no âmbito das instituições sociais empregadoras, incidindo na autonomia relativa deste(a) profissional.

Isto, contudo, não impediu que esta categoria profissional, nas suas expressões político-organizativas, buscasse materializar um projeto coletivo de profissão, tendo como norte sua dimensão teleológica, enfrentando as contradições de um trabalho tensionado pelas lutas de hegemonia presentes na sociedade de classes, que reduzem ou ampliam as margens de autonomia profissional em diferentes conjunturas.

Desde a criação, em 1946, da Associação Brasileira de Ensino de Serviço Social (ABESS), atualmente Associação Brasileira de Ensino e Pesquisa em Serviço Social (ABEPSS), passando pela regulamentação do ensino e das prerrogativas dos portadores de diploma de assistente social em 1953, pela lei de 1957, que confere a estes o monopólio do exercício profissional, bem como a criação em 1962 do CNAS — Conselho Nacional de Assistentes Sociais e dos CRAS — Conselhos Regionais de Assistentes Sociais, responsáveis pela fiscalização do exercício profissional (o que hoje constitui o conjunto CFESS/CRESS — Conselho Federal e Conselhos Regionais de Serviço Social), o Serviço Social brasileiro foi avançando e constituindo uma rede articulada de entidades e organizações em âmbito nacional, responsável pelo acompanhamento da formação acadêmica, do exercício e da organização política dos(as) assistentes sociais brasileiros(as), que se mantém fortalecida até o momento presente.

É essa particularidade do Serviço Social brasileiro que conferiu à profissão uma regulamentação de âmbito federal, um código de ética profissional, diretrizes curriculares nacionais que orientam a formação acadêmico-profissional, assim como a presença orgânica de entidades representativas em todo o país, configurando uma experiência política singular de articulação de um *projeto profissional nacional* para o Serviço Social brasileiro.

Nos anos 1960, a profissão questiona seus referenciais teóricos e políticos de matriz conservadora, de base positivista, e se junta às inquietações e insatisfações latino-americanas que mobilizaram amplos segmentos sociais em torno da luta anti-imperialista na defesa de projetos de transformação social.

> O Serviço Social, sob os influxos dessa atmosfera de predisposição à mudança societária, desencadeia em toda a América Latina um amplo movimento de renovação profissional em diferentes níveis: teórico, metodológico, técnico/operativo e ídeo-político. O *Movimento de Reconceituação* impõe aos assistentes sociais a necessidade de construir um novo projeto profissional, comprometido com as demandas e interesses dos trabalhadores e das camadas populares usuárias das políticas públicas. É no bojo deste movimento e em seus desdobramentos históricos, que se definem e se confrontam diferentes tendências na profissão, que incidem nos seus fundamentos teóricos e metodológicos e na direção social de sua intervenção. (Yazbek, Martinelli, Raichelis, 2008, p. 16)

No Brasil, contudo, é somente a partir dos anos 1980, no contexto das lutas pela democratização do Estado e da sociedade brasileira, com a presença de um vigoroso movimento político que desencadeou a crise da ditadura civil-militar, que o Serviço Social vai experimentar um amplo e profundo movimento de revisão e renovação críticas, que dá origem ao que denominamos *projeto ético-político profissional do Serviço Social brasileiro.*

Trata-se de uma conjuntura que aglutina um leque de alianças das forças políticas progressistas, com forte presença das organizações operárias e sindicais, dos movimentos populares, da esquerda católica, na qual a categoria de assistentes sociais aliou-se na luta em defesa do Estado Democrático de Direito, pela criação de uma nova Constituição Federal, promulgada em 1988.

A transição democrática sinalizou os sinais de esgotamento e crise do regime ditatorial e fez reavivar no Serviço Social a vertente comprometida com o projeto democrático-popular que, a partir da primeira metade de 1980, aglutinará vanguardas profissionais engajadas em um movimento de crescente questionamento ao conservadorismo profissional e às teorias de ajustamento social que o acompanham, até finais da década de 1970.

3. Projeto profissional, transformações no "mundo do trabalho" e incidências no trabalho do/a assistente social

Como vimos analisando, as condições propícias à profissionalização do Serviço Social (e de tantas outras profissões) foram dadas a partir da crescente intervenção do Estado capitalista nos processos de regulação e reprodução social, por meio das políticas sociais públicas.

No Brasil, o Serviço Social como profissão integrou-se, principalmente, ao setor público estatal, sendo, até hoje, o maior empregador de assistentes sociais nos três níveis de poder, notadamente no âmbito municipal. Vinculou-se, ainda, a empresas privadas e estatais, assim como às instituições assistenciais confessionais ou laicas sem fins lucrativos e às organizações não governamentais.

Assistentes sociais são convocados(as) a intervir nas mais agudas e dramáticas manifestações da "questão social", que se renovam e se atualizam nas diferentes conjunturas sociopolíticas. Trata-se de novas e antigas questões derivadas da desigualdade social característica do capitalismo monopolista no Brasil, em suas múltiplas faces e dimensões com as quais assistentes sociais convivem no cotidiano profissional.

A crise mundial do capital que se inicia nos anos 1970, indicando os primeiros sinais de esgotamento da fase expansiva do desenvolvimento capitalista no pós-segunda guerra mundial, será responsável direta pelas transformações do Estado nas décadas seguintes e reconfiguração das políticas sociais, mergulhando a "questão social" em um complexo de novas determinações, com rebatimentos no trabalho profissional.

Na sociedade capitalista, o trabalho do assistente social é indissociável do emaranhado de contradições e da correlação de forças que se estabelece em torno da riqueza socialmente produzida, apropriada privadamente pelo capital para fins de acumulação. A reestruturação produtiva que se desencadeia como resposta à crise estrutural do capital tem como principal característica a hegemonia do capital financeiro especulativo que busca a integração do processo produtivo em escala planetária, desencadeando encolhimento industrial, ampliação do setor de serviços e profundas mudanças nas *formas de ser da classe trabalhadora*, com impactos em sua materialidade e na subjetividade individual e coletiva.

Presenciam-se profundas alterações no uso, controle e gestão da força de trabalho e dos processos produtivos, com incentivo à flexibilização dos contratos, polivalência, multifuncionalidade e "colaboração" entre trabalhadores e capitalistas por meio da assim denominada "gerência participativa", típica das relações produtivas em curso. Amplia-se a tendência do capital de redução do número de trabalhadores contratados tendo em vista a economia do *trabalho vivo* (Marx, 1968), potencializada pela incorporação em larga escala de tecnologias microeletrônicas poupadoras de força de trabalho. Esse conjunto de transformações conduz ao enfraquecimento do movimento sindical, fragilização da organização política autônoma dos trabalhadores e, simultaneamente, à flexibilização dos direitos do trabalho, acarretando profundas metamorfoses na "classe-que-vive-do-trabalho". (Antunes, 1999)

Observa-se também a explosão do desemprego estrutural em escala global, que atinge grande parte dos trabalhadores e trabalhadoras, e a deterioração da qualidade do trabalho, dos salários e das condições em que ele é exercido, que se agrava ainda mais considerando recortes de gênero, geração, raça e etnia.

O cenário atual de crise do capitalismo contemporâneo, de mundialização financeirizada dos capitais e dos sistemas de produção, apoiado fortemente no desenvolvimento das tecnologias de informação e comunicação (TICs), gera processos continuados de informalização e flexibilização dos contratos de trabalho por meio de trabalhos terceirizados, subcontratados, temporários, em domicílio, em tempo parcial ou por tarefa/projeto, para citar apenas algumas das diferentes formas de precarização a que estão submetidos os trabalhadores no "novo (e precário) mundo do trabalho" (Alves, 2000). Essas metamorfoses atingem duramente o trabalho assalariado, sua realização concreta e as formas de (des)subjetivação na consciência dos trabalhadores, com impactos nas dinâmicas associativas, organizativas e na afirmação de identidades coletivas.

No caso do Brasil, antes mesmo de ingressar na onda (neo)liberalizante dos ajustes estruturais, as diferentes formas de precarização do trabalho, os altos índices de subemprego e a ausência e fragilidade do sistema de proteção social para o conjunto dos(as) trabalhadores(as) já se apresentavam como traços marcantes do capitalismo brasileiro, constituintes da transição do trabalho escravo para o trabalho "livre" assalariado (Marx, 1968).

Contudo, alguns autores referem-se a mudanças mais profundas que reconfiguram o fenômeno da precarização histórica e estrutural do trabalho no Brasil atual, que atinge a todos indiscriminadamente em uma condição não mais provisória mas permanente, disseminando a ideia de inevitabilidade e fatalidade econômica (Druck, 2009) a processos que são historicamente determinados. Essa dinâmica de precarização das condições e vínculos de trabalho atinge também o trabalho social de diferentes categorias profissionais, entre elas assistentes sociais, que se inserem no vasto e heterogêneo "setor" de serviços (cf. Raichelis, 2018).

A dinâmica de reestruturação produtiva, típica das empresas capitalistas, penetra também a organização social do trabalho nas instituições estatais, reestruturando e moldando a ação pública no campo das políticas sociais e dos serviços sociais. No caso do setor público-estatal, a exemplo do setor privado, a incorporação da "ideologia gerencialista" esvazia conteúdos reflexivos e criativos do trabalho, enquadrando processos e dinâmicas institucionais às metas de controle de qualidade e de produtividade a serem alcançadas.

Uma ampla literatura nacional e internacional vem constatando o quanto as tecnologias de informação intensificam os processos de trabalho, produzem um efeito controlador sobre dinâmicas e resultados, organizam e encadeiam as tarefas de modo que desapareçam os tempos mortos, quantificam as tarefas realizadas e permitem a ampliação de mecanismos fiscalizatórios do desempenho dos trabalhadores. (Dal Rosso, 2008; Huws, 2009)

Adentrando a primeira década dos anos 2000, este quadro é agravado pela herança conservadora e desestruturadora do neoliberalismo, com consequências devastadoras para a esfera pública, com impactos desuniversalizantes para as políticas sociais e para os direitos sociais. (Yazbek, 2012)

O Estado passa à defesa de alternativas que recrutam a família, as organizações sociais e o chamado empreendedorismo, abdicando de políticas universais ancoradas no direito de cidadania. Assim sendo, as medidas neoliberais na esfera da proteção social são reducionistas, voltadas primordialmente para situações extremas, com alto grau de seletividade e focalização, direcionadas à miséria e à pobreza absoluta, que não impactam significativamente os níveis de desigualdade social persistentes em nosso país.

Trata-se de uma dinâmica societária que incide no Serviço Social, pela via das políticas sociais, notadamente nas áreas da saúde e assistência social. O agravamento da "questão social" decorrente da reestruturação produtiva e da adoção do receituário neoliberal repercute na profissão, tanto nos sujeitos com os quais o Serviço Social trabalha — trabalhadores(as) empobrecidos(as) usuários(as) dos serviços sociais públicos — como também no mercado de trabalho de assistentes sociais que, como o conjunto da classe trabalhadora, sofre o impacto dessas transformações.

Assistentes sociais como trabalhadores(as) assalariados(as), que nessa condição não dispõem de autonomia e pleno controle dos meios de trabalho, são afetados(as) pela insegurança do emprego, precárias e flexíveis formas de contratação com redução ou ausência de benefícios e direitos trabalhistas, intensificação do trabalho e das formas de controle, baixos salários, pressão pela produtividade e cumprimento de metas e resultados imediatos, ausência de horizontes profissionais de mais longo prazo, falta de perspectivas de progressão e ascensão na carreira, de políticas continuadas de capacitação profissional, entre outros.

No mercado de trabalho profissional intensificam-se processos de sub-contratação de serviços individuais dos assistentes sociais por parte de empresas de serviços ou de assessoria ("pejotização"), de organizações não governamentais e de cooperativas de trabalhadores que se organizam para a prestação de serviços a governos, especialmente subnacionais, configurando o exercício profissional privado (autônomo), temporário, por projeto, por tarefa, decorrentes das novas formas de organização e gestão das políticas sociais (Raichelis, 2018).

Trata-se de transformações contemporâneas que moldam e redefinem competências e atribuições profissionais em função dos modelos e formatos que assumem programas e serviços sociais, delineando novas requisições ao trabalho social no âmbito das políticas sociais. Nesse contexto, observa-se, contraditoriamente, a ampliação de demandas sociais no mercado de trabalho para assistentes sociais, impulsionada pelos programas de combate à pobreza como os Programas de Transferência de Renda (PTR), que passam a ser intensificados nessa conjuntura, com destaque para o Programa Bolsa Família (PBF) que assume centralidade no campo das políticas públicas e requer o desempenho de novas tarefas e atribuições profissionais.

Estudos e pesquisas no Serviço Social têm revelado a presença de uma dinâmica contraditória no mercado do trabalho profissional. As transformações em curso no "mundo do trabalho" estão provocando, *ao mesmo tempo e no mesmo processo*, o alargamento do mercado de trabalho profissional[11], impulsionado pela descentralização e interiorização das políticas públicas de combate à pobreza, e o aprofundamento da precarização, aberta ou velada, das condições em que este trabalho se realiza, afetando, mesmo que com intensidades variadas, o conjunto de trabalhadores assistentes sociais.

Ao mesmo tempo, pesquisas no campo da saúde do trabalhador vêm constatando as relações entre precarização do trabalho e adoecimento físico e mental dos trabalhadores. Profissionais impedidos de exercer sua ética profissional adoecem de fato, como afirmam Franco, Druck e Seligmann-Silva (2010). Trata-se de uma dinâmica institucional que desencadeia desgaste

11. Tendência que precisa ser acompanhada atentamente, pois pode estar sendo revertida na conjuntura atual de agravamento do desemprego em todos os níveis, corte nos gastos sociais e desfinanciamento das políticas sociais, afetando também o mercado de trabalho de assistentes sociais e demais áreas profissionais.

e adoecimento e que, no caso de assistentes sociais, precisa ser mais bem conhecida, diante de sua exposição continuada ao sofrimento, à dor e ao desalento dos grupos e indivíduos com os quais trabalha, e de sua impotência frente à ausência de meios e recursos que contribuam para remover as causas estruturais da pobreza e da desigualdade social.

São questões que colocam a necessidade premente de "estudos e pesquisas concretas sobre situações concretas", que desvendem o *processamento do trabalho* do assistente social (Iamamoto, 2007) e as formas por ele assumidas nos diferentes espaços ocupacionais, bem como as diversas atividades que desenvolvem no cotidiano das instituições públicas e privadas, na relação com os diferentes empregadores institucionais, exigindo um diálogo cada vez mais próximo entre formação, exercício profissional, pesquisa, produção de conhecimento e organização política.

4. A nova morfologia do trabalho[12] e a formação acadêmico-profissional no Serviço Social brasileiro

As profundas transformações nas formas de organização e gestão do trabalho, que sintetizamos no item anterior, têm seu rebatimento na formação acadêmico-profissional e na lógica de estruturação das universidades e instituições de ensino superior.

Nesse âmbito, a financeirização da educação provoca intenso movimento de mercantilização, privatização e desnacionalização. No contexto da mundialização e crise do capitalismo, a busca por novas fronteiras de investimento do capital que rende juros encontrou nos fundos de investimento *private equity*[13] um campo de altíssima lucratividade.

Nessa ambiência societária, propícia aos "negócios" da educação, verifica-se um intenso processo de fusões, aquisições e *joint ventures* que

12. Para aprofundamento da análise das distintas expressões no mercado de trabalho profissional, cf. Raichelis, R. *et al.* (Orgs.). *A nova morfologia do trabalho no Serviço Social* (2018).

13. Aqueles fundos que compram participação em empresas.

provoca grande concentração e oligopolização no setor. A expansão acelerada das matrículas no ensino superior no Brasil, nas últimas décadas, com rebatimentos diretos na área de Serviço Social, atende às orientações dos organismos internacionais de progressiva transformação das atividades educacionais em um setor lucrativo de empresas de serviços. No Serviço Social, a expansão dos cursos de graduação nos anos 2000 foi crescente em todas as regiões do país[14].

O crescimento do ensino superior se deu principalmente pela ampliação das instituições privadas, que se autodeclaram com ou sem finalidades lucrativas, com oferta diversificada de cursos e modalidades de ensino, dentre eles os cursos de curta duração e de Educação a Distância (EAD). A área de Serviço Social tem acompanhado a tendência nacional de expansão e é o terceiro curso que mais oferta vagas na modalidade EAD, depois da Pedagogia e da Administração. (Albuquerque, 2015)

A partir da década de 1990, o modelo implantado na educação superior no Brasil disseminou um novo perfil centrado na *formação por competências*, incorporado nas diretrizes curriculares nacionais aprovadas em 1999 pelo Ministério da Educação, presente também nas diretrizes curriculares para o curso de Serviço Social, cuja proposta elaborada pelas entidades de Serviço Social foi descaracterizada quando de sua aprovação com alterações na direção social da formação profissional, dos conhecimentos e habilidades considerados essenciais ao desempenho do assistente social. (Iamamoto, 2014, p. 616)

Esse modelo, que segue as orientações de organismos multilaterais e tem como base a Declaração de Bolonha, se introduz amplamente na América Latina a partir da exigência de novos perfis para a formação superior que a conectem com as demandas do mercado ocupacional. A ênfase volta-se à dimensão técnico-operativa da formação universitária e ao desenvolvimento de competências instrumentais mais condizentes com as novas concepções de trabalho baseadas na flexibilidade, polivalência e empreendedorismo,

14. Segundo dados da pesquisa de Pereira (2008 *apud* Albuquerque, 2015), entre 1930 e 2002, ou seja, em 72 anos, foram criadas 123 Escolas de Serviço Social em todo o país; e entre 1995 e 2002, portanto em 7 anos, surgiram mais 49, predominantemente privadas e integradas a diferentes modalidades de instituições de ensino superior (universidades, centros universitários e faculdades).

exigindo reconversão permanente de saberes voltados ao "saber fazer". (Iamamoto, *idem*)

O discurso que fundamenta a *formação por competência* no contexto de avanços da ideologia neoliberal, e frente às transformações no mundo do trabalho, encontra na cultura profissional do Serviço Social ambiente favorável à sua difusão em função dos estreitos vínculos com a empiria e o pragmatismo constitutivos da dimensão teórico-prática da profissão, acompanhados pela valorização das experiências vividas e da própria subjetividade no exercício cotidiano. (Iamamoto, *ibidem*)

Acrescente-se ainda as "marcas" de uma profissão composta por maioria de mulheres, que carrega a herança conservadora das profissões vocacionadas ao *cuidado* dos subalternos, que tendem a valorizar *o primado do ser sobre o saber* (Verdès-Leroux, 1986, p. 80), e temos como resultado um projeto educacional perfeitamente amalgamado às competências básicas requeridas ao profissional em Serviço Social em tempos de mundialização e financeirização do capital.

Contudo, na contramão desse movimento, o Serviço Social brasileiro construiu desde os anos 1980, em interlocução com os movimentos de luta pela democratização no país, um amplo processo de revisão crítica da formação acadêmico-profissional, sob a direção das entidades profissionais, forjando as bases do *projeto ético-político profissional do serviço social brasileiro*. Trata-se da direção social da profissão alicerçada em nova regulamentação profissional (1993), que define prerrogativas, compromissos, atribuições e competências profissionais; apoiado em valores consubstanciados no Código de Ética Profissional (1993), que reconhece a liberdade como valor central, a autonomia e emancipação dos sujeitos, a defesa intransigente dos direitos humanos e sociais, o compromisso com a eliminação de todas as formas de preconceito, a defesa da ampliação da cidadania e da democracia para as maiorias, o engajamento na luta pela universalização do acesso a bens e serviços sociais com responsabilidade estatal, bem como o compromisso de assistentes sociais com a qualidade dos serviços sociais prestados, juntamente com as demais áreas profissionais. É nesse contexto e com base nesses marcos orientadores que são propostas novas diretrizes curriculares para a formação de assistentes sociais, em uma conjuntura de flexibilização, desregulamentação e aligeiramento da formação, sob os influxos dos organismos internacionais.

As diretrizes curriculares para a formação acadêmico-profissional de assistentes sociais, apesar da ingerência do MEC-SESU na proposta encaminhada pelas entidades de ensino e pesquisa (ABESS-CEDEPSS), reafirmam a análise do Serviço Social como expressão do trabalho na sociedade capitalista, que tem na questão social, nos marcos das lutas entre capital e trabalho, as balizas e a matéria-prima do trabalho profissional, que condicionam seus limites e possibilidades, reconhecem o estatuto dos(as) assistentes sociais como trabalhadores(as) assalariados(as) e as tensões daí decorrentes.

Contrapondo-se ao aligeiramento e ao pragmatismo imperantes na política educacional brasileira, as diretrizes curriculares reforçam a perspectiva de uma sólida e crítica formação acadêmica com rigoroso tratamento teórico, histórico e metodológico da totalidade social e do serviço social, que favoreçam a compreensão das necessidades sociais das classes e grupos subalternos e possibilitem a formulação de respostas criativas aos desafios com os quais os(as) profissionais se defrontam no cotidiano institucional.

Num esforço de superação do conservadorismo profissional e da fragmentação na apreensão da realidade e do serviço social, e orientada pela perspectiva de totalidade e centralidade do trabalho na conformação dos sujeitos sociais, a formação acadêmica estruturou-se em três núcleos temáticos, a saber: a) Núcleo dos fundamentos teórico-metodológicos e ético-políticos da vida social; b) Núcleo dos fundamentos da formação sócio-histórica da sociedade brasileira e do significado do Serviço Social no seu âmbito; c) Núcleo dos fundamentos do trabalho profissional. Tais núcleos se transformam em eixos articuladores dos conteúdos necessários para a formação e o trabalho profissional e "desdobram-se em áreas de conhecimento que, por sua vez, se traduzem pedagogicamente através do conjunto dos componentes curriculares, rompendo, assim, com a visão formalista do currículo, antes reduzido a matérias e disciplinas" (ABEPSS/CEDEPSS, 1996, p. 63).

Há, portanto, uma lógica inovadora presidindo a organização do currículo, na qual os componentes curriculares, tais como disciplinas, oficinas, laboratórios, seminários temáticos e demais atividades complementares, além do estágio supervisionado e o Trabalho de Conclusão de Curso (TCC) ganham uma dimensão de totalidade estruturante e integradora do projeto educacional.

Desnecessário acrescentar os desafios postos para a implementação das diretrizes curriculares nas conjunturas políticas que se seguiram e na entrada dos anos 2000.

A formação do assistente social na atualidade está inscrita no processo de contrarreforma do ensino superior. Assim como as transformações do trabalho no contexto da reestruturação produtiva incidem no trabalho docente e repercutem diretamente no processo de formação de novos assistentes sociais. (Pinto, 2014, p. 672).

No quadro de expansão acelerada do ensino superior, importa considerar portanto o universo cultural e as condições de trabalho dos(as) docentes, submetidos(as) também à formação aligeirada, à massificação que interdita o necessário aprofundamento teórico e intelectual e às precárias condições de trabalho, como atestam inúmeros estudos sobre o trabalho docente nas instituições privadas de ensino superior (cf. Albuquerque, 2015), mas que atingem também as universidades públicas. Como observa Iamamoto (2014, p. 629):

> verifica-se, simultaneamente, uma alteração na composição de classe do contingente profissional, reduzindo a distância social entre a categoria dos assistentes sociais e o público atendido, com refrações no universo cultural dos estudantes, o que merece atenção por parte das unidades formadoras.

No contexto da nova hegemonia do capital, a ideologia neoliberal e seu corolário, a ideologia pós-moderna, é, pois, amplamente funcional às tendências do capitalismo na contemporaneidade. Ela mina os fundamentos da sociabilidade coletiva por meio do estímulo à competição e ao individualismo, valores que regem o mercado como espaço de disputa econômica entre vencedores e perdedores, onde as exigências de empregabilidade, produtividade, flexibilidade e multifuncionalidade dão sustentação à *cultura das competências* na interdependência entre trabalho e educação.

Ao mesmo tempo, estudos e pesquisas vêm apontando mudanças no perfil socioeconômico dos estudantes dos cursos de Serviço Social, com presença mais significativa de jovens trabalhadores(as) estimulados pelo financiamento estudantil e política de cotas, como já mencionado. Trata-se de trabalhadores(as) que almejam elevação de *status* e ascensão social por meio do diploma universitário, o que coloca desafios à formação acadêmico-profissional crítica, pois esses jovens podem ser mais permeáveis ao discurso pós-moderno de incentivo ao individualismo moral, ao empreendedorismo e ao fetiche do mercado competitivo, considerando ainda a ausência, em grande parte, dos(as) jovens que ingressam na universidade, de socialização da política em movimentos sociais, sindicatos, partidos e/ou coletivos de luta da classe trabalhadora.

Trata-se assim de processos que reforçam a formação pragmática e utilitarista do conhecimento, na qual a teoria deve estar a serviço de sua aplicabilidade imediata, que despreza o cultivo às abstrações e à apreensão da totalidade histórica e reproduz a falsa dicotomia entre conhecimento teórico e prática social.

Por outro lado, o fortalecimento das entidades da categoria profissional e o processo coletivo de organização política, bem como a ampliação das referências teórico-metodológicas e ídeo-políticas comprometidas em repensar o Serviço Social em uma perspectiva radicalmente crítica, passam a qualificar o debate acadêmico e político da profissão, que se expressará com densidade na primeira metade de 1980.

A partir da incorporação do(s) marxismo(s) como referência para a análise da sociedade burguesa e da profissão, torna-se hegemônica a concepção do Serviço Social brasileiro como totalidade histórica que participa do processo de reprodução das relações contraditórias da sociedade capitalista (Iamamoto e Carvalho, 1982).

É esta perspectiva teórico-metodológica que, a partir dos anos 1980, e avançando nos anos 1990, vai imprimir direção social ao pensamento e ao trabalho profissional, em distintas e articuladas dimensões: na formação acadêmico-profissional de assistentes sociais (desde o currículo mínimo de 1982 até as atuais diretrizes curriculares); na lei de regulamentação do exercício profissional e no Código de Ética de 1993, constituindo os três pilares do *projeto ético-político do Serviço Social*. São esses mesmos referentes que orientam a organização profissional e política sob a direção das entidades profissionais da área.

Os avanços profissionais ganham novo impulso com a criação da pós-graduação em Serviço Social, em nível de mestrado no início da década de

1970, e em nível de doutorado em 1981, na PUC-SP, o primeiro do Brasil e da América Latina. A consolidação do Serviço Social no espaço universitário viabilizou seu reconhecimento como área de conhecimento pelas principais agências governamentais de fomento e apoio à pesquisa, fez avançar a interlocução com distintos campos do saber, estimulou a criação de núcleos de pesquisa e de projetos interdisciplinares e interinstitucionais em nível de excelência, induziu o debate intelectual, a produção de conhecimentos e a constituição de um mercado editorial, sobretudo com a expansão dos cursos de mestrado e doutorado nas universidades públicas e a implantação do pós-doutorado e da livre-docência em várias universidades brasileiras.

> Neste espaço, o Serviço Social brasileiro vem dialogando e se apropriando do debate intelectual contemporâneo no âmbito das ciências sociais do país e do exterior. Também a partir daí o Serviço Social desenvolveu-se na pesquisa sobre a natureza de sua intervenção, de seus procedimentos, de sua formação, de sua história e, sobretudo, acerca da realidade social, política, econômica e cultural onde se insere como profissão na divisão social e técnica do trabalho. Avançou na compreensão do Estado capitalista, das políticas sociais, dos movimentos sociais, do poder local, dos direitos sociais, da cidadania, da democracia, do processo de trabalho, da realidade institucional e de outros tantos temas sobre os quais recaem seus objetos profissionais. Enfrentou o desafio de repensar a assistência social colocando-a como campo de suas investigações. Obteve o respeito de seus pares no âmbito interdisciplinar e alcançou visibilidade na interlocução com as ciências humanas. (Yazbek, Martinelli e Raichelis, 2008, p. 20)

O Serviço Social brasileiro também vem investindo esforços na cooperação internacional, tanto em nível acadêmico como na organização profissional, por meio de convênios e articulações com instituições estrangeiras de vários continentes, notadamente o latino-americano, o europeu e o africano, nos âmbitos do ensino, da pesquisa, da formação continuada e na interlocução política com organismos de representação profissional. No âmbito da produção científica, cresce o mercado editorial do Serviço Social, com publicações qualificadas pela pesquisa, cada vez mais reconhecidas não apenas pela categoria profissional, mas por outras áreas de conhecimento das ciências humanas e sociais.

Adentrando os anos 2000, o Serviço Social se encontra plenamente consolidado no País, nos âmbitos intelectual e profissional, reafirmando e atualizando seu projeto profissional construído em mais de oito décadas, constituindo-se no primeiro colégio profissional da América Latina, com cerca de 180 mil assistentes em atividade, e o segundo maior colégio profissional do mundo, depois dos Estados Unidos.

5. À guisa de conclusão: questões persistentes frente a uma conjuntura desafiadora

No contexto da crise mundial contemporânea, e seus desdobramentos em uma conjuntura de financeirização do capital, avanço do ideário neoconservador e neoliberal de barbarização da vida social e retrocesso sem precedentes dos direitos sociais e trabalhistas e das conquistas democrático-civilizatórias no Brasil, aprofundam-se as contradições entre projeto profissional e trabalho assalariado, tensionando as balizas e a direção social que dão suporte ao projeto profissional.

A tensão entre projeto profissional e a condição de trabalhador(a) assalariado(a) do Estado e/ou de organizações privadas de diferentes naturezas, coloca o desafio coletivo de apreender com maior profundidade os circuitos através dos quais essa força de trabalho participa dos processos de mercantilização e alienação a que está sujeito o trabalho abstrato (Marx, 1968), no contexto da financeirização do capital.

Estudos sobre o trabalho profissional e o acompanhamento atento da dinâmica institucional onde ele opera vêm reafirmando que este é um quadro que favorece a retomada de requisições históricas dirigidas ao Serviço Social — enquadramento, disciplinarização e controle das classes e grupos subalternos, que reforçam a perspectiva do(a) assistente social como *profissional da coerção e do consenso*, como analisou Iamamoto em 1982.

Embora estas requisições não sejam novas, elas aparecem no tempo presente "refuncionalizadas" e atualizadas, e recebem novos influxos com a incorporação pelo Estado burguês de modelos de gerenciamento e organização do trabalho, dos serviços sociais e do trabalho assalariado típica da empresa capitalista. A ideologia *gerencialista* vai se consolidando não apenas em relação às novas formas de contratualização dos serviços sociais públicos, por meio das parcerias público-privada, mas também porque a lógica empresarial-produtivista penetra nas estruturas estatais sobrepondo-se à razão sociopolítica que deveria presidir a lógica pública do Estado.

O que está na base desse processo são as metamorfoses da "questão social", reconfigurada e agravada por novas determinações sociais, com a presença ativa do Estado nacional que, tensionado pelos interesses do capital sem fronteiras e sem amarras, estabelece o marco político e jurídico-institucional que dá suporte à liberalização e à desregulamentação dos mercados de trabalho e da educação universitária, e à mercantilização e privatização do ensino superior.

As reflexões aqui expostas, longe de exaurir as complexas questões envolvidas, pretendem servir de estímulo para as projeções coletivas de uma categoria profissional que vem construindo um projeto profissional com dimensão teleológica, enfrentando as contradições de um trabalho tensionado pelas lutas de hegemonia presentes na sociedade, que reduzem ou ampliam as margens de autonomia profissional e as possibilidades de materialização do projeto ético-político profissional.

As análises desenvolvidas evidenciaram a centralidade do trabalho na conformação do ser social, mediado por históricas relações sociais de produção que criam uma dada forma societal e de sociabilidade estranhada e fetichizada, mas ao mesmo tempo recriam as contradições que viabilizam sua superação.

A flexibilização dos mercados, das relações de trabalho e dos direitos é a expressão emblemática da ampla e profunda transformação estrutural do trabalho assalariado, com impactos na materialidade e na subjetividade da classe trabalhadora, que experimenta a perda de direitos e a insegurança do presente e do futuro, agravadas pela fragmentação e fragilização das estratégias de resistência e de organização coletivas.

Contudo, o projeto ético-político profissional do Serviço Social brasileiro, apesar das polêmicas quanto aos limites de sua materialização, assume na conjuntura atual uma função estratégica de articulação e unificação política da categoria profissional e dos(as) estudantes, em aliança com os(as) demais profissionais e com o conjunto da classe trabalhadora, criando possibilidades de construção de contratendências à ordem hegemônica do capital.

Tal contexto interpela os(as) assistentes sociais e exige firmeza na reafirmação dos eixos que sustentam o projeto profissional: valores radicalmente democráticos, pressupostos fundados no trabalho como núcleo da sociabilidade dos indivíduos sociais, direção social do trabalho profissional comprometida com a construção de uma ordem societária justa e igualitária, para além do capital.

Referências

ABEPSS/CEDEPSS. Proposta básica para o projeto de formação profissional. *Serviço Social & Sociedade* n. 50: O Serviço Social no século XXI. São Paulo: Cortez Editora, 1996.

ALBUQUERQUE, V. de O. *Serviço Social e trabalho docente:* precarização e intensificação do trabalho nas instituições privadas de ensino superior em São Paulo. Tese (Doutorado em Serviço Social). Faculdade de Ciências Sociais. Programa de Estudos Pós-Graduados em Serviço Social. Pontifícia Universidade Católica de São Paulo, São Paulo, 2015.

ALVES, Giovanni. *O novo (e precário) mundo do trabalho.* Reestruturação produtiva e crise do sindicalismo. São Paulo: Boitempo, 2000.

ANTUNES, R. A nova morfologia do trabalho e suas principais tendências. *In*: ANTUNES, R. (Org.). *Riqueza e Miséria do Trabalho no Brasil II*. São Paulo: Boitempo, 2013.

______. *Adeus ao trabalho?* Ensaios sobre as metamorfoses e a centralidade do mundo do trabalho. São Paulo: Cortez, 2008.

______. *O Caracol e sua Concha (Ensaios sobre a Nova Morfologia do Trabalho).* São Paulo: Boitempo, 2005.

______. *Os sentidos do trabalho:* ensaio sobre a afirmação e a negação do trabalho. São Paulo: Boitempo, 1999.

DAL ROSSO, Sadi. *Mais Trabalho!* A intensificação do labor na sociedade contemporânea. São Paulo: Boitempo, 2008.

DRUCK, Graça. Principais indicadores da precarização social do trabalho no Brasil. (Versão preliminar). *Trabalho apresentado no XIV Congresso Brasileiro de Sociologia.* Grupo de Trabalho Sindicato, Trabalho e Ações Coletivas. Rio de Janeiro, julho, 2009. Disponível em: www.coloquio-sso.blogspot.com/2010/04/coloquio.html Acesso em: 15 mar. 2011.

FRANCO, Tânia; DRUCK, Graça; SELIGMAN-SILVA, Edith. As novas relações de trabalho, o desgaste mental do trabalhador e os transtornos mentais no trabalho precarizado. *Revista Brasileira de Saúde Ocupacional*. São Paulo, Fundacentro, v. 35, n. 122, jul./dez., 2010.

HUWS, Úrsula. A Construção de um Cibertariado? Trabalho virtual num mundo real. *In*: ANTUNES, Ricardo; BRAGA, Ruy (Orgs.). *Infoproletários*. Degradação real do trabalho virtual. São Paulo: Boitempo, 2009.

IAMAMOTO, Marilda; CARVALHO, Raul. *Relações Sociais e Serviço Social no Brasil* — Esboço de uma interpretação histórico-metodológica. São Paulo: Cortez, 1982.

IAMAMOTO, Marilda. *O Serviço Social na Contemporaneidade:* trabalho e formação profissional. 7. ed. São Paulo: Cortez, 2004.

______. *Serviço Social em Tempo de Capital Fetiche* — capital financeiro, trabalho e questão social. São Paulo: Cortez, 2007.

______. A formação para o trabalho social na França e no Brasil. *In*: *O Trabalho social França Brasil*. São Paulo: SESC/CBCISS, 2011.

______. A formação acadêmico-profissional no Serviço Social brasileiro. *Serviço Social & Sociedade,* n. 120. São Paulo: Cortez, 2014. Disponível em: http://www.scielo.org/php/index.php

LEHER, R. Crise estrutural e função social da universidade pública. *Temporalis*. 10 (19), 2010, p. 161-170. Disponível em: http://www.scielo.org/php/index.php

MARX, Karl. *O Capital (Crítica da Economia Política)*. São Paulo: Civilização Brasileira, 1968. (Livro 1, v. 1 e 2)

NETTO, José Paulo. *Capitalismo Monopolista e Serviço Social*. São Paulo: Cortez, 1992.

PINTO, Marina Barbosa. Condições sócio-ocupacionais do trabalho docente e a formação profissional. *Serviço Social & Sociedade,* n. 120. São Paulo: Cortez, 2014.

RAICHELIS, Raquel. O trabalho do assistente social na esfera estatal. *In*: *Direitos Sociais e Competências Profissionais*. Brasília: CFESS/ABEPSS, 2009.

RAICHELIS, Raquel. O Assistente Social como trabalhador assalariado: desafios frente às violações de seus direitos. *Serviço Social & Sociedade*, n. 107. São Paulo: Cortez, jul./set., 2011.

______. Proteção Social e Trabalho do Assistente Social: tendências e disputas na conjuntura de crise mundial. *Serviço Social & Sociedade*, n. 116. Especial Proteção Social. São Paulo: Cortez, out./dez., 2013.

______. Serviço Social: trabalho e profissão na trama do capitalismo contemporâneo. *In*: RAICHELIS, R.; VICENTE, D.; ALBUQUERQUE, V. (Orgs.). *A nova morfologia do trabalho no Serviço Social*. São Paulo: Cortez, 2018.

SANTOS, Wanderley G. dos. *Cidadania e Justiça*. Rio de Janeiro: Campus, 1979.

SILVEIRA, J. I. *Profissionalidade do Serviço Social:* estatuto sócio-jurídico e legitimidade construída no "modelo" de competências. Tese (Doutorado em Serviço Social. Faculdade de Ciências Sociais.). Programa de Pós-Graduação em Serviço Social. Pontifícia Universidade Católica de São Paulo, São Paulo, 2013.

VERDÈS-LEROUX, J. *Trabalhador Social — prática, hábitos, ethos, formas de intervenção*. São Paulo: Cortez, 1986.

YAZBEK, Maria Carmelita. *Mudanças atuais no capitalismo, perspectivas para as políticas públicas e o Serviço Social*. São Paulo: PUC-SP, 2012 (impresso).

______; MARTINELLI, Maria Lúcia; RAICHELIS, Raquel. O Serviço Social brasileiro em movimento: fortalecendo a profissão na defesa de direitos. *Serviço Social & Sociedade*, n. 95. Especial Serviço Social — memória e história. São Paulo: Cortez, set. 2008.

Serviço Social e seu projeto ético-político em tempos de devastação: resistências, lutas e perspectivas*

Maria Carmelita Yazbek

1. Introdução

Este texto tem como principal referência os princípios éticos fundamentais que iluminam a profissão[15] e fazem parte de seu projeto ético-político e propõe-se a analisar o Serviço Social brasileiro no atual contexto societário à luz desse projeto profissional, o que não é certamente uma tarefa fácil. Em primeiro lugar, porque esse projeto envolve um conjunto de componentes que se articulam: são valores, saberes e escolhas teóricas, práticas,

---

* Pronunciamento realizado no XVI ENPESS/2018.

15. Esses princípios têm como valor central a *liberdade,* comprometida com a autonomia, a emancipação e a plena expansão dos indivíduos sociais; afirmam *a defesa dos direitos humanos* e a recusa do arbítrio e dos preconceitos de qualquer natureza; defendem *a equidade e a justiça social,* na perspectiva da *universalização* do acesso a bens e serviços relativos aos programas e políticas sociais; propõem a ampliação e consolidação da *cidadania* como condição para a garantia de *direitos civis, políticos e sociais* das classes trabalhadoras; a defesa da *democracia* e do ponto de vista do exercício profissional. O projeto exige o compromisso com a *competência* e com a *qualidade dos serviços* prestados, o que supõe o *aprimoramento intelectual, a formação acadêmica qualificada, a garantia do pluralismo* e uma nova relação com os usuários dos serviços oferecidos e a articulação com *outras categorias profissionais,* na construção de uma nova ordem social.

ideológicas, políticas, éticas, normatizações acerca de direitos e deveres, recursos político-organizativos, processos de debate, investigações e sobretudo interlocução crítica com o movimento da sociedade na qual a profissão é parte e expressão.

Como já afirmava Iamamoto, em 1982, a profissão é socialmente determinada e seu significado social só pode ser desvendado em sua inserção na sociedade, particularmente no âmbito das respostas que a sociedade e o Estado constroem, frente à questão social[16] e às suas manifestações, em múltiplas dimensões.

É a partir desse modo de entender a profissão, considerando os referentes que construiu nas últimas três décadas e especialmente seu projeto, com suas múltiplas faces, que vamos problematizá-la nessa difícil conjuntura. *Questão de grande tensionamento, pois se trata de uma interlocução com o adverso. Como lutar pela liberdade, pela equidade, pela justiça, pela construção de direitos, contra práticas racistas e homofóbicas, entre outros aspectos, nesse contexto? Como levar adiante este embate? Luta desigual, mas que deve nos encontrar preparadas(os). Luta que só se luta no coletivo — um traço dessa nossa história, mas que deve ser de cada um, todos os dias. Luta que supõe o estudo, a pesquisa e o debate: não há melhor caminho para qualificar o trabalho da profissão e seu projeto ético-político que o estudo, a pesquisa e o debate.*

2. Desafios conjunturais ao Serviço Social

Na atual conjuntura, existem três dimensões profundamente articuladas dessa interlocução entre desafios conjunturais e Serviço Social, a serem destacados:

1. as profundas transformações observadas nas últimas décadas, na esfera da acumulação capitalista expressas na reestruturação produtiva e na financeirização da Economia com seus impactos no mundo do trabalho

16. A Questão Social é expressão das desigualdades sociais constitutivas do capitalismo. Suas diversas manifestações são indissociáveis das relações entre as classes sociais que estruturam esse sistema e nesse sentido a Questão Social se expressa também na resistência e na disputa política.

na "questão social" e nas Políticas Sociais, âmbito privilegiado de nossa intervenção;

2. a esfera da política marcada nos dias atuais por sua desqualificação e despolitização;
3. a esfera da sociabilidade capitalista, expressa no avanço do conservadorismo e na ofensiva reacionária que vivemos, fora e dentro da própria profissão.

Inicialmente, cabe assinalar que contextualizar o Serviço Social, em suas orgânicas relações com a "questão social"[17], e a desigualdade fundante que a constitui, no atual cenário, é enfrentar uma temática bastante ampla e complexa, que nos coloca especialmente frente à "uma nova era de devastação, uma espécie de fase ainda mais destrutiva da barbárie neoliberal e financista que almeja a completa corrosão dos direitos do trabalho em escala global." (Antunes, 2018, p. 10)

Assim sendo, como assistentes sociais, precisamos em primeiro lugar buscar desvendar essa nova era e aí as particularidades da "questão social" nestes tempos de transformações da ordem capitalista, com seus impactos no mundo do trabalho e na ampliação das desigualdades. Em termos globais, hoje, 800 milhões de pessoas passam fome no planeta, enquanto a concentração de renda e de riqueza alcança "níveis absolutamente obscenos (...) pois desde 2015, o 1% mais rico detinha mais riqueza que o resto do planeta. Atualmente, oito indivíduos detêm a mesma riqueza que a metade mais pobre do mundo [...] Esta concentração não se deve apenas à especulação financeira, mas sua contribuição é dominante". (Dowbor, 2017, p. 28/29) "*A desigualdade é obscena*... Entre os 15 países com maior desigualdade no mundo, 10 estão na América Latina e no Caribe". (ONU-PNUD, 2010)

E, como sabemos, a desigualdade e a concentração de renda, que se intensificam nas atuais formas de acumulação capitalista, trazem como consequência a *radicalização da questão social*.

17. A Questão Social é expressão das desigualdades sociais constitutivas do capitalismo. Suas diversas manifestações são indissociáveis das relações entre as classes sociais que estruturam esse sistema, e, nesse sentido, a Questão Social se expressa também na resistência e na disputa política.

> Aprofunda-se a tendência do capital de redução do número de trabalhadores contratados, gerando economia de trabalho vivo [...] amplia-se o desemprego estrutural além da precarização e deterioração da qualidade do trabalho, dos salários e das condições em que ele é exercido, que se agravam ainda mais se considerando os recortes de gênero, geração, raça e etnia (Raichelis, 2018, p. 51).

No Brasil, chegamos, em 2018, a 14.830 milhões de brasileiros em situação de pobreza extrema (aumento de 11,2% em relação ao índice de 2016, conforme dados do IBGE, seguindo a linha de corte do Banco Mundial para países de nível médio/alto de desenvolvimento, como os da América Latina, de US$ 1.90 de renda domiciliar *per capita* por dia. Isso equivale a R$ 133,72 mensais em 2016.) O número de trabalhadores informais superou o conjunto de empregados formais. As ocupações informais de baixa remuneração e ganho instável, ao lado (Antunes, 1999) em nossa sociedade e com as quais nos defrontamos cotidianamente em nosso trabalho profissional. A redução no número de beneficiários do Programa Bolsa Família no último ano também foi apontada como um dos principais motivos para o aumento da pobreza e da desigualdade.

Sabemos que, pelo debate acumulado no âmbito do Serviço Social, a Questão Social e a desigualdade são elementos estruturantes da sociabilidade capitalista. Questão que se reformula e se redefine, mas permanece substantivamente a mesma por se tratar de uma questão estrutural, constitutiva das relações capitalistas, de sua divisão da sociedade em classes e da disputa pela riqueza socialmente construída, cuja apropriação é profundamente desigual no capitalismo. Supõe a consciência dessa desigualdade e a resistência à opressão por parte da "classe que vive do trabalho". (Yazbek, 2004)

> É fundamental ainda, assinalar algumas novas configurações e expressões que a "questão social" assume nos contraditórios tempos presentes, condensando "múltiplas desigualdades mediadas por disparidades nas relações de gênero, características étnico-raciais, mobilidades espaciais, formações regionais e disputas ambientais, colocando em causa amplos segmentos da sociedade civil no acesso aos bens da civilização. Dispondo de uma dimensão estrutural — enraizada na produção social contraposta à

apropriação privada do trabalho —, a 'questão social' atinge visceralmente a vida dos sujeitos numa luta aberta e surda pela cidadania, no embate pelo respeito aos direitos civis, sociais e políticos e aos direitos humanos" (Iamamoto, 2018, p. 72).

Cabe lembrar, ainda, que uma análise crítica da "questão social" no tempo presente exige que sejam lembrados os processos de formação do país, desde a colonização, um empreendimento mercantil, que caminhou na direção de uma economia composta de senhores e escravos, na qual as marcas do patrimonialismo-paternalista vão plasmar a sociedade brasileira. "O par senhor-escravo assentou as bases de uma estrutura social bipolar, que formou a maior parte da nação. A casa grande e a senzala são o brasão dessa sociedade" (Oliveira, 2018, p. 29). Desse modo, é fundamental não esquecer que o caráter predatório das relações coloniais e do escravismo deixou, sem dúvida, suas marcas na história do país e implantou bases importantes na construção da lógica que vem presidindo a expansão do capitalismo dependente na periferia em tempos mais recentes, bem como as características próprias da questão social brasileira.

> No atual contexto, em especial nas últimas décadas o capital financeiro assumiu o comando no processo de acumulação de "forma que o campo de sua acumulação não mais apresenta fronteiras de qualquer ordem. [...] É um volume colossal de capital, na forma de títulos, ações e derivativos, que tem 'vida própria', altamente autonomizado dos processos produtivos e sua comercialização" (Marques, 2018, p. 110-113).

A centralidade do capital financeiro e seu domínio sobre o capital produtivo traz consequências graves para a "classe que vive do trabalho" com a manutenção de taxas elevadas de desemprego, insegurança e instabilidade nos empregos, crescimento do trabalho informal e precário, redução de salários, precarização das relações de trabalho, incluindo terceirizações e contratos por prazos determinados, entre outros aspectos.

Este quadro vem implicando numa *ruptura do histórico pacto entre capital e trabalho que se configurou no mundo desenvolvido, o Estado de Bem-Estar Social e na periferia do capitalismo algumas melhorias nas políticas sociais.* Nesse sentido, a natureza desse capital precisa ser desvelada para entender o seu ataque contra a política e contra as políticas sociais em relação às quais a conclusão que se chega é que não interessa a esse "capital manter políticas sociais organizadas e financiadas pelo Estado" (idem, p. 110). Desse modo, podemos entender que o avanço do capital sobre as políticas sociais é uma característica do capitalismo contemporâneo globalmente, como anunciava Marques, em 2015: *"Nesse quadro, o lugar das políticas sociais está em um "Não Lugar", pois não faz parte da agenda desse tipo de capital".* (Marques, 2018, p. 18) Característica que, aliada ao novo padrão de acumulação caracterizado pela flexibilização produtiva, com sua nova morfologia do mundo do trabalho com desemprego, redução de salários e precarização do trabalho e ausência de direitos, tem como resultado a ampliação de situações de trabalho desprotegido, o aumento da pobreza e o desmonte da proteção social.

No caso brasileiro, como já referimos, agrava-se a situação se levarmos em consideração as particulares condições do desenvolvimento desigual e combinado do capitalismo no país. Traço da formação social brasileira, a conjugação do "avanço" com o "atraso" *assegurou o sucesso da dominação burguesa desde sempre,* apesar do período de busca de conciliação de classes e de enfrentamento à pobreza, representado pelos governos de Lula e Dilma, com sua forma de investimento no social, denominada por alguns autores de neodesenvolvimentismo, expressa especialmente nos PTRC, no aumento do salário mínimo e nas Políticas Sociais com destaque para a Assistência Social. Contexto que se caracterizou pela combinação de "medidas de natureza oposta", e a articulação de dubiedades que permearam a política social brasileira. De um lado, observou-se as tendências a focalizar e privatizar, e, de outro, a perspectiva de construção de direitos garantidos constitucionalmente.

Assim estamos diante de uma sociedade "desigualitária sem remissão" como lembra Chico de Oliveira (2003, p. 146), onde a presença dos "pobres" no tratamento dos conflitos classistas tem sido uma constante.

De modo geral, na Política Social brasileira, a luta contra a pobreza tomou o lugar da luta de classes. A perspectiva mais recente, presente nos PTRCs, é de desenvolvimento dos "ativos" dos pobres, desconsiderando os fatores estruturais da pobreza, atribuindo a responsabilidade da pobreza aos próprios pobres. Trata-se de "ativar" trabalhos precarizados, intensificados e superexplorados. Para Singer (2018, p. 21) o "traço peculiar desta sociedade é o limbo, do qual os pobres podem sair (e no qual podem voltar a cair) individualmente, mas nunca como classe".

A perspectiva é (era?) de desenvolvimento dos "ativos" dos pobres, desconsiderando os fatores estruturais da pobreza, atribuindo a responsabilidade da pobreza aos próprios pobres. "Desvinculando a pobreza de seus determinantes estruturais, separam-se os indivíduos submetidos a essa condição de seus lugares no sistema produtivo" (Lautier, 1999 *apud* Ivo, 2006, p. 69)

Assim sendo, observa-se que as classes trabalhadoras, mesmo ampliando a radicalização de sua exploração, transformam-se nos pobres no âmbito das Políticas Sociais. Essa é uma clara manifestação da despolitização da Política e da Política Social. É fundamental destacar que do ponto de vista da Política Social essa concepção hegemônica face às desigualdades econômicas sociais globais desconsidera "as razões e os mecanismos estruturais mais profundos, que (re) produzem as desigualdades" (Filgueiras e Gonçalves, 2009, p. 107) E, dessa forma, como, por exemplo, no caso latino-americano e brasileiro, são deixadas de lado as "estruturas concentradas de propriedade e poder" que caracterizam particularmente as periferias do capitalismo.

O direito à sobrevivência, direito inalienável de todo cidadão, sustentável, coletivo e universal, é colocado sob a responsabilidade dos indivíduos e das famílias, recaindo principalmente sobre a mulher a obrigação de administrar a família com valores monetários insuficientes para a aquisição da cesta básica.

Do ponto de vista político, vivemos uma era de desqualificação e despolitização da Política, onde estão em questão os sentidos da política. Embora as últimas eleições tenham revelado campos inconciliáveis do conflito de interesses e das lutas sociais, revelaram também alienação e esgarçamento na disputa entre democratização no horizonte dos direitos e zonas de sombra que nos colocam diante dos velhos fantasmas do autoritarismo.

O que parece ficar em evidência é que no país, no momento em que a acumulação e as manifestações de sua crise exigem novas formas políticas de gestão do Estado Burguês, até as políticas sociais, que poderiam minimizar a pobreza, sob o impacto do golpe parlamentar, jurídico e midiático que depôs a presidente democraticamente eleita, passaram a ser alvo de processos de desmanches. E, desse modo, assistimos a um ataque sem precedentes às políticas de Seguridade Social, mais uma estratégia do capital para avançar sobre o Fundo Público. Por outro lado, nos deparamos nesse tempo com "contradições oriundas da ampliação da demanda por serviços e benefícios da assistência social num contexto de aprofundamento do desemprego estrutural, de precarização do trabalho e de insegurança social face à redução das proteções sociais do trabalho decorrentes da sua *nova morfologia*, expressas pela tríade flexibilização, informalização e terceirização do trabalho". (Antunes, 2013)

Politicamente, *"As nossas classes dominantes sempre oscilaram no controle do poder político e da dominação no Brasil, oscilando entre a conciliação e o golpe, a conciliação e o desenho autocrático, a conciliação e a devastação"*. (Antunes, 2018). Agora para o autor é o momento da devastação. É um rearranjo das classes dominantes, para prevenirem-se contra qualquer perda maior dessa crise em relação aos seus interesses, o que implica em desmontar a legislação social e laboral. Essa é a questão fundamental que levou o país ao agravamento da crise política a cada dia. O contexto, sem conciliações, sem concessões, é marcado pela intolerância a direitos adquiridos. Como afirma Iasi (2017:75) no Brasil, "a governabilidade pelo alto via concessões e alianças encontra seu limite no momento em que a acumulação de capitais e as manifestações mais evidentes de sua crise cobram novas formas políticas de gerência do Estado Burguês." Assim, "presenciamos uma situação na qual o Estado Burguês parece dispor de todos os mecanismos necessários de garantia da ordem capitalista".

Situação que, sem dúvida, se agrava muitíssimo com as últimas eleições quando o "candidato da extrema direita saiu vencedor num pleito que evidenciou um processo de radicalização da política brasileira sem precedentes desde o início da Nova República. A emergência da(s) direita(s) num cenário nacional e internacional de crescimento do conservadorismo de traços fascistas expõe a face hiperautoritária do neoliberalismo (Dardot e Laval, 2016) na atual quadra do capitalismo contemporâneo".

Nesse processo, reativa-se o pensamento conservador, restaurador e defensor da ordem instituída e o pensamento reacionário que confronta valores democráticos e propõe eliminação de direitos. Emerge uma nova sociabilidade e uma nova política inscritas na agenda neoliberal, pois as transformações em andamento ocorrem não apenas em relação à ordem econômica, mas constituem um conjunto de mudanças e processos assimétricos e desiguais que atingem múltiplas dimensões da vida social. São processos que interferem na esfera da cultura, da sociabilidade e da comunicação, homogeneizando comportamentos, hábitos de consumo, preferências, valores. Por outro lado, esses processos geram profundas resistências, novos antagonismos e brutais desequilíbrios de poder. A nova sociabilidade e a nova política, inscritas na agenda neoliberal, vêm provocando metamorfoses no campo da subjetividade, expressas no individualismo competitivo exacerbado, pressionado pelo consumo e que vive com um grau de incerteza e ansiedade sem precedentes. Fragmentam-se as diferentes esferas da vida social e referências culturais e simbólicas que tornavam o mundo reconhecível são colocadas em questão.

3. Serviço Social brasileiro em tempos de devastação

A partir da interlocução com essa realidade de crise estrutural do capital com suas graves consequências em todos os domínios da nossa vida social, econômica, política e cultural, *processo no qual se engendram outras crises, uma nova política e uma sociabilidade conservadora, é que situamos o Serviço Social brasileiro e seu processo de legitimação no conjunto de mecanismos reguladores da "questão social"*, especialmente no âmbito das políticas sociais, desenvolvendo sua intervenção e cumprindo objetivos que lhe são atribuídos socialmente e que, como sabemos, ultrapassam sua vontade e intencionalidade. Ou seja, o assistente social não tem se configurado como profissional autônomo no exercício de suas atividades, não dispondo do controle das condições materiais, organizacionais e técnicas para o desempenho de seu trabalho. No entanto, isso não significa que a profissão não disponha de relativa autonomia e de uma direção social que aponta para a construção de outra ordem societária.

É essa direção social que há 25 anos nosso Código aponta com absoluta pertinência e crescente atualidade. E, infelizmente, é essa direção que está sendo confrontada no tempo presente. (pelas transformações societárias e pelos resultados de uma formação precária e despolitizada).

"Como sabemos, nas últimas três décadas, o Serviço Social brasileiro construiu coletivamente um projeto para a profissão, forjado nas lutas dos movimentos sociais e articulado a um projeto societário anticapitalista. Esse projeto significou uma ruptura com o pensamento conservador que marcou a origem da profissão, sob influência do pensamento social da Igreja e de teorias de cariz positivista e funcionalista, e se construiu à luz do pensamento de autores marxistas e fundamentalmente a partir da Teoria Social de Marx e de suas explicações mais abrangentes e totalizantes acerca da vida social e de seu sentido histórico". (Yazbek, 2017, p. 102)

Esse projeto trouxe importante inflexão na interpretação teórica da profissão, especialmente com a contribuição de Marilda Iamamoto (1995, 2011), que traz a análise inaugural do Serviço Social como profissão no "processo de produção e reprodução das relações sociais capitalistas, particularizando sua inserção na divisão social e técnica do trabalho e reconhecendo o assistente social como trabalhador assalariado." Esse projeto situa o trabalho do assistente social enquanto parte do trabalho social médio, uma abordagem que situa a atividade do(a) assistente social como trabalho abstrato, indo além da dimensão útil, concreta do trabalho deste profissional. Trabalho que é social e coletivo e que representa "uma fração do trabalho social total pensado em sua quantidade, como dispêndio de força humana de trabalho" (Raichelis, 2018, p. 156)

Este projeto vem possibilitando que nos apropriemos *do método dialético que possibilita explicar a realidade e nossa inserção profissional. Realidade que devemos decifrar, nas particularidades de nosso cotidiano de trabalho. Realidade que é complexa, heterogênea e contraditória, apresentando diversas dimensões de uma totalidade viva. Marx dizia que explicar a realidade não é apenas descobrir os nexos que a constituem, mas ajudar essa realidade a se constituir.* Isso porque as dimensões que trazem *são dimensões reais do real.* A reflexão que precisamos desenvolver para iluminar nosso trabalho precisa nos desvendar alguns segredos (para usar uma expressão marxiana) sobre o trabalho social abstrato do assistente social, *desvendar no real "aquilo que não está dado"*, pois, como diz Octavio Ianni[18], "na

18. Ianni, Octavio. Conferência na PUC-SP. 2013.

verdade, a realidade, os fatos, os acontecimentos, precisam ser desmascarados, desvendados; daí esse percurso contínuo entre o que é aparência e a essência, entre a parte e o todo, entre o singular e o universal".

Cabe lembrar que nessa perspectiva de inserção profissional no processo de reprodução das relações sociais é a reprodução de determinado modo de vida, do cotidiano, de valores, de práticas culturais e políticas e do modo como se produzem as ideias nessa sociedade. Mas, estamos diante de processos contraditórios, que contêm a possibilidade do novo, do diverso e da mudança. Trata-se, pois, de uma totalidade em permanente reelaboração, na qual o mesmo movimento que cria as condições para a reprodução da sociedade de classes cria e recria os conflitos resultantes dessa relação e as possibilidades de sua superação. (Yazbek, 2009)

A partir da abordagem marxiana da realidade e das construções coletivas dos assistentes sociais brasileiros sob essa perspectiva, expressas, entre outros aspectos, em seu Código de Ética, na lei que regulamenta o exercício da profissão, nas diretrizes curriculares, temos algumas luzes que iluminam nossa apreensão e nossa intervenção profissional nessa realidade.

Nesse quadro de referências é fundamental ter presente que:

"Não há espaços sem contradição, não há como o Serviço Social deixar de participar desse processo, cuja direção está sempre em disputa, pois fazemos parte dela em qualquer contexto." (Yazbek, 2017, p. 101) Em qualquer Política, em qualquer ação profissional. Podemos até não ter muita clareza dessa disputa, mas fazemos parte dela em qualquer contexto. É necessário entender e intervir na realidade com essa perspectiva, caso contrário, dependendo das circunstâncias, caímos em um enorme imobilismo e perdemos a direção social que impulsiona o projeto ético-político dessa profissão.

A partir desta compreensão e do intenso impacto que traz para a ruptura da profissão com o legado conservador de sua origem, entendemos o Serviço Social como parte integrante do processo histórico que assumem as relações sociais na sociedade burguesa em seus processos de mudanças, inserindo-se no conjunto da classe trabalhadora, de suas lutas, e apontando para a necessidade de um trabalho social orientado para a emancipação humana. *Efetivamente, os assistentes sociais fazem parte da mudança, como gestores e operadores de políticas sociais, que se têm constituído historicamente numa das mediações fundamentais para o exercício profissional. Assim a profissão está envolvida diretamente com a construção cotidiana da sociabilidade capitalista pela mediação dessas políticas, operando dentro de seus limites e de suas possibilidades.* Neste âmbito, desenvolve tanto atividades na abordagem direta da população que procura as instituições e o trabalho do profissional (entrevistas, atendimento de plantão social, visita domiciliar, orientações, encaminhamentos, reuniões, trabalho com indivíduos, famílias, grupos, comunidades, ações de educação e organização popular etc.), como atua na pesquisa e na produção de conhecimento, administração, planejamento, supervisão, consultoria e gestão de políticas, programas e projetos na área social. *É importante lembrar que essas políticas sofrem hoje grandes alterações, das quais vou destacar apenas duas:*

1. com o advento da ruptura trabalho/proteção social ocorre a recomposição das políticas sociais que se tornam cada vez mais focalizadas e condicionadas. Ou seja, trazem a lógica do *workfare* ou da contrapartida por parte dos que recebem algum benefício.
2. essas políticas estão sob a pressão da "ideologia do gerencialismo", (Raichelis, 2018) que emerge como estratégia de "governança" do Estado capitalista atual, caracterizada pelo tecnicismo, que busca levar os "imperativos, as premências e as lógicas das empresas privadas" para o âmbito do Estado, sob o argumento de que a "governança" privada é mais eficaz que a administração pública. (Dardot e Laval, 2016)

Cabe observar que, sob essas bases, encontramos processos de intensificação e precarização do trabalho profissional que "vão sendo incorporadas de forma sutil e gradativa [...] ganhando concretude no ritmo e na velocidade do trabalho, na polivalência e na multi-atividade, nas cobranças de metas de produtividade, no maior volume das tarefas, no peso da responsabilidade". (Raichelis, 2018, p. 59)

Outro aspecto a ser destacado em termos de demandas aos assistentes sociais situa-se na área da produção de conhecimentos onde a profissão avançou na construção de "uma massa crítica de conhecimentos, contribuindo para a formação da cultura profissional — teórica, ética e ideopolítica — que se contrapôs e se contrapõe às iniciativas de construção da hegemonia das classes dominantes, em orgânica articulação, a partir dos finais dos anos 70, com a esquerda marxista no Brasil". (Mota, 2017, p. 46-47)

Em síntese, é por essa inserção como trabalhadores, nas relações sociais capitalistas, no atual contexto de crise do capital, que os assistentes sociais constroem cotidianamente seu projeto e sua resistência, ao operacionalizar Políticas Sociais que focalizam e ameaçam o direito. Convivendo muito de perto com as atuais manifestações da Questão Social e suas resultantes econômicas, políticas e culturais, cujos impactos se revelam nos espaços institucionais em que atuam profissionalmente, os trabalhadores assistentes sociais enfrentam novas questões que evidenciam as diversas manifestações da desigualdade e da diversidade humana.

Nos diversos espaços profissionais, sob a condição de trabalhador assalariado, os assistentes sociais brasileiros administram as profundas transformações que ocorrem nas Políticas Sociais, até mesmo medidas que apontam para sua extinção. Desvendar o processamento desse trabalho no contexto de sua forma ultraneoliberal e sob o domínio do capital financeiro é enfrentar o desafio de operar a construção do direito em tempos adversos, apoiando e fortalecendo as lutas da "classe que vive do trabalho", da qual os assistentes sociais fazem parte. Direitos que sendo públicos têm a universalidade como perspectiva, envolvem interesses coletivos (interesses de uma classe social), têm visibilidade pública, transparência e exigem o controle social, a participação e a democratização e estão dramaticamente ameaçados.

Considerações finais

O desafio frente ao quadro aqui brevemente apresentado no âmbito da luta pelo reconhecimento público e a construção dos direitos sociais da população com a qual trabalhamos é enorme, imensurável. E é nesse âmbito que devemos localizar o significado de nosso trabalho profissional e a nossa resistência, especialmente na gestão e operacionalização de políticas sociais: *na disputa pelos sentidos da sociedade, na luta contra o desmanche de direitos cuja regulação vai passando para espaços do mundo privado; na construção de parâmetros capazes de deter a privatização do público, e a destruição da política, na perspectiva de construir a hegemonia das classes que vivem do trabalho em nossa sociedade.*

Na realidade, não existe direito sem sua concreta realização e sem suas mediações, e a Política Social é sem dúvida mediação fundamental nesse sentido. E, se a política opera de forma descontínua, incompleta, seletiva e não democrática, passa a ter outro significado: controle e enquadramento dos pobres.

Em síntese, de modo geral, a profissão é interpelada e desafiada a RESISTIR pela necessidade de construir direitos e outras mediações políticas e ideológicas. O desafio é construir ações de resistência e alianças estratégicas no jogo da política em suas múltiplas dimensões, por dentro dos espaços institucionais e especialmente no contexto das lutas sociais. *Seja no tempo miúdo do cotidiano, por dentro dos espaços institucionais onde atuamos, politizando nossas iniciativas, buscando novas práticas, retomando ações de educação de base, buscando espaços a ocupar, considerando as variadas lutas e propostas de resistência. Seja no apoio às resistências cotidianas das classes subalternas em suas lutas em nossa sociedade, expressando que profissionalmente caminhamos junto aos nossos usuários. Não será fácil essa resistência para além das ruínas que devemos encarar.*

Pois estamos em um momento histórico onde não existe possibilidade concreta de nossos espaços institucionais, especialmente das políticas sociais, particularmente aquelas voltadas à minimização da pobreza, não serem inflexionadas pelas contrarreformas em curso. Não existe possibilidade histórica, por exemplo, dos Programas de Transferência de Renda, do SUS, do SUAS, da Educação em todos os seus níveis, dos programas habitacionais, entre outros, *deixarem de sofrer os impactos da Proposta de Emenda Constitucional — PEC — do congelamento dos gastos, como não existe possibilidade do campo dos serviços sociais deixar de sofrer as consequências da lei de terceirização irrestrita, e da classe que vive do trabalho não sofrer os impactos da reforma trabalhista e da reforma da previdência.*

O processo golpista continua em pleno curso e não é possível prever o seu desfecho. Cabe, no entanto, um chamamento à unidade política em torno de nosso projeto e ainda o desafio de abrir caminhos novos, *porque estou me dirigindo a pesquisadores que têm a missão* de desvendar o conhecido e o desconhecido, em um mundo que é intrincado, difícil, que precisa ser decifrado todo o tempo. Como lembra Ianni (2003), "cada viajante abre seu caminho, não só quando desbrava o desconhecido, mas inclusive quando redesenha o conhecido".

Referências

ANTUNES, Ricardo. Prefácio. *In*: RAICHELIS, Raquel; VICENTE, Damares; ALBUQUERQUE, Valeria (Orgs.). *A nova morfologia do trabalho no Serviço Social*. São Paulo: Cortez, 2018.

______. A nova morfologia do trabalho e suas principais tendências *In*: ANTUNES, Ricardo (Org.). *Riqueza e Miséria do Trabalho no Brasil II*. São Paulo: Boitempo, 2013.

______. *Ideias de Esquerda — Revista de Política e Cultura*. Entrevista em: 5 maio 2017.

______. *Os sentidos do trabalho*. São Paulo: Boitempo, 1999.

DARDOT, Pierre; LAVAL, Christian. *A nova razão do mundo* — ensaio sobre a sociedade neoliberal. São Paulo: Boitempo, 2016.

DOWBOR, Ladislau. *A Era do Capital Improdutivo*. São Paulo: Autonomia Literária, 2017.

FILGUEIRAS, Luis; GONÇALVES, Reinaldo. Desestruturação do Trabalho e Política Social. *In*: PEREIRA, Potyara A. et al. (Orgs.). *Política Social, Trabalho e Democracia em questão*. Brasília: UnB, 2009.

IAMAMOTO, Marilda. Serviço Social, "Questão Social" e Trabalho em tempo de Capital Fetiche. *In*: RAICHELIS, Raquel; VICENTE, Damares; ALBUQUERQUE, Valeria. *A nova morfologia do trabalho no Serviço Social*. São Paulo: Cortez, 2018.

______. *Relações Sociais e Serviço Social no Brasil*: Esboço de uma interpretação histórico/metodológica. 10. ed. São Paulo: Cortez, 1995.

______. *Serviço Social em tempo de capital fetiche*: capital financeiro, trabalho e questão social. São Paulo: Cortez, 2011.

IASI, Mauro. O Serviço Social aos 80 anos diante de um novo Brasil. *Serviço Social & Sociedade* n. 128. São Paulo: Cortez, 2017.

IVO, Anete Brito Leal. A reconversão da Questão social e a retórica da pobreza nos anos de 1990. *In*: *Pobreza do Estado. Reconsiderando o papel do estado na luta contra a pobreza global*. Clacso. 2006.

LAUTIER, Bruno. *Les politiques sociales em Amerique Latine*. Propositions de méthode pour analyser un éclatement en cours. Les Chaiers des A. Latine Paris, n. 30, 1999.

MARQUES, Rosa. Capitalismo financeiro e as Políticas Sociais: a nova face da contemporaneidade. *In*: RAICHELIS, Raquel; VICENTE, Damares; ALBUQUERQUE, Valeria (Orgs.). A *nova morfologia do trabalho no Serviço Social*. São Paulo: Cortez, 2018.

MARQUES, Rosa. O lugar das políticas sociais no capitalismo contemporâneo. *Argumentum*. Vitória, (ES), v. 7, n. 2. Dez. 2015.

MOTA, Ana Elizabete. 80 anos do Serviço Social brasileiro: conquistas históricas e desafios na atual conjuntura. *Serviço Social & Sociedade*, n. 128. São Paulo: Cortez, 2017.

OLIVEIRA, Francisco. *Uma biografia não autorizada*. São Paulo: Boitempo, 2018.

______. *Crítica à razão dualista/O ornitorrinco*. São Paulo: Boitempo, 2003.

ONU — PNUD Relatório de Desenvolvimento Humano 2010.

RAICHELIS, Raquel. Serviço Social: trabalho e profissão na trama do capitalismo contemporâneo. *In*: RAICHELIS, Raquel; VICENTE, Damares; ALBUQUERQUE, Valeria (Orgs.). *A nova morfologia do trabalho no Serviço Social*. São Paulo: Cortez, 2018.

______. Polêmicas teóricas na análise marxiana do trabalho no Serviço Social. *In*: *Revista Em Pauta*. Rio de Janeiro, 1. semestre de 2018 — n. 41, v. 16, p. 154-170.

______; YAZBEK, Maria Carmelita. *Estudo Avaliativo da Implementação do Sistema Único de Assistência Social*: uma proposta de investigação em desenvolvimento. ENPESS, 2018.

SINGER, André. *O lulismo em crise: um quebra-cabeça do período Dilma (2011 2016)*. São Paulo: Companhia das Letras, 2018.

YAZBEK, Maria Carmelita. Pobreza e Exclusão Social: expressões da Questão Social no Brasil. *Temporalis. Revista da ABEPSS*, 2. ed., ano II, n. 3, 2004.

______. O significado sócio-histórico da profissão. *In*: *Serviço Social, Direitos Sociais e Competências Profissionais*. Brasília: CFESS/ABEPSS, 2009.

______. Direitos Sociais, Políticas Sociais e Novos Desafios para o Serviço Social. *In*: RONDON, Elizabeth; ARAÚJO, Sandra Simone de; ROCHA, Sheila (Orgs.). *Serviço Social, velhas e novas fronteiras*. Rio de Janeiro: Ed. Autografia, 2017.

A contribuição brasileira ao debate do Serviço Social mundial

Esther Luíza de Souza Lemos
Maurílio Castro de Matos
Sâmya Rodrigues Ramos

1. Apresentação

Tendo como referência a intervenção do Conselho Federal de Serviço Social (CFESS) no debate internacional do Serviço Social no contexto pós-ruptura com o conservadorismo profissional[19] no Brasil, o presente texto tem como objetivo registrar e historicizar aspectos do protagonismo brasileiro no âmbito das relações internacionais. Para tanto, faz-se necessário uma breve contextualização da concepção e trajetória histórica do Serviço Social no Brasil e sua vinculação às instâncias organizativas no âmbito internacional. Sendo uma instância de organização política da categoria no país, o CFESS, particularmente a partir da década de 1990, define no âmbito das relações internacionais como mediação do projeto ético-político do Serviço Social brasileiro, a filiação à Internacional Federation of Social Workers — IFSW, cuja sigla na língua espanhola é Federação Internacional de Trabalhadores(as) Sociais — FITS. A partir desta presença, com o objetivo de fortalecer

19. Ao afirmamos a ruptura, não ignoramos a permanência do conservadorismo no âmbito da profissão, uma vez que este projeto é constituinte essencial do projeto societário hegemônico, o capitalismo. Logo, a profissão não está imune à essa contradição.

politicamente sua interlocução, em 1996 participa da criação do Comitê Mercosul de Organizações Profissionais com demais países do cone sul[20]. Em 2013, essa articulação se amplia na criação do Comitê Latinoamericano e Caribenho de Organizações Profissionais de Trabalho Social/Serviço Social — COLACATS juntamente com 12 países, da América do Sul, América Central e Caribe. Participando institucionalmente da estrutura da FITS para América Latina e Caribe, constrói juntamente com demais países da região um campo de representação que assume conjuntamente princípios ético-políticos e a defesa de uma definição de Serviço Social que mobilizará concepções e a direção social da Federação Internacional de Trabalhadores Sociais (FITS), politizando esta instância.

Sendo instância máxima de representação das e dos assistentes sociais no mundo, a FITS, as suas deliberações podem ser referência tanto internamente na definição da regulamentação e definição da profissão nos diferentes países, nos respectivos Códigos de Ética, quanto na incidência sobre governos e sociedades, especialmente através dos organismos da ONU nas temáticas de políticas para infância, mulheres, envelhecimento, família, população indígena, migrantes, saúde mental, drogas e direitos humanos.

O Serviço Social não é uma profissão homogênea e historicamente os posicionamentos da FITS possuem a predominância de uma concepção conservadora e eurocêntrica, tanto de profissão quanto de sociedade. A ampliação e chegada de novos membros na FITS, particularmente a partir da organização política construída coletivamente a partir do Comitê Mercosul e do COLACATS, tem ampliado o debate e a disputa pela direção estratégica da forma e conteúdo dessa instância.

Atualmente com 129 países membros e representando mais de três milhões de assistentes sociais, pela primeira vez a FITS tem em sua presidência uma assistente social latino-americana comprometida com os princípios ético-políticos e a concepção de Serviço Social que dialoga com a direção social do projeto profissional representativo das entidades brasileiras. Juntamente nesta gestão, que possui mandato de 2018 a 2020, presidência da FITS para América Latina e Caribe está representada por Porto Rico e a vice-presidência pelo Brasil.

20. Ver Behring (2004a).

Da década de 1990 do século XX ao final da segunda década do século XXI, diferentes sujeitos persistiram e protagonizaram a representação e os espaços decisórios da categoria em âmbito internacional. Tal possibilidade se deu pela democratização das instâncias organizativas advindas da participação política de assistentes sociais que, nas suas realidades nacionais e particularmente no Brasil, assumiram o compromisso ético-político de, no tempo histórico de sua geração, dedicarem-se na defesa de um projeto profissional que só tem sentido associado a um projeto societário de emancipação humana internacionalista.

2. O Serviço Social no Brasil: conservadorismo e "virada política"

O Serviço Social nasce no final do século XIX na Europa, quando as contradições da sociedade de classes se explicitam de tal forma que as explicações "naturalizantes" das chamadas expressões da "questão social" precisam ser enfrentadas pela ordem burguesa como condição para reprodução social do modo de produção capitalista.

Do momento particular do capitalismo monopolista na Europa ao início do século XXI em todos os continentes alcançados pelo imperialismo do mercado, as expressões da chamada "questão social" ganharam novos contornos e novas determinações, porém a essência do controle do capital continua: a produção socializada e a riqueza concentrada e centralizada nas mãos de poucos. A Lei Geral da Acumulação Capitalista desenvolvida teoricamente por Marx no capítulo 23 de *O Capital* em 1867, historicamente tem se efetivado com "necessidade férrea" e formas particulares nos quadrantes do mundo.

Segundo Netto (1992), no capitalismo monopolista, as funções políticas do Estado imbricam-se organicamente com suas funções econômicas. Sua intervenção tanto pode se dar diretamente (inserção como empresário nos setores estratégicos, em especial naqueles em que serão fornecedores do monopólio; controle de empresas capitalistas em dificuldades; entrega aos monopólios de complexos construídos com fundos públicos; garantia de lucro pelo Estado) ou indiretamente (encomenda ou compras do Estado aos grupos monopolistas; investimento em transporte e infraestrutura; preparação institucional da força de trabalho requerida pelos monopólios).

Para o Estado exercer — no estrito jogo econômico — o papel de "comitê executivo da burguesia", ele deve se legitimar politicamente. Daí a necessidade de incorporar outros protagonistas sociopolíticos. Portanto, há um *alargamento* das bases de legitimação e sustentação, mediante generalização e institucionalização de direitos e garantias cívicas e sociais, permitindo ao Estado organizar um consenso que assegura o seu desempenho. Isso pode parecer uma contradição, mas há que se lembrar que esse período de transição do capitalismo é também acompanhado de um salto organizativo nas lutas do proletariado e do conjunto das e dos trabalhadores (Netto, 1992), em diferentes conjunturas, com maior ou menor intensidade.

É só assim que as expressões da "questão social" podem se configurar como objeto de intervenção contínua do Estado, colocando-se como alvo das políticas sociais. A política social no capitalismo monopolista, segundo Netto (1992), é o mais canônico paradigma da indissociabilidade das funções econômicas e políticas do Estado.

Não lhe sendo possível apreendê-la na sua totalidade sob pena de revelar sua contradição intrínseca, a intervenção do Estado sobre a "questão social" é fragmentada nas suas múltiplas expressões. Setoriza-se a "questão social", que passa a ser entendida, por exemplo, como a "questão" da saúde, da assistência social, da previdência social, da educação, da habitação, da pessoa idosa, da mulher, da criança etc. Netto (1992) nos revela que não poderia ser de outra forma, pois caso o Estado deixasse de enfrentar de forma fragmentada, com políticas setorizadas, remeteria à "questão social" concretamente à relação capital e trabalho, colocando em xeque a ordem burguesa.

Apreendermos a forma particular de intervenção do Estado nas diferentes expressões da "questão social" é determinante para analisarmos a gênese da profissão não apenas no Brasil, mas nas particularidades nacionais onde o capitalismo se impõe como modo de produzir e pensar.

Assim, analisamos com Iamamoto que: "A *questão social* não é senão expressões do processo de formação e desenvolvimento da classe operária e seu ingresso no cenário político da sociedade, exigindo seu reconhecimento enquanto classe por parte do empresariado e do Estado. É a manifestação, no cotidiano da vida social, da contradição entre o proletariado e a burguesia, a qual passa a exigir outros tipos de intervenção, mais além da caridade e da repressão" (Iamamoto e Carvalho, 1985, p. 77).

A pesquisa na área e a literatura profissional evidenciam que o Serviço Social tem sua gênese como profissão de natureza interventiva no contexto da contradição capital x trabalho, tendo como referencial o momento histórico de agudização das contradições da chamada "questão social". A(o) assistente social passa a ser uma(um) profissional demandada(o) a intervir em suas mais diferentes expressões. Assim, as(os) usuárias(os) de seus serviços são as(os) que vivenciam cotidianamente seus perversos efeitos, sendo o contratante deste profissional o Estado e/ou o patronato, evidenciando o caráter contraditório da profissão e seu significado social.

Sendo uma profissão que nasce no contexto de crise do capitalismo e da necessidade de enfrentamento para sua autorreprodução, o Serviço Social não se explica a si mesmo. Ao mesmo tempo, sua existência, como instituição criada e legitimada socialmente, possui relativa autonomia na complexa trama das relações sociais engendradas no modo de ser e pensar regido pelo capital.

A América Latina, no contexto do desenvolvimento capitalista, da sua constituição no processo de colonização europeia à sua inserção no contexto da mundialização do capital no passado e na atualidade, constituiu-se como região na qual a particularidade de sua formação econômica, política, social e cultural gera uma forma particular na qual as expressões da "questão social" se expressam. Sendo assim, a profissão, nas dimensões da formação e do trabalho profissional, é permeada por esta determinação particular.

O Serviço Social como profissão, em suas origens e desenvolvimento inicial, teve um processo sem críticas ao desenvolvimento capitalista que o engendrou. Isto não significa que muitos ganhos das(os) pioneiras(os) da profissão no Brasil e no mundo não sejam fundamentais até os dias atuais. Particularmente, no seu processo de institucionalização no Brasil, destacamos como ganhos o reconhecimento legal de uma formação profissional de nível superior (ainda que a inserção na Universidade tenha se dado somente na década de 1960 na reforma universitária empreendida pela ditadura militar); a criação de entidades da categoria profissional como, por exemplo, a criação em 1946 da Associação Brasileira de Escolas de Serviço Social — ABESS[21], coordenando a política de formação profissional no país; a elaboração do primeiro Código de Ética já em 1947, seguindo-se várias revisões em diferentes conjunturas, estando em vigência o atual Código de Ética de 1993; a realização periódica de Congressos Brasileiros da profissão realizados desde 1947; a regulamentação da profissão em 1957 e sua revisão na atual Lei n. 8.662 de 1993; a criação do Conselho Federal e dos Regionais de Serviço Social como órgãos de fiscalização do exercício profissional criados em 1962, sendo a partir de 1993 denominados Conselho Federal e Conselhos Regionais de Serviço Social — CFESS/CRESS.

Assim, nascendo e institucionalizando-se em contexto conservador, o Serviço Social brasileiro, desde suas origens, possui uma estrutura organizativa sólida, com vistas a inscrevê-lo como uma profissão referenciada no país e com participação nas instâncias e eventos internacionais.

A influência franco-belga que marca a origem da profissão no Brasil, a partir da Segunda Guerra Mundial, passa a ser substituída pela influência do Serviço Social norte-americano. As(os) assistentes sociais brasileiras(os) se encantam com a técnica e os protocolos do Serviço Social naquele país, tendo influência tanto do funcionalismo como das teorias psicologizantes. A partir da década de 1950 também há a influência da Organização das Nações Unidas — ONU, particularmente no trabalho com o "desenvolvimento de comunidade", uma estratégia de controle ideológico da população, mas que também foi, contraditoriamente, um espaço de contato dos(as) profissionais com a realidade brasileira e de experiências com o método de Paulo Freire.

A análise do desenvolvimento sócio-histórico da profissão evidencia que, até explicitar-se a crítica ao Serviço Social Tradicional, a partir da influência do Movimento de Reconceituação do Serviço Social na América Latina, entre 1965 e 1975, não há, por parte do Serviço Social brasileiro, uma substituição das bases confessionais da Doutrina Social da Igreja Católica,

---

21. A entidade foi criada como Associação Brasileira de Escolas de Serviço Social — ABESS e, posteriormente, em 1973, seu nome foi mudado para Associação Brasileira de Ensino de Serviço Social, mantendo a mesma sigla, e desde 1998, após mudança estatutária, é denominada Associação Brasileira de Ensino e Pesquisa em Serviço Social — ABEPSS.

o que faz com que Netto (1992) afirme a existência de um "amálgama sincrético" na profissão.

Podemos dizer que as vinculações originárias da profissão (com o patronato, com o Estado e com a Igreja) permaneceram hegemônicas até o Movimento de Reconceituação[22]. Esse movimento, que foi longo e extremamente diversificado em todo o continente latino-americano[23], agregou novos sujeitos políticos constituindo um novo referente para a profissão a partir da realidade concreta.

Conforme Netto (1996), quando analisa o processo de renovação do Serviço Social brasileiro, a particularidade do Brasil foi que, ao contrário da maioria de seus países vizinhos, a primeira fase do nosso processo de reconceituação foi de adaptação da lógica interna já existente na profissão com a realidade, ou seja, a hegemonia daquela tendência que Netto (1996) denominou "perspectiva modernizadora". É somente no cenário brasileiro da década de 1980 — período já distinto do que se convencionou entender como o Movimento de Reconceituação — que é possível emergir concretamente outras alternativas ao processo de renovação da profissão, que tanto foi a emersão da tendência "reatualização do conservadorismo", que realiza um recurso à fenomenologia, como a da "intenção de ruptura", que é responsável pela interlocução com a tradição marxista e a obra marxiana (Netto, 1996). Entretanto, é após a década de 1980 que a tendência "intenção de ruptura" com o conservadorismo conquista hegemonia na direção política da categoria e no debate do Serviço Social brasileiro, sendo paradigmático o III Congresso Brasileiro de Assistentes Sociais — CBAS, realizado em São Paulo em 1979, conhecido como "Congresso da virada". Quarenta anos se passaram do marco histórico que, naquela conjuntura do país, permitiu à categoria externalizar sua condição de assalariamento e pertencimento à

22. A literatura profissional ao longo do processo construiu diversas e diferentes análises sobre este processo que evidencia sua influência e demarca, para a realidade latino-americana, a maioridade profissional ao colocar a profissão como objeto de estudo. Ver Netto (1981), Faleiros (1987), Alayón (2007).

23. A pesquisa em curso "O Movimento de Reconceituação do Serviço Social na América Latina (Argentina, Brasil, Chile, e Colômbia): determinantes históricos, interlocuções internacionais e memória", coordenada pelas professoras Marilda Villela Iamamoto (UERJ/UFJF) e Claudia Monica dos Santos (UFJF) trará novos elementos para a análise desse processo.

classe trabalhadora na luta pela democratização das relações sociais em todas as dimensões.

A partir do final dos anos 1980, a profissão de Serviço Social no Brasil vivencia um profundo processo de amadurecimento profissional que se manifestou na formação profissional, no cotidiano do trabalho, na produção acadêmica e na organização política da categoria, considerando suas particularidades, limites e desafios.

No âmbito da organização política do Serviço Social, a partir da década de 1980, constata-se a alteração da direção política vigente até o período, acrítico em relação à dimensão política da profissão. Em relação ao projeto profissional do Serviço Social, Netto (1999) afirma que é, sobretudo, na primeira metade da década de 1990, que se verifica, no interior da profissão, a conquista da hegemonia do novo projeto profissional, denominado a partir de então de "projeto ético-político do Serviço Social".

A inserção de assistentes sociais como e com outros sujeitos coletivos envolvidos na defesa da democracia e dos direitos no país permite a construção e direção política de um novo projeto profissional. Esses setores organizados tiveram um papel relevante para o processo de renovação do Serviço Social. Sob este ponto de vista, pode-se afirmar que as mudanças identificadas na profissão, há mais de três décadas, foram produto da ação político profissional de um significativo número de assistentes sociais sob dadas condições históricas (Ramos, 2009). Profissionais que assumiram um compromisso ético-político como sujeitos e protagonistas na luta histórica pela emancipação humana. Recentemente, os depoimentos de assistentes sociais que vivenciaram esse período e tiveram seus direitos civis e políticos violados pelo Estado brasileiro tornaram-se públicos pela ação do Projeto Serviço Social: memórias e resistências contra a ditadura (CFESS, 2015).

Fruto das conquistas herdadas pelo Movimento de Reconceituação Latino-americano, no contexto de mobilizações democráticas do final dos anos 1970 e da primeira metade dos anos 1980, o conservadorismo expresso no Serviço Social brasileiro foi profundamente contestado. As exigências políticas e sociais de ruptura com a ordem ditatorial repercutiram nos diversos âmbitos profissionais, permitindo a renovação de suas bases, o pluralismo profissional e a explicitação da disputa pela direção ético-política da profissão a partir da crítica à sociabilidade capitalista e sua lógica destrutiva.

A vinculação do processo de constituição do projeto ético-político do Serviço Social brasileiro ao debate latino-americano é ininteligível sem a apreensão do legado histórico do Movimento de Reconceituação. Nesse contexto, a ALAETS e o CELATS[24] tiveram um papel fundamental "fomentado no ambiente ideopolítico e cultural de experiências de contestação aos regimes autoritários do continente, algumas, inclusive, de matizes revolucionários" (Brites; Sales, 2000, p. 22). Essas organizações profissionais tiveram um papel político-formativo central no processo de contestação do aparato conservador da profissão em diversos países do continente.

Para Iamamoto (2004), a ALAETS e o CELATS, ao apoiarem os(as) profissionais na sua formação, no exercício e na atuação política, contribuíram para ampliar o horizonte da profissão na realidade latino-americana, inserindo-se, inclusive, na luta contra o arbítrio das ditaduras militares que grassavam no continente. Porém, o contexto neoliberal e a perda da hegemonia do pensamento crítico, o esvaziamento teórico e político no seu desenvolvimento, comprometidos os imperativos do mercado, marcado por fortes traços pragmatistas e empiristas, levou tais entidades ao declínio. Apenas em 2006, após intenso processo de rearticulação político-institucional, ocorre o processo de refundação da ALAETS, criando-se a Associação Latino-americana de Ensino e Pesquisa em Trabalho Social — ALAEITS, entidade no âmbito da formação profissional, que contou com o protagonismo brasileiro através das gestões da ABEPSS.

No tocante à relação entre o Serviço Social brasileiro e o movimento latino-americano, Behring (2004) ressalta que o projeto fundador do CELATS/ALAETS contribuiu, de uma forma decisiva, com a trajetória de renovação do Serviço Social no Brasil, tendo este, dentre outros aspectos, se beneficiado de: recursos financeiros, suporte profissional e político para criar uma base de organização sindical e capacitação continuada de quadros profissionais e de pesquisas realizadas para reconstruir a história profissional no continente.

24. "Criado em 1974 como organismo acadêmico da ALAETS (Associação Latino-americana de Escolas de Serviço Social), com base em um convênio de cooperação técnico-financeiro com a Fundação Konrad Adenauer, intermediado pelo Instituto de Solidariedad Internacional (ISI) da Democracia Cristã Alemã, o [*Centro Latino-americano de Trabalho Social*] tem seus estatutos aprovados em 1975, em El Salvador. Estabelece sua sede em Lima e em 1976 é reconhecido pelo governo peruano como organismo de cooperação técnica internacional." (Raichelis *et al.*, 2018)

Essas iniciativas do CELATS/ALAETS foram, portanto, fundamentais para a "virada política" contra o conservadorismo profissional ocorrida no Serviço Social no Brasil.

Na análise da articulação e organização das(os) assistentes sociais latino-americanas(os) e da inserção das(os) assistentes sociais brasileiros(as) neste processo, destacamos os pressupostos sinalizados por Boschetti (2004), são eles: o reconhecimento de que a articulação latino-americana, com direções críticas, é uma estratégia fundamental para enfrentar as políticas neoliberais dos respectivos governos na região; o respeito à história e à memória das entidades nacionais e internacionais e ao seu papel de reconstrução do Serviço Social na América Latina; a percepção de que a consolidação do projeto ético-político profissional do Serviço Social brasileiro não deve ser voltada apenas para o Brasil, mas deve consolidar-se como um projeto profissional para a América Latina, no contexto internacional (Ramos, 2006).

Se, por um lado, a década de 1990 inaugura um contexto econômico, social, político e cultural marcado pelo neoliberalismo sendo altamente restritivo aos avanços conquistados no âmbito dos direitos sociais garantidos constitucionalmente na década anterior, no Brasil, nesse período, a profissão apresentou um amadurecimento teórico-metodológico conquistado pelo investimento nos estudos e pesquisas na área, capaz de orientar a ação política das organizações da categoria.

O contexto de crise do capitalismo e a intensificação da desigualdade social permitiu ao Serviço Social brasileiro o investimento tanto no seu desvendamento através da pesquisa e formação profissional quanto no seu enfrentamento por meio da inserção profissional nos mais diferentes campos de trabalho no âmbito das políticas sociais. A possibilidade dos estudos e pesquisas no âmbito dos Programas de Pós-Graduação em Serviço Social, com financiamento das agências públicas de fomento à investigação, criaram as condições favoráveis para que diferentes profissionais tivessem condições de investir nos estudos e avançar na análise concreta de situações concretas no país.

O desenvolvimento dos Programas de Pós-Graduação em Serviço Social e a política de pós-graduação do país permitiram o acesso não apenas a assistentes sociais brasileiros(as), mas a um conjunto de estudantes de diferentes países da América Latina e de língua portuguesa, permitindo o intercâmbio entre professores(as) e estudantes, brasileiros(as) e estrangeiros(as). Este é um aspecto determinante no contexto da contribuição brasileira ao debate do Serviço Social no âmbito internacional.

O amadurecimento teórico-metodológico advindo de estudos e pesquisas com a direção ético-política herdeira da construção crítica do Movimento de Reconceituação na América Latina, a articulação entre trabalho e formação profissional na concepção de profissão e na articulação estratégica entre as entidades da categoria, o intercâmbio cultural permitido nos espaços dos Programas de pós-graduação, criaram as condições de, na década de 1990, o Serviço Social brasileiro ampliar a extensão da organização política da categoria para além das suas fronteiras.

3. A inserção do CFESS na FITS

Uma característica comum no processo de renovação do Serviço Social brasileiro foi a disputa pela direção política das entidades do Serviço Social. Entendidas como patrimônio da categoria, não bastava negá-las e sim conquistá-las. Entidades como a Associação Brasileira de Ensino e Pesquisa em Serviço Social — ABEPSS, que tem entre suas finalidades propor e dinamizar uma política de formação em Serviço Social que expresse a indissociabilidade do ensino, da pesquisa e da extensão, articulando a graduação e pós-graduação, e o conjunto CFESS/CRESS, com o objetivo de orientar, fiscalizar, disciplinar e defender o exercício da profissão da(o) assistente social, acompanharam os movimentos que delineamos acima[25].

Em 1962, quando foi criado o Conselho Federal e os primeiros Conselhos Regionais de Serviço Social, seu funcionamento se dava em uma perspectiva burocrática e sem questionamento à ordem. Tal questão começou a se alterar em meados nos anos 1980. Desde então, os Conselhos Federal e Regionais de Serviço Social têm sido sujeitos importantes na construção do Projeto Ético-político do Serviço Social e, especialmente, a partir da década de 1990,

25. No presente texto, destacamos a atuação do CFESS a partir da inserção política e representativa como membros das suas gestões entre 2011 a 2017.

tem compreendido a importância de se ampliar a interlocução para além do país, tendo como fórum máximo de deliberações da categoria o Encontro Nacional CFESS/CRESS.

A partir desta instância decisória, o CFESS, como órgão representativo e normativo no âmbito do exercício profissional, investe no processo de articulação política internacional. Esta levou o Conselho a intensificar sua participação qualificada nos fóruns internacionais, particularmente nos eventos promovidos pela Federação Internacional de Trabalhadores Sociais (FITS), a qual se filiou em 1995.

A Federação Internacional de Trabalhadores Sociais — FITS, foi criada em 1956 em Munique — Alemanha (a Segunda Guerra Mundial interrompeu a então organização criada em 1928 em Paris) como organização representativa de assistentes sociais no âmbito mundial, com natureza privada sem fins lucrativos, mantida pelas organizações nacionais que se filiam livremente e essa se autossustenta com a anuidade de seus membros. Naquele momento, 12 (doze) países a integraram: Alemanha, Austrália, Bélgica, Canadá, Dinamarca, França, Grécia, Itália, Países Baixos, Suíça, Reino Unido e Estados Unidos.

Atualmente, a FITS está sediada em Berne, Suíça, e é integrada por organizações profissionais de Serviço Social de 129 países de cinco regiões continentais, representando mais três milhões de assistentes sociais em todas as partes do mundo. As cinco regiões continentais são: África, Ásia e Pacífico, Europa, América Latina e Caribe e América do Norte (EUA e Canadá).

No contexto internacional, a FITS é um organismo consultivo do Conselho Econômico e Social (ECOSOC) da ONU e do Fundo das Nações Unidas para a Infância — UNICEF. Ao mesmo tempo, trabalha com a Organização Mundial de Saúde — OMS, Escritório do Alto Comissariado da ONU para Refugiados — ACNUR, o Escritório do Alto Comissariado da ONU para os Direitos Humanos — ACNUDH.

O CFESS acompanha as Conferências Mundiais da FITS desde 1998, ano em que tanto a Conferência como a Assembleia Geral e a Reunião do Comitê Executivo aconteceram em Jerusalém — Israel. No ano 2000, o CFESS participou da Conferência de Montreal — Canadá. Neste ano, na assembleia da FITS, foi aprovada uma definição de Serviço Social substituindo a definição existente desde 1982. A posição defendida pelo CFESS e demais associações latino-americanas na assembleia foi contrária, entendendo que seu conteúdo não expressava o acúmulo teórico-metodológico e ético-político do Serviço Social no Brasil e demais países da América Latina. Desde então, não apenas o CFESS mas demais organizações profissionais do continente vinham se manifestando no sentido da necessidade de sua revisão, processo no qual conquistamos avanços tendo contribuição significativa do Brasil (CFESS, 2011).

A Conferência de 2002 seria realizada em Zimbábue, o que não aconteceu em virtude da situação política do país, à época. O CFESS esteve presente também na Conferência Mundial de 2004, em Adelaide — Austrália, ocasião em que foi finalmente submetida à Assembleia Geral da FITS e aprovada a proposta feita pelo Brasil desde 2002, de sediar a Conferência Mundial de 2008. A partir da análise do conjunto CFESS/CRESS e aprovação pela categoria no país, todos os esforços foram realizados para efetivação dessa deliberação.

Em 2006 o CFESS participou da Conferência Mundial em Munique, com o tema "Trabalhando por um novo equilíbrio social em um mundo desigual". Conforme deliberado, em agosto de 2008, pela primeira vez, a Conferência Mundial foi realizada no Brasil, com o tema "O Desafio de Concretizar Direitos numa Sociedade Globalizada e Desigual". Essa foi a maior conferência mundial até então realizada pela FITS, com participação de 2.704 profissionais e estudantes, de 47 países. O saldo político-organizativo para a categoria no âmbito das relações internacionais foi significativo e merece ser aprofundado em pesquisas futuras.

Em 2010 esteve presente na Conferência Mundial em Hong Kong, China, e em 2012 da Conferência Mundial de Estocolmo, Suécia. Nessa última Conferência Mundial, mais de cento e noventa brasileiros(as) participaram do evento, que recebeu mais de duzentos trabalhos do Brasil entre pôsteres e comunicações orais.

Em 2010, na Assembleia da FITS em Hong Kong, após intenso debate sobre a necessidade de revisão da definição de Serviço Social, foi aprovada a realização de um *workshop* sobre o tema no Brasil[26]. Tal decisão foi fruto de pressões dos países que discordavam da definição aprovada em Montreal

26. No item a seguir o tema será abordado. Detalhes e informações sobre este processo podem ser analisadas em: CFESS (2011), Silva; Simionato (2013) e em notícias no sítio eletrônico do CFESS (www.cfesss.org.br).

em 2000. Nessa pressão, o CFESS teve papel relevante, levando para a assembleia material impresso apontando seus argumentos.

Na Conferência Mundial de Serviço Social de 2012, realizada em Estocolmo, o CFESS distribuiu para os(as) participantes três mil exemplares da proposta de definição aprovada no *Workshop* realizado no Brasil e duzentos Códigos de Ética do(a) Assistente Social na versão trilíngue (português, inglês e espanhol), possibilitando que assistentes sociais de todo o mundo pudessem conhecer mais sobre o Projeto Ético-político do Serviço Social brasileiro e a concepção de profissão coletivamente construída na região.

Na Assembleia Geral da FITS/2012, realizada após a Conferência, com a presença de 38 países, foi adiada a discussão sobre a definição de Serviço Social, com o entendimento de que na assembleia de 2010 não houve uma deliberação específica sobre a necessidade de revisão da definição, o que ficou expresso nessa assembleia, indicando a deliberação sobre possível novo texto para a assembleia de 2014.

A Conferência Mundial realizada em Melbourne — Austrália em 2014 foi precedida da assembleia da FITS que enfim deliberou sobre novo texto da definição de Serviço Social. O texto final não contemplou o texto construído no *workshop* de 2012. O consenso deu-se no reconhecimento de que o Serviço Social é uma "profissão" e não uma "ciência", além de reconhecer que os diferentes países e regiões podem, a partir dela, construir sua referência[27]. A análise deste processo também merece o aprofundamento através de pesquisas sobre esta temática. No âmbito da América Latina e Caribe, o texto da definição de Serviço Social construído no *workshop* passou a ser referência desde 2013 para os países membros do COLACATS, conforme será analisado no item a seguir.

Um marco histórico relevante no processo de articulação política a partir da organização latino-americana e caribenha foi a apresentação de candidatura à presidência da FITS com o nome do então presidente da Associação de Assistentes Sociais do Uruguai — ADASU, Rodolfo Martínez. Pela primeira vez a região disputou a presidência da FITS com um nome orgânico ao processo construído desde a década de 1990, tendo apoio das

27. O texto aprovado na assembleia da FITS de 2014 está disponível em: https://www.ifsw.org/what-is-social-work/global-definition-of-social-work/.

organizações profissionais de outras regiões, perdendo a eleição apenas por 4 (quatro) votos.

Outro marco em 2014 em Melbourne foi a participação da Profa. Dra. Marilda Villela Iamamoto, como uma das conferencistas centrais. A participação de uma assistente social brasileira representando a América Latina e Caribe, como conferencista principal, foi uma conquista política da região. Ter uma profissional latino-americana falando em português e ter sua conferência traduzida para cinco idiomas (inglês, espanhol, francês, mandarim e coreano) foi uma grande vitória tanto pelo reconhecimento e valorização de uma intelectual brasileira quanto pela publicização da concepção de profissão defendida ao longo dos anos.

Em 2016, o Congresso e a Assembleia ocorreram em Seul — Coreia do Sul, em contexto de grande dificuldade de participação pelas barreiras linguísticas e falta de cobertura no processo de tradução. Em 2018, em Dublin — Irlanda, com o adensamento político construído e acumulado na região e na articulação política com demais regiões, a América Latina e Caribe, com apoio das instâncias nacionais juntamente com o Conselho Federal de Serviço Social — CFESS, em articulação com a representação das organizações profissionais dos países latino-americanos, sustentaram a indicação de Silvana Martinez, da Federação Argentina de Associações Profissionais de Serviço Social — FAAPSS, como candidata à presidência da FITS. Sua eleição foi vitoriosa, tendo 40 (quarenta) votos favoráveis contra 22 (vinte e dois) para a segunda colocada, sendo eleita como a primeira mulher latino-americana presidenta da FITS para mandato (2018-2022). Nessa mesma eleição, o CFESS apresentou a candidatura da conselheira Tânia Diniz, eleita por unanimidade na região, como vice-presidente da FITS para América Latina e Caribe.

O CFESS já contou com três representações no Comitê Executivo da FITS. As três representações foram das Conselheiras Valdete Barros Martins (2000-2004), Joaquina Barata Teixeira (2004-2008) e Ivanete Boschetti (2008-2012), sendo esta última eleita na assembleia da FITS realizada no Brasil, durante a 19ª Conferência Mundial de Serviço Social.

Ao longo da participação nesta instância, a direção política assumida foi de fortalecer a organização política a partir da articulação latino-americana e caribenha, inserindo no debate mundial os princípios e valores do Projeto Ético-político profissional defendido pelas entidades no Brasil.

A capacidade de articulação consistente juntamente com uma ação política para além de nossa região permitiu que a região da América Latina e Caribe apresentasse candidatura para presidência da FITS em 2014, quase ganhando a eleição, o que finalmente ocorreu na assembleia seguinte, em 2018, quando a vice-presidente da região, Silvana Martínez, representante da Federação Argentina das Associações Profissionais de Serviço Social (FAAPSS) foi eleita presidente da FITS. Tal conquista não poderia sequer ser pensada fora da articulação regional, propiciada pelo Comitê Mercosul e COLACATS.

Teixeira (2008) ressalta vários debates propostos pelo Brasil no Comitê da FITS, evidenciando os desafios postos para a organização internacional da categoria: a criação e elaboração de referências éticas profissionais comuns para o continente e para o globo; a consolidação de uma organização política que integre os cinco continentes no trato de graves questões comuns; a organização de eventos que possam integrar os países e as organizações nacionais num diálogo sobre o Serviço Social, o seu enfrentamento à barbárie em suas diferentes expressões no mundo; e o fortalecimento da América Latina na organização mundial da categoria. Tais questões justificam, segundo a autora, que o CFESS prossiga sua jornada militante internacional crítica à lógica destrutiva do capitalismo, pois "está mundializada a escolha do destino da humanidade e o horizonte da também polar perspectiva: barbárie *versus* emancipação" (2008, p. 184).

Neste sentido, a participação do CFESS nos espaços deliberativos da categoria no âmbito internacional constitui-se como uma mediação estratégica na implementação do Projeto Ético-político profissional na sua relação com o projeto societário emancipatório, extrapolando suas fronteiras nacionais.

4. A articulação internacional a partir da organização latino-americana

Na década de 1990, com o amadurecimento teórico-metodológico e ético-político permitidos pelo salto qualitativo da renovação do Serviço Social que se expressou de forma particular nos diferentes países da América Latina e Caribe, organizações profissionais latino-americanas e caribenhas encontram-se na Federação Internacional de Trabalhadores Sociais — FITS e, a partir dos encontros permitidos neste espaço, iniciaram o diálogo entre si a fim de buscarem uma forma de organizarem-se politicamente para fazerem ouvir a voz da região.

A estratégia construída coletivamente foi a criação do Comitê Mercosul, agregando as organizações profissionais da Argentina, Brasil, Chile, Paraguai e Uruguai, cuja fundação aconteceu em Montevidéu, em 14 de março de 1996, sendo coordenado inicialmente por Emílio Ortiz, da Argentina. O Brasil assumiu a coordenação em seguida, na gestão 1998/1999. Desde sua criação, a coordenação seguiu um rodízio de países. O Brasil esteve à frente do Comitê em três gestões, com a coordenação de Elaine Behring (1998-2000), Elizabete Borgianni (2006-2008) e Ivanete Boschetti (janeiro a julho 2008).

A constituição inicial do Comitê pelo CFESS e pelas entidades nacionais de assistentes sociais dos demais países foi um contraponto à estratégia geopolítica do capital de organização de blocos mercantis, e significou a articulação de resistência à política internacionalista neoliberal extremamente nociva aos interesses da classe trabalhadora na América Latina, entendendo que

> En el marco de la globalización se pretende desconocer la identidad cultural de América Latina y su protagonismo político independiente en la construcción de espacios regionales de integración. Entendiendo la integración regional en sus dimensiones política, social, cultural y económica. (Comité Mercosur, 2000).

Os debates acumulados no âmbito do Comitê foram fundamentais e contribuíram para o debate e elaboração de Códigos de Ética e Regulamentação Profissional nos países que não contavam com esses instrumentos legais.

Em 2000, depois de dois anos de atividades conjuntas no Grupo de Trabalho sobre Ética, foi aprovado no âmbito do Comitê Mercosul, na cidade de Montevidéu, Uruguai, o documento que expressa os *Princípios éticos y políticos para las Organizaciones Profesionales de Trabajo Social del Mercosur*[28].

28. Posteriormente esses princípios éticos foram incorporados no artigo 3º do Estatuto do COLACATS e estão disponíveis em: http://www.cfess.org.br/arquivos/Colacats_estatuto.pdf.

O Comitê Mercosul de Organizações Profissionais de Trabalho Social/ Serviço Social foi a expressão do compromisso de assistentes sociais com a organização política da categoria na América Latina e pautou importantes debates, como

> La creación, defensa y consolidación de la regulación legal de la profesión, de códigos de ética y de la formación profesional con bases comunes en la región, a partir de principios decididos en forma colectiva, autónoma y democrática, que garanticen el libre ejercicio de la profesión, con derechos y obligaciones asegurados de acuerdo a los marcos jurídicos y en situación de reciprocidad legal. (Comité Mercosur, 2000).

Desde sua fundação com atividades regulares, o Comitê Mercosul reunia-se duas vezes ao ano e passou a construir um campo de articulação latino-americana em torno dos temas demandados pela FITS bem como a emitir posicionamentos a partir de sua inserção na conjuntura regional. A cada reunião foram escritas e divulgadas Declarações, contendo o posicionamento político comum sobre a conjuntura e temas afetos à profissão como: a livre circulação de profissionais nos país membros, a política de formação profissional e articulação com a Associação Latino-Americana de Ensino e Investigação em Trabalho Social — ALAEITS, a necessidade de definição de parâmetros comuns sobre Ética e Direitos Humanos e o debate sobre a definição de Serviço Social da FITS. Sobre esse último ponto, a questão será abordada mais a frente.

É no contexto da *intenção de ruptura com o conservadorismo* na ação estratégica das entidades, particularmente do CFESS, no âmbito internacional a partir da articulação latino-americana e caribenha que se deu a criação e adesão das organizações profissionais ao Comité Latinoamericano y Caribeño de Organizaciones Profesionales de Trabajo Social/Servicio Social — COLACATS.

Sendo um novo espaço de organização política da categoria, criado em 29 de maio de 2013 em Montevidéu — Uruguai, composto pelas organizações profissionais nacionais que legalmente representam assistentes sociais no âmbito do exercício profissional, o COLACATS significou a ampliação do que era o antigo Comitê Mercosul que deixou de existir. Avançando nas conquistas construídas a partir do cone sul, o novo espaço propôs-se continuar trabajando por la consolidación del colectivo profesional de los trabajadores sociales y asistentes sociales de la región, la jerarquización de la profesión, el debate de las problemáticas profesionales al interior de cada uno de los países, la orientación ético-política del ejercicio profesional, la construcción de un bloque con mayor presencia política en la Federación Internacional de Trabajadores Sociales, entre otras acciones". (COLACATS, Acta Fundacional, 2013).

Consideramos que o marco histórico que permitiu avançar na unidade de concepção e na consolidação da proposta de criação do COLACATS foi a realização do *Workshop* sobre a Definição de Serviço Social da FITS na cidade do Rio de Janeiro, Brasil, dias 8 e 9 de março de 2012.

A Assembleia Geral da FITS, em 2010, deliberou pela realização deste *Workshop* a partir da proposta pensada na região. O CFESS assumiu a responsabilidade por sua realização e, com esse objetivo, compôs um Grupo de Trabalho — GT incluindo a participação da Associação Brasileira de Ensino e Pesquisa em Serviço Social — ABEPSS, da Executiva Nacional de Estudantes de Serviço Social — ENESSO, além da assessoria de pesquisadores da área[29]. No dia 13 de agosto de 2011, no Rio de Janeiro, com a presença e apoio da presidência da FITS/América Latina e Caribe, o GT concluiu proposta da versão preliminar do texto da Definição de Serviço Social e a enviou para discussão na região.

Esta versão foi apresentada no II Encontro Latino-americano de Organizações Profissionais de Trabalho Social, realizada em Mendoza, Argentina, em agosto de 2011 e distribuída para apreciação das organizações profissionais de onze países.

Após apreciação e discussão nas instâncias nacionais, foi realizado o *workshop* na cidade do Rio de Janeiro contando com a representação

29. Instituído pela Portaria CFESS n. 13/2011, o GT Ampliado foi composto por conselheiros do CFESS: Samya Rodrigues Ramos, Esther Luíza de Souza Lemos, Maurílio Castro de Matos e Marinete Cordeiro Moreira; do Cress/RJ com a conselheira Hilda Correa; da Abepss com Carlos Montaño e da Enesso por Wanderson Magalhães. Contou com participação de Joaquina Barata Teixeira, Ana Elizabete Mota, Valdete Barros Martins, Ivete Simionato, Silvana Mara Morais dos Santos, Elaine Rossetti Behring e Ivanete Boschetti, e teve como assessores os professores José Paulo Netto e Marilda Iamamoto. Cabe ressaltar que na primeira reunião do GT o CFESS tinha outra gestão e os representantes do CFESS eram: Ivanete Boschetti, Silvana Mara de Morais, Sâmbara Paula Ribeiro, Kênia Figueiredo e Rosa Stein.

das organizações profissionais de oito países, Brasil, Argentina, Paraguai, Uruguai, Costa Rica, Porto Rico, Chile, República Dominicana, além da participação da FITS, FITS/AL, AIETS, ALAEITS, ABEPSS e ENESSO. No dia 9 de março de 2012, chegou-se a um consenso com relação ao texto sobre a Definição de Serviço Social que seria defendido pelos países da região na Assembleia da FITS que ocorreria em Estocolmo em julho de 2012[30].

O texto aprovado no *workshop* posteriormente passou a integrar o Estatuto do COLACATS, definindo que Trabajo Social/Servicio Social

> es una profesión que se inserta en el ámbito de las relaciones entre sujetos sociales y entre estos y el Estado, en los distintos contextos socio históricos de actuación profesional. Desarrolla una praxis social y un conjunto de acciones socioeducativos, que inciden en la reproducción material y social de la vida con uma perspectiva de transformación social comprometida con la democracia y el enfrentamiento de las desigualdades sociales, fortaleciendo la autonomía, la participación y el ejercicio de la ciudadanía, en la defensa y conquista de los derechos humanos y la justicia social. (COLACATS, Estatuto, 2013)

Sendo assim, consideramos que o debate da definição de Serviço Social foi um marco histórico que permitiu avançar na unidade de concepção e inserção política nas instâncias internacionais bem como na consolidação da proposta de criação do COLACATS. Dois dias antes da realização do *workshop* ocorreu a reunião do Comitê Mercosul que avançou na proposta de esboço do Estatuto da futura organização, ampliando a participação dos demais países da América Latina e Caribe. Posteriormente, o mesmo foi encaminhado para discussão e apreciação dos respectivos países para ser deliberado na reunião proposta para ocorrer no Uruguai em 2013.

Depois de um ano de diálogos e debates nos diferentes países sobre a proposta, as organizações profissionais de doze países participaram da reunião de Montevidéu, trazendo uma posição favorável quanto à adesão à nova organização que foi criada em 29 de maio de 2013. Além do Conselho

30. O texto aprovado no *workshop* foi publicado em português, espanhol e inglês e encontra-se disponível em: http://www.cfess.org.br/arquivos/diagramacao_definicao_workshop.pdf

Federal de Serviço Social — CFESS representando o Brasil, assinaram a Ata Fundacional as seguintes organizações profissionais: Federación Argentina de Asociaciones Profesionales de Servicio Social — FAAPSS, Asociación de Asistentes Sociales del Uruguay — ADASU, Colegio de Asistentes Sociales y Trabajadores Sociales de Chile — CTSC, Colegio de Profesionales de Trabajo Social de Puerto Rico — CPTSPR, Colegio de Trabajadores Sociales de Costa Rica — CTS, Colegio de Trabajadores Sociales del Perú — CTSP, Federación Colombiana de Trabajadores Sociales — FECTS, Asociación Dominicana de Profesionales de Trabajo Social — ADOPTRASOC, Asociación Nicaragüense de Trabajadores Sociales Mildred Abaunza — ANTS, Asociación de Trabajadores Sociales Mexicanos — ATSMAC, Sociedad Cubana de Trabajadores Sociales de la Salud — SOCUTRAS.

Seu estatuto, além de incorporar a Definição de Serviço Social pactuada no *workshop* em 2012 no Rio de Janeiro, incorporou os princípios ético-políticos pactuados no âmbito do então Comitê Mercosul no ano de 2000.

A unidade política das organizações profissionais se expressa na unidade existente entre a concepção de Serviço Social e os princípios ético-políticos defendidos, construídos coletivamente e historicamente pela categoria na região.

Com base nesta unidade política e de concepção tem sido realizada a representação da categoria e a inserção de nossas organizações no âmbito da FITS e da sociedade latino-americana e caribenha através de declarações, posicionamentos conjuntos e inserção no cotidiano de nossas organizações nacionais.

Considerações finais

A possibilidade atual de inserção do Serviço Social brasileiro nas organizações da categoria no âmbito internacional deve ser analisada como fruto do amadurecimento teórico-metodológico e ético-político que a categoria construiu coletivamente ao longo da década de 1990.

A filiação à FITS em 1995 e a participação na criação do *Comité Mercosur de Organizaciones Profesionales de Trabajo Social y Servicio Social*, em 1996, e ao COLACATS, em 2013, trouxeram novos desafios no âmbito político-administrativo, no âmbito do financiamento e no âmbito de superação das barreiras culturais.

Entendemos que o fortalecimento da influência do Serviço Social brasileiro no âmbito internacional deve-se dar a partir do fortalecimento do processo de integração latino-americana nas suas dimensões sociais, políticas, econômicas e culturais.

Ao longo destes 24 anos de participação sistemática nas instâncias organizativas da categoria no âmbito internacional podemos destacar cinco grandes e importantes contribuições do Serviço Social brasileiro. A primeira refere-se ao voto contrário à aprovação da Definição de Serviço Social na assembleia geral de Montreal em 2000. Deste processo, depois de 10 anos, na assembleia geral de Hong Kong, aprovou-se a realização de um *Workshop* para rediscutir a Definição sendo o mesmo sediado pelo Brasil em 2012.

A segunda refere-se à contribuição brasileira no debate e na definição de princípios éticos comuns para os países que integravam o Comitê Mercosul — Argentina, Brasil, Chile, Paraguai e Uruguai. O acúmulo da discussão e construção coletiva culminou com a aprovação em 2000, em Seminário realizado na cidade de Montevidéu — Uruguai, dos princípios ético-políticos para atuação do(a) assistente social nestes países. Em 2013, o estatuto do COLACATS incorporou esses princípios ético-políticos, sendo atualmente pactuados por 15 países.

O terceiro marco foi a incansável articulação para trazer a realização do Congresso Mundial de Serviço Social para a América Latina. No âmbito das relações internacionais, esse foi o momento de maior expressão, capacidade organizativa e investimento da categoria no âmbito internacional. O trabalho de nossas representantes à época, aqui destacamos Joaquina Barata e Ivanete Boschetti, juntamente com as respectivas gestões do conjunto CFESS/CRESS, viabilizou a realização do 19º Congresso Mundial de Serviço Social da FITS em 2008, na cidade de Salvador, com a temática "O desafio de concretizar direitos numa sociedade globalizada e desigual", contando com a representação de 47 países e 2.704 profissionais e estudantes de Serviço Social, sendo a maior conferência mundial realizada pela FITS até então.

O quarto aspecto a destacar foi a ampliação da articulação internacional na região, nascida e consolidada com o Comitê Mercosul com 5 países. Desta experiência e capacidade de agregar novos países no espírito de integração latino-americana, em 2013 foi criado o Comitê Latino-americano e Caribenho de Organizações Profissionais de Trabalho Social/Serviço Social — COLACATS. A adesão de mais países ao processo de articulação, que foi sendo construída desde 1996 com o Comitê Mercosul, permitiu fortalecer a voz e o voto da representação latino-americana e caribenha no âmbito mundial. Esse é um aspecto fundamental pois a correlação de forças na assembleia geral da FITS é desigual e historicamente a hegemonia da sua direção foi dos países europeus. A Assembleia de 2018 foi um marco ao eleger Silvana Martinez, assistente social argentina e uma das representantes fundadoras do COLACATS, como presidente da FITS.

O quinto aspecto a ser destacado que envolveu diferentes sujeitos foi a incidência junto à comissão organizadora e o convite à Profa. Dra. Marilda Vilella Iamamoto, assistente social brasileira, representando a América Latina e Caribe, como conferencista principal na Conferência Mundial de Serviço Social de Melbourne — Austrália em 2014. O restante do mundo pouco conhece o que temos construído como profissão e esta foi uma oportunidade significativa de nossa voz ser ouvida.

Fruto da articulação ABEPSS, ALAEITS, CFESS, COLACATS, o nome da profa. Marilda Iamamoto foi apresentado à *International Association of Schools in Social Work* (IASSW/AIETS), recebendo na Conferência Mundial de Dublin — Irlanda, a maior premiação internacional na área da Educação em Serviço Social: o Prêmio Katherine Kendall. O prêmio foi recebido durante a Conferência Mundial realizada de 4 a 7 de julho de 2018, proferindo conferência com o tema "A formação acadêmico-profissional em Serviço Social: uma experiência em construção na América Latina"[31].

A trajetória histórica da profa. Marilda Iamamoto como profissional é representativa da luta e resistência das(os) assistentes sociais latino-americanos hoje, reconhecida e premiada nas duas instâncias que organizam a categoria no mundo. Sem dúvida, este processo é coletivo e seu legado é um patrimônio que deve ser conhecido e cuidado pelas organizações profissionais.

31. Mais informações estão disponíveis em: http://www.abepss.org.br/noticias/marildaiamamotorecebepremiointernacionaldaaiets-160.

A forma pela qual os(as) assistentes sociais brasileiros(as) e de demais países da América Latina enfrentaram as expressões da "questão social" e construíram respostas profissionais qualificadas para a sociedade explicitando suas contradições e ao mesmo tempo fazendo sua autocrítica tem chamado a atenção de demais países no contexto atual de crise do capital.

Um dos pilares da possibilidade histórica do amadurecimento profissional do Serviço Social no Brasil tem sido a articulação entre as dimensões da formação e do exercício profissionais como dimensões distintas, porém indissociáveis. Neste sentido, a articulação política entre as diferentes organizações da categoria que respectivamente tratam da formação e do exercício profissional expressa uma aliança estratégica, mas também de concepção de profissão e realidade. Cabe destacar que esta articulação se dá no Brasil, e desde 2006 com a refundação da ALAEITS tem sido uma direção no continente.

No Brasil soma-se a este processo o investimento na pós-graduação na área e as possibilidades de intercâmbios internacionais viabilizadas pelas agências de fomento públicas. Sem este investimento na pesquisa e na formação de recursos humanos qualificados, o Serviço Social brasileiro não teria alcançado os avanços evidenciados, possibilitando assim maior interlocução do Projeto Ético-político profissional além das fronteiras nacionais.

Ao mesmo tempo o crescente processo de mercantilização de todas as dimensões da vida social impacta os profissionais, a profissão e os espaços sócio-ocupacionais nos quais as(os) assistentes sociais atuam, produzindo o florescimento de perspectivas neoconservadoras e reacionárias.

Necessário se faz fortalecer os avanços profissionais em nível mundial na mediação estratégica dos direitos sociais nas diferentes políticas, interferindo na definição dos documentos oficiais da FITS diante das agências internacionais.

Assim, resgatar as lutas e estratégias de enfrentamento construídas democraticamente e incorporadas pelas entidades organizativas do Serviço Social brasileiro torna-se fundamental para ampliar este debate e reafirmar a defesa do projeto profissional.

Referências

ALAYÓN, Norberto (Org). *Trabajo social latinoamericano:* a 40 años de la reconceptualización. 2. ed. Buenos Aires: Espacio Editorial, 2007.

BEHRING, Elaine Rossetti. O Serviço Social e o Mercosul. *In*: *Serviço Social & Sociedade*, n. 79. São Paulo: Cortez, 2004a.

_____. *In*: ABEPSS. *Temporalis*. Ano 4, n. 7 (janeiro/junho de 2004) — Articulação Latino-Americana e Formação Profissional. Porto Alegre: ABEPSS, 2004.

BOSCHETTI, Ivanete. História da organização político-acadêmica do Serviço Social na América Latina: a visão da ABEPSS Gestão 1998-2000. *In*: ABEPSS. *Temporalis*. Ano 4, n. 7 (janeiro/junho de 2004) — Articulação Latino-Americana e Formação Profissional. Porto Alegre: ABEPSS, 2004.

BRITES, Cristina Maria; SALES, Mione Apolinário. *Ética e práxis profissional*. Módulo 2 do Curso de capacitação para agentes multiplicadores do Projeto Ética em Movimento. Brasília, 2000.

CFESS. A definição de trabalho social da FITS: por que revisar? *In*: *Serviço Social & Sociedade*, n. 108. São Paulo: Cortez, 2011. Disponível em: http://www.scielo.br/pdf/sssoc/n108/a09n108.pdf.

_____. *Serviço Social:* Memórias e resistências contra a ditadura — depoimentos. Brasília: CFESS, 2015. Disponível em: http://www.cfess.org.br/arquivos/Livro-MemoriaseResistenciasContraDitadura.pdf. Acesso em: 10 jun. 2019.

COLACATS. *Estatuto*, 2013. Disponível em: http://www.cfess.org.br/js/library/pdfjs/web/viewer.html?pdf=/arquivos/Colacats_estatuto.pdf. Acesso em: 20 jun. 2019.

_____. *Acta Fundacional*, 2013. Disponível em: http://www.cfess.org.br/js/library/pdfjs/web/viewer.html?pdf=/arquivos/Colacats_ata.pdf. Acesso em: 20 jun. 2019.

COMITÊ MERCOSUL. *Principios éticos y políticos para las Organizaciones Profesionales de Trabajo Social del Mercosur*. Disponível em: http://www.cfess.org.br/comitemercosul_principios.pdf. Acesso em: 31 maio 2012.

FALEIROS, Vicente de Paula. Confrontos teóricos do movimento de reconceituação do Serviço Social na América Latina. *Serviço Social & Sociedade*, São Paulo, Ano VIII, n. 24, p. 29-69, ago. 1987.

IAMAMOTO, Marilda Villela. Serviço Social brasileiro e a articulação latino-americana. *In*: ABEPSS. *Temporalis*. Ano 4, n. 7 (janeiro/junho de 2004) — Articulação Latino-Americana e Formação Profissional. Porto Alegre: ABEPSS, 2004.

______; CARVALHO, Raul de. *Relações sociais e Serviço Social no Brasil:* esboço de uma interpretação histórico-metodológica. São Paulo: Cortez/CELATS, 1985.

MATOS, Maurílio de Castro. Interlocuções do Projeto Ético-político do Serviço Social brasileiro com o mundo: entrevista com Esther Luíza de Souza Lemos. *Em Pauta*. Revista da Faculdade de Serviço Social da UERJ, n. 40, v. 15, p. 349-356, 2017. Disponível em: https://www.e-publicacoes.uerj.br/index.php/revistaempauta/article/view/32728/23575. Acesso em: 15 jul. 2019.

NETTO, José Paulo. *Capitalismo Monopolista e Serviço Social*. São Paulo: Cortez, 1992.

______. *Ditadura e Serviço Social* — Uma análise do Serviço Social no Brasil pós-64. 3. ed. São Paulo: Cortez, 1996.

______. A construção do projeto ético-político do Serviço Social frente à crise contemporânea. *In*: *Capacitação em Serviço Social e política social:* Módulo 1: Crise contemporânea, questão social e Serviço Social. Brasília: CEAD, 1999.

______. A crítica conservadora à reconceptualização. *Serviço Social & Sociedade*, São Paulo, Ano II, n. 5, p. 59-76, março, 1981.

RAICHELIS, Raquel *et al*. Reconceituação do Serviço Social na América Latina e a pesquisa acadêmica no Celats. *Anais... XVI Encontro Nacional de Pesquisadores em Serviço Social — ENPESS*. ABEPSS, Vitória (ES), 2018. Disponível em: http://www.periodicos.ufes.br/ABEPSS/article/view/22079. Acesso em: 15 jul. 2019.

RAMOS, Sâmya Rodrigues. Organização política dos(as) assistentes sociais brasileiros(as): a construção histórica de um patrimônio coletivo na defesa do projeto profissional. *Serviço Social & Sociedade*, n. 88. São Paulo: Cortez, 2006.

______. Limites e possibilidades históricas do projeto ético-político. *In*: *Inscrita*, n. 12. Brasília, CFESS, 2009.

SILVA, Tiago Iraton; SIMIONATO, Ivete. O CFESS e a disputa sobre a revisão da definição de FITS de trabalho social: uma sistematização histórica. *Sociedade em Debate*, Pelotas, 19 (1), p. 197-228, jan.-jun., 2013. Disponível em: http://revistas.ucpel.edu.br/index.php/rsd/article/view/910. Acesso em: 10 jul. 2019.

TEIXEIRA, Joaquina Barata. O Brasil na Federação Internacional de Assistentes Sociais. *In*: *Serviço Social & Sociedade*, n. 96. São Paulo: Cortez, 2008.

Argentina

Tendências atuais do desenvolvimento capitalista e características da população excluída para o capital. Desafios teórico-políticos para o Serviço Social*

Silvia Fernández Soto

Apresentação

Desde meados da década de 1970, assistimos, na América Latina, a profundas transformações sociais no contexto da crise capitalista em sua fase financeira, com consequências graves que se expressam na questão social. Configura-se diante da resposta reacionária capitalista que se desdobra desde então uma realidade complexa e conflitiva, que mostra no mesmo movimento a expansão de processos de barbarização e de forças destrutivas (da força humana que trabalha e da natureza) e o desenvolvimento de resistências e lutas coletivas.

Nas últimas décadas, com o desenvolvimento dessa nova fase de desenvolvimento capitalista, caracterizada por processos de repulsa de força de trabalho e despojamento de suas conquistas, tem-se reconfigurado "regressivamente" o mundo do trabalho. Emergem e se consolidam novas formas de

* Nota da Redação: Tradução do texto original em espanhol por Sandra Valenzuela.

dominação e subalternização, vinculadas à extensão da flexibilização e precarização. Essa fase de "acumulação flexível" (Harvey, 2004), como resposta reacionária à crise capitalista do início da década de 1970, tem questionado a denominada "rigidez" do fordismo, abonando uma concepção do mundo que promove a liberação de todos os obstáculos à valorização capitalista. Trata-se de um processo de caráter mundial, que adquire particularidades em cada país, em função dos desenvolvimentos históricos específicos e das lutas de classe e correlações de força resultantes, que se materializam em determinadas formas de intervenção social do Estado.

Na Argentina, a configuração desse novo padrão de acumulação começa em 1976, com o início da última ditadura cívico-militar, impondo pela força os princípios gerais de organização da sociedade, que se consolidam na década de 1990. Sob uma concepção monetarista neoconservadora, essa nova configuração aponta para o enfraquecimento da classe trabalhadora por meio da repressão direta de suas formas organizativas e de seus quadros de classe, ou intervindo na organização sindical, desregulando relações trabalhistas, desestruturando os sistemas de proteção social, num contexto global de "desvalorização" da força de trabalho como resposta capitalista à crise.

Desse modo, desde meados da década de 1970, é possível visualizar as características assumidas pelo processo global da nova configuração do padrão de acumulação-legitimação, agora sob os princípios da "acumulação flexível" diante da crise da ordem mundial do pós-guerra do fordismo[1]. Enfrentando o poder construído pela classe trabalhadora e expresso na extensão das lutas sociais, o capital reage reconfigurando a estratégia global de dominação. Não só faz prevalecer seus princípios capitalistas nas formas de organizar o processo produtivo, promovendo a desvalorização da força de trabalho para compensar a queda nos lucros diante da crise, mas também reconfigura a ordem hegemônica, penetrando na vida social, nas

1. Emerge o denominado "toyotismo" no Ocidente. "O quadro crítico, a partir da década de 1970, expressou de modo contingente como a crise do padrão de acumulação taylorista/fordista já era expressão de uma crise estrutural do capital que se estende até nossos dias, e fez com que — entre tantas outras consequências — o capital implementasse um vastíssimo processo de reestruturação, buscando recuperar seu ciclo reprodutivo e, ao mesmo tempo, a reposição de seu projeto de dominação societal, que foi movido pelo confronto e pelo conflito do trabalho no ciclo das lutas sociais em 1968/1969, que questionaram alguns dos pilares da sociabilidade do capital e de seus mecanismos de controle social" (Antunes, 2009).

diversas esferas da sociabilidade, que permitem a reprodução da sociedade como um todo. Assim, vemos emergir a exacerbação do individualismo e da concorrência, bem como a hiperfragmentação da compreensão do social, ressaltando os aspectos fenomênicos e formulando propostas de intervenção que operam nesse sentido fragmentador.

As transformações gerais desenvolvidas[2] propuseram uma nova configuração da classe operária, com o aumento progressivo do volume de desempregados e subempregados, a redução do volume de trabalhadores formalmente empregados e a precarização e empobrecimento de grande parte da classe trabalhadora. Esse processo múltiplo impacta na materialidade e na subjetividade da classe trabalhadora, a qual se tornou mais heterogênea, fragmentada e complexa. Em termos gerais, o processo desenvolvido desde o início da década de 1970 implicou uma nova configuração sociopolítica, que inclui um novo papel do Estado, bem como um novo processo, como ideologia, para realizar a acumulação. Nesta ideia, a *flexibilização* tem sido, desde então, a ponta de lança do capital no processo geral de acumulação capitalista, agora sob o domínio de seu aspecto financeiro[3].

Nesse contexto marcado como de "acumulação flexível", a flexibilidade e a precariedade constituem uma estratégia hegemônica. Nesse contexto, a

---

2. As transformações manifestadas pelo sistema capitalista vêm sendo apontadas, bem como suas consequências, por diferentes autores. Observa-se, então, que a mudança na centralidade dos ramos da economia, a chamada terceirização, tem sido acompanhada por processos que implicam, para as diferentes áreas, concentração do capital, descentralização produtiva e mudanças nos processos de trabalho. Ver, entre outros: Antunes, Ricardo. *Adeus ao trabalho?* Ensaio sobre as metamorfoses e a centralidade do mundo do trabalho. São Paulo: Cortez /Unicamp, 1995; Sennett, Richard. *La corrosión del carácter.* Barcelona: Anagrama, 2000 [1998]; Vasapollo, Luciano; Arriola, Joaquín. *La recomposición de Europa.* Barcelona: El Viejo Topo, 2004; Harvey, David. *Breve historia del neoliberalismo.* Madri: Akal, 2007 [2005]. Abordamos essas mudanças de modo mais extenso em: Fernández Soto e Tripiana, 2009.

3. Essa nova forma de acumulação capitalista gera novas formas de organização e gestão do trabalho. A flexibilização, em suas múltiplas formas, vai expressando o sentido mais geral de "racionalização" da força de trabalho, desvalorizando seus custos, buscando o aumento dos lucros capitalistas. Nesse contexto de "acumulação flexível", o mercado de trabalho reconfigura-se regressivamente, "confrontado com a forte volatilidade do mercado, uma concorrência mais elevada e a redução das margens de lucro, os empregadores aproveitaram-se da fraqueza sindical e dos recursos de trabalhadores excedentes (desempregados ou subempregados) para impulsionar regimes e contratos trabalhistas muito mais flexíveis". Produziu-se um "(...) deslocamento do emprego regular para os contratos ou subcontratos de trabalho temporário ou de tempo parcial" (Harvey, 2004, p.173).

proteção social, vista da perspectiva do direito universal, é questionada e corroída, emergindo formas "mínimas", "diversificadas" e "fragmentadas" de proteção social, a partir de uma perspectiva focada e seletiva, privilegiando como "foco" e "destinatários" a pobreza e os pobres que cresciam em consequência das transformações destrutivas em andamento. Em termos da caracterização das políticas sociais no último período, essas transformações implicam um deslizamento conceitual de profunda significação prática, uma redução do tratamento político-institucional da "questão social" quanto à atenção à pobreza. Predomina uma concepção minimalista, individualizante e simplificadora da pobreza, entendendo-a principalmente como carência.

O Serviço Social como profissão não permanece estático frente a essas transformações estruturais. Historicamente constituído em relação à ampliação do Estado e ao desenvolvimento e expansão das políticas sociais no contexto do capitalismo monopolista, com as inflexões estruturais contemporâneas, seu espaço sócio-ocupacional vê-se profundamente alterado e muito mais complexo. Encontra-se num processo múltiplo interpelado e desafiado pelo agravamento das situações sociais com as quais trabalha em seu processo de intervenção profissional, num contexto de destituição de direitos sociais, configuração regressiva do mundo do trabalho e da configuração estatal e dos sistemas de proteção social. A reconfiguração contemporânea do mundo do trabalho, do Estado e das políticas sociais geram demandas, tensões e desafios históricos para o processo de intervenção dos/as profissionais do Serviço Social.

Em relação às transformações gerais que se desenvolvem a partir da década de 1970, pretendemos abordar os argumentos que definem o "conceito dominante de pobreza" no movimento da sociedade capitalista, o uso que se estabelece na relação com as estratégias políticas de "combate à pobreza", as quais adquirem centralidade no tratamento predominante das expressões contemporâneas da questão social.

Questionamos a significância sócio-histórica que adquire esta "centralidade" nas atuais disposições dos sistemas de proteção social, os argumentos construídos para justificá-la e as intervenções sociais propostas, observando em que concepções de mundo elas se assentam.

Problematizamos a conceituação dominante de pobreza e seu "uso contemporâneo" a partir de uma perspectiva de totalidade e historicidade, recuperando o movimento e processo dos fatos. Desse modo, relacionamos a compreensão da produção e reprodução da pobreza com as relações fundamentais da sociedade capitalista.

Desta ótica de análise, o trabalho pretende mostrar que a perspectiva dominante da pobreza e as respostas político-institucionais que se depreendem e vão ganhando centralidade na intervenção social desde meados da década 1970 (impulsionadas principalmente pelas organizações multilaterais) no contexto de consolidação da "acumulação flexível", assentam-se numa perspectiva simplificada, concentrando-se em aspectos do problema, desconsiderando o processo contraditório e antagônico que a produz. As respostas técnico-políticas que se depreendem dessa concepção correspondem a uma perspectiva individualista, que ativa os processos de "culpabilização dos sujeitos" da situação que atravessam e, ao mesmo tempo — dada a multiplicidade de "medidas e respostas parciais focadas" que são construídas —, participam no tratamento fragmentário da questão social e na dispersão e cisão dos interesses da classe trabalhadora. As medidas dominantes que são construídas servem também ao apaziguamento de conflitos e enfrentamentos sociais.

Nesse contexto, parece central recuperar uma concepção histórico-crítica da pobreza. Ela expressa relações complexas, construídas historicamente na sociedade, relações de desigualdade, onde convivem em tensão a produção da riqueza e a produção da pobreza, acumulação e miséria. A pobreza é resultado dessas relações complexas, as quais a produzem e reproduzem. Compreender o caráter político, histórico e relacional da produção da pobreza nos oferece ferramentas teórico-práticas que qualificam a intervenção profissional e as possibilidades concretas de construir propostas estratégicas de rupturas teórico-políticas em relação às perspectivas conservadoras.

Organizamos o presente trabalho considerando três movimentos:

Primeiro, abordamos a crise capitalista e as expressões dominantes da questão social na Argentina. Observamos continuidades e rupturas nas últimas décadas e os processos de redefinição do sistema de proteção social e a centralidade adquirida pela "atenção" à pobreza.

Em segundo lugar, explicitamos a perspectiva de análise das relações entre Serviço Social, questão social e Estado.

Num terceiro momento, realizamos uma problematização da concepção dominante da pobreza. Fazemos uma crítica ao processo de mistificação e parcelamento com o objetivo de compreender o significado sócio-histórico da categoria em termos teóricos e práticos.

Por último, realizamos nossas considerações finais problematizando as relações entre serviço social, questão social e pobreza.

1. Crise capitalista e expressões dominantes da questão social na Argentina

1.1 Reação e reestruturação neoliberal

A transcendência e intensidade das ofensivas sistemáticas que padeceu a classe operária argentina desde meados da década de 1970, momento em que a oligarquia financeira consegue aplicar seu projeto de construção de um "novo país", num contexto regressivo mundial aos interesses dos trabalhadores, expressa o desenvolvimento de uma nova correlação de forças que consolida e aprofunda as relações de dependência com o imperialismo[4] (em especial o norte-americano), estabelecendo uma forma de organização social geral que acentua os processos e relações de desigualdade. Esse período histórico do processo de acumulação capitalista que começa na década de 1970 pode ser compreendido no movimento geral do capital e as características que assume desde meados do século XX. Dessa maneira, encerra-se a etapa de desenvolvimento do capitalismo que implicou a resposta para a crise de 1929. A partir desse processo de "financeirização" é que se acentuam, a partir da ditadura militar, os processos de concentração

4. O estágio neoliberal do imperialismo beneficiou de modo formidável as classes e países dominantes ao drenar enorme renda do resto do mundo. Esse desenvolvimento implicou o restabelecimento e fortalecimento do poder e da renda das classes proprietárias dos meios de produção (Dumenil; Levy, 2004). A vinculação imperialismo e neoliberalismo é bastante frutífera porque não dissocia as ideias neoliberais da dinâmica do capitalismo contemporâneo, colocando-as como noções "experts" de técnicos ultraqualificados portadores de soluções "flexíveis" de acordo com os tempos que correm nos contextos de crises.

e centralização da propriedade e da riqueza, a pauperização e proletarização de setores da pequena burguesia e o deslocamento e despojamento de conquistas das classes trabalhadoras, juntamente com a ampliação de uma miséria consolidada. Isso contém um movimento triplo: empobrecimento da classe trabalhadora, erosão e desmaterialização dos direitos adquiridos historicamente, deslocamento da intervenção social do Estado a uma lógica mercantilizada, focalizada e de subsidiaridade.

De uma perspectiva histórica, a década de 1990 implica, na Argentina, a consolidação deste projeto iniciado duas décadas antes, com a ditadura cívico-militar de 1976. Este processo reacionário contrário aos interesses da classe trabalhadora entranhou um movimento regressivo na intervenção estatal, implicando perdas de conquistas que conseguiram se traduzir ao longo do século XX em direitos políticos e sociais.

O "projeto neoliberal" encarna a estratégia burguesa de *reestruturação geral da organização social* diante da crise[5] e das lutas de classes, expressando mudanças gerais nas condições da produção (passagem de uma organização social centrada no capital industrial a uma forma de organização regida pelo capital financeiro), na regulação das relações de trabalho (flexibilização e precarização do trabalho) e na Intervenção Social do Estado (sob as denominadas contrarreformas do Estado)[6]. Essas transformações expressam

---

5. A crise capitalista da década de 1970 implica uma crise societária global que modifica o padrão de produção "fordista" sob um sistema de regulação keynesiano, associado a um Regime de Bem-Estar Social institucional redistributivo. A crise e as mudanças desenvolvidas como resposta a ela na dinâmica do capitalismo argentino devem vincular-se às transformações sociais gerais do desenvolvimento do capitalismo mundial expressas na denominada "crise do petróleo", "de subconsumo", "fiscal" e da "dívida externa". Em relação às explicações sobre a crise e as transformações ocorridas, ver: Mézsáros, I. *Para além do capital*. São Paulo: Boitempo, 2002; Hobsbawm, E. *Historia del siglo XX*. Barcelona: Crítica-Grijalbo Mondadori, 1995; O'Connor J. *Crisis de acumulación*. Barcelona: Península, 1987.

6. Uma bateria de normas legais conformaram, com base jurídica, o processo de reforma estrutural, o qual reafirma a tese de máxima atividade do Estado no processo de consolidação do novo projeto de sociedade. Entre as mais significativas, podemos indicar: a Lei de Reforma do Estado, de agosto de 1989, base legal da privatização de empresas estatais com a capitalização da dívida pública; em setembro de 1989, é sancionada a Lei de Emergência Econômica, que habilita a suspensão de vários mecanismos de subsídios, entre os quais se encontram aqueles que se referem à promoção industrial e regional; ao mesmo tempo, outorgava um tratamento igualitário ao capital local e estrangeiro; tudo isto foi combinado com decretos posteriores (em 1991) de desregulação de diversas atividades econômicas. Em março de 1991, foi sancionada a Lei de Convertibilidade, que estabeleceu a paridade cambial fixa peso-dólar e validou os contratos em moeda estrangeira, ao

claramente a resposta contundente do capital à queda da taxa de lucros nas décadas de 1960 e 1970[7]. É assim que nos anos seguintes caracterizaram-se por transformações radicais no plano tecnológico e organizacional do processo produtivo[8], pela mundialização da economia[9] e pelos denominados "ajustes estruturais", os quais outorgaram um novo perfil às políticas propostas pelos Estados nacionais, formando uma nova matriz de relações entre o Estado e a sociedade civil e uma nova concepção do mundo dominante com seus consequentes processos de sociabilidade.

Assim, desestruturação do Estado intervencionista "regulador" e "protetor" da condição salarial, deflação, aumento da taxa de lucros (com o consequente incremento da desigualdade), incremento do desemprego e redução de salários, "precarização" e "flexibilização" do trabalho, fazem parte da reestruturação do novo padrão de acumulação surgido nas últimas décadas.

O capital financeiro mostrou-se cada vez mais volátil e destrutivo. Esta estratégia aberta de superexploração do trabalho ocorre juntamente com a superexploração da natureza. Levam-se adiante, na Argentina (e no território latino-americano), processos de saqueio e privatização em mãos do capital financeiro. A acumulação por destituição de posse constitui-se numa característica decisiva do capitalismo global, tornando-se a privatização um elemento central deste processo. O saqueio dos bens comuns implica o modo privilegiado de participação no mercado mundial.

---

mesmo tempo que "liberalizou" o funcionamento do Banco Central, orientado claramente a partir de 1991 aos interesses do capital financeiro internacional.

7. O neoliberalismo constitui uma estratégia global de restabelecimento das condições para a acumulação de capital e a restauração do poder de classe (Harvey, 2005), que na experiência se densifica na década de 1990. A restauração do poder de classe implica uma profunda reestruturação do conjunto de intervenções sociais do Estado, modificando sua orientação às expensas dos interesses da classe trabalhadora (Harvey, 2005).

8. As mudanças operadas nas condições gerais de produção expressam-se no incremento em volume e mudanças qualitativas na composição da massa trabalhadora e explorada. Como tendência geral, torna-se observável a constituição de uma massa de população excedente para as necessidades de força de trabalho do capital. Este movimento tendencial da sociedade capitalista é analisado em: Marx, K.: *El Capital*. Buenos Aires: Fondo de Cultura Económica, 1986; Tomo I, Cap. XXIII. Para uma análise contemporânea onde se observa a relação entre mudanças tecnológicas, produtividade do trabalho e taxas de lucros, ver: Mandel, E. Marx y el porvenir del trabajo humano. In: *Cuadernos de Mientras Tanto N° 1*. Buenos Aires: Ediciones Mientras Tanto, 1982.

9. Chesnais, F. (1994) *A mundialização do capital*. São Paulo: Xamã, 1996; Duménil G.; Lévy, D. *Capital ressurgent: the roots of the neoliberal revolution*. Harvard: Harvard University, 2004.

Dessa maneira, fincam raízes no último quarto do século XX na construção do "novo" projeto de sociedade, os eixos estratégicos (políticos, econômicos, sociais e culturais) empreendidos pela última ditadura militar em meados da década de 1970: concentração e estrangeirização, principalmente nos setores econômicos relacionados ao petróleo, gás, grande mineração, setor financeiro e agroexportador, em especial o denominado "complexo da soja", os quais foram beneficiados (a partir de uma intensa seletividade estatal de classe) por incentivos, subsídios, isenções impositivas e promoções que permitem compreender as abundantes taxas de lucro destes setores.

Em suma, verificam-se processos de concentração econômica e centralização do capital, que implicam uma distribuição regressiva da renda, a privatização das empresas públicas e a reorientação regressiva da intervenção do Estado, impondo-se desse modo critérios de focalização, de "seletividade estrutural negativa", descentralização e desconcentração subsidiária nas políticas sociais, tendências gerais que se consolidam em meados da década de 1970.

1.2 Heranças, continuidades e rupturas. Precarização, desigualdade e pobreza na Argentina contemporânea

A crise não responde somente a questões conjunturais, pelo contrário, constitui um traço específico da fase capitalista atual, onde se manifesta claramente a tendência crescente à centralização da propriedade e da riqueza em um menor número de mãos, a existência de crescentes massas de população excedente para o capital e aprofundamento dos processos de pauperização e de proletarização de diversas frações e camadas sociais, com a conseguinte violação sistemática das garantias sociais conquistadas.

Nessa reconfiguração das relações sociais fundamentais e das mediações institucionais se expressa a degradação das garantias de seguridade do trabalhador/a, um processo de "descidadanização" junto com a expansão dos níveis de precarização e desemprego, fazendo-se claramente visível na década de 1990 a expansão da quantidade de população caracterizada como "pobre" por renda[10].

10. É preciso entender que a insuficiência de renda é apenas uma das expressões da pobreza; sua compreensão plena nos leva a observar o processo de acumulação em cada ciclo produtivo e

De acordo com os dados do INDEC, entre 1980 e 1990 o percentual de população pobre quadruplica, elevando-se entre 8,3% e 38,1%, alcançando o percentual de 53% em 2002. Ao mesmo tempo, os dados indicam que não só aumenta aceleradamente a quantidade de pobres, como também a intensidade, ou seja, registra-se no interior da pobreza um aumento de população que não chega a satisfazer a cesta básica, localizando-se na denominada "indigência". Para o ano 2002, na Argentina, a pobreza supera em 8 pontos os dados médios dos países da América Latina, uma região historicamente empobrecida.

A partir de 2003, os indicadores oficiais começam a ter uma tendência contrária. A pobreza passa dos mais de 50% de 2002 para 5,4% no segundo semestre de 2012[11]. Segundo o CIFRA (Centro de Investigación y Formación de la República Argentina da CTA — Central de Trabajadores de la Argentina), a pobreza parte dos 49,4% no terceiro trimestre de 2003 para 19,9% no segundo trimestre de 2012.

A desocupação aberta, conforme dados oficiais (EPH-INDEC), atinge em 2012 a 7,2% da população economicamente ativa, enquanto em 2002 chegou a ter um pico de 21,5% da PEA.

É possível observar que na primeira década do século XXI, e considerando o período que se abre a partir de 2003, a Argentina exibe um comportamento positivo nos indicadores sociais, com uma importante redução tanto da pobreza como da indigência, taxas que se concentram abaixo das existentes na década de 1990. Do mesmo modo, diminui significativamente a desocupação e aumenta a taxa de empregos, embora os registros deste último indicador se mostrem sem variações significativas desde o ano 2007. Assim, consideramos necessário indicar que o aumento da taxa de emprego e a significativa diminuição da desocupação dá-se num contexto de crescente geração de riqueza, e pouca variação na sua distribuição.

---

as formas diferenciais de apropriação da riqueza produzida pelos trabalhadores. Desenvolveremos este ponto mais adiante.

11. Dados oficiais do Instituto Nacional de Estatísticas e Censos. Outros trabalhos, tanto acadêmicos e de estudos privados, dão conta de uma realidade diferente. Por exemplo, para o Observatório da Dívida Social da Universidade Católica Argentina, a pobreza no final de 2012 alcançaria 16,9% dos lares e 26,9% das pessoas (Observatorio de la Deuda Social. Informe final. Mayo de 2013. Disponível em: http://www.uca.edu.ar/uca/common/grupo68/files/COMUNICADO_DE_PRENSA_AUH_Pobreza.pdf. Acesso em: 20 ago. 2019.

Fica claro que a crise de 2001 é uma marca na evolução social argentina, e as medidas para superá-la tiveram consequências muito importantes, o que é possível verificar observando-se a distribuição funcional da renda no país. A saída do regime de conversão e a desvalorização da moeda implicaram a perda de vários pontos na distribuição da renda nacional para os assalariados. "No ano de 2001, a massa salarial representava 38,5% do valor agregado bruto e, no ano seguinte, esse valor foi reduzido para 31,4%. A contrapartida foi um incremento nos lucros empresariais que, em muitos setores, atingiram níveis extraordinários que se manteriam nos anos sucessivos" (CIFRA, 2011).

Por outro lado, a partir de 2003 a geração de emprego foi bastante intensa, processo que implicou que o total de postos de trabalho crescesse quase 40% entre 2002 e 2009. Esta forte criação de empregos associada com uma recuperação relativa dos salários permitiu que a participação dos assalariados sobre o valor agregado voltasse a crescer. Segundo a Conta de Geração de Renda, Direção Nacional de Contas Nacionais — INDEC, somente no ano de 2006 a proporção voltou a ser quase a mesma que no ano 2000; ou seja, foram necessários quatro anos para recuperar as perdas ocorridas em apenas um ano (entre 2001 e 2002) (CIFRA, 2011, p. 11).

Por sua vez, a desigualdade na distribuição da renda diminuiu, embora a mudança não seja muito significativa, considerando um período mais amplo. Exceto nos primeiros anos da década de 1970, antes, portanto, da última ditadura, o Coeficiente de Gini da renda *per capita* familiar[12] sempre foi superior a 0,4, com picos fortes na hiperinflação de 1989 e nos anos da crise de 2001-2003. Observamos uma tendência ascendente que chega a seu teto nos anos 2001-2003, para começar a descer a partir dessa data. De qualquer forma, esta última tendência não reverte totalmente a desigualdade crescente do período anterior à crise de 2001: para 2010, o índice foi de 0,457, valor similar ao de 1987, não alcançando os valores registrados nos primeiros anos da década de 1970.

---

12. Como é possível observar na fonte utilizada, calcula-se sobre a região da Grande Buenos Aires e não sobre o total de aglomerados urbanos. De qualquer modo, o movimento tendencial, bem como os números e índices para cada ano, são muito similares, dada a magnitude populacional da região considerada.

Ao mesmo tempo, se considerarmos a composição da população ocupada, podemos observar o peso predominante da categoria "assalariados" que, conforme dados do INDEC relativos ao último trimestre de 2012, representa 76,9% dos ocupados, contra 23,1% de não assalariados. Nessa população assalariada, 34,5% não possuem descontos para aposentadoria, o que indica uma importante fração da força de trabalho assalariada se encontra sem proteção, o que somada ao elevado percentual de trabalhadores não assalariados que não contam com nenhum tipo de proteção social, é possível afirmar que, apesar das melhorias registradas na taxa de emprego, consolida-se um percentual elevado de trabalhadores em relação de dependência que se encontram desprotegidos, estejam ocupados no setor privado ou no serviço doméstico (nesse último caso, ao menos três de cada quatro trabalhadoras no setor trabalham de forma precária). A isto deve-se acrescentar o alto percentual de trabalhadores por conta própria e familiares sem cobertura social.

A configuração e perpetuação de contingentes de trabalhadores precários é um fator determinante dos processos de empobrecimento relativo da classe trabalhadora e de manutenção das desigualdades sociais. Em termos absolutos, registram-se na Argentina, em 2012, aproximadamente 11.800.000 assalariados, dos quais 7,8 milhões estão no setor formal e 4,0 milhões na informalidade. O salário médio sobre o qual se realizam as contribuições para a aposentadoria chega a 5.500 pesos, porém, 55% desses trabalhadores recebem até 4.000 pesos, quantia que está muito distante da cesta básica, estimada entre 5.000 e 6.000 pesos. No outro extremo, 1,4 milhão ganha entre 7.000 e 30.000 ou mais pesos por mês. Os trabalhadores não registrados recebem no mínimo 30% a menos do que os registrados. Esta fragmentação é percebida também entre os trabalhadores do setor público, entre os do Estado nacional e aqueles que trabalham nos Estados provinciais e municipais (EDI, 2012, com base em dados do INDEC e Direção Nacional de Programação Econômica).

Emerge assim a categoria de "trabalhador pobre" (o operário que, mesmo trabalhando, não consegue cobrir os custos da Cesta Básica (Alimentar ou Total)[13], diante da figura do "desocupado pobre" que prevalecia na crise

13. Nota da Tradutora: Na Argentina, a Cesta Básica Alimentar (Canasta Básica Alimentaria — CBA) é um índice que se baseia no consumo de produtos com valor energético equivalente a 2.700 kcal por adulto entre 30 e 59 anos, com atividade moderada. A Cesta Básica Total (Canasta

de 2001. Ter um trabalho não garante a cobertura das condições materiais de existência (segundo a CIFRA, em 2012, três quartos dos chefes de família de lares pobres possuíam trabalho não registrado). Não basta ter emprego, é preciso observar o nível de remuneração e proteção associado a este. Esse sujeito começa a ser objeto das políticas sociais, acompanhando essas transformações estruturais do "mundo do trabalho", incluindo como critério de acesso aos benefícios sociais, não só a condição de pobreza e desocupação, mas também condições de informalidade no que tange à venda da força de trabalho.

A década de 1990 deixa uma herança com altos níveis de precariedade e flexibilização, superando os 40% desde 1997 de trabalhadores assalariados não registrados no sistema previdenciário sobre o total de assalariados, chegando a 2001 com 42,6% de assalariados sem registro. A situação tornou-se mais aguda após a megadesvalorização da moeda argentina em 2002, registrando-se, em 2003, 49,2% de assalariados não registrados. Embora se registre uma redução significativa da informalidade no período que se inicia a partir de 2003 até 2012 (queda de 49,2% para 34,4%), esta se relativiza quando colocada em relação com a taxa de crescimento da economia no mesmo período. Ao mesmo tempo, observa-se a partir de 2008 uma desaceleração da redução, estancando-se em 2012, ficando como saldo, apesar da diminuição no período, elevados níveis de informalidade.

Os dados indicam a permanência estrutural de situações de precariedade e informalidade laboral estendidas a postos de trabalho de baixa produtividade, de baixas remunerações e marcados pela instabilidade laboral, desproteção social e falta de acesso aos sistemas de seguridade social.

Isso nos mostra que o crescimento sustentado registrado pelo PIB não significou a criação de empregos formais em número suficiente para reduzir significativamente o percentual de emprego precário. O fenômeno de crescimento do PBI corresponde a toda a região, e a Argentina, a partir de 2002, esteve acima da média de crescimento (CEPAL, 2012). Para a última década, a Argentina sempre cresceu, com exceção do ano de 2009.

Básica Total) é um índice obtido através da soma da CBA, bens e serviços não alimentares, como transporte, roupa, educação e saúde, entre outros. Fonte: INDEC. *La Medición de la pobreza y la indigencia en la Argentina*. Metodologia INDEC, n. 22. Disponível em: https://www.indec.gob.ar/ftp/cuadros/sociedad/EPH_metodologia_22_pobreza.pdf. Acesso em: 12 jul. 2019.

O processo econômico mostra sua incapacidade de incorporar satisfatoriamente a força de trabalho potencial da qual dispõe, configurando-se uma massa de população trabalhadora que permanece desocupada ou vende sua força de trabalho em condições precárias e desprotegidas. A persistência estrutural dessas condições impacta desfavoravelmente no sistema de proteção social contributivo (aposentadorias, obras sociais etc.) e na apropriação na distribuição da renda através do salário. Ambos os mecanismos participam na produção da desigualdade e da pobreza relativa.

Como se depreende do que foi dito, na Argentina o elevado crescimento econômico sustentado durante esses anos (principalmente entre 2003-2008) não se traduziu na superação da alta informalidade de seu mercado laboral[14]. Embora a "recuperação econômica" tenha influenciado positivamente no funcionamento do mercado de trabalho, com um incremento do índice de ocupação e uma queda do desemprego, o mundo do trabalho continua sendo um dos principais elos na reprodução da desigualdade. A heterogeneidade da estrutura produtiva tanto na Argentina como na região se expressa numa polarização díspar: por um lado, um setor minoritário, com empregos de alta produtividade, salários e proteção social, por outro, um setor onde predominam as condições trabalhistas precárias, remunerações mais baixas e um acesso limitado à proteção social. Ademais, tanto o desemprego como a ocupação no setor de baixa produtividade continuam afetando sobretudo os jovens e as mulheres mais pobres (CEPAL, 2011).

A continuidade do *caráter extrativista* de nossas riquezas naturais (hidrocarbonetos, mineração, pesca), juntamente com a *"reprimarização" da economia* com a participação do poderoso complexo transnacional do "agronegócio da soja", em prejuízo dos pequenos e médios produtores locais, implicam o desmonte, destruição da natureza, deslocamento e expulsão da população, desertificação, estrangeirização e concentração da terra. O processo de transnacionalização do capital local outorga bases sólidas para o fortalecimento de um padrão de produção que, como anuncia Harvey (2004), está centrado

---

14. Na Argentina, durante a última década, foi significativa a consolidação da fratura do mercado laboral iniciada nos anos 1990, não só entre os trabalhadores formais e informais, mas também no interior da estrutura formal: "Sendo que a precarização se estende pelo conjunto. Enquanto 20% dos trabalhadores mais bem remunerados do setor privado captam 52% da massa salarial, os 20% situados na base recebem 5,2% desse total" (EDI, 2012).

no *saqueio dos recursos estratégicos*. Em seu conjunto, as áreas vinculadas à agricultura, criação de gado, pesca, caça e exploração de canteiros e minas duplicaram em uma década sua participação percentual no PIB.

Acompanha esse processo o acréscimo do já, por si só, *elevado grau de concentração e estrangeirização da economia*. Os resultados de diferentes variáveis de uma pesquisa periódica realizada pelo INDEC assinalam que, ao longo do período 2007-2009, persiste um alto grau de concentração no interior do lote das 500 grandes empresas. Os 20% de maior porte (100 companhias) são responsáveis por 69% do total do valor agregado em 2009, enquanto as 50 maiores empresas o fazem com 54,8%. Em 2009, 79,3% do valor bruto de produção do total do painel foi gerado por empresas com participação de capital estrangeiro. Estas companhias explicam também 75,3% da utilidade das 500 grandes. Entretanto, embora as de capital de origem nacional participem apenas em 18,6% do valor agregado do total, estas geram 36,7% dos postos de trabalho assalariados. Estrangeirização que, como apontam estudos recentes, se estende também à terra, inclusive em zonas de fronteira. Ao mesmo tempo, a permanência no período da Lei de Entidades Financeiras da última ditadura militar implica uma ferramenta legal que habilita o predomínio da banca estrangeira e do capital financeiro em geral. Juntamente com a permanência da estrangeirização e concentração da economia, não se reverteu a regressividade do sistema impositivo[15].

Em síntese, o crescimento sustentável da economia argentina mantém os traços estruturais dominantes da concentração das rendas e riquezas sob um esquema estrangeirizado da economia e sem conseguir reverter a lógica de um padrão distributivo regressivo.

Embora a rebelião de 2001-2002 tenha significado a impugnação "a partir de baixo" (em termos gramscianos, a partir do "interesse do povo") do projeto hegemônico neoliberal, rachando seus fundamentos legitimadores e suas intervenções práticas, o período que se desenvolve a partir desses anos críticos caracteriza-se também pela permanência de uma herança ativa

15. A renda financeira fica isenta de obrigações tributárias, assim como a transferência de ativos de sociedades anônimas; por sua vez, uma parte crescente dos assalariados deve pagar o imposto sobre seus ganhos, enquanto a vigência do IVA encarece a cesta básica de alimentos, afetando principalmente os setores com rendas menores.

na configuração da sociedade argentina: a predominância do grande capital transnacional, associada à continuidade histórica do saqueio das riquezas naturais, junto com a configuração estrutural da precarização e informalidade da força de trabalho. Esta herança "acompanha" estruturalmente os visíveis processos de melhoria dos indicadores sociais que já assinalamos.

Esses elementos dão conta da complexidade da evolução da configuração econômico-social, onde se entrelaçam processos de rupturas e continuidades com o período anterior com políticas de clara orientação liberal. Apreender essa complexidade de continuidades, inflexões e mudanças no processo de determinações históricas nos permite observar os fenômenos sociais como componentes do movimento da sociedade capitalista como totalidade concreta. Nesse sentido, a reconfiguração hegemônica que se desenvolve após o anos de 2001 sintetiza uma determinada correlação de forças sociais, restabelece a partir da ação estatal novos "equilíbrios de compromissos", entendida a ação estatal como processo conflitivo entre interesses contrapostos que se imbricam e se materializam nos cursos de ação que se desenvolvem. Dessa maneira, a intervenção social do Estado por meio de suas intervenções políticas concretas expressa as lutas sociais entre classes e frações de classe em cada momento histórico.

1.3 A redefinição do sistema de proteção social: a centralidade da pobreza

A virada registrada na década de 1990 confirma o novo "padrão de tratamento do social" baseado numa lógica política diferente do clássico esquema do seguro social, reconfigurando-se os princípios de organização do sistema institucional sob os componentes da descentralização, da focalização e da privatização. A descentralização implica uma reconfiguração dos serviços públicos, cobrando maior responsabilidade aos Estados subnacionais. A focalização implica um giro no sentido estratégico-político da política social, nomeando como destinatário de suas intervenções os grupos vulneráveis e/ou às "zonas de risco" numa sociedade onde o problema da pobreza da desocupação se mostra como uma realidade estrutural que afeta grandes setores da população argentina.

Assim, a política social renuncia a se constituir na garantia da condição social dos assalariados através de uma rede de seguridade social e se esconde em múltiplas intervenções territoriais específicas, focalizando-se na pobreza. O sujeito da política social neoliberal é o pobre "individualizado", que se situa nos limites da sobrevivência física, repelido dos "mecanismos de integração" do mercado de trabalho; sujeito definido não pelos direitos que possui, mas pelas carências que individualmente demonstra, ou que exibem as zonas onde territorialmente sobrevive. Nesse sentido, as medidas de políticas públicas direcionadas a "combater a pobreza" que se expandem na década de 1990 não se constituíram em mecanismos dirigidos a estender e aprofundar os direitos de cidadania, pelo contrário, não só se apresentaram como medidas não complementares, como também — considerando a emergência e centralidade que adquirem as políticas assistencialistas dirigidas à pobreza — se apresentam como um componente do processo de reação dos setores dominantes, entretecendo-se com o processo de regressão e investimento da cidadania social. Ou seja, reduz-se o efeito desmercantilizador das políticas sociais, expandindo-se os processos de mercantilização e, por extensão, a desigualdade social na participação da riqueza, bem como a desigualdade nas possibilidades de acesso aos serviços sociais.

Nesse âmbito, a intervenção social do Estado na década de 1990 se realiza sob um forte processo de parcialização, residualização e fragmentação da questão social que se traduz em múltiplos programas específicos. Daí se deriva a categorização de problemáticas e de sujeitos específicos abstraídos de seus aspectos histórico-sociais determinantes. A pobreza não é compreendida como um processo constitutivo da classe trabalhadora na dinâmica mais geral da sociedade e em função do movimento histórico das relações fundamentais que se organizam no seio desta. Relacionada com esta concepção dominante, os programas dirigidos à pobreza configuram uma intervenção estratégica que procura administrar expressões específicas da questão social, incorporando de forma parcial e restrita as demandas sociais, participando na cobertura de níveis mínimos de consumo (especialmente o alimentar) e na transferência mínima de recursos, de membros das classes trabalhadoras.

O cenário que se desdobra após a crise de 2001 esteve caracterizado por altos níveis de pobreza, desemprego e conflitividade social.

A partir do ano de 2003, com o início do governo de Néstor Kirchner como presidente e de Alicia Kirchner como Ministra do Desenvolvimento Social, propuseram-se mudanças com respeito aos alinhamentos da política social assistencial sustentados até então. Produz-se uma revisão crítica das políticas sociais de viés neoliberal que estavam sendo implementadas desde a década de 1990. Questiona-se, com base na perspectiva oficial, a lógica de focalização, a perspectiva assistencialista divorciada da garantia de direitos e a extensa fragmentação das políticas sociais. A política social organiza-se sob três eixos de ação (alimentar, transferências monetárias condicionadas[16] e economia social), visando à unificação da pluralidade de programas existentes anteriormente.

Desde o ano de 2003, podemos reconhecer diferentes momentos de planejamento da política social: 1 — (2003-2004) *emergência social e resposta imediata apaziguadora da crise* de 2001 através do Plano Chefes e Chefas de Famílias Desocupados (PJJHD); adquirindo uma massificação e magnitude que se explica com a intensidade do conflito social; 2 — (2004-2009) saída do Plano Chefes e Chefas de Família Desocupados e *reclassificação da pobreza a partir dos critérios de "empregabilidade" e "vulnerabilidade"*[17]; 3 — a partir de

16. Nos últimos anos, os *programas de transferências de renda condicionados* ganharam destaque como ferramenta de política social nos diferentes países da América Latina, dentre os quais se encontra a Argentina. Esses programas se caracterizam por assistir diretamente a uma população-objeto composta por famílias em situação de "alta vulnerabilidade econômica e social", com insuficiência de recursos monetários. Na maioria dos casos, a ajuda fornecida consiste no subsídio monetário que busca sustentar a renda familiar; alguns desses programas outorgam também suplementos alimentícios, medicamentos, atendimento sanitário e apoio educacional, entre outros. São iniciativas não contributivas, de alcance massivo, dirigidas a uma camada da classe trabalhadora. O objetivo de combinar transferências monetárias e condicionalidades é o de "aliviar" a pobreza desta população. Prevalece uma concepção individualista associada ao "capital humano", uma noção de pobreza reducionista, que não contempla as relações sociais fundamentais que explicam a emergência e dinâmica desta na sociedade capitalista.

17. Em conformidade com os alinhamentos e recomendações internacionais (em especial através da EAP — Estratégia de Assistência ao País — do Banco Mundial) foi sancionado no ano 2004 o Decreto Presidencial n. 1.506, que regula a reformulação dos programas de transferência de ingressos e propõe uma reclassificação e relocalização dos beneficiários do PJJHD a partir da consideração das condições de "empregabilidade" que reúnam. Esta reclassificação persegue, segundo o decreto, dois objetivos principais: "por um lado, deve promover-se uma verdadeira cultura do trabalho entre aqueles beneficiários com condições de empregabilidade, promovendo sua inserção ou reinserção laboral", "por outro lado, trata-se de diminuir a vulnerabilidade das famílias que estão numa situação estruturalmente mais desvantajosa, de modo que se mesmo com a melhoria

2009[18] se produz o *fortalecimento de estratégias de "inclusão social" e "inserção laboral"*[19]; a extensão do sistema não contributivo de proteção social através

---

da renda não haja melhora de suas perspectivas de desenvolvimento humano". "Nesses casos, o programa deve centrar-se em promover a melhoria da qualidade de vida das crianças, sobretudo no que se refere a sua educação e saúde, incluindo a melhora educativa de suas mães para auxiliar em sua empregabilidade". A EAP é o instrumento central utilizado por parte do Grupo Banco Mundial para os tomadores de empréstimos da Associação Internacional de Desenvolvimento e o BIRD. A Estratégia de Assistência para a Argentina é um informe detalhado que indica as áreas prioritárias de ação para o Banco Mundial. O informe descreve todas as operações planejadas para a Argentina: empréstimos, estudos e assistência técnica. O Documento EAP Argentina 2006-2008 sustenta que, para mitigar e conter a pobreza, é necessário "fortalecer o clima de investimento para manter o crescimento, consolidar o equilíbrio fiscal que é base para a estabilidade macroeconômica e reformar as políticas sociais para proteger os mais vulneráveis". Expressa o "impulso a programas de transferência de recursos mediante o apoio ao programa de emergência Chefas e Chefes de Famíla (Jefas y Jefes de Hogar) e sua transição para uma rede de seguridade social mais racionalizada e sustentável". Estratégia de Assistência ao País (EAP) para a Argentina 2006-2008, *Documento do Banco Mundial, 2006, Argentina.* Isto dá origem ao plano famílias e ao seguro de emprego e capacitação. Sob esta classificação de empregabilidade-vulnerabilidade edificam-se as propostas em matéria de política social posteriores a 2004 na Argentina.

18. Para o período 2009-2011, o Ministério de Desenvolvimento Social sustenta que "a estratégia de inclusão social impulsionada pelo governo nacional se centra no aumento considerável do investimento social para promover a geração de conhecimentos e habilidades pessoais, organizacionais, produtivas, familiares e comunitárias que melhorem as possibilidades de inserção laboral dos setores excluídos". Neste quadro, o Ministério aprofundará as estratégias de "inclusão social" implementadas a partir do ano de 2003, que dão conta de: "a) A aprendizagem de ofícios e a orientação laboral relacionadas com o desenvolvimento local; b) A autoprodução de alimentos destinados às famílias e redes de prestação de serviços (refeitórios, centros comunitários, jardins maternais e escolas); c) O fortalecimento de organizações populares e produtivas facilitando recursos e garantias de transparência e envolvimento da sociedade civil; d) A melhoria na atenção às emergências de caráter social — alimentares, por catástrofes, habitacionais — priorizando o atendimento dos grupos que apresentam maior risco." Disponível em: http://www.desarrollosocial.gov.ar/Planes/default.asp. Acesso em: 20 ago. 2019.

19. Este consenso substantivo em torno da centralidade da "inserção laboral" dos "setores excluídos" como objetivo da política social dá lugar a um conjunto de arranjos institucionais e operacionais: a conveniência de manter a focalização das políticas sociais por razões econômicas que remetem à relação custo-benefício, a necessidade de classificar pobres/não pobres e, ao mesmo tempo, entre os pobres, a necessidade de diferenciar entre indivíduos empregáveis e não empregáveis no mercado de trabalho e, em consequência, de instrumentalizar formas de tratamento institucionais diferenciados; os empregáveis serão geridos pelo Ministério do Trabalho e Seguridade Social e os não empregáveis serão geridos pelo Ministério de Desenvolvimento Social com o objetivo de torná-los empregáveis intergeracionalmente, ou seja, nas gerações futuras; a necessidade de estabelecer as tarefas que o Estado deve desempenhar nas políticas sociais segundo o nível de governo envolvido, o Estado nacional se constitui no financiador e planejador estratégico de políticas e os estados provinciais e municipais, como os responsáveis por desenhar, implementar e complementar conjuntamente as políticas; a importância que a criação de âmbitos institucionais territoriais

de *programas de transferências de renda condicionada*. Nesse terceiro momento de reconfiguração da política de assistência social no "período kirchnerista", o governo nacional impulsiona dois programas sociais que participam na construção do "consenso social", num contexto de disputa e conflitividade social: a: "Argentina trabalha", que implica a transferência de renda através da constituição de cooperativas, concentrando-se no Conurbano Bonaerense; b: A Destinação Universal (*Asignación Universal*) por filho para proteção social.

Podemos diferenciar claramente no *período pós-crise de 2001 na Argentina*, principalmente desde 2003, a combinação de planos e programas de transferências em espécie e monetárias dirigidas aos pobres[20]. Um dos núcleos de respostas político-institucionais que se observa vincula-se à questão alimentar e constitui a assistência alimentar em suas diferentes modalidades, e outro que se relaciona à geração de níveis mínimos de renda através de diferentes planos de transferência de renda com prestações (trabalhistas e educativas) e condições, que tentam abordar a questão da desocupação e a "reprodução intergeracional da pobreza", exigindo o cumprimento de metas educativas e sanitárias da população infantil dos lares pobres beneficiados. A isto, soma-se o desenho de programas de base territorial que perseguem principalmente a promoção de processos locais de desenvolvimento comunitário[21].

---

possui para a participação dos atores do nível local; a centralidade que adquirem os processos de capacitação e formação dos indivíduos para a "inserção laboral".

20. Aqui indicamos apenas os momentos principais identificados em relação à definição da política social no período posterior a 2001. Não pretendemos desenvolver cada uma das propostas, os debates abertos em relação às continuidades e rupturas com o período de consolidação do neoliberalismo na década de 1990. Sinteticamente, pretendemos assinalar as orientações na configuração da proteção social, o crescimento do componente não contributivo e a permanência da centralidade da pobreza na intervenção social do Estado, com uma bateria de noções e classificações político-operacionais.

21. Entre essas iniciativas, distinguem-se um significativo e gradual programa para construir Centros Integradores Comunitários em bairros pobres em toda a Argentina. Este programa é impulsionado de forma ativa pelo Ministério de Desenvolvimento Social; que colocou em funcionamento para o ano de 2009 o número de 230 CIC, e estão em fase de construção outras 400 CIC. Os centros são geridos por conselhos comunitários ou mesas de gestão de bairros multiatoriais com a participação das autoridades municipais. Estes ministram múltiplos serviços, desde a entrega de bens materiais assistenciais, como controles básicos de saúde, atividades sociais, recreativas e de capacitação. Disponível em: http://www.desarrollosocial.gov.ar/Planes/PF/default.asp. Acesso em: 20 ago. 2018.

2. Serviço Social, questão social e Estado: perspectiva de análise

O Serviço Social como profissão historicamente determinada explica-se situando os aspectos intrínsecos à configuração profissional numa realidade concreta, num momento histórico dado. Ou seja, a profissão apenas pode ser entendida no movimento histórico da sociedade, sociedade esta que não é homogênea, que é produto de relações sociais de classes antagônicas, que lutam, através de múltiplas mediações, por projetos societários diferentes. Nesse sentido, o movimento da sociedade expressa a complexidade dessas relações sociais e contém a conflitividade imanente ao caráter antagônico das mesmas[22].

O Serviço Social como profissão desenvolve sua prática profissional de intervenção social como uma das modalidades históricas de enfrentamento da "questão social" em relação à emergência e expansão das políticas sociais no contexto do capitalismo monopolista. Em relação a esses processos históricos gerais, adquire particularidade seu processo de institucionalização nas diferentes realidades nacionais, ocupando um lugar específico na divisão sociotécnica do trabalho, desenvolvendo sua ação profissional (que contém elementos teóricos, técnico-metodológicos, ético-políticos) em situações concretas que afetam as condições de vida da população, em especial, dos setores "mais empobrecidos".

22. "Para analisar a profissão como parte das transformações históricas da sociedade presente, é necessário ultrapassar o universo estritamente profissional, isto é, romper com uma visão endógena da profissão, prisioneira em seus muros internos" (Iamamoto, M. Las dimensiones ético-políticas y teórico-metodológicas en Servicio Social contemporáneo. Trayectorias y desafíos. *In*: Molina, L. (org.). *La cuestión social y la formación profesional en Trabajo Social en el contexto de las nuevas relaciones de poder y la diversidad latino-americana*. Buenos Aires: Espacio Editorial, 2004, p. 23). Esta perspectiva é compartilhada pelo Serviço Social e desenvolvida na academia na "abertura democrática", especialmente a partir de 1985, com o retorno de Trabalhadores Sociais exilados na última ditadura militar. Recordo o retorno de Susana Malacalza à Argentina e a recuperação da literatura latino-americana crítica, inspirada na herança da reconceitualização contra o "Serviço Social Tradicional". Nessa busca pela ruptura, é fundamental a tradução para o espanhol da contribuição de Iamamoto e Carvalho (1982), que coloca a análise do Serviço Social em relação com o processo de produção e reprodução das relações sociais fundamentais da sociedade capitalista, particularizando sua inserção na divisão sociotécnica do trabalho e reconhecendo o caráter assalariado de seu trabalho profissional. Ver: Iamamoto, M.; Carvalho, R. *Relaciones Sociales y Trabajo Social*. Buenos Aires: Humanitas, 1984.

Nesse sentido, o espaço sócio-ocupacional profissional do Serviço Social é resultado de relações históricas, sociais, políticas, econômicas, culturais, que lhe outorgam concretude, que lhe imprimem características específicas, que estabelecem limites e possibilidades. "Pensar o projeto profissional supõe articular essa dupla dimensão:

a. de um lado, as condições macrossocietárias que estabelecem o terreno sócio-histórico em que se exerce a profissão, seus limites e possibilidades que vão além da vontade do sujeito individual;
b. por outro lado, as respostas de caráter ético-político e técnico-operacional — apoiadas em fundamentos teóricos e metodológicos — dos agentes profissionais a esse contexto" (Iamamoto, 2004, p. 27). Ou seja, o contexto não é um "pano de fundo exterior" à prática profissional que se apresenta e se impõe linearmente ao agente profissional, passivo e exclusivamente instrumentalizado por forças alheias a sua vontade.

Considerando a historicidade da profissão, ela se define e se redefine no âmbito das mediações entre o Estado e a sociedade. O exercício profissional exige a capacidade de superar as demandas meramente executoras preestabelecidas pela significação e sentidos abstratos do Estado e suas políticas. Rever criticamente os fundamentos e a orientação da prática profissional nos espaços de intervenção concreta referentes às relações sociais e interesses em jogo nos permite esclarecer a complexidade do processo de construção da legitimação profissional a partir de uma perspectiva ativa e política, no âmbito das tensões que se desprendem dos interesses sociais atuantes[23]. Ao mesmo tempo, essa perspectiva de complexidade nos permite compreender as expressões fenomênicas e as raízes explicativas causais da "questão social". Isso significa que a profissão se compreende, no que se refere às relações sociais entre as classes e as mediações político-institucionais que, historicamente, vão-se definindo como resultado dessas relações e que configura a complexidade da trama estatal.

23. "O exercício profissional exige, portanto, um sujeito profissional que tenha competência para propor, para negociar com a instituição e seus projetos, para defender seu campo de trabalho, suas qualificações e atribuições profissionais. Requer ir mais além das rotinas institucionais e buscar aprender no movimento da realidade as tendências e possibilidades nela passíveis de ser apropriadas pelo profissional, desenvolvidas e transformadas em projetos de trabalho" (Iamamoto, 2004, p. 27-28).

Nessa perspectiva histórica situada, o processo de configuração, ampliação e complexização do Estado capitalista no desenvolvimento do capitalismo monopólico é fundamental para compreender o surgimento e desenvolvimento da profissão[24], onde é possível reconhecer a intervenção social do Estado de forma contínua e sistemática nas múltiplas expressões da questão social, especialmente através das políticas sociais. É imanente a este desenvolvimento de ampliação do Estado um processo de complexização, diversificação e fragmentação do tratamento da questão social e um processo de diferenciação socioprofissional vinculado aos procedimentos de ação que dele se desprendem.

A profissionalização do Serviço Social pressupõe a maturação das relações capitalistas, no âmbito do desenvolvimento da industrialização e urbanização capitalistas. A intensificação dos conflitos entre as classes sociais no desenvolvimento da sociedade capitalista penetra a cena política, com os trabalhadores exigindo o reconhecimento público por parte do Estado de seus direitos políticos e sociais. O Estado se amplia, processando em termos hegemônicos a referida conflitividade com o objetivo de promover a produção e reprodução constante (material e simbólica) das relações sociais fundamentais da sociedade, centralizando a intervenção social, buscando construir um consenso e legitimidade no tratamento da questão social e no ordenamento social resultante. Este processo de centralização e administração da política social concretizada através de múltiplas prestações de serviços sociais, gera as bases socioinstitucionais históricas de emergência e inserção profissional do trabalho social.

Esta tese questiona aquelas perspectivas explicativas sobre a gênese das profissões assentadas em afirmar que a profissionalização do Trabalho Social se dá por uma continuidade das formas de "auxílio" caritativo e filantrópico à configuração profissional, a qual é produto de um processo de tecnificação para consolidar uma base técnico-científica. A continuidade é insuficiente (por sua simplificação e parcialidade) para explicar o processo de profissionalização. A continuidade convive com a ruptura, a qual se torna

24. Ver Netto, J. P. A emergência do Serviço Social como profissão. *In*: Netto, J. P. *Capitalismo Monopolista e Serviço Social*. São Paulo: Cortez, 1992, p. 65-81. Em relação a essa perspectiva histórico-crítica, foram elaborados vários trabalhos que analisam o surgimento da profissão em relação à dinâmica da sociedade capitalista.

evidente no desempenho executivo dos agentes profissionais no âmbito da política social, desenvolvendo projetos de intervenção, cuja funcionalidade real e efetiva se impõem por uma lógica e uma estratégia objetiva que não dependem de sua intencionalidade. A dinâmica, organização, recursos e objetivos estão definidos no processo de institucionalização das políticas sociais na construção e complexização da estatalidade. Esta prática de intervenção profissional se desenvolve por meio de uma relação assalariada, dentro da definição de um mercado de trabalho profissional, vinculado principalmente à diversificação e heterogeneidade das políticas sociais.

No contexto histórico de expansão da economia capitalista sob a hegemonia do capital industrial — os chamados "trinta anos gloriosos do capitalismo" —, no qual se consolida a matriz de acumulação fordista, é que se desenvolve o Serviço Social como uma profissão mormente intervencionista, atuando em tarefas executivas e terminais do processo de implementação das políticas sociais (Netto, 1992, p. 65-81). Ao mesmo tempo, vincularam-se, em especial com as dimensões assistenciais das políticas sociais, aquelas que se dirigem a diferentes expressões da pobreza. A materialização das políticas sociais, seus processos de execução, implicaram o desenvolvimento de práticas profissionais de "trabalho direto" com os denominados (institucionalmente) "beneficiários" e "destinatários" dos serviços públicos.

O Movimento de Reconceitualização do Serviço Social[25], com a pluralidade que é possível reconhecer em seu interior, questionou radicalmente o papel historicamente designado para a profissão, e assentou as bases de uma perspectiva teórico-metodológica crítica, permitindo repensar a identidade profissional para superar o papel meramente executor de ações instituídas no campo das políticas sociais. Recupera-se da herança reconceitualizadora uma perspectiva de ruptura com as diversas manifestações do conservadorismo[26], que pretende fundar a legitimidade profissional em

25. Não pretendemos aqui desenvolver um debate extenso e complexo no Serviço Social latino-americano, mas sim recuperar a tradição crítica que emana do movimento histórico e fica de herança para a construção profissional.

26. José Paulo Netto denominou a esta perspectiva para o Serviço Social no Brasil de "Intenção de Ruptura" com o Serviço Social Tradicional. Isto implica a definição de um projeto profissional que persegue "romper substantivamente com o tradicionalismo e suas implicações teórico-metodológicas e prático-profissionais" (Netto, 1998, p. 250).

relação aos interesses das classes subalternas. Nesse sentido, propõe-se o desafio de definir uma prática profissional crítica, que participe na produção de conhecimento da realidade social e defina com "autonomia relativa" as alternativas metodológicas de sua instrumentalização na prática profissional que desenvolve. Isso exige a construção de um conhecimento crítico da realidade, que permita ao próprio campo profissional historicamente situado definir os objetivos e reconstruir seus objetos de intervenção na trama do Estado e das políticas sociais.

As políticas sociais não se reduzem a uma questão técnica, autônoma da dinâmica do movimento concreto da sociedade. Elas respondem a interesses sociais concretos, não constituem elementos de intervenção pública neutros. Representa uma categoria histórica que adquire significação no movimento de totalização na sociedade na qual se inscreve. Nesse sentido, propor a discussão em termos dos fins que guiam os processos de intervenção social do Estado é se separar das proposições que restringem o debate meramente a uma questão instrumental. Os estilos de política (econômicas e sociais) respondem a uma concepção de sociedade, e mais especificamente, os mecanismos e dispositivos institucionais que se constroem para atender à conflitividade social emergente na sociedade moderna num momento histórico determinado, ao mesmo tempo que participam no ordenamento social, brotam de uma determinada correlação de forças sociais. Assim, a Política Social se constitui numa força ativa (que se institucionaliza) que intervém no ordenamento das relações sociais, participando em processos de manutenção da ordem social, e em processos de construção de legitimação dos projetos sociais vigentes. Ao mesmo tempo supõe processos de luta pela definição dos "problemas sociais" a serem atendidos publicamente e pela distribuição de recursos necessários que a referida consideração supõe.

As transformações que ocorrem na materialidade do Estado expressam um processo importante: a possibilidade de que, mesmo sob o domínio de um Estado capitalista, seja possível a legitimação de demandas (fragmentadas e parcializadas) das classes subalternas, o que implica a construção de políticas sociais para dar respostas a elas.

As políticas sociais são, assim, "resultado de uma tensão preexistente, onde se expressa o conflito social de forma direta ou indireta, como, enquanto política, intervenção específica no mesmo, representando determinados interesses de classes e construindo, para essa intervenção, argumentos e justificativas sociais" (Fernández Soto, 2011, p. 17).

3. Problematização do conceito de pobreza. Crítica ao processo de mistificação e significação sócio-histórica

Neste contexto de crise do sistema capitalista e transformações profundas de sua lógica de acumulação e legitimação, pretendemos compreender o significado histórico adquirido pela expansão da pobreza desde meados da década de 1970, analisar criticamente a centralidade atribuída aos processos de intervenção social do Estado, às concepções que a sustentam e às implicações políticas e práticas que possuem. Para isso, utilizaremos como referência a tradição teórica clássica baseada na crítica, de modo a recuperar a complexidade e a integralidade destes processos.

Começamos por reconhecer, a partir desta matriz teórica, processos históricos de compreensão e tratamento da pobreza que têm suas raízes no conservadorismo imanente ao desenvolvimento da sociedade moderna desde meados do século XIX. Sem a intenção de simplificar um processo extremamente complexo, gostaríamos de enfatizar, em termos críticos, traços centrais desta concepção dominante, que de uma programática ideológica tem-se correspondido com intervenções políticas e participado na configuração histórica do campo político-assistencial. Com continuidades e rupturas no processo de intervenção social do Estado na pobreza, podemos observar o desenvolvimento de processos de mistificação, parcelamento e reducionismos em relação à compreensão teórico-prática da pobreza.

Algumas características históricas centrais que compõem esta concepção dominante e cuja visibilidade e compreensão contribuem para a elaboração de uma perspectiva crítica são:

- Separa-se a questão da pobreza do problema da classe trabalhadora em seu conjunto. Os pobres, em geral, não são considerados como parte da classe trabalhadora.

- Apresenta-se a questão da pobreza como um problema simples, reduzindo-a ao seu estado de carência e necessidade em relação ao consumo. Não é compreendida em função das relações sociais que a produzem e nas quais se sustenta. Neste sentido, não é definida como uma categoria histórica relacional que apenas pode ser compreendida em relação à produção da riqueza. A pobreza é desistorizada, ocultando-se o movimento relacional que a produz e reproduz; é autonomizada e reduzida a um fenômeno em si mesmo, divorciado das relações de desigualdade.
- Neste processo de parcelamento, a pobreza foi visualizada como uma ameaça para a ordem estabelecida. Surgiu em meados do século XIX, numa associação entre pobreza e periculosidade.

Isto, ligado ao processo de individualização do problema, operou um processo de culpabilização, o qual ativa a combinação de medidas repressivas (castigar, criminalizar, judicializar os pobres por uma multiplicidade de "incondutas") e positivas (as quais implicaram processos de "ressocialização" relacionados a coberturas mínimas de consumo básico em relação a processos complexos de disciplinamento e subalteridade). É claro que isto é acompanhado de uma concepção conservadora-moralista, que opera construindo justificativas que tendem à naturalização e despolitização.

Se a realidade constitui uma totalidade em movimento, ela pode ser compreendida se assimilarmos esse movimento, o que significa entender o processo histórico dialético que a constitui; em outras palavras, observar as relações fundamentais que integram a sociedade como um todo. O sistema ideológico que estabelece a construção de categorias abstratas e parcializadas não contempla a totalidade social em movimento. Pelo contrário, no processo analítico fragmentado que supõe, o sistema nega a totalidade concreta, a complexidade, a coexistência simultânea de múltiplas relações e o processo dialético que implica continuidades e rupturas entre passado, presente e futuro. Neste sentido, entendemos que a compreensão da pobreza não se reduz a testar carências de forma estática e nem processos classificatórios simplificadores, como supõe a concepção dominante expressa pelos organismos internacionais e que se traduz e opera nos programas assistencialistas de "combate à pobreza", construindo por esta via a população "destinatária" a ser institucionalizada. Compreender a pobreza exige conhecer as condições materiais de existência de homens e mulheres. É resultado de um processo histórico, não é uma desgraça natural que alguns tenham de viver, e é nesse sentido que deve ser compreendida no movimento das relações sociais.

A pobreza somente pode ser explicada quando se compreende o desenvolvimento antagônico da sociedade capitalista. A pobreza não é um fenômeno simples, eterno, imutável, natural, a-histórico; pelo contrário, submetida a uma análise rigorosa em termos históricos de seu desenvolvimento, define-se como um processo complexo, histórico. Ou seja, a pobreza constitui uma categoria relacional que só se explica a partir do entendimento do movimento da totalidade social.

A pobreza no desenvolvimento histórico da sociedade capitalista desempenha um duplo papel. É *efeito* do regime de acumulação capitalista, e, ao mesmo tempo, é *condição determinante* desse processo de acumulação. Como condição ou efeito, expressa sempre o caráter antagônico do regime. Por conseguinte, o aumento desta, isto é, a extensão cada vez maior da privação das necessidades básicas de trabalhadores (ocupados ou desocupados), indica tendencialmente a concentração da riqueza num grupo cada vez mais concentrado de "ricos"[27].

Nas últimas décadas, com a desconstrução de uma perspectiva universalista de proteção social e o deslocamento da intervenção social do Estado principalmente em relação à pobreza, foram-se sedimentando ações minimalistas (diversificadas e extensas) de atendimento aos "pobres", que constituem setores da classe trabalhadora que foram despojados de "sua base de vida", da venda da força de trabalho, e precisam subsistir graças à

27. Como assinalamos anteriormente, é necessário compreender a produção da pobreza na sociedade atual, no âmbito do caráter antagônico da produção capitalista. O mecanismo da produção e acumulação capitalista realiza constantemente, através de movimentos de atração/repulsão, adaptações da quantidade de operários às necessidades de exploração do capital, o que se expressa na criação de uma superpopulação relativa e na miséria de camadas cada vez mais amplas dos trabalhadores em atividade e desocupados. Apoiamo-nos na premissa geral que indica que o processo de acumulação do capital se desenvolve, como vimos, numa constante mudança qualitativa de sua composição, gerando um incremento incessante do capital constante em contraposição ao capital variável. Isto nos indica duas coisas: primeiro, que a superpopulação operária é resultado do aumento da riqueza dentro da sociedade; segundo, que esta superpopulação se transforma, por sua vez, em recurso necessário vital para o processo de acumulação. Desse modo, constitui-se num contingente disponível às necessidades da dinâmica particular do capital.

"subsidiaridade pública". Desde sua gênese até nossos dias, o tipo de medidas institucionais que se constroem para esta camada da classe trabalhadora persegue, ao menos, um interesse triplo: evitar que as condições miseráveis de camadas das classes trabalhadoras se volte contra os interesses gerais das classes dominantes; reduzir e neutralizar o nível de conflito social, e preservar as condições fundamentais nas quais se baseia a sociedade — neste sentido, estas medidas não suprimem a pobreza, no máximo a limitam, mantendo as relações de desigualdade. De forma geral, o processo pelo qual se focaliza e identifica a questão dos pobres opera ideológica e praticamente ao interior da massa dos trabalhadores, promovendo dispersão e fragmentação.

A pobreza, da perspectiva da totalidade, envolve a classe trabalhadora em seu conjunto, neste sentido, afetando as condições materiais de existência dos trabalhadores em atividade e dos trabalhadores desocupados. Em relação ao movimento da questão social, trata-se de um conceito que não só permite dar conta do estado de privação dos membros da classe trabalhadora a partir da constatação da insatisfação das necessidades básicas numa sociedade historicamente determinada, como, ao mesmo tempo, é um termo relacional, que dá conta dos níveis antagônicos de desigualdade engendrados na dinâmica da sociedade. O conceito restrito de pobreza, utilizado nos programas "de combate à pobreza" e definidos pelos organismos internacionais, relaciona-se com uma clara intencionalidade política associada à direção assumida pelo "tratamento dominante da questão social" no desenvolvimento do capitalismo em sua fase financeira. Os dispositivos institucionais, que se desdobram no último quartel do século XX, associam-se aos processos de mercantilização e repulsa social, contribuindo para a negação da totalidade de classe, operando como força de dispersão e obstaculização do desenvolvimento da consciência da unidade da classe trabalhadora.

A crítica e a compreensão histórica da realidade nos permitem a construção de ferramentas teórico-metodológicas concretas, possibilitando a compreensão dos limites e determinantes que se impõem, embora também as possibilidades estratégicas históricas que podemos construir em nossa prática profissional, superando fatalismos e messianismos típicos do conservadorismo. Sem dúvida, a historização e compreensão relacional da pobreza nos coloca desafios profissionais teórico-metodológicos e ético-políticos.

Considerações finais

Serviço Social, questão social e pobreza. Crítica e desafios

A relação Estado-pobreza, através da mediação de políticas sociais específicas, revela o processo histórico de parcelamento no tratamento da questão social. O Serviço Social, desde seu processo de institucionalização na sociedade argentina, vinculou o desenvolvimento de sua prática profissional à pobreza e suas múltiplas expressões.

A pobreza e as "medidas historicamente construídas para atendê-la" constituem parte da experiência profissional dos trabalhadores sociais em seus âmbitos de trabalho. Convivemos em nossa prática profissional com uma multiplicidade de expressões da pobreza, que nos mostra privações, injustiças, opressões, mas também resistências, organização, construção de estratégias coletivas de lutas e reivindicações.

Nesta herança de rupturas construída na história profissional, inscreve-se a intenção de romper com concepções simplificadas em relação à pobreza, das quais se desprendem também intervenções limitadas. É fundamental compreender que a pobreza expressa relações complexas, construídas historicamente na sociedade, relações de desigualdade, onde convivem a produção da riqueza e a produção da pobreza, acumulação e miséria, onde a pobreza é resultado dessas relações complexas, as quais a produzem e reproduzem, "colocando" historicamente os pobres num "lugar" diferenciado, "objeto de intervenção" de políticas e decisões muitas vezes preestabelecidas.

Compreender a construção social da pobreza, nos exige observar as estratégias de subalternização, as resistências, impugnações e rupturas das mesmas[28]. A pobreza, desta perspectiva relacional e histórica, constitui uma categoria multidimensional e, nesse sentido, não expressa apenas carências materiais básicas, constitui também uma categoria política que expressa a privação dos direitos, a ausência de oportunidades, de horizontes de futuro.

O campo institucional da pobreza é o campo das qualificações e classificações, que se traduzem "de cima" em intervenções que se multiplicam

28. Para uma análise sobre assistência e classes subalternas, ver o trabalho clássico de Carmelita Yazbek. *Classes subalternas e assistência social*. São Paulo: Cortez, 1993.

e participam no processo de fragmentação da questão social: atributos marcados pela carência, pelo que não se tem, pelo que não se é.

Compreender e explicar os processos que produzem a pobreza na sociedade capitalista de uma perspectiva complexa, nos oferece ferramentas que tornam nossa intervenção profissional muito complexa do ponto de vista teórico, técnico e ético-político. Permite-nos estabelecer impugnações e rupturas com tais nominações subalternizantes de construção da pobreza e do pobre e, ao mesmo tempo, permite romper os mitos explicativos que tentam autonomizar sua natureza, cindindo-a das relações sociais que configuram a sociedade como totalidade concreta, priorizando sua permanência em suas expressões fenomênicas, tanto no plano explicativo como no plano interventivo. Esta perspectiva de totalidade relaciona a produção da pobreza com o movimento geral do capital e seu caráter destrutivo e sua natureza contraditória, tensionada pelas respostas coletivas de contestação, resistências e lutas.

A prática cotidiana do trabalho social está atravessada por essas relações e por essas tensões e, no âmbito dessa conflitividade, define seu fazer, suas propostas e projetos. Compreendendo limites e possibilidades históricas, definimos nossa intervenção profissional como uma práxis que põe em movimento concepções teórico-metodológicas em situações concretas, que se situam num processo, não num presente fragmentado sem passado e sem futuro.

Como desconstruir, em termos teóricos-metodológicos e políticos, os "objetos pré-construídos" pela trama institucional das políticas e que constituem demandas de processos de operacionalização de nossas práticas profissionais? Como incidir na definição desta trama institucional de uma perspectiva de complexidade e de reconhecimento dos sujeitos como sujeitos de direitos, como sujeitos históricos?

A ruptura com os "objetos pré-construídos" e as identidades institucionais atribuídas ao profissional exigem a construção de mediações teóricas, metodológicas e ético-políticas que transcendam o estabelecido e a resignação conservadora, colocando-se numa perspectiva profissional de construção de direitos, de definição universal das políticas, de "debate político" de resolução das necessidades sociais no sentido de igualdade. A luta pelos direitos e pela cidadania implica um conjunto de mediações práticas de politização da vida, de reivindicação e transformação social, que relaciona o particular com o universal. A reivindicação dos direitos constituindo-se numa questão abstrata e corporativa integra a agenda de luta das classes trabalhadoras. O exercício da profissão se relaciona a este movimento mais geral da sociedade, manifestando-se em múltiplas expressões concretas de práticas profissionais de rupturas com o neoconservadorismo.

Um projeto profissional orientado num sentido emancipatório, de construção de uma ordem social igualitária, está profundamente interpelado e desafiado teórica e praticamente. Construir propostas de mudanças no processo das políticas sociais, nas concepções e valores que as sustentam, nas práticas que se tramam, nos sentidos que se materializam, supõe contribuir para a visibilização e reconhecimento de interesses das classes trabalhadoras em suas diferentes expressões, muitas vezes selados e invisibilizados. Embora conheçamos os limites das políticas sociais para reverter as relações de desigualdade, conhecemos suas possibilidades em processos de desmercantilização e concretização de direitos. A questão das políticas sociais, longe de constituir-se numa questão técnica, neutra, definida por uma racionalidade científica objetiva, está atravessada por disputas políticas que respondem a diferentes projetos de sociedade, contêm concepções, valores, sentidos, participam na questão distributiva e nas formas históricas em que se "atende" a "questão social"[29].

O foco na pobreza como forma privilegiada de atender a questão social nas últimas décadas do século XX implicou, neste tempo de crise e decomposição capitalista, uma reconfiguração das formas, conteúdos e sentidos dos sistemas de proteção social, editando formas de intervenção social do

29. "Como todos os âmbitos da vida social, também a esfera das políticas sociais é determinada pela luta de classes. Através de suas lutas, os trabalhadores postulam direitos sociais que, uma vez materializados, são uma indiscutível conquista; isso não anula a possibilidade de que, em determinadas conjunturas, ao depender da correlação de forças, a burguesia use as políticas sociais para desmobilizar a classe trabalhadora para tentar cooptá-la. Como no caso do sufrágio universal (que não garante automaticamente a vitória dos trabalhadores) também nesse terreno das políticas sociais nada está decidido *a priori*: embora tanto os direitos políticos e sociais sejam importantes conquistas dos trabalhadores, pode ocorrer que — em determinadas conjunturas e em função de correlações de forças específicas — eles não explicitem plenamente seu potencial emancipatório". Coutinho, C. N. Notas sobre cidadania e modernidade. *In*: *Praia Vermelha, Estudos de Política e Teoria Social*, v. 1, n. 1. Rio de Janeiro: UFRJ-PPGESS, 1997, p. 145-166.

Estado sob uma perspectiva individualista, focada e assistencialista, junto com a expansão dos processos de mercantilização e privatização social.

Nas políticas de "combate à pobreza" propostas pelos organismos internacionais para as experiências latino-americanas, permanecem traços conservadores assistencialistas, clientelistas, patrimonialistas, assentados na ideia do "favor" e do "auxílio despolitizado" para sujeitos chamados por "seus" "fracassos", "carências" e "impossibilidades" de "inserção" plena na sociedade. Deste ponto de vista, a pobreza tornou-se depositária da ajuda ao sujeito necessitado, de modo a conquistar a "integração social", mantendo intactas as relações de desigualdade. Encontramos na cotidianidade de nosso trabalho profissional, na trama em que desenvolvemos nossa profissão, a permanência de fios conservadores assentados numa cultura moralista, de culpabilização do pobre por sua situação.

No entanto, a sociedade não se desenvolve sem contradições e sem tensões. Da mesma forma como se observa uma perspectiva conservadora, encontramos também o desdobramento de rupturas e questionamentos. Nossa profissão, no contexto latino-americano, vem forjando rupturas com o conservadorismo em suas diferentes formas, participando a partir de sua prática profissional nos processos de politização, desnaturalização da pobreza e visibilização dos interesses das classes subalternas.

Compreender o caráter político, histórico e relacional da produção da pobreza nos oferece ferramentas teórico-práticas que qualificam a intervenção profissional e as possibilidades concretas de construir propostas estratégicas.

É no exercício profissional que devemos colocar em movimento a teoria crítica como ferramenta capaz de desnudar, no exercício prático, as mistificações que se apresentam nos "objetos pré-construídos" de intervenção profissional. As experiências cotidianas que surgem podem promover a consolidação de determinadas concepções do mundo e sentidos políticos. É possível desenvolver práticas ancoradas numa perspectiva conservadora que se assentam na subalternização, reeditando os esquemas de poder da clássica "ajuda/favor" ou, pelo contrário, como vêm se desdobrando na categoria profissional, impugnar e contestar os princípios conservadores tutelares adaptativos e colocar a prática num sentido de direito conquistado, de disputa e luta, de construção da dignidade humana, baseada no respeito e na auto-organização. Os espaços de laborais do trabalhador social são chaves na construção, reafirmação e resposta destes princípios e sentidos.

O conhecimento histórico da realidade, dos sujeitos com quem trabalhamos, das políticas sociais e sentidos que perseguem, permite desnudar mitos e mistificações de intervenção social de matriz neoconservadora que culpabilizam os sujeitos por suas condições de existência, responsabilizando-os pela mudança de sua situação.

A defesa de políticas sociais universais, inscritas numa perspectiva de direitos sociais, com garantias materiais das condições de existência das maiorias, integra a agenda profissional não como um debate abstrato de boas intenções, mas como parte do projeto profissional orientado num sentido histórico concreto em relação a reivindicações e lutas sociais mais gerais, o que contém, de modo articulado, fundamentos teórico-metodológicos, princípios e valores, debates e consensos ativos. Neste sentido, o movimento de construção ético-político da profissão pretende adquirir uma orientação inversa ao que o neoliberalismo propôs e que implicou o desmonte do universal e a primazia da focalização e individualização. O projeto profissional que se pretende fortalecer é de ruptura com o neoliberalismo, de reivindicação e fortalecimento de uma perspectiva universal, de ampliação de garantias, de reconhecimentos ascendentes e articulados dos interesses dos trabalhadores em suas múltiplas expressões.

Os desafios ético-políticos de mudança e transformação não constituem ações individuais, voluntaristas, endogenistas ou abstratas. Os desafios profissionais situam-se no âmbito das relações sociais nas quais se insere e incide o Trabalho Social. Isto nos obriga a pensar, num plano propositivo, na necessidade de abandonar posturas românticas que, por sua desconexão com a realidade concreta, perdem capacidade operativa num processo de mudança. É necessário fortalecer a formação, a pesquisa e o exercício profissional a partir de uma perspectiva histórico-crítica articulada com o movimento geral da sociedade, aos desafios coletivos e históricos colocados. As mudanças implicam a construção de estratégias coletivas de formação, de problematização nos espaços sócio-laborais, de reconhecimento e articulação com outros sujeitos coletivos a partir de compartilhar conscientemente a busca de rupturas com o conservadorismo e a subalternidade em todas as suas expressões, e compartilhar sentidos e horizontes de transformação da sociedade que oriente no tempo ações e projetos sociais.

Referências

ANTUNES, R. *Adeus ao trabalho? Ensaio sobre as metamorfoses e a centralidade do mundo do trabalho.* São Paulo: Cortez/Unicamp, 1995.

_____. El trabajo entre la perennidad y la superfluidad. Algunos equívocos sobre la deconstrucción del trabajo. *In*: FERNANDEZ SOTO, S.; TRIPIANA, J. (comp.) *Políticas sociales, trabajo y trabajadores en el capitalismo actual*. Buenos Aires: Espacio Editorial, 2009.

ARGENTINA. ANSES. "Inclusión y previsión social en una Argentina responsable", apresentação na Câmara de Senadores da Nação de D. Bossio e A. Boudou, jul. 2010a.

_____. ANSES. "Asignación Universal por Hijo para Protección Social: una política de inclusión para los más vulnerables". Realizado pela Equipe de Trabalho *Gerencia Estudios de la Seguridad Social*. Maio 2010b. Disponível em: http://observatorio.anses.gob.ar/files/subidas/Cuadernillo_AUH.pdf. Acesso em: 20 ago. 2019.

_____. ANSES. *Fuentes de financiamiento de los sistemas de seguridad social en países de América del Sur*. Serie Estudios Especiales Gerencia Estudios de La Seguridad Social. ANSES. *Observatorio de la Seguridad Social.* Nov., 2010c.

_____. ANSES. *La Inclusión Social Como Transformación: Políticas Públicas para Todos*. Observatorio de la Seguridad Social. ANSES. Jul. 2011b.

_____. Decreto Presidencial (DNU) n. 1602, 29 oct. 2009.

_____. Decreto Presidencial (DNU) n. 446/2011. Maio 2011. La Asignación Universal por Embarazo para Protección Social (AUE).

_____. Decreto Presidencial (DNU) n. 897/2007. Fondo de Garantía de Sustentabilidad del Sistema Integrado Previsional Argentino.

_____. Lei n. 23.849. Aprobación de Argentina de la Convención Internacional de los Derechos del Niño.

_____. Lei n. 26.425/2008, Sistema Integrado Previsional Argentino (SIPA).

_____. Lei n. 26.061 (21/10/2005). Ley de Protección Integral de los Derechos de las Niñas, Niños y Adolescentes de la República Argentina.

_____. Lei n. 24.714/1996. Régimen de asignaciones familiares.

_____. MTEYSS. Ministerio de Trabajo, Empleo y Seguridad Social: *Ampliación del Sistema de Protección Social en Argentina*, 2010.

ARGENTINA. Resolução n. 393/2009 de la Administración Nacional de la Seguridad Social (ANSES). Norma reglamentaria de la AUH.

BIRD. Estrategia de asistencia al país (EAP) para Argentina 2006-2008, Documento del Banco Mundial, Argentina, 2006.

______. "Implementation, completion and results: report on a loan in the amount of US$ 600 million to the Argentine Republic for the Jefes de Hogar (Heads of Household) Program". Report n. ICR355, Washington DC., 2007.

______. Invertir En salud. Informe sobre el desarrollo mundial, 1993. Washington, D. C.

______. "Envejecimiento sin crisis: Políticas para la promoción de los ancianos y la promoción del crecimiento". Oxford University, New York: 1994.

______. "Velatorio sobre o desenvolvimiento mundial 1995. O trabalhador e o processo de integraçâo mundial". Washington DC, 1995.

______. Informe sobre el desarrollo mundial 2004. Servicio para los Pobres. Banco Mundial. Colombia: Mundi-Prensa Libros, Alfaomega Grupo Editor, 2003.

______. Estrategia de Asistencia al País para la República Argentina 2006-2008. Informe n. 34.015 AR, Tradução. Buenos Aires, 2006.

CEPAL. *Panorama Social de América Latina, 2011*. Nova York: Naciones Unidas, 2011. Disponível em: www.eclac.cl. Acesso em: 20 ago. 2019.

______. *Panorama Social de América Latina 2012*. Nova York: Naciones Unidas, 2012. Disponível em: www.eclac.cl. Acesso em: 20 ago. 2019.

CIFRA DT n. 9 El nuevo patrón de crecimiento y su impacto sobre la distribución del ingreso. Marzo 2011. Centro de Investigación y Formación de la República Argentina. Buenos Aires. Disponível em: http://www.centrocifra. org.ar. Acesso em: 20 ago. 2019.

CIFRA. *Informe de Coyuntura n. 12*. CIFRA — Centro de Investigación y Formación de la República Argentina. Buenos Aires: Argentina, 2013. Disponível em:: http://www.centrocifra.org.ar. Acesso em: 20 ago. 2019.

CORTÉS, R.; MARSHALL, A. "Estrategias económicas, intervención social del Estado y regulación de la fuerza de trabajo. Argentina, 1880-1990". *Revista Estudios del Trabajo*, n. 1. Buenos Aires: 1991, p. 53-80.

COUTINHO, C. "Notas sobre cidadania e modernidade". *Praia Vermelha*. Estudos de Política e Teoria Social, v. 1, n. 1, 1. sem. de 1997.

CHESNAIS, F. *A mundialização do capital*. São Paulo: Xamã, 1996.

DUMÉNIL, G.; LÉVY, D. *Capital resurgent. The roots of the neoliberal revolution*. Harvard: Harvard University, 2004.

EDI. *Afloran los límites del modelo. Un balance de los Economistas de Izquierda. Rebelión.* Abril 2012. Disponível em: http://www.rebelion.org/noticia.php?id=147522. Acesso em: 20 ago. 2019.

FERNÁNDEZ SOTO, S. "La poítica social y la recomposición material del consenso. La centralidad de los programas de Transferencia de Renta Condicionada: el caso argentino". *Serviço Social & Sociedade*, São Paulo, n. 113, mar. 2013.

______.; TRIPIANA J. Las políticas sociales y la configuración de la sociedad civil: políticas, sentidos y prácticas en el tratamiento de la cuestión social. *In*: FERNÁNDEZ SOTO, S. y TRIPIANA, J. (comp.). *Políticas sociales, trabajo y trabajadores en el capitalismo actual*. Buenos Aires: Espacio Editorial, 2009.

______. El concepto de la pobreza en la teoría marxista. *Serviço Social & Sociedade*, São Paulo, n. 73, mar. 2003.

GRAMSCI, A. *Notas sobre Maquiavelo, sobre la Política y sobre el Estado Moderno*. 6. ed. Buenos Aires: Nueva Visión, 1998.

______. *Cuadernos de la Cárcel*, n. 3. México: Era, 1975.

______. *Cuadernos de la Cárcel*. México: Juan Pablos, 1990.

______. *Escritos Políticos (1917-1933)*. México: Siglo XXI, 1981.

HARVEY, D. *Breve historia del neoliberalismo*. Madrid: Akal, 2005.

______. *El neoliberalismo como destrucción creativa*. Disponível em: www.rebelion.org/noticia.php?id=65709. Acesso em: 20 ago. 2019.

______. *La condición postmoderna*. Buenos Aires/Madrid: Amorroutu, 2004.

______. El nuevo imperialismo: acumulación por desposesión. *In*: PANITCH, Leo; LEYS, Colin (eds.). *El nuevo desafío imperial — Socialist Register 2004*. Buenos Aires: CLACSO, 2005b, p. 99-129.

HOBSBAWM, E. *Historia del Siglo XX*. Barcelona: Crítica-Grijalbo Mondadori, 1995.

IAMAMOTO, M. V. Las dimensiones ético-políticas y teórico-metodológicas en Servicio Social contemporáneo. Trayectorias y desafíos. *In*: MOLINA, L. (Org.). *La cuestión social y la formación profesional en Trabajo Social en el contexto de las nuevas relaciones de poder y la diversidad latinoamericana*. Buenos Aires: Espacio Editorial, 2004.

IAMAMOTO, M. V.; CARVALHO, R. *Relaciones Sociales y Trabajo Social*. Buenos Aires: Humanitas. 1984.

LINDEMBOIN, J. El empleo y la distribución del ingreso en debate. *Voces en el Fenix*, año 4, n. 13, abril de 2013.

MANDEL, E. *Marx e el porvenir del trabajo humano*. Fragmentos: *Cuadernos de Mientras Tanto* n. 1, Ediciones Mientras Tanto, 1982.

MANRIQUE CASTRO, M. *De Apóstoles a agentes de cambio*. Lima: CELATS, 1982.

MARSHALL, T. H. *Cidadania, classe social e status*. Rio de Janeiro: Zahar, 1963.

MARX, K. *El Capital*. Tomo I. México: Fondo de Cultura Económica, 1973.

______. *El Capital*. Tomo I. Buenos Aires: Fondo de Cultura Económica. 1986, Cap. XXIII.

______. (1843). *La questión judia*. Buenos Aires: Planeta-Agostini, 1992.

MÉSZÁROS, I. *Para além do capital*. São Paulo: Boitempo, 2002.

MODONESI, M. Crisis hegemónica y movimientos antagonistas en América Latina. Una lectura gramsciana del cambio de época. *Revista Contra corriente*. México: Universidad Autónoma de la Ciudad de México/Universidad Nacional Autónoma de México, v. 5, n. 2, p. 115-140, 2008. Disponível em: http://www.rebelion.org/noticia.php?id=73350. Acesso em: 20 ago. 2019.

MONTAÑO, C. *La naturaleza del servicio social*. Un ensayo sobre su génesis, su especificidad y su reproducción. São Paulo: Cortez, 1997.

NETTO, J. P. La crítica conservadora frente a la reconceptualización. *Revista Acción Crítica*, Lima, CELATS, n. 9, 1981.

O'CONNOR, J. *Crisis de la acumulación*. Barcelona: Península, 1987.

PARRA, G. *Antimodernidad y Trabajo Social*. Orígenes y expansión del Trabajo Social argentino. DCS-UNL, 1999.

ROZAS, M. Antecedentes de la intervención profesional y la cuestión social en el régimen oligárquico liberal. *La intervención profesional en relación con la cuestión social*. El caso del Trabajo Social. Buenos Aires: Espacio Editorial, 2001.

SENNET, R. *La corrosión del carácter*. Barcelona: Anagrama, 2000.

VASOPOLO, L.; ARRIOLA, J. *La recomposición de Europa*. Barcelona: El viejo Topo, 2004.

YAZBEK, C. *Classes subalternas e assistência social*. São Paulo: Cortez, 1993.

Algumas reflexões sobre o Serviço Social na Argentina do século XXI*

Margarita Rozas Pagaza

Introdução

Escrever este artigo para a publicação *Serviço Social na História. América Latina, África e Europa* é um desafio real por duas razões: primeiro, porque na Argentina e região o Serviço Social é diversificado e heterogêneo quanto à formação e prática profissional. Por isso, apenas algumas apreciações gerais podem ser feitas. Segundo, porque contextualizar o país no quadro da crise que atravessa o capitalismo atual implica, para sua análise, certo nível de complexidade nem sempre fácil de abordar, em todas as suas dimensões, em um artigo.

Neste quadro, pretendo esboçar apenas alguns eixos temáticos que foram objeto da problematização em debates acadêmico-intelectuais do Serviço Social e que são expressos nas concepções e no modo como se construiu uma história e/ou histórias e narrativas sobre a profissão em seu relacionamento com o Estado e a Sociedade. Ao mesmo tempo, explicitar os avanços e desafios atuais que o Serviço Social e as Ciências Sociais devem enfrentar, diante de uma das questões mais candentes do mundo contemporâneo: a destruição dos direitos e a submissão de milhões de seres humanos à pobreza; podemos dizer que se trata de um dos grandes fracassos de uma

---

* Nota da Redação: Tradução do texto original em espanhol por Pablo Polese.

sociedade moderna que prometera a busca pelo bem-estar e felicidade dos seres humanos.

Algumas características históricas do Serviço Social na Argentina

Há uma bibliografia importante sobre a história do Serviço Social na Argentina, escrita por diferentes autores da geração dos anos 1960 e 1970 e outros autores que recentemente, nos últimos 20 anos, trabalharam o tema em suas teses de mestrado e/ou doutorado. O desenvolvimento deste ponto tem como objetivo oferecer ao leitor alguns dados históricos muito gerais acerca do surgimento do Serviço Social e, para tanto, tomarei como base a minha tese de doutorado, que, embora não trate da história do Serviço Social, está ligada à reconstrução dos cenários políticos, sociais e culturais que caracterizam o surgimento da questão social e o desenvolvimento da profissão do Serviço Social.

Partimos da tese de que o Serviço Social se institucionaliza como profissão na sociedade moderna, quando a questão social e a expansão das políticas sociais são explicitadas. Esta tese se opõe à concepção evolucionista que levanta a origem do serviço social como parte de um processo de modernização da intervenção, partindo da caridade para a assistência organizada que se explicita no Estado moderno. Esse processo evolucionista parecia seguir os processos de modernização e especialização que o Estado foi gerando à medida que a questão social se tornava mais complexa e colocava-se a necessidade de definir as funções sociais do Estado. Essa conjunção de ambos os processos resultaria em uma intervenção reprodutora dos mandatos institucionais vinculados ao controle social, à fragmentação do social e à concepção despolitizada do social. Nesse sentido, o social existe separadamente das decisões políticas e econômicas do Estado; consequentemente, não é objeto de problematização.

A questão social na Argentina aparece no início do século XX e se manifesta em acentuadas desigualdades sociais que vão delineando o modo de organização e interpretação do social. Nos anos 1943 a 1950 desenvolve-se um processo de intensificação das lutas da classe trabalhadora e de outros setores emergentes (camponeses, classe média, estudantes, partidos políticos), como resultado, por um lado, da incapacidade do regime conservador em enfrentar a questão social e, por outro, da crise econômica da época; isso aconteceu no contexto de reorientação do modo de acumulação capitalista hegemonizado pelo capital norte-americano. Nesse período se criaram as bases para a entrada em um processo de industrialização acelerada.

As instituições de intervenção social que se desenvolveram nesse longo período que vai de 1880 a 1930 caracterizavam-se, principalmente, por considerar que *a questão social* era um problema de "ordem" e "controle social". Dessa forma, sua institucionalização, em um primeiro momento, é considerada um problema de "polícia" e de caráter secundário. Somente quando a conflitualidade social se agudiza, produto das lutas sociais, e se considera a questão social uma ameaça à ordem social e, acima de tudo, aos privilégios alcançados pelo regime conservador, a questão social passa a ser um problema político.

Este processo de normatização do social entrelaça e permeia o caráter das instituições de intervenção social que o Estado desenvolve. Elas estão fortemente influenciadas por uma compreensão positivista, biologizante e religiosa da questão social. Essa visão do social é indicada em vários estudos sobre a história do Serviço Social na Argentina como pano de fundo que dará origem à intervenção profissionalizada. A esse respeito foram importantes as contribuições dadas por alguns autores clássicos que analisaram este período, como Norberto Alayón, Ezequiel Ander Egg e Natalio Kisnerman, além de pesquisas recentes que trabalharam a origem da disciplina em suas teses de mestrado e/ou doutorado; é o caso, entre outros, de Gustavo Parra, Alfredo Carballeda e Carina Moljo, para citar alguns. Deve-se notar que eles analisam a origem histórica do Serviço Social a partir de dois pontos de vista diferentes. De um lado, como processo que se refere à constituição do sistema capitalista e à divisão social do trabalho; de outro lado, como produto da constituição do discurso e dos significados que o Serviço Social adquire a partir das ideias que moldaram o pensamento argentino sobre o social.[30]

30. Para mais informações, ver: Rozas Pagaza, M. *La relación de la cuestión social y la intervención profesional: el caso argentino* Cap. III, Buenos Aires, Argentina: Espacio Editorial, 2001.

No nosso caso, o interesse está focado em apreender a particularidade da relação entre a intervenção e a questão social enquanto parte da constituição do social na instância pública do Estado, a partir dos processos de acumulação capitalista, que exigem certas condições para seu desenvolvimento. É uma análise cujo foco aponta para os processos e relações na institucionalização do social e seus mecanismos de intervenção social e profissional. Acreditamos que esta abordagem ajuda a pensar o Serviço Social na Argentina do século XXI, numa dinâmica relacional entre atores que disputam posições, constroem discursos e representações de sua atuação profissional, ligada aos processos sociais, políticos, culturais e demográficos vivenciados pela sociedade argentina em cada momento histórico. Esses aspectos são necessários para compreendermos a dinâmica atual da intervenção profissional.

É importante assinalar que, para caracterizar a particularidade do Serviço Social Argentino, devem-se levar em conta as condições contextuais em que a questão social aparece, desde o início do século XX. Ela se explicita como parte da função do Estado em 1945, quando a ação social estatal se amplia a partir da implementação de políticas sociais. Estas geraram condições para articular um pacto social orientado pelo Estado, aceito pelos sindicatos e parcialmente assumido pelos grupos economicamente dominantes. Nesse momento um sindicalismo organizado é desenvolvido, fortemente protegido pelo governo peronista.

> A partir da administração Perón no Ministério do Trabalho e Previdência, em outubro de 1943, se anuncia o período que mudaria as formas organizativas e a ideologia do movimento operário, organizado em pouco mais de dois anos, graças ao apoio popular dado às muitas leis sociais anunciadas nesse período [...]. Como já explicamos, a politização dos sindicalistas se ampliou desde o início da década de 1930 e, portanto, o diálogo com os militares reformistas tornou-se possível, uma vez que estas leis sociais ditadas pelo Estado satisfaziam antigas reivindicações dos trabalhadores. (Fernández, 1999, p. 128)

De fato, quando o governo peronista é instaurado as leis de proteção para os trabalhadores são ampliadas; da mesma forma, as políticas sociais e, em particular, se organiza naquele momento a política de assistência social pela Fundação Eva Perón, que substitui a antiga Sociedade de Beneficência como uma forma peculiar de ação social do Estado. Nesta direção, Emilio Tenti Fanfani assinala:

> A ação beneficente certamente se inscreve como uma iniciativa do setor público. Não é uma resposta a uma exigência ou demanda dos necessitados. Isso coincide com o viés moralizador dessa estratégia. A satisfação parcial de necessidades objetivas dos setores dominados só adquire significado se for colocada dentro da estratégia de dominação em sua totalidade (Tenti Fanani, 1989, p. 25).

No período de 1943 a 1976, a intervenção profissional também amplia sua ação profissional, não só pelo crescimento das carreiras de serviço social, mas também pela legitimidade adquirida por sua dimensão sócio-ocupacional. Nesta fase, é necessário rever a opinião de alguns que consideram que o desenvolvimento de políticas sociais gerou automaticamente o desenvolvimento da disciplina; consideramos que não existe uma relação automática que suponha um desenvolvimento da intervenção amparada em políticas sociais, uma vez que a intervenção profissional tem uma relação mais direta com as "políticas sociais assistencialistas". Outras pesquisas sugerem que a intervenção profissional está mais ligada ao desenvolvimento socioassistencial do Estado, que amplia as bases do mercado ocupacional dos profissionais. Nesse sentido, a Fundação Eva Perón assume uma importância significativa no desenvolvimento de uma política assistencial baseada em direitos. A intervenção, neste período, manteve-se em uma lógica que reproduziu a equação recurso-demanda no marco de certas possibilidades de distribuição do embrionário Estado de bem-estar, que possibilitaram que esta equação fosse funcional ao modelo de ação social que o Estado vinha desenvolvendo. De modo resoluto se afiança o caráter pragmático e heterônomo de dita intervenção. No entanto, cabe ressaltar que nos anos 1960 se deu um salto, mas não uma tentativa de ruptura, com o desenvolvimento do Serviço Social comunitário, que amplia o escopo da intervenção da tendência anterior, centrada na casuística. Deve-se notar que atualmente esta tendência continua existindo.

A relação atual entre a *intervenção profissional* e a *questão social* é uma problemática que deve ser analisada levando-se em conta a persistência das desigualdades sociais, que têm um caráter estrutural. Esta problemática foi agravada como resultado das grandes transformações do processo de acumulação capitalista expressas no modelo neoliberal, devido à secundarização da *questão social* frente à centralidade que o mercado assume como parte constitutiva de predomínio da economia de mercado, que começou com as primeiras medidas econômicas tomadas pela ditadura militar, em 1976. De todo modo, deve-se assinalar que a América Latina vive um processo importante com respeito à reparação dos direitos e ao desenvolvimento de políticas de inclusão social. Nesse contexto, o Serviço Social argentino, hoje, se depara com o desafio de consolidar o desenvolvimento profissional por meio da formação dos seus quadros acadêmicos através dos programas de pós-graduação que lhe permitem se localizar em melhores condições no campo das ciências sociais.

Formação em nível de graduação

A implementação da Lei Federal de Educação e da Lei de Ensino Superior durante a década de 1990 gerou um conjunto de transformações nas instituições de ensino superior universitário e não universitário. Esse novo cenário abriu a possibilidade de elaborar novos currículos, uma vez que condicionou as discussões em torno deles, dado que as propostas neoliberais tiveram uma forte presença no direcionamento do projeto educativo em seus diversos níveis. Esse período de transformações no sistema educacional e nas políticas públicas em geral foi e ainda é parte das mudanças substanciais que transformaram a sociedade.[31]

Desde os anos 1980, em quase todos os países latino-americanos, tem sido levantada uma preocupação sobre as reformas curriculares. Isso possibilitou um amplo debate sobre as diretrizes que seriam adotadas nos referidos planos de estudo. No caso argentino, o interesse tinha a ver com o retorno

31. Muitas das reflexões realizadas neste ponto são retomadas do artigo de minha autoria juntamente com a Lic. Marìa Carmen Ludi em: "Algunas reflexiones generales sobre el Trabajo Social argentino". *Serviço Social & Sociedade*, São Paulo, n. 100, p. 772-790, 2009.

à democracia após um estágio obscurantista para o país e para os países do Cone Sul. Esses debates trouxeram diferentes visões sobre a formação profissional. Uma dessas visões considerava a necessária articulação às demandas do mercado de trabalho, já outros sustentavam que esta deveria ser uma variável necessária, mas não a única; muitos consideravam, ainda, que as reformas dos currículos são projetos profissionais que vão além da adição e/ou diminuição de matérias com o critério de utilidade imediata para o exercício profissional. Na década de 1990, como já assinalamos, as reformas dos currículos foram influenciadas por uma concepção de universidade mais mercantilista e esvaziada de seu sentido de bem social, e nalguns casos tem sido esta a direção da orientação da formação profissional, assumindo um caráter mais ligado à concepção tecnogerencial, recriada a partir da antiga ideia tecnocrática do serviço social e fazendo surgir a preocupação com a especialização.

De qualquer forma, essa crítica possibilitou pensar a profissão em relação a dois eixos: a questão social e as políticas públicas e, ao mesmo tempo, a se pensar como parte das ciências sociais, superando seu endogenismo. Essa revisão crítica também permitiu orientar os currículos como projetos acadêmico-institucionais, embora plasmados de forma desigual e de acordo com cada realidade institucional. Construir essa perspectiva ampla e passar por ela parece ter gerado um salto qualitativo no que diz respeito à formação profissional nos últimos 30 anos.

Simultaneamente, nesse sentido, assumiu-se em muitas unidades acadêmicas a questão social como diretriz para a formação profissional, a despeito do debate de se esta é ou não a diretriz adequada e sobre a multiplicidade de concepções que estão ligadas a esta categoria (o que me impede de fazer um desenvolvimento exaustivo do tema). Assumir a questão social como o fundamento teórico e metodológico da configuração do campo profissional pode ser avaliado como um progresso com respeito a uma pergunta cuja resposta (e busca por uma resposta) é teórica: sobre o que se forma e trabalha o profissional chamado de Assistente Social. O debate avançou nessa direção. Por outro lado, colocou-se a necessidade de se pensar a questão social não só em seu nível mais abstrato, ou seja, não apenas em sua análise estrutural, mas também no significado que ela assume enquanto expressão atrelada a um conjunto de desigualdades sociais que marcam o cotidiano dos sujeitos.

Além disso, a convicção da necessidade de se pensar a questão social não apenas em sua dimensão objetiva, mas também subjetiva, tornou possível um olhar enriquecedor que supera certo determinismo estrutural presente em sua análise. Cabe a advertência, por outro lado, de se entender que as manifestações da questão social não são objetos de intervenções pontuais e, como tais, problemas sociais a serem tratados isoladamente das condições que os engendram. Nesse sentido, a questão social adquire historicidade e é expressão do movimento da sociedade.

Deve-se acrescentar, e esta não é uma questão menor, que a inserção das carreiras de Serviço Social nas faculdades de Ciências Sociais e o intercâmbio acadêmico com outras disciplinas, bem como a expansão dos programas de pós-graduação, que será tratada mais adiante, enriqueceram o olhar sobre a formação profissional, e nesse sentido estamos aceitando que uma das características da formação deve ser a interdisciplinaridade. Como resultado disso colocou-se a necessidade de efetivar a articulação entre pesquisa, intervenção e extensão como instâncias necessárias para reforçar a orientação da formação profissional e sua relação com o Estado e a sociedade. Este posicionamento implica e implicou romper com uma visão tradicional do Serviço Social, entendida em sua concepção endógena e localista ou como o prolongamento da assistência organizada no âmbito da velha questão social de início do século. Por sua vez, esse entendimento atual da formação profissional, que se traduz na organização e funcionamento do Currículo, permitiu reconhecer a necessidade de articular núcleos temáticos de fundamentação com os conteúdos programáticos das disciplinas e a organização do sistema de formação prática a partir das teorias sociais, deixando de lado a ideia de uma teoria específica para o Serviço Social. No entanto, devo salientar que ainda há uma grande heterogeneidade na formação profissional nos três aspectos que mencionei na análise da formação. Essa heterogeneidade me leva a supor — enquanto hipótese — que não está resolvido o debate sobre a ideia de uma disciplina e profissão especializadas, e as duas visões coexistem apesar dos avanços que fizemos. O problema não é apenas a coexistência de dois pontos de vista, um "profissionalista" e outro que vislumbra a consolidação da disciplina, fazendo parte das Ciências Sociais, e sim o fato de que os dois não conseguem dar conta dos conhecimentos básicos necessários e inevitáveis na formação profissional, que sejam reconhecidos por todas as unidades acadêmicas, pelo coletivo profissional em seu conjunto e também pelas ciências sociais.

Para efeitos de ilustrar esta heterogeneidade, hoje em nosso país convivem mais de 20 carreiras no âmbito da Universidade — a maioria pública e nacional, mas também universidades privadas; e mais de 30 no âmbito do ensino superior não universitário ou terciário, público-estaduais e privadas (dependentes de Secretariais estaduais de Saúde, Ação Social e Educação ou de Instituições Confessionais). Sem dúvida isso marca uma grande heterogeneidade no ensino de graduação, assim como diferenças institucionais — vinculadas à dimensão normativa, cultural, de história e projeto organizacional e contextual — que impactam na perspectiva a partir da qual se pensa, projeta e implementa a formação profissional, gerando ao mesmo tempo diferenças nas condições para promover mudanças, transformações.

Ao reconhecer que a questão da heterogeneidade curricular vem sendo um tema nodal nas diferentes instâncias do encontro entre as Unidades Acadêmicas, foi surgindo a necessidade de se discutir em nível nacional a possibilidade de trabalhar sobre *diretrizes curriculares básicas ou comuns que contenham a diversidade a partir de uma matriz identitária comum* (Documento FAUATS, 2008)

Estas são entendidas como um conjunto de diretrizes que estabelecem uma base comum — que supõe a construção coletiva de um projeto de formação profissional — ao nível nacional, para os cursos de graduação em Serviço Social, a partir da qual cada Unidade Acadêmica elabora seu Currículo.

Critérios Gerais e Premissas referentes à Organização Curricular: a partir de discussões nos Encontros Acadêmicos Nacionais de 2005, 2006, 2007, foram acordados alguns *critérios gerais* que fundamentam uma proposta de diretrizes curriculares básicas: Flexibilidade da organização dos planos de estudo que favoreça o dinamismo dos currículos. Indissociabilidade entre as dimensões de ensino, pesquisa e extensão. A intervenção profissional como eixo que estrutura a formação, reafirmando a unidade conhecimento-ação. As dimensões teórico/epistemológica, ético/política e metodológica/operacional são reconhecidas como transversais à formação. O pluralismo como fundamento da vida acadêmica e profissional: o que implica estabelecer acordos sobre o significado dos conceitos, o debate entre as diferentes tendências teóricas e, ao mesmo tempo, dar contribuição para uma orientação clara dos currículos. O desenvolvimento da articulação entre graduação e pós-graduação. A formação de formadores no contexto pedagógico particular do ensino do Serviço Social, o que significa promover de forma sustentável a capacitação de professores e promover o acesso aos cargos através de concursos.

A formação em nível de graduação tem como horizonte a construção de uma sociedade mais humana, justa e igualitária. Sustenta-se em eixos teóricos e políticos (no sentido amplo) tais como: ampliação dos direitos, participação na vida democrática; respeito pela dignidade humana; a permanente interpelação ética sobre a realidade e um direcionamento político com opções ideológicas claras.

Nessa direção se expressa a necessidade de afinar a pesquisa e a intervenção, ambas constitutivas do campo disciplinar, como formas de instituir na esfera pública as diversas problemáticas sociais contemporâneos, o que requer uma gestão competente e sólida; é frutífero, ainda, interpretar as transformações que afetam o mundo da produção, a esfera do Estado e as políticas públicas, o que nos permite conhecer novas mediações nas manifestações da questão social, nas exigências da profissão e nas respostas dadas por ela.

Esse posicionamento crítico exige a superação da perspectiva técnico instrumental hegemônica, o que implica aprofundar a relação teoria-prática; a relação intervenção-pesquisa; as mediações entre interpretação e intervenção e o fortalecimento das dimensões constitutivas da intervenção profissional: teórico-epistemológica; metodológico/operativa e ético-política, dimensões acordadas (consenso) no coletivo profissional; necessariamente articuladas entre si, tendo a mesma importância e pensadas enquanto uma totalidade.

No exercício profissional, há uma necessidade de articular um eixo com base na relação Estado/sociedade civil/mercado; os profissionais distinguem a necessidade de entender: o público estatal; o público societal e privado. A partir de cada um desses espaços, tentamos levantar a *possibilidade* de pensar sobre o campo das políticas público-sociais; de sua articulação com as pessoas e grupos envolvidos; com diferentes modos de cogestão, a partir da ideia de trabalhar em redes sociais, institucionais e comunitárias; de uma nova sociabilidade cultural e política, que tenha como principal compromisso a construção da cidadania e a defesa dos direitos sociais.

Isso leva a refletir sobre a prática profissional, que não pode ser entendida fora dessas mudanças sociopolíticas e culturais. A intervenção profissional deveria ser repensada para compreender a lógica dessas transformações, as quais, por sua vez, modificam e sobredeterminam cenários e espaços sócio-ocupacionais, a inserção laboral/profissional e, portanto, suas características, alcances e limitações.

O desenvolvimento da formação profissional implica também o fortalecimento das organizações profissionais (Colégios, Círculos, de unidades acadêmicas; de estudantes; de graduados, no caso da universidade). No entanto, é difícil coordenar ações conjuntas que consolidem a presença da profissão no âmbito público-estatal.

Por outro lado, a existência de distintas posições teóricas e políticas sobre a profissão dificulta essas ações conjuntas de trabalho; acreditamos que não é a existência de várias posturas teóricas sobre o Serviço Social que impede tais ações, e sim, principalmente, a falta de uma cultura de debate e a superação de uma ideologia individualista, herdada do neoliberalismo, que ainda molda nossas práticas. Somente o debate possibilitará os avanços e retrocessos, as continuidades e rupturas; a expansão de um pensamento crítico mais amplo que fortaleça o campo do Serviço Social.

Formação em nível de pós-graduação

O sistema de pós-graduação em seus três níveis — cursos de especialização, mestrado e doutorado — também cresceu nos últimos anos no Serviço Social e em geral nas Ciências Sociais. Podemos afirmar que a formação de pós-graduação serviu para qualificar quadros acadêmicos e profissionais, e nesse sentido podemos observar a importância das teses e publicações em geral. Isso também tem sido benéfico em termos da contribuição para a formação em nível de graduação. Consequentemente, a relação entre graduação e pós-graduação deve se tornar uma política que cada vez mais estabelece circuitos acadêmicos que contribuem para o ensino e a pesquisa. Os cursos de pós-graduação em nossos países e no Serviço Social em particular são de criação recente, estamos percorrendo um caminho que nos legitima como campo profissional e no relacionamento com as demais disciplinas das ciências sociais. Em minha opinião, os cursos de pós-graduação, para além da importância que adquirem nas trajetórias individuais, não devem estar separados da qualificação da docência em nível de graduação, tão necessária para o crescimento e desenvolvimento acadêmico da profissão.

Acreditamos que a formação de pós-graduação deveria responder às exigências da prática profissional. Portanto, a produção de conhecimento na formação de pós-graduação deve responder a essas demandas e às problemáticas vivenciadas pelo exercício profissional, por suas possibilidades projetivas. A formação de pós-graduação também deve ser considerada em relação aos processos de transferência ao grosso de profissionais que estão distantes dos atuais debates sobre a profissão e das possibilidades de formação em nível de pós-graduação.

Existem Cursos de Especialização (ligados à profissão, não específicos); Mestrados interdisciplinares que incorporam o Serviço Social; Mestrados disciplinares (quatro) programas: Faculdade de Serviço Social da Universidade Nacional de Entre Ríos — UNER, Faculdade de Ciências Sociais, mestrado em intervenção social, da Universidade de Buenos Aires (UBA), Escola de Serviço Social da Universidade Nacional de Córdoba e a Faculdade de Serviço Social da Universidade Nacional de La Plata — UNLP, em convênio com o Programa de Pós-Graduação da Pontifícia Universidade Católica de São Paulo — PUC-SP; e Doutorados (dois programas: Universidade Nacional de Rosário, UNR, e Faculdade de Serviço Social da Universidade Nacional de La Plata).

Produção de conhecimento

Retomando à lógica da análise anterior, é importante assinalar que estamos em uma etapa de produção que podemos valorizar como significativa, no Serviço Social. Isso pode ser visto no número de periódicos de Serviço Social, cada vez mais organizados em função das regras para os *referatos* (sistema de avaliação pelos pares); podemos avaliar a qualidade dessas produções e é expressiva a quantidade de livros, revistas e publicações que circulam hoje no mundo profissional.

Entendo que o crescimento das publicações resulta, em muitos casos, de pesquisas e ensaios sobre as práticas profissionais. Apenas na Argentina, por exemplo, destacamos a existência de mais de seis periódicos institucionais indexados. Esses dados nos indicam que existe uma preocupação em disseminar a produção acadêmica, enquanto, ao mesmo tempo, assume-se, ainda que de forma desigual, a importância da produção de conhecimento incorporada à formação profissional. Embora seja verdade, isso também advém das exigências externas sobre os atributos acadêmicos que devem ser atendidos segundo os parâmetros estabelecidos no mundo acadêmico universal.

Nesse contexto, a produção de conhecimento é hoje uma dimensão fundamental adotada pela grande maioria das Unidades Acadêmicas. No entanto, é necessário analisar que o contexto da universidade, marcada pela década de 1990, também atribuiu características particulares à produção de conhecimento. A crítica, hoje em dia, envolve pensar a pesquisa não apenas como parte constitutiva de toda formação profissional, mas também como necessária para contribuir no sentido da solução dos problemas das pessoas com as quais trabalhamos.

Essa crítica começa pelo reconhecimento de que o sistema educacional e nossas universidades, como já foi apontado, foram alvo e ainda funcionam sob os parâmetros estabelecidos pelo neoliberalismo no sistema educacional. É preciso ainda apontar — e não é uma coisa menor à luz dos eventos atuais — que a universidade pública foi defendida e resistiu às intenções de privatização da educação. Portanto, é sempre necessário analisar os significados e propósitos atribuídos à universidade, pelo menos para contextualizar os desafios da formação profissional e, particularmente, da produção de conhecimento.

A universidade como produto do encolhimento do Estado em questões sociais, na década de 1990, instalou uma política de transferência progressiva das fontes de financiamento para as unidades acadêmicas e, ao mesmo tempo, uma distribuição seletiva e competitiva por meio de prioridades que sempre expressam uma relação direta com o mercado. Nesse contexto, as ciências sociais acabam sendo secundárias. Por outro lado, implementou-se uma política de incentivo à pesquisa que tem nos levado a medir a produção acadêmica em termos puramente quantitativos, por meio de avaliações que sempre extrapolam a realidade universitária e a prática acadêmica, referindo-se às condições de infraestrutura, do salário e da precarização do trabalho. Atualmente, podemos dizer que o orçamento para a educação está sendo revertido e que será necessário continuar nesse caminho para recuperar os níveis salariais comparáveis a Brasil e México, para citar alguns países.

Por outro lado, o sentido produtivista da vida acadêmica levou-nos a acentuar o individualismo e a competição entre unidades acadêmicas e universidades. Da mesma forma, a ideia de entender a universidade a partir do paradigma gerencial foi introduzida, no sentido de criar uma falsa dicotomia entre administração e política. O gerencial foi deslocando o lugar da crítica e da política para se tornar um instrumento de privatização e orientação empresarial da educação. O que me parece importante salientar, além disso, é que linguagens diferentes coexistem na universidade, algumas resgatando a tradição da universidade, e outras tentando capturar o conceito moderno de uma universidade ancorada na ideia de empresa. No entanto, é necessário repensar o funcionamento atual de nossas universidades não necessariamente em uma perspectiva gerencial, mas em relação à sua função social, que recoloque um novo contrato com a sociedade.

Em relação ao significado da pesquisa, entendemos que o desenvolvimento de qualquer profissão está intimamente ligado à produção de conhecimento, por sua vez tal produção está sempre atrelada aos fenômenos sociais que expressam o movimento do real. A esta constatação geral dever-se-ia acrescentar, para o caso do Serviço Social, a necessidade de que esses conhecimentos sejam a base da intervenção, na medida em que ela tenta influenciar os processos sociais específicos. Esses processos parecem extremamente complexos e, consequentemente, a pesquisa é necessária como uma ferramenta para desvendá-los e interpelá-los. Embora seja verdade que essa perspectiva é assumida pela comunidade profissional, deve-se notar que há uma tendência à sociologização da pesquisa, no sentido de um encaminhamento da pesquisa para longe das problemáticas que constituem o campo de intervenção. Em outras palavras, os objetos de investigação/pesquisa estão frequentemente separados da visão do Serviço Social. Assim, buscam-se problemáticas mais genéricas ligadas à compreensão da sociedade — o que não significa que isso não seja necessário para o Serviço Social —, mas não devem ficar apenas nessa compreensão geral dos fenômenos sociais cuja consequência é o caráter ensaístico dos resultados das pesquisas, que não dão conta dos processos sociais específicos. Hoje, não só o Serviço Social, mas as ciências sociais como um todo deveriam contribuir por meio do conhecimento para dar conta da configuração atual do mundo social, procurando desvendar as mudanças geradas na vida social a partir das manifestações que a questão social tem na vida cotidiana dos sujeitos sociais. No caso do Serviço Social, a pesquisa, por sua vez, deve servir para problematizar as questões específicas do *que fazer* profissional, pois tem proximidade com o cotidiano dos sujeitos. Nesse sentido, a pesquisa não é uma exigência academicista e sim, pelo contrário, um requisito ético que nos posiciona frente à realidade com uma consciência de descoberta e interpelação crítica. Sem dúvida, isso implica um ato de ruptura em relação à lógica do pensar e do construir conhecimento no *sentido positivista*, que justifica uma ordem social ao tornar invisíveis as manifestações do "social". Por outro lado, essa corrente teórica levou à separação entre ciência e técnica ou, em outras palavras, entre teoria e prática; razão e instrumentalização, gerando uma armadilha na relação pesquisa/intervenção.

A problematização dessa dicotomia deve ser explicitada, tendo como base o questionamento da racionalidade na crise da modernidade e o questionamento do paradigma positivista, entendido como o "big Science" (a grande ciência), que tem como fundamento a consideração de que existe uma identidade entre sociedade e natureza, pela qual o domínio da vida social passa por leis naturais que são invariáveis (homogeneidade epistemológica).

A fratura entre a razão e a história nos levou a dicotomizar o conhecimento e o fazer, e o que é mais grave, à pretensão de atribuir "objetividade" ao conhecimento a partir da força dos fatos; a considerar que o conhecimento é neutro, desprovido dos conflitos ideológicos e dos preconceitos, e nesse sentido oculta a interpelação dos fenômenos. Nessa perspectiva, tais conhecimentos estão livres de interpretações e desligados dos contextos de explicação.

Não há dúvida de que o neoliberalismo se tornou uma ideologia e persiste até hoje, tentando fomentar um pensamento tecnocrático vinculado apenas às necessidades do mercado. Em contraste, secundariza o conhecimento crítico da vida social.

Por outro lado — embora existam tentativas de superação —, ainda existe na formação profissional a dicotomia entre aqueles que estão mais interessados na "prática" e aqueles que estão mais interessados na pesquisa. Essas dicotomias, ousamos dizer, ultrapassam o debate teórico, sejam elas positivistas ou neopositivistas, que propõem a externalidade da relação entre sujeito e objeto, ou aquelas teorias centradas na compreensão subjetiva dos indivíduos contrapondo o "dado" pelo sensível. O pensamento neoconservador na produção de conhecimento nos coloca um horizonte que sugere que as causas dos fenômenos sociais devem ser buscadas no comportamento individual das pessoas e em suas habilidades pessoais de adaptação aos novos desafios da sociedade globalizada. Nessa perspectiva, podemos observar as teorias que norteiam as pesquisas sobre as diferenças, a tolerância, o multiculturalismo, que explicam em si mesmos os comportamentos individuais, desprovidos de suas relações. Há uma preocupação com os modos de comportamento sem a explicação das condições em que eles são gerados.

A dicotomia conhecimento/intervenção, por sua vez, tem polarizado, em alguns casos, a centralidade da prática, que logo se transforma em pragmatismo e empirismo, conforme aparece mascarada de um compromisso "emocional" despojado de toda interpretação ou, em todo caso, traduzido em uma generalização onde este "compromisso emocional" com a proximidade daquele que sofre é a carta de legitimação de um profissional autêntico, longe das divagações academicistas. Desta perspectiva, o conhecimento da realidade se dá através do "vivencial", que pressupõe a experimentação validada em si mesma.

Reflexões finais

1. O Serviço Social Argentino é uma parte ativa dos debates atuais que acontecem no coletivo profissional, especialmente a partir do retorno à Democracia e sua continuidade. Atualmente, há uma preocupação em aprofundar a vida democrática através da matriz dos direitos. Da mesma forma, espaços para intercâmbio acadêmico estão sendo gerados com alguns países da América Latina, por meio de programas de pós-graduação. É um caminho que permitirá, no futuro, uma integração

regional, política e cultural que avance no sentido de uma restituição dos direitos sociais e de uma cidadania inclusiva, demandas que aparecem no atual momento de mobilização social na região.

2. Neste sentido, o desenvolvimento da profissão deve necessariamente ir além do âmbito nacional (para além de fortalecê-lo) para avançar na rearticulação de linhas de trabalho que desenvolvam intercâmbios em nível de pesquisa, ensino e pós-graduação, além de também promover a organização de fóruns que gerem opinião sobre o cenário socioeconômico e político de nossos países e da região. Por isso, o caráter latino-americano da profissão deve ser sustentado pela criação de espaços de articulação de projetos acadêmicos regionais e redes de intercâmbio científico entre nossos países.
3. Ratificar a importância das pesquisas relacionadas à natureza da disciplina, conhecer e avançar no conhecimento disso que chamamos Serviço Social. Isto permitirá organizar os conteúdos de assuntos específicos do Serviço Social, já que até agora há uma grande dispersão dos mesmos.
4. É de grande importância voltar o olhar para a Intervenção e para a construção de mediações. Embora seja importante e se deva continuar a incentivar o desenvolvimento de pesquisas para entender a sociedade capitalista, também é importante trabalhar sobre as mediações para ressignificar a Intervenção e responder às demandas do coletivo profissional.

Referências

ALAYÓN, N. *Hacia la História del Trabajo Social en la Argentina*. Perú: Ediciones Lima/Celats, 1980.

ANDER-EGG, E. *Historia del Trabajo Social*. Buenos Aires: Editorial Humanitas, 1992.

CAZZANIGA, S. *Hilos y Nudos. La formaciòn, la intervenciòn y lo político en el Trabajo Social*. Buenos Aires: Espacio Editorial, 2007.

DOCUMENTOS VARIOS/FAUATS: 2000/2008.

DOCUMENTOS VARIOS/Comisión Interna de FAUATS/FTS-UNER: 1995/2008.

FACULTAD DE TRABAJO SOCIAL/UNER. *Formación Académica en Trabajo Social. Una apuesta político académica para repensar la profesión*. Buenos Aires: Espacio Editorial, 2003.

______. *La Investigación en Trabajo Social. Volumen V.* Publicación Post Jornadas. Paraná (Argentina), 2006.

FERNANDEZ, A. La evoluciòn del sindicalismo argentino. *In*: *Argentina. Pasado y presente en la construcciòn de la Sociedad y el Estado*. 2. ed. Buenos Aires: Ed. Eudeba, 2000.

GRASSI, E. La implicancia de la investigación social en la práctica profesional del Trabajo Social. Buenos Aires, *Revista Margen*, n. 9, 1995.

IAMAMOTO, M. V. *O Serviço Social na contemporaneidade:* trabalho e formação profissional. São Paulo: Cortez, 2003.

LUDI, M. del C. *Documento de Discusión "Reformulación Curricular — Plan de Estudios 1989 M´. FTS / UNER"*. Paraná, 1999.

______. Formación Académica en Trabajo Social. *In*: *Formación Académica en Trabajo Social*. Una apuesta político académica para repensar la profesión. Buenos Aires: Espacio Editorial, 2003.

MOLJO, C. B. *Mujeres en la sobrevivência, construyendo con el Trabajo Social*. Rosario (Argentina): UNR Ed., 2001.

MONTAÑO, C. *A natureza do Serviço Social*. Um ensaio sobre sua gênese, a "especificidade" e a sua reprodução. São Paulo: Cortez, 1998.

NETTO, J. P. *Capitalismo monopolista e Serviço Social*. São Paulo: Cortez, 1992.

PARRA, G. *Antimodernidad y Trabajo Social*. Origines y expansion del Trabajo Social Argentino. Buenos Aires: Espacio Editorial, 2001.

ROZAS, M.; LUDI M., DEL C. Algunas reflexiones generales sobre el Trabajo Social Argentino. *Serviço Social e Sociedad*, São Paulo, n. 100, p. 772-791, out.-dez. 2009.

______. *Documentos varios sobre Formación Académica en Trabajo Social. Material de circulación interna — FTS/UNER*. Paraná, 1997/2007.

______. *La intervención profesional en relación a la cuestión social*. El caso del Trabajo Social. Buenos Aires: Espacio Editorial, 2001.

TENTI FANFANI, E. *Estado y Pobreza:* estratégias típicas de intervención. Buenos Aires: Centro Editor de América Latina, 1989.

Uruguai

Passado e presente do Serviço Social uruguaio. Sobre as teses de precarização*

Mónica de Martino
Elizabeth Ortega

Introdução

Neste texto, o leitor encontrará um conjunto de reflexões que sintetizam parte do trabalho desenvolvido por suas autoras em três linhas de pesquisa: (i) reconstrução e análise sócio-histórica do processo de institucionalização do Serviço Social no Uruguai, (ii) a sociologia das profissões e o Serviço Social como profissão: atributos e características, e (iii) a atual reconfiguração do campo socioassistencial e seu impacto no exercício do ofício do assistente social profissional.

O primeiro item se propõe examinar as condições socioinstitucionais que tornaram possível a primeira profissionalização do Serviço Social no Uruguai. A pesquisa sócio-histórica permitiu identificar, no processo de consolidação do Estado durante as três primeiras décadas do século XX, numa sociedade fortemente medicalizada, as condições que possibilitaram seus primeiros desenvolvimentos.

O segundo item concentra-se na análise de algumas teses formuladas pela sociologia das profissões que permitem nos aproximar da compreensão

---

* Nota da Redação: Tradução do texto original em espanhol por Silvana Cobucci e Pablo Polese.

de certos atributos e características do Serviço Social como profissão e certos processos que o atravessam.

Em terceiro lugar, analisam-se sinteticamente as formas de organização do trabalho profissional no atual sistema de proteção social. Em seguida, considerando o ponto anterior, relatam-se as recentes transformações filosóficas, institucionais e tecnológicas do campo socioassistencial, bem como sua repercussão na prática profissional.

Por último, compartilhamos algumas considerações finais que, a nosso ver, interpelam o coletivo profissional, convidando à reflexão tanto das bases teóricas como do próprio desenvolvimento do "ofício" do trabalhador social.

Os primeiros processos de profissionalização

No Uruguai, os primeiros traços de profissionalização do Serviço Social não podem ser compreendidos sem conhecer os processos sociopolíticos e econômicos de longa duração, que, iniciados no século XIX, atravessam todo o século XX. Eles se referem, fundamentalmente, à consolidação tardia do Estado, à expansão precoce de um sistema amplo, para a época, de proteção social, ao fortalecimento dos partidos políticos, assim como a um forte processo de secularização que caracterizaram as três primeiras décadas do século[1] (Caetano; Rilla, 1996).

Esses processos podem ser incluídos entre os legados do século XIX que os historiadores Caetano e Rilla (1996, p. 91) identificam com a fragilidade no Uruguai da "constelação de poder típica do continente: setores agrocomerciais, Igreja e forças armadas". Isso teria permitido um fortalecimento da presença do Estado e de sua relação com a sociedade civil.

Embora o modelo agroexportador tenha continuado a constituir a base da economia uruguaia, já nesse período se inicia um processo de industrialização incipiente que se mantém e é incrementado ao longo do século XX. Esse

1. Período que é conhecido como Primer Batllismo, devido ao protagonismo central que teve José Batlle y Ordóñez a partir da presidência da República em dois períodos.

processo é acompanhado pelo aumento da densidade populacional das cidades, associado tanto à imigração como à contínua chegada de famílias provenientes do interior do país. Uma vasta legislação operária caracterizou esse período.

Caetano (2011, p. 20), fazendo referência ao processo de integração que se produziu nesse período no Uruguai, afirma que:

> As implicações da forte associação ocorrida no Uruguai entre a expansão desse modelo de cidadania política e a implantação de determinada matriz de integração social de nítidos contornos universalistas repropõem de modo distinto o antigo problema de como reconciliar as diferenças culturais com a igualdade política.

Durante o século XIX, as primeiras respostas para a situação das camadas mais pobres da população que tinha sido expulsa do campo em decorrência da consolidação da propriedade privada, assim como das numerosas famílias de imigrantes que chegavam ao país, foram dadas, fundamentalmente, pelas organizações ligadas às concepções católicas da caridade e às da filantropia (Morás, 2000). As primeiras estavam vinculadas com a vocação e o desejo de salvação, ao passo que as segundas estavam mais associadas com a solidariedade laica e a reorientação dos auxílios, valendo-se de critérios de caráter "científico". Ambas compartilhavam o ideal de serviço e, cada vez com maior força, a necessidade imperiosa de poder distinguir o bom do falso pobre, com o objetivo de reorientar o destino de seus auxílios.

Essa preocupação na administração do auxílio aos pobres, que Castel (2004) analisa brilhantemente desde suas primeiras manifestações históricas, pode ser considerada também como uma linha de longa duração que atravessa os diferentes formatos assumidos pelas respostas para a denominada questão social.

O esquema caridade/filantropia, presente ao longo do século XIX até os inícios do século XX, começa a se contrapor ao papel central que o Estado adquire no campo da proteção social. Este se associa claramente com o forte processo de secularização da vida social[2], que também esteve

2. O processo de secularização da vida social no Uruguai tem suas manifestações mais precoces na passagem da administração dos cemitérios para a autoridade civil, na separação entre o

vinculado à entrada na sociedade uruguaia das ideias positivistas, presentes fundamentalmente na Universidad de la República e, em especial, na Faculdade de Medicina.

Entre outros fatores, isso se traduziu na instalação de um forte processo de medicalização da vida social que, segundo Barrán (1993, p. 11), fez com que, no Uruguai, o culto à saúde começasse a ser predominante como valor absoluto:

> Implicou uma mudança na titularidade dos dirigentes e criadores dos comportamentos morais aceitos, pois o cuidado foi substituído pelo médico na direção das consciências individuais [...]. A entronização da saúde como o Bem significou declarar a morte de Deus para dar vida ao corpo.

É possível afirmar que essa concepção higienista se articulou com base em modelos etiológicos exógenos (Laplantine, 1991) que atribuíam ao meio externo uma influência determinante no surgimento das doenças. É com essa fundamentação que se instala uma série de medidas que apontam para a higienização das cidades, a ventilação das moradias, dos locais de trabalho, das escolas, o tratamento das fontes de água etc.

É nessa complexa rede político-social e, particularmente, no âmbito médico-sanitário (o Cuerpo Médico Escolar) que surgem as primeiras demandas para que se crie, em nível estatal, uma escola de formação de agentes profissionais, cuja primeira tarefa institucional se traduz em ser o vínculo entre a mensagem higienista do médico e as famílias pobres, ressaltando-se o papel da "mãe" como principal destinatária.

Estudos realizados previamente[3] indicam que as respostas para essas primeiras demandas se concretizam na criação, em 1927, da primeira escola de formação de visitadoras sociais de higiene, na órbita do Instituto de Higiene Experimental da Faculdade de Medicina.

Dez anos depois é criada a Escola de Serviço Social do Uruguai, a partir de um movimento que se estendeu para grande parte dos países

---

Estado e a Igreja, na passagem dos feriados religiosos para laicos, e outros que se sucederam muito precocemente em comparação a outros países da região.

3. Ver Ortega, E. 2008, 2011.

da América Latina[4], liderado pela União Católica Internacional de Serviço Social. Um dos objetivos dessa organização era que a formação no Serviço Social contribuísse para a tecnificação da caridade cristã.

A formação proporcionada nas duas instituições, mais do que suas particularidades, respondia às tarefas que ficariam a cargo das graduadas e que ligavam a formação em Serviço Social a atividades claramente práticas de caráter muitas vezes moralizante, fundamentadas em discursos "científicos" provenientes principalmente da medicina.

Nas palavras de Dubet (2006, p. 40-41), nesse momento histórico, que poderia ser identificado com um programa institucional primitivo, "a vocação se impunha totalmente ao profissionalismo; mais exatamente, o profissionalismo era apenas a encarnação da vocação e seu desenvolvimento técnico [...]". O autor afirma que a vocação profana continuou a acompanhar o desenvolvimento da racionalização profissional, desvinculando-se de sua função sagrada e que até se apresentaram "fortes resistências à profissionalização, que era vista como a asfixia da vocação sob o peso do salário e da trivialidade dos interesses profissionais".

Outro aspecto relevante que vincula as práticas ligadas à ideia de serviço, ao "trabalho sobre os outros"[5] e à vocação está relacionado com a denominada feminização da profissão, presente desde suas origens:

> A feminização (de profissões como o Serviço Social e a Enfermagem) indica um processo de longa duração em que é possível identificar os acontecimentos e fenômenos que provocam a origem, a consolidação e as transformações de práticas sociais relacionadas com o que culturalmente é atribuído ao feminino, pressupõe um modo de construção das identidades de gênero e consolida sentidos na organização social das relações entre os gêneros (Lorente Molina, 2004, p. 48).

Dessa forma, é interessante refletir sobre a origem das funções sociais que o Serviço Social foi chamado a cumprir em virtude da precoce

4. Ver Ortega, 2008.

5. Dubet (2006, p. 17) define o trabalho sobre os outros como "aquelas atividades remuneradas, profissionais e reconhecidas que se colocam como objetivo explícito transformar os outros".

"cientificização" do campo "do trabalho sobre os outros" e que anteriormente tinham sido objeto de respostas provenientes da caridade católica e da filantropia.

Hipoteticamente, poderíamos afirmar que tal "cientificização" foi um produto do "deslocamento" (Castel, 1980) da abordagem da pobreza em direção à medicina e da estatização de suas funções, também associadas ao precoce processo de secularização da vida social.

Nesse sentido, Castel (1980, p. 211) observa que:

> Medicalizar um problema é mais deslocá-lo do que resolvê-lo, pois não se faz mais do que autonomizar uma de suas dimensões, trabalhá-la tecnicamente e ocultar, assim, sua significação sociopolítica de conjunto para convertê-la numa "pura" questão técnica, dependendo da competência de um especialista "neutro". Operação cujos efeitos se movem em dois níveis. No plano "ideológico", é resolver ou desativar verbalmente a contradição numa nova síntese que garanta a todos que a fórmula obtida é a melhor possível [...]. Não é uma ação de força, escandalosa e arbitrária, mas uma solução muito ponderada que leva em conta todos os interesses em jogo. No plano das práticas, é reduzi-las ao imediatamente manipulável num contexto técnico-científico, ocultando tudo o que não depende desse "tratamento" técnico (psicológico ou orgânico).

Assim, é possível afirmar que, a partir desse deslocamento, o Serviço Social se instala como profissão subalterna no campo médico-sanitário que, em última instância, passa a outorgar um fundamento "científico" a suas práticas profissionais, sem perder seu caráter associado ao ideal de serviço predominante nas práticas da caridade e da filantropia. Em nenhum momento essas atividades práticas são associadas à produção de conhecimento própria da profissão.

As consequências da crise de 1929 no Uruguai tiveram um forte impacto:

> A fragilidade evidenciada pelos nossos principais setores produtivos, sua extrema subordinação às oscilações do comércio exterior, o crescimento da dívida externa, entre outros, constituíam traços característicos de uma situação comprometida sobre a qual recairia o impacto da crise de 1929 (Caetano; Rilla, 1996, p. 146).

A instalação da primeira ditadura do século XX no Uruguai, no ano de 1933, pode ser interpretada como uma consequência dessa crise do capitalismo mundial. Esse período constituiu, por sua vez, um momento de forte institucionalização da assistência com a criação do Ministério da Saúde Pública, do Conselho da Criança, a sanção do Código Penal e do Código da Criança, que proporcionaram, entre outras coisas, o marco legal e conceitual para a definição do papel do Serviço Social nesse período. As duas escolas formadoras de profissionais do Serviço Social criadas a partir da década de 1930 se instalaram no Ministério da Saúde Pública.

Após a Segunda Guerra Mundial, começa a ser ensaiado no Uruguai um modelo de industrialização por substituição de importações, com uma ampliação da intervenção do Estado na esfera social e econômica, com o monopólio de um conjunto importante de serviços públicos e a instalação de um sistema de proteção social de caráter fortemente universalista, baseando as prestações na condição do trabalho (já em 1943 são instalados os Conselhos de Salários e o sistema de Asignaciones Familiares).

A restauração do modelo batllista, o otimismo do fim da guerra e o predomínio de ideias de progresso marcam a vida social no Uruguai nesse período. Paralelamente, no âmbito do Serviço Social, verifica-se uma ampliação das demandas de espaços de inserção profissional que ultrapassam o campo médico-sanitário.

Entende-se que isso esteve associado a que:

> Uma das mais importantes transformações deste período estaria situada no próprio centro do saber médico, que se caracterizaria pela "endogenização" progressiva dos modelos etiológicos tanto na esfera da medicina clínica como da epidemiologia e da saúde pública. Nesse âmbito assiste-se a uma forte individualização e familiarização dos riscos sanitários através da atribuição de um papel preponderante aos fatores (comportamentais, motivacionais, cognitivos, morais etc.) provenientes do indivíduo e do meio familiar na produção da saúde e da doença (Ortega, 2008, p. 77).

No âmbito da estratégia pan-americanista impulsionada pelos Estados Unidos a partir do pós-guerra, esse movimento preventivista lança as bases institucionais que permitem seu desenvolvimento: uma série de programas de "cooperação" permitem a instalação de serviços de saúde preventiva que contam com a participação de assistentes sociais, tornando necessária uma nova formação para os profissionais.

É assim que, em 1954, se cria uma nova Escola de Serviço Social no âmbito do Ministério da Saúde Pública, instituída com o apoio da Organização das Nações Unidas, através da Administração de Assistência Técnica. É a partir da instalação dessa escola que se incluem disciplinas ligadas às ciências sociais, à psicologia, e outras próprias do Serviço Social (caso, grupo e comunidade), começando, assim, a ser os próprios profissionais da área os docentes das disciplinas próprias da profissão. É possível considerar essa escola como uma inflexão na formação profissional, que constituiu o passo imediatamente anterior à incorporação da formação na Universidad de la República, com a criação da Escola Universitária de Serviço Social em 1957.

Em linhas gerais, pode-se afirmar que as demandas sociais para a profissão foram ampliadas, mas mantendo certos atributos de origem: a concepção de atividade eminentemente prática, a ausência de formação em pesquisa, uma profissão feminizada, relacionada com a intervenção em situações de pobreza, que aplicava sistemas de classificação próprios do campo médico sanitário, permeado pela dicotomia normal/patológico, e com um tipo de intervenção vinculado às estratégias preventivistas, que utilizavam cada vez com maior ênfase explicações dos problemas sociais como manifestações de problemas surgidos de decisões individuais, o que começa a exercer uma forte influência na transformação dos dispositivos de intervenção no social (Ortega; Vecinday, 2009).

O ideal de serviço. A sintonia entre a vocação e a ajuda

Como já foi indicado por De Martino (2009a), foi nos países capitalistas centrais — principalmente os Estados Unidos com a figura de Parsons (1939, 1951) — que historicamente se produziu uma literatura sociológica especializada no estudo das profissões. São vários os estudos que, tomando como objeto empírico certas frações da força de trabalho — aquelas que para desenvolver suas tarefas devem realizar estudos de nível médio ou superior —, se propõem investigar o processo de profissionalização. Em outras palavras, o processo pelo qual as ocupações, como especializações técnicas no mercado de trabalho, adquirem o *ethos* e o modelo organizacional de profissões[6].

Os processos indicados no item anterior nos falam do surgimento no Uruguai dessa especialização técnica com um *ethos* e modelo organizacional típicos das profissões. Tal processo pode ser entendido como a conquista dos requisitos básicos para se constituir como profissão.

Diversos autores anglo-saxões definem as profissões como ocupações que exigem uma preparação acadêmica prolongada e sistemática (Licença), o controle do desempenho individual pelos próprios pares (Código de Ética) e a legitimação da ação profissional em nome da prestação desinteressada de certos serviços à comunidade, denominado por Parsons como "ideal de serviço". Esse processo generalizado seria cumprido por todas as ocupações surgidas na divisão técnica do trabalho (Martín Moreno; De Miguel, 1982). O Serviço Social o cumpriu ao longo do século XX, com vínculos estreitos com a medicina, a filosofia positiva e a constituição do Estado moderno.

Chama muito a atenção que esse "ideal de serviço" se faz presente com força em nossa profissão. Na verdade, existe uma evidência empírica, simples e rudimentar: historicamente foi denominado Serviço Social, para além de sua nova identificação como Trabalho Social[7]. Mas não é nosso interesse nos deter nessa tautologia, pois pretendemos ir além. Num estudo sobre as características do alunado da Faculdade de Ciências Sociais, em relação às motivações estudantis, afirma-se o seguinte:

---

6. Ver: Parsons, T. The Professions and Social Structure, *Social Forces*, n. 17, p. 457-467, 1939; *The Social System*. Nova York: Free Press, 1951. Freidson, E. *Professional Powers: A Study of the Institutionalization of Formal Knowledge*. Chicago: The University of Chicago, 1988; *Renascimento do profissionalismo: teoria, profecia e política*. São Paulo: Edusp, 1998 (Coleção Clássicos, n. 12).

7. No Uruguai, a partir do ano de 1990, com a criação do Programa de Desenvolvimento do Programa de Assistência Social, no âmbito da recém-criada Faculdade de Ciências Sociais, se realiza a mudança do nome da profissão. Esse nome se consolida com a criação do respectivo Departamento em 1992. A mudança de denominação não significou, em nossa opinião, mudanças substanciais nas funções sociopolíticas atribuídas à profissão e/ou naquelas autodesignadas ou assumidas. Parecia ser o resultado de um processo de modernização e não de uma autocrítica do corpo profissional.

> Em suma, em clara relação com o estilo de exercício das três carreiras (ou, mais precisamente, com a ideia que os ingressantes têm sobre isso), Sociologia e Ciência Política apresentam a maioria das respostas vinculadas à motivação pela pesquisa enquanto, em Serviço Social, é majoritária a resposta vinculada a ajudar as pessoas (Perera; Martinez, 2002, p. 24).

O apelo a algumas elaborações teóricas no campo da sociologia das profissões pode nos permitir desvendar alguns significados quanto a essa constatação. Freidson (1988, 1998) ocupa hoje uma posição preponderante neste campo, na medida em que, juntamente com outros, suscitou uma crítica pertinente ao estrutural-funcionalismo dominante na sociologia norte-americana. Se Talcott Parsons (1939, 1951) analisou profissões a partir das autorrepresentações que seus próprios agentes tinham de seu trabalho, Freidson (1998), analisando o campo médico, afirmou que, mais além do "ideal de serviço" parsoniano ou do universalismo atribuído a tais grupos profissionais, a prática profissional cotidiana demonstrava tensões e conflitos de diversas índoles, além de uma atenção aos pacientes (ou "clientela") diferenciada segundo sua origem social. Assim, o "ideal de serviço" foi desmascarado como uma complexa ideologia profissional.

Se o autor observou uma atenção diferenciada de acordo com a origem social da clientela no corpo médico, o "ideal de serviço" em Serviço Social, expresso na palavra ajuda, nos mostra ao menos duas coisas: (i) a associação histórica entre Serviço Social e pobreza; e (ii) a naturalização desta associação na própria ideologia profissional, o que talvez, em termos hipotéticos, provoque certo atraso em outras dimensões constitutivas da prática profissional, ou seja, a pesquisa e a produção de conhecimento.

Temos a impressão de que em nossa profissão ainda permanecem *esquemas generativos* precedentes: (i) dicotomia entre teoria, prática e pesquisa; (ii) a pesquisa como atividade alheia ao exercício profissional; (iii) certa negligência em relação aos elementos técnico-operacionais da profissão que, obviamente, não são meramente operacionais; (iv) estrutura acadêmica que associa agentes portadores de maior "capital" — graus mais elevados da hierarquia docente — a tarefas supostamente "mais elevadas".

Em parágrafos anteriores já indicamos como diversos autores anglo-saxões analisaram o processo de profissionalização de certas ocupações. Mas o que a literatura predominante não indica é que, em última instância, esse processo visa regulamentar legal, ética ou corporativamente a competição econômica tanto entre os membros de uma categoria profissional como entre categorias laborais. Obviamente, essas elaborações apelam à esperança durkheimiana da "corporação do ofício" como força controladora da luta de classes, ao traduzi-la somente como lutas reivindicativas e políticas de segmentos ocupacionais, tal como se depreende da obra de Durkheim (1985).

Sob esse ponto de vista, portanto, pareceria que o Serviço Social se encontra com um déficit de corporativismo e o predomínio de perspectivas individuais sobre as coletivas, que o colocam numa situação de debilidade para definir com clareza seus espaços. Pareceria que, diante de uma presença mais forte de outras profissões — psicologia, educação social —, o Serviço Social se debate entre uma espécie de "ausentismo" ou "debilidade" para continuar a assumir tarefas historicamente atribuídas à profissão, mesmo reconhecendo que, na nova divisão sociotécnica do trabalho assistencial que está se delineando, muitos trabalhadores sociais têm assumido tarefas de mais "prestígio" vinculadas à gestão burocrático-administrativa de programas e serviços.

É no trabalho de campo que a autopercepção de nossos profissionais sobre a "debilidade" da profissão se expressa com maior intensidade. Debilidade vinculada, em primeiro e fundamental lugar, à precarização dos suportes institucionais da intervenção (materiais e simbólicos) e, em segundo lugar, e relacionado ao que se disse anteriormente, aos conflitos de legitimidade e reconhecimento derivados das dificuldades para responder de forma tecnicamente adequada aos problemas apresentados ao profissional[8].

Friedson (1998) apela para a necessidade de abordar a especificidade histórica e geográfica das profissões como um tipo de organização do trabalho humano, rompendo com enfoques de tipo taxonômico. Supera produções anteriores a fim de estabelecer os pré-requisitos necessários tanto para que uma ocupação se transforme em profissão como para que se institucionalize. Não obstante, o autor ressalta como princípio fundamental e distintivo a autonomia e o controle dos grupos profissionais sobre seu próprio trabalho. Contudo, resvalando para certo estruturalismo, o autor indica que a divisão do trabalho é condicionada pela organização social. Em outras palavras, as negociações,

8. Voltaremos a esse aspecto no item a seguir.

reformulações e avanços de uma profissão se processam dentro de limites já estabelecidos: a divisão do trabalho aparece como imutável, com fronteiras tão férreas que só permitem certas negociações no interior de cada categoria.

A seu ver, pareceria que não é fruto e objeto de práticas humanas que se desenvolvem numa configuração histórico-política determinada. Na mesma obra, ele afirma a necessidade de que a sociedade aceite como legítimo o poder de uma profissão de definir o problema que a ocupa e com o qual se pre-ocupa, e quais são as possíveis soluções para ele. Em suma, o importante é como os corpos profissionais podem obter a jurisdição em determinadas áreas da divisão do trabalho, produzindo-se, nesse processo, a autoconstrução profissional e suas autorrepresentações.

Tem-se a impressão de que, atualmente, o Serviço Social encontra dificuldades importantes para definir sua jurisdição numa nova divisão sociotécnica do trabalho assistencial, caracterizada pela presença de um maior número de disciplinas que atuam sobre o social. Tudo isso sem deixar de reconhecer que, como se sabe, o Serviço Social, e não só no âmbito nacional, raramente tem exercido um controle absoluto sobre seu exercício profissional e o produto deste (Grassi, 1994).

Consideramos igualmente oportuna a distinção teórica realizada por Whalley em diálogo com Braverman (1977), que, como sabemos, inspirou certas produções em Serviço Social. Debatendo a tese da degradação e desqualificação do trabalho de Braverman, Whalley (*apud* Diniz, 2001, p. 112) destaca que tais teses devem ter como norte teórico o conceito de carreira e não o de tarefa ou posição ocupada. Portanto, sugere a necessidade de distinguir entre desqualificação da carreira e não da tarefa ou das posições objetivamente ocupadas no processo produtivo para o qual aponta Braverman.

É possível identificar tendências que nos falam da desqualificação da carreira e de certas posições ocupadas, ou seja, aquelas vinculadas ao trabalho de campo. Nos termos de Whalley (*apud* Diniz, 2001), isso indicaria a existência de uma espécie de desqualificação de certos lugares ou espaços do campo profissional, tanto desde o próprio Serviço Social como por parte de grupos ou campos profissionais e institucionais externos. De acordo com o autor, a vulnerabilidade do Serviço Social diante destes últimos parece estar aumentando.

Por que indicamos desqualificação da carreira e não da tarefa? Pareceria que algumas tarefas que habitualmente faziam o "ofício" do trabalhador social hoje são desempenhadas por outros profissionais. As tarefas ou ocupações, respeitando a linguagem dos autores citados, em si não se encontrariam em questão. A profissão costuma ser associada, tanto por empregadores como por usuários, com o desempenho de tarefas hoje desqualificadas pelo próprio corpo profissional: realização de intermediações, informação sobre recursos, "visitas" domiciliares etc. Por outro lado, dimensões do exercício profissional mais próximas do socioeducativo, promocional ou emancipatório, com este último termo retomando Habermas (1990), apareceriam disseminadas em espaços relativos a outras profissões. O mesmo acontece com aquelas tarefas de organização do trabalho profissional, que hoje são ocupadas especialmente por outros integrantes do elenco das ciências humanas ou sociais (sociólogos, economistas, cientistas políticos).

Para compreender essas teses, vejamos em seguida como se organiza o trabalho profissional no âmbito das novas tendências de sistema de proteção social, retomando algumas das preocupações que expressamos até o momento.

A reconfiguração do campo socioassistencial em marcha: a tecnificação do trabalho profissional e a antropologização da pobreza[9]

A introdução de software para criar registros individuais e familiares da população-alvo dos serviços e programas de assistência social, assim como das atividades desenvolvidas pelos diversos profissionais, genericamente conhecidos como sistemas eletrônicos de informação (SI), tem sido especialmente problemática. As relações entre operadores de linha de frente e sistemas abstratos de gerenciamento são extremamente complicadas. Desde a década de 1980, tem havido, pelo menos na América Latina, uma acentuada tendência sociopolítica de individualizar problemas sociais e compreendê-los em termos de "deficiências" individuais e atos falhos do eu, quando se trata de socializar ou se inserir, de uma maneira ou de outra, no

9. Este item se baseia no artigo "A tecnificação do Trabajo Assistencial", da Dra. Mónica De Martino, publicado pela Revista Prisma Social, da CSIC espanhola.

mercado. A pobreza, entendida como traços ou atributos individuais, já é um pressuposto característico das políticas sociais, não apenas no Uruguai, mas na região. Deve-se notar, portanto, que o apelo à construção de biografias reflexivas ou narrativas do eu se tornou uma característica emblemática do capitalismo tardio. Estamos falando de uma suposta soberania dos sujeitos, que com mais opções à sua disposição nas diferentes esferas sociais, poderiam escolher entre diferentes "oportunidades". Ao mesmo tempo, eles serão responsabilizados pelas decisões que tomarem. O estilo de vida é entendido como um "projeto", baseado em uma suposta liberdade e na consciência individual. O sujeito contemporâneo é entendido como claramente reflexivo, supostamente informado e racional ao tomar suas decisões (Beck; Giddens; Lash, 1997; De Martino, 2009b, 2007)[10]. A Teoria da Modernização Reflexiva, liderada por Beck, também é construída por Giddens (1997), que compartilha, em traços gerais, o seguinte diagnóstico: diante da crise dos modelos de identidade tradicionais, a constituição do eu (*self*) torna-se um projeto reflexivo pessoal. É o indivíduo que deve interpretar seu próprio passado, fundamentar suas opções, escolher como ser e como agir, a fim de construir reflexivamente sua própria identidade, em uma narrativa que unifica a experiência e traz coerência ao eu. Esse caráter aberto da identidade abriria novas possibilidades de autonomia para os indivíduos e democratizaria, segundo o autor, as relações sociais.

Enquanto isso, Scott Lash (1997) completa o mapa das principais vozes do debate. Em sua abordagem, na sociedade contemporânea, em vez da preeminência do ator sobre a estrutura, são observadas novas condições estruturais de reflexividade, o que resulta em uma dialética complexa entre as duas instâncias. Dessa forma, reflexividade é um conceito relacional que articula dois sentidos simultâneos: por um lado, é a conquista de uma maior independência do sujeito em relação à tradição e às formações sociais rígidas e, por outro, à demanda constante de autodefinição que se apresentam para o sujeito assim que as fontes clássicas de ordenação do mapa social desmoronam. Diferentemente de seus parceiros teóricos, Lash (1997) acredita

10. Uma das abordagens teóricas centrais no debate sociológico sobre tais temas é a Teoria da Modernização Reflexiva, para a qual a constituição do eu se torna, como já foi dito, um projeto reflexivo e pessoal. É o indivíduo que deve interpretar seu próprio passado, basear suas opções, escolher como ser e como agir, a fim de construir reflexivamente sua própria identidade (Beck; Giddens; Lash, 1997).

na validade da polarização de classes, embora agora o conflito se desloque do lugar ocupado pelo sujeito na estrutura laboral, familiar e política, para a pergunta acerca das possibilidades de acesso e a posição ocupada nas estruturas globais de informação e comunicação, uma vez que são adquiridas hoje as capacidades para o processamento dos bens da produção reflexiva em substituição às estruturas sociais tradicionais. Alterado, então, o princípio canônico da acumulação, aparece uma nova classe de excluídos, que constituem o que o autor chama de *perdedores da reflexividade*, ou seja, aqueles que são marginalizados da sociedade da informação.

De uma perspectiva crítica em relação a esses autores, Bauman (2003) lembra que inicialmente foi o trabalho a principal ferramenta para construir o próprio destino. E, uma vez escolhida, a identidade social acompanhava o indivíduo para sempre. No entanto, o lema dos novos tempos é a flexibilidade. O autor enfoca o termo flexibilidade (Bauman, 2003, p. 49), porque considera que, qualquer que seja a identidade procurada e desejada, esta deverá ter o dom da flexibilidade, é necessário que possa ser alterada no curto prazo. Ou seja, as identidades da modernidade tardia são para Bauman (2003, p. 49) temporárias e efêmeras e sua construção demanda consumo. E, nesse sentido, indica: "os caminhos para alcançar a própria identidade, ocupar um lugar na sociedade humana e viver uma vida reconhecida como significativa exigem visitas diárias ao mercado".

Essa tendência individualizante, que defende resoluções biográficas para problemas estruturais, permeia a concepção de pobreza dos atuais sistemas de proteção social em nosso país. O que iremos desenvolver no próximo item.

Sobre a noção de pobreza e racionalidade subjacente aos programas sociais

As críticas à ortodoxia neoliberal dos anos 1990 estiveram associadas a uma interpretação complexa e multidimensional da pobreza, onde predominava o "Enfoque do Desenvolvimento Humano", vinculado ao Programa das Nações Unidas para o Desenvolvimento (PNUD), com base no princípio das capacidades desenvolvidas por Amartya Sen (1985) com contribuições de

Mahbub Ul Haq (1976). Dessa maneira, a visão "renovada" do social reafirma a ideia de que o "investimento nas capacidades" do indivíduo aumentará sua "produtividade" e, consequentemente, produzirá níveis mais elevados de bem-estar em sua vida e na família (Cardoso da Motta, 2007; Cattani, 2008).

A única maneira de eliminar a pobreza de maneira sustentável é aumentar a produtividade/recursos dos pobres, depois de satisfazer suas necessidades básicas e estimular seus diferentes atributos positivos (capacidades). Essa nova formulação entende a superação da pobreza como uma extensão das opções das pessoas em várias esferas da sociedade: lazer, participação social, acesso à informação, etc. (Sen, 1985; 1999a). É o que Sen expõe acerca da pobreza nos Estados Unidos:

> [...] a necessidade de ir além da informação de renda para alcançar diferenças nas circunstâncias e características sociais fica bem ilustrada pela natureza desses terríveis problemas. O ambiente social é profundamente influenciado pela inadequação das instalações sanitárias, os violentos modos de vida na cidade, a ausência de assistência social e outros fatores semelhantes. Renda insuficiente é apenas um fator entre muitos outros da extensão da pobreza nos EUA (Sen, 1999b, p. 131).

Nesse sentido, os indivíduos nascem sob diferentes condições objetivas e são, em termos de habilidades, também diferentes, isto é, desiguais. A pobreza, já removida de qualquer gênese estrutural, seria entendida como déficit de liberdade e bem-estar, ambos necessários para que as pessoas exercitem suas capacidades para superar sua situação marcada por déficit. Nas palavras de Sen (1999b, p. 131):

> A crença de que a liberdade é importante não pode estar em conflito com a idéia de que uma ordem social deve ser criada para promover a igualdade de liberdades que os indivíduos possuem (...) A liberdade está nos possíveis campos de aplicação da igualdade e da liberdade. Se encontra entre os possíveis esquemas distributivos de liberdade.

Obviamente, essa abordagem não ficou isenta de críticas. Para Hidalgo (1998), é uma resposta pragmática ao urgente problema da pobreza, cuja redução é um objetivo fundamental do desenvolvimento econômico:

> [...] Essa abordagem sofre de um desenvolvimento analítico profundo que vai muito além das declarações políticas e dos programas de ajuda internacional; como também carece de um importante substrato teórico sobre o qual basear todas as políticas de satisfação de necessidades básicas [...] (Hidalgo, 1998, p. 238).

Poderíamos acrescentar outras críticas mais elementares: sua definição de pobreza ligada à liberdade abandona a ideia marxista de que esta só começa quando o mundo da necessidade é superado, como indicado em *A questão judaica*, porque Sen obviamente pensa a pobreza sem pensar no seu oposto: a riqueza e sua acumulação.

Mas o que nos interessa resgatar é que, sob a ambiguidade estabelecida entre capacitações (*capabilities*) e capacidade (*capability*), começa um processo de *antropologização* da pobreza, da maneira de viver na pobreza (De Martino, 2013a; 2013b). Segundo Sen, "a categoria de capacitações é ideal para refletir sobre a ideia de liberdade de fazer", uma vez que "a capacidade de funcionar reflete o que a pessoa pode fazer". Assim, "o conceito de capacitações é uma noção próxima da de 'liberdade'" (Cohen; Franco, 2006, p. 432). Liberdade para fazer e viver da maneira que as pessoas querem.

No discurso de abertura do lançamento do novo relatório *A Infraestrutura a serviço dos pobres*, elaborado pelo PNUD e pelo governo do Japão, Amartya Sen brilhou com estas palavras: "Uma perspectiva de pobreza exclusivamente focada na renda ignora inevitavelmente muitos aspectos importantes da causalidade da pobreza. A pobreza pode ser considerada a privação da verdadeira liberdade da pessoa de viver da maneira que com toda razão ela deseja viver (Umpierrez, 2006, s/p.).

Assim, a partir desse princípio, a pobreza pode ser entendida como um *estilo de vida* escolhido livremente, de acordo com os processos de individualização indicados pelos teóricos da modernização reflexiva (Beck; Giddens; Lash, 1997). Implica também que a pobreza assim entendida se tornaria um problema dos indivíduos e uma questão de atributos. Uma leitura estrutural da pobreza fica absolutamente bloqueada.

A abordagem multidimensional que informa as políticas focalizadas faz parte de uma abordagem teórica que tenta capturar e identificar vários aspectos da vida individual e familiar para caracterizar e medir a pobreza ou vulnerabilidade[11]. São incorporadas variáveis ligadas à esfera privada, referentes às decisões em saúde, educação, economia doméstica, entre outros. Essa concepção hegemônica de política social qualifica a pobreza e a desigualdade do problema de "boa ou má capacidade" dos indivíduos, do uso correto dos recursos para responder à integração ao mercado (Cattani, 2008); a partir daqui a rede de assistência se foca: "[...] em particular nos setores socioeconômicos que por várias razões têm restringidas as suas oportunidades de incorporação no mercado de trabalho[12].

Nessa perspectiva, a explicação da pobreza remete à "falta de capacidade" individual para integrar e competir no mercado. Tomemos como exemplo as políticas de transferência de renda. Elas assumem que o investimento em capital humano por meio de transferências monetárias e o cumprimento das condições estabelecidas incentiva indivíduos e famílias a mudar comportamentos e condutas. Dessa maneira, parte-se da ideia de que os indivíduos e famílias possuem um capital social que podem desenvolver, graças a comportamentos racionais, como estratégia para superar sua condição de pobreza.

Ao processo de individualização delineado devemos acrescentar essa "antropologização da pobreza" que explica a partir dos indivíduos e de suas capacidades o problema estrutural e sociocultural da pobreza (De Martino, 2013c).

A crescente burocratização da gestão social

A individualização já analisada, tanto em linhas gerais quanto no momento de se pensar nas análises sobre a pobreza, está associada às modificações da matriz de proteção social que começa a se configurar décadas atrás. A tese que alimenta uma gestão individualizada dos problemas

11. Podemos indicar que, embora se fale de vulnerabilidade, o documento não se afasta de uma visão econômica do fenômeno (De Martino, 2009).

12. Conselho Nacional de Coordenação de Políticas Sociais. 2008. Plano de Ações. Uruguai: Presidência da República, p. 10.

socioestruturais é que aquele sujeito supostamente livre escolhe suas opções de vida de maneira informada, apontando para uma gestão biográfica dos riscos, dilemas e problemas sociais (De Martino, 2007; Zizek, 2001).

Esta tese:

> [...] encontra sua condição de possibilidade nos mais recentes avanços tecnológicos ocorridos no campo da ciência da computação e na introdução do governo eletrônico e das chamadas TICs. Os avanços na tecnologia da informação oferecem a possibilidade técnica de construção de sistemas de informação cada vez mais sofisticados, exigidos por um Estado que burocratizou cada vez mais a gestão do social (De Martino; Vecinday, 2011, p. 23).

As inovações tecnológicas em gestão social, pelo menos na América Latina, encontram seus antecedentes nos anos 1990, na assistência gerencial (Grassi, 2003) que aponta para a eficiência econômica na alocação de recursos aos beneficiários (Grassi, 2003; De Martino; Vecinday, 2011). Além de uma alocação individualizada e medida de por recursos, busca tecnificar a identificação da população-alvo e seus atributos individuais e familiares, sem mediar essa relação empática, típica das profissões assistenciais. Em outras palavras, que a alocação de recursos e a avaliação da população não fiquem atreladas à intervenção subjetiva do técnico da *linha de frente*:

> [...] mediante sua incorporação em um registro documental, permite: (i) monitorar trajetórias individuais, enquanto possibilita (ii) a construção de fluxos populacionais; (iii) controlar a alocação de recursos, evitando "abuso" por parte dos beneficiários das prestações; (iv) redirecionar os benefícios com base nas características do problema e/ou da população a ser atendida; e (v) economizar os dispositivos de administração e gerenciamento da pobreza, aproveitando os rendimentos da tecnologia da informação e das novas tecnologias da informação e comunicação (De Martino; Vecinday, 2011, p. 23).

Essa tecnificação impacta a divisão tradicional do trabalho socioassistencial, como já foi dito. Nela, são relevantes os conhecimentos especializados, segundo Giddens, relacionados à estatística, matemática, informática e economia. Enquanto isso, para os operadores da *linha de frente*, os requisitos são outros: colocar à disposição sua capacidade de "acompanhar" as pessoas e famílias que vivem na pobreza. Ou seja, paralelamente a uma prática altamente subjetivada e associada aos operadores de *linha de frente* existe outra altamente tecnificada, que visa ao gerenciamento da população de maneira ampla e geral.

Temos, então, uma *Prática como subjetividade não racionalizada, subsumida no empirismo* (De Martino, 2014) contraposta, é claro, com outro tipo de abordagem. Essa modalidade de atuação profissional seria caracterizada principalmente pela *aproximação subjetiva*. Pareceria que os principais protagonistas são as experiências, afetos, sentimentos do profissional, postos em jogo no momento da intervenção. Vamos esclarecer alguns aspectos. Hoje, o operador da *linha de frente* está longe de definir qual família ou indivíduo acessa qual programa. Encontra-se, hoje, longe da alocação de recursos. Essas funções, tradicionalmente imputadas aos operadores de campo, agora são resolvidas de modo tecnificado. O operador "acompanha" e preenche o formulário padronizado. Diante da pobreza familiar, o profissional entende que pelo menos deve "acompanhar" as experiências pessoais dos sujeitos; encaminhar; aconselhar e/ou ouvir, mas isso só pode ser feito até um certo limite pessoal. Pesa nesse tipo de prática a subjetividade do profissional posta em relação a outro em situação de profunda desvantagem social (De Martino, 2007; 2014). O risco do que chamamos de *hiperssubjetivação* de práticas, com sua ênfase no acompanhamento empático, lembra-nos da escuta caridosa com todo o seu impulso moralista (Karsz, 2007).

Mas a verdade é que esses "polos", um subjetivo (trabalho de campo) e outro claramente abstrato e formal (áreas tecnificadas de monitoramento, avaliação etc.), implicam diferentes formas de intervenções sociopolíticas, mas ambas, afinal, intervenções (Rammert, 2011). Elas são governadas por uma razão instrumental, meios e fins, eficiência e eficácia, que avalia "instantes" e não processos (Adorno; Horkheimer, 1970) Mas ambos, como práticas institucionais, correspondem à mesma *reflexividade institucional*, segundo Giddens (1995), caracterizada pelo que o autor chamou de sequestro da experiência.

Giddens apontou que essa modernidade tardia é caracterizada pela separação do espaço e do tempo que implica a predominância do tempo das "coisas" (lineares, mensuráveis, não cumulativas) em detrimento do tempo "dos processos" (circular, cumulativo, intransferível). A inclusão dessa maneira de conceber o tempo em programas e projetos sociais, como tempo não cumulativo, mas linear, permitiu, a partir de uma racionalidade instrumental, propor certas tendências político-institucionais, tais como: quantificar e estabelecer padrões de comportamento, homogeneizar as experiências humanas a partir de certos indicadores etc. (Giddens, 1995, p. 26-34).

Alguns conhecimentos especializados (ciência da computação e economia, basicamente) constituem uma nova constelação na divisão do trabalho socioassistencial. Um novo grupo que traz uma nova experiência e um novo padrão ao pensar em intervenção social, assumindo tarefas anteriormente imputadas a outras profissões, hoje sob suspeita por sua subjetividade e baixo grau de "cientificidade". As profissões assistenciais mais tradicionais precisam encontrar uma nova inscrição em suas práticas sociais, diante desse fenômeno que chegou para ficar. Assistem, sem saber, talvez, ao sequestro de sua própria experiência pela inclusão de certos instrumentos e ações computadorizadas. "Conhecimento especializado", que assume atribuições previamente colocadas a outros "conhecimentos especializados" fortemente institucionalizados — assistência social, educação social etc. — mas hoje suspeitos de altas doses de incerteza e baixo potencial científico, como já foi dito.

De outra perspectiva, o interessante é sublinhar novamente que nesse capitalismo tardio a segurança ontológica que todo sujeito exige em qualquer nível de sua vida cotidiana, de acordo com a sociologia do risco, "supõe a exclusão institucional da vida social de problemas existenciais fundamentais que representam para os humanos dilemas morais da maior importância" (Giddens, 1995, p. 199). Entre as áreas desse *sequestro de experiência* em termos estritos, isto é, de oclusão e exclusão da vida dilemática, Giddens destaca a loucura, a criminalidade, a sexualidade, a natureza, a doença e morte e, poderíamos acrescentar: a pobreza. Em outras palavras, as instituições subtraem certo "catálogo" de experiências dos espaços de reflexão dos sujeitos (Aguado Terrón, 2002). Assim, por exemplo, a reflexão sobre a própria vida de alguém com base em uma razão substantiva tem sido historicamente negligenciada. Atualmente, com uma sinceridade inquestionável, destaca-se a reflexão simplesmente instrumental sobre a melhoria de certos aspectos comportamentais. A reflexão sobre um conjunto mais amplo de experiências (vida e morte; amor e desamor; passado e futuro) é "sequestrada" do horizonte dessas famílias, não apenas pelos sistemas de computadores, mas também pela prática subjetivizada e empirista.

Tal ato de sinceridade histórica coloca a necessidade de uma reflexão crítica sobre as funções, experiências e práticas dos operadores sociais, o novo formato e as novas posturas político-institucionais dos sistemas de proteção social. Nesse contexto, a reflexão ético-política da prática profissional é "sequestrada" da esfera institucional, tanto pela tecnologia asséptica, que ignora toda a "incerteza" associada a uma intervenção profissional relativamente autônoma, quanto pela redução dos espaços de reflexão sobre a articulação de ambas as formas de racionalidade (De Martino, 2014).

Finalmente, indicamos que não olhamos para o passado com saudosismo ou para o futuro com superficialidade. Tentamos colocar essas tensões como imanentes à cultura desse capitalismo tardio. O pensamento *interdum*, ou seja, do nada, é a-histórico, não muito enriquecedor e extremamente ousado em termos de não apreciar onde começa a experiência acumulada historicamente, com seus acertos e erros. Pensar *interdum* é ofuscar a natureza social e coletiva da experiência humana.

Considerações finais

Assim como o surgimento do Serviço Social esteve ligado à construção do que Dubet (2006) designou como programa institucional, seu devir histórico e seu futuro também estiveram indissoluvelmente ligados a suas transformações programáticas no desenvolvimento da modernidade. Seguindo a linha de análise proposta pelo autor, é possível concluir que o questionamento dos resultados da atividade profissional do Serviço Social faz parte da crise do programa institucional moderno. Essa crise se expressa na perda da eficácia simbólica (e não somente simbólica) das instituições e tradições tipicamente modernas com seus consequentes "problemas de integração social". Paradoxalmente, essa crise que coloca em questão a legitimidade das bases institucionais nas quais se alicerça o "trabalho sobre os outros" é também motivo dos níveis de pleno emprego alcançados pelo Serviço Social (De Martino, 2013).

Sob outra perspectiva, reiteramos as teses que debatemos no item anterior. Seguindo as teses de desqualificação e proletarização defendidas por Braverman (1977) e Derber (2009), a tecnificação dos processos leva à perda do controle do processo de trabalho e de seu produto. Podemos agregar a isso a total ausência de participação na concepção e projeto dos programas e processos, gerando práticas rotineiras, burocráticas, alienadas em termos de trabalho de campo. A proletarização da carreira adquire novos tons. Guillén (2009) afirma que o conceito marxiano de proletarização (Braverman, 1977) não é aplicável diretamente a esse processo de mudança ocupacional das profissões. Derber y Schwartz (1983) denominam o conceito marxiano proletarização *técnica*, segundo o qual o trabalhador perde o controle sobre o processo e o produto de seu trabalho. Os profissionais assalariados enfrentam, pelo contrário, um processo de proletarização *ideológica*, que significa a expropriação de valores ou do propósito do trabalho. Essa expropriação tem origem na perda do controle sobre o produto do trabalho (cliente satisfeito) e da relação com a comunidade. A proletarização é considerada o último passo do processo de *burocratização*, que implica a perda de controle e a subordinação da produção aos requisitos superiores no capitalismo avançado.

A isso se soma outra série de reflexões. Dubet (2013) leva a pensar que as práticas profissionais do trabalho sobre os outros, e isso cabe ao Serviço Social, se estruturariam hoje não como papéis, mas como experiências. O que queremos ressaltar, como linha hipotética, é que a decadência do Programa Institucional colocou os profissionais diante de suas capacidades subjetivas e de sua motivação, ao passo que anteriormente a instituição "ditava" seu papel, promovia sua vocação e outorgava legitimidade à profissão e ao profissional. Ao que parece, num contexto de desinstitucionalização ou, poderíamos dizer, de nova institucionalização desinstitucionalizada, resta aos trabalhadores sociais somente colocar em jogo a relação, o vínculo e não a função desempenhada. Acreditamos que algo disso subjaz no trabalho assistencial associado a políticas focalizadas, embora devesse ser suficientemente analisado. Ao que parece, encontramo-nos diante de um exercício profissional pautado já não tanto por normas, papéis e *ethos* profissionais, mas por regras e padrões (protocolos, por exemplo) (De Martino, 2013, p. 4).

De Martino (2013) retoma as contribuições de Dubet (2006) sobre as profissões que trabalham sobre os outros, afirmando que esse tipo de atividade é cada vez mais avaliada em termos de eficiência e a partir de dispositivos tecnológicos. As tensões entre as novas formas de organizar o trabalho e aumentar sua "objetividade" e produtividade fazem com que muitas vezes esse tipo de profissional revele uma espécie de nostalgia sobre uma suposta época áurea da vocação, interpretando de maneira individual e subjetiva as atuais circunstâncias como crise ou decadência. Mas é certo que a tecnificação do campo assistencial propõe grandes desafios não apenas para os profissionais *frontline*. Entre tais desafios poderíamos destacar a tensão entre uma lógica de intervenção sociotécnica, caracterizada por limiares de incerteza em virtude da intervenção do fator humano, algo histórico para nossa profissão, e pela presença de uma lógica de intervenção sociopolítica, abstrata, formal e altamente tecnificada. Lógica da intervenção interpessoal, lógica da intervenção a distância, poderíamos dizer. Talvez, nas atuais circunstâncias, o desafio não seja a superação de uma em relação à outra, mas a firme tensão entre ambas.

Por sua vez, Claramunt (2013) indica tendências resultantes das condições sócio-ocupacionais do Serviço Social no Uruguai contemporâneo, tendências que atravessam a ação profissional, e que adquirem força especial no quadro das políticas de assistência. As condições de trabalho e seus efeitos sobre o coletivo profissional não configurariam diferenças substantivas entre a inserção no âmbito do Estado e no das ONGs.

Poderíamos afirmar — no âmbito de reflexões ainda indicativas e sem investigações finalizadas que nos permitam fazê-lo de modo categórico para o caso do Uruguai — que os trabalhadores sociais, juntamente com os variados profissionais de perfil socioassistencial, se deparam com condições limitadas para a autonomia teórico-metodológica, técnica e ético-política do exercício profissional (Torres; Graneman, 2009). A isso se soma o desânimo, o sofrimento e o desgaste emocional que muitos desses profissionais vivem, diante das regras e parâmetros ditados pelas instituições nas quais trabalham, onde muitas vezes se torna extremamente difícil tornar operativos seus princípios ético-políticos, assim como seus enfoques teórico-metodológicos (Claramunt, 2013, p. 9).

O contexto analisado interpela as práticas profissionais e gera a formulação de problemas e questões vinculadas à profissão e ao próprio projeto ético-político. Por outro lado, certas "marcas de origem" da profissão continuariam presentes: uma profissão fortemente feminizada, eminentemente prática, uma escassa relação do trabalho de campo com a produção de conhecimento radicada nos âmbitos acadêmicos. Esses seriam alguns rastros que podem ser identificados nessas novas modalidades de intervenção no social. As marcas de origem que acompanharam o processo de legitimação e institucionalização da profissão novamente estão em jogo e são recriadas em tempos atuais, nos quais enfrentamos um processo redimensionado de proletarização da profissão. Os desafios não são apenas desafios diante das presentes condições objetivas de trabalho, mas também o são para nosso específico passado.

Referências

ADORNO, T.; HORKHEIMER, M. *Dialéctica de la Ilustración*. Buenos Aires: Sur, 1970.

AGUADO TERRÓN, J. M. La mediación tecnológica de la experiencia. *In*: *Razón y Palabra*, n. 27, 2002. Disponível em: http://www.razonypalabra.org.mx/anteriores/n27/jaguado.html#ja. Acesso em: 20 ago. 2019.

BAUMAN, Z. *La sociedad invidualizada*. Madrid: Cátedra, 2001.

______. *Trabajo, consumismo y nuevos pobres*. Barcelona: Gedisa, 2013.

BARRAN, J. P. *La Historia de la Sensibilidad en el Uruguay. El Disciplinamiento*. Montevideo: Banda Oriental, 1993.

BECK, U.; GIDDENS, A.; LASH, S. *Modernización reflexiva. Política, tradición y estética en el orden social moderno*. Madrid: Alianza Editorial, 1997.

BRAVERMAN, H. *Trabalho e capital monopolista:* a degradação do trabalho no século XX. Rio de Janeiro: Zahar, 1977.

CAETANO, G. *La república batllista*. Montevideo: Banda Oriental. 2011.

______.; RILLA, J. *Historia contemporánea del Uruguay. De la Colonia al Mercosur*. Montevideo: Editorial Fin de Siglo, 1996.

CARDOSO DA MOTTA, V. *Da ideologia do capital humano à ideologia do capital social:* as políticas de desenvolvimento do milênio e os novos mecanismos hegemônicos de educar para o conformismo. Rio de Janeiro: Universidade Federal do Rio de Janeiro, Centro de Filosofia e Ciências Humanas — Escola de Serviço Social, 2007.

CASTEL, R. *El orden psiquiátrico.* Madrid: Las Ediciones de la Piqueta, 1980.

______. *Las metamorfosis de la cuestión social:* Una crónica del salariado. Buenos Aires: Paidós, 2004.

CATTANI, A. Riqueza sustantiva y relacional: un enfoque diferenciado para el análisis de las desigualdades en América Latina. *In*: Cimadamore, A.; Cattani, A. (Coords.). *Producción de pobreza y desigualdad en América Latina.* Buenos Aires: Consejo Latinoamericano de Ciencias Sociales (CLACSO), 2008. p. 205-231.

CLARAMUNT, A. Aproximación a las transformaciones sociales de las últimas décadas: en procura de desentrañar la "cuestión social" en la actualidad. *Revista Regional de Trabajo Social*, v. 27, n. 59, p. 14 -25, 2013.

COHEN, E.; FRANCO, R. (Coords.). *Transferencias con corresponsabilidad. Una mirada latinoamericana.* México: FLACSO, 2006.

DERBER, C. H.; SCHWARTZ, W. Toward a Theory of Worker Participation. *Sociological Inquiry*, v. 53, n. 1, p. 61-78, 2009.

DE MARTINO, M. La Tecnificación del Trabajo Asistencial. *Prisma Social*, Madrid, n. 15, p. 492-525, 2015.

______. Políticas sociales, familias y profesiones asistenciales. Algunos puntos actuales de tensión. *In*: INAU (Ed). *Parentalidades y Cambios Familiares. Enfoques teóricos y prácticos.* Montevideo: INAU, 2014.

______. *La gestión académica del Departamento de Trabajo Social.* Projeto de trabalho para o Concurso da Dirección do Departamento de Trabajo Social da Facultad de Ciencias Sociales da UdelaR. Documento de circulação restrita, 2013a.

______. Informe de Avance del Proyecto *Estudio Comparado del Programas de Transferencia de Renta Condicionada en Uruguay — Argentina y Brasil.* Informe presentado en la Cuarta Misión de Trabajo realizada en Septiembre de 2013 en Tandil, República Argentina. 2013b.

______. *Sobre el concepto de pobreza en los Programas de Transferencia de Renta Condicionada.* Informe de Avance. Informe presentado en la Cuarta Misión de Trabajo realizada en Septiembre de 2013 en Tandil, República Argentina. Montevideo. 2013c.

DE MARTINO, M. Trabajo Social y Familias. Hacia un envejecimiento del campo profesional? *In*: ______. (Org.). *Infancia, Familia e Género. Múltiplas problemáticas, Múltiplas abordagens.* Montevidéu: Ediciones Cruz del Sur, 2009a. p. 39-58.

______. Vulnerabilidad como economización de lo social. *Perspectivas*, Santiago de Chile, Universidad Católica Silva Enríquez, año XIV, n. 20, p. 103-114, 2009b.

______. Familia y políticas sociales en los noventa. Gubernamentalidad: una perspectiva analítica. *In*: ______; MORÁS, L. (orgs.). *Sobre cercanías y distancias:* problemáticas vinculadas a la fragmentación social en el Uruguay actual. Montevidéu: Ediciones Cruz del Sur, 2007. p. 157-188.

______; VECINDAY, L. Las nuevas formas de gobierno poblacional. Sobre individualización e ingeniería social". *Fronteras,* Montevideo, DTS-FCS, Número Especial, p. 19-28, 2011.

DINIZ, D. *Os donos do saber. Profissões e monopólios profissionais.* Río de Janeiro: IUPERJ/Revan, 2001.

DUBET, F. *El declive de la institución:* profesiones, sujetos e individuos en la modernidad. Barcelona: Gedisa, 2006.

______. *El trabajo de las sociedades.* Buenos Aires: Amorrortu, 2013.

DURKHEIM, E. *La division del Trabajo Social.* Buenos Aires: Planeta/De Agostini, 1985.

FREIDSON, E. *Professional Powers:* A Study of the Institutionalization of Formal Knowledge. Chicago: The University of Chicago, 1988.

______. *Renascimento do profissionalismo:* teoria, profecia e política. São Paulo: Edusp, 1998. (Coleção Clássicos, n. 12)

GIDDENS, A. *Modernidad e identidad del yo. El yo y la sociedad en la época contemporánea.* Barcelona: Península, 1995.

______. Vivir en una sociedad postradicional. *In*: BECK, U.; GIDDENS, A.; LASH, S. *Modernización reflexiva. Política, tradición y estética en el orden social moderno.* Madrid: Alianza Editorial, 1997.

GUILLÉN, A. The party is over': la crisis global y la recesión generalizada. *Revista Economía,* UNAM, v. 6, n. 16, p. 23-43, 2009.

GRASSI, E. *Política y problemas sociales en la sociedad neoliberal. La otra década infame (I).* Buenos Aires: Espacio Editorial, 2003.

______. La implicancia de la investigación social en la práctica profesional del trabajo social. *Revista de Treball Social,* Barcelona, n. 135, p. 43-54, 1994.

HABERMAS, J. *La lógica de las Ciencias Sociales*. Madrid: Tecnos, 1990.

HIDALGO, A. *El pensamiento económico sobre desarrollo. De los mercantilistas al PNUD*. Huelva: Universidad de Huelva, 1998.

HOBSBAWM, E. *Era dos extremos:* o breve século XX (1914-1991). São Paulo: Companhia das Letras, 1995.

IAMAMOTO, M. V.; CARVALHO, R. *Relações sociais e Serviço Social no Brasil*. 5. ed. São Paulo: Cortez, 1986.

KARZ, S. *Problematizar el trabajo social, definición, figuras y clínicas*. Barcelona: Gedisa, 2007.

LAPLANTINE, F. *Aprender antropologia*. São Paulo: Brasiliense, 1991.

LASH, S. La reflexividad y sus dobles: estructura, estética y comunidad. *In*: Beck U.; Giddens A.; Lash S. *Modernización reflexiva. Política, tradición y estética en el orden social moderno*. Madrid: Alianza Editorial, 1997.

LORENTE MOLINA, B. Género, ciencia y trabajo. Profesiones feminizadas y las prácticas de cuidado y ayuda social. *Scripta Ethnologica*, Argentina, v. 26, p. 40-55, 2004.

MAHBUB Ui, H. *The poverty curtain:* choices for the third world. Nueva Deli: Columbia University Press, 1976.

MARTÍN MORENO, J., DE MIGUEL, A. *Sociología de las profesiones*. Madrid: Centro de Investigaciones Sociológicas, 1982.

MORÁS, LE. *De la tierra purpúrea al laboratorio social*. Montevidéu: EBO, 2000.

ORTEGA, E. *El Servicio Social y los procesos de medicalización de la sociedad uruguaya en el período neobatllista*. Montevidéu: Trilce, 2008.

______. *Medicina, religión y gestión de lo social:* Un análisis genealógico de las transformaciones del Servicio Social en el Uruguay (1955-1973). Montevidéu: Universidad de la República/CSIC; Biblioteca Plural, 2011.

______; VECINDAY, L. De las estrategias preventivistas a la gestión del riesgo: notas sobre los procesos de individualización social. *Revista Fronteras,* FCS-DTS, n. 5, Segunda época, 2009.

PARSONS, T. The Professions and Social Structure. *Social Forces*, n. 17, p. 457-467,1939.

______. *The Social System*. Nova York: Free Press, 1951.

PERERA, H.; MARTINEZ, A. L. *Perfil de la Generación 2001 de la Facultad de Ciencias Sociales*, Unidad de Apoyo a la Enseñanza, 2002. Disponível em: www.fcs.edu.uy. Acesso em: 20 ago. 2019.

PERERA, H. *et al. Informe del Segundo Censo de Egresados del Plan 92 de la Facultad de Ciencias Sociales.* Montevidéu: Unidad de Asesoramiento y Evaluación, 2004. Disponível em: www.fcs.edu.uy. Acesso em: 20 ago. 2019.

______. *Sistematización de entrevistas realizadas en el marco del proyecto.* CSE — FCS. Mimeo, s/d.

RAMMERT, W. La Tecnología: sus formas y las diferencias de medios. Hacia una teoría social pragmática de la tecnificación. *Script Nova,* n. 80, 2011.

SEN, A. *Commodities and capabilities.* Amsterdam: Elsevier Science, 1985.

______. *Development as freedom.* Nueva Deli: Oxford University Press, 1999a.

______. *Nuevo examen de la desigualdad.* Madrid: Alianza Editorial, 1999b.

TORRES ALENCAR, M.; GRANEMANN, S. Ofensiva do capital e novas determinações do trabalho profissional. *Revista Katálysis,* Florianópolis, v. 12, n. 2, p. 161-169, jul./dez., 2009.

UMPIERREZ, F. *Conceptos de pobreza. Reflexión crítica sobre las ideas de Amartya K. Sen.* 2006. Disponível em: http://www.gestiopolis.com/canales7/eco/conceptos-y-criticas-sobre-la-pobreza.htm. Acesso em: 20 ago. 2019.

ZIZEK, S. *El espinoso sujeto. El centro ausente de la ontología política.* Buenos Aires: Paidós. 2001.

Documentos

Conselho Nacional de Coordenação de Políticas Sociais. Plano de Equidade. Uruguay: Presidência da República, 2008.

Ministerio de Desarrollo Social, Dirección Nacional de Evaluación y Monitoreo. *Informe MIDES. Seguimiento y evaluación de actividades y programas (2011-2012).* Montevidéu, 2013.

Desafios, obstáculos e tensões do Serviço Social uruguaio no início do século XXI*

Pablo Bentura
Laura Vecinday

Introdução

Nestas páginas, pretendemos aprofundar a compreensão da atual situação do Serviço Social uruguaio, identificando pontos problemáticos, avanços e desafios que tensionam a necessária e inevitável relação entre a formação profissional e as práticas profissionais, ambas perpassadas pela dimensão ético-política com sua expressão material na organização coletiva da profissão. O desenvolvimento e a evolução de toda prática social só podem ser compreendidos de fato no âmbito das determinações sociais, econômicas, políticas e culturais do momento histórico de referência. Esse contexto oferece os limites e as condições de possibilidade para o desenvolvimento da profissão e, portanto, é o enquadramento que acompanha qualquer reflexão sobre o tema, pois contribui decisivamente na configuração de cada esfera da atividade profissional.

Ao final dos anos 1960, o Serviço Social latino-americano inicia um longo caminho, não isento de contradições, que conduziu desde uma profissão

* Nota da Redação: Tradução do texto original em espanhol por Silvana Cobucci.

estruturalmente heterônoma e com uma configuração político-ideológica fortemente associada às versões mais simples do pensamento conservador, a uma profissão que, sem abandonar em nenhum momento certos lastros ideológicos que a mantêm fortemente vinculada ao passado, acrescentou sua autonomia relativa e, sem dúvida, incorporou a produção da teoria social crítica a sua bagagem cultural, política e sobretudo teórica, com uma forte influência da tradição marxista e até mesmo da própria obra marxiana.

O *locus* privilegiado desta marcha certamente foi o ambiente acadêmico, ou seja, o âmbito em que se processa a reprodução da profissão, com enormes dificuldades, à primeira vista incompreensíveis, para estabelecer uma comunicação fluida com as outras esferas da constituição profissional. Se há pelo menos quatro décadas o ambiente fundamental de reprodução da profissão é hegemonizado por uma forte crítica teórica, cultural e política à subalternidade intelectual e à sua ligação com o pensamento conservador, seria de esperar que, cedo ou tarde, essa hegemonia afetasse fortemente outras esferas da atividade profissional.

Essa contradição, que não é imutável apesar de seu caráter estrutural, tem causas que devem ser buscadas nas demandas socialmente colocadas à profissão, no caráter sincrético da prática profissional (Netto, 1992), bem como nas particularidades socioculturais e político-ideológicas dos jovens recrutados para a formação profissional: "a categoria profissional não dispõe de suficientes canais e circuitos que operem uma efetiva socialização de tais avanços — o que tem contribuído para alargar, numa escala preocupante, a distância entre as vanguardas acadêmicas e a massa dos profissionais 'de campo'" (Netto, 1996, p. 112).

Essa histórica contradição profissional tem nos anos 1990 um ponto de inflexão que começa a tornar dramática a distância entre as esferas constitutivas da profissão. De um lado, está ocorrendo um desenvolvimento crescente da qualificação de seus quadros acadêmicos, com crescente participação no debate das chamadas ciências sociais. De outro, os profissionais "de campo" são cada vez mais convocados a participar ativamente de programas de enquadramento, moralizantes e com uma tendência à desprofissionalização de práticas e discursos legitimadores, sobre aqueles segmentos da população que, nas palavras de Netto (1996, p. 96), não constituem uma nova pobreza, nem tampouco uma "subclasse", nem se assimilam ao antigo lúmpen, mas que: "o que peculiariza boa parcela desses segmentos é que, situados nas bordas da 'sociedade oficial', eles se veem e são vistos como uma 'não sociedade' ou uma 'contrassociedade' — e assim interatuam com a ordem".

É essa contradição entre as esferas constitutivas da profissão que pretendemos utilizar como vetor de análise para dar conta da atual situação do Serviço Social uruguaio.

Num primeiro momento, identificamos e analisamos os avanços do Serviço Social uruguaio na formação de seus quadros acadêmicos em seus dois espaços essenciais: a pós-graduação e a pesquisa.

Num segundo momento, a análise se volta para as mais recentes alterações institucionais e tecnológicas dos suportes da prática profissional que, no caso uruguaio, ocorrem com maior intensidade no campo da política assistencial destinada ao "combate" à pobreza, que tomaremos como centro deste artigo.

Por fim, identificamos alguns desafios, obstáculos e tensões colocados sobre as distintas esferas constitutivas da profissão, decorrentes da contradição entre os avanços da formação de quadros acadêmicos crítico-reflexivos e a tendência à crescente padronização das práticas profissionais no campo socioassistencial.

A) A formação dos quadros profissionais: pós-graduação e produção de conhecimento no Serviço Social uruguaio

Toda construção institucional é geneticamente objeto, mas imediatamente se constitui em sujeito, uma vez que se autonomiza de seus produtores e adquire vida própria. Nesse sentido, a oposição entre uma tese endogenista e uma exogenista (Montaño, 1998) é imediatamente estéril, na medida em que a profissão, determinada socialmente e, sobretudo, subordinada a outras profissões desde seus primórdios e, portanto, essencialmente heterônoma, é também produto de seus agentes profissionais e assim progressivamente autônoma — autonomia que é e será relativa (Iamamoto, 1995). Nesse sentido, a compreensão de um estatuto profissional supõe compreender as determinações externas que a determinam (tese exogenista), mas também os processos internos que são fundamentais no desenvolvimento de um estatuto profissional (tese endogenista).

Reconstruir uma categoria profissional implica, então, identificar os processos históricos que lhe conferem substância e, em qualquer caso, essa substância é decorrente de dois processos históricos intimamente entrelaçados: os processos de divisão do trabalho, que são, em princípio, a delimitação de problemas e, em seguida, a construção de forças prático-sociais, ativadas para dar resposta a essa nova delimitação. Nas palavras de Netto (1992, p. 85):

> [...] a afirmação e o desenvolvimento de um estatuto profissional (e dos papéis a ele vinculados) se opera mediante a intercorrência de um *duplo* dinamismo: de uma parte, aquele que é deflagrado pelas demandas que lhe são socialmente colocadas; de outra, aquele que é viabilizado pelas suas reservas próprias de forças (teóricas e prático-sociais), aptas ou não para responder às requisições extrínsecas.

Nesse sentido, se o Serviço Social nasce como uma profissão essencialmente heterônoma para participar da "administração terminal das políticas sociais", seus agentes operarão politicamente na busca de crescente autonomia, avançando de posturas ingênuas — que faziam do desejo de autonomia a ilusão de sua conquista, o "autoilusionismo ideológico" desmistificado por Netto (1992) — para a efetiva conquista de autonomia intelectual e política. Nesta trajetória, como foi assinalado por Grassi (1994), a participação ativa na produção de conhecimento é determinante.

A produção de conhecimento em toda categoria profissional requer instâncias institucionais que a tornem possível. Em geral, essas instâncias se configuram em torno da formação de pós-graduações e da pesquisa que acompanha esses processos. Isso não significa desmerecer a formação de graduação, mas, em sua essência, quando nos referimos à produção de conhecimento, nos remetemos às esferas nas quais se realiza, com exigências de rigor acadêmico, a formação daqueles quadros especializados que também se dedicam à atividade profissional (Bentura, 2011). A partir da renovação profissional, inaugura-se um complexo e traumático processo de divisão do trabalho no interior da profissão. Isso permite o desenvolvimento de outra relação com o conhecimento, não mais com o conhecimento imediato necessário para desenvolver uma ação racional instrumental, mas com o conhecimento teórico e científico, incluindo a possibilidade de participar na produção de conhecimento tanto científico (de acordo com a renovação profissional modernizadora) como teórico (de acordo com a "intenção de ruptura") (Netto, 2001).

A criação do Departamento de Trabajo Social da Facultad de Ciencias Sociales em 1992 é um acontecimento central para compreender as transformações ocorridas no campo profissional uruguaio em relação aos processos de produção de conhecimento e seu significado para a divisão do trabalho no interior da profissão, assim como a igualmente necessária construção de pontes entre a academia e o conjunto de profissionais que trabalham em campo. A integração do Trabajo Social na Facultad de Ciencias Sociles abriu espaço para os programas de pós-graduação, permitindo que nossos profissionais pudessem se apropriar da oportunidade histórica de se relacionar profundamente com a produção das denominadas ciências sociais.

Embora os esforços para orientar a intervenção profissional sobre novas bases tenham representado alguns avanços na tarefa de superar a subalternidade profissional, o problema foi que a busca de indicadores para a ação nas "ciências sociais" de maneira imediata acabou gerando uma reflexão pobre e dominada por um ecletismo que reforçaria o "sincretismo" teórico que marcou o desenvolvimento profissional.

O segundo ponto de inflexão está vinculado à decisão institucional, por parte da Universidad de la República, de promover ativamente a elevada ou total dedicação à atividade docente (Bentura, 2011).

Nossa profissão está em condições de participar desse desafio que aprofundará a mencionada divisão do trabalho, fenômeno ao qual já estamos assistindo. Esse processo não está nem estará isento de dificuldades, conflitos e confrontos que desafiarão nossa capacidade de manter a unidade profissional, fortalecendo as pontes de interlocução entre as distintas esferas que constituem a profissão. Paradoxalmente, no caso uruguaio, esse processo não foi produto da continuidade com a "intenção de ruptura" (Netto, 2001, p. 247), mas foi comandado pelo alto por setores minoritários vinculados à "perspectiva modernizadora"[13] (Netto, 2001, p. 164) e com a oposição ativa da maioria da profissão.

A cultura profissional não tinha em seu horizonte a pós-graduação e a pesquisa como esferas constitutivas da profissão. Os docentes da velha Escuela Universitaria de Servicio Social eram profissionais de campo que optavam pela docência como um complemento de sua atividade profissional. Com a entrada na Facultad de Ciencias Sociales, a pós-graduação se converte num imperativo proveniente "de fora" da profissão. Esse novo cenário produziu e continua produzindo grandes conflitos e o aprofundamento da distância entre os espaços acadêmicos e os profissionais de campo. A passagem e a superação desse conflito exigem a ampliação das esferas institucionais acadêmicas como possibilidade de romper com a "marca de origem" da profissão, reconhecendo-nos como uma categoria profissional com esferas constitutivas que respondem à divisão do trabalho interna, sem negligenciar a necessária comunicação e o entendimento mútuos.

Reconhecer a divisão do trabalho não supõe, de forma alguma, aceitar passivamente a instrumentalização da profissão. Pelo contrário, a problematização/desnaturalização dos problemas sociais com os quais o profissional se confronta exige i) um espaço institucional que o habilite e, ii) uma interlocução adequada entre as distintas esferas que configuram a profissão.

De acordo com Netto (1996, p. 126):

> Confrontam-se dois "paradigmas" de profissional: o técnico bem adestrado que vai operar instrumentalmente sobre as demandas do mercado do trabalho tal como elas se apresentam ou o intelectual que, com qualificação operativa, vai intervir sobre aquelas demandas a partir de sua compreensão teórico-crítica, identificando a significação, os limites e as alternativas da ação focalizada.

Ao longo desses anos, assistimos a um processo, ainda em curso, de ajuste de contas com a teoria social, momento que Mitjavila (1998) pautou

13. A análise de Netto é voltada para o desenvolvimento do Serviço Social brasileiro, e a extrapolação para o caso uruguaio certamente supõe especificidades que não são analisadas aqui por ultrapassar os alcances deste trabalho.

como "externalidade das produções" do Serviço Social. Nesse artigo, a professora Mitjavila chamava a atenção para o fato de que as produções acadêmicas da profissão tendiam a se situar num lugar "externo" à categoria. Sem concluir que o Serviço Social tem um objeto e uma especificidade próprios, esta preocupação é acertada por alertar para a necessidade de que, superado o momento de externalidade, a profissão deveria converter seus objetos de intervenção em objetos de pesquisa. Esta inquietação, presente também nos trabalhos de Grassi (1994) e Danani (et al., 1993), coloca a necessidade de uma passagem para um segundo momento na produção de conhecimento: a passagem da reflexão "abstrata" para a pesquisa dos fenômenos concretos com os quais a profissão cotidianamente se depara.

Esse caminho contribuiria para fortalecer a necessária comunicação entre as esferas constitutivas da profissão, dotando de sentido a divisão do trabalho e dando maior coesão ao Trabalho Social como categoria. Só a partir da crítica teórica radical da realidade, e da própria profissão como parte desta realidade, o trabalhador (neste caso, o trabalhador social) poderá romper com a alienação, com o ilusionismo ideológico, estando em condições de participar da produção de conhecimento crítico.

Dito isso, é necessário reconhecer como evidente que a profissão, entendida como um produto da divisão social do trabalho, não pode fazer outra coisa a não ser atuar sobre a realidade de acordo com a função social para a qual foi criada, operando instrumentalmente sobre variáveis empíricas (Netto, 1992). Por isso, é possível perceber certo ceticismo que está duplamente implícito: por um lado, derivado das dificuldades para participar ativamente na produção de conhecimento quando se ocupa um lugar na divisão social do trabalho, distinto do construído especificamente para a produção de conhecimento, e, por outro, da óbvia dificuldade de produzir conhecimento desde uma perspectiva crítico-radical, em espaços — assalariados — construídos pela ordem burguesa, especificamente para a produção de conhecimento. Este ceticismo, próprio de estruturalismos desdialetizados, não consegue perceber que a indissolúvel ação política faz com que esses espaços, construídos especificamente para uma ação funcional, se tornem esferas de luta e conquista. Nesse sentido, o fato de uma profissão criada para a intervenção instrumental sobre os "problemas sociais" que se apresentam como naturais ter passado de sua total subordinação intelectual, política e funcional para sua ativa participação na produção de conhecimento no campo das chamadas ciências sociais significa, indubitavelmente, um marco para a transformação radical de sua natureza.

Nos últimos anos, o desenvolvimento da pesquisa no Departamento de Trabajo Social experimentou um salto quali e quantitativo com a formação de áreas de concentração em campos específicos do desenvolvimento profissional: saúde, infância e família, moradia, trabalho, deficiência, proteção social, acesso à justiça e judicialização do social etc. Vários projetos de pesquisa têm sido financiados pela Comisión Sectorial de Investigación Científica (CSIC), o que representa uma nova realidade para o desenvolvimento profissional. Também se registra um importante aumento do intercâmbio com pesquisadores, principalmente da Argentina e do Brasil, assim como a participação de nossos docentes em eventos acadêmicos internacionais e em publicações arbitradas.

Até poucos anos atrás, a cultura profissional não tinha em seu horizonte a pós-graduação nem a produção de conhecimento. Os docentes da Escuela Universitaria de Servicio Social eram profissionais de campo que optavam pela docência como um complemento de sua atividade profissional. Não é arriscado afirmar que o Serviço Social gerou uma cultura de pós-graduação, sobretudo entre as novas gerações, e que a qualidade de nossos cursos de pós-graduação é reconhecida na demanda de estudantes de outros quadros profissionais: psicólogos, sociólogos, professores etc. Assim, as pós-graduações oferecidas pelo Departamento de Trabajo Social foram se tornando independentes de outras instâncias institucionais, sendo hoje totalmente administradas em sua unidade acadêmica.

Como dissemos páginas atrás, essa realidade, a esta altura irreversível, torna ainda mais visível a crescente desqualificação e descaracterização do exercício profissional, sobretudo na nova institucionalidade construída para atender à população deslocada pelo novo modelo de acumulação. Essa institucionalidade denuncia, em sua própria programação, a aceitação passiva do Estado de que existem contingentes populacionais que "inevitavelmente" viverão condições barbarizantes e que o Estado apenas está chamado a amortizar, através de programas "minimalistas" (Netto, 2012), as consequências de dessocialização e, inclusive, de risco de vida devido às condições de reprodução a que essa população está submetida.

B) O redimensionamento do Estado contemporâneo, as alterações do campo socioassistencial e seu impacto na configuração da prática profissional

Antes de passar à análise dos problemas, conflitos, tensões e desafios que a prática profissional do Serviço Social enfrenta, é imprescindível uma introdução sobre as transformações recentes nos pilares institucionais da proteção social.

Os governos "progressistas" do Cone Sul da América Latina pouco se distanciaram do tratamento dado à área social por seus antecessores no poder. Esse distanciamento sutil parece limitar-se apenas a anunciar a consolidação de formas de gestão da pobreza com um duplo objetivo: enfrentar os desajustes sociais produzidos pela desregulação econômica e reconverter o bem-estar "num trampolim para o emprego precário" (Wacquant, 2001).

Com a chegada ao governo da Frente Ampla, principal força política de esquerda, em 2005, inaugura-se uma nova etapa na reengenharia do papel do Estado com a qual se redimensionam suas funções sociais, econômicas e políticas. Os sentidos que orientam essa reengenharia são referência constante de um debate aberto e em curso. Para alguns, estamos diante de uma reedição do Estado Social, daquele Estado que se preocupa e trabalha pelo bem-estar de seus cidadãos que deram forma aos nossos apenas incipientes Estados Sociais.

Mais timidamente, há quem afirme que assistimos a um "leve" retorno do Estado marcando sua maior presença perante o mercado como regulador das relações sociais (arbitragem de interesses diferenciais entre o capital e o trabalho, aumento do gasto público social, regulamentação do trabalho etc.).

A nosso ver, esta etapa de reformas apresenta mais continuidades que rupturas em relação a uma fase anterior: os conteúdos do projeto neoliberal são atualizados em sua função, reproduzindo um sentido já conhecido que reedita os conteúdos do projeto neoliberal contemporâneo. Nesde sentido, concordamos que o conjunto de reformas propostas no âmbito da proteção e da assistência social é um claro indicador desse "leve" retorno do Estado de que alguns falam. Desde nossa perspectiva, entendemos esse "leve" retorno como uma resposta no interior do repertório de "reações estratégicas" (Offe, 1992) das sociedades capitalistas diante das dificuldades para administrar a crescente diferenciação social observável como consequência das alterações ocorridas nas últimas três décadas do século passado. Mais que isso, esta metáfora sobre o retorno do Estado constitui um bom ponto de partida para identificar e analisar as formas e os sentidos adotados pela reengenharia do Estado.

As formas de gerenciar socialmente as frações mais empobrecidas da classe trabalhadora se consolidaram com os governos de esquerda e, além disso, se institucionalizaram e tecnificaram a tal ponto que o campo socioassistencial, sem perder suas características originais, se metamorfoseou como produto de tais alterações. Sem dúvida, esses processos supõem lutas internas protagonizadas por grupos, setores e agentes que buscam infiltrar seus interesses no movimento de redimensionamento do Estado.

Dado o objetivo deste trabalho, concentraremos a análise na reengenharia social do Estado — a despeito de não ser a reengenharia do Estado social —, o que não significa desconhecer que sua compreensão só adquire plena significação no conjunto das transformações ocorridas no período. Concretamente, focalizaremos certos aspectos da reengenharia social do Estado que repercutem fortemente nas bases da atividade profissional do Serviço Social ao alterar os suportes institucionais e tecnológicos da intervenção social institucionalizada nas prestações e nos serviços sociais.

As atuais respostas para os fenômenos da pobreza e da desigualdade recuperam o espírito daquelas velhas medidas, de caráter mais repressivo-assistencial que protetor, obrigando os setores empobrecidos a transitar pelos itinerários do emprego miserável ou do trabalho como moeda de troca pela assistência.

A proliferação de programas de transferência de renda, de *workfare*, e a punição de muitas estratégias de sobrevivência desenvolvidas no espaço público lembram os posicionamentos de Wacquant (2010) sobre a articulação de políticas assistenciais e punitivas para o governo neoliberal da inseguridade social. Nesse mesmo sentido, concordamos com Netto (2012, p. 429), quando afirma que: "A articulação orgânica de repressão às 'classes perigosas' e assistencialização minimalista das políticas sociais dirigidas ao enfrentamento da 'questão social' constitui uma das faces contemporâneas mais evidentes da barbárie atual".

Como dissemos, a atual reestruturação das prestações e dos serviços sociais é parte de uma nova reação estratégia diante das dificuldades para administrar a crescente desigualdade registrada como efeito dos ajustes estruturais ocorridos desde 1970. As formas de organizar o trabalho e a produção não se metamorfoseiam apenas no que diz respeito à produção de mercadorias, mas também se promovem novas formas de organizar o trabalho na estruturação e administração dos serviços, entre os quais os sociais. Com a reengenharia social do Estado, consolida-se a gerencialização da gestão da assistência e dos serviços sociais. Nesse sentido, com esse processo de gerencialização promovem-se novas formas de organizar o trabalho na busca de maior eficiência nas intervenções sociopolíticas. A busca pela eficiência no sistema de proteção e assistência social parece ser a bússola que orienta as alterações nos serviços sociais.

O apelo a novos saberes, novas profissões e/ou novos papéis profissionais, a atualização das demandas apresentadas às profissões, novas tecnologias e institucionalidades, são alguns dos fenômenos observáveis nos quais se expressa a reengenharia social do Estado. Como parte dessa reação estratégica, o campo socioassistencial está sendo reconfigurado em dois níveis fundamentais: a adoção de formas individualizadas de proteção social e sua inscrição em bases e sistemas de informação, vigilância e controle cada vez mais sofisticados. O maior conhecimento do custo social das atitudes individuais (Rosanvallon, 1995, p. 36)[14] atua como caminho para a individualização ou contratualização da proteção social, e com ela se pretende eludir o caráter econômico, político e social da produção da desigualdade e da pobreza (e da riqueza): não há população, não há classe, não há posições homogêneas quando se trata da diferenciação individual;

14. Rosanvallon (1995, p. 36) indica que a "solidariedade começa a ser acompanhada por uma exigência de controle dos comportamentos" quando os riscos sociais são associados às condutas individuais: "Em pouco tempo, ao fumante será exigido que escolha entre seu vício e o direito a um acesso igual aos cuidados, e o alcoólatra será ameaçado com o pagamento de sobretaxas sociais. Ao aparecer de forma cada vez mais diferenciada, o custo social das atitudes individuais, a solidariedade e a liberdade caminharão cada vez menos juntas".

não há "absolutamente nada para assegurar se os indivíduos forem radicalmente particulares" (Rosanvallon, 1995, p. 56).

Organismos internacionais como a Cepal e, principalmente, o Banco Mundial e o Banco Interamericano de Desenvolvimento são promotores e sócios nessa reação estratégica para administrar as dificuldades de uma crescente diferenciação social. O modelo oferecido por esses organismos e adotado no caso uruguaio, assim como em outros países da região, implica estes dois níveis de funcionamento que correspondem à intensificação da divisão do trabalho social no campo socioassistencial:

1) Por um lado, esses organismos internacionais promoveram e apoiaram financeiramente a construção de campos documentais que (i) permitem inscrever a população beneficiária e o conjunto de prestações socioassistenciais em sistemas de informação para a administração, não mais de "fragilidades individuais", mas do conjunto populacional atendido e (ii) padronizar e controlar o trabalho dos operadores do campo socioassistencial. Esse pacote de sistemas e bases de informação permite o desenvolvimento de duas prestações relevantes para a racionalidade gerencial que orienta as práticas do campo assistencial e que obedecem, em última instância, ao mandato da eficiência:

(i) Mediante a substituição de trabalho vivo por trabalho morto, são sequestradas práticas profissionais "tradicionais" nas prestações assistenciais: a identificação de população potencialmente beneficiária, o acompanhamento e formas de vigilância de comportamentos "indesejáveis" ou, em termos politicamente corretos, o controle das condicionalidades e o encaminhamento para diversos programas e serviços sociais.

(ii) A tecnificação e informatização do campo assistencial são uma característica da administração gerencial da assistência e supõem novas formas de organizar e controlar o trabalho profissional: padronização das práticas, controle direto do trabalho (e dos trabalhadores) de campo através da informatização do processo (Vecinday, 2014).

Sem dúvida, o alcance dessa reestruturação está fortemente limitado pelas características dos objetos sobre os quais recai o trabalho nos serviços sociais e pela própria natureza desse trabalho. Mesmo reconhecendo essas peculiaridades, é possível identificar certas tendências nas novas formas de organizar o trabalho e a estruturação dos serviços sociais: crescente padronização das práticas (protocolização, tecnificação), o controle sobre os trabalhadores e seu trabalho (metas, controle, quantificação, produtos), despojamento do saber profissional (passagem necessária para a padronização das práticas, o controle do trabalho e a construção de tecnologias), crescente divisão do trabalho entre "planejadores" e "operadores", expropriação de funções tradicionalmente atribuídas a certas profissões (identificação e seleção, vigilância, controle).

A crescente tecnificação do campo socioassistencial é um aspecto central para compreender a reengenharia social do Estado e a promoção de novas formas de organizar o trabalho nos serviços sociais. Merece menção especial a incorporação de sofisticados sistemas de informação à gestão socioassistencial. O BID tem sido o principal órgão promotor do desenvolvimento de sistemas integrados de informação social na América Latina. A finalidade desses sistemas é constituir-se numa ferramenta para a priorização do gasto social. Os mecanismos de focalização e seleção de beneficiários são partes desses sistemas de informação, assim como do acompanhamento no controle das condicionalidades.

Numa recente apresentação pública, o Ministro do Desenvolvimento Social, o economista Daniel Olesker, resumia as seguintes realizações e funcionalidades dos sistemas de informação[15], entre as quais se destacam a possibilidade de georreferenciar "boa parte da vulneração ou da vulnerabilidade social, com uma escala de detalhe que chega ao domicílio e à pessoa", a consolidação de um sistema integrado de informação da área social, a criação de um sistema de identificação de prestações e a avaliação e acompanhamento do processo de trabalho.

Também se promove uma nova institucionalidade para a administração e a gestão do campo socioassistencial. No Uruguai, cria-se o Ministério do Desenvolvimento Social (MIDES), cujo objetivo institucional é "o tratamento de problemáticas sociais em que predominam critérios de insuficiência socioeconômica e/ou de atributos particulares de setores populacionais — grupos étnicos, de gênero e etários, entre outros" (Midaglia et al., 2010, p. 126). Por

15. Disponível em: http://www.mides.gub.uy/innovaportal/file/34690/1/presentacion_olesker_16_de_diciembre_de_2014_[modo_de_compatibilidad]_1.pdf. Acesso em: 28 dez. 2014.

sua vez, a criação do MIDES foi justificada como resposta institucional diante da necessidade de gerenciar uma multiplicidade de iniciativas distintas e dispersas que concentram suas prestações nesses grupos sociais.

O MIDES hierarquizou suas atividades de avaliação, monitoramento e acompanhamento, criando para tais fins a Dirección Nacional de Evaluación y Monitoreo, cujas principais tarefas se referem ao manejo de informação para subsidiar a tomada de decisões para a gestão[16].

2) Por outro lado, e paralelamente, promovem-se mecanismos para a administração das "fragilidades individuais" (Castel, 1984).

> É nesta busca por maior eficiência que se encontram os maiores desafios para o futuro: "personalizar" ainda mais a assistência social [...]. Como Banco Mundial, estamos satisfeitos por ter colaborado durante os últimos anos na criação e nas melhorias implementadas no sistema de proteção social no Uruguai (Siegenthaler, apud Banco Mundial, 2013, p. 3).
>
> A luta contra a exclusão social requer respostas integrais que impliquem todo o sistema de proteção social (emprego, moradia, saúde, educação, garantia de rendimentos). Entretanto, também é preciso transformar as formas de trabalho e os recursos do próprio sistema de serviços sociais. A gestão individualizada de casos e o acompanhamento social como fio condutor da intervenção são peças-chave de um modelo de atenção que, em determinadas condições, poderia ser muito mais eficaz contra a exclusão (Jara *et al.*, 2013, p. 12)

Este segundo polo da reestruturação dos serviços socioassistenciais consiste no desenvolvimento de diversas modalidades de "acompanhamento familiar" ou "de vizinhança [Cercanías]"[17*], cuja finalidade é conectar as famílias pobres com os serviços existentes. As atuais modalidades de acompanhamento

16. As seguintes tarefas da DINEM merecem destaque especial: criar os indicadores de avaliação dos programas, projetar os sistemas de registro de informação e fortalecer a implementação de programas para controlar os recursos, processos e produtos, construir bases de dados de beneficiários e prestações, construção e gestão dos sistemas de informação para as políticas sociais, desenvolver o trabalho de campo para a identificação e a seleção dos beneficiários, proporcionar informação cartográfica sobre a distribuição territorial de beneficiários e serviços etc.

17. *Nota da tradutora: O Programa Cercanías destina-se à proteção da infância e adolescência, propondo-se melhorar a eficiência das intervenções do Estado diante de situações de extrema

familiar, "proximidade" ou "vizinhança" aparecem fortemente associadas a programas sociais concentrados na pobreza e na indigência. Parece que com tais modalidades se pretendia "denunciar" o relativo fracasso das instituições sanitárias e educacionais e de seus agentes profissionais para desenvolver intervenções "bem-sucedidas" sobre essas famílias indigentes que são o "núcleo duro" da pobreza. No Uruguai, esses programas, denominados "prioritários", são definidos como programas "contra a exclusão que nascem a partir de uma crítica sobre a maneira como se estava chegando à população do núcleo duro da pobreza"[18]. Argumenta-se que

> as distintas manifestações da exclusão exigem diagnósticos e intervenções individualizadas e adaptadas a cada realidade. Isso torna necessária a aplicação de metodologias de trabalho social de gestão de casos. As pessoas com dificuldades especiais para se incorporar à sociedade necessitam de muito apoio para construir um itinerário de incorporação social bem-sucedido (Jara *et al.*, 2013, p. 13).

A versão contemporânea do acompanhamento familiar foi pensada como o outro componente das transferências de renda condicionadas, argumentando que "a maioria das situações de exclusão, quando precisam de acompanhamento, não permitem a saída da extrema pobreza" (Jara *et al.*, 2013, p. 13)[19]. A estratégia propõe somar a "transferência de ativos" à transferência de renda (Jara *et al.*, 2013)[20]. O caso do Chile é o mais representati-

---

vulnerabilidade social, considerando a família como sujeito. [Dados disponíveis em: https://plataformacelac.org/programa/1245. Acesso em: 10 jul. 2019.]

18. Disponível em: http://www.mides.gub.uy/innovaportal/file/34690/1/presentacion_olesker_16_de_diciembre_de_2014_[modo_de_compatibilidad]_1.pdf>. Acesso em: 28 dez. 2014.

19. "Os chamados Programas Prioritários do Governo têm como um fator de distinção uma opção metodológica em favor de uma aproximação muito personalizada e face a face com seus beneficiários. Isso se baseia no pressuposto de que, para atuar sobre as condições da pobreza de caráter estrutural, não basta apenas atribuir prestações ou transferir renda monetária a uma população específica, mas é necessário atuar sobre o campo das relações sociais que possibilitam a inclusão social". Extraído do Programa do 3er. Encuentro General del Programa Jóvenes em Red, citado por Vallejos, L. (2013), *La gran familia. Nuevos dispositivos de intervención familiar*. Monografia final do Curso de Especialização em Intervenção Familiar, DTS, FCS.

20. "As prestações econômicas e de trabalho, ainda que necessárias, não são suficientes. Há necessidade de outro tipo de ajudas, apoios e prestações técnicas para superar a exclusão. Para

vo, o Brasil é referenciado como um exemplo emblemático[21], enquanto no Uruguai subsiste uma dissociação[22] entre essas estratégias, ainda que ambas efetivamente trabalhem sobre uma população com perfil homogêneo. Os chamados programas "prioritários" buscam atender às famílias indigentes e, embora não apareçam associados aos programas de transferência de renda, a maioria de seu público-alvo são beneficiários ou potenciais beneficiários das Asignaciones Familiares del Plan de Equidad, principal programa de transferências para "combater" a pobreza[23].

Esses programas se caracterizam por ser "de proximidade", "com focalização muito forte" e baseados "no trabalho de vizinhança"[24]. Acreditamos que, neste ponto, e ao menos para o caso uruguaio, o aspecto "inovador" se limita apenas a reinscrever o que conhecemos como método de caso e como "visita domiciliar" na reconfiguração institucional e tecnológica das novas propostas de intervenção sobre a pobreza, fugindo da institucionalidade tradicional. Em outras palavras, as propostas de "acompanhamento familiar" são construídas como iniciativas que atuam fora dos serviços e prestações sociais universais com o objetivo de conectar as famílias pobres a esses serviços. A estratégia se revela um tanto paradoxal, pois pretende

---

isso, é preciso recorrer a várias técnicas de trabalho social, como, por exemplo, a realização de um acolhimento efetivo, a elaboração de diagnósticos compartilhados com o próprio usuário, a articulação da intervenção com base em compromissos mútuos e, sobretudo, a estruturação da intervenção em torno do acompanhamento social. Neste contexto, o acompanhamento social é definido como o trabalho de relação pessoal continuada, relativamente duradouro, de compreender as pessoas de modo a contribuir para que elas mesmas entendam e comecem a dominar sua situação e os fundamentos de suas dificuldades, e de apoio para ativar e mobilizar recursos, capacidades e potencialidades próprias e de seu entorno" (Jara *et al.*, 2013, p.13).

21. "Este modelo (o CRAS) não é atraente apenas por incluir uma oferta especializada de atenção a famílias, mas por incorporar novos padrões na gestão. Um deles é o sistema de registro, e sua articulação com as instituições da rede de proteção social" (Jara *et al.*, 2013, p. 16).

22. Em outros países, como o Brasil e o Chile, por exemplo, os beneficiários dos programas de renda condicionada participam desse tipo de programas de proximidade como parte do acompanhamento de descumprimento das condicionalidades educacionais e sanitárias. No caso uruguaio, a participação nos programas de *Cercanías* não é claramente associada ao descumprimento das condicionalidades, mas seus beneficiários são os mais pobres dos programas de transferência de renda.

23. Disponível em: http://www.mides.gub.uy/innovaportal/file/34690/1/presentacion_olesker_16_de_diciembre_de_2014_[modo_de_compatibilidad]_1.pdf. Acesso em: 28 dez. 2014.

24. Disponível em: http://www.mides.gub.uy/innovaportal/file/34690/1/presentacion_olesker_16_de_diciembre_de_2014_[modo_de_compatibilidad]_1.pdf. Acesso em: 28 dez. 2014.

"integrar" as famílias em suportes sanitários e educacionais atuando fora deles. Essas estratégias não são parte constitutiva dos serviços oferecidos por políticas sociais setoriais e universais. Por sua vez, a eficiência fundamenta-se na vulneração das formas de contratar o trabalho profissional e na precarização de suas condições laborais.

Vários pesquisadores (Castel, 1984; Mitjavila, 1999; Huws, 2009) dedicaram-se à análise dos possíveis impactos das novas formas de organização do trabalho no campo social sobre as práticas profissionais. Para alguns deles, essas práticas tendem a desaparecer ao ser tendencialmente substituídas por sistemas de informação e estruturas de gerenciamento. Para outros, tais processos são sintomas de uma progressiva perda de poder dos agentes profissionais diante dos administradores dos serviços sociais e assistenciais. Para outros, entretanto, as novas tecnologias políticas de gestão requerem tanto o gerenciamento político-administrativo da população como a individualização dos riscos como condição de possibilidade para a construção dos mapeamentos populacionais.

As alterações observadas parecem indicar uma metamorfose da natureza da atividade de algumas profissões como o Serviço Social, mas não seu desaparecimento pela perda de sua utilidade social. A necessidade social do Serviço Social fundamenta-se nos atributos característicos da reconfiguração do campo assistencial: a profissão é requerida para o registro das particularidades individuais e a administração das "fragilidades individuais" em espaços de relacionamento "face a face" para em seguida diluir essas particularidades num novo campo documental constituído pelas cada vez mais sofisticadas bases de dados e sistemas de informação (Vecinday, 2012).

Talvez seja por isso que, apesar do sequestro de algumas práticas profissionais e dos crescentes níveis de tecnificação do campo socioassistencial, o nível de ocupação de nossa profissão não tenha sofrido alterações significativas. Talvez a natureza do trabalho nos serviços sociais e sua expansão — ainda que focalizada e precarizada — até os situados nas "margens da sociedade oficial" (Netto, 1996, p. 96) ajudem a entender as limitações estruturais que essa esfera particular de práticas apresenta para a substituição do trabalho vivo.

Para concluir: dilemas, problemas e desafios do Serviço Social no cenário contemporâneo

A relação conflituosa entre as instâncias de construção teórica e as práticas profissionais tem aspectos insuperáveis. Como afirma Guerra (1995), a famosa frase "na prática a teoria é outra" corresponde à natureza das exigências de radicalidade do trabalho teórico e ao inevitável sincretismo da administração burguesa da questão social. Essa contradição tem aspectos estruturais e aspectos conjunturais que podem ser superados.

O que se assinala nestas páginas é que, no tratamento da questão social realizado nesta fase do capitalismo e dominado por uma hegemonia neoliberal, tal contradição adquire uma dramaticidade inédita. É pelo desenvolvimento das esferas constitutivas da profissão que tal dramaticidade atinge sua maior intensidade: por um lado, a capacidade que o Serviço Social teve de ocupar ativa e criticamente os espaços conquistados no mundo acadêmico permitiu um desenvolvimento sem precedentes de sua capacidade reflexiva e, por outro, a banalização e a desresponsabilização do Estado diante da questão social dinamitaram, ao menos circunstancialmente, as pontes necessárias entre essas esferas da atividade profissional.

Entre o fatalismo e o messianismo parece caber apenas um irrelevante cinismo, produzido pela tensão entre a capacidade de reflexão crítica atingida por nossos profissionais e as demandas que se colocam à profissão, marcadas fortemente pelos processos de tecnificação, protocolização, padronização e controle das práticas ou, em poucas palavras, pelo crescente embate sobre as margens da autonomia relativa dos profissionais.

Como sempre, a única resposta possível é a política: as possibilidades de enfrentar essa fragmentação do corpo profissional só podem ser tratadas mediante a capacidade política de seus agentes. Construir um projeto ético-político implica a organização coletiva do corpo profissional como forma de enfrentar as restrições apontadas. Essa tarefa não pode recair sobre os ombros dos profissionais, considerados isoladamente; neste sentido, não há lugar para a responsabilização individual, mas caberá às esferas acadêmicas e da categoria liderar esse processo com o objetivo de alcançar a organicidade da profissão sobre novas bases.

As tensões e desafios produzidos pelo forte hiato criado entre uma produção acadêmica crítica e o tipo de prática profissional que parece ser requerido do Serviço Social representam conflitos e lutas que ameaçam a unidade das distintas esferas constitutivas da profissão, mas, fundamentalmente, simbolizam um novo estágio do desenvolvimento profissional que põe em questão seu caráter tradicionalmente conservador ao incorporar a teoria crítica na formação de seus quadros e na produção de conhecimento. Neste sentido, que seja bem-vinda essa contradição que nos afasta, ao menos provisoriamente, de um passado mais ou menos recente em que o Serviço Social uruguaio teve as mesmas características apontadas por Netto (2001) para a profissão no Brasil até meados dos anos 1960: relativa homogeneidade nas respostas profissionais, distanciamento de toda forma de participação político-partidária, uma precária e pouco significativa produção teórica. Essa unidade da profissão expressou-se na ausência de disputas importantes e em certo consenso sobre a atividade profissional.

Transformar os objetos, as preocupações e as condições de trabalho de nossos profissionais em programa de pesquisa parece ser um dos caminhos mais propícios para consolidar a unidade entre as distintas esferas que fazem a atividade profissional. Isso sem descuidar dos aspectos político-organizativos que, no âmbito da categoria, têm a missão de contribuir para o posicionamento social da profissão.

Parte dos obstáculos objetivos colocados sobre a prática profissional são decorrentes da intensificação do tipo de trabalho a que está submetida a profissão no contexto desses novos programas. Essa prática se organiza seguindo as clássicas determinações do processo de trabalho taylorista: (i) separação entre planificação e execução, (ii) prescrição detalhada das tarefas, (iii) controle da produtividade, (iv) controle dos processos e produtos do trabalho, (v) padronização-digitalização dos processos e, (vi) predomínio de uma lógica quantitativa sobre uma lógica qualitativo-processual.

Essa modalidade de organização da prática profissional se impõe aos trabalhadores sociais enquanto profissionais assalariados e é notório seu impacto sobre as margens de autonomia relativa do profissional.

Além disso, com a tecnificação crescente dos novos programas sociais, tende a economizar trabalho vivo. Sabe-se que o custo do trabalho morto é amortizado numa margem de tempo calculável e é mais eficiente que o emprego sistemático de profissionais da assistência. É claro que nem todos os espaços de intervenção profissional são suscetíveis de ser tratados dessa forma e, por isso, permanece uma demanda social sobre o Serviço Social. Entretanto, algumas funções historicamente atribuídas à nossa profissão estão sendo expropriadas ou heteronomamente prescritas e regulamentadas. Em muitos dos atuais dispositivos de "combate à pobreza", a informatização do campo socioassistencial permite deixar de lado os profissionais intermediários entre um recurso institucional e uma necessidade social: só serão beneficiários aqueles que são considerados como tais a partir de uma definição abstrata e pré-construída tecnicamente de acordo com parâmetros de focalização precisos e rigorosos. Além disso, as práticas profissionais em espaços "face a face" nos programas de "combate" à pobreza são práticas protocolizadas, padronizadas e controladas burocraticamente, cerceando a autonomia relativa e desqualificando a contribuição do trabalho profissional.

A administração das fragilidades individuais (Castel, 1986) é a demanda colocada sobre uma prática profissional que, ao menos nesse tipo de propostas de "combate" à pobreza, é despojada de recursos materiais concretos. Pensar as estratégias de "combate" à pobreza como dois pilares, o da transferência de renda e o da transferência de ativos, supõe uma separação das esferas práticas do campo socioassistencial que se institucionaliza na divisão do trabalho em seu interior e entre seus agentes profissionais. Enquanto as transferências materiais se moldam a parâmetros centralizados, tecnificados e afastados do arbítrio do profissional de campo, a administração das fragilidades individuais se limita às transferências simbólicas características do "conselho" e do "enquadramento".

Exige-se da profissão o trabalho "corpo a corpo" com o núcleo duro da pobreza num momento histórico particular marcado pelo triunfo político da esquerda, que logo inaugurará seu terceiro governo consecutivo. Nessa conjuntura, registram-se discursos, muitos deles proferidos por profissionais do Serviço Social, que pareceriam querer dizer algo como "agora quem governa somos nós, os bons, melhoramos os indicadores de pobreza e indigência e, portanto, se persistem situações de exclusão é por problemas técnicos e não mais políticos". Segue-se daí uma forte demanda sobre o Serviço Social e outras profissões relativa à necessidade de atuar como "técnicos bem adestrados" (Netto, 1996). Essa demanda é reproduzida por parte do corpo profissional, que exige da academia o fornecimento de ferramentas mais adequadas para a intervenção profissional. Diante das dificuldades para "tornar independentes os dependentes" e "fazer andar os coxos" (Bauman, 2001), levantam-se vozes que pedem ao Serviço Social novos instrumentos e técnicas para alcançar esses objetivos. Se não se pode negar a necessária reflexão sobre os aspectos mais instrumentais da intervenção profissional, não é correto buscar ali a origem de nossas dificuldades: "o futuro do trabalho [...] não depende hoje de tornar mais precisas e mais estritas e centralizar melhor as regras, as classificações, o procedimento, nem de reduzir a variedade e a complexidade das necessidades e dos problemas humanos" (Bauman, 2001, p. 98)[25].

O futuro do Serviço Social está, antes de tudo, ligado ao futuro das formas assumidas pela proteção social e por suas bases filosóficas de sustentação e vinculado à compreensão que a profissão alcançar de tais alterações e de seu impacto na prática do ofício. O futuro do Serviço Social não deve estar preso à "execução procedimental de normas" nem a construção de categorias e classificações cuja consequência é o ocultamento da singularidade do sofrimento humano. O futuro do Serviço Social deveria estar vinculado à crítica teórica e praticamente fundamentada de nossa atividade profissional e de seus suportes institucionais, e ao debate ético-político que a atravessa.

Entendemos que uma compreensão exaustiva das demandas colocadas à nossa profissão requer decifrar a significação da prática profissional no atual contexto de desenvolvimento capitalista para superar a ingenuidade de uma visão acrítica sobre a bateria de instrumentos e protocolos que podem reduzir a prática profissional ao mero exercício procedimental.

Parte do desencanto registrado por estes profissionais quanto às possibilidades e perspectivas de sua prática para melhorar as condições de vida das populações às quais se destina está indissoluvelmente ligado à precarização da proteção social. Esse desencanto é efeito da crise dos modelos instituídos de proteção social e sua precarização, que deixa com poucas respostas os profissionais do campo socioassistencial, ao mesmo tempo que a persistência e/ou o aumento das desigualdades social são uma usina de demandas permanentes de cuidado e proteção social.

---

25. De fato, e contraditoriamente, é necessário chamar a atenção para o pleno emprego de nossos profissionais em momentos de perda de "sentido econômico" do ofício, em outras palavras, de crise dos suportes sociais que servem ao objetivo de tornar independentes os dependentes e fazer andar os coxos.

Referências

BANCO MUNDIAL. *Hacia un Uruguay más equitativo. Los desafíos del sistema de protección social*. Banco Mundial, 2013. Disponível em: http://www.worldbank.org/content/dam/Worldbank/document/LAC/hacia_un_uruguay_mas_equitativo_web.pdf. Acesso em: 20 ago. 2019.

BAUMAN, Z. *La sociedad individualizada*. Madrid: Ediciones Cátedra, 2001.

BENTURA, J. P. *La "Cuestión Social" como construcción ideológica*: Propuesta de una tipología para su comprensión. Análisis del caso de la Política Asistencial del gobierno del Frente Amplio. Tese de Doutorado. Facultad Latinoamericana de Ciencias Sociales (FLACSO), Argentina, 2011.

______. Posgrados e investigación en el Trabajo Social uruguayo: un proceso de transformación por lo alto. *Revista Escenarios*, ano 10, n. 15, Facultad de Trabajo Social, Universidad Nacional de La Plata, 2010.

CASTEL, R. *La gestión de los riesgos*: De la antipsiquiatría al post-análisis. Barcelona: Anagrama, 1984.

______. De la peligrosidad al riesgo. *In*: VV.AA. *Materiales de Sociología Crítica*. Madrid: Ediciones de La Piqueta, 1986. p. 219-243.

DANANI, C.; KRMPOTIC, C.; PETROZZINI, S.; ROSSI, D. Acerca de la investigación en Trabajo Social. *Trabajo Social Hoy*, Montevidéu, v. 4, n. 10, 1993.

GRASSI, E. La implicancia de la investigación social en la práctica profesional del trabajo social. *Revista de Treball Social*, Barcelona, n. 135, 1994.

GUERRA, Y. *A instrumentalidade do Serviço Social*. São Paulo: Cortez, 1995.

HUWS, U. A construção de um cibertariado? Trabalho virtual num mundo real. *In*: ANTUNES, R.; BRAGA, R. (Orgs.). *Infoproletários:* degradação real do trabalho virtual. São Paulo: Boitempo, 2009. p. 37-58.

IAMAMOTO, M. V. *Renovação e conservadorismo no Serviço Social*. São Paulo: Cortez, 1995.

JARA, P.; BARRIGA, P.; VILLAFUERTE, A.; GONZALEZ, C. *Modalidades de acompañamiento familiar en los servicios sociales*. Memoria del Diálogo Regional de Política de la Red de Protección Social y Salud. Quito: Banco Interamericano de Desarrollo, 2013.

MIDAGLIA, C.; CASTILLO, M.; FUENTES, G. El significado político de los Ministerios Sociales en Argentina, Chile y Uruguay. *Revista Chilena de Administración Pública*, n. 15-16, p. 123-154, 2010.

MITJAVILA, M. La externalidad de los discursos contemporáneos sobre la investigación en Trabajo Social. *Revista Fronteras*, n. 3, DTS — FCS — Universidad de la República. Fundación de Cultura Universitaria. Montevideo, 1998.

______. *O risco e as estratégias de medicalização do espaço social:* Medicina Familiar no Uruguai (1985-1994). Tese (Doutorado em Sociologia) — Universidade de São Paulo, São Paulo, 1999.

MONTAÑO, C. *La naturaleza del Servicio Social*. São Paulo: Cortez, 1998.

NETTO, J. P. *Capitalismo monopolista e Serviço Social*. São Paulo: Cortez, 1992.

______. Transformações societárias e Serviço Social — notas para uma análise prospectiva da profissão no Brasil. *Serviço Social & Sociedade*, São Paulo, ano XVII, p. 87-132, 1996.

______. *Ditadura e Serviço Social. Uma análise do Serviço Social no Brasil pós-64*. São Paulo: Cortez, 2001.

______. Crise do capital e consequências societárias. *Serviço Social & Sociedade*, São Paulo, n. 111, 2012.

OFFE, C. *La sociedad del trabajo*. Madrid: Editorial Alianza, 1992.

ROSANVALLON, P. *La nueva cuestión social. Repensar el Estado providencia*. Buenos Aires: Ediciones Manantial, 1995.

VALLEJOS, L. *La gran familia. Nuevos dispositivos de intervención familiar*. Monografia final do Curso de Especialização em Intervenção Familiar, DTS, FCS, 2013.

VECINDAY, L. *Protección Social en Uruguay. Transformaciones institucionales y tecnológicas del esquema de protección social*. Montevidéu: Comisión Sectorial de Investigación Científica, 2014.

______. La reconfiguración del campo asistencial. El caso del Plan de Equidad de Uruguay. *Serviço Social & Sociedade*, São Paulo, n. 116 — Especial, 2012.

WACQUANT, L. *Castigar a los pobres. El gobierno neoliberal de la inseguridad social*. Barcelona: Gedisa, 2010.

Colômbia

O Serviço Social na Colômbia: história e contemporaneidade

Roberth Salamanca Ávila
Sergio Andrés Quintero Londoño

Introdução

Para uma análise adequada sobre a gênese, desenvolvimento e contexto atual do Serviço Social na Colômbia, consideramos necessário partir do reconhecimento de duas premissas teórico-políticas que norteiam o surgimento da profissão no contexto latino-americano. A primeira corresponde às condições determinantes do modo de produção capitalista na sua etapa dos monopólios; e a segunda obedece às condições particulares nas quais o capital monopolista se desdobra no contexto da economia periférica latino-americana[1]. Estas duas bases fundamentais suportam as condições objetivas sobre as quais se configura a profissão passando por diferentes períodos históricos, até chegar ao contexto da mundialização do capital.

Ao incorporar o conteúdo amplo e profundo dessas premissas, como consequência imediata, apresenta-se a negação de um dos principais eixos explicativos que, na Colômbia (e na maioria dos países latino-americanos),

---

1. Não cabe ao presente texto aprofundar-se nos argumentos destas duas premissas, porém indicamos algumas referências que contribuem na construção de seu *corpus* teórico: Lenin (1961), Mandel (1985), Fernandes (2009), Ianni (1965), Cueva (1977), García (1972), Netto (2012), Iamamoto (2002), Manrique Castro (2013).

expõe a "história profissional". Referimo-nos à análise *endógena* na qual se tenta compreender, de forma autonomizada, as contradições do Serviço Social e a luta de classes, dando margem à dualidade "história profissional" e "história social". Orientados pela tradição marxista, entendemos que as contradições estruturais do modo de produção capitalista constituem as forças determinantes a partir das quais se desenvolvem as relações sociais, incluídas as instituições e até a vida cotidiana, entre muitas outras. O Serviço Social não fica fora de tais determinações, motivo pelo qual é preciso achar as mediações que o relaciona com a totalidade do ser social no mundo hegemonizado pelo capital.

Ao pesquisar o desdobramento do Serviço Social (na sua gênese e profissionalização), achamos as mediações que o colocam como uma profissão inserida na contradição capital-trabalho, que vai mudando na medida em que as relações sociais entre as classes também mudam, de acordo com o metabolismo do capital e a correlação de forças existente em cada período.

Na exposição histórico-sistemática do caso colombiano, damos conta de um primeiro momento em que aparece com clareza a necessidade da profissionalização do Serviço Social (década de 1930), passando pela aceleração na abertura de novas escolas nos anos 1950, pelo processo de Reconceituação dos anos 1960 e 1970, até chegar às configurações contemporâneas, em momentos nos quais, produto da crise do capital, se redimensiona a luta de classes e a atuação profissional fundada em algumas dimensiones concretas. Na nossa exposição, procuramos mostrar as mediações do processo determinante entre as relações sociais e o percurso dinâmico do desenvolvimento profissional na Colômbia, tentando contribuir ao esclarecimento da relação sociedade-profissão na contemporaneidade.

Gênese do Serviço Social na Colômbia

A configuração particular do modo de produção capitalista na Colômbia, mesmo apresentando características "próprias", se enquadra no metabolismo do capital monopolista que opera na periferia. O desenrolar de uma economia dependente com pouco desenvolvimento das forças produtivas, regulada por relações de subordinação ao capital transnacional, constitui um sistema de produção e reprodução social que, inserido no sistema mundo, apresenta altos níveis de superexploração e pauperismo.

A instauração plena do capital na Colômbia vai se apresentar num contexto histórico em que os monopólios têm se colocado no comando das relações político-econômicas no nível mundial. A transição vivida na Colômbia nos anos 1920 e 1930 mostram a mútua determinação e dependência do "capital nacional" e "estrangeiro", embora fique clara a relação de *subsunção* orientada pelos monopólios transnacionais.

No marco dos anos 1930, adequando a economia nacional às necessidades do mercado internacional, o Estado, administrado pelo Partido Liberal, implementa diversas medidas modernizadoras através de reformas constitucionais[2]. A modernização das relações de exploração no campo e, especialmente, a instauração das primeiras medidas de industrialização conseguem mudar as relações políticas e econômicas nacionais, passando de um país predominantemente agrícola com 70% da população nas zonas rurais, a um novo contexto (nos anos 1950) em que a mesma proporção da população vive nas grandes cidades.

O desenvolvimento capitalista periférico na Colômbia foi possível pela atuação do Estado, que no período entre guerras, dando continuidade às reformas referidas, reestrutura seu aparelho institucional, dando resposta às novas configurações sociais, políticas e econômicas geradas pelas metamorfoses do capital.

> Este proceso de planificación y racionalización administrativa se puede demostrar con la Organización del Ministerio de Trabajo, Higiene y Previsión Social (en 1938), la creación del ICT (Instituto de Crédito Territorial, 1939) y el ICSS (Instituto Colombiano de Seguros Sociales, 1946) (Martínez; López *et al.*, 1981, p. 54).

---

2. Desde a constituição do Estado nacional republicano nos inícios do século XIX até o século XXI, a administração do Estado tem sido comandada pelos dois partidos políticos tradicionais: Liberal e Conservador.

Porém, mesmo que a intervenção do Estado se torne fundamental para a adequação do capital periférico à dinâmica internacional, tal intervenção não se apresenta de forma exclusiva, porque existem instituições como a Igreja Católica que, mostrando força e capacidade, entra no campo das contradições para defender sua doutrina e visão de mundo. A ideia da *reforma social* inserida no pensamento da maioria dos seguidores da Igreja Católica serve como matriz orientadora na intervenção social, seja de forma direta com ações caritativas nas *comunidades*, seja através de práticas especializadas desempenhadas por técnicos e profissionais como assistentes sociais[3].

A forma em que se desenvolve o capital periférico mostra novas condições de produção e reprodução, embora, mesmo com as mudanças importantes produzidas pela incipiente industrialização, não consegue romper nem se afastar de antigas estruturas de poder (como o latifúndio e a Igreja Católica).

A expulsão de camponeses dos territórios (num processo muito similar ao apresentado por Marx na *Chamada acumulação originária*) se baseia em medidas legais e ilegais, fortalecendo o latifúndio, provocando a proletarização no campo e o pauperismo da nova classe operária. As configurações sociopolíticas estimulam contradições protagonizadas e sofridas pelas classes sociais enfrentadas tanto no campo como na cidade, colocando novas expressões da *questão social*, perante as quais se implementam projetos de assistência social da Igreja e do Estado, algumas vezes de forma separada, e outras em parceria institucional. Em síntese, as novas condições exigem um rearranjo no tratamento das contradições do modo de produção, surgindo como pressuposto e consequência a execução de políticas sociais.

Produto dessas condições e das demandas postas pelo desdobramento das relações sociais, cria-se a primeira escola de Serviço Social em Bogotá, no ano 1936, anexa ao *Colegio Mayor de Nuestra Señora del Rosario*, combinando as orientações da hierarquia católica apresentadas na encíclica papal *Quadragésimo ano*, a *União Católica Internacional de Serviço Social*, e as diretrizes do capital monopolista, especialmente através do Estado[4].

---

3. Cf. Manrique Castro (2013).

4. A primeira escola começa a funcionar em 1937 e é reconhecida pelo governo nacional por meio da Resolução n. 317 de 1940 (Martínez; López *et al.* 1981). Esta escola de Serviço Social

No início da profissionalização, não só a *orientação* (político-ideológica) do Serviço Social fica nas mãos da institucionalidade conservadora (Estado e Igreja), como também a *execução* de suas principais diretrizes condizentes com a extração de classe que compõe os cursos de formação corresponde a elites políticas e econômicas nacionais e regionais[5].

Durante os anos 1940, as relações capitalistas se cristalizam cada vez mais, e a intervenção do Estado para garantir o *desenvolvimento econômico* se faz indelével e adquire mais força. Este processo se enquadra na dinâmica regional latino-americana do avanço do capital implementado através do *projeto desenvolvimentista*. O suposto metabolismo "autossuficiente" do capital cada vez mostra mais seus limites, já que só através da atuação do Estado consegue executar o rearranjo das relações produtivas capitalistas, imbuídas nas contradições da Segunda Guerra Mundial e da distribuição monopolista do mercado.

A implementação das medidas interventivas como elemento fundamental no atendimento às manifestações da *questão social* cada vez adquire formas modernizadoras mais definidas. As políticas sociais se colocam como elemento central na intervenção do Estado, processo pelo qual ao mesmo tempo se atendem interesses da classe trabalhadora e das classes hegemônicas. O enfrentamento das classes antagônicas, pelos interesses conflitantes que as caracteriza, coloca em outro patamar a intervenção do Estado, ao reconhecer que este não se comporta como uma instituição neutra e supraclassista, senão, pelo contrário, como uma arena de luta onde a correlação de forças determina sua forma de intervenção.

As contradições entre as classes exigem a especialização mais elaborada do Estado na sua intervenção econômica e social, consolidando a modernização iniciada nos anos 1930.

---

fechou atividades em 1956, e em seu período de duração graduou 95 visitadoras sociais. (Cifuentes; Gartner, 2003).

5. Segundo Malagón (2001), os cursos iniciaram com 20 alunas inscritas e 10 senhoras ouvintes interessadas em obras sociais; entre elas se encontrava *Lorencita Villegas de Santos*, esposa de *Eduardo Santos Montejo*, presidente da República entre 1938 e 1942.

> Como instrumento fundamental para ejercer la dominación y el control social e impulsar el desarrollo ha surgido la Planeación socio-económica [...] Para la ejecución de dichos programas, el Estado entra en un proceso de reformas constitucionales que le abren el camino a su papel interventor frente a la problemática socio-económica, e igualmente en un proceso de crecimiento, que se manifiesta en dos fenómenos: la institucionalización y la burocratización. (Martínez; López *et al.*, 1981, p. 10).

Dessa maneira, na Colômbia, como em toda América Latina, o Serviço Social se constitui como uma profissão encarregada de atender às novas manifestações da *questão social*, dando um tratamento "especializado" às demandas do capital e das classes trabalhadoras; embora a resposta mais eficaz se apresente perante os interesses do seu empregador, cujo Estado é seu maior representante[6].

Corresponde a essas condições, a criação da segunda escola de Serviço Social aberta em Medellín no ano 1945, aprovada pela Resolução n. 1.216 de 1947, anexa à *Normal Antioqueña de Señoritas*, e depois à *Universidad Bolivariana da Arquidiócesis de Medellín* (Martínez; López *et al.*, 1981).

A demanda de profissionais executores das *políticas sociais* para manter a ordem e garantir o "Desenvolvimento Social" exige ao Estado definir os principais critérios de formação para as faculdades e escolas públicas de Serviço Social, o que ocorrerá em 1948 mediante a Lei n. 25. A partir de então, a formação profissional não depende só das medidas autônomas adotadas pela Igreja ou pelas classes dominantes orientadas por interesses particulares, mas será um processo institucional centralizado pela regulação estatal, como uma resposta global e planificada à *questão social*.

Durante os anos 1950, avança o processo paralelo de refinamento da política social e da profissão. Assim, sustentado nos denominados Métodos Tradicionais, o Serviço Social se qualifica e prepara para a posterior expansão nacional, o reconhecido e o legitimado pelo Estado e pelas classes trabalhadores.

6. Iamamoto e Carvalho inauguram uma análise madura inspirada na tradição marxista, na qual se compreende o Serviço Social como uma profissão contraditória inscrita na divisão social do trabalho. Cf. Iamamoto e Carvalho (1984).

A crise do capital e a Reconceituação

Na América Latina e na Colômbia se apresenta de forma mais simples e reduzido o período *desenvolvimentista* que coincide com o processo de "Estado de Bem-Estar" na Europa e o *"New Deal"* nos Estados Unidos, os quais foram base fundamental para o avanço do capital durante as *três décadas douradas do imperialismo*[7]. As medidas adotadas para o desenvolvimento econômico e social, tais como a *substituição de importações* (de bens de consumo), rapidamente são neutralizadas pelos seus próprios limites, os quais correspondem aos limites da economia periférica do capital monopolista[8].

As contradições próprias do sistema capitalista se manifestam num processo de *crise estrutural*, que atinge tanto o capital central como o periférico. As expressões da crise sistêmica se apresentam nos mais diversos níveis da vida sociopolítica e econômica, que vão desde o sistema financeiro, o comércio internacional do petróleo, as crises políticas de vários Estados e instituições, passando por guerras, até chegar à vida cotidiana[9]. No caso do Serviço Social, a crise se manifesta através do Movimento de Reconceituação, processo desenvolvido na maioria dos países latino-americanos, encarregado de submeter a uma análise crítica tanto os fundamentos profissionais como a lógica imperialista liderada principalmente pelos Estados Unidos.

A luta de classes na Colômbia durante os anos 1960 e 1970 se expressa através de "velhas" ou "clássicas" formas de enfrentamento, ao mesmo tempo que emergem ou se fortalecem outras expressões organizativas. A classe

---

7. Ver Mandel (1985).

8. No texto já referenciado de Martínez; López *et al.* 1981 (1981) se reconhecem pelo menos 4 limites: 1) dependência de tecnologia, maquinaria e matéria-prima estrangeira, 2) financiamento da burguesia comercial e latifundiária vinculadas [e dependentes] ao mercado externo, 3) capacidade limitada só para abastecer bens de consumo no mercado interno, e 4) pouco consumo da produção manufatureira devido à baixa capacidade de compra da população assalariada. Em seu contexto, Ianni (1965) apresenta limites parecidos no caso do capitalismo periférico no Brasil durante os anos 1940 e 1950.

9. São muitos os estudos marxistas que pretendem dar conta da crise como elemento inerente ao sistema capitalista, também variadas análises se concentraram sobre as particularidades da crise capitalista dos anos 1960 e 1970 (de onde adotamos a expressão de "*crise estrutural*"); porém, acreditamos que a melhor compreensão da contradição se encontra nos estudos de Karl Marx na sua obra *O Capital*, especialmente na análise da composição orgânica do capital e suas variações.

trabalhadora se manifesta por meio da luta sindical; partidos políticos como o Comunista fortalecem sua incidência em algumas regiões; acrescenta-se a luta camponesa com organizações como a ANUC (Associação Nacional de Usuários Camponeses); há visibilidade e capacidade de luta dos povos indígenas, representados principalmente pela ONIC (Organização Nacional de Indígenas da Colômbia); os estudantes propiciam um novo contexto na área da educação através da FUN (Federação Universitária Nacional), principalmente nas universidades públicas; criam-se fortes movimentos sociais, como o Frente Unido, liderado por Camilo Torres, e a ANAPO (Aliança Nacional Popular), ao mesmo tempo em que surgem distintos grupos guerrilheiros, como as Forças Armadas Revolucionárias da Colômbia (FARC), Exército de Libertação Nacional (ELN), EPL, M-19.

As contradições do capital tanto no centro como na periferia criam as condições objetivas para o processo renovador no qual se inscreve a Reconceituação[10]. Porém, tais mediações devem ser capturadas com mais precisão.

Segundo Netto (2012), são três os vetores que possibilitam o avanço da Reconceituação na América Latina, os quais se apresentam de forma clara no caso colombiano. Primeiro, *a crise das ciências sociais* encontra suas particularidades na criação da primeira escola de sociologia (1959-1960), ministrada na Universidade Nacional de Bogotá por intelectuais críticos, alguns deles inscritos na tradição marxista, os quais questionam o positivismo e o funcionalismo, ao mesmo tempo em que propõem novas formas de pesquisa e intervenção[11]. Segundo, a *renovação da Igreja Católica* vivencia um dos processos mais intensos na Colômbia por meio da *teologia da libertação*, inspirada pelo Concílio Vaticano II e, especialmente, pela Conferência Episcopal de Medellín em 1968; nesse processo, a personificação encarnada no padre Camilo Torres Restrepo repercute nas fronteiras nacionais e

10. O processo da Reconceituação não vai ser homogêneo nem linear, nele se acham pelos menos três tendências teórico-políticas que expressam as contradições que num plano mais geral caracteriza a luta de classes: a modernização, a reatualização do conservadorismo e a intenção de ruptura. Estas três propostas foram analisadas por Netto no caso da renovação profissional no Brasil sucedida após o golpe civil-militar de 1964.

11. Orlando Fals Borda, um dos fundadores da sociologia crítica na Colômbia, adquire interlocução e reconhecimento em toda a região latino-americana pela sua proposta de *Investigação Ação Participativa*, proposta que ainda no século XXI subsidia a práxis crítica de alguns setores políticos e acadêmicos.

internacionais. Terceiro, o *movimento estudantil* se fortalece no início dos anos 1970, até conseguir deflagrar a maior greve estudantil na história da universidade colombiana durante o século XX. Ela propõe e luta pela democratização e autonomia universitária, liberdade de cátedra, desenvolvimento de pesquisa crítica e desenvolvimento técnico e científico correspondente com as necessidades dos povos e não do mercado.

As condições sociopolíticas mencionadas, junto às contradições internas da profissão, propiciam o contexto, nas principais universidades do país, para o fortalecimento do processo da Reconceituação que vinha desde meados dos anos 1960 no Cone Sul[12]. Estudantes e professores em Manizales, Bogotá, Bucaramanga, Cali, e Medellín intensificam o debate sobre a necessidade de superar os "Métodos Tradicionais" e construir uma nova profissão que "aporte na revolução continental"[13].

> Se puede afirmar que el movimiento (de Reconceptualización) surge en Colombia, principalmente a partir de 1969, con mayor vigor en las carreras de Trabajo Social de la Universidad de Caldas y de la Universidad Nacional; en menor proporción en las carreras de Trabajo Social de la Universidad del Valle, Antioquia, Industrial de Santander, Cartagena, Externado de Colombia; y al margen de este proceso se mantuvieron la Pontificia Bolivariana de Medellín, la Salle y la Javeriana (Torres, 2005, p. 106).

Uma das experiências mais desenvolvida da Reconceituação na Colômbia, que terá impacto em outros países, é o denominado "Método Caldas", proposta teórico-metodológica que recolhe alguns elementos da tradição marxista, construída de forma coletiva por professores da Universidade de Caldas e da Universidade Nacional[14].

No segundo lustro dos anos 1960 e durante os anos 1970, o processo de renovação profissional na Colômbia atravessa as fronteiras nacionais e

---

12. Tomamos como referência do início da Reconceituação os Seminários Regionais Latino-americanos de Serviço Social iniciados em 1965 na cidade de Porto Alegre.

13. O Movimento da Reconceituação tem sido objeto de diversas análises, nos quais se identificam aportes e limites. Cf.: Lima Santos (1979), Netto (1981) e Alayón (2005).

14. Para uma análise introdutória do "Método Caldas", cf. Quintero (2014).

estabelece contato direto com outros processos da América Latina através dos Seminários Regionais Latino-americanos de Serviço Social, os Seminários da ALAETS e o CELATS.

Nesse período, a profissão se apresenta plenamente consolidada dando mostras de amadurecimento, não só pela incorporação do referencial heurístico das Ciências Sociais (principalmente do funcionalismo e do positivismo, com alguns elementos do marxismo), como também pelo reconhecimento (estatal e social) possibilitado pelas estruturas organizativas como o Conselho Nacional de Trabalho Social (criado pela Lei 53 de 1977, mas instalado em 1986), o Conselho Nacional para a Educação em Trabalho Social (1951), as associações de assistentes sociais e a Federação Colombiana de Trabalhadores Sociais (1978)[15]. Segundo Jesús Glay Mejia, "[...] de las trece escuelas que existían en 1974, nueve se crearon a partir de 1960. En 1976, en esas trece escuelas había aproximadamente 2000 estudiantes matriculados, y el número aproximado detenían alrededor de 2300 egresados." (Mejía Naranjo, 2014, p. 446).

O Serviço Social no contexto contemporâneo de crise

Na análise do capitalismo contemporâneo, pode-se constatar que este vem privilegiando o capital financeiro e que, com a aplicação das medidas neoliberais, ocorreu uma transferência sem precedentes de recursos e renda dos pobres para os mais ricos. Ao expandir-se, o capitalismo, muito além de onde está centralizado seu poder, gera relações subalternas com os países de menor poder econômico, político e militar, radicalizando ainda mais a relação de dependência criada desde inícios do século XX.

15. Durante esta década se acelera a abertura de escolas de Serviço Social nas principais cidades do país (Universidade Javeriana — 1961, Universidade de la Salle — 1966, Universidade de Caldas — 1968, Universidade de Antioquia e Externado — 1969. Além da abertura de escolas, nos anos seguintes se fortalece o processo organizativo da categoria profissional. "Para noviembre de 1977, el comité organizador de la FECTS [Federação Colombiana de Trabalhadores Sociais] registraba 16 organizaciones gremiales regionales, funcionando y vinculadas activamente al proceso de constitución de la Federación.". (MEJÍA NARANJO, 2014, p. 450).

Com a crise econômica iniciada nos anos 1970[16], também se deu o empobrecimento e o aumento do déficit público, o endividamento externo e o desemprego, pois esta gerou a quebra em cadeia de empresas. Assim, como estratégia de sobrevivência, o setor informal da economia foi adquirindo importância frente à conflitualidade social que se apresentava. E ainda ocorre uma transformação tecnológica e produtiva, como mudanças na organização empresarial, que levarão à transnacionalização e à concentração de empresas. Em si, tudo isso foi consequência do estancamento econômico mundial, relacionado com a superprodução e a acumulação de mais-valia.

No entanto, é nos anos 1970 que possivelmente são sentidas as ações mais repressivas dos últimos tempos na América Latina, que se banha no sangue dos sonhadores de esquerda que propagavam a construção da unidade latino-americana e de uma sociedade além da capitalista. Nesse momento, as ditaduras militares na região são as que vão permitir instalar governos autocráticos funcionais para as necessidades do capitalismo global, com a complacência das "burguesias nacionais" e sob a orientação dos Estados Unidos.

Perry Anderson explica o caráter das ditaduras na América Latina, as quais permitiram adaptar-se às condições do capital na sua respectiva época, reconhecendo que nesse ajuste à dinâmica capitalista a combinação de proprietários de terra e movimentos de trabalhadores fortes, foi um fator decisivo no surgimento de tais ditaduras. Nesse sentido, o autor também explica como a Venezuela, a partir da incidência da indústria petrolífera, e a Colômbia, com a democracia da "Frente Nacional"[17], foram os dois únicos países da América do Sul onde não se instauraram regimes ditatoriais durante esse período dos anos 1970 e 1980.

> Yo diría que ésa sería la fórmula de una democracia restringida, o sea el caso aproximado de Colombia, donde dos partidos oligárquicos — los

16. Nesse sentido, faz-se referência à crise estrutural do capital originada desde os anos 1970, com a denominada crise do petróleo, e que István Mészáros caracteriza por quatro aspectos: seu caráter universal, seu alcance verdadeiramente global, sua escala de tempo extensa e seu modo de desdobrar-se de baixa intensidade sem excluir convulsões mais violentas (Mészáros, 2009).

17. A "Frente Nacional" foi o nome que se deu à coligação política e eleitoral dos partidos políticos colombianos: liberal e conservador, que lhes permitiu alterar o poder durante o período compreendido entre 1958 e 1974, mantendo seu impacto ainda em anos posteriores.

> liberales y los conservadores — coexisten desde el siglo XIX en una continuidad absolutamente única en América Latina. Ellos enfrentan un movimiento sindical muy pequeño, muy dividido, y una izquierda política también marginal. El resultado fue la cohabitación excluyente de liberales y conservadores monopolizando el poder y dejando muy poca libertad de elección de participación, pero, al mismo tiempo, con ciertas libertades cívicas y elecciones no fraudulentas en las décadas del '70 y del '80 (Anderson, 1988)[18].

Assim, para os anos 1980, as ditaduras haviam conseguido obter seus objetivos, lograram reprimir o movimento socialista popular e adequar os países a novas condições da lógica do capital. A democracia capitalista se instaurará sobre essa derrota histórica, a partir da qual grande parte da esquerda latino-americana vacilará. Parecera que a lição aprendida, segundo Perry Anderson, foi: "esqueçamo-nos, portanto, do socialismo e consolemo-nos com a democracia".

Para esse período, a nova estratégia da política exterior norte-americana consistirá em promover a democracia, abrindo mudanças constitucionais no continente, o que permitirá aos Estados Unidos passar de uma dominação coercitiva a uma dominação "consensual". Assim, com o apoio das elites capitalistas nacionais, conseguirá permear o Estado e, com o discurso e as mudanças democráticas, alcançará a legitimidade nos movimentos sociais.

Isso permite também a reestruturação do capital na região, mais afetada pelas diretrizes do Consenso de Washington, realizado em 1989 "[...]entre os organismos de financiamento internacional de Bretton Woods (FMI, BID, Banco Mundial), funcionários do governo americano e economistas latino-americanos" (Montaño, 2005, p. 48). Ali se estabelecem as recomendações neoliberais que vêm sendo impostas pelos organismos internacionais em nossos países periféricos e que foram assumidas pela maioria dos governos locais frente à dependência e falta de soberania que os caracteriza.

Assim, é claro que no contexto atual a correlação de forças nas lutas de classes mudou e continua mudando em detrimento da classe trabalhadora,

---

18. Disponível em: http://catedras.fsoc.uba.ar/toer/articulos/txt-anderson.html. Acesso em: 5 fev. 2010.

representando, entre outros aspectos, a perda de direitos conquistados e prejudicando suas condições de trabalho e sua capacidade organizacional. Essas mudanças contemporâneas se dão principalmente a partir da reestruturação do capital, por meio de sua estratégia neoliberal. Nesse sentido, Carlos Montaño afirma que:

> El "proyecto/proceso neoliberal" representa... la actual estrategia hegemónica de reestructuración general del capital frente a la crisis, al avance científico-técnico, a la reorganización geopolítica y a las luchas de clases que se desarrollan posteriormente a los años 70, y que se desdobla básicamente en tres frentes articulados: la ofensiva contra el trabajo (a las leyes y políticas laborales, y a las luchas sindicales y de la izquierda), y las llamadas "reestructuració*n productiva" y "reforma del Estado"*. (Montaño, 2005, p. 44).

É importante ressaltar que o neoliberalismo conseguiu reverter conquistas trabalhistas e sociais obtidas ao longo da história, como também desintegrar sindicatos, partidos de esquerda e movimentos sociais. Da mesma forma, nos últimos anos vem ocorrendo uma avassaladora perda e precarização dos serviços públicos, com o consentimento das burguesias e dos Estados nacionais. Assim, no capitalismo contemporâneo são ressaltados um sistema financeiro global e uma "elite transnacional", que maneja grande parte de seus recursos por meio das bolsas de valores e de suas empresas multinacionais, aproveitando-se das possibilidades que oferece o sistema e das mudanças econômicas produzidas para continuar acumulando riqueza[19].

Nesse sentido, adiante da crise crônica de superacumulação que atualmente se apresenta, assiste-se ao que David Harvey denomina "acumulação por despossessão"[20], que é baseada na "depredação, fraude e violência", fazendo referência ao que Marx denominou "acumulação originária".

Correspondentemente veio desenvolvendo-se no âmbito do social certa racionalidade instrumental, que manipula o real com a análise fracionada dos problemas sociais atuais, desde a qual se estabelece uma abordagem

19. Também a especulação financeira faz parte das contradições insuperáveis que acumula a crise atual do capital.

20. Cf. Harvey (2009).

de forma focalizada e precária, por meio de políticas sociais geradas por Estados que vieram assumindo a lógica neoliberal; o qual incide no Serviço Social, ao encontrar-se inserido na sociedade capitalista que o determina.

Nesse contexto, na Colômbia vêm se desenvolvendo historicamente diferentes debates profissionais que caracterizam o Serviço Social contemporâneo. Que vão desde as lógicas mais funcionais ao capital até as propostas mais críticas no sentido de superar a ordem social.

Atualmente, frente à construção de conhecimento, reconhece-se como hegemônica a tendência positivista das ciências sociais, na qual os profissionais a partir da "especificidade" pretendem ganhar um espaço na fragmentação do social, propondo constituir a profissão como uma disciplina, com um saber próprio baseado em seu exercício prático. Uma disciplina na qual a "especificidade" de seu objeto de conhecimento é que está determinada por seu próprio objeto de intervenção, ou seja, onde se investiga partindo de um fim prático, assumindo um caráter eminentemente instrumental.

Isso se vincula com a pretensão de ter um corpo teórico próprio e uma especificidade metodológica aplicativa, baseada nos métodos tradicionais do Serviço Social, preocupações epistemológicas que não foram superadas na Colômbia. Ao ler os currículos de cada um dos programas de Serviço Social do país, é claro que quase todos retomam como um componente principal os cursos, os métodos tradicionais e a preocupação metodológica operativa, cujo processo de Reconceituação não conseguiu transcender.

No entanto, essa tendência disciplinar é claramente contra a tendência funcionalista que postula o Serviço Social como uma tecnologia, que resgata da profissão apenas a função prática, que não produz teoria, mas a retoma das Ciências Sociais. Já que a pesquisa vem ganhando importância na formação do Assistente Social nas últimas décadas, não se pode falar que a tendência técnica seja hegemônica, mas é claro que em alguns setores profissionais tem anuência. Essa tendência é compartilhada por autores como o sociólogo argentino Ezequiel Ander Egg, que participou do movimento de Reconceituação e ainda hoje tem um grande reconhecimento e aceitação na Colômbia.

Um tema particular e amplamente discutido profissionalmente é a formação, que historicamente esteve mais vinculada a uma perspectiva conservadora tradicional do que a propostas progressistas transformadoras. Assim, desde o surgimento das supostas crises do projeto moderno e dos paradigmas tradicionais, atualmente tem grande influência na academia o chamado pós-modernismo, paradigmas como o da complexidade e a proposta hermenêutica, a partir dos quais se tem o reconhecimento de que:

> El trabajo social se sale de su papel regulador, normalizador, o de su papel crítico y propositivo de nuevos órdenes sociales, para hacer de mediador y facilitador de procesos de conciliación, acuerdo, negociación, donde la interpretación subjetiva y la trama intersubjetiva hacen parte de su propio ejercicio. (Medrano; Palacio, 2006, p. 7).

Apesar de as perspectivas positivistas, funcionalistas e estruturalistas terem sido as de maior incidência e debate na formação profissional, elas devem ser situadas no contexto histórico e analisadas a partir da sua atual influência na formação e na ação profissional, já que ainda hoje são relevantes na Colômbia e fazem parte do Serviço Social contemporâneo. Da mesma forma, é importante reconhecer a existência de outras tendências que tiveram e têm impacto na profissão.

Portanto, não se pode deixar de perceber e mencionar o impacto que atualmente têm em nossa formação profissional latino-americana as tendências pós-modernas, as quais, com seu caráter eclético e funcional, atraem muitos profissionais, que relacionam também à hermenêutica e aos chamados novos paradigmas, e assim desconhecem "supostamente" todos os anteriores para expor algo "totalmente novo".

Essa tendência pós-moderna é identificada na produção teórica e na formação atual, explicitando os seguintes aspectos:

> Las ciencias sociales se enfrentan a reconocer la heterogeneidad y los patrones cambiantes, y por lo tanto a revisar sus lenguajes y sus postulados, teniendo en cuenta que las especificidades y las velocidades no le permiten cumplir con los postulados universalistas y cuantitativos de las ciencias sociales positivas. Estas solían buscar, desde los distintos campos segmentados de la realidad social, predecir y administrar el conocimiento sobre lo social. (Palacio, 2006, p. 2).

Assim, como foram relevantes o pragmatismo e o positivismo, a incorporação dessas tendências na profissão gerou profundos impactos conservadores na construção teórica e na formação profissional, limitando e obstaculizando a perspectiva superadora do capital, permanecendo na forma de tendências, métodos e tensões não resolvidas, situação compartilhada em boa medida com o conjunto das Ciências Sociais.

É claro que, como no contexto mundial, com seus correspondentes particulares na América Latina, a perspectiva pós-moderna foi abrindo caminhos como um reforço à sociedade capitalista "globalizada", o que a configura como complemento das anteriores perspectivas conservadoras, incidindo no pensamento científico e nos progressos profissionais. Em consequência, aprofunda-se o conservadorismo típico da ordem burguesa, atualizando o caráter voluntarista, missionário e vocacional da profissão, e neste sentido, a dimensão técnico-instrumental (Guerra, 2001).

Porém, no enfrentamento teórico-metodológico, também deve-se reconhecer que nos últimos anos ganhou força a perspectiva histórico-crítica[21], surgida principalmente no Brasil nos anos 1980, que foi constituindo-se na principal promotora da tendência marxista no Serviço Social latino-americano. Perspectiva que igualmente retoma os debates profissionais da América Latina, como os apresentados no livro *Servicio Social Crítico: Problemas y Perspectivas* (1982), texto memória do seminário do CELATS do mesmo ano, que tinha como nome *El Servicio Social en América Latina: Balance y Perspectivas,* no qual se expõe não só uma proposta, mas também um processo que avança a partir do CELATS e do ALAETS, no qual participaram vários países em seu momento.

Esta perspectiva vem sendo promovida pelo grupo de Serviço Social Crítico da Colômbia, que tem seus antecedentes na participação de estudantes, professores e profissionais do Serviço Social, em diversas atividades acadêmicas, como os Encontros Nacionais de Estudantes de Serviço Social — ENETS, e de suas posteriores dinâmicas e processos. A partir desta, no país se incorporou à visão de historicidade e totalidade no debate profissional, entendendo o caráter contraditório da profissão na sociedade burguesa.

21. Sobre a perspectiva histórico-crítica, Montaño (2000) realiza várias argumentações em seu livro *La Naturaleza del Servicio Social.*

Dessa forma, a participação em eventos internacionais e o estudo bibliográfico da Biblioteca Latino-americana de Serviço Social[22] fizeram parte dos espaços e ações que permitiram conhecer os debates profissionais de outros países e incrementar o interesse pela organização e dinâmica profissional na América Latina com a posterior constituição, em 2004, do grupo Serviço Social Crítico na Colômbia. Ele foi organizador do I Encontro (2005) e de três Congressos Latino-americanos de Serviço Social Crítico (2008, 2010 e 2013), concebidos a partir de uma perspectiva orientada para contribuir com a transformação social e a ativação de um processo que, na medida do possível, se constituísse em movimento.

Durante os últimos anos, o processo foi se consolidando com novos participantes divididos por regiões, e com a realização de diferentes atividades e eventos, procurando gerar reflexões na formação, nas buscas profissionais e na definição de princípios políticos e éticos do Serviço Social[23]. Contudo, é importante aclarar que a incidência da experiência do Serviço Social Crítico na Colômbia ainda se encontra num estádio inicial, considerando o âmbito nacional, porque é uma tendência pouco divulgada na formação, com pouca aceitação e inclusive estigmatizada pelos setores conservadores mais hegemônicos na Colômbia.

O projeto profissional na Colômbia

Um dos temas presentes na discussão do Serviço Social se relaciona com a construção de um projeto profissional que ressalte as dimensões da

22. Coleção de livros em espanhol da Cortez Editora, principal editora brasileira que publica textos de Serviço Social. Essa edição permitiu a aproximação ao conhecimento do debate brasileiro sobre a profissão, assim como a debates importantes assumidos a partir de uma perspectiva crítica que vão sendo apresentados no Serviço Social Latino-americano.

23. Os princípios articuladores da proposta organizativa de Serviço Social Crítico na Colômbia são:

a) Assumir os fundamentos teórico-metodológicos do materialismo dialético e histórico como método para compreender a realidade social.

b) Aprofundar nas análises críticas do sistema capitalista, que aporte na superação deste.

c) Impulsionar um projeto ético-político colombiano desde o trabalho social crítico, em contrapartida ao conservadorismo profissional.

d) Articular, desde uma consciência de classe, ações do Serviço Social Crítico (TSC) com as lutas de organizações e movimentos sociais.

ética e da política ou "projeto ético-político", tema amplamente discutido entre os profissionais em países como o Brasil. Mas no caso da Colômbia, é algo que até agora está sendo assumido, não com poucas resistências e que, pela primeira vez, se retomou no Congresso de Serviço Social Crítico, realizado em outubro de 2010.

O projeto profissional parte do pluralismo presente na sociedade e na profissão, e nesse sentido deve reforçar como princípio democrático o respeito às divergências e contradições. De tal modo, coexistem diferentes projetos profissionais em um mesmo marco social (ainda que seja apenas um que consegue hegemonia).

Tendo em conta a nossa realidade, pode-se afirmar que ainda, no país, o grupo profissional não deixa explícito seu projeto profissional hegemônico. Mas isso não quer dizer que não exista, nem que este não contenha dimensões éticas e política; basta analisar o desenvolvimento profissional, os conteúdos e suas organizações para que isso venha à tona.

Assim, compreender em que consiste um projeto profissional dentro do contexto social possibilita a aproximação ao debate profissional. Sobre isso, Braz assinala:

> Compreendemos o projeto ético-político como um conjunto de valores e concepções ético-políticas por meio das quais setores significativos da categoria dos assistentes sociais se expressam, tornando-o representativo e, por vezes, hegemônico, isto é, quando, democraticamente, detém e direciona os espaços fundamentais da profissão[...] Como tal, o projeto ético-político deve ser entendido como uma projeção coletiva de determinado grupo social, no caso assistentes sociais, que representa concepções hegemônicas em seu meio. Como representa interesses coletivos de determinado grupo social, expressa necessariamente particularidades (no caso, as profissionais) que tem prevalência num dado momento histórico daquele coletivo. Relaciona-se com interesses mais gerais não só porque os concebe em suas prospecções, mas porque está relacionado aos projetos societários existentes na sociedade (Braz, 2004, p. 56).

A seguir, para refletir sobre o caso do Serviço Social na Colômbia, são abordadas de forma introdutória cinco dimensões que constituem os eixos fundamentais do projeto ético-político: o teórico, o jurídico-político, o organizativo, o metodológico-operativo e o formativo.

Dimensão teórica

No que se refere à formação, as escolas de Serviço Social são cada vez mais pressionadas para adequar-se aos requisitos internacionais. Por exemplo, são cada vez maiores as restrições aos financiamentos públicos em investigação e, por sua vez, é maior a demanda de produção teórica, já que esta valida as diferentes escolas e seus docentes.

Frente a isso, o caso colombiano, similar ao de vários países da região, é contraditório. Na Colômbia, só em 2008 foi aberto o primeiro mestrado em Serviço Social na Universidade Nacional, e este com ênfase na família. Além de isso, conta-se no país com poucos profissionais com pós-graduação em Serviço Social. Ademais, o financiamento em investigação é tradicionalmente deficiente e ainda menor no âmbito profissional, que é pouco valorizado. Isso evidencia a falta de estímulo à produção acadêmica na área.

Por uma parte, é claro que os países têm semelhantes pressões para seguir os parâmetros internacionais de produção teórica, o que implica que os diferentes programas entrem na lógica da obrigatoriedade de publicar, produzindo investigações e publicações que lhes permitam legitimação e financiamento. Isso situa a produção de conhecimento em uma lógica mercantil, onde se valoriza mais a quantidade que a qualidade. Nesse sentido, a produção profissional realizada na Colômbia, historicamente escassa, aumenta nos últimos anos, o que não significa maior qualidade na produção teórica, já que a pesquisa realizada tem mais a ver com a pressão imposta pelo êxito, crença e cumprimento dos padrões internacionais, que com uma perspectiva crítica que possibilite o debate profissional.

Dimensão jurídico-política

Na Colômbia, profissionalmente se conta com o Código de Ética e a Lei de Regulamentação do exercício profissional; e, em relação ao campo de ação, parte-se da regulamentação surgida a partir da Constituição Nacional (de 1991).

A Lei que regulamenta o exercício da profissão é a n. 53, de 1977, com seu Decreto regulamentar n. 2.833, de 1981, e o Código de Ética Profissional[24]. Assim, é importante reconhecer que se conta com uma regulamentação do Serviço Social no país, com uma tradição e vigência de repercussões nacionais, mas também é evidente que essas regulamentações são pouco conhecidas pelo grupo profissional.

Ainda que a Constituição Nacional da Colômbia tenha tido algumas repercussões na ampliação de direitos humanos, os anos 1990 também representaram a entrada definitiva das políticas neoliberais, com a chamada "abertura econômica" que se produziu no país. O afrontamento dos efeitos do neoliberalismo e da reestruturação do capital afetou as possibilidades de garantir os direitos consagrados constitucionalmente e levaram à degradação e mercantilização de tudo que era relativo ao "social", com todo o efeito de privatização do aparato público estatal.

Ao nível profissional, o Assistente Social foi também afetado pela flexibilização das relações trabalhistas e pela exigência assistencial focalizada em seu trabalho. Isso reproduz o caráter subalterno da profissão, assim como põe em contradição os avanços nas regulamentações e lutas profissionais.

Dimensão organizativa

No que tange aos nossos organismos, a Colômbia possui o "*Consejo Nacional para la Educación en Trabajo Social*" (CONETS), a "*Federación Colombiana de Trabajo Social*" (FECTS) e o "*Consejo Nacional de Trabajo Social*" *(CNTS)*, que se encarrega da parte regulamentar; e, ainda que não seja incorporado na estrutura organizativa que determina as orientações profissionais, existe um movimento estudantil que tem sua maior expressão organizativa no ENETS (Encontro Nacional de Estudantes de Serviço Social) realizado a cada ano.

24. Na história da profissão na Colômbia, foram aprovados três códigos de ética, o primeiro foi no ano de 1981, o segundo no ano 2002, e recentemente se aprovou o último, que entrou em vigência em 2015.

Ainda que historicamente estas instâncias se mantenham, elas não alcançam um nível de coesão e incidência política profissional que possa permitir a construção explícita de um projeto profissional. A Federação só conta com três Associações vinculadas, com sedes em Neiva, Cartagena e Cali; o CONETS reúne as escolas de serviço social, mas dispõe de limitadas possibilidades de investimento e não tem diretrizes curriculares assumidas nacionalmente. O Conselho Nacional, que reúne as diferentes instâncias profissionais (exceto a estudantil), é mais reconhecido por sua exigência pela carteira profissional, que permite o exercício da profissão, do que por seu impacto no Serviço Social e na política social.

Dessa forma, o contexto nacional é particularmente pouco favorável para a organização profissional, pois historicamente os governos altamente repressivos fortaleceram um ambiente antidemocrático, em um contexto de luta de classes marcado pela guerra, onde se expressam posições diferenciais e contraditórias, com presença de guerrilhas e "paramilitarismo". Mesmo com as manifestações da *questão social* transbordando no país, a sensação de temor e repressão se encontra latente. Isso repercute no âmbito profissional e no seu correspondente traço conservador, ainda que não poucas vezes se (auto)declare progressista.

Dimensão metodológico-operativa

Este é um aspecto fundamental de nosso exercício profissional, porque remete à ação direta com os "usuários" ou "beneficiários" dos serviços sociais ou políticas sociais em diferentes contextos. Isso não pode ser ignorado nem depreciado, por outro lado, não deve ser superdimensionado.

Este é um dos debates mais prolongados no Serviço Social: a relação teoria-prática, que na Colômbia ainda é um debate a ser superado, já que ainda não está desenvolvido um aporte teórico suficiente para tal. A questão da ausência de relação entre a prática profissional e a investigação científica é uma das nossas preocupações centrais para o Serviço Social, uma vez que a intervenção instrumentalizada e imediata é o principal exercício profissional para o qual se contrata o profissional. Como consequência da lógica instrumental e utilitarista das relações sociais capitalista nas quais a

Colômbia se encontra imersa, é comum que se superdimensione a dimensão prática sobre a teórica.

Ainda que se apresentem vários esforços na formação de Assistentes Sociais que não sejam meros executores de políticas sociais assistenciais, com formação teórica e política, também é um fato que há uma pressão do mercado e das políticas educativas internacionais (e do governo nacional) por um Serviço Social mais pragmático, com a constante "desqualificação" e desconhecimento do caráter do profissional, com uma formação a partir dos métodos tradicionais e um exercício profissional predominantemente de caráter operativo. Esses apontamentos são feitos sem desconhecer que as estratégias metodológicas são importantes no exercício profissional.

Dimensão formativa

É nas universidades onde mais se pensa o caráter da profissão e do profissional que a sociedade requer. Um projeto profissional se sustenta em suas bases teóricas e políticas, sendo, na formação, onde são ensinadas e adotadas.

No caso da Colômbia, não há diretrizes nacionais para formação do Serviço Social; além disso, a formação contém um forte componente de aspectos tradicionais e conservadores, ainda que cada universidade tenha relativa autonomia nos seus cursos e conteúdos, apresentando grandes diferenças na formação em cada uma delas.

Também se apresentam riscos atuais que afetam a formação. Por exemplo, nos últimos anos vêm se abrindo programas de Serviço Social de forma indiscriminada e com sérias questões em torno da qualidade. Nesse sentido, falta estudar a qualidade dos programas de formação à distância no Serviço Social que já existem há vários anos no país e que tendem a aumentar. Da mesma forma, a atual mercantilização da educação leva à redução da qualidade. No Serviço Social, um dos aspectos que tende a deteriorar-se ainda mais hoje é a formação teórica, privilegiando a dimensão técnico-operativa, o que beneficia as tendências mais tradicionais e conservadoras da profissão, que desprestigiam a dimensão teórica e recusam seu caráter político.

Conclusões

A reflexão sobre a construção de um projeto ético-político é fundamental, ainda que não corresponda ao Serviço Social a condição última de autodeterminar-se. O que cabe à categoria profissional é projetar lineamentos gerais que possam orientar sua práxis. Esta relação complementaria e contraditória se deve a que o desenvolvimento profissional se encontra determinado pelas relações sociais nas quais se encontra inscrito (a sociedade capitalista), e, ao mesmo tempo, pelas possibilidades oferecidas pela *autonomia relativa* no exercício profissional.

No reconhecimento histórico-sistemático das particularidades colombianas se apresenta a necessidade de compreender as formas nas quais tem se desenvolvido as contradições do modo de produção capitalista na sua particularidade dependente e associado ao capital transnacional; só na devida compreensão das contradições desta totalidade histórico-sistemática é possível captar as condições objetivas do desenvolvimento profissional e seu projeto ético-político.

Em um país no qual as contradições políticas têm se desenvolvido fundadas na lógica autocrática imposta por alguns setores da classe dominante, configurando uma situação permanente de exclusão, repressão e criminalização do pensamento crítico, dificilmente pode ter cabida a instauração de um projeto ético-político crítico. Não obstante, as novas características surgidas na relação antagônica das classes sociais, tal e como vem se apresentando na segunda década do século XXI, se abrem possibilidades objetivas para transformar o contexto societário e avançar na construção de um projeto professional crítico.

Pois bem, a transformação dos elementos determinantes da luta de classes não poderá ser modificada, a partir da práxis profissional (qualquer que seja sua opção ideopolítica), senão pelas classes sociais fundamentais que se encontram em disputa. Daí deriva a necessidade de (explorando ao máximo as novas condições sociopolíticas surgidas na luta de classes, e a *autonomia relativa* do Serviço Social) construir as bases objetivas e explícitas de um projeto ético-político crítico consequente com os objetivos dos trabalhadores em um horizonte emancipatório.

Assumindo a perspectiva crítica, as/os Assistentes Sociais devem ser profissionais comprometidos com os interesses das classes subalternas que procuram superar a ordem social estabelecida no horizonte da emancipação humana. Assim, ao abordar as manifestações da *questão social,* deve-se questioná-las frente à sua função paliativa e de controle social. É alguém que pensa nas implicações de sua atividade profissional, confrontando-se com a função reprodutora das relações sociais capitalistas que, entre outras coisas, gera as condições de pobreza de grande parte da população.

Portanto, é indispensável no Serviço Social da Colômbia trabalhar no desenvolvimento de uma capacidade crítica de análise da realidade social, o que implica nos Assistentes Sociais solidez teórica e atualização, sendo sujeitos que questionam, propõem e que buscam desenvolver uma resposta crítica e indireta à demanda profissional, a partir da reflexão e análise da realidade como totalidade.

Retomando as ideias aqui expostas, é importante realizar uma profunda análise do caráter de nossa profissão, evidenciando seus reais alcances e possibilidades em torno da construção de um projeto crítico, que tenha fundamento teórico e se sustente sobre condições políticas que permitam torná-lo realidade.

É indispensável constituir a unidade em torno da consolidação de alguns princípios que integrem a profissão no país. Ainda que seja claro que existem diferentes tendências profissionais, que respondem a perspectivas teóricas diferentes, que vão desde as conservadoras às revolucionárias. No entanto, respeitando essas diferenças, deve-se construir um debate profissional que permita desenvolver o Serviço Social colombiano, com maior incidência na política social do país.

Sendo coerentes a partir de uma perspectiva crítica, deve-se assumir a possibilidade de construir o mundo que queremos, e nesse sentido o Serviço Social no país deve dar resposta às demandas e direitos legítimos da população. Com o pensamento crítico se pode contribuir à luta dos diferentes setores pela conformação de uma sociedade justa e equitativa; onde se confirme que a problemática referida na *questão social* não tem por que apresentar-se, onde os direitos se transformem em realidades comuns a todos os habitantes do planeta e onde triunfe um projeto de humanidade no qual prevaleçam todas as dimensões do que é social e público enquanto propriedade coletiva.

Referências

ALAYÓN, Norberto (Org.). *Trabajo Social latinoamericano*: a 40 años de la reconceptualización. Buenos Aires: Espacio Editorial, 2005.

ANDERSON, Perry. *Democracia y dictadura en América Latina en la década del 70*, 1988. Disponível em: http://catedras.fsoc.uba.ar/toer/articulos/txt-anderson.html. Acesso em: 20 ago. 2019.

BORGIANNI, Elisabete; MONTAÑO, Carlos (Orgs.). *Coyuntura actual latinoamericana y mundial*: tendencias y movimientos. São Paulo: Cortez, 2009.

BRAZ, Marcelo. O governo Lula e o projeto ético-político do Serviço Social. *Serviço Social & Sociedade*, São Paulo, ano XXV, v. 25, n. 78, julho, 2004.

CARVALHO, Raul de; IAMAMOTO, Marilda. *Relaciones sociales y Trabajo Social*. 3. ed. Lima, Perú: CELATS, 1984.

CELATS. *Serviço Social crítico*: problemas e perspectivas. 3. ed. São Paulo: Cortez/CELATS, 1991.

CIFUENTES, María Rocío; GARTNER, Lorena. *María Carulla de Vergara:* entre la tradición y el progreso. XI Congreso colombiano de Trabajo Social, 2003.

CONSEJO NACIONAL PARA LA EDUCACIÓN EN TRABAJO SOCIAL. *Marco de fundamentación conceptual en Trabajo Social*. CONETS, ICFES y Ministerio de Educación Nacional, Bogotá, 2008.

CUEVA, Agustín. *El desarrollo del capitalismo en América Latina*. México: Siglo XXI, 1977.

FERNANDES, Florestan. *Capitalismo dependente e classes sociais na América Latina*. São Paulo: Global, 2009.

GARCÍA, Antonio. *Dinámicas de las reformas agrarias en América Latina*. Bogotá: La Oveja Negra, 1972.

GUERRA, Yolanda. As racionalidades do capitalismo e o serviço social. *In*: MOURO, H.; SIMÕES, D. (Org.). *100 anos de serviço social*. Coimbra: Quarteto, 2001.

HARVEY, David. El 'nuevo' imperialismo: acumulación por desposesión. *In*: MONTAÑO, M. (Org.). *Coyuntura actual, latinoamericana y mundial*: tendencias y movimientos. São Paulo: Cortez, 2009. p. 164-203.

IANNI, Octavio. *Estado e capitalismo*: estrutura social e industrialização no Brasil. Rio de Janeiro: Civilização Brasileira, 1965.

IAMAMOTO, Marilda. *Renovação e conservadorismo no serviço social*: ensaios críticos. 6. ed. São Paulo: Cortez, 2002.

LENIN, Vladimir. *El imperialismo, fase superior del capitalismo*. Moscú: Editorial Progreso, 1961.

LIMA SANTOS, Leila. Marchas y contramarchas del Trabajo Social: repasando la Reconceptualización. *Acción Crítica*, n. 6, Lima, 1979.

MALAGÓN, Edgar. Hipótesis sobre la historia del Trabajo Social en Colombia. *Revista de Trabajo Social*, n. 3, Bogotá, 2001.

MANDEL, Ernest. *O capitalismo tardio*. São Paulo: Nova Cultural, 1985.

MANRIQUE CASTRO, Manuel. *História do serviço social na América Latina*. 12. ed. São Paulo: Cortez, 2013.

MARTÍNEZ, María Eugenia; LOPEZ, Myriam *et al*. Historia del Trabajo Social en Colombia 1900-1975. *Cuadernos Universitarios*, Universidad Nacional de Colombia, 1981.

MARX, Karl. *El Capital. Crítica de la economía política*. Bogotá: Fondo de Cultura Económica, 1976.

MEDRANO BOHÓRQUEZ, Moisés; PALACIO TAMAYO, Dolly Cristina. *La investigación en Trabajo Social*: estructura y procesos de acompañamiento en la universidad externado de Colombia. Cali, Colombia: Reunión CONETS, 2006.

MEJÍA NARANJO, Jesús Glay. La organización gremial del Trabajo Social en Colombia. *Revista Prospectiva*, n. 19, Facultad de Humanidades, Escuela de Trabajo Social y Desarrollo Humano, Universidad del Valle, 2014.

MÉSZÁROS, István. La crísis estructural de la política. *In*: MONTAÑO, M. (Org.). *Coyuntura actual, latinoamericana y mundial*: tendencias y movimientos. São Paulo: Cortez, 2009. p. 38-60.

MONTAÑO, Carlos. *La naturaleza del servicio social*. 2. ed. São Paulo: Cortez, 2000.

______. *Tercer sector y cuestión social, crítica al patrón emergente de intervención social*. São Paulo: Cortez, 2005.

NETTO, José Paulo. A crítica conservadora à Reconceituação. *Serviço Social & Sociedade*, São Paulo, ano II, n. 5, março, 1981.

______. *Ditadura e Serviço Social*. Uma análise do Serviço Social no Brasil pós-64. 16. ed. São Paulo: Cortez, 2012.

PALACIO TAMAYO, Dolly Cristina. *Nuevos Paradigmas en Ciencias Sociales*. Tutoría Disciplinar de V semestre de Trabajo Social. Universidad Externado de Colombia, 2006.

QUINTERO, Sergio. El "Método Caldas" y la reconceptualización del trabajo social. *Revista Eleuthera*, v. 10, n. 1, p. 182-203, Manizales, 2014. Disponível em: http://eleuthera.ucaldas.edu.co/downloads/Eleuthera10_11.pdf. Acesso em: 20 ago. 2019.

SALAMANCA, Roberth. *La investigación en trabajo social*: Entre el carácter funcional y la postura crítica, 2001. Disponível em: http://cuuics.fcs.ucr.ac.cr/info/bitacora/logAutor.php. Acesso em: 20 ago. 2019.

TORRES, Liliana. Reflexiones en torno al Movimiento de Reconceptualización. *In*: ALAYÓN, N. (Org.). *Trabajo Social latinoamericano*. a 40 años de la Reconceptualización. Buenos Aires: Espacio Editorial, 2005. p. 103-113.

Costa Rica

Costa Rica: o debate "disciplina" ou "profissão" e as implicações nas perspectivas da intervenção*|**

María Lorena Molina M.

1. Introdução

Existe um importante acúmulo documental[1] que trata do debate teórico-metodológico e da intervenção do Serviço Social. Este acúmulo é resultado da sistematização e da abstração articulada com os fundamentos que sustentam nossa forma de abordar os objetos de trabalho que deram origem à profissão.

Neste texto, interessa sintetizar o processo de discussão desenvolvido no curso de Serviço Social, especificamente na Escola de Serviço Social da Universidade da Costa Rica (ETS-UCR), com o objetivo de tratar as inflexões no processo de formação profissional de graduação em relação aos fundamentos teórico-metodológicos. Esta discussão está mediada pelas compreensões sobre a natureza do Serviço Social e as perspectivas que sustentam a interpretação da realidade em virtude de seu desenvolvimento histórico.

---

* Nota das Organizadoras: Texto traduzido do espanhol pela Dra. Maria Fernanda Escurra, trabalhadora social argentina e Professora Adjunta da Faculdade de Serviço Social da Universidade do Estado do Rio de Janeiro.

** Este texto integra a comunicação realizada no VIII Congresso Nacional e Internacional de Serviço Social, na Costa Rica, em setembro de 2010, junto com alguns outros assuntos para situar o debate na Escola de Serviço Social da Universidade da Costa Rica.

1. Por esta razão, incluo bibliografia consultada na investigação.

Na América Latina, e em especial na Costa Rica, o debate a partir do Serviço Social mostra uma ruptura significativa de caráter ético-político, ao tornar explícita sua opção pelos interesses do "povo". Essa opção, que tem suas raízes nos anos 1970 do século XX, anos mais tarde será expressa na defesa e exigibilidade de direitos humanos e sociais, enquanto conquistas da modernidade que ainda não são realizáveis universalmente.

Ao tomar como objeto de estudo a natureza da profissão em suas mediações históricas[2], compreendemos sua inserção na mediação do Estado frente às diversas expressões da questão social. Tais expressões resultam da contradição entre os interesses dos proprietários dos meios de produção e os interesses daqueles que vivem do trabalho. Isto lembra que todo o nosso trabalho profissional se reproduz na tensão que se processa entre os interesses hegemônicos que se expressam em determinado modo de vida e a aspiração ética por outro mundo possível, com justiça social e liberdade.

Fazer a leitura das perspectivas que teve a intervenção profissional, no contexto das tensões na lógica da história que determina a profissão, constitui um exercício intelectual e ético necessário para fundamentar nossa autocrítica, avançar como profissão, configurar-nos como área de produção de conhecimento e como âmbito de formação profissional.

Com base na leitura dos debates publicados, identificam-se continuidades com os fundamentos de origem, inflexões e rupturas com eles e, por sua vez, isso revela tendências e aspirações na intervenção profissional. As perspectivas sobre a natureza da profissão e seus fundamentos teórico-metodológicos, no decorrer de setenta anos de existência da Escola de Serviço Social da Universidade da Costa Rica, se reproduzem nas continuidades e inflexões contidas nos currículos. Portanto, o foco deste artigo é sintetizar as perspectivas no debate teórico-metodológico e, em um segundo plano, ilustrá-las com os diversos currículos[3] da ETS-UCR.

2. Tese sustentada por Maguiña (1977), Parodi (1978), assim como na pesquisa de Iamamoto e Carvalho, através das investigações promovidas pelo CELATS (1992), bem como em contribuições posteriores de outros autores.

3. Nos setenta anos de história, os Currículos de 1942, 1965, 1973, 1976, 1981, 1992 e 2004 reproduzem com clareza alguns aspectos centrais como: as diversas perspectivas sobre a natureza da profissão, o consequente direcionamento ético-político com visões de mundo determinadas e os debates sobre os fundamentos teórico-metodológicos.

O tema deste artigo exige fazer referência a três eixos temáticos e sua reprodução nos currículos da Escola de Serviço Social da Universidade da Costa Rica, a saber:

a. a compreensão do Serviço Social *como campo disciplinar*, seu vínculo com as Ciências Sociais e com a descrição da origem e do desenvolvimento evolucionista, marcando, desse modo, tendências na intervenção profissional;
b. o Serviço Social *como profissão*, inserido na universalidade da história contemporânea e nas particularidades históricas que reproduzem um modo de vida dominado pelas leis do capitalismo, e que requer mecanismos para enfrentar a desigualdade que lhe é consubstancial;
c. as perspectivas teórico-metodológicas e seus fundamentos éticos que subjazem a uma ou a outra compreensão. Por um lado, o chamado "enfoque relacional" e, por outro, a *perspectiva ontológica* da intervenção.

Neste artigo, buscamos mostrar nosso distanciamento da compreensão do Serviço Social como campo disciplinar das Ciências Sociais e a influência positivista na chamada intervenção profissional, a partir do "enfoque relacional" e do debate desde a epistemologia.

Ao tomar essa distância, procuramos sublinhar as implicações na formação e na intervenção profissional, inseridas no debate teórico-metodológico de cunho ontológico, ou seja, mediado pelas categorias: Trabalho, Questão Social, Estado e Política Social. Tudo isso para destacar que a intervenção profissional insere-se e é mediada nos processos de trabalho organizacionais em que se administra e executa a política social. Por sua vez, isto leva a compreender a relação entre o usuário (em relação a um objeto de trabalho) e o agente profissional. Trata-se de uma dimensão de maior complexidade que uma exclusiva relação interpessoal entre sujeito e agente profissional. Este assunto gera diversos desafios na formação profissional, em particular nos cursos que assumem a prática acadêmica. Por esse motivo, o artigo conclui assinalando alguns temas do debate que se encontram em disputa.

A discussão sobre os fundamentos teórico-metodológicos está relacionada com a natureza do Serviço Social, no sentido de colocá-la como campo disciplinar das Ciências Sociais ou como profissão. Compreender essa natureza abre o caminho para o debate sobre o fundamento teórico-metodológico da intervenção e coloca diversos desafios à formação profissional.

2. Serviço Social como campo disciplinar das Ciências Sociais e as implicações na intervenção profissional

Na origem e desenvolvimento do Serviço Social (SeSo), a herança do *social work norte-americano* e suas raízes positivistas — manifestada no empirismo e pragmatismo (Richmond, Hamilton, Perlman) — reproduz a busca da base científica e acentua a separação entre: ciência e técnica, teoria e prática, metodologia de conhecimento e metodologia de ação.

A discussão sobre a consideração do Serviço Social como campo disciplinar das Ciências Sociais advém de uma aspiração de *atribuir cientificidade* ao fazer do Serviço Social. Na América Latina, esse debate influenciou conclusões sobre a exclusividade de um objeto, uma teoria e método próprio sob o equívoco de produzir teoria a partir da sistematização da prática profissional. As discussões para a busca de uma base científica no método foram alvo de debates em vários encontros: Araxá (1967), Concepción (1969), Teresópolis (1970),[4] Ambato (1971) e Sumaré (1978).

4. CBCISS (1971): Metodología del Servicio Social-Teresópolis. Buenos Aires: Editorial Hvmanitas o debate propôs-se a busca do "método profissional" (Dantas, 1971) através do debate de métodos-processos, escalas (macro, micro e administração de serviços); níveis (indivíduos, famílias, pequenos grupos e comunidades); a relação entre variáveis (psicossociais, socioeconômicas, socioculturais, sociopolíticas); e, as metodologias específicas. Discutiu-se, também, o olhar evolucionista da profissão e a relevância da pesquisa para a profissão, bem como o caráter de método ou técnica auxiliar. Outro dos temas foi a subestimação que se realiza da investigação ao dar à experiência mais destaque "como fonte de reformulação da teoria". Debateu-se sobre as contribuições dos processos de planejamento para um "método da ação" com diagnóstico e intervenção profissional. Daí derivou a ideia de *um método único ou integrado* em função das fases do processo de planejamento e dos procedimentos inerentes ao Serviço Social individual, de grupo e de organização e desenvolvimento da comunidade. Propôs-se a discussão sustentada desde 1958 nos Estados Unidos sobre as denominações "métodos" e "processos" para referir-se aos procedimentos de trabalho com indivíduos, grupos e comunidades. Discutiu-se sobre macroprocessos e microprocessos, sobre os níveis de execução e administração. Indica-se a contribuição de Junqueira (1958) sobre um *"método básico"*. Neste mesmo

A atribuição de cientificidade foi proposta também a partir da compreensão evolucionista ou "endogenista" da profissão que, nos termos de Montaño (1998), faz referência à sua evolução segundo diferentes fases relacionadas à caridade, à filantropia, ao assistencialismo, assim como à compreensão da profissão como campo técnico-científico profissional ou campo disciplinar.

Netto (1997) destacou a *herança sincrética* da origem e desenvolvimento do Serviço Social e sua vinculação com as Ciências Sociais, o que imprimiu um caráter confuso à busca de legitimidade social, pois, tradicionalmente, esta foi procurada nos traços distintivos de uma ciência: a suposta existência de uma teoria, um objeto e método próprios. A função social da profissão não foi um assunto tematizado no debate inicial. No contexto do desenvolvimentismo dos anos 1960, nas discussões sustentadas em Araxá (1967), a profissão foi identificada como "agente de mudança para a integração ao desenvolvimento", e afirma-se que é a Declaração dos Direitos Humanos o que sustenta a ética da profissão. Menciona-se, ainda, a necessária integração dos métodos. A partir de então, na América Latina, como afirma Netto (2000), durante anos, muitos e muitas profissionais e acadêmicos e acadêmicas se empenharam na busca de um "gato preto" na obscuridade de teorias, tentando encontrar uma que fosse específica e própria da profissão, pela pretendida existência de uma especificidade que marcara o distanciamento da caridade e da filantropia.

Para concluir sobre a compreensão do Serviço Social como disciplina das Ciências Sociais, citamos Coutinho (1994) no artigo compilado por Borgianni e Montaño (2000, p. 175-177). O autor chama a atenção para a formação das Ciências Sociais e a fragmentação do objeto (sociedade) em dimensões que inibem a apreensão da totalidade. Tudo isso, além de configurar uma noção do pensamento social particularizado nos objetos de cada ramo, contém uma natureza ideológica, que goza de uma grande legitimidade social, reproduzida na atualidade no pós-modernismo.

---

evento, coloca-se a irrelevância do debate sobre a especificidade profissional associada à teoria e às técnicas próprias e ao não pertencimento da teoria a um campo específico, mas sim que pertence ao saber acumulativo da humanidade. No Serviço Social discute-se, também, sobre as influências do empirismo e seu cultivo pelos meios sobre os fins e a tradução e não explicação, pragmatismo, relativismo cultural e os movimentos reformistas, de origem norte-americana.

A divisão do trabalho científico a partir do positivismo, além de superar o conhecimento ligado à explicação religiosa, respondeu a um pensamento fragmentado do social, coerente com a visão de mundo de uma classe social (a burguesia) que se tornou hegemônica no campo da vida social, da cultura e da ciência. Trata-se de uma perspectiva que assume como método o das Ciências Naturais e, consequentemente, naturaliza as condições da vida social ao considerar como disfuncionais, anormais e/ou patológicas as diversas expressões em que os indivíduos, famílias e comunidades vivenciam determinadas condições. Com isso, eles requerem uma readaptação para seu ajuste aos parâmetros dominantes. A familia, segundo esta visão, é a célula constitutiva da sociedade, uma sociedade não diferenciada, mas sim homogênea e harmônica.

Com base nessa visão hegemônica, outras formas de ver a vida social se colocam na visão contra-hegemônica e subalterna. Esta forma contra-hegemônica de ver a vida social — dito de modo breve — consiste em apreender as relações sociais e a reprodução social em seu conjunto, ou seja, a partir da totalidade de sua configuração histórica repleta de contradições. Tais contradições vão cedendo lugar a leis tendenciais ou à legalidade das formas de resolver a conflitividade dos interesses que correspondem a diferentes visões de projetos de sociedade. As formas de produzir meios de vida e instrumentos de trabalho e as consequentes formas de relação social centradas na alienação do trabalho de uma classe social sobre outra serão o epicentro a partir de onde se compreenderá a vida na sociedade capitalista.

A história construída pelos seres humanos na conflitividade de interesses permitirá elucidar o caráter histórico das desigualdades econômicas, sociais, políticas e culturais que os seres humanos vivenciam e que se acentua na modernidade de acordo com a classe social, gênero, etnia, idade nas estruturas familiares, pequenos grupos sociais, organizações comunitárias e territórios. As relações sociais não são naturalizadas, ou seja, o que os seres humanos construíram não têm caráter de imutabilidade histórica e, portanto, tudo aquilo que o trabalho humano realiza é passível de tranformação. Por isso, entendemos que o trabalho é a categoria fundante da constituição do ser humano-social, isto é, das relações sociais construídas em torno da necessidade de transformar a natureza para prover-se de meios de existência e que, nessa mediação, constrói-se a condição da sociabilidade, sendo esta a marca que constitui o traço fundante nas diferentes épocas históricas[5].

Ainda em relação à forma hegemônica de analisar a vida social e à conformação das Ciências Sociais fragmentada em disciplinas, com o objetivo de produzir conhecimento, cabe ressaltar que se fundamentam no método científico das Ciências Naturais. Consequentemente, defendem a objetividade dos fatos e sua naturalização, a neutralidade ou suposta ausência de valores, o que também leva à divisão do trabalho científico — entre os que produzem e os que aplicam conhecimento —, unido aos valores liberais de ordem e progresso, ou à integração social proclamada pelo reformismo. Estes fatores de cunho positivista foram configurando o terreno dos debates no Serviço Social quando ele foi se assumindo como objeto de conhecimento e como profissão.

Esta reprodução teórica e ideológica de raiz positivista marcará a origem e reprodução do Serviço Social durante o apogeu do Estado de Bem-Estar por cerca de três ou quatro décadas na América Latina, e ainda coexiste na vida intelectual e profissional do Serviço Social.

Nesta linha de argumentação, com base na lógica formal e no positivismo, a intervenção profissional continuará sendo expressa em:

— Um ângulo da intervenção profissional centrada no indivíduo ("cada caso é um caso"), nos dados empíricos da vida presente, em uma ética liberal centrada na autodeterminação do ser humano, no diagnóstico como transcrição de dados para apoiar uma decisão pragmática e utilitária voltada a resolver as questões imediatas, redundando em um serviço assistencialista/clínico. Nessa perspectiva, não interessa a interpretação crítica fundamentada, com base na vida de um sujeito que sendo indivíduo, também é social e, portanto, condensa uma história singular inserida na totalidade. A intervenção profissional acentua a dimensão técnico-operativa das diversas estratégias metodológicas.

— A incessante busca, no contexto do Movimento de Reconceitualização, de um "apriorismo" metodológico que consiste em "aplicar um procedimento predefinido e anterior à realidade". Em outros termos, trata-se

5. Referimo-nos às sociedades primitivas (aos caçadores, coletores, agricultores de clãs e tribos e famílias poligâmicas); à escravatura, ao feudalismo e ao capitalismo.

de encontrar o método nas discussões filosóficas e na teoria social para sua aplicação na realidade. Isto desembocou na busca de procedimentos metodológicos de inspiração dialética, mas que acabaram reproduzindo o fundamento da teoria do conhecimento positivista criticado[6], apesar do debate iniciado em Ambato (1971)[7]. Todas essas buscas e propostas metodológicas elaboradas, e posteriormente estudadas por Leila Lima e Roberto Rodríguez (1977), deram lugar à crítica da chamada "explosão do metodologismo". Em relação a essa crítica, anos mais tarde Consuelo Quiroga (1990), referindo-se aos fundamentos da profissão, chamará no debate da metodologia de "a leitura de um marxismo sem Marx".

— A busca infrutífera dos anos 1970 e 1980 levará ao que Netto denominou de "aggiornamento dos clássicos", matizado pelas propostas da pós-modernidade centradas no sujeito, no aqui e no agora e na sua realidade interpretada.

Em alguns casos, acredita-se que esse "aggiornamento" corresponde a um ângulo de intervenção centrado no *giro linguístico*, ou seja, na interpretação que o sujeito faz da realidade. Interessa a transformação de pensamentos, comportamentos e sentimentos, mas sem ancoragem nas condições de existência material do sujeito, senão centrada na subjetividade.

A recorrência à compreensão da vida social e cultural patriarcal é apenas o pano de fundo do objeto de trabalho, contido em um sujeito recortado em sua individualidade. A história de vida do sujeito é uma historiografia que descreve acontecimentos pessoais e familiares. Nessa singularidade humana, não se desvela a reprodução da história social e cultural como parte da investigação, interpretação e argumentação da profissão.

---

6. Uma explicação mais extensa sobre este tema pode ser encontrada em Molina (2012).

7. Em Ambato (Equador, 1971) eclode a radicalização do debate sobre a relação ideologia/exploração/libertação e Serviço Social. Critica-se a integração de métodos, destaca-se o *caráter filosófico do método e não o método definido pelas singularidades do Serviço Social.* Defende-se que o Serviço Social *é práxis e que suas funções são: capacitação, organização e educação.* Outros Seminários "intermediários" de Escolas de Serviço Social para debater a formação profissional foram realizados em Chillán (1973), El Salvador (1973) e Guayaquil (1973). Os latino-americanos participaram do Congresso Panamericano em Quito e do encontro convocado pelo ISI Ambato (1971). Esses eventos marcam uma diferença com a orientação debatida em Araxá. Desse modo, da integração ao desenvolvimento, passa-se ao questionamento das características do subdesenvolvimento. O debate adquire matizes de inspiração crítica: sobre o quê, como e para que se direciona a profissão.

As premissas da fenomenologia e da teoria sistêmica se reproduzem na investigação e no caminho da intervenção profissional alimentada da aplicação das propostas clínico-terapêuticas. A compreensão fenomenológica significa descrever o vivido, descobrir o sentido do vivido, caracterizar a estrutura do vivido e estabelecer as constâncias da estrutura, isto é, o que é invariável. A intervenção profissional se delimita no plano relacional entre o agente profissional e os sujeitos, assumindo a dimensão psicossocial como objeto de trabalho, de forma exclusiva ou preponderante.

O que foi assinalado anteriormente em relação à intervenção profissional, vinculada à natureza do Serviço Social enquanto disciplina de base positivista, permite propor as seguintes reflexões:

— No devir histórico, uma fundamentação teórico-metodológica que permita captar a aparência, o fático e os fenômenos na sua imediaticidade, afirma o privilégio de uma racionalidade lógica e formal que descreve os dados, como se estes falassem por si mesmos, enviesados por uma suposta neutralidade e objetividade das ciências positivas.

— As inter-relações descritivas captam as regularidades, o homogêneo, o funcional e o disfuncional; assim os fatos, dados e relações permanecem isentos de história. A partir desta racionalidade, a chave é transcrever o que o sujeito expressa, tal como captado por um agente profissional que escuta em uma situação de empatia para compreender a disfuncionalidade vivida pelo sujeito da atenção, chamado cliente. A visão de mundo e a ética liberal que sustentam o direcionamento da intervenção encontram eco no chamado "ajuste do indivíduo ao meio".

— Apreender os objetos da intervenção, a partir da lógica do aparente e do disfuncional, supõe um direcionamento ético-político de aceitação das leis que estruturam a desigualdade social e, em consequência, uma ação profissional acrítica que tende a reencaixar ou readequar os sujeitos ao sistema de funcionalidades-disfuncionalidades que se individualizam (cada caso é um caso) e simultaneamente são homogeneizadas por meio de categorias classificatórias e procedimentos técnicos preestabelecidos para a intervenção, chamados por alguns de "métodos" e por outros de "processos".

Deve-se salientar que exercer esta profissão é trabalhar com seres individuais que são sociais, cujas vidas são "problematizadas" por carências, necessidades sociais não satisfeitas. Estes seres humanos integram famílias, grupos ou organizações de base comunitária, vivem inseridos na dinâmica do trabalho precário ou do não trabalho, por conseguinte, na pobreza, sem assistência e sem acesso à seguridade social; na violência social e suas diversas manifestações; com deterioradas condições de saúde associadas a suas formas de vida e de trabalho que as impactam integralmente; em conflito com a lei porque transgridem a ordem de respeito à vida, à integridade e à propriedade privada; sem moradia ou com um teto precário; com baixa escolaridade e sem capacitação laboral; vivem em condição de risco ambiental e sofrem perdas de seres queridos e bens devido aos efeitos de desastres provocados por fenômenos da natureza, ou ainda provocados pela ação humana. Trabalhamos com organizações em processos socioeducativos que lutam pela defesa e exigibilidade de seus direitos. Enquanto seres humanos sociais, em todos os objetos de trabalho que assumimos estão envolvidas as condições materiais e subjetivas da existência; ou seja, existência e consciência.

Com esta complexidade social — inscrita nos objetos de trabalho que contêm as demandas assumidas nos âmbitos de nosso trabalho profissional —, se o ângulo de compreensão é a matriz positivista, o ponto focal limita-se a assumir o objeto de trabalho para descrever sua expressão aparente desprovida de história e de mediações constituintes. A partir dessa compreensão, a ação é direcionada por caminhos formais ou protocolizados que se aplicam a um objeto.

Neste caminho, na intervenção profissional são observados lamentos sobre "o não reconhecimento da profissão" ou adjetivações de "baixa autoestima". Assim, velhas reclamações ainda presentes, como o fato de não ser uma profissão valorizada socialmente como outras da mesma categoria, podem ter uma explicação — ainda que não exclusiva — na lógica formal que sustenta o conteúdo da argumentação de critérios profissionais, a partir da aparência e não da apreensão complexa da historicidade do objeto de trabalho profissional. Se o que se descreve e "argumenta profissionalmente é a descrição do aparente" e a intervenção se simplifica em passos predefinidos, a questão é qual seria a diferença em relação a outros que também o fazem.

Esta primeira tendência resumida, ou seja, o Serviço Social entendido como disciplina das Ciências Sociais de base positivista, coloca a profissão entre aquelas que se ocupam da aplicação de conhecimento. Consequentemente, são outras as disciplinas responsáveis por sua produção, e com isso a compreensão do metodológico é atribuída como sinônimo de técnico, de alguma forma desprovido de teoria e ética. Este fato acentua a chamada "metodologia da ação", o que redunda em um peso sobre a dimensão técnico-operacional, etapas e em uma reduzida compreensão sobre o método, observado apenas em termos da relação entre o Serviço Social e o usuário.

É preponderante a intervenção profissional na aplicação do procedimento ao objeto e se supervaloriza o plano relacional construído entre o agente profissional e os sujeitos, como se fosse uma invenção voluntariosa, espontânea, cuja efetividade resolutiva fosse poder exclusivo do assistente social.

No entanto, o que se destaca como crítica a esta perspectiva é o esvaziamento tanto da historicidade como da condição de classe social, gênero e etnia do usuário. Em outras palavras, não exercício da abstração da vida social dessa singularidade humano-social, reproduzida na demanda institucional que se transforma em objeto de trabalho. Por isso, a questão do psicológico (cognitivo, emocional, relacional) costuma permanecer desprovida das condições de existência material, daquilo que garante as possibilidades de sobrevivência e das formas de consciência que o sujeito possui. Interpreta-se que daí advém a crítica resumida, nas palavras de Netto (1992), como "psicologização da questão social". Não porque a dimensão da consciência e das emoções não sejam partes constitutivas do ser humano, ou se apenas têm relevância as condições materiais de existência. O cerne que compartilhamos é que "são as condições de existência as que determinam a consciência", ou seja, as maneiras de interpretar a vida social e sua reprodução nas singularidades estão influenciadas pela inserção nos processos de produção e reprodução social.

A preponderância exclusiva na capacidade resiliente do sujeito, suas habilidades, pessoais podem deixar de lado a responsabilidade que a coletividade tem sobre as condições de vida desse sujeito; assim como recorrer aos serviços oferecidos pelas organizações voluntárias, às redes sociais e à participação social, podendo fazer cair na armadilha de aceitar ingenuamente a falta de materialidade da política social e da responsabilidade que a coletividade deposita no Estado para que cumpra a proteção social como direito da cidadania.

Esta compreensão focada no relacional entre sujeitos da intervenção também tem implicações no profissional, visto que acentua a carga emocional sobre o/a profissional, que é culpabilizado ou se personaliza por algo que é estrutural e que explica a incompetência ou insuficiente resposta institucional.

Ao não desvendar as mediações que estão por trás dessa aparência da relação profissional, que coloca frente a frente seres humanos em um âmbito de trabalho, os/as profissionais enfatizam a análise dos impactos da intervenção na dimensão de seu "eu", optando principalmente pelo autocuidado pessoal, deslocando, assim, para o individual um objeto que é luta gremial: as condições de trabalho e a não materialidade da política social.

Os processos de supervisão laboral nesta lógica tendem a centrar-se no plano relacional, deixando de lado as condições institucionais da política e as condições de trabalho como mediações que configuram as possibilidades da intervenção. Isto constrói um messianismo ou um peso emocional que provoca uma grande impotência no/na profissional que redunda em seu ser individual-social. Consequentemente, esse profissional costuma não articular as condições de trabalho nas quais atua com as lutas gremiais pela defesa e conquista de condições pelos direitos dos usuários, porque não se develam as mediações que configuram seu trabalho e porque perde a perspectiva de ser sujeito pertencente a uma classe que vive do trabalho.

A perspectiva da natureza da profissão e da intervenção profissional de influência positivista, assim como as tentativas de rupturas, coincidem com as três décadas "gloriosas do capitalismo e das maiores conquistas da classe trabalhadora".

A ETS-UCR foi fundada em 1942, em 1944 passou a fazer parte da UCR, dando início a um caminho de busca de inserção institucional e de construção de autonomia relativa no contexto das mediações universitárias. A vigência do último currículo deste período (1965) se prolonga até 1972, conservando uma concepção da profissão sustentada em visões de mundo preservadoras da ordem social existente e uma predominância das categorias indivíduo, família e comunidade como sujeitos centrais.

O projeto original e suas inflexões no *período 1942-1965* na Escola de Serviço Social da Universidad de Costa Rica evidencia uma formação profissional adscrita à influência norte-americana, em um contexto de auge e decadência do padrão agroexportador e de declínio do Estado Liberal, para dar lugar a um Estado intervencionista na vida social, bem como a emergência dos processos de autocrítica a partir do Serviço Social. Trata-se da busca de um projeto de formação de origem latino-americana, em meados dos anos de 1960, no contexto do desenvolvimentismo, sem perder o horizonte do conhecimento universal. Desse modo, a concepção hegemônica propõe "contribuir ao ajuste do indivíduo com o meio, harmonizar as condições de vida do homem e da sociedade" (Cf. Escuela de Servicio Social, Plan de Estudio, 1942. P1, Universidad de Costa Rica).

O Serviço Social norte-americano, com seus fundamentos pragmatistas e empíricos, acentua o valor da experiência profissional e da padronização de procedimentos para a apreensão dos objetos de trabalho contidos em indivíduos, grupos e comunidades. Isto deu lugar à sistematização da experiência e à abstração de procedimentos para processos de intervenção individual, grupal e comunitária. O foco predominante acentua a relação "cliente-profissional", circunscrevendo, em boa medida, a constituição dessa relação às possibilidades do fazer profissional. Daí uma concepção da ética tratada como deontologia (Barroco, 2004), quer dizer, como ciência do estudo do caráter normativo expresso em códigos morais que orientam o comportamento social dos indivíduos. Assim, os valores éticos centrados no respeito à individualidade que é portadora de valores inatos, como, por exemplo, dignidade do indivíduo, autorrealização, busca do bem comum; mas tudo isso centrado no próprio esforço do indivíduo. Em Araxá (1967) e em Teresópolis (1970), foi referenciado no debate, que entre as conclusões da NASW-EUA de 1958 ("Working Definition of the Practice of Social Worker"), foi acordado denominar os procedimentos de intervenção de processos (e não de métodos).

No entanto, revela-se uma forte tendência por catalogar como métodos próprios o Caso individual, o método de grupo e a organização e desenvolvimento da comunidade. Isto esteve muito presente em debates latino-americanos dos anos 1960, e ainda hoje há aqueles — embora em menor número — que se apegam a uma identidade profissional definida por exclusividade de teorias, métodos e sujeitos.

O pensamento homogêneo sobre a concepção do Serviço Social permite renovar e fazer ajustes, mas sempre dentro da compreensão positivista e pragmatista dominante. A *concepção dessa teoria* muito provavelmente sustentou-se em sua aplicabilidade pragmática e utilitária ao imediatismo da demanda no atendimento profissional. Entretanto, nessas décadas chama a atenção a colocação da presença de disciplinas complementares para a compreensão da história e da coletividade humana, cujos referentes oferecem condições para sustentar a formação profissional no contexto nacional. O Plano de Estudos de 1965 incluiu, desse modo, a obrigatoriedade das humanidades e das práticas supervisionadas nos três âmbitos: caso, grupo e comunidade. Diante disso, os estudos de Mary Richmond, Gordon Hamilton, Hellen Harris Perlman e Caroline Ware tornaram-se pilares importantes na formação profissional.

O fato de partir da dimensão *teórico-metodológica*, a apropriação do instrumental dos processos individuais, grupais e de organização e desenvolvimento da comunidade, como "metodologia própria" da profissão, mostra claramente uma noção de teoria que se aplica à realidade e a uma noção de prática separada da teoria. Desse modo, ganha força a separação entre ciência e técnica e ciência e política. Apreciam-se matizes no sentido de destacar mais a formação da dimensão técnico-instrumental para o trabalho com sujeitos individuais e coletivos: grupos, organizações comunitárias e a dimensão técnico-instrumental no que se refere a sujeitos individuais e ao núcleo familiar. Esta concepção teórico-metodológica acentua o componente técnico-operativo, ou seja, a manipulação do instrumental como sinônimo de metodologia, assim como a noção da *aplicação do chamado método* (investigação diagnóstica, execução, avaliação) a um objeto, independentemente de sua natureza constitutiva e da historicidade contida no usuário. Quer dizer, a única diferença marcante é o tamanho do sujeito e não a historicidade contida nesse objeto que condensa as mediações particulares e da totalidade.

Nesse contexto, as categorias e os conceitos que se destacam são: indivíduo, família e comunidade. Os objetos de trabalho são conceitualizados como problemáticas sociais/patologias, recortados em um tempo presente e depositados sob a responsabilidade do usuário. A possibilidade de *modificação ou harmonização* com o contexto é centrada na capacidade de aplicar conhecimentos teóricos à intervenção. Com isso, a intervenção, a sua assertividade, assim como a capacidade de gerir recursos, pertencem aos profissionais.

Na ETS-UCR, esta forma predominante de direcionar a formação profissional é congruente com as referências das teorias sociais da época e com o avanço na construção de uma identidade de uma profissão jovem. Trata-se de uma profissão que luta por desvencilhar-se das protoformas ou das expressões humanitárias de ajuda para criar um âmbito no terreno das profissões das Ciências Sociais. Devemos recordar, porém, que se trata de uma profissão que nasce para conhecer e intervir no âmbito das mediações da política social, fonte de sua legitimidade funcional e social. Não nasce com vocação de produzir conhecimento. No entanto, na construção de seu âmbito, a polêmica pela autoconstrução como campo disciplinar coloca-lhe "tentações intelectuais", ao considerar que possui "métodos próprios", atribuindo caráter de método a algo que, na realidade, corresponde a procedimentos metodológicos e técnicos. Nesse sentido, considera-se como produtora de teoria a partir da sistematização da prática profissional, confundindo o plano de produzir saberes com conhecimento científico tributário da teoria social. Enfim, caímos na armadilha e reproduzimos a lógica positivista que dá fundamento à origem das parcelas de Ciências Sociais para compreender o ser humano-social e a separação entre aqueles que produzem conhecimentos e aqueles que o aplicam, em outros termos, entre teoria e prática, entre ciência e política.

Já a partir de meados dos anos de 1970, durante a execução do currículo 1976 e 1981 vigente até 1992, os fundamentos teóricos com aspirações de ruptura foram colocando temas de inspiração marxista, bem como releituras de Marx. O vigor das buscas metodológicas também se evidenciam com o chamado "método integrado", com a pesquisa-ação e o "método Belo Horizonte", assim como com as contribuições de Zavala, Kisnerman, Faleiros, Alwyn etc. Posteriormente, colocam-se os temas da política social e se recuperam os assuntos referentes ao planejamento e à administração social.

A articulação com o debate latino-americano em tempos de gestação do movimento de reconceitualização, a relativa autonomia acadêmica e de condução da ETS, ao se tornar parte da Faculdade de Ciências Sociais (1972), assim como o posicionamento crítico a favor da necessidade de transformações invocado durante o III Congresso Universitário, serão processos que marcam o declínio da concepção dominante que sustenta a harmonia nas relações sociais e o ajuste do indivíduo ao meio.

Por sua vez, a discussão latino-americana a partir do Serviço Social se desenvolve em processos de inserção na realidade social pertinente a seu campo de competência profissional e em debates atravessados por múltiplas tensões, desvios e equívocos teóricos. Tais equívocos reeditam a supremacia do positivismo no debate expresso, por exemplo, nos binômios ciência-técnica e teoria-prática; na fragmentação do ser humano social nas disciplinas das Ciências Sociais; na almejada especificidade pela exclusividade de teorias e métodos próprios; nos apriorismos metodológicos contidos nas múltiplas propostas; na busca na epistemologia do método para aplicar-se na realidade do objeto de trabalho; no instrumentalismo do Estado e a política social que conduz a compreensões sobre o papel profissional tingidas de fatalismo e messianismo. Em relação à prática profissional, dentre alguns exemplos, pode-se destacar sua compreensão como fonte de teoria e como práxis social, esvaziada de mediações histórico-estruturais, institucionais e centrada na aplicação de procedimentos para construir a relação sujeito profissional-agente profissional.

A partir da ruptura fundamental quanto à compreensão da profissão com base em seu caráter genético-estrutural e a crítica ao metodologismo/epistemologismo[8], abre-se o tema sobre política social e o trabalho profissional. As contribuições em relação a este tema de autores como Iamamoto, Netto, Faleiros, Quiroz, Quiroga e Lima, desde o início dos anos 1980, são amplamente conhecidos. Tudo isto finca as bases e dá lugar ao debate a partir de fontes marxistas, aprofundadas nos tempos finisseculares e no século XXI, para expressar-se no chamado Serviço Social Crítico.

O debate sobre a metodologia da intervenção foi alterado no último lustro dos anos setenta do século XX[9] e colocou como objeto de reflexão e investigação *a política social* coincidente com a crise da acumulação do capital, ficando de lado o debate sobre o metodologismo.

---

8. Neste período situam-se as discussões sustentadas no Seminário Latino-Americano em Ocaso, Colômbia (1976), sobre a metodología, e em Chaclacayo, Peru (1982), sobre a prática profissional. É importante registrar, também, como anteriormente explicitado, a crítica às propostas metodológicas que foram reunidas por Leila Lima e Roberto Rodríguez (1977), assim como a demonstração das influências de inspiração em Althusser e Harnecker que foi resumida por Quiroga (1990) como "um marxismo sem Marx".

9. A política social posiciona-se a partir do Serviço Social e adquire progressiva densidade teórica (V Seminario Latinoamericano de Trabajo Social, República Dominicana, 1977; Simposio de Playas, 1978; Caracas, 1979; São Paulo, 1980; México, 1983). Basta assinalar as publicações na *Revista Acción Crítica*, publicada pelo CELATS, assim como as de Vicente de Paula Faleiros, entre outros. Mais recentemente, no final do século XX e no século atual, para citar alguns exemplos, podem ser destacadas as contribuições de Pereira, Rossetti, Boschetti, Grassi, Alayón e Aquín.

Nos anos 1980 já se advertia a existência de duas perspectivas, uma de "integração" ou de "relação interpessoal", que recupera o Serviço Social clássico e suas renovações norte-americanas. A outra perspectiva é identificada como "matriz crítica" que se gesta e dá sustentabilidade ao debate a partir de outro ângulo de visão, contribuindo com a produção de conhecimentos e a proposição de diretrizes para a formação profissional (Batista, *apud* Faleiros, 2003). Entretanto, em 1990, o impacto ideológico da crise de acumulação se mostra no debate das Ciências Sociais e do Serviço Social, ao destacar o sujeito e o sentido da ação, a linguagem e a fenomenologia. A categoria classe social e as relações de poder perderam centralidade. O tema de gênero, por sua vez, é timidamente mencionado nos trabalhos destas décadas.

Os anos 1990 apresentam a devastadora situação social da classe trabalhadora resultante da crise gerada nos anos 1970. Nesse contexto, no âmbito da política econômica e social hegemônica de ordem neoliberal, os brios na discussão teórico-metodológica da matriz crítica se inserem em um recrudescimento das condições de vida da população trabalhadora. Nos processos de formação acadêmica, as diversas tendências coexistem e provavelmente reeditam velhas discussões que já foram superadas. Desse modo, até finais do século XX, a investigação sobre as manifestações da questão social e as diversas formas de mediação, a partir das orientações neoliberais da política social e seu vínculo com a questão social, não parecem constituir linhas de pesquisa preponderantes no Serviço Social. Possivelmente, esta seria a base ontológica fundamental para tentar fazer rupturas na intervenção profissional e produzir conhecimento crítico.

O questionamento sobre o peso epistemológico no debate teórico-metodológico é claramente colocado e, consequentemente, o tema sobre a questão social adquire centralidade junto com a política social e sua expressão como resultado da tensão dos interesses entre o capital e o trabalho.

Enquanto isso, a complexidade das manifestações da questão social cresce em quantidade, pois em meados dos anos 1970 o desenvolvimento social desejado pelo padrão de produção industrial dependente ou de substituição de importações de base keynesiana, fordista e taylorista enfrentou outra crise de acumulação do capital.

Nas entranhas desta universalidade, gestava-se a crise do capitalismo que deu lugar no movimento da história a uma estratégia neoconservadora, neoliberal, aprofundando a desigualdade, a concentração da riqueza e da discriminação. Contudo, a partir da hegemonia do capital, a tendência preponderante é a crítica neoconservadora que culpa o Estado de Bem-Estar de ser paternalista, assim como também recrimina a sua ineficiência por não apresentar capacidade resolutiva para aquilo que o próprio sistema gerou. Entretanto, outras conquistas de direitos para grupos e interesses específicos são alcançadas.

Tudo isso formará o cenário das décadas seguintes, em que as conquistas sociais de tendência universalista se contraem para dar lugar ao "ajuste estrutural" com a contrarreforma do Estado e a uma política social focada, destinada a mediar a pobreza extrema e reviver a filantropia. No âmbito cultural, reposiciona-se o individualismo e a pobreza é colocada sem história, para acentuar a responsabilização dos sujeitos carentes de habilidades. É tal a barbárie na concentração da riqueza, a deterioração do planeta e a desigualdade social, que não é possível compreender a vida social com base no relativismo cultural neoliberal, nem no seu apregoado fim da história. A questão de classe trabalhadora — para a qual a profissão de Serviço Social foi colocada na tensão de seus interesses e os do capital — desafia as formas de interpretar e encarar suas condições de vida e de trabalho.

A partir deste desafio histórico e ético, acentuam-se, também, de forma significativa, maiores desafios para a investigação e a intervenção no Serviço Social. Por conseguinte, a tendência do pensamento crítico assume desafios como, por exemplo, de desvendar a compreensão do Serviço Social como profissão historicamente determinada e entender a intervenção profissional articulada com outras categorias históricas e teóricas que possibilitam fazer inflexões e rupturas com a base positivista, relativista e "epistemologista" (Borgianni; Montaño, 2000). Esta tendência nos aproximará das bases ontológicas da intervenção de inspiração dialético-materialista.

Vejamos, a seguir, alguns traços da segunda tendência em relação aos fundamentos históricos e teórico-metodológicos da intervenção profissional. Nesta primeira metade da vida institucional da Escola de Serviço Social, assim chamada até 1972, é indiscutível que a força do debate interno, o pujante debate latino-americano das Ciências Sociais e do Serviço Social com fundamento crítico, bem como a institucionalidade da educação superior pública se reproduzem na concepção da profissão e na conformação do projeto de formação profissional para as décadas seguintes. Cabe registrar, naturalmente, que tal debate é mediado pela particularidade das relações sociais da Costa Rica e as perspectivas político-ideológicas em disputa nos anos 1970. Se o período anterior colocou o ajuste e a harmonia, a partir do Currículo de 1973 teve relevância a "libertação enquanto processo orientado para conseguir que as pessoas ou grupos conheçam sua realidade, se situem nela, a analisem e a critiquem, se equipem de instrumentos e técnicas que lhes permitam transformá-la, promovendo as mudanças estruturais para conquistar sua libertação" (Plano de Estudo, 1973).

O voluntariado messiânico de destinar uma tarefa revolucionária do movimento da história particular e universal a uma profissão foi um erro teórico com implicações não menos severas no processo de formação e no exercício profissional. Embora superado antes do final dos anos 1970, no debate sustentado pela elite intelectual do Serviço Social latino-americano, isto continuou repercutindo, e ainda hoje as compreensões simplistas, mas especialmente as conservadoras, se apegam a este erro para se opor às tendências críticas.

Por sua vez, o Currículo 1993/1995 da ETS-UCR corresponde com absoluta clareza ao impacto de: a crítica aos grandes paradigmas nas Ciências Sociais da Costa Rica, a chamada crise do Estado de Bem-Estar e as implicações de todos os programas de ajuste estrutural com seus alinhamentos em relação à chamada reconversão produtiva, reforma financeira, reforma do Estado, reforma trabalhista, ou melhor, regressão dos direitos trabalhistas. Enfim, trata-se dos tempos da estratégia neoliberal para enfrentar a crise do capitalismo e, em consequência, da barbárie social que se expressa na maior acumulação da riqueza e na maior desigualdade social, bem como no mundo da cultura.

Neste Currículo, coexistirão no âmbito dos fundamentos teórico-metodológicos: a escola clássica nos enfoques de intervenção com indivíduos e grupos, a teoria sistêmica referente à intervenção com famílias e ao planejamento e administração social. Quanto à chamada "comunidade", são introduzidos outros aspectos de crítica e se transita para a compreensão do espaço local como expressão que reproduz as contradições sociais e os interesses antagônicos de classes. Os fundamentos teóricos do paradigma marxista se enfraquecem e vão ganhando força as chamadas metodologias qualitativas e os suportes teóricos fenomenológicos (Molina, 2001).

A crítica às fraquezas deste Currículo marca uma trilha muito importante que se caracteriza pelo reposicionamento — sempre tensionado — do pensamento crítico de inspiração histórico-dialético-materialista, como fundamento para interpretar a vida social e direcionar a intervenção profissional com vocação transformadora. Isto nos limites da tensão entre a autonomia relativa e as mediações estruturais-institucionais dos processos de trabalho.

3. Serviço Social como profissão: a intervenção profissional na trama de mediações e suas tensões

A outra vertente explicativa sustentada nas investigações de Iamamoto e Carvalho (1982), assim como nas discussões prévias de Lima e Rodríguez (1977) no CELATS (1976-1982), abrem outra perspectiva a partir da totalidade social. Isto significa compreender a sociedade capitalista a partir das premissas do materialismo histórico para assumir a natureza da profissão e sua função social como resultado histórico. A almejada especificidade e a busca do estatuto científico se desloca como objeto de debate para colocar a explicação histórica da função social da profissão.

Nesta linha de argumentação, Iamamoto (1982; 1997, p. 91)[10] sustenta que o Serviço Social não nasceu vocacionado para produzir conhecimento. É uma *profissão* que se insere no desenvolvimento do capitalismo, em particular, em sua fase monopolista. O Estado como mediador do processo metabólico da relação capital-trabalho necessitará da intervenção sistemática através das políticas sociais e de profissões (entre elas, o Serviço Social) para fazer frente à questão social[11].

10. Trata-se de uma *profissão* que se insere na divisão sociotécnica do trabalho, isto é, a divisão que se configura no modo de produção capitalista, mediante a qual homens e mulheres criam meios de vida e de trabalho determinados fundamentalmente pela troca generalizada de mercadorias.

11. Na próxima seção faremos referência ao tema da questão social.

Em síntese, ainda segundo Iamamoto (1982; 1997), a profissão de Serviço Social se encontra imersa em um cenário de interesses contraditórios, cujo desenvolvimento está mediado por condições econômicas, políticas, teóricas, ideológicas e sociais. Cabe ainda registrar que, em diferentes momentos e a partir do movimento próprio da história, esses interesses contribuíram com o aparecimento de manifestações conservadoras, que se confrontaram também com posições críticas de diversos matizes. Tais posições críticas contêm a intenção de ruptura do Serviço Social latino-americano, assumindo, como anteriormente assinalado, a profissão como produto histórico necessário para o desenvolvimento do capitalismo, o que *não* implica reeditar o fatalismo e nem o messianismo dos primeiros anos da Reconceitualização[12].

No centro desses interesses contraditórios, a profissão existe para contribuir para as condições da reprodução social, marcando daí seu direcionamento ético-político com o que, como afirma Martinelli (1997), se desvenda a artimanha da profissão articulada com a ilusão de servir. Cabe registrar que todos os nossos atos profissionais são também atos políticos e, portanto, assumimos uma posição. Esclarecido este aspecto, a compreensão do problema metodológico sublinhará o fundamento ético e teórico que necessariamente contém, ou seja, o direcionamento do "para que" do conhecimento para aproximar-se ao objeto de estudo (de trabalho) e do porquê da ação. É, portanto, "do ângulo da visibilidade teórica" necessário para interpretar as condições de vida e de trabalho que inclui também a subjetividade dos seres humanos com quem trabalhamos. Sujeitos que são individualidades-sociais, configurados como tais, nas relações sociais em sua heterogeneidade da desigualdade de classe, gênero, etnia, idade entre outras e a conflitividade social resultante dos interesses em tensão-contradição da etapa histórica que corresponde viver.

Se compreendemos a profissão a partir desta complexidade histórica, a intervenção profissional também adverte sua complexidade. A intervenção profissional não é sinônimo de procedimento técnico, nem se configura

12. Por que não é reedição? Porque a compreensão atual do Estado supera as noções instrumentalistas anteriores, para assumi-lo como condensação de interesses contraditórios nos quais a hegemonia da fração dominante do bloco histórico oferece um direcionamento ao projeto de sociedade hegemônica. Nessa dinâmica, a política social possui objetivos que confluem na manipulação da contradição, isto é, simultaneamente atende aos interesses da classe que vive do trabalho e ao capital.

exclusivamente na relação interpessoal sujeito-agente profissional, mas sim que tal relação se gera e desenvolve entre múltiplas mediações associadas com:

— a historicidade das mediações dos sujeitos enquanto seres indivíduos sociais, tanto do usuário de atenção como do/da profissional;

— as mediações estruturais, conjunturais, institucionais que dão direcionamento ao Estado e, em consequência, à política social;

— as mediações institucionais, os jogos de poder e a gestão técnico-política das organizações executoras de política social, que fazem parte da divisão sociotécnica do trabalho e, portanto, determinam os processos de trabalho organizacionais dos quais somos parte;

— o desenvolvimento da teoria social e do conhecimento produzido pelo Serviço Social, entendido como patrimônio científico-cultural e não exclusividade de um ramo do saber;

— o projeto de profissão que hegemonize a forma de enfrentar as expressões de desigualdade social em cada particularidade histórica.

O debate sobre os fundamentos teórico-metodológicos do Serviço Social é uma constante nesta profissão e dá lugar a buscas, continuidades e rupturas. *Sua centralidade se refere à relevância de nos perguntar sobre o que fazemos, como, para que e por que fazemos.* As respostas a essas perguntas nos desafiam no plano da formação, do trabalho profissional e da produção de conhecimentos. Em todos esses planos onde se reproduz a profissão e o conhecimento, há uma necessária relação a ser encarada: a relação sujeito-objeto capturada na aparência segundo foi indicado desde a primeira tendência, ou, ainda, sua complexidade constitutiva observada nesta segunda tendência. Não é por simples academicismo ou teoricismo assumir este desafio na apreensão dos objetos de trabalho profissional, é por responsabilidade ético-política e para colocar a investigação e a intervenção do Serviço Social na perspectiva crítica.

A sinuosidade do movimento do debate sobre a intervenção profissional torna-se complexa, pois o procedimento técnico-operativo ficará subordinado — perdendo centralidade na discussão — a mediações teóricas e ontológicas que permitirão compreender a intervenção profissional como parte de processos de trabalho institucionais ou organizacionais, os quais reproduzem a tendência do padrão produtivo e a lógica da política social em sua mais ampla acepção. Esta lógica corresponderá às formas que as frações de classes dominantes em tensão com os grupos subalternos imprimam às estratégias do Estado para mediar diante das expressões da questão social.

Recapitulando, entenderíamos que a partir desta perspectiva crítica há categorias centrais que permitem entender a intervenção profissional em sua complexidade, em outros termos, superando a sinonímia entre intervenção e procedimentos exclusivamente.

O desenvolvimento da profissão encontra-se organicamente articulado às transformações e determinações que conformam o Estado e a Política Social, como consequência de sua vinculação orgânica com os padrões de produção e acumulação de capital. Daí a compreensão crítica da história econômica, social e política de cada particularidade histórica.

Por sua vez, o caráter político da profissão e seu posicionamento ético encontram-se expressos no posicionamento crítico e estratégico para a defesa intransigente dos direitos da população usuária. Nos termos de Martinelli (2004)[13], "todos os nossos atos profissionais são simultaneamente técnicos e políticos e, portanto, éticos". Há um eixo histórico-teórico para a apreensão do fundamento ético-político e metodológico da profissão, e ele advém das categorias históricas e teóricas: trabalho — questão social — Estado/Política Social.

A configuração do Estado Moderno instituirá mecanismos para mediar as manifestações da desigualdade social configurada pela vida cotidiana da classe trabalhadora. Tal mecanismo é a política social, que se constitui no terreno de lutas, conquistas, concessões e encerra, portanto, um caráter contraditório. Tal caráter fica evidente na medida em que o trabalho profissional responde ao capital e ao trabalho, priorizando um ou outro polo dessa relação dialética, conforme a conjuntura e o tipo de regime político em cada particularidade histórica.

No debate da ETS-UCR, esta perspectiva se explicita a partir do Currículo de 2004, enquanto o foco para compreender a natureza da profissão na história coloca-se com amplitude nos cursos introdutórios e em outros da linha curricular denominada "História, teoria e metodologia do Serviço

13. Na conferência comemorativa dos 65 anos de fundação da Escola de Serviço Social da Universidade da Costa Rica e outorga do certificado de recredenciamento em 2007.

Social". Além disso, observa-se uma inflexão na temática relacionada aos fundamentos teórico-metodológicos relacionada às categorias trabalho, constituição do ser social e questão social, Estado-política social, bem como ao estudo do método com base nas matrizes epistemológicas e sua diferença com os procedimentos metodológicos para a apreensão dos objetos de trabalho contidos em singularidades humanas. Também adquire centralidade a compreensão dos fundamentos teórico-metodológicos inseridos na dimensão histórica, em sua articulação com visões de mundo e, portanto, relacionados com uma dimensão ético-política de defesa e exigibilidade dos direitos humano-sociais. Os usuários, coerentes com esta perspectiva, são concebidos mediados pela história, classe social, gênero, etnia, geração, assim como na diversidade em todas as suas manifestações.

O grande desafio apresenta-se no campo do ensino e da pesquisa, bem como da intervenção, apreensão do movimento contraditório das tendências contidas no objeto para articular uma intervenção com os sujeitos que seja nos limites das possibilidades transformadoras do objeto.

4. O debate ontológico-materialista e a apreensão histórico-dialética dos objetos

De uma perspectiva que coloca a recuperação da dialética na apreensão da historicidade contida nos objetos de trabalho profissional, ou seja, todas aquelas situações que problematizam a vida dos sujeitos à atenção profissional, vinculadas às suas condições de vida e de trabalho.

A partir desta segunda expressão do debate, pretendemos chamar a atenção dos principais desafios, a saber: garantir a formação profissional e a educação continuada, forjar competências profissionais teórico-metodológicas e a apreensão da historicidade dos objetos de trabalho em singularidades humano-sociais na tensão das mediações que constituem. Tais mediações são:

a. os *usuários* enquanto seres humano-sociais, cujas vidas manifestam as complexas expressões da questão social, sendo portadores de objetos que se transformam em demandas de serviços sociais;

b. os *objetos de trabalho, em outras palavras*, as necessidades enquanto direitos sociais não concretizados que os usuários condensam como resultado de suas vidas. Tais objetos sintetizam uma história de privações e cerceamento de direitos;
c. os *agentes profissionais* como seres históricos enquanto profissionais assalariados, pertencentes a uma classe social, mediados pela sociedade patriarcal e o gênero, que aderimos a determinado projeto de sociedade, definindo, consequentemente, posições que colocam o acervo de nossos conhecimentos a serviço de outros;
d. *os processos de trabalho* são parte das instituições/organizações nos quais os agentes profissionais estão inseridos no âmbito da execução e gestão da política social. Constituem condensação de mediações: político-ideológicas, legais e financeiras. Os processos de trabalho se configuram na divisão do trabalho nas instituições que materializam a administração do estatal e da ação não governamental. Em tais processos se metaboliza a demanda colocada pelos sujeitos junto com a política social, com o fundamento legal, com as possibilidades financeiras e com a cultura organizacional. Eles fazem parte de um projeto econômico, político e cultural como visão de mundo e desenvolvimento de sociedade e da autonomia relativa profissional. Todo este metabolismo configura a intervenção profissional.

Nesse contexto, os departamentos de Serviço Social são parte dessas *determinações* que confluem na forma de tratar os objetos de trabalho. Por outro lado, conforme Iamamoto (2002), "a *relativa autonomia profissional*", dada pelo ângulo ético-político, teórico-metodológico como parte do acervo profissional, define ou condiciona o "para que" e o "por que" da escolha que fazemos da interpretação teórica e dos procedimentos técnico-operativos para conhecer o objeto e transformá-lo com o objetivo de garantir o acesso aos direitos, tendo em vista a melhoria das condições de vida e de trabalho dos sujeitos.

Existe uma relação dialética entre as determinações políticas, legais e financeiras com o direcionamento hegemônico das forças econômicas e políticas que imprimem uma orientação ao Estado e à política social, considerando que as profissões não são entidades estáticas. Nesta perspectiva, elas se transformam enquanto resultado do devir histórico, teórico e científico. Portanto, seus fundamentos teórico-metodológicos também são transformáveis.

De acordo com o assinalado anteriormente, é relevante compreender a categoria histórico-teórica do trabalho mediante a qual os seres humanos se constituem como tais, mas no capitalismo o traço essencial é o caráter alienante e de exploração da força de trabalho como resultado da acumulação. As expressões da questão social, como síntese do confronto entre os interesses do capital e do trabalho e a dimensão cultural da sociedade patriarcal, conformam mediações centrais, representam a universalidade da história humana, bem como sua reprodução na particularidade latino-americana e de cada um de nossos países. Desse modo, os objetos singulares da intervenção profissional advêm das expressões da desigualdade econômica, social e cultural em cada particularidade histórica. Tais objetos reproduzem na singularidade da vida cotidiana a legalidade das relações sociais; ou seja, a tendência dominante, o fio condutor estruturante de uma forma de vida em sociedade.

Esta segunda perspectiva implica o desafio de conter o instrumental técnico-operativo ressignificado desde a orientação teórico-metodológica e ético-política. Isso implica superar a colocação do trabalho profissional em termos de relação interpessoal, e passar a *compreendê-lo e exercê-lo como construção tensionado nas mediações estruturais, conjunturais e institucionais que configuram os processos de trabalho relacionados com a execução-gestão da política social. É a partir daí que podem compreender-se através das estratégias político--profissionais que se singularizam ao assumir os objetos de trabalho na relação com os usuários, mas também para enfrentá-los no âmbito ético da proteção, defesa, promoção e exigibilidade dos direitos humano-sociais.*

A partir desta tendência, em relação à intervenção profissional, surge um desafio premente, a saber: apreender o objeto que contém o sujeito em sua integralidade e em sua totalidade social, na complexidade que o constitui, para argumentar em nossos relatórios sociais o critério profissional e o caminho da transformação do objeto, no terreno da exigibilidade do cumprimento dos direitos humanos em tensão com a falta de materialidade da política social.

A adoção desse ponto de vista não depende apenas da boa intenção do(a) pesquisador(a) ou do(a) profissional, pois isso depende do posicionamento diante de determinado contexto histórico da classe trabalhadora que, na medida em que se identifica com o interesse universal, defende os interesses que se articulam com a maior parte da sociedade. Tal perspectiva exige ser consequente com uma teoria social centrada no valor-trabalho, na apreensão da realidade como processo e totalidade social, em seu movimento contraditório e na teleologia transformadora nos limites do trabalho profissional inscrito em um projeto de sociedade com justiça social, democracia e livre das condições que alienam o ser humano.

5. Processos de trabalho e a intervenção a partir das mediações constituintes

De acordo com Iamamoto (2002), para superar o enfoque relacional da intervenção profissional é necessário colocar a apreensão da prática profissional em termos do trabalho profissional. Sobre a prática profissional, há um interessante debate que data de 1982[14]. Os temas que foram tratados marcam discussões nas décadas de 1980 e 1990 com repercussões até a atualidade. Algumas das propostas realizadas são as seguintes:

— A *prática profissional situa-se no contexto das relações sociais* concretas de cada sociedade. Encontra-se inserida nessa dinâmica, reproduz *seu*

14. O CELATS (1983) publicou *Trabajo Social en América Latina: balance y perspectivas*. Trata-se de uma compilação de textos resultantes do Seminário Chaclacayo, Peru, 1982. Neste evento debateu-se sobre a elaboração teórica do Serviço Social, o que deu lugar à discussão sobre a "matriz modernista" sustentada no funcionalismo estruturalista, na teoria de sistemas e na "matriz crítica", que no seu início expõe o caráter ideológico e as consequências políticas do exercício profissional. Participaram na discussão sobre o tema "Elaboração teórica do Serviço Social na América Latina na última década" os seguintes profissionais: Boris Lima, Antonieta Manrique, Alejandrino Maguiña, Jesús Mejía, José Paulo Netto, Tereza Quiroz e Beatriz de la Vega. Do segundo tema, "Formação profissional", participaram: Estela Carbo, Raúl Castillo, Manuel Manrique, Adolfo Manzano, Diego Palma, Rosario Peters, Cecilia Tobón e Carlos Urrutia. Por fim, do terceiro tema que abordava os determinantes da prática profissional, participaram: Federico Arnillas, Magdalena Carmona, Vicente Faleiros, Eddy Jiménez, Leila Lima, Marta López, Norma Rottier, Marilda Villela e Nydia Zúñiga.

caráter contraditório enquanto, ao mesmo tempo e através da mesma atividade, atende aos interesses das classes dominantes e dos dominados, processando, assim, uma estratégia político-profissional que fortalece um dos polos presentes nas condições de trabalho. Esse fato é o que viabiliza um projeto profissional direcionado aos interesses dos trabalhadores. (Iamamoto; Carvalho, 1982).

— A *prática profissional situa-se na divisão social de trabalho e, segundo operem mudanças na realidade, altera-se também seu conteúdo técnico-político*. O agente profissional presta serviços e administra serviços que são a base material de onde se desenvolve uma função política, ideológica e educativa que incide no modo de viver e pensar.

— A *linguagem é um instrumento-chave* em seu trabalho. Através dela permeia, mantém ou constrói outros ângulos de compreensão do objeto de trabalho, desvenda sua configuração em termos de causas e manifestações, bem como de possibilidades transformadoras. Acrescentamos que, por meio da linguagem, o(a) profissional põe a serviço dos sujeitos seu saber e as informações institucionais para o exercício da cidadania.

Nessa relação, a linguagem é um instrumento importante de trabalho, por meio do qual problematizamos descrições, interpretações e construímos caminhos de compreensão crítica para orientar a ação

A dimensão técnico-operativa, como parte da intervenção, inclui ações como, por exemplo, a observação, a entrevista e todas as suas possibilidades que são necessárias para a coleta de dados e para a construção de um diálogo frutífero com o sujeito no processo de desvendar ou revelar o objeto. Porém, *não* é o instrumento em si que é fundamental. O fundamental é fazer uso da técnica para exercitar a razão crítica, a abstração que captura o movimento sinuoso do objeto em suas mediações e ativar a possibilidade de transformação que o sujeito contém e insere na trama institucional desde onde é apreendido.

— A *prestação de serviços está mediada por uma relação institucional que a legitima e profissionaliza.*

O(a) profissional se incorpora ao mercado de trabalho por meio de um contrato, é um intelectual profissional assalariado. Não determina por si mesmo o rumo de seu trabalho. Ao dar mais relevo às relações com o usuário — que se personalizam —, oculta-se o caráter de classe, reforçando um humanitarismo banhado da ilusão de servir, escondendo o caráter da política social como mediação que institui o trabalho profissional.

— *Historicamente, a prática profissional também é produto de seus agentes em razão do desenvolvimento da profissão, exigindo, por essa razão, redefinições frente às mudanças na questão social.*

A prática vinculada com a gestão do cotidiano e do privado não aparece de modo claro, e sim encoberta. Isto supõe um desvelamento que não é possível obter com ações pragmáticas e empiristas, mas com uma bagagem teórica e instrumental.

— O profissional *produz serviços concretos, inseridos nas determinações da política social, sendo também interlocutor dos setores populares.* Estas práticas lhe permitem imprimir a direção teórica e política com proximidade aos interesses dos setores populares. Iamamoto (2004).

A grande pendência, no ocaso do século XX e que se estende pelo século XXI, ainda persiste nos fundamentos teórico-metodológicos para investigar as singularidades humano-sociais inseridas na particularidade das formações sociais que reproduzem a totalidade social. Esse fato exige capturar no concreto a síntese das determinações históricas para construir os caminhos da ação, consequentes com a crítica à desigualdade social e inserida nas determinações do trabalho profissional. A ruptura necessária se coloca na plataforma ético-teórica para pesquisar, interpretar histórica e criticamente a realidade social. Contudo, ainda restam perguntas para encaminhar ações transformadoras do objeto inseridas nas mediações da política social e no terreno da defesa e da exigibilidade dos direitos cidadãos.

As aproximações histórico-teóricas do concreto, enquanto síntese de múltiplas determinações, não se revela na apreensão dos objetos de trabalho, pois na aparência são autônomos e esvaziados de política e história, e criam a artimanha para estimular ser apreendidos numa relação técnico-profissional interpessoal. Em consequência, o debate teórico-metodológico pôs foco nos procedimentos que constroem a relação entre o sujeito profissional e o usuário. Isto surge como uma relação interpessoal carregada de voluntarismo e boas intenções e parece simples. O desafio é penetrar na aparência do objeto em suas camadas ou dimensões constitutivas, porque é ético argumentar com densidade as explicações sobre as condições de vida e trabalho dos sujeitos da ação profissional. Isto permite fundamentar os caminhos da acessibilidade aos direitos infringidos e também é uma possibilidade de conscientização e compromisso.

Por conseguinte, pesquisar e compreender a categoria histórico-teórica da questão social em cada particularidade histórica se tornará fundamental, enquanto dali vierem os objetos particulares da intervenção profissional, que reproduzem na singularidade humana da vida cotidiana a legalidade das relações sociais. Em outras palavras, reproduzem a tendência dominante, o fio condutor estruturante de uma forma de vida em sociedade.

O fundamento ético-teórico do saber profissional (Barroco, 2003) sugere o fundamento metodológico para a apreensão do objeto. Neste sentido, a razão sagaz deve ser capaz de capturar a sinuosidade do movimento desse objeto singular, isto é, exercitar a abstração para capturar a trama de mediações constituintes do sujeito, das mediações que configuram o processo de trabalho onde são colocados esses sujeitos em um determinado tempo e espaço. Esse espaço institucional onde as demandas são propostas é uma arena de tensão e de conquista para os interesses de quem vive do trabalho.

Partindo desta compreensão, é possível ilustrar com alguns exemplos de situações da vida cotidiana de famílias da classe trabalhadora, inseridas ou não no mundo do trabalho, que são apresentadas como demandas institucionais para tornar efetivos os direitos e, desse modo, desenvolver os processos de trabalho inseridos nas mediações particulares que os conformam[15].

---

15. A seguir alguns exemplos:

a) Na Costa Rica, o direito à saúde através das lutas e conquistas pelos medicamentos retrovirais para pacientes HIV-Aids, por exemplo, requereram um recurso de amparo junto ao Judiciário para fazer valer o direito à vida e à saúde, estabelecido na Constituição Política de 1948 do país. Segundo a Constituição, o sistema de saúde público deve outorgar esses medicamentos àqueles que deles necessitem. Esta ação foi acompanhada por profissionais de Serviço Social.

b) A restauração ou acesso à moradia digna e à assistência social de setores das populações cujo hábitat (moradia, serviços de saúde, educação e fontes de emprego agrícola e industrial) foi devastado por terremotos, como o ocorrido na Costa Rica, em 8 de janeiro de 2009. Essa situação coloca a demanda do direito à vida em condições básicas de moradia e infraestrutura pública (estradas, saneamento, eletricidade, telefonia, escolas, centros de saúde) e a recuperação das fontes de emprego. Uma vez recebida a assistência social imediata e processado o choque da crise, ante a incerteza, a lenta ou omissa resposta estatal, dão-se as condições

Diante de tais demandas, conforme a razão social da institução e os processos de trabalho para os quais possui competência legal, administrativa e financeira, delimitam-se os objetos de trabalho que os sujeitos (individuais e coletivos) mostram como expressão de questão social ante a profissional. Assim, tais objetos permanecem sob tensão diante das mediações (estruturais, conjunturais, institucionais e cotidianas) constitutivas da vida dos sujeitos; as mediações contidas na política setorial e na legislação que envolve o atendimento da demanda e que se materializa ou não em serviços sociais nas instituições.

A profissão é legítima social e funcionalmente (Montaño, 1998). Ela desenvolve serviços sociais com recursos públicos e contribui para a reprodução social da força de trabalho e sua capacidade de consumo, bem como com a reprodução político-ideológica do sistema. Além disso, desde o exercício da profissão também se acompanham as lutas que buscam a ampliação de serviços sociais correspondentes aos direitos econômicos e sociais, bem como com a proteção, defesa e promoção dos direitos humanos.

O percurso do caminho do debate teórico-metodológico dos últimos quarenta anos[16] de alguma forma é uma mostra dos múltiplos caminhos e percursos que esse trajeto apresenta em termos de inflexões, continuidades e intenções de ruptura. Há um carretel de fio estruturante forjado nestes debates: um compromisso ético com a não aceitação da desigualdade social, das formas de discriminação, exclusão, assim como com a busca de como construir caminhos que desemboquem em um horizonte de justiça social de acompanhamento dos movimentos sociais que advogam por isso.

Partindo desse fio condutor, muito já fizemos, passando por muitos caminhos e percursos, às vezes andando de marcha à ré, mas também existindo avanços esclarecedores.

---

para estimular a organização e mobilização das populações para a justa solicitação de tais direitos, acompanhados por movimentos sociais e profissionais da área de Serviço Social, entre outros.

c) A proteção do direito à integridade e à vida das mulheres diante da violência dá lugar a conquistas e direitos que colocam o tema no terreno do interesse público, conquistando o direito a uma atenção imediata de ordem legal e psicossocial, bem como o estabelecimento da penalização da violência intrafamiliar.

16. Molina, Maria Lorena. Debates teórico-metodológicos: un recorrido de continuidades, intenciones y rupturas. *Revista Conciencia*, Universidad Nacional de Córdoba, Argentina, 2009.

6. Desafios para a formação profissional na Costa Rica: intenções que ainda não são rupturas

É preciso, então, apontar outros temas pertinentes ao trabalho profissional para transitar em direção a outras rupturas subordinadas à ruptura central, compreendendo o teórico-metodológico de base ontológica materialista de inspiração marxista. Tais temas são:

6.1 Compreender e fazer *a pesquisa social de objetos em singularidades* humano-sociais não como fatos, mas como processos. A leitura histórico-materialista da *singularidade dos objetos como processos sociais (a origem, desenvolvimento contraditório e caducidade)* inseridos nas mediações que configuram a particularidade histórica de cada formação social concreta, a qual, por sua vez, se configura na universalidade da história da humanidade. Para isto é necessário:

a. A *apropriação da dialética materialista* no pensamento crítico do movimento da história da humanidade;
b. A *teoria do valor-trabalho* para explicar a constituição do ser humano social, a sociedade capitalista e, portanto, a desigualdade social, a exploração e a alienação;
c. O *trabalho em sua dupla condição ontológica criação-alienação*, assim como a transformação como condição do ser humano social em sua relação com a natureza e nas relações econômico-sociais que constrói com outros seres, forjando cultura e contracultura;
d. A compreensão dos movimentos sociais e a apropriação de categorias teóricas que permitem uma melhor *apreensão da diversidade humana* e da discriminação, de acordo com a classe, gênero, etnia, nacionalidade, opção sexual e disfunção;
e. As estratégias que *a política social* adquire como resultado das conquistas e lutas sociais;
f. O domínio do instrumental teórico e técnico colocado a serviço dos interesses daqueles que vivem precariamente.

6.2 *A linguagem e a comunicação assertiva com competência política-ética, teórica e técnica.* A ruptura nos leva a entender que, para uma manipulação eficaz da relação profissional-usuário, continua sendo importante a manipulação técnico-operativo da comunicação assertiva, a competência no manejo de fazer a observação, a entrevista individual (estruturada ou não), a entrevista coletiva, o questionário, a história de vida, o grupo focal, entre outros. Isto é muito importante, mas cabe refletir sobre qual é o conteúdo que estrutura as perguntas, o que se transforma em objeto de observação, qual é a intenção da pergunta, qual é o fundamento teórico a partir do qual orientamos a apreensão do objeto e que se expressa na linguagem, na comunicação. Como nos colocamos frente ao outro? A competência nas habilidades de escuta, observação, saber perguntar, enquadrar argumentações e explicá-las criticamente para "conscientizações" mútuas, inseridas numa atitude empática é pertinente, porém, mediada pela interpretação complexa.

6.3 *Superar o burocratismo institucional e colocar as informações a serviço dos sujeitos.* Esclarecer quais são os mecanismos de exigibilidade de direitos é orientar o trabalho profissional no âmbito da defesa intransigível dos direitos humanos. Assumir a assistência social como direito (Alayón, 1980; Yazbek, 2000), constituindo a proteção social estatal, a partir da compreensão de que os mínimos vitais não são sinônimo de satisfação de necessidades e de direitos realizados (Pereira, 2000). Esses são desafios necessários a serem debatidos no trabalho profissional.

6.4 Por último, cabe explicitar que a competência para se mover no mundo da administração e da gestão dos serviços sociais existentes e a legislação social que os sustenta é chave para informar, orientar e construir o caminho das ações correspondentes para a defesa, proteção, promoção e exigibilidade dos direitos.

7. Questões polêmicas na Escola de Serviço Social

A seguir, buscamos apontar alguns assuntos que provocam debate e que, do nosso ponto de vista, requerem aprofundamento partindo da natureza da prática acadêmica e de seus vínculos com os outros cursos.

7.1 *O chamado Serviço Social clínico ou terapêutico.* Um aspecto singular no debate teórico-metodológico é que se refere às situações de crises socioemocionais das famílias, dos indivíduos (provocadas por desemprego, deterioração da saúde, perdas de seres queridos e/ou bens materiais em acidentes, violência ou desastres "naturais"). Em outros termos, diz respeito a objetos de trabalho vinculados à subjetividade envolvida nas perdas que afetam tudo o que é fundamental para a sobrevivência e integridade humana. Diante deste assunto, destaca-se a discussão sobre as competências e atribuições que historicamente se colocaram nos processos de trabalho de instituições públicas. Isto é polêmico e leva a esclarecer os objetos, objetivos e procedimentos de trabalho profissional nessas situações. Emergem interrogações acerca de como se constrói o caminho e conhecimento do objeto de trabalho contido no sujeito? Faz-se uso de técnicas qualitativas, como a reconstrução da história de vida a partir dos relatos do sujeito? O(A) profissional consegue abstrair as mediações que configuram essa história de vida, identifica as tendências em sua origem, as forças que dominam para reconhecer inflexões? Faz uso da técnica de entrevista com profundidade? Como compreende as interpretações dos sujeitos, com quais referências teóricas?

A polêmica se refere à revalidação do Serviço Social clínico de caso e de grupo, à apreensão do objeto com visões individualizadas e centradas na responsabilização do sujeito sem colocá-lo nas mediações da historicidade do objeto e da condição do sujeito segundo classe, gênero e outras. O tema costuma desembocar na polêmica sobre a natureza das intervenções: são assistenciais? Adquirem um caráter terapêutico psicossocial? "Psicologizam a manifestação da questão social", ou seja, atribuem a responsabilidade ao sujeito individual, ou compreendem a responsabilidade da coletividade também envolvida e, por isso, penetram o objeto na trama de mediações? O caminho das aproximações para a transformação do objeto onde concluem? Na contenção imediata da crise, como ação de assistência social ou escolha de um rumo psicoterapêutico, centrado nas relações emocionais e/ou cognitivas dos sujeitos exclusivamente? Além da atenção do imediatismo, coloca-se a intervenção a partir da proteção, defesa, garantia e exigibilidade dos direitos humano-sociais, tanto no que se refere ao direito à integridade, à vida, à liberdade, quando os direitos são expoliados. Como realiza a mediação nesse processo do próprio âmbito laboral do(a) profissional e a expectativa do empregador, seja na esfera pública ou privada?

7.2 Com respeito ao *trabalho socioeducativo promocional com organizações comunitárias em territórios locais,* cabe também levantar perguntas acerca do subprocesso de investigação que se realiza, como se assume o local, reedita o velho conceito de comunidade, como trabalha a ideia do intrínseco ao local como singularidade que reproduz a particularidade dos interesses em conflito e a reprodução da universalidade; como se trabalha o político-estratégico das situações com os atores locais e institucionais, segundo o compromisso ético com a realização e exigibilidade de direitos humanos.

7.3 *Analisar os processos burocráticos,* como os requisitos de acessibilidade envolvidos na gestão dos serviços de assistência social e se estes se gerem ou não como direitos cidadãos nas intervenções profissionais. Interrogar-se sobre a lógica contida nesses processos de gestão da política, quais interesses são mais favorecidos?

7.4 No campo da *gestão e avaliação da política,* outras interrogações são propostas sobre o direcionamento ético-político e sobre o fundamento teórico-metodológico. É comum desdenhar a história em relação ao exercício profissional apresentado no âmbito da política social, no que se refere à administração-gestão[17].

Referências

ABESS. A metodologia no Serviço Social. *Cadernos ABESS*, n. 3. São Paulo: Cortez, 1989.

ALAYÓN, Norberto. El asistencialismo en la política social. *Revista Acción Crítica*, Limas, ALAETS/CELATs, n. 7, jul. 1980.

______. Los derechos de la niñez y la formación profesional en Trabajo Social. *In*: MOLINA, María Lorena. *La cuestión social y la formación profesional en Trabajo Social en el contexto de las nuevas relaciones de poder y la diversidad latinoamericana.* Buenos Aires: Espacio Editorial, 2004.

17. A autora trata o tema no artigo "La gestión de la política social desde el Trabajo Social Crítico". *Revista Escenarios.* La Plata, Argentina, Facultad de Trabajo Social, Universidad Nacional de La Plata, 2009.

ALAYÓN, Norberto; MOLINA, María Lorena. La desigualdade social: desarrollo y desafíos del Trabajo Social desde la Reconceptualización en América Latina. *Revista Perpectivas*, Chile, Universidad Cardenal Raúl Silva Henríquez, 2006.

BARREIROS, Yrlys. La investigación en el debate contemporáneo y el Servicio Social. *In*: NETTO, José Paulo *et al*. *La investigación en Trabajo Social*. Lima: ALAETS/ CELATS, 1992.

BARROCO, Maria Lucia. *Ética y Servicio Social*. Fundamentos ontológicos. São Paulo: Cortez, 2004.

CBCISS (1971). *Metodología del Servicio Social-Teresópolis*. Buenos Aires: Editorial Humanitas.

CELATS (1976). Contribuciones a la metodología del Trabajo Social. *Cuadernos CELATS*. Lima: ALAETS/CELATS, 1976.

______. Perspectivas de formación para el exercicio profissional hoy. XIV SLETS. Entre Ríos. 1992. *Revista Acción Crítica*, Lima, ALAETS/CELATS, n. 32, dez. 1992.

COUTINHO, Carlos Nelson. Gramsci, el marxismo y las ciencias sociales. *In*: BORGIANNI, Elisabete; MONTAÑO, Carlos (Orgs.). *Metodología y Servicio Social*: hoy en debate. São Paulo: Cortez, 2000.

FALEIROS, Vicente de Paula. Confrontações teóricas de la reconceptualización. *Revista Acción Crítica*, Lima, ALAETS/CELATS, n. 21, jun. 1987.

______. Desafíos en la construcción del método. *In*: FALEIROS, Vicente. *Estrategias de empowerment en Trabajo Social*. Buenos Aires-México: Lumen Humanitas, 2003.

______. La cuestión de la metodología en Servicio Social: Reproducirse y representarse. *In*: BORGIANNI, Elisabete; MONTAÑO, Carlos (Orgs.). *Metodología y Servicio Social:* hoy en debate. São Paulo: Cortez, 2000.

GUERRA, Yolanda. *A instrumentalidade do Serviço Social*. São Paulo: Cortez, 2007.

IAMAMOTO, Marilda V.; CARVALHO, Raul. *Relaciones sociales y Servicio Social en Brasil*: esbozo de uma interpretación histórico metodológica. Peru: CELATS, 1982.

IAMAMOTO, Marilda V. *Servicio Social y División del Trabajo*. São Paulo: Cortez, 1997.

______. La metodología del Servicio Social. Lineamentos para el debate. *In*: BORGIANNI, Elisabete; MONTAÑO, Carlos (Orgs.). *Metodología y Servicio Social*: hoy en debate. São Paulo: Cortez, 2000.

IAMAMOTO, Marilda V. "Projeto profissional, espaços ocupacionais e trabalho do assistente social na atualidade". *CEFSS: Atribuições Privativas do Assistente Social.* Brasil: CFESS, 2002.

______. El debate contemporáneo del Servicio Social y la ética profissional. *In*: BORGIANNI, Elisabete; GUERRA, Yolanda; MONTAÑO, Carlos. *Servicio Social Crítico.* São Paulo: Cortez, 2003.

______. Las dimensiones ético políticas y teórico-metodológicas en el Trabajo Social contemporáneo. Trayectoria y desafíos. *In*: MOLINA, María Lorena (Org.). *La cuestión social y la formación profesional en Trabajo Social en el contexto de las nuevas relaciones de poder y la diversidad latinoamericana.* Argentina: Espacio Editorial, 2004.

______. *Serviço Social na contemporaneidade*: trabalho e formação profissional. São Paulo: Cortez, 2004.

LESSA, Sergio. Luckács: el método y su fundamento ontológico. *In*: BORGIANNI, Elisabete; MONTAÑO, Carlos (Orgs.). *Metodología y Servicio Social:* hoy en debate. São Paulo: Cortez, 2000.

LIMA, Leila; RODRÍGUEZ, Roberto. Metodologismo estallido de una época. *Revista Acción Crítica*, Lima, ALAETS/CELATS, n. 2, jul. 1977.

LUKÁCS, George. Las bases ontológicas de la actividad humana. *In*: BORGIANNI, Elisabete; GUERRA, Yolanda; MONTAÑO, Carlos (Orgs.). *Servicio Social Crítico.* São Paulo: Cortez, 2003.

MAGUIÑA, Alejandrino. Trabajo social: servicio o actividad productiva. *Revista Acción Crítica*, Lima, ALAETS/CELATS, n. 3, 1977.

MARTINELLI, Maria Lúcia. Conferência comemorativa dos 65 anos de *fundação da Escola de Serviço Social da Universidade da Costa Rica*, 2007. Inédita.

______. *Servicio Social:* Identidad y alienación. São Paulo: Cortez, 1997.

MOLINA, María Lorena; ROMERO, María Cristina. *Modelos de intervención assistencial, socioeducativo y terapéutico en Trabajo Social.* Costa Rica: Editorial UCR, 2001.

______; RUIZ, Ana. Recuperando la perspectiva crítica histórica congruente con los fundamentos curriculares. Escuela de Trabajo Social Universidad de Costa Rica. *In*: RUIZ, Ana (Org.). *Búsquedas del Trabajo Social Latinoamericano, Urgencias.* Buenos Aires: Espacio Editorial, 2005.

______; ______. Desafíos actuales en la enseñanza de la historia, teoría y métodos del Trabajo Social en la Escuela de Trabajo Social de la Universidad de Costa Rica. *In*: RUIZ, Ana (Org.) *Búsquedas del Trabajo Social Latinoamericano, Urgencias.* Buenos Aires: Espacio Editorial, 2005.

MOLINA, María Lorena. Debates teórico-metodológico: un recorrido de continuidades, intenciones y rupturas. *Revista Conciencia*. Argentina Universidad Nacional de Córdoba, 2009.

______. La gestión de la política social en el debate del Trabajo Social critico. *Revista Escenarios*. Argentina, Universidad Nacional de La Plata, 2009.

______. *Hacia una intervención critica en Trabajo Social*. Buenos Aires: Espacio Editorial, 2012.

MONTAÑO, Carlos. *La natureza del Servicio Social*. São Paulo: Cortez, 1998.

______. El debate metodológico de los 80/90. El enfoque ontológico versus el abordaje epistemológico. *In*: BORGIANNI, Elisabete; MONTAÑO, Carlos (Orgs.). *Metodología y Servicio Social:* hoy en debate. São Paulo: Cortez, 2000.

NETTO, José Paulo. La crítica conservadora a la Reconceptualización. *Revista Acción Crítica*, Lima, ALAETS/CELATS, n. 9, 1981.

______ *et al*. *La investigación en Trabajo Social*. Perú: ALAETS/CELATS, 1992.

______. *Capitalismo monopólico y Servicio Social*. São Paulo: Cortez, 1995.

______. Método y teoría en las diferentes matrices del Servicio Social. *In*: BORGIANNI, Elisabete; MONTAÑO, Carlos (Orgs.). *Metodología y Servicio Social:* hoy en debate. São Paulo: Cortez, 2000.

______. El Servicio Social y la tradición marxista. *In*: BORGIANNI, Elisabete; GUERRA, Yolanda; MONTAÑO, Carlos (Orgs.). *Servicio Social Crítico*. São Paulo: Cortez, 2003.

______. Cinco notas a propósito de la "cuestión social". *In*: BORGIANNI, Elisabete; GUERRA, Yolanda; MONTAÑO, Carlos (Orgs.). *Servicio Social Crítico*. São Paulo: Cortez, 2003.

PALMA, Diego. *La práctica política de los profesionales*. El caso de Trabajo Social. Lima: CELATS, [19--].

PARODI, Jorge. El significado del Trabajo Social en el capitalismo y la reconceptualización. *Revista Acción Crítica*, Lima, ALAETS/CELATS, n. 4, 1978.

PEREIRA, Potyara. Liberalismo y política social: la falacia del estado de bienestar burgués. *Revista Acción Crítica*, Lima, ALAETS/CELATS, n. 30, dez. 1991.

______. *Necesidades humanas*. Para una crítica a los patrones mínimos de sobrevivencia. São Paulo: Cortez, 2002.

PIMENTEL, Santos, Edlene. La cuestión social en debate. *Revista Praia Vermelha*, n. 10. Programa de Pós-graduação em Serviço Social. Rio de Janeiro, Universidade Federal do Rio de Janeiro (UFRJ), 2004.

PINHO DE CARVALHO, Alba M. (La investigación en el debate contemporáneo y el Servicio Social. *In*: NETTO, José Paulo *et al*. *La investigación en Trabajo Social*. Lima: ALAETS/CELATS, 1982.

PONTES, Reinaldo. *Mediação e Serviço Social*. 3. ed. São Paulo: Cortez, 2002.

PREDES TRINIDAD, Rosa Lucía. "Desvendando las determinações socio-históricas del instrumental técnico operativo del Servicio Social en la articulación entre demandas sociais y projetos profissionales. *Revista Temporalis*, ABEPSS Editorial Odisseia, 2004.

QUIROGA, Consuelo. Una invasión invisible. Reducciones positivistas en el marxismo y sus manifestaciones en la enseñanza metodológica del servicio social. Parte I. *Revista Acción Crítica*, Lima, ALAETS/CELATS, n. 27, jul. 1990.

______. Una invasión invisible. Reducciones positivistas en el marxismo y sus manifestaciones en la enseñanza metodológica del servicio social. Parte II. *Revista Acción Crítica*, Lima, ALAETS/CELATS, n. 28, dez. 1990.

QUIROZ, Teresa; OSORIO, Rodolfo. Estrategias para el quehacer profesional. *Revista Acción Crítica*, Lima, ALAETS/CELATS, n. 12, dez. 1982.

ROZAS, Margarita. Tendencias teóricas, epistemológicas y metodológicas en la formación profesional. *In*: MOLINA, María Lorena (Org.). *En La cuestión social y la formación profesional en trabajo social en el contexto de las nuevas relaciones de poder y la diversidade latinoamericana*. XIX SLETS, Costa Rica. Buenos Aires: Espacio Editorial, 2004.

______. *Una perspectiva teórica metodológica de la intervención en Trabajo Social*. Buenos Aires: Espacio Editorial, 1998.

______. *La intervención profesional en relación con la cuestión social*. Buenos Aires: Espacio Editorial, 2001.

SIERRA, Sela *et al*. *Contribuciones a la metodología del Servicio Social*. Buenos Aires: Hvmanitas, 1984.

SILVA, Maria Ozanira da Silva e. *Formação profissional do assistente social*. Inserção na realidade social e na dinâmica da profissão. São Paulo: Cortez, 1984.

YAZBEK, Carmelita. Políticas sociais asistenciales: estratégias contraditórias de la gestión estatal de la pobreza de las classes subalternas. *In*: BORGIANNI, Elisabete; MONTAÑO, Carlos (Org.). *La política social hoy*. São Paulo: Cortez, 2000.

Chile

Considerações sobre a trajetória histórica do Serviço Social no Chile: da Reconceituação ao tempo presente

Maria Lúcia Duriguetto, Katia Marro *et al.**

Introdução

Em maio de 1925, foi fundada a Escola Dr. Alejandro Del Río, sendo a primeira Escola de Serviço Social do Chile e da América Latina[1]. Desde então, o Serviço Social chileno, a depender das relações que estabeleceu com as diferentes conjunturas e os processos de configuração de seus fundamentos teórico-metodológicos, vem conformando projetos de formação profissional e de intervenção social diferenciados na realidade chilena.

Neste artigo, pretendemos explicitar alguns elementos fundamentais do processo histórico de constituição da profissão no país nas últimas cinco décadas, com destaque para a caracterização interventiva do Serviço Social durante o Movimento da Reconceituação — período marcado pela efervescência social e política da construção da *via chilena ao socialismo* pelo governo da Unidade Popular (1970-1973) — e de seus contornos formativos e interventivos construídos a partir da década de 1980.

---

* São coautores deste texto: Alexander Panez Pinto, Paula Vidal Molina, Víctor Orellana Bravo e Víctor Neves Souza.

1. É importante assinalar as contribuições de Oliva (2007), que resgata elementos que abordam a origem e a formação do Trabalho Social argentino com antecedência ao ano 1925, reflexões que convidam a continuar pesquisando as origens da profissão nos diversos países da América Latina.

O golpe de Estado de 1973 e a posterior implantação da ditadura cívico-militar — que se estendeu até 1990 — teve consequências dramáticas para a profissão, em particular pela implantação da política de ajuste neoliberal. O término do regime político ditatorial, em 1990, e a instalação do regime democrático não foram acompanhados de mudanças na aplicação das políticas neoliberais, mas, ao contrário, assiste-se à acentuação da aplicação desta política notadamente na formulação e operacionalização das políticas sociais, base material de intervenção do Serviço Social, caracterizado pela focalização, privatização e caráter emergencial das políticas sociais. Especialmente na política educacional, aprofunda-se a privatização do ensino superior, o que terá profundos efeitos regressivos na formação profissional do Serviço Social. É com a explicitação geral desses processos históricos da realidade chilena e suas relações e impactos no âmbito formativo e interventivo profissional que finalizamos nosso artigo, em que exporemos alguns desafios a serem enfrentados para que o Serviço Social chileno possa caminhar no sentido de consolidar um projeto profissional sintonizado com os interesses e demandas da classe trabalhadora.

1. A Unidade Popular e o Movimento de Reconceituação no Chile

O Movimento de Reconceituação do Serviço Social latino-americano teve, no Chile, a materialização de um dos seus vetores mais significativos, qual seja, a orgânica relação da profissão com os processos de organização e mobilização da classe trabalhadora[2], presentes no cenário político do país

---

2. A afloração crescente dos conflitos de classes no continente se desenvolveu e se potencializou nas particularidades dos tempos sócio-históricos das diferentes formações econômico-sociais, processo fomentado em meio à conjuntura internacional de uma "contrarrevolução preventiva generalizada" (Fernandes, 2011, p. 75), no contexto macrossocial de virada de uma onda longa expansiva a uma onda longa recessiva na base econômica do sistema capitalista (Mandel,1985). Estes acontecimentos rebateram na dinâmica teórica, formativa e interventiva da profissão, fazendo erodir sua vinculação com os fundamentos epistemológicos do conservadorismo, para o qual também incidiu a revisão crítica das ciências sociais; posicionamentos anticapitalistas e a absorção por setores do clericato

nos anos do governo da Unidade Popular (UP — 1970-1973)[3]. Evidenciaremos alguns elementos centrais desta conjuntura, especialmente no tocante ao desenvolvimento da dinâmica conflitiva de classe, e as mediações sócio-ocupacionais e políticas que conectaram o Serviço Social chileno a essa dinâmica, notadamente aos processos de organização e mobilização das classes subalternas.

Embora haja certo consenso no pensamento social chileno de que o período da UP e a profunda derrota que o golpe militar impôs para as forças sociais e políticas engajadas na luta socialista ainda permanecem insuficientemente conhecidos (Cancino, 1988; Gaudichaud, 2004 e 2016), parecem-nos significativas as linhas reflexivas expressas por Gaudichaud (2004, p. 17 e ss.) sobre esse período, quais sejam: a) esgotamento do projeto capitalista "nacional-desenvolvimentista" chileno no início da década de 1960, e, com ele, da programática sociopolítica elaborada pela Democracia Cristã (DC), no marco da entrada do Chile na órbita da crise cíclica do capital, presente em todas as economias centrais e em grande parte do mundo periférico capitalista entre os anos 1960 e 1970 (Mandel, 1990); b) na esfera da economia, o governo da UP, baseado em um programa que proclamava *o socialismo como objetivo*, não foi capaz de iniciar uma *efetiva* transição socialista, tendo sido esta possibilidade abortada pelo golpe em setembro de 1973[4]; c) na

---

de demandas populares; as mobilizações estudantis e seus rebatimentos na formação e reprodução da categoria profissional e a relação de segmentos profissionais com as lutas sociais (Netto, 2005).

3. O triunfo da UP representa a culminação de um longo e complexo processo de articulação de uma parte da esquerda chilena, que, a partir dos anos 1950, construiu estratégias de alianças políticas para a construção de um projeto político comum e enfrentar a disputa eleitoral. É nesta direção que, em 1969, foi criada a UP, coalizão política composta pelo Partido Comunista (PC), o Partido Socialista (PS), o Partido Radical (PR), o Movimento de Ação Popular Unitária (MAPU) e a Ação Popular Independente, coalizão sobre a qual Salvador Allende se elegeu presidente do Chile (com uma maioria relativa de 36,6% dos votos), em 4 de setembro de 1970.

4. O governo da UP considerava a economia chilena, "monopólica, dependente, oligárquica e capitalista", características que deveriam ser modificadas por meio de reformas estruturais que envolveram: nacionalização dos principais recursos minerais; expansão da área de propriedade social por meio do controle estatal das empresas industriais; intensificação da reforma agrária; estatização do sistema bancário. Com essas reformas, objetivava-se o controle dos meios de produção pelo Estado e, por meio deste, a promoção de políticas econômicas voltadas para o atendimento das demandas populares (Meller *apud* Vidal, 2014, p. 79). Embora seja um tema controverso, alguns autores assinalam que o governo da UP, até onde conseguiu avançar no plano da economia, não chegou a ser capaz de superar uma forma radicalizada do desenvolvimentismo (Gaudichaud, 2004).

esfera da política, destacam-se a diferença de intencionalidades presentes nos diversos aparelhos hegemônicos da classe trabalhadora, sobretudo entre aquela predominante no âmbito das organizações partidárias (PC, principal partido estritamente operário, e o PS, principal partido da esquerda tomada em sentido mais amplo, especialmente os setores mais diretamente ligados a Allende), que procuraram conduzir, de forma hegemônica, o governo da UP a um "caminho chileno ao socialismo" (atrelando-o, portanto, a uma "evolução pacífica ao socialismo", que, para o PC, não significava necessariamente uma via não violenta), e aquela outra surgida da base dos movimentos das classes trabalhadoras, assim como das próprias linhas políticas definidas por partidos de esquerda marxista tradicional (por exemplo, o setor mais próximo a Carlos Altamirano no interior do PS), e emergente (como o Movimento de Esquerda Revolucionária-MIR desde 1965), entre outros, tendente a *transbordar* os limites da institucionalidade do Estado burguês[5]; d) o *surgimento de órgãos de "poder popular"*, interpretado diferentemente pelos diversos sujeitos políticos em presença[6] (não apenas partidos de diferentes posições no âmbito da esquerda, como PS, PC, MIR, MAPU, mas também as direções dos Cordões Industriais, as Assembleias do Povo, Comandos Comunais etc., em suma, espaços formados por militantes em ocasiões nem sempre ligados àqueles partidos e operando[7], até certo ponto, a partir de legalidades próprias); e) o *transbordamento dos movimentos das classes trabalhadoras* em face da ambiguidade da UP e da limitação que ela buscou— e, em larga medida, conseguiu — lhes impor, entendendo-os enquanto ponto de apoio ao governo e não como alavancas no sentido de definir os rumos da luta de classes transformando radicalmente as relações sociais na base do Estado e rompendo com a institucionalidade social e política burguesa (Gaudichaud, 2016)[8].

5. Para um panorama das diferenças, divergências e disputas *internas* dessas organizações, consultar, por exemplo, Drake (1992); Witker (1993); Naranjo, Ahumada, Garcés *et al.* (2004); Moulian (2006).

6. A consigna do "poder popular" comporta diferentes formas de apropriação no âmbito da esquerda, consultar, por exemplo, Cancino (1988); Gaudichaud (2004 e 2016); Winn (2004).

7. Mas não devemos esquecer que os Cordões Industriais foram parte da linha política impulsionada pelo PS e, os Comandos Comunais, pelo MIR.

8. A conformação do poder popular desde começos dos anos 1970 esteve marcada pela oscilação entre autonomia e subordinação. Por um lado, a direção hegemônica, no âmbito da UP,

A partir das observações expostas acima, é possível delinear uma periodização para o desenvolvimento dos movimentos das classes trabalhadoras, *o que nos possibilita capturar as determinações fundamentais envolvidas no processo de aceleração da erosão das bases conservadoras do Serviço Social chileno ocorrida entre 1970 e 1973*: uma primeira fase se estende entre a posse de Allende em 1970 e o mês de outubro de 1972, que é marcada por forte identificação entre a UP e sua base social, em que o governo lança seu programa de reformas e expandem-se e difundem-se as mobilizações das classes trabalhadoras em diversificadas formas, o que acabará por começar a se chocar contra o projeto de reformas graduais e limitadas ao respeito à institucionalidade burguesa da UP; uma segunda fase, compreendida entre a paralisação patronal de outubro de 1972 e o "Tancazo" de junho de 1973, durante o qual surge uma miríade de organizações coletivas independentes do Executivo, posicionando-se por vezes contra ele, tendendo a pôr em questão os limites da política da UP e a trabalhar pela continuidade e aprofundamento do processo político de transformação social[9]; uma terceira fase, que se estende da tentativa de golpe de junho de 1973 (o "Tancazo") até o 11 de setembro, período no qual está em marcha acelerada e aberta a contrarrevolução, favorecida, por sua vez, por certas medidas emanadas do Estado, como os gabinetes cívico-militares de salvação nacional e a Lei das Armas, da qual

---

trabalhava para limitar o poder popular aos marcos de uma participação de apoio (a que Allende definia como o "governo do povo") ou linha auxiliar, marcada pelo que Cancino (1988) nominou de "paradigma marxista-leninista" — que remete à posição hegemônica no seio do movimento comunista internacional a partir dos anos 1950 para os países ditos "ocidentais": o processo de construção de uma "transição para a transição" sem ruptura da institucionalidade estatal burguesa, mas com sua reorientação a partir da ocupação e controle do Estado pelas forças democráticas e populares apoiadas por um forte movimento de massas, ou seja, uma transição democrática para a transição socialista. Por outro lado, o próprio movimento da conjuntura colocava, por vezes, a radicalização das instâncias em que se expressava esse poder — situações em que elas tendiam ao transbordamento daqueles limites, aproximando-se, por exemplo, de uma dualidade de poderes, advogada, naquele contexto, por organizações como o MIR e pelo próprio PS liderado desde 1971 por Carlos Altamirano, que era partidário do "avançar sem transacionar", em clara confrontação com a linha de Allende.

9. Neste contexto, o governo, pressionado pelos movimentos patronais através dos quais a burguesia declara guerra e assume a ofensiva, passa a trabalhar no sentido de frear as reformas para garantir o já conquistado e evitar a guerra civil. É então que se apresenta a conhecida disjuntiva entre os partidários do "avançar sem transacionar" e aqueles do "consolidar para avançar", e que os órgãos de poder popular se veem em uma encruzilhada entre sua fidelidade a Allende e o desejo de manter a pressão social para fazer avançar na transição.

se valem os militares insidiosos para cometer diversos abusos e arbitrariedades, processo que culmina com o golpe de Estado[10].

1.1. Luta de classes e Serviço Social na conjuntura do governo da UP: a viragem crítica

O desenvolvimento desta dinâmica organizativa e conflitiva de classe na conjuntura do governo da UP reverbera de forma orgânica na dinâmica profissional do Serviço Social Chileno, seja nos fundamentos teórico-metodológicos que informam a leitura e a produção de conhecimento da realidade, com nítidas clivagens no âmbito da formação profissional — que se expressam nas disciplinas e conteúdos ministrados, nas práticas extensionistas e de estágio[11] — seja, também, nas ações interventivas de segmentos

10. Durante essa fase, cristaliza-se a oposição entre uma *esquerda parlamentar* e as *direções dos organismos de poder popular.* Quanto a assim chamada "esquerda parlamentar", condiciona seu apoio a iniciativas de poder popular ao limite de que não levem ao surgimento de situações de dualidade de poderes em relação às instituições políticas juridicamente reconhecidas. Consideram que essas situações de dualidade de poderes favoreceriam posições tidas como "ultraesquerdistas", como, por exemplo, as do MIR, e levariam à guerra civil, que essa parcela da esquerda quer, a todo custo, evitar — pensando ser possível e necessário, para isso, apoiar-se sobre a "arraigada tradição de compromisso com as instituições democráticas" que, pretensamente, vigeria no Chile de então. Quanto às direções dos organismos de poder popular, passam a ter cada vez maior clareza do perigo de se perder o controle do processo, caso não se acelere o avanço e não se passe ao enfrentamento aberto e sem tréguas à contrarrevolução.

11. Nos Trabalhos de Conclusão de Curso (TCCs) produzidos nas Universidades do Chile, Pontifícia Universidade Católica do Chile e de Valparaíso, no período 1968-1973, podemos observar um deslocamento teórico e político entre as pesquisas ainda influenciadas pelo contexto desenvolvimentista de finais da década de 1960 e aqueles construídos ao calor da Reforma Universitária (1968) até o governo da UP. Os primeiros incorporam vieses teórico-metodológicos conservadores (como os clássicos métodos de caso-grupo-comunidade e, neste último, a defesa de uma "participação social" nos moldes postos pela Aliança para o Progresso, com consignas como "integração dos indivíduos para se adaptarem às mudanças"). Nas pesquisas realizadas pós-1968, expressam-se referências teóricas vinculadas ao campo da esquerda chilena e de alguns autores da tradição marxista. Nos TCCs da Universidade do Chile se observam referências a Marx (principalmente leituras do Manifesto Comunista, o Tomo I do *Capital*) e à tradição marxista como as referências a Mao Tse Tung, Lenin, Marta Harnecker, Andre Gunder Frank, Theotonio dos Santos, Althusser, Luis Vitale, Julio Cesar Jobet, Paul Sweezy (Vidal, 2016), subsidiando o uso de categorias histórico-críticas e a preocupação de trazer referências e categorias da tradição marxista (como dialética, práxis) para compreender e intervir na realidade. É importante mencionar que as teses da Universidade Católica expressam influências da Educação Popular, notadamente do pensamento de Paulo Freire. Em

profissionais. Ou seja, a presença daquele universo organizativo da classe trabalhadora e das políticas e ações implementadas pelo governo da UP — que acirram o ritmo da luta de classes — constituem a condição política central para o desenvolvimento da ruptura profissional com os construtos teóricos e prático-interventivos que localizam a profissão na órbita do conservadorismo[12]. E o amálgama desta ruptura está nas reflexões e ações que fazem a profissão estar sintonizada com o desenvolver de processos que contribuam para a transição socialista. Alguns exemplos nessa direção são relatos profissionais em uma empresa estatizada em que se evidencia a ausência de uma apropriação real e coletiva dos meios de produção; a crítica da debilidade de valores de solidariedade e cooperação coletiva entre os trabalhadores; a enunciação do desafio da construção do protagonismo dos segmentos subalternos na condução das políticas sociais (habitacionais, de saúde, nas empresas); relatos das condições de vida e trabalho da classe trabalhadora e de suas famílias; análise da formação econômico-social chilena e das particularidades do capitalismo no continente; questionamento da subalternidade sociopolítica e sexual da mulher; participação no controle e gestão do processo de produção da área social da economia; entre outros fenômenos. Observa-se um claro questionamento da sociedade capitalista e da função que a profissão tem desenvolvido na sua reprodução[13] (Trabajo, 1972); (Vargas *et al.*, 1970; Moyano *et al.*, 1972); Palma e Quiroz (1971); Departamento Poblacional — ETS (UC), 1972; Arriagada *et al.* (1972).

---

alguns momentos, percebe-se certo tratamento eclético, ou até a persistência de influências que remetem a correntes, pensadores e instituições mais diretamente vinculadas ao campo positivista de análise e intervenção social, expressas na utilização da teoria da marginalidade, nas influências da CEPAL etc., o que evidencia o processo de transformação teórico-metodológica e ético-política da profissão na ruptura com o Serviço Social tradicional.

12. No editorial do segundo volume da *Revista de Trabalho Social* da Universidade Católica do Chile, expressa-se: "A nova conjuntura histórica que começa a viver o nosso país, com um governo orientado à construção do socialismo, coloca novas e substanciais exigências para o Trabalho Social". (RTS-UC, v. 2, 1971, p. 6; tradução nossa).

13. Esta passagem evidencia, em aspectos gerais, a relação entre a conjuntura do governo da UP e a profissão: "A perspectiva de mudança nas estruturas políticas, econômicas e sociais, que representa o atual governo, faz necessária a participação de todos os membros para acelerar o processo revolucionário que vive nosso país; [...] com a instauração deste governo que propicia profundas transformações em toda ordem, pensamos que ao Serviço Social se apresenta a oportunidade de trabalhar pondo em prática as abordagens estabelecidas para a sua reorientação, a qual está dirigida a mudar o enfoque nos aspectos técnicos e metodológicos da profissão". (Bernales *et al.*, 1971, p. 1-3, tradução nossa).

Destacamos, neste universo reflexivo, a ênfase no conhecimento dos sujeitos, considerados não como meros "usuários individuais", mas *como sujeitos coletivos organizados e historicamente situados*. Este conhecimento é produto de uma *inserção real da profissão no cotidiano de vida e organização destes sujeitos* — é, na expressão empregada na época, fruto do "trabalho de base" junto aos "setores populares". Evidenciam-se reflexões sobre as mulheres, os operários, os camponeses e os indígenas, crianças e adolescentes, e juventude. Este mergulho no conhecimento dos sujeitos é também o desvelamento de suas formas de mobilização, demandas e interesses, o que também leva a profissão ao conhecimento das organizações e movimentos sociais do período: dos "*pobladores*"[14], da questão do poder popular e do movimento operário-sindical.

Nesta direção, os artigos dos periódicos e os TCCs produzidos na época — pertencentes a diversas escolas — permitem inferir uma destacada inserção da profissão no processo de organização popular a partir dos *talleres*, objetivando o apoio e fortalecimento do processo de auto-organização dos trabalhadores. Estudantes e profissionais se debruçam, assim, no debate do poder popular, com o desafio de identificá-los e fortalecê-los[15] como organismos de poder de classe, mas também em relação à criação de uma nova institucionalidade que expressasse a gestão participativa nos assuntos públicos por meio dos organismos de poder popular[16].

---

14. O conhecimento dos "*pobladores*", considerados então como expressão de contradições secundárias, evidencia esse *esforço por conhecer a composição dos diversos segmentos das classes trabalhadoras e subalternas*, desde a sua inscrição territorial, entendendo suas lutas pela reprodução social como parte da luta de classes, no contexto do capitalismo dependente (Palma; Quiroz, 1971). Ao compreender as particularidades do capitalismo dependente chileno, a profissão descortina a heterogeneidade da classe como reflexo da própria heterogeneidade da estrutura industrial, impactando não apenas nos salários e na posição produtiva, mas também nos níveis de consciência, no comportamento político e nas formas de organização popular. Esse fenômeno se torna tão representativo do debate profissional, que a Escola de Trabalho Social da Universidade Católica de Chile cria um "Departamento Poblacional", encarregado de acompanhar suas experiências de organização, a partir de diversos organismos criados ou recriados pelo governo da UP. Assim, órgãos como as Juntas de Abastecimento e controle de Preços (JAP), Conselhos locais de saúde, Juntas de vizinhos (associações de moradores), Clubes de mães e Comitês de Vigilância noturna, vão pautar um conjunto de demandas e de desafios para a atuação profissional.

15. Tais ações se diferenciam radicalmente das postas pelos moldes de participação herdados da Democracia Cristã, marcado por uma *participação tutelada, passiva, desmobilizada* nas instituições, (como os "clubes de mães"), como expressa o estudo de Gatica, Cabrera e Chang (1972); Cruz (1972); Zelada (1972).

16. Podemos mencionar algumas linhas de atuação profissional na perspectiva do poder popular, como, por exemplo, apoio das organizações existentes; fomento de novas formas de organização

Uma outra intervenção profissional identificada foi o trabalho com o movimento operário-sindical a partir do processo de ocupação e estatização das fábricas com o objetivo de orientar a elevar o nível de consciência dos trabalhadores[17]. Para isso, postulava-se uma atuação para "ganhar confiança e reconhecimento" dos trabalhadores, como a participação nas atividades convocadas pelos sindicatos (greves, assembleias, ocupações); atuação com os sindicatos e outros órgãos de participação operária na "batalha ideológica junto às bases" por meio da capacitação política e ideológica e projetos de alfabetização; atuação junto às lideranças sindicais para a capacitação e formação política visando garantir relação com as bases, superar o formalismo e evitar a cooptação; qualificar os sindicatos para que sejam meios de apropriação real dos meios de produção; atuação na formulação e operacionalização de serviços e benefícios sociais nas empresas (Campo *et al.*, 1971; Gimenez *et al.*, 1971). Também se colocava o trabalho com "a mulher do trabalhador", no sentido da sua formação ideo-política, por exemplo, nos Centros de Mães (Toledo *et al.*, 1971; Gatica; Cabrera; Chang, 1972).

Outra questão que chama a atenção e evidencia o enriquecimento que proporciona a relação entre a profissão e as lutas sociais é a relação com as políticas sociais[18]. A participação dos setores subalternos nas diversas instâncias e delineamentos do governo em relação às políticas sociais aparece como uma frente de trabalho importante para os trabalhadores sociais. Isso se evidencia no relato de experiências de intervenção que se propõem a garantir direitos, promovendo o protagonismo dos subalternos na gestão e operacionalização dos serviços e políticas públicas, como a formação de conselhos; o enfrentamento de modelos tradicionais de participação; a formação de lideranças; a promoção do protagonismo dos trabalhadores e

---

para a formação de demandas sociais aos organismos estatais; capacitação de dirigentes; apoio na formação sindical das mulheres. (Campo *et al.*, 1971; Gimenez *et al.*, 1971; Del Pozo, 1971; Departamento Poblacional — ETS-UC, 1972; Cruz, 1972).

17. Nesta direção, relatou-se um projeto de criação de um "departamento cultural e de educação" na empresa para atuar no campo dos valores culturais para fomentar a compreensão do contexto histórico e da organização sindical (Trabajo, 1972).

18. As análises apontam que as políticas sociais tinham um selo assistencialista e de integração dos conflitos de classes, nos moldes propostos pela Aliança para o Progresso, como se pode constatar em Del Pozo (1971). Paulatinamente, aparece um questionamento à dimensão de apaziguamento das lutas operárias presente nas estratégias de enfrentamento da questão social por parte do Estado no contexto desenvolvimentista, e ao fato de que a profissão se disputa nessa tensão.

pobladores na construção das políticas de habitação, saúde etc. (Departamento Poblacional — ETS-UC, 1972; Arriagada *et al.*, 1972).

Como síntese, podemos afirmar que as programáticas interventivas nos organismos de poder popular e nos canais institucionais das políticas sociais revelam um acentuado relevo da *dimensão ideopolítica e educativa da profissão na direção da atuação nos processos de mobilização e organização popular e da formação da consciência de classe.*

É em decorrência da acentuada ênfase na dimensão ideopolítica da profissão que é possível constatar, também, a presença de posturas messiânicas e voluntaristas no trabalho profissional, especialmente quando se atribui a função de "capacitador" ou "educador popular" ao profissional para desempenhar nos trabalhadores o papel de "agentes da transformação social". Entretanto, é importante ponderar que tais posturas também são determinadas pela dinâmica abertamente conflitiva da conjuntura, como evidenciada nas páginas anteriores, o que facilitava uma relação muito próxima e/ou orgânica dos trabalhadores sociais — seja pela via da sua atuação nos órgãos governamentais, seja pela militância — com as demandas postas pelo governo da UP, e pelos processos de organização dos trabalhadores nas variadas experiências de poder popular.

2. Golpe de Estado, Ditadura e implantação do Neoliberalismo

> "Tenemos la certeza, la seguridad de que la mayoría del pueblo chileno está contra el marxismo, está dispuesto a extirpar el cáncer marxista hasta las últimas consecuencias" (Comandante Gustavo Leigh, Junta Militar de Gobierno, 11 de setembro de 1973)

O golpe civil-militar de setembro de 1973 marca o fim do processo de ascensão organizativa das classes trabalhadoras e da construção de um projeto societário antagônico ao do capital, que o país estava construindo no governo da UP. Marca, também, o deslocamento, no fiel da balança do acirramento da luta de classes, favoravelmente à burguesia chilena, marcado pelo fechamento autocrático do Estado. Como argumentam autores como Manuel Garate (2012), os militares realizaram o Golpe de Estado sem um programa econômico definido. O objetivo maior era colocar fim ao que nominaram de "estatismo da experiência socialista", para restaurar a ordem do país sob a doutrina da Seguridade Nacional. Os militares declararam publicamente que o país estava numa guerra que exigiu a intervenção militar diante da ameaça do comunismo internacional, que atentava contra a soberania nacional. Nessa direção, a frase do militar golpista Gustavo Leigh nos esclarece sobre a radicalidade daquela intervenção: "Extirpar o câncer marxista" foi muito mais do que uma metáfora, transformando-se num princípio de ação estatal a partir de 1973. A extirpação implicou a eliminação física e simbólica dos corpos e das ideias encarnadas pela Unidade Popular e as experiências de poder popular. Precisava ser punida, de maneira exemplar, a ousadia da classe trabalhadora em desafiar seus empregadores. Em definitivo, impunha-se a necessidade da restauração do poder da classe dominante e de suas frações (Harvey, 2007).

Enquanto as forças repressoras do Estado tinham a tarefa da "limpeza política" das ideias e dos "subversivos", no interior do governo militar se desenvolvia uma disputa entre os nacional-desenvolvimentistas e os neoliberais pela direção do conteúdo da programática econômica a ser aplicada. Nessa disputa, a hegemonia acabou sendo a do receituário neoliberal por múltiplos fatores: contexto de crise internacional do petróleo de 1973 (Harvey, 2005); instabilidade monetária, que demonstrou a ineficácia do controle gradual da inflação; estratégia de Pinochet para consolidar sua posição dentro da "junta de *gobierno*" por meio de um programa próprio, "novo e revolucionário"; forte *lobby* dos *Chicago Boys* no interior do governo, que incluiu a visita de Milton Friedman ao Chile em 1975 (Garate, 2012). Assim, inicia-se um período compreendido entre 1975-1983, conhecido como de "ortodoxia neoliberal"[19].

19. Neste período, temos a aplicação radical da teoria da Escola de Chicago. As principais medidas estão orientadas à "abertura ao comércio internacional unilateral, à redução drástica do gasto público, a fixação de um tipo de câmbio nominal, a liberalização financeira, e especialmente o controle das relações laborais" (Garate, 2012, p. 191, tradução nossa). É no ano 1975 que começa a primeira onda de privatizações, principalmente nas empresas estatizadas durante o governo de

Um acontecimento importante no processo da contrarrevolução foi a formulação da nova Constituição, em 1980, que consagrou no plano jurídico o receituário neoliberal, conferindo uma centralidade e preponderância ao indivíduo, à propriedade privada e à liberdade de mercado — fomentando sua expansão para as áreas da saúde e da educação —, como também a reforma trabalhista, que permitiu a flexibilização e a retirada de direitos da classe trabalhadora. Na direção da expansão da mercantilização, foram criadas, no âmbito das aposentadorias, as Administradoras de Fundos de Pensão (AFP) em 1980, e as instituições de saúde privada (ISAPRE), em 1981. Outro componente importante da estrutura jurídica desenhada na ditadura são suas restrições institucionais para o funcionamento da vida política (como o "modelo eleitoral binominal" e os "quóruns qualificados"), que se constituíram as bases para o posterior sistema de "democracia protegida", mas também para estabelecer as funções do Estado em relação aos direitos sociais, que seriam limitadas à garantia das condições para sua implementação mediante a ação privada (do mercado, preferencialmente) ou pública (nos casos em que o indivíduo não possa acessá-los pela via contratual mercantil).

Assim, no âmbito específico da política social, com o discurso de ataque à intervenção estatal (excessiva burocratização, mau gasto dos recursos públicos, práticas paternalistas, capacidade do mercado de absorver e dar oportunidades de ascensão social a todos via "economia do gotejamento"), o projeto ditatorial instalou o princípio da subsidiariedade na ação estatal, o que significava que o Estado só atuaria quando as famílias não conseguissem pagar o acesso aos serviços sociais. Estes, assim, não mais seriam garantidos como direitos, mas acessados pela via mercantil. Tem-se, aqui, o reforço ideológico do princípio da responsabilização individual sobre a proteção social daquelas famílias que podiam (ou que se supunha que podiam, segundo a lógica dos reformadores) satisfazer suas necessidades pelos seus próprios meios. As políticas sociais públicas eram formuladas e direcionadas somente para as situações e sujeitos de extrema pobreza, pela via dos programas focalizados.

Salvador Allende. Em 1980, das 500 empresas que haviam sido estatizadas, apenas 43 continuavam sob o controle estatal (De Matheus, 2016). É nesse período da "ortodoxia" que também se acentua a repressão seletiva do aparato militar, sendo criada a sua polícia secreta, a Direção de Inteligência Nacional (DINA), que atuou entre 1974 e 1977.

Todas as transformações mencionadas na forma da regulação estatal sob o receituário neoliberal estavam diretamente vinculadas à mudança no padrão de acumulação capitalista, caracterizado por Harvey como "acumulação flexível". O neoliberalismo procura "[...]abrir novos campos à acumulação de capital em domínios até o momento considerados para além dos limites estabelecidos pelos cálculos de rentabilidade" (Harvey, 2007, p. 167, tradução nossa).

Além das transformações econômicas, políticas e jurídicas, é importante compreender que o processo de contrarrevolução fortalecido com a implantação do receituário neoliberal no Chile implica também a imposição de uma visão de mundo baseada no individualismo, única via para a resolução das situações vinculadas ao bem-estar humano. O fortalecimento da "condição de consumidor" é um fundamental veio ideológico para a configuração da identidade dos chilenos, o que legitimou a mercantilização de diferentes âmbitos da vida social (Moulian, 2002).

2.1 O Serviço Social no período ditatorial

É no contexto de implantação da ortodoxia neoliberal e da acentuação do aparato repressor que também é implementada uma nova configuração para a educação chilena, em seus diferentes níveis. Também aqui temos a inserção do ensino primário, secundário e superior na órbita mercantil e lucrativa. Esta nova configuração trouxe impactos fortemente regressivos para as diferentes formações profissionais, como a do Serviço Social chileno.

Para além dos impactos da privatização no conteúdo formativo, é fundamental evidenciar que o Serviço Social chileno foi fortemente atingido pelo processo contrarrevolucionário. A orgânica vinculação de segmentos profissionais com o programa da UP — como expressamos no item 1 — foi interpretada, por setores conservadores ligados ao novo *status quo*, como se o Serviço Social fosse um curso que formasse profissionais "subversivos", o que significou a repressão de expressivos segmentos profissionais[20].

20. A ditadura assassinou 17 assistentes sociais e prendeu e torturou centenas de profissionais. A maior parte das escolas teve suspensa a entrada de novos estudantes nos anos 1974 e

No âmbito da formação profissional, observa-se uma profunda regressão teórico-metodológica em relação ao nível de reflexão e debate alcançado até o ano de 1973. Em concomitância, no início dos anos 1980, a profissão perdeu a exclusividade do caráter universitário, a partir da implementação do Decreto nº 1 de 1981 e da Lei Orgânica Constitucional de Educação (LOCE), nº 18.962 (Vivero, 2017; Sepúlveda, 2016; Hernández; Ruz, 2005), o que permitiu que entidades privadas (universitárias e institutos profissionais) pudessem oferecer cursos formativos sem regulação nem parâmetros que aferissem a qualidade de ensino (Saravia, 2015; Vivero, 2016, 2017)[21]. As universidades, que continuaram oferecendo os cursos de Serviço Social a partir dos anos 1980, apresentaram uma profunda mudança nos planos curriculares, que se traduz, entre outras questões, na reinstalação das lógicas de intervenção assistencialistas e tecnocráticas (Vivero, 2017; Castañeda; Salamé, 2012), focando-se em planos de gestão-administrativa da ação profissional, eliminando o trabalho direto e comunitário-participativo com os usuários dos serviços e políticas implementadas pelo profissional. Castañeda e Salamé assinalam que, nesse período,

> Redesenham-se os currículos, incluindo redefinições dos objetivos, objeto e metodologias profissionais, propondo uma formação tecnológica, cuja característica central é a desideologização da prática social, resgatando como valor a neutralidade nos processos de intervenção. No exercício profissional, outorga-se uma ênfase paternalista e assistencialista, priorizando a atenção individual em detrimento da atenção grupal e comunitária (Castañeda; Salamé, 2012, p. 26, tradução nossa).

1975. Posteriormente, algumas escolas foram paulatinamente sendo reabertas, mas somente com a permissão dada pelos militares para seu funcionamento e para o conteúdo dos planos curriculares (Hernández; Ruz, 2005). Lucia Sepúlveda, Diretora da Escola do Serviço Social da Universidade do Chile, recorda o golpe e o impacto na Escola com as seguintes palavras: "Em 12 de setembro de 1973, a Escola (da Universidade do Chile) sofreu uma brutal invasão das Forças Militares. Grandes fogueiras queimaram tudo o que encontraram no caminho: livros, documentos e trabalhos de estudantes e professores. Só levaram mercadorias que, recentemente, tinham sido compradas para o cassino dos estudantes" (Sepúlveda, 2016, p. 142, tradução nossa).

21. Vivero (2017) assinala que o Decreto nº 2.757 de 1979 (Chile, 1979) impactou negativamente também nos Colégios Profissionais, reconfigurando sua estrutura organizacional e legal, que se traduziu em um Colégio de Assistentes Sociais sem capacidade de abranger e acompanhar a categoria profissional.

A ação profissional foi exercida na operacionalização das políticas e programas sociais públicos focalizados, com uma forte ênfase assistencial e psicologizante ao nível de intervenção de caso social-individual e de família.

Por outro lado, a crescente mobilização social pela defesa dos Direitos Humanos e pela volta da democracia; o desenvolvimento de Organizações Não Governamentais (ONGs) e a atuação de parte da Igreja Católica (fortemente comprometida na defesa das vítimas da repressão e dos setores populares), irão configurar um novo campo de trabalho-militância de um segmento de assistentes sociais. Nestes contextos e espaços, o Serviço Social chileno desenvolveu possibilidades para um exercício profissional crítico, de resistência, de defesa dos direitos e da democracia e, também, de reflexão disciplinar.

Isto é, na intervenção, os assistentes sociais atuavam na formulação e execução de projetos sociais em territórios e comunidades (com financiamento internacional pela via das ONGs), com ênfase na promoção social — educação social-popular e na defesa dos Direitos Humanos (Castañeda; Salamé, 2012).

Em relação à reflexão disciplinar, em 1981, um grupo de assistentes sociais de instituições não governamentais de ação social criou o *Colectivo de Trabajo Social*, que objetivava repensar criticamente a profissão no contexto da ditadura e as experiências de intervenção realizadas, "[...] objetivando recuperar a especificidade profissional no vasto e complexo campo da promoção e defesa dos Direitos Humanos e da ação profissional" (Colectivo de Trabajo Social, 1990, p. 9, tradução nossa). O *Colectivo* criou uma publicação periódica, em que se realizaram análises de experiências e propostas de intervenção, de conjuntura e os desafios postos ao Serviço Social. Embora intencionem resgatar o *espírito da reconceituação*, reconhecem que não podem reatualizar os princípios e intervenções postas naquele contexto histórico. O *Colectivo* funcionará até 1989, ano em que se assiste à saída pactuada da ditadura, entre a oposição (que se transformará no novo governo democrático) e os militares.

3. "Democracia neoliberal protegida" e Serviço Social: o contexto pós-ditatorial

O modelo da "democracia protegida", proposto por Jaime Guzmán, um dos intelectuais orgânicos da ditadura, constituiu a base do processo da transição democrática no país. Esse modelo, embora permita o funcionamento de uma democracia eleitoral e a restauração de liberdades civis e políticas fundamentais, "[...] glorifica o predomínio do direito de propriedade sobre todos os outros direitos e garante a liberdade econômica por sobre todas as outras liberdades" (Gaudichaud, 2015, p. 32, tradução nossa). A aliança política entre democratas cristãos e a social-democracia renovada (isto é, antigos socialistas que voltaram do exílio, mas sem o ideário socialista) conduzia o governo em negociações com a direita civil e as forças militares[22], sob a consigna da construção da "democracia na medida do possível"[23]. O que viria a ser construído nos anos seguintes seria sempre nos limites da lógica da conciliação de classes, garantindo direitos para a classe trabalhadora apenas "na medida do possível"[24].

A partir dos anos 1990, com a chegada dos governos da "*Concertación de Partidos por la Democracia*"[25], o receituário neoliberal é disfarçado pelo *slogan* do *crescimento com equidade* (advindos da Cepal ou Cieplan), para, *ideologicamente*, se apresentar como coalizão governativa que teria preocupações com o enfrentamento da desigualdade social acentuada com as políticas econômicas neoliberais, que talvez poderiam ser reformadas mas nunca abandonadas[26].

22. Assinalamos, como exemplo da negociação, a permanência de Pinochet, após deixar o governo, como chefe das forças armadas até março de 1998 e, posteriormente, como senador vitalício.

23. Já tendo tomado posse da presidência da República, o democrata-cristão Patricio Aylwin (antiga e forte liderança de oposição contra o governo de Allende) afirma — em relação às demandas de justiça para punir os envolvidos nas violações dos Direitos Humanos — que o governo só poderia se comprometer a fazer *justiça na medida do possível*. (Entrevista no jornal *El Mercurio*, 13 de junho 1990. Disponível em: http://www.emol.com/noticias/Nacional/2016/04/19/798750/Las-frases-que-dejo-Patricio-Aylwin-en-su-vida-politica.html. Acesso em: 20 ago. 2019.

24. Uma expressão dessa realidade seriam as negociações do primeiro governo da *Concertación* (1990-1994) com a Central Unitária de Trabalhadores (CUT), obstaculizando as demandas da classe trabalhadora para evitar, assim, qualquer confronto com a legislação herdada da ditadura (reforma do código trabalhista) e controlar, desse modo, o conflito social.

25. Articulação formada pela Democracia Cristã; Partido Radical; Partido Socialista e o Partido pela Democracia. O Partido Comunista ingressou nesta articulação em 2013, a qual passou a nominar Nova Maioria.

26. Nas palavras de um ex-secretário do Estado do período: "Crescimento com equidade significava, em primeiro lugar, crescimento, e as políticas econômica e social deviam estar desenhadas para favorecê-lo sem, de forma alguma, arriscá-lo" (Arellano, 2011, p. 11, tradução nossa). Assim, "crescimento" significava a manutenção do patrão de acumulação capitalista em curso.

A partir do princípio da subsidiariedade, e em face das dramáticas condições socioeconômicas da maioria da população herdadas do período ditatorial[27], o governo destinou aumentos significativos do fundo público para os programas sociais. São exemplos o aumento da cobertura universal em educação fundamental; programas para a redução da deserção escolar; diminuição da mortalidade infantil; programas de combate à desnutrição; programas de intervenção para o melhoramento dos bairros (praças, equipamento comunitário etc.), dentre outros (Hardy, 2011). No entanto, o que se observou foi a continuidade de políticas com critérios seletivos e focalizados voltadas para a população mais pobre e outros segmentos sociais identificados como "grupos prioritários" (mulheres, crianças, jovens, indígenas etc.)[28]. Mas os fundamentos do receituário neoliberal — o mercado como forma de organização social, o Estado subsidiário-residual e a desigualdade estrutural — mantêm-se intactos, apesar da diminuição nos índices de pobreza e indigência.

A configuração assumida pelas políticas sociais colocava, inevitavelmente, novas requisições formativas e interventivas para o Serviço Social, cujos profissionais estavam fortemente engajados na implementação dos programas focalizados. O Serviço Social chileno, na sua maioria, sintonizou-se de forma acrítica com o projeto de "crescimento com equidade" dos governos pós-ditadura. Os anos 1990, para a profissão, foram voltados ao trabalho nas formulações, e, principalmente, na implementação das diretrizes focalizantes da política social. O Serviço Social é requisitado para contribuir com as melhorias sociais em sintonia com o desenvolvimento econômico do país (Castañeda; Salamé, 2012), e, em paralelo, transita, sistematica e crescentemente, dos espaços sócio-ocupacionais nas ONGs ou terceiro setor para os públicos estatais.

É possível evidenciar dois fenômenos que impactam e caracterizam a profissão desde os anos 1990 ao tempo presente: a privatização do ensino

27. Pesquisa realizada em 1987 evidencia que 45% da população viviam abaixo da linha da pobreza (Mideplan, 1987).

28. Uma amostra do anterior é a criação e/ou significativo fortalecimento nos inícios da década de 1990 de instituições públicas (governamentais) destinadas ao atendimento desses grupos: Fondo de Solidaridad e Inversión Social (1990), Instituto Nacional de la Juventud (1991), Fondo Nacional de la Discapacidad (1994), Servicio Nacional de la Mujer (1990), Corporación Nacional de Desarrollo Indígena (1993), dentre outros.

superior, com seu impacto regressivo na qualidade da formação profissional; e as condições e relações do mercado de trabalho para o Serviço Social.

Em relação à formação profissional, no início dos anos 1990 é ainda possível observar uma formação fortemente relacionada às universidades tradicionais[29], pelo fato de haver uma única faculdade privada que oferecia o curso de *Trabajo Social*. Porém, o que temos ao longo dos 27 anos decorridos desde então é o crescimento da educação privada em relação às universidades tradicionais[30], crescimento que se exacerba desde o final dos anos 1990. Acresce-se a isto que, com a perda do "rango universitário" pela profissão durante o período ditatorial, permitiu-se que entidades privadas, como institutos profissionais (além das universidades), possam oferecer cursos de formação profissional sem maior regulação.

Nesse sentido, em *termos da oferta*, segundo dados do Ministério de Educação, existiam, no ano de 2016, 91 instituições de educação superior (universidades e institutos profissionais) que ministravam o curso de Trabalho Social[31]. Ao observar os dados relativos às universidades propriamente ditas (isto é, sem os institutos profissionais), verifica-se que, em 2015, existiam 40 universidades que ofereciam o curso, das quais 26 eram privadas e apenas 14 *universidades tradicionais* (Vidal, 2015). O inchaço (ou a desproporção) da oferta de programas acadêmicos é evidente, o que gera, em *termos de*

29. No Chile não existe "universidade pública", se entendermos por isso uma universidade gratuita, com financiamento garantido pelo Estado. O que existe é um grupo de *universidades tradicionais* (incluindo as PUCs), que conformam o "Conselho de Reitores", em contraposição às universidades privadas e com fins lucrativos.

30. Como constata Gaudichaud (2015), produziu-se uma massificação acelerada de diplomas no Chile, gerando um mercado educacional desmedido, de baixa qualidade e que se sustenta em grande medida no endividamento dos jovens e de suas famílias. Até o ano de 1973, "a educação chilena era reconhecida pela sua qualidade e gratuidade. Atualmente, o Estado somente dedica 4,4% do PIB para a educação (cifra mais baixa da OCDE), bem longe dos 7% recomendado pela Unesco, enquanto "somente 16% do sistema educativo superior é financiado por fontes públicas". Este cenário não tem sido modificado substancialmente ao longo de mais de um quarto de século do retorno à democracia e cerca de quarenta anos da imposição do neoliberalismo, apesar de terem sido revogados instrumentos legais como o DFL n. 1 (Chile, 1981) e a LOCE (Chile, 1990) e se restituído o nível universitário do Trabalho Social.

31. No ano de 2016, existiam no Chile um total de 124 Cursos de Trabalho Social, oferecidos por Universidades ou Institutos professionais, ministrados de forma presencial. Outro dado importante é sobre os Cursos na modalidade de "continuidade de estudos", "programas especiais" ou "semipresenciais", aumentando esta cifra para um total de 304 (Vivero, 2017, 2016).

qualidade, uma assimetria na formação, tanto entre as mesmas instituições como em relação às que pertencem ao Conselho de Reitores (CRUCH) (Matus, 2016). No Chile, o órgão público que certifica a qualidade dos cursos é o "*Consejo Nacional de Acreditación*" (CNA), e, segundo seus dados, do total de universidades que ministram o curso, apenas 17 (42,5%) encontram-se acreditadas pelo CNA (Matus, 2016, p. 5)[32]. Ou seja, mais da metade dos futuros assistentes sociais do país estão sendo formados em instituições que não cumprem com as exigências mínimas de qualidade de ensino, situação que se agrava no universo das universidades privadas, das quais só 29,2% encontram-se acreditadas (Matus, 2016).

Acresce-se a esta realidade o fato de que a formação profissional universitária encontra-se reduzida, majoritariamente, a "grafias de interpretação tradicionais" da realidade social (Matus, 2016, p. 1), isto é, à persistência de uma hegemonia conservadora nos fundamentos teórico-metodológicos da profissão, o que permite legitimar, por exemplo, a predominância de afirmações dicotômicas sobre a relação teoria-prática, a presença quase nula de enfoques contemporâneos do *Trabajo Social* nos planos curriculares e a organização dos mesmos nas "[...] esferas míticas caso-grupo-comunidad[e]" (Matus, 2016, p. 11). A partir dos apontamentos de Matus (2016), podemos identificar três fenômenos pelos quais se operam aquelas *persistências conservadoras* na profissão.

O *caráter confessional*, isto é, de cursos que dependem de faculdades ligadas e/ou pertencentes à Igreja, majoritariamente católica. O conservadorismo da Igreja Católica chilena é incontestável, sempre em férrea oposição às demandas progressistas, como a separação da Igreja com o Estado, contra o voto feminino, contra a lei do divórcio, contra o aborto, contra a diversidade sexual etc.

O *caráter "mercantil-empresarial"* das faculdades que ofertam o curso em *Trabajo Social* pertencentes a corporações privadas. Essas corporações

32. No contexto chileno, não ter *acreditación* (certificação) não é sinônimo de que não pode funcionar. Cabe salientar que o *Colegio de Trabajadores Sociales* (a organização gremial da categoria) não tem poder jurídico de intervir e regular esses processos de formação. Esta "*acreditación*" avalia, entre outros elementos, a infraestrutura, coerência e consistência dos programas de formação, desenvolvimento da investigação etc. Para mais detalhes, ver Comisión Nacional de Acreditación. Disponível em: www.cnachile.cl.

(verdadeiras empreiteiras que fazem investimentos no lucrativo negócio da educação) possuem diretórios conformados por empresários economicamente neoliberais e politicamente ultraconservadores, muitas vezes políticos de direita, centro (Democracia Cristã) e até antigas referências de "esquerda". O objetivo perseguido por essas corporações é o lucro e o controle ideológico e moral.

Por último, o *caráter tecnológico*, enfoque que é reincorporado logo após o golpe militar e que está fortemente espraiado nas *universidades tradicionais*, substituindo e silenciando os enfoques formativos críticos desenvolvidos no período reconceituador.

Para finalizar as referências à formação profissional, cabe assinalar que, em relação à pós-graduação, só a partir da década de 2000 começam a ser criados Mestrados em *Trabajo Social*, contabilizando hoje um total de 15 programas em nível nacional. Desse universo de 15 programas, apenas 3 possuem *acreditación*; sendo 2 deles estritamente disciplinares e 13 que são de *Trabajo Social* e alguma área de atuação (território, política social, família); 9 são de universidades tradicionais; 6 de universidades privadas, e 3 mestrados focados na área de "família", que são oferecidos pelas universidades católicas (Vidal, 2015a)[33].

Uma questão ainda pouco estudada é em relação ao perfil dos pesquisadores, em um contexto em que cresce o nível de formação de doutorado entre os profissionais do Serviço Social, especialmente nos últimos 10 anos, podendo concorrer a editais com fundos públicos do Conicyt (similar ao CNPq, no Brasil). Não é possível, ainda, saber se este aumento impactará positivamente na formação, nos enfoques teórico-metodológicos e nas referências ético-políticas das escolas, e no exercício professional. Entretanto, podemos afirmar que, em termos das perspectivas teórico-metodológicas que prevalecem nas escolas, a formação teórica marxista é quase inexistente, ou está reduzida a pouquíssimos docentes pesquisadores. Por outro lado, no campo da pesquisa, observa-se a influência de perspectivas hermenêuticas, fenomenológicas, pós-modernas, positivistas, as chamadas perspectivas

33. Existe o *Doctorado en Trabajo Social y Políticas de Bienestar*, que é o primeiro doutorado inaugurado no país, pertencente a uma universidade privada e católica no ano 2015, em parceria com uma universidade dos EEUU (Boston College).

"antiopressivas", funcionalistas, e/ou teorias sistêmicas. Ambas hegemonizam as propostas de pesquisa, sendo que a abordagem da totalidade, ou seja, a partir da dinâmica da economia política e da perspectiva da classe trabalhadora, tende a ser lateral (ou inexpressiva).

Um segundo aspecto que destacamos para caracterizar o Serviço Social no Chile de hoje é o mercado de trabalho e as condições do exercício profissional. Uma primeira constatação é a proliferação, já mencionada, da oferta de cursos de Serviço Social de nível universitário e técnico[34].

No que tange aos espaços sócio-ocupacionais, pesquisa realizada por Vidal (2009) elucida alguns dados. Constata-se que esta é uma profissão com forte presença feminina, e desde os anos 2000, o tempo que se leva da conclusão do curso ao primeiro emprego passou de um para seis meses. Do total dos assistentes sociais pesquisados, 61% possuem contratos temporários ou são empregados como *horistas* (considerados pela legislação como prestadores de serviços e não como trabalhadores da instituição), profissionais que trabalham em condições laborais instáveis e sem direitos e proteções trabalhistas. Por sua vez, sobre o perfil dos profissionais formados, é possível observar, cada vez mais, a continuidade de estudos de pós-graduação (Cursos Lato Sensu, Mestrados, Especializações) que são financiados com recursos próprios ou pelos empregadores, nos casos em que os cursos se relacionam com as áreas de atuação nas instituições. Por outro lado, o maior empregador é o Estado, seguido das empresas de porte médio. Nesse cenário, os profissionais buscam trocar ou ter mais de um emprego, para complementar sua renda, sendo possível observar uma escassa participação coletiva, tanto em organizações da categoria profissional, quanto em outras organizações. As funções que realizam na divisão social e técnica do trabalho, na sua maioria, são: atendimento, orientação e encaminhamento dos sujeitos usuários à rede de serviços; reuniões de coordenação com outros serviços; reuniões de planejamento e organização dos serviços; trabalho de documentação e elaboração de planilhas, estatísticas, formulários; reuniões

34. "O total de estudantes, aproximadamente, para o ano de 2006, era de 24.400, sendo que 14.200 correspondiam a estudantes universitários e 8.200 de institutos professionais. Não existem dados certeiros acerca do número total de trabalhadores sociais no Chile, mas se estima que chega a 10 mil profissionais em todo o território nacional" (Vidal, 2009, p. 9, tradução nossa). Estima-se que esta cifra possa ter duplicado em menos de 10 anos.

de equipe e com a gestão; entrevistas individuais; acompanhamento de casos; visitas domiciliares; registro das ações profissionais; atividades de promoção social e comunitária; diagnóstico, execução, avaliação de projetos, de material educativo; organização de ações para arrecadar fundos; organização de eventos massivos, reuniões e oficinas de grupos; funções de chefia e controle da gestão (Vidal, 2009, p. 14-43).

4. Alguns desafios para o desenvolvimento de um projeto ético-político crítico do Serviço Social no Chile hoje

O processo do desenvolvimento da formação e da intervenção profissional do Serviço Social chileno revela as transformações sócio-históricas experimentadas nos seus diferentes contextos conjunturais. Nestes, tivemos segmentos profissionais na atuação de uma formação e intervenção sintonizada com o fortalecimento dos processos de mobilização e de organização popular próprias do contexto de acirramento da luta de classes sob o governo da UP, e de perspectivas que, atreladas aos interesses da reprodução da ordem social capitalista, vêm hegemonizando a formação e a atuação profissional do Serviço Social chileno desde o período ditatorial aos dias de hoje. É nesse marco histórico que Vivero (2016) afirma que parte da formação profissional sustentou-se numa ética da responsabilidade, que "[...] situa o 'problema social' no indivíduo e/ou seu âmbito sociofamiliar [...] mais do que enfrentar as injustiças e as desigualdades sociais, [o Serviço Social] opera como prática de contra insurgência social" (Vivero, 2016, p. 13).

Não é casual observar no vocabulário da política social e/ou da formação profissional termos como "superação da pobreza"[35], grupos "vulneráveis" e, mais abertamente nesta última década, o empreendedorismo e o *empowerment* individual, familiar ou comunitário. Ou seja, a linguagem reciclada do

35. Em maio de 1994, foi criado o *Consejo Nacional para la Superación de la Pobreza*, que se constituiu na referência nacional para o desenho e implementação das políticas sociais.

capital, que continua tendo o Chile como laboratório para testar estratégias que procuram, sem arriscar o sacrossanto crescimento econômico, tentar administrar as mazelas geradas pela acumulação capitalista que se expressam pela elevada desigualdade social, a superexploração dos trabalhadores e a espoliação dos bens comuns naturais.

A partir de um panorama sobre a trajetória do Serviço Social no Chile nas últimas décadas, e sobretudo levando em consideração a situação atual, afirmamos a importância de identificar os processos, em curso no país, que possibilitam o fortalecimento do pensamento crítico no interior da profissão. O Chile tem experimentado, na última década, um aumento significativo da mobilização social de diferentes sujeitos sociais, que colocam em questionamento as políticas neoliberais. Nos territórios ameaçados por megaprojetos extrativistas, multiplicam-se organizações comunitárias que resistem à extração e exploração de bens comuns naturais em grande escala; nas universidades e escolas, o movimento estudantil e docentes vêm desenvolvendo resistências há mais de uma década contra a educação de mercado e pela reconquista de uma educação pública; trabalhadores terceirizados se organizam para tensionar a aparente descartabilidade da sua força de trabalho; cresce com força o movimento contra o sistema privado de aposentadorias que atinge e questiona um dos "corações" do modelo neoliberal no Chile; movimentos de *pobladores* vêm ganhando experiência e força nas lutas contra a especulação imobiliária e pela garantia do direito à cidade. Trata-se de um novo ciclo de lutas sociais, e, portanto, de uma possibilidade de redimensionamento crítico da profissão, na medida em que segmentos profissionais consigam produzir mediações teóricas e interventivas deste "mundo dos conflitos e das resistências" na formação profissional, na produção do conhecimento e nos espaços socioinstitucionais.

Neste sentido, reconhecer nossa trajetória histórica recente nos permite afirmar que houve, nos períodos anteriores, um compromisso da categoria com as diversas lutas das classes subalternas. No período da UP, esse vínculo orgânico se explicitou por meio da atuação em sindicatos, nas organizações do poder popular e nas organizações camponesas e populares em setores urbanos. Já no contexto ditatorial, este vínculo se expressou também na atuação do *Colectivo de Trabajo Social* e no amplo contingente de colegas que se engajaram corajosamente — muitas vezes pela via de organizações da

Igreja Católica — na defesa da democracia e da justiça social e na organização direta com os setores populares nas resistências à fome e à repressão.

Nessa direção, parece-nos fundamental compreender e reconstruir o vínculo do Trabalho Social com as lutas e movimentos das classes subalternas, seja no plano teórico e da formação profissional, seja no plano da intervenção profissional, já que "[...] mergulhar no movimento das resistências e lutas de classes subalternas é uma condição para problematizar os significados da nossa intervenção profissional nos diversos espaços sócio-ocupacionais" (Duriguetto; Marro, 2016). O Chile de hoje representa uma oportunidade para que o Trabalho Social abrace essa tarefa.

Referências

ARELLANO, José Pablo. *Veinte años de políticas sociales. Chile 1990-2009. Equidad con crecimiento sostenible.* CIEPLAN, Santiago, 2011. Disponível em: http://www.cieplan.org/media/publicaciones/archivos/304/Libro_Digital_Completo.pdf. Acesso em: 20 ago. 2019.

ARRIAGADA, Ana *et al. Participación de la comunidad en programas y acciones del Servicio Nacional de Salud.* Memoria para optar al título de Asistente Social. Departamento de Política y Acción Social. Facultad de Ciencias Jurídicas y Sociales, Universidad de Chile, 1972.

BERNALES, M. *et al. Antecedentes sobre la creación del Ministerio de la Familia y Desarrollo Social. Análisis de las relaciones familiares obreras y campesinas, del Servicio Social, en una sociedad capitalista y en transición al socialismo.* Memoria para optar al título de Asistente Social. Departamento de Política y Acción Social. Facultad de Ciencias Jurídicas y Sociales, Universidad de Chile, 1971.

CAMPO, Emilia *et al. Participación del Asistente Social en el proceso de desarrollo socio político actual.* Memoria para optar al título de Asistente Social. Departamento de Política y Acción Social. Facultad de Ciencias Jurídicas y Sociales, Universidad de Chile, 1971.

CANCINO, Hugo. *La problemática del poder popular en la vía chilena al socialismo, 1970-1973.* Aarhus University Press, 1988.

CASTAÑEDA, Patricia; SALAMÉ, Ana. *Profesionalidad del Trabajo Social chileno. Tradición y Transformación.* Temuco: Ediciones Universidad de La Frontera, 2012.

CHILE: coyuntura favorable para el Trabajo Social, *Revista de Trabajo Social*, 1971.

______. Ministerio del Trabajo. Decreto Ley n. 2.757, de 4 de julio de 1979. Establece normas sobre asociaciones gremiales. *Diario Oficial de la República de Chile*, Santiago.

______. Ministerio de Educación. Decreto Fuerza de Ley n. 1, de 3 de enero de 1981. Fija normas sobre universidades. *Diario Oficial de la República de Chile*, Santiago.

______. Ministerio de Educación. Ley n. 18.962, de 10 de marzo de 1990. Ley Orgánica Constitucional de Enseñanza. *Diario Oficial de la República de Chile*, Santiago.

COLECTIVO DE TRABAJO SOCIAL. *Concretar la Democracia. Aportes del Trabajo Social. Chile 1973-1989.* Humanitas: Buenos Aires, 1990.

CRUZ, Gloria. Los talleres de Trabajo Social y la crisis de octubre. *Revista de Trabajo Social UC*, 1972.

DE MATHEUS, Luis. Desposeer para acumular: reflexiones sobre las contradicciones del proceso de modernización neoliberal de la agricultura Chilena. *Revista Mundo Agrario*, Buenos Aires, v. 17, n. 34, p. 1-28, 2016.

DEL POZO, Ida H. La acción de un Trabajador Social en un sector marginalizado de vivienda Higuerilla n. 1 e 2. *Trabajo de Conclusión de Curso*. Valparaiso: Universidad Católica de Valparaiso, 1971.

DEPARTAMENTO POBLACIONAL, ESCUELA DE TRABAJO SOCIAL-UC. El trabajador social como agente de movilización — Programa Salud. *Revista de Trabajo Social*, 1972.

DRAKE, P. *El Socialismo y Populismo. Chile 1936-1973.* Instituto de Historia Vicerrectoria Académica Universidad Católica de Valparaiso. Serie Monografías Históricas 6-1992.

DURIGUETTO, Ma. L.; MARRO, Kátia. Serviço Social, lutas e movimentos sociais: atualidade de um legado histórico que alimenta os caminhos de ruptura contra o conservadorismo. *In*: SILVA, Maria L. O. (Org.). *Serviço Social no Brasil. História de resistência e de rupturas com o conservadorismo.* São Paulo: Cortez, 2016.

FERNANDES, Florestan. *Brasil:* em compasso de espera: pequenos escritos políticos. Rio de Janeiro: Editora UFRJ, 2011.

GATICA, Jaime; CABRERA, Silvia; CHANG, Rosa. Participación — poder obrero: hacia una redefinición del trabajo social. *Revista de Trabajo Social*, 1972.

GARATE, Manuel. *Revolución Capitalista en Chile 1973-2003*. Santiago: Ediciones Universidad Alberto Hurtado, 2012.

GAUDICHAUD, Franck. *Poder Popular y Cordones Industriales.* Testimonios sobre el movimiento popular urbano chileno, 1970-1973. Santiago: LOM Ediciones, 2004.

______. *Chile 1970-1973. Mil días que estremecieron al mundo:* Poder Popular, cordones industriales y socialismo durante el gobierno de Salvador Allende. Santiago: LOM Ediciones, 2016.

GIMÉNEZ, Rosa *et al. Elementos para la formulación de políticas de acción social para un Servicio Social correspondiente a una época de cambios acelerados.* Memoria para optar al título de Asistente Social. Departamento de Política y Acción Social. Facultad de Ciencias Jurídicas y Sociales, Universidad de Chile, 1971.

HARDY, Clarisa. *Red Protege*: Sistema de Protección Social en Chile (2006-2010). Documento de Trabajo n. 1, 2011. Disponível em: http://www.dialoga.cl/2011/03/red-protege-sistema-de-proteccion-social-en-chile-2006-2010. Acesso em: 20 ago. 2019.

HARVEY, David. *O novo imperialismo*. São Paulo: Loyola, 2005.

______. *Breve historia del neoliberalismo*. Madrid: Editorial Akal, 2007.

HERNÁNDEZ, Jeannette; RUZ, Omar. La Reconceptualización en Chile. *In*: ALAYÓN, N. (Org.). *Trabajo Social Latinoamericano. A 40 años de la Reconceptualización*. Buenos Aires: Espacio Editorial, 2005.

MANDEL, Ernest. *O capitalismo tardio*. São Paulo: Nova Cultural, 1985.

______. *A crise do capital:* os fatos e a sua interpretação marxista. São Paulo: Ensaio/Campinas: Editora da Unicamp, 1990.

MATUS, Teresa. Los desafios de refundar: Paradojas de redistribución y reconocimiento en el Trabajo Social chileno. *In*: VIDAL, Paula. (coord.). *Trabajo Social en Chile. Un siglo de trayectoria*. Santiago: RIL Editores, 2016.

MINISTERIO DE PLANIFICACIÓN Y COOPERACIÓN (MIDEPLAN). *Encuesta CASEN 1987*. Ministerio de Planificación y Cooperación. Santiago de Chile, 1987.

MOULIAN, Tomás. *Fracturas. De Pedro Aguirre Cerda a Salvador Allende (1938-1973).* Santiago de Chile: Editorial LOM, 2006.

______. *Chile Actual*: Anatomía de un Mito. Santiago de Chile: Editora LOM, 2002.

MOYANO, Myriam *et al. Organizaciones y participación en sectores populares urbanos.* Memoria para optar al título de Asistente Social. Departamento de Política y Acción Social. Facultad de Ciencias Jurídicas y Sociales, Universidad de Chile, 1972.

NARANJO, P.; AHUMADA, M.; GARCÉS, M. *et al. Miguel Enríquez y el Proyecto Revolucionario en Chile. Discursos y documentos del Movimiento de Izquierda Revolucionaria, MIR.* Centro de Estudios Miguel Enríquez. Santiago de Chile: Editorial LOM, 2004.

NETTO, José Paulo. *Ditadura e Serviço Social*. São Paulo: Cortez, 2005.

OLIVA, Andrea. *Trabajo Social y Lucha de clases*. Argentina: Editorial Imago Mundi, 2007.

PALMA, Diego; QUIROZ, Teresita. Como la dependencia económica condiciona la realidade popular urbana en Chile. *Revista de Trabajo Social*, p. 13-18, 1971.

SARAVIA, Felipe. Saravia Cortés, F. A. La formación de los trabajadores sociales en Chile: ¿un asunto de oferta y demanda? *Cuadernos de Trabajo Social*, v. 28, n. 1, p. 67-79, 2015.

SEPULVEDA, Lucia. Algunas reflexiones acerca del ejercicio profesional del Trabajo Social durante la dictadura militar. *In*: VIDAL, Paula (coord.) *Trabajo Social en Chile*: Un siglo de Trayectoria. Chile: RIL Editores, 2016.

TOLEDO, Graciela *et al. El Instituto Laboral y la participación de la mujer en la vida sindical*. Memoria para optar al título de Asistente Social. Departamento de Política y Acción Social. Facultad de Ciencias Jurídicas y Sociales, Universidad de Chile, 1971.

TRABAJO social en una empresa estatizada. *Revista de Trabajo Social*, 1972.

VALDIVIA, Verónica. ¡Estamos en guerra, señores!. El régimen militar de Pinochet y el 'pueblo', 1973-1980". *Revista Historia*, Santiago, v. 43, n. 1, 2010.

VARGAS, Nelson *et al. Organización de comunidad y participación para el desarrollo*. Memoria para optar al título de Asistente Social. Departamento de Política y Acción Social. Facultad de Ciencias Jurídicas y Sociales, Universidad de Chile, 1970.

VIDAL, Paula. Unidad Popular y la Lucha por la Igualdad Radical en Chile. *Revista Izquierdas*, Santiago de Chile, n. 18, IDEA-USACH, abril, 2014. Disponível em: http://www.redalyc.org/html/3601/360133466005/. Acesso em: 20 ago. 2019.

______. *Aproximación a una caracterización del espacio socio-ocupacional del Trabajo Social en Chile*. 2009. Disponível em: http://www.trabajadoressociales.cl/provinstgo/documentos/ESTUDIO%20cARACTERIZACION%20n.pdf. Acesso em: 20 ago. 2019.

______. Conservación y renovación del trabajo social chileno 1960-1973. La Escuela Dr. Lucio Córdova. *In*: VIDAL, Paula (Coord.). *Trabajo Social en Chile*: Un siglo de Trayectoria. Chile: RIL Editores, 2016.

VIDAL, Paula. *Propuesta Formativa de Magister en Trabajo Social de la Universidad de Chile.* Documento interno de trabajo. Universidad de Chile, 2015a.

______. La educación del trabajo social en Chile: hacia un siglo de historia. *In*: KOLAR, Elisabetta; SICORA, Alessandro. *Social work around the world Colors and shapes.* v. VII, n. 13, Luglio, 2015. Disponível em: http://www2.units.it/csal/home/visioni_latino_americane_13_quaderno_3_social%20work%20around%20the%20world.pdf. Acesso em: 20 ago. 2019.

VIVERO, Luis. El Trabajo Social en la era neoliberal: Desafíos para una neo-reconceptualización. *In*: VIDAL, Paula (Coord.). *Trabajo Social en Chile*: Un siglo de Trayectoria. Chile: RIL Editores, 2016.

______. Desafíos de una práctica ético-política. El trabajo social chileno post-dictadura. *Katálysis*. Florianópolis, v. 20, n. 3, set./dez. 2017.

WINN, Peter. *Tejedores de la Revolución.* LOM. Chile, 2004.

WITKER, A. *Historia documental del PSCH: 1933-1993. Signos de Identidad.* IELCO. Santiago de Chile, 1993.

ZELADA, Ivone. *Desarrollo de dos Talleres de Trabajo Social en el Sector Poblacional, bajo el proceso de cambios de la Unidad Popular (1971-1972).* Trabajo de Conclusión de Curso. Santiago: PUC, 1972.

Angola

Serviço Social em Angola

Felisbela A. Espírito Santo

1. Introdução

Este texto apresenta uma reflexão sobre a história do Serviço Social em Angola, num contexto que vai do período colonial até aos dias presentes. Traduz aspectos da minha experiência pessoal no que diz respeito à institucionalização da profissão num país que passou os últimos quarenta anos por dois tipos de guerra que determinaram alterações da sociedade e dos sistemas socioeconômicos atuantes; primeiro, a guerra para a independência ou a chamada "Guerra de Libertação, contra o Colonialismo português" ocorrida no período de 1961 até novembro de 1975; segundo, a guerra pós independência, guerra fratricida entre os três principais atores desta, os Movimentos de Libertação — a FNLA, o MPLA e a UNITA, que da independência se prolonga até 4 de abril de 2002 e finalmente o período de reconstrução nacional.

Diante desse contexto nos questionamos: podemos nós afirmar que existe Serviço Social em Angola? Que tipo? Que práticas? Que teorias? Que influências?

2. Contextualização

2.1 Antes da Independência

A República de Angola é um país que está situado na costa ocidental de África. O seu território é limitado a norte e a leste pela República

Democrática do Congo, a leste pela Zâmbia, a sul pela Namíbia e a oeste pelo Oceano Atlântico. Inclui ainda o enclave de Cabinda — a norte do rio Zaire — através do qual faz fronteira com a República do Congo.

Angola, cuja capital é a cidade de Luanda, é composta por dezoito províncias considerando-se de norte a sul: Cabinda, Zaire, Uige, Lunda Norte, Lunda Sul, Malange, Luanda, Bengo Kuanza Norte, Kuanza Sul, Huambo, Bié, Moxico, Benguela, Huila, Kuando-Kubango, Namibe e Kunene. O país possui uma superfície de 1.246.760 km^2 e uma extensão territorial de 6.485 km de fronteiras.

Com uma população calculada em 25 milhões de habitantes, o país é detentor de diversos recursos em que se destacam: o petróleo, diamantes, minerais, terra, clima ameno e imensos recursos hídricos. A indústria petrolífera é a segunda maior da África Subsaariana e o quarto entre os maiores produtores de diamantes (Hodges, 2002).

Angola é constituída na generalidade por uma população autóctone, sendo a maioria da população de origem Bantu, nomeadamente: os Kikongos, Kimbundos ou Ambundos, Umbundos ou Ovimbundos, Kiokos, Ganguelas, Hereros, Nhaneca-Humbe, Ambós e Xindonga; por uma minoria de povos pré-Bantus (não Bantus) que vivem especialmente no sul de Angola entre o rio Curoca e o deserto de Moçamedes: os Vátuas/Curocas e os khoisan/Hotentote-Bosquímanos, que vivem em grupos igualmente na zona sul (Redinha, 1975, p. 448)

A mesma conta ainda com uma pequena população de descendência europeia e uma mestiça, resultante da miscigenação entre estes e os Bantus e não Bantus, bem como resultante de ligações com outros povos que vivem ou viveram em Angola por motivos de guerra, melhoria de vida, trabalho etc.

A delimitação do espaço indicado anteriormente nem sempre correspondeu às coordenadas referidas, mas é resultado da própria evolução geográfico-histórica do país.

Diz a história que a este território chegou, no reinado de D. João II, à foz do rio Zaire, em 1484, o navegador Português Diogo Cão e aos poucos, com as diversas incursões pelo território angolano.

A Conferência de Berlim em 1844 faz vigorar o direito de ocupação efetiva, e Portugal passa a interessar-se mais pela ocupação militar e administrativa efetiva das então denominadas colônias. Corresponde à expansão territorial a instalação de um aparelho político administrativo, com forte impacto negativo para as populações, expressa nas diversas modalidades de trabalho forçado, tendo por base o Regulamento do Trabalho dos Indígenas das Colônias de 1899 (Neto, 2000).

Em 5 de outubro de 1910 foi proclamada a 1ª República Portuguesa que determina a laicização do ensino. Diante disso, são expulsas as Ordens religiosas que prestavam serviço tanto em nível da saúde (Hospital Maria Pia) como em nível do ensino, encerrando-se as instituições, o que prejudica mais as populações, pois a assistência médica aos indígenas que deveria ser da competência dos serviços de saúde das agora províncias, nem sempre cumpria o estipulado na Secretaria dos Negócios Indígenas.

Com a queda da 1ª República, e a eleição do Marechal Carmona, em abril de 1929, como presidente da República, ao nomear o professor António de Oliveira Salazar ministro das Finanças e posteriormente, em 1932, Presidente do Conselho de Ministros, a situação financeira de Portugal melhora consideravelmente.

O que contribuiu para que se iniciasse o processo de desenvolvimento das províncias e, especialmente, de Angola, incrementando-se a produção do café, sisal, cana do açúcar, milho, seguidos pelo diamante e pelo petróleo.

O princípio geral orientador da política econômica foi o da subordinação das províncias e, especialmente, de Angola, à metrópole. Para tal, contou-se inicialmente com a mão de obra constituída pela população angolana, que foi gradualmente substituída por população portuguesa, de forma organizada ou espontânea, afastando desse modo os angolanos de suas próprias terras e sem condições de competir nos empregos da indústria florescente por causa dos níveis baixos de educação.

Relegada para os terrenos menos férteis, ou trabalhando para os novos donos, as populações, especialmente as do norte da província, veem-se na obrigação de emigrar para os países limítrofes, hoje República do Congo e República Democrática do Congo.

Quanto à educação, Portugal entregou o ensino da população das províncias às missões, principalmente as católicas, tendo assinado com o Vaticano a Concordata (1940) e o Acordo Missionário (1941) que regulava as relações entre os dois Estados.

Na década de 50 assiste-se um aumento da preocupação pelo ensino primário generalizado no país e com isso começaram a construir escolas nas cidades principais, principalmente Luanda, e postos escolares nos meios rurais. No entanto, só em 1963 se cria a 1ª Universidade em Angola, com dependência à Universidade em Portugal metropolitano e designada por Estudos Gerais Universitários através do Decreto-Lei n. 44.530, publicado no Boletim Oficial de 8 de setembro e inaugurados em 6 de outubro de 1963.

Ressalta-se que, até a essa altura, os estudantes eram obrigados a frequentar as Universidades em Portugal, nomeadamente Lisboa, Porto e Coimbra, o que impedia muitos angolanos, com situações econômicas baixas, de prosseguir os seus estudos.

Dentre as escolas criadas, vale destacar o Liceu Salvador Correia, criado em 1919, e o Liceu Feminino D. Leonor de Lencastre; já os liceus de Nova Lisboa e Benguela foram criados em 1954 e 1956 respectivamente.

Nas universidades, foram inicialmente priorizados os cursos técnicos, indispensáveis para promoverem o desenvolvimento, em âmbito dos três polos: Luanda (Medicina, Engenharia); Huambo (Agricultura; Silvicultura; Agronomia e Pecuária) e Huíla (Ciências Pedagógicas). Não fazia, então, parte da estratégia do Governo o ensino das ciências humanas e sociais, na tentativa de manutenção da dependência político-ideológica e administrativa de Portugal.

Apesar disso, os angolanos, de forma progressiva, se organizavam internamente, criando associações como a Anangola (Associação dos Naturais de Angola e Liga Nacional Africana), ou externamente como o Movimento Anticolonialista (MAC); Casa do Estudante do Império, desenvolvendo atividades sociais e culturais, criando consciência nacional. Politicamente, a situação em Portugal, a partir da década 1950, foi se agravando e assiste-se ao crescente isolamento do contexto das nações. Por outro lado, a situação, especialmente, social e econômica para as populações era, ainda, degradante.

Em janeiro de 1960, é nomeado Governador-Geral de Angola, Álvaro Rodrigues da Silva Tavares, substituindo o Coronel Sá Viana Rebelo, cuja nomeação reflete alguma mudança e esperança na política para Angola. No ano seguinte inicia-se a "Luta de Libertação" em Angola na sequência da intransigência do Governo Português em não atribuir a independência às províncias.

É importante destacar que as populações ainda se encontravam debilitadas, com elevadas taxas de morbilidade e mortalidade.

Conforme a Portaria n. 11.124, publicada no Boletim Oficial n. 2, de 13 de janeiro de 1960, cabia ao Fundo de Assistência aos Indígenas a cabimentação e administração dos subsídios atribuídos às Missões Católicas, as quais ficavam encarregadas da assistência sanitária; da assistência materno-infantil, construindo e gerindo maternidades, creches, lactários, dispensários de puericultura; da assistência social — Casa dos Jovens de ambos os sexos; Albergues para idosos e bem-estar rural da população —, instituições estas que não possuíam nos seus quadros nenhum Assistente Social.

Uma primeira tentativa de institucionalização do Serviço Social em Angola acontece precisamente em 31 de janeiro de 1962, através do Diploma Legislativo n. 3.324, que cria pela primeira vez o Serviço Social em Angola, nos Serviços de Saúde, para implementar uma série de ações passíveis de ultrapassar as péssimas condições sanitárias da província, mas não provido, por inexistência de técnicos, que se formavam já em Lisboa a partir de 1930.

Na sequência do diploma acima referenciado é criada a Direção Geral dos Serviços de Saúde e Assistência do Ultramar, a quem cabe a coordenação, orientação, fiscalização da ação dos serviços de saúde, higiene e assistência das províncias, cujo regulamento é aprovado pelo Decreto n. 45.541, de 23 de janeiro de 1964, que enfatizou as atividades de assistência social, oficial e particular.

Com a descentralização destes serviços, a parte de assistência social passa ao domínio do Instituto de Assistência Social de Angola (IASA), a quem competia uma ação social de caráter mais geral destinada a pobres e indigentes, através da assistência médica e medicamentosa, alimentação, subsídios de estudo, vestuário, calçado, subsídios de renda de casa.

Do mesmo modo, provia igualmente passagens e meios técnicos a doentes graves (câncer) e deficientes, tanto ao nível das capacidades internas da província, como responsabilizando-se pela transferência dos doentes para Lisboa de forma articulada com as unidades de saúde. Neste sentido são já os trabalhadores sociais — visitadoras e auxiliares sociais primeiro e assistentes sociais em seguida —, que se encarregam da organização e acompanhamentos destes processos.

O IASA passa, de acordo com Diploma Legislativo n. 3.605, e respectivo Regulamento de dezembro de 1965 a integrar todos os estabelecimentos e instituições de assistência a idosos e portadores de deficiência; juventude (Lares); e infância (creches e jardins de infância) existentes, até então, na responsabilidade de entidades particulares como a igreja, ou a ela ligadas, e a polícia que reprimia a mendicância pelas ruas.

No entanto, note-se que as primeiras Assistentes Sociais conhecidas em Angola, na década de 1960, desenvolveram a sua atividade nas duas empresas cervejeiras de grande porte: a CUCA e a NOCAL, criadas com o intuito de contrariar o possível desenvolvimento das bebidas autóctones.

Diante do exposto, fica claro o fato de que realmente o Serviço Social nasce a partir das condições de cada sociedade, na medida em que existem desafios políticos, econômicos, sociais que determinam transformações societárias.

Considerando que a existência de uma profissão e a sua institucionalização estão profundamente ligadas para a resposta às necessidades e exigências societárias, temos na Angola um percurso iniciado na década de 1960 com o início da guerra de "libertação" em 1961. Portanto, a criação e a institucionalização do Serviço Social em Angola inserem-se neste contexto político-ideológico, econômico e social.

Em Angola, ao contrário da maioria dos demais países, não podemos dizer que houve mudanças a partir de uma revolução industrial. Portugal era um país pouco desenvolvido e só depois do início da guerra, em 1961, irá de fato se importar com o desenvolvimento da província, com o intuito de não perder esta "parcela do território nacional".

Nesta mesma perspectiva se determinou então a criação do Instituto de Educação e Serviço Social Pio XII, que é a primeira instituição de ensino superior em Angola e o único estabelecimento do setor privado com a categoria de escola de ensino superior, até 1975.

Em Luanda, e devido ao início da guerra no norte do país, uma Comissão Provincial de Auxílio aos Deslocados (CPAPD) foi criada, integrando as principais organizações assistenciais existentes na época como a Caritas, Cruz Vermelha de Angola, Conferência de S. Vicente de Paulo, Instituto de Assistência Social de Angola. A criação dessa comissão foi estabelecida pelo

Diploma Legislativo Ministerial n. 25, de 15 de maio de 1961, para fazer face aos imensos problemas sociais advindos da guerra, quer dos angolanos quer dos portugueses, cujas famílias pretendiam abandonar Angola e cuja chegada a Lisboa, nomeadamente de mulheres e crianças, algumas destas sozinhas, provocou um forte impacto.

É importante ressaltar que nesse período o Ministro do Ultramar era o Professor Adriano Moreira. Atendendo a esse novo contexto e ao forte impacto causado, o governo tomou, portanto, a decisão de enviar para Angola um grupo de profissionais formado por Educadores de Infância e Assistentes Sociais, tendo sido solicitados pelas direções das Escolas de Maria Ulrich e o Instituto de Serviço Social de Lisboa. A partir de então, uma comissão formada pelas Assistentes Sociais, Maria Isabel Pimentel, Maria Gabriela Ferreira; e Educadora de Infância, Teresa Castro, todas pertencentes a Ação Católica, desembarcou em Luanda em 4 de maio de 1961 e se reuniu à Comissão Provincial já criada em Luanda.

A estas, se juntou, pouco depois, a Assistente Social Maria Susana de Almeida, da Congregação "Filhas do Coração de Maria" que se constitui como a principal figura de direção do Instituto Pio XII, até o seu encerramento.

O intenso trabalho e a premente necessidade de quadros sociais em Luanda, levou a Comissão Provincial — CPAPD — a formar num curso intensivo de dez meses, os primeiros 32 Agentes de Ação Social (Agentes de Trabalho Social; Agentes Familiares e Jardineiras de Infância), estabelecido pelo Diploma Legislativo n. 3.163, de 2 de novembro de 1961. Participaram do referido curso trabalhadores de diversos serviços, nomeadamente da Junta de Povoamento, do Instituto do Trabalho Previdência e Ação Social de Angola, Mocidade Portuguesa, Companhia Mineira do Lobito, o Hospital de S. Paulo e do próprio Instituto de Assistência Social de Angola.

Após esta formação e dada a insuficiência evidente de profissionais, por sugestão da Assistente Social Maria Palmira Duarte, professora do Instituto Superior de Serviço Social de Lisboa e colaboradora do Ministério do Ultramar, foi considerada a ideia da criação de uma escola de formação de trabalhadores sociais, que foi apoiada pelo Ministério do Ultramar e principalmente pelo Ministro Adriano Moreira.

O Instituto de Educação e Serviço Social Pio XII foi assim estabelecido pelo Decreto n. 44.159, de 18 de janeiro de 1962, e publicado posteriormente pela Portaria n. 12.472, de 5 de dezembro do mesmo ano, pelo Governo Provincial de Angola. Em janeiro de 1963 (ano letivo 1962/1963), iniciou efetivamente as suas funções, num edifício adaptado para o efeito, transferindo-se para edifício próprio em 1971, no Largo das escolas, edifício onde atualmente funciona o Instituto Superior João Paulo II — JPII. A Assistente Social Maria Isabel Pimentel, diretora dos primeiros cursos, foi apontada como primeira Diretora do Instituto Pio XII, cargo que exerceu somente até 1964 e foi substituída pela Assistente Social Maria Susana de Almeida.

Ressalta-se que o Instituto de Educação e Serviço Social Pio XII gozava de autonomia técnica e administrativa, não dependendo de nenhuma estrutura, ainda que sem prejuízo da orientação e fiscalização dos serviços oficiais do ensino, saúde e assistência, em cuja base se enquadrava. Em setembro de 1969, foi considerado como uma instituição escolar de utilidade pública com personalidade jurídica. Formava além de Assistentes Sociais, com habilitação mínima do 3º ciclo liceal ou equivalente, outros quadros de diferentes níveis acadêmicos nomeadamente: Educadores Sociais e Educadores de Infância (ensino médio — 2º ciclo liceal), Monitores de Infância (1º ciclo liceal) e posteriormente Auxiliares de Família, ensino básico, isto com a 4ª classe.

Historicamente, a institucionalização do Serviço Social no nível dos países, nomeadamente da Europa, incluindo Portugal, tem fortes ligações à Igreja, o que se reproduziu na província de Angola, quer quanto aos professores que vinham de Lisboa lecionar disciplinas da área social como Serviço Social, Sociologia, Psicologia, quer quanto aos apoios financeiros por parte da Arquidiocese de Luanda, nomeadamente na pessoa do Senhor Arcebispo, D. Manuel Nunes Gabriel, pois embora o IESS Pio XII, sendo de inspiração católica, não pertencia a Igreja Católica.

O Instituto tinha por objetivo contribuir para a promoção global da população e em particular daquela economicamente mais vulnerável, através da formação de profissionais de Serviço Social, formando jovens de ambos os sexos, rompendo com aquilo que era tradição das escolas em Portugal, até ao momento. Nesse sentido, cabia ao Instituto lançar e orientar o Serviço Social e o desenvolvimento de comunidades, assim como preparar assistentes sociais capazes de chefiar instituições e obras de assistência e educação social, com capacidade de estabelecer um relacionamento ético, com base nos valores humanos, decorrentes da Doutrina Social da Igreja.

Com uma formação de 4 anos, o Instituto preparava assim os Assistentes Sociais para exercerem funções em todos os setores que o progresso social deveria surgir acompanhado do progresso econômico. Cabia ainda aos profissionais a elaboração, execução e intervenção nos planos de ação sanitária e educativa que contribuíssem para a saúde física, mental e espiritual da população. A formação no Instituto Pio XII foi instituída numa lógica de reprodução da sociedade colonial, mas tinha igualmente uma lógica de justiça social.

Do ponto de vista científico o curso contemplava uma formação multidisciplinar, cuja espinha dorsal era o Serviço Social. Este compreendia as vertentes teórico-metodológica, técnico-operativa e ético-política e a interdisciplinaridade que compreendia as matérias de Sociologia, Psicologia, Bases Jurídicas, Bases Médicas, Antropologia etc., todas elas subordinadas ao Serviço Social. Toda a formação era realizada dentro da concepção da relação teórico-prática do Serviço Social.

Os candidatos a Assistentes Sociais eram provenientes de uma classe média e média alta, correspondendo e refletindo necessariamente a estratificação socioeconômica que existia na sociedade angolana da época.

Relativamente às práticas, destacar que as mesmas eram realizadas em Instituições dependentes de serviços oficiais de assistência, de previdência e ação social; de saúde; de instrução; de justiça; em instituições particulares incluindo um conjunto de empresas associadas com serviços sociais, tanto ao nível urbano como ao nível rural, e numa fase mais tardia junto da população das zonas suburbanas. Ressaltar que estas práticas permitiram mudar a visão do mundo dos assistentes sociais e dos beneficiários da assistência igualmente, o que levou a escola e alguns dos seus profissionais a serem "sub-repticiamente" seguidos pela polícia política da época, a conhecida PIDE.

De um modo geral podemos dizer que o Instituto Pio XII era uma instituição ligada ao sistema ideológico português, estruturalmente determinado, que efetivava e ampliava o âmbito de ação do Estado garantindo a sua legitimação, mas fazia um bom trabalho na preparação e consciencialização dos profissionais na defesa dos interesses, consciencialização e desenvolvimento da população.

Nesta conformidade, dizer que a institucionalização da profissão é algo que é construído a partir dos desafios postos pela sociedade e das respostas específicas construídas pelo grupo dos profissionais que se formam numa determinada escola; realiza-se no contexto das relações sociais entre os profissionais e os beneficiários da intervenção no quadro das instituições ou serviços em que se processam essas relações.

No período de 1963 a 1975, período de vigência desta instituição, formaram-se no Instituto Pio XII pouco mais de uma centena de profissionais de Serviço Social, correspondendo a cerca de 45% de um total de 267 matriculados. As desistências deveram-se prioritariamente pelo curso não corresponder à visão que os alunos tinham da sociedade e da sua própria participação, identidade e exigência da escola. No decorrer desse período, formaram-se nove cohortes de profissionais que se empregaram nos serviços, tais como: IASA, em todas as Provedorias Distritais com prestação de serviços a crianças, adultos, idosos e portadores de deficiência; Serviços de Saúde a nível do Estado e organizações sindicais (Hospitais, Pediatrias, Maternidades, Casa de Saúde), em todas as principais cidades.

Outros profissionais inseriram-se em grandes companhias quer nas sedes quer nas zonas de exploração (Cassequel; Caminho de Ferro de Benguela; Diamang; Companhia Mineira do Lobito); empresas cervejeiras (Cuca e Nocal); Textang; Junta Provincial de Povoamento na sede e nas Brigadas distritais; Instituto do Café; Companhia de Manganês de Angola; Instituto de Cereais; Instituto do Trabalho e Segurança Social; Imprensa Nacional; Tribunais, nomeadamente dos Menores; Cadeias; Serviços de Educação; Governo Distrital e Juntas de Freguesia.

Com a revolução de 25 de abril de 1974 em Portugal, dá-se, ao nível do ensino em geral e no Instituto Pio XII de igual forma, um movimento reivindicativo, revolucionário, que acompanha a situação sociopolítica vigente, não tendo o Instituto conseguido adaptar-se às condições sociais e político-ideológicas da sociedade angolana. Alguns trabalhadores sociais já profissionais, auxiliados por alunos e professores, assumiram uma posição fortemente crítica, denunciando o tipo de formação e pugnando por uma reestruturação do Pio XII, junto das autoridades governativas e políticas e responsáveis do sector da Educação e Instrução.

Um pedido de demissão da diretora Susana de Almeida em 29 de junho de 1974 e de grande parte da equipa permanente do Instituto Pio

XII — porque acreditando ser possível uma mudança, não acreditava de forma alguma que a mesma fosse revolucionária — foi aceito pelo Governo.

Diante desse fato foi constituído uma comissão de gestão que, apesar das imensas dificuldades, fez com que o Instituto funcionasse após a independência, ocorrida em 11 de novembro de 1975, adaptando os cursos à nova realidade social e econômica, sob a direção da Assistente Social Maria Cândida Lopes, uma profissional do primeiro grupo de pessoas formadas pelo Pio XII.

2.2 A situação pós-independência

A ascensão de Angola — República Popular de Angola —, marcada pela guerra, é fruto, em última instância, dos Acordos do Alvor, assinados em 25 de janeiro de 1975 pelos Movimentos de Libertação Nacional — FNLA, MPLA e UNITA — e as autoridades portuguesas resultantes da Revolução de 25 de abril de 1974 em Portugal que reconheceu o direito dos Angolanos à independência (Vidal; Andrade, 2008, p. 59).

Entretanto o sonho da tão desejada independência acontece apenas em 11 de novembro de 1975, mas trata-se de uma independência perturbadora, advinda do fracasso dos Acordos de Alvor anteriormente referenciados. Diante desse contexto é que se afirma que em 11 de novembro de 1975 nascia um novo país, mergulhado em guerra entre os três principais movimentos de libertação, na sequência de transição de abandonado pelos responsáveis colonizadores e por grande parte da população nativa mais preparada, numa situação de caos econômico, social.

Na continuidade do trabalho do Instituto Pio XII passam a formar-se, no mesmo Instituto — agora denominado Instituto de Serviço Social —, Dinamizadores Sociais, Monitores Sociais e Activistas Sociais, técnicos básicos com a 6ª, 7ª e 4ª classes respectivamente, para além de ser terminado o último curso de Assistentes Sociais iniciado em 1974. Agora, dependendo do Ministério da Educação, este Instituto de Serviço Social é encerrado, em 1977, por opção político-ideológica do país (Espírito Santo, 2009).

A Secretaria de Estado dos Assuntos Sociais, que na formação governamental, substitui o IASA, assume a formação de quadros na tentativa de manutenção dos serviços herdados do período colonial e fazer face aos problemas da guerra fratricida que se instalou no país no período da independência, passando a ser prioritários da formação candidatos com o nível de 4ª classe — os ativistas sociais — mais condizentes com o nível geral da população.

Estes ativistas sociais, sem enquadramento técnico superior, desempenharam um papel fundamental durante todo o período de guerra, no apoio às populações deslocadas distribuindo bens alimentares, vestuário, transmitindo conhecimentos básicos de higiene e saúde, acompanhando muitas vezes as populações nas suas deslocações para zonas de maior segurança.

Para além destes ativistas sociais temos que reconhecer também o trabalho desenvolvido junto às populações e ao desenvolvimento comunitário por um número considerável de educadores sociais, estes com nível médio, formados pelo Instituto de Ciências Religiosas de Angola (ICRA) de âmbito da Igreja Católica, mais concretamente à Conferência Episcopal de Angola e São Tome (CEAST).

Os poucos Assistentes Sociais ainda existentes no país — não mais do que dez — formados no Instituto Pio XII, após o seu encerramento, não encontravam nenhuma satisfação no desempenho de uma profissão que era ignorada pelas autoridades governamentais e principalmente políticas do país. Empregavam-se ainda e principalmente na Secretaria de Estado dos Assuntos Sociais e Ministério da Saúde, tendo sido reconhecidos, somente, como técnicos pelas organizações não governamentais internacionais. Muitos destes procuraram formar-se em outras áreas como a Economia e Direito, mais legitimadas social e politicamente.

A situação social foi se alterando, as populações abandonadas quer no campo devido à guerra como dissemos e ao fato da possibilidade do governo viver de importações, com base no petróleo, sem o recurso aos bens produzidos no campo, quer às restantes populações que tinham que recorrer às lojas cujos produtos nem sempre eram suficientes e do agrado cultural das mesmas.

Sem trabalho e sem liberdade de movimentos, a sobrevivência depende cada vez mais de um mercado informal, de rua, muitas vezes empurrado para zonas cada vez mais longínquas, numa tentativa de organização do que é por sua própria origem desorganizado e mesmo ilegal.

Em 1979, com o 2º Congresso do MPLA, partido que havia assumido o governo, o país opta pelo socialismo, como nos diz Falcão: "o país que fora denominado 'República Popular de Angola' pelos seus novos dirigentes inicia naquela data uma trajectória dinâmica de acontecimentos e de transformações que levariam a nação a transitar para o 'modelo socialista'". Apesar desta opção, a situação social foi se transformando gradativamente, a população foi praticamente abandonada, principalmente as pessoas que viviam no campo — devido à guerra como dissemos e ao fato do governo depender quase que inteiramente das importações, particularmente do petróleo, sem o recurso aos bens produzidos no campo — as restantes, que viviam nas zonas urbanas, tinham que recorrer às lojas cujos produtos nem sempre eram suficientes e do agrado cultural das mesmas.

Neste contexto, a partir dos finais das décadas de 1970 e 1980, organizações não governamentais internacionais, principalmente do Canadá, Grã-Bretanha e Portugal como a *Development Workshop* (DW), a ACORD, a *Oxfam*, a *Save the Children UK*, a CARE, a OIKOS, a Federação Luterana, trabalharam nas zonas suburbanas inicialmente em Luanda e posteriormente nas províncias, assistindo crianças e adultos na melhoria de suas condições de vida. O desenvolvido por essas instituições centralizou-se na implementação de projetos de construção de escolas, chafarizes para fornecimento de água potável, apoio médico e em capacitação. Jogam também um papel importante como facilitadores do desenvolvimento da sociedade civil angolana (ADRA e a AAD/1990) com quem criam numa fase posterior parcerias que permitem o desenvolvimento de alguma consciência do tipo de sociedade que existe, em termos de Direitos humanos, gênero, justiça e mediação de conflitos rumo à paz. Em nível do governo, tenta-se implementar pela primeira vez programas e planos de intervenção econômica e financeira para a reabilitação da economia, cujo Programa de Saneamento Econômico e Financeiro (SEF, 1986/1987) não conduz aos resultados desejados, principalmente por não incidir no aspecto global e integral da economia (Rocha, 2001).

Uma relativa abertura do governo à democracia, permitindo desta forma que, em abril de 1992, a Igreja Católica estabeleça um Protocolo com o Ministério da Educação, possibilitando assim o reinício da formação na área social, pois diante da situação social resultante da guerra pós independência há "urgência de igual dignidade para todos" como bem dizia Frei João

Domingos[1], de feliz memória e que contribuiu para que a Igreja repensasse a necessidade de formação na área de respostas sociais, em consequência das lacunas aprofundadas pela guerra.

Foi nesse sentido que no dia 1 de fevereiro de 1993, voltou a funcionar o curso de educadores sociais — de técnicos de nível médio — no Instituto de Ciências Religiosas de Angola (ICRA), com 64 jovens de ambos os sexos com o apoio financeiro externo (MISEROR, CAFOD e ICO), cuja necessidade para o país parece não deixar dúvidas. A maior parte destes jovens e profissionais são enquadrados profissionalmente pelas organizações não governamentais, nas quais realizam os seus estágios e são profissionalmente cooptados.

Porém temos de reconhecer que a cada ano que passa há também um reconhecimento desses profissionais por parte do Estado, que já vinha contratando esses profissionais para as administrações municipais, sobretudo, em Luanda.

Depois dos Acordos de Paz em Bicesse em abril de 1991, Angola iniciou uma tripla transição da guerra à paz; de um estado ditatorial de tipo marxista-leninista a um estado democrático multipartidário e de uma economia socialista a uma economia liberal de mercado, porém como diz Messiant, democracia e multipartidarismo "[...] não podem a priori ser considerados como equivalentes[.]" (Messiant, 2008, p. 131-161).

Com dificuldades de gestão de uma economia centralmente planejada, a decisão de orientação para a economia de mercado, para o capitalismo, para a democracia é feita não por decisão do regime, mas fruto de contingências externas que exigiram mudanças levando-o a integrar-se na economia global contemporânea (Falção Pinto, entre 2000 a 2018).

A partir da década de 1990 agravam-se as condições de vida da população, as taxas de inflação atingem níveis altíssimos, não permitem poupanças e as taxas de desemprego são igualmente altíssimas.

Na constituição está clara a democracia, e em Angola há vários partidos políticos, associações e organizações não governamentais e uma economia

---

1. Frei da Ordem dos Pregadores — Frades Dominicanos, mentor e impulsionador da criação do curso de Educadores do ICRA e Licenciatura em Serviço Social do ISUP. Faleceu em Lisboa em 8 de agosto de 2010.

que se rege pelas leis do mercado, mas na realidade quase nada mudou em relação ao período do monopartidarismo anterior.

Entretanto já se iniciara o processo da passagem para um sistema político multipartidário e uma economia de mercado.

Esta situação e a continuidade da guerra, que se agrava, faz com que grande parte da população emigre para as cidades e sede das províncias, especialmente as do litoral, nomeadamente Luanda, cuja população atinge cerca de 1/3 da população total angolana.

Compõem este número especialmente jovens, que emigram das suas terras de origem fugindo do recrutamento militar, muitas vezes compulsivo, e deambulam pelas ruas da cidade praticando um comércio ambulante, perseguido por ser considerado ilegal, mas abastecido muitas vezes por setores sociais de maior responsabilidade. Estes jovens agrupam-se sociologicamente em famílias para poderem sobreviver econômica e afetivamente. Além dos jovens, mulheres com filhos de colo, percorrem a cidade de norte a sul, vendendo hortícolas e frutas ou produtos industriais — roupas e louça — fornecidos e adquiridos nos diversos armazéns estabelecidos nas zonas suburbanas, cujos proprietários são normalmente comerciantes angolanos associados a estrangeiros.

Angola tem de fato crescido economicamente e gerado riqueza nos últimos anos, no entanto, o orçamento anual para a área social, até ao fim da guerra, era de cerca 3,5%. Depois disto melhorou consideravelmente, mas em 2006 e 2007, diminuiu relativamente a 2005, para em seguida aumentar especialmente a nível da saúde e educação devido à subida do preço do petróleo. Os principais efeitos atribuídos à expansão dos investimentos públicos e privados deram-se no aumento das taxas de emprego, reintegração de regressados e deslocados, aumento da capacidade de compras dos trabalhadores, renascimento do setor da agricultura.

De 2002 a 2008 houve um crescimento da economia estimado em 19,8%, ainda que, a partir desta data, tenha sofrido igualmente influência da crise e abrandamento da situação econômica mundial.

Há alterações significativas em nível de saúde e na redução do analfabetismo, mas a análise de desigualdade usando a distribuição percentual do consumo por quintil revela que os 20% da população mais rica concentra quase metade do consumo total e que os 20% mais pobre correspondem a 5% do consumo.

A expectativa de vida tem aumentado, tendo passado de 42% em 2000 para 49% e atualmente raia os 55%.

O acesso ao ensino primário é melhor em comparação ao acesso à saúde, considerando que cerca de 26% das crianças de 6-9 anos nunca frequentaram a escola e ainda hoje pouco ou nada melhorou, pese existirem diversas universidades públicas e privadas sem as condições técnicas e materiais exigidas ao desenvolvimento do país.

A qualidade prestada pelos serviços de saúde é ainda deficiente quer em termos de funcionamento, quer em termos de infraestrutura, mas há uma busca por soluções em prol de inverter a situação.

Sessenta e seis por cento (66%) da população não trata a água para beber e apenas 53% tem acesso ao sistema de esgotos. Em nível da habitação condigna, 88% dos agregados vivem em habitações inadequadas; está sendo desenvolvido um programa nacional de construção de habitação resultante da promessa eleitoral de 2008 que prossegue um pouco pelo país.

O acesso inadequado à alimentação, aos serviços de saúde; baixo capital humano; habitação inadequada; falta a bens e serviços remetem 37% da população em situação de pobreza[2].

Como anteriormente referido, estas mudanças, embora significativas, não são extensivas à maior parte da população e muito menos à população do meio rural, onde 45% da população vive.

Ainda que o valor do IDH, tenha vindo a melhorar, estamos perante uma progressão muito baixa, de acordo com os Relatórios de Desenvolvimento Humano do PNUD, o que demonstra que o crescimento econômico não se expressa na melhoria das condições sociais dos angolanos. "O baixo ritmo de melhoria é a característica essencial desta progressão e a acentuação das desigualdades acaba por ser o resultado da diferença entre a velocidade com que se enriquece e a intensidade com que se empobrece". (Rocha, 2011, p. 284).

2. Dados fornecidos pelo relatório do IBEP (2008-2009).

Apesar de confirmadas melhorias e uma determinada abertura, o poder político continua concentrado, o sistema administrativo centralizado e não há muita diferenciação entre o que é público e o privado. As organizações da sociedade civil, nacionais e internacionais, pouco podem fazer e ou adaptam os seus objetivos às mudanças, que vão lentamente processando, ou abandonam o país. Porém, tudo se conjuga para que com as alterações decorrentes das últimas eleições nacionais, este quadro se modifique e se caminhe para a implantaçao de autarquias locais.

Em 2005, a Igreja Católica, através da Conferência Episcopal de Angola e São Tomé (CEAST), toma a iniciativa de reiniciar a formação de nível superior dos profissionais de Serviço Social, cujo principal agente foi novamente Frei João Domingos.

Nesse sentido, para fomentar essa iniciativa, a CEAST criou o Instituto Superior João Paulo II (ISUP — JPII), através do Decreto n. 1, de novembro de 2005, assinado pelo seu então Presidente D. Gabriel Mbilingue, sendo nele integrados dois cursos: a Licenciatura em Serviço Social e a Licenciatura em Educação Moral e Cívica.

Dessa forma, é criada pela segunda vez em Angola uma Licenciatura em Serviço Social, sob a influência da Igreja Católica, buscando os poucos profissionais de Serviço Social que lecionavam no curso médio de Educadores Sociais e desenvolviam ainda atividades no campo social. Os próprios Educadores Sociais fizeram também pressão para a existência de um curso de nível superior, que lhes permitisse uma progressão na carreira. Assim sendo, procedeu-se a abertura oficial do curso em 20 de abril de 2005, no mesmo edifício que havia sido construído pelo Instituto Pio XII, tomado pelo Ministério da Educação em 1977 e retomado à formação de cursos de âmbito do Serviço Social, com uma turma de 50 estudantes, constituída majoritariamente pelos já profissionais Educadores Sociais.

Considerando historicamente a institucionalização do Serviço Social em Angola facilmente constata-se que a mesma tem três fases. Uma primeira a partir da formação e integração profissional dos assistentes sociais, formados pelo Instituto de Educação e Serviço Social Pio XII, no quadro da divisão social e técnica do trabalho, em Angola, até 1977 com uma subdivisão — entre os anos de 1974 a 1977 — período em que ocorreu o abandono do país pela maior parte dos Assistentes Sociais, que se estende até 1979.

Uma segunda fase, desde o encerramento do Instituto Pio XII — que passou a se chamar, após a independência, Instituto de Serviço Social de Angola — até 2005, ano da abertura do atual Instituto Superior João Paulo II (ISUP — JPII); uma terceira fase, sendo a atual.

Na segunda fase assistiu-se, como vimos anteriormente, à entrada no país de Organizações Não Governamentais internacionais e à constituição de Organizações nacionais e outras formas organização da sociedade, inclusive da Igreja, que foram desenvolvendo ações sociais de caráter humanitário, de capacitação, ou de outra índole por todo o espaço geográfico do país. Em nível das instituições do governo, destaca-se o Ministério de Assistência e Reinserção Social, que em 1993, substitui por remodelação ministerial, a Secretaria de Estado dos Assuntos Sociais, como sabido, deveria enquadrar grande parte dos profissionais, quer do ensino médio quer do ensino superior, capazes de gerar mudanças e fazer propostas de políticas sociais, para reintegração de população regressada do exterior e deslocadas, e melhoria das condições gerais de vida da população, o que não ocorre.

Acreditamos que isso acontece porque o Governo não está preparado, sob o ponto de vista ideológico e do sistema, para aceitar esses tipos de técnicos, pois está voltado somente para as políticas assistencialistas, sem que as mesmas sejam consideradas um direito. Esta fase necessita de um estudo mais profundo para melhor enquadramento e conhecimento.

Na terceira fase, que corresponde à vigente, tem-se a entrada da Licenciatura em Serviço Social do ISUP — JPII, a partir de 2005, e a criação e início de um novo estabelecimento público de nível superior, o Instituto Superior de Serviço Social de Angola (ISSS — Angola). Este Instituto, com capacidade de mais de 500 estudantes, inaugurado em 11 de dezembro de 2008, funciona em Luanda desde o ano acadêmico de 2010, com as Licenciaturas em Serviço Social e Educação de Infância, dependendo inicialmente da Secretaria de Estado do Ensino Superior e atualmente do Ministério do Ensino Superior e da Ciência e Tecnologia.

A ideia inicial da criação desta instituição deve-se ao Ministério de Assistência e Reinserção Social, após o discurso do então Presidente da República quando da sua mensagem de Ano Novo, em dezembro de 2006.

O curso de Serviço Social do ISUP — JPII criado pela CEAST, foi legalizado no dia 27 de junho de 2011 com efeitos retroativos a partir do início do ano de 2005 pelo Decreto 03/1.02/GAB.MESCT/2011, do Ministério do Ensino Superior, Ciência e Tecnologia sendo actualmente integrado, pelo Decreto Executivo 128/11 de 26 de agosto, como unidade orgânica da Universidade Católica de Angola.

O Plano Curricular, aprovado por aquele Decreto e que se desenvolve num período de 4 anos, é estruturado por disciplinas teóricas, teórico-práticas e práticas.

Das disciplinas teóricas constam várias disciplinas relacionadas ao Serviço Social; Sociologia; Economia; Psicologia; Direito; Psicossociologia das Organizações; Antropologia Social e Cultural; História de Angola; Política Social; Segurança Social; Supervisão em Serviço Social; Psicopatologia e Línguas Inglesa, Portuguesa, e nacionais que são: Umbundo e Kimbundo. Sendo uma licenciatura de influência da Igreja, existem ainda disciplinas como Axiologia e Ética e Pensamento Social da Igreja.

De uma maneira geral, não houve alterações substanciais no Plano para a sua legalização, mas pequenos reajustes pontuais e decorrentes da dinâmica social e da formação, estando o componente científico ancorado no Serviço Social e nas disciplinas acima referidas.

As práticas realizam-se todos os anos proporcionalmente ao aprofundamento e evolução do curso em períodos de um a seis meses, em instituições de saúde — Hospitais de nível e especialidades diversas (maternidades, VIH, psiquiatrias, medicina geral); instituições judiciárias e menores (Estabelecimentos prisionais, Centro de Observação de menores, tribunais); escolas de crianças deficientes e em nível de comunidades nas Administrações municipais. Pretende-se que as práticas sejam realizadas em instituições ou comunidades fora da Província de Luanda, onde como verificamos as necessidades sociais, justiça social e equidade são mais prementes.

Estas instituições, porém, na sua maioria, não possuem no seu quadro Assistentes Sociais, constituindo assim uma grande dificuldade, pois um número considerável de estudantes acaba não sendo supervisionado em seus campos de estágio, por Assistentes Sociais, mas acreditamos que num futuro breve essa situação comece a ser ultrapassada paulatinamente. Tal conjuntura se torna ainda mais complicada pelo fato de quase todos os professores trabalharem em regime de colaboração, tornando difícil o seguimento dos estágios. Os profissionais formados são chamados para desempenhar a função de supervisão académica, independente do seu local de trabalho. No entanto, eles também precisam de uma capacitação para que sua visão sobre o tipo de profissionais que a instituição pretende formar seja unificada.

Existem atualmente cerca de 500 profissionais angolanos, formados pelas duas instituições escolares, a maioria dos quais trabalhando em Luanda, ainda que grande parte destes não se dediquem à profissão, por diversas razões.

Relativamente ao ISUP — JPII anualmente defendem o seu Trabalho de Conclusão de Curso (TCC) — trabalhos de pesquisa realizados nos campos de estágios — que é resultado dos quatro anos de formação numa média de 30 estudantes, porém o número ainda é muito pequeno para atender as necessidades do país e da sua extensão territorial.

Terminada a guerra, a população aumentou consideravelmente a proposição, legítima, para o aumento constante dos seus níveis de escolaridade — do primeiro nível à Universidade — o que conduz à melhoria das receitas familiares e, consequentemente, ascensão social, para além do desenvolvimento em geral. Porém o que verificamos é que, muitas vezes, os estudantes se matriculam no curso para melhoria de enquadramento de seus trabalhos atuais e, consequentemente, melhoria financeira. Isto determina que nem sempre o esforço de formação pela instituição seja compensado pelo aumento do número de profissionais, no caso de Serviço Social, realmente integrados e legitimados pela sociedade. Assim o número de formados não corresponde efetiva e totalmente ao número de profissionais em exercício.

Dos formados destacam-se no exercício da profissão: profissionais, principalmente, nos hospitais de referência — Maria Pia, Infantil David Bernardino, no Hospital Américo Boavida, Maternidades de Luanda, Sonangol; nos serviços prisionais: Cadeia de Viana e Hospital prisão; Polícia Nacional e Serviços Sociais; ONGs como a ADRA e DW; Governo de Luanda; Direções Nacional e Provincial do MINARS (Actualmente MASFAMU); Centro de Acolhimento de Menores Arnaldo Jansen; Lar de Infância Kuzola e CRS na província do Zaire. Particular referência faz-se ao Projeto de Apoio Psicossocial e cuidados continuados da Direção dos Serviços de Saúde do Estado Maior Geral das Forças Armadas de Angola[3].

3. Este projeto estabeleceu com o ISUP um acordo de formação de quadros de Serviço Social para o exército e, simultaneamente, oferece a oportunidade de outros estudantes realizarem os estágios nas instituições da Direção de Saúde das Forças Armadas.

Como pode ser visto, a legitimação e o reconhecimento social da profissão pela abertura dos diferentes campos de atuação começam a ser uma realidade, no momento em que passamos de um modelo de Estado social, para um modelo de Estado neoliberal e a influência da Globalização e Mundialização, entre outros momentos. Na III Conferência Ministerial do Fórum para a Cooperação Econômica e Comercial entre a China e os países de Língua Portuguesa foi anunciado, em 2010, um Fundo de Cooperação para o Desenvolvimento entre a China e os países de Língua Portuguesa.

Subsiste, porém, a problemática da luta para uma maior visibilidade do Serviço Social; da defesa dos interesses da profissão e dos profissionais, objetivando também para além da continuidade da sua formação, a conscientização para a sua agregação no movimento associativo que começa também a dar os primeiros passos, oriente e defenda a profissão e os profissionais, das duas instituições de formação, enquanto trabalhadores.

O Curso de Serviço Social do Instituto Superior João Paulo II (ISUP — JPII), agora integrado a Universidade Católica de Angola como referido, tem a seu serviço, entre outros profissionais competentes a lecionarem, Assistentes Sociais como professores que asseguram o ensino das disciplinas específicas da área bem como os estágios e vão, sempre que possível, continuando a sua formação ao nível de pós-graduação. Presentemente, professores formados pela PUC-SP em Serviço Social encontram-se preparando e orientando toda a documentação para que seja possível a abertura do Mestrado em Serviço Social na Universidade Católica de Angola no próximo ano lectivo. Há ainda mais um Professor (a) Doutor(a) que se formou em Portugal. Tem sido preocupação constante da instituição o apoio à formação em pós-graduação dos seus quadros, mantendo presentemente mais dois Assistentes Sociais fazendo Mestrado e Doutoramento na PUC-SP/Brasil e um Doutoramento em França.

Por outro lado, é importante considerarmos quc o tipo de desenvolvimento pelo que o país tem optado, baseado essencialmente no crescente universo globalizado e internacionalização de capitais, dificulta ou não permite uma preocupação pelos problemas sociais e culturais. Entretanto aos poucos vai-se percebendo que há uma necessidade urgente de se investir no setor social e, consequentemente, nos profissionais de Serviço Social capacitados para desenvolverem ações qualificadas e darem uma certa eficácia e eficiência nos programas, projetos e demais iniciativas em curso no país.

Consideramos que somente com a presença de quadro profissional formado com pós-graduação, principalmente mestrado e doutorado em Serviço Social, presentemente nos países parceiros e, no futuro, nas instituições do país enveredaremos por uma investigação mais complexa e completa sobre esta problemática do Serviço Social em Angola, para o que deverão concorrer também as pesquisas que são parte integrante do plano curricular do curso de Serviço Social.

Finalmente, considerando que o Serviço Social, em termos de conhecimento, se produz na prática, em um determinado momento histórico, com base numa teoria, é chegado o momento de além de preservarmos as práticas interventivas da profissão voltarmos a nossa profunda reflexão para a teoria que verdadeiramente fundamenta o Serviço Social em Angola, no contexto atual de globalização e mundialização.

Referências

COMERFORD, Michael G. *O Rosto Pacífico de Angola*: biografia de um Processo de Paz (1991-2002). Namíbia, 2005.

CONSELHO FEDERAL DO SERVIÇO SOCIAL, ABEPSS. *Serviço Social:* Direitos Sociais e Competências Profissionais. Brasília-DF, 2009.

ESPÍRITO SANTO, Felisbela. *A institucionalização do serviço social em Angola:* contributo do Instituto Pio XII para a sua história. (Dissertação de Mestrado, não publicada), Lisboa, 2009.

FALCÃO, Caetano Pinto. *Angola, o País do Presente com os olhos virados para o futuro.* Muangolé Notícias (2000-2018).

HODGES, Tony. *Angola:* do Afro-Estalinismo ao Capitalismo. 1. ed. Cascais: Principia, 2002.

IBEP — *Inquérito Integrado sobre o Bem-estar da População.* Instituto Nacional de Estatística: Edições de Angola, Luanda, 2011.

MESSIANT, Cristine. Transição para o multipartidarismo sem transição para a democracia. In: VIDAL, Nuno; ANDRADE, Justino Pinto de (Orgs.). *O Processo de Transição para o Multipartidarismo em Angola.* 3. ed. Lisboa: Edições Firmamento; Luanda: Livrarias Nobel, 2008, p. 131-161.

NETO, Maria da Conceição. Angola no Século XX (Até 1974). In: ALEXANDRE, Valentim (Ed.). *O Império Africano (Século XIX-XX)*. Lisboa: Edições Colibri, 2000, p. 175-195.

MOURO, Helena; SIMÕES, Dulce (Coord.). *100 Anos de Serviço Social*. Coimbra: Quarteto Editora, 2001.

REDINHA, José. *Etnias e culturas de Angola*. Luanda: Instituto de Investigação Científica de Angola e Banco de Angola, 1975.

ROCHA, Manuel José Alves da. *Alguns Temas Estruturantes da Economia Angolana:* as crónicas no jornal Expansão 2009-2011. República de Angola: Organizações Kilombelombe, 2011.

______. *Os limites do Crescimento Económico em Angola*. República de Angola: Executive Center e Luanda Antena Comercial, 2001.

VIDAL, Nuno; ANDRADE, Justino Pinto de. *O processo de transição para o Multipartidarismo em Angola*. 3. ed. Luanda/Lisboa: Edições Firmamento/Livrarias Nobel, 2008.

Serviço Social em Angola: gênese, tendências teórico-metodológicas e desafios

Amor António Monteiro

Introdução

Apresentar de modo sumário o que é o Serviço Social em Angola e por que surge apenas em 1962 sob o pacto do Estado colonial português com a Igreja Católica, para responder a que fins de seus "progenitores"; como se processou a formação do profissional para responder àqueles interesses; que referências teórico-metodológicas serviram e servem de base para dar direção social à profissão na sua origem e nos nossos dias; que espaços sócio-ocupacionais mais consomem a força de trabalho deste profissional. Estas são questões que sintetizam o objetivo deste trabalho: numa tentativa de analisar criticamente como o Serviço Social *"moderno" se construiu por meio do "arcaico"* e como tal profissão se expressa na particularidade angolana.

Dividimos este texto em três pontos. No primeiro dedicamos atenção aos primeiros 15 anos de existência formal do curso. Isto é, desde o tempo colonial, de 1962 até o segundo ano de Angola independente em 1977, uma vez que foi neste ano que a primeira e única escola de Serviço Social foi oficialmente encerrada. Posto que, de 1977 até 2005, se viveu o "tempo de luto da profissão" nos termos Cohen e Dumbo (2015). No segundo ponto, nos debruçaremos sobre a refundação da formação em Serviço Social na Angola independente em 2005 até os nossos dias. Apresentamos de igual forma as principais tendências teórico-metodológicas que desde a origem do curso vêm exercendo influência e dando certa direção social à profissão em Angola, e terminamos este ponto dando um panorama dos principais espaços sócio-ocupacionais que mais compram a força de trabalho do Assistente Social no país. O último ponto faz uma breve reflexão sobre aquilo que na nossa opinião se configura como sendo desafios da profissão em Angola.

1. Gênese e contexto da institucionalização do Serviço Social em Angola

Quais determinações sócio-históricas estão na gênese do Serviço Social em Angola, lhe dão significado e permeiam a sua natureza? Por que o Serviço Social em Angola nasce sob auspícios da Igreja Católica com a colaboração do governo colonial e no início da década de 1960? As questões acima radicam do pressuposto de que, para estudar o Serviço Social em Angola, deve-se considerar todo um contexto que molda e permeia a sua natureza, que os Assistentes Sociais exercem seu trabalho a partir de determinações históricas e conjunturais que imprimem influência nas concepções da profissão, competências, formação e trabalho profissional.

Certos de que "[...] a profissão e o conhecimento que a iluminam se explicam no movimento histórico da sociedade" (Yazbek, 2004, p. 143), entendendo que realmente "[...] as profissões são construções históricas que somente ganham significado e inteligibilidade se analisadas no interior do movimento das sociedades nas quais se inserem" (Raichelis, 2009, p. 377), defendemos que o surgimento em 1962 do Instituto de Educação e Serviço Social Pio XII como primeira escola do Serviço Social em Angola, bem como a homenagem ao seu patrono, não deve ser entendido como um acontecimento isolado ou natural. Pelo contrário, é o resultado de vários processos que, conjugados, geraram as condições sócio-históricas necessárias para que a profissão iniciasse seu percurso histórico no cenário Angolano.

Se a formação de Assistentes Sociais em Portugal, bem como no Brasil, teve início na década de 1930, tendo em Portugal como primeiras escolas o

Instituto de Serviço Social de Lisboa (1935), a Escola Norma Social de Coimbra (1937) e a Escola do Porto (1956), e no Brasil em 1936 o surgimento da primeira escola em São Paulo, a PUC-SP, seguindo-se dois anos depois em 1937 no Rio de Janeiro, em Angola a institucionalização do Serviço Social só vai ocorrer no início da turbulenta década de 1960 (especificamente no ano de 1962), resultado de um "casamento" entre o "pai e provedor" — o Estado colonial português — e a "mãe e mestra" — a Igreja Católica.

Como já afirmamos em Monteiro (2016, p. 85-200), identificamos que a análise do contexto sócio-histórico da gênese do Serviço Social em Angola passa pela compreensão articulada de diversos processos complexos externos e internos próximos à década de 1960, cujos desdobramentos não cabem exaurir neste trabalho.

Dos processos sócio-históricos externos com reflexo em Angola e que influenciaram o surgimento do Serviço Social, apontamos: o fim "oficial" do trabalho escravo, o término da Segunda Guerra Mundial, a situação do mundo dividido em dois blocos que procuram hegemonia internacional, sobretudo nos países emergentes, o surgimento dos países não alinhados com os blocos em conflito no cenário internacional, a proclamação da Declaração Universal dos Direitos Humanos e seu impacto nas colônias africanas do mundo europeu, o florescimento das lutas da classe operária na Europa e o avanço dos ideais socialistas, o posicionamento da Igreja Católica face à "questão social" e ao avanço do socialismo, a emergência das independências nos Países da África sob inspiração socialista, e o abandono da religião oficial do país colonizador e sua adesão ao protestantismo.

Internamente, não se pode descurar da influência de processos sócio-históricos, como o fim "oficial" do trabalho escravo, a influência do Direito Internacional do Trabalho em Angola, a instalação do trabalho assalariado e institucionalização do Serviço Social como um dos mecanismos de exploração e aumento da produtividade e manutenção dos sistema de exploração e domínio português, o surgimento dos movimentos de libertação nacional, a interpretação e o posicionamento da Igreja Católica em Angola face à "questão social" e ao avanço do socialismo.

O fim oficial da escravatura, a partilha da África pelas potências europeias (Conferência de Berlim em 1884), a perda do Brasil por Portugal (em

1822 e 1888, instauração do Império e Proclamação da República, respectivamente), vão obrigar Portugal a olhar para as colônias africanas, sobretudo para Angola, de outra perspectiva.

A expansão territorial e a exploração pelo trabalho assalariado (agricultura e exploração mineira) vai significar retirar dos angolanos as terras férteis, forçando-os a se refugiarem em zonas montanhosas e inférteis ou a submeterem a sua força de trabalho à exploração do capital através do assalariamento. Aos trabalhadores são "oferecidos" um conjunto de serviços, com objetivo de atrair os resistentes ao trabalho assalariado. Para a concepção e execução desse conjunto de serviços sociais, o profissional do Serviço Social será imprescindível.

As distintas fontes consultadas que nos ajudaram a ler o contexto nacional e internacional prévio e posterior à institucionalização do Serviço Social em Angola, em 1962, de modo mais direto Montenegro (2010), nos faz concluir que, para uma análise de Angola nas décadas de 1950/1960, não se pode prescindir de situar o papel da Igreja Católica. A encíclica *Fidei Donum*, sobre "a Situação das Missões Católicas particularmente da África", divulgada pelo Papa Pio XII, em 21 de abril de 1957, lança as bases dos esforços da Igreja Católica, a partir desse momento, na África em geral. Nesses termos, o nome da primeira escola de formação de trabalhadores sociais (Assistentes Sociais, Educadores Sociais, Educadores de Infância, Monitoras de Infância) — Instituto de Educação e Serviço Social Pio XII — não foi certamente mera coincidência, mas uma explícita homenagem àquele Papa da *Fidei Donum*.

A Igreja Católica, movida pelos princípios evangélicos condensados na Doutrina Social da Igreja, interpreta a "questão social" como problema moral, e em colaboração com o governo colonial cria a Escola que forma os técnicos necessários para a implementação do conjunto de serviços sociais junto dos explorados. Assim, a Igreja pode oferecer a bíblia em forma de serviços, por meio não somente de catequistas e missionários, mas de profissionais que, combinando contribuições das ciências sociais de caráter positivista, de foco estrutural-funcional, com uma base moral e doutrinária, de sabor neotomista expresso na doutrina social da Igreja, pudessem intervir nas candentes expressões da "questão social".

Verifica-se assim que a origem do Serviço Social em Angola está intimamente ligada à implantação do trabalho assalariado neste país, em articulação com um conjunto de fatores internos e externos próximos e presentes à sua institucionalização. Esta síntese da análise do contexto da institucionalização do Serviço Social em Angola é verificável nas fontes e fatos históricos consultados. Por exemplo, quando Mendes (1966) analisa os métodos de aumento da produtividade em Angola na década de 1960, constata que

> [...] entre a maior parte dos empregadores da província (entenda-se província Angola na altura), a produtividade é tomada como resultante apenas do maior ou menor esforço da mão de obra. Esse errado conceito, em si mesmo consequência de clara desatualização, não facilitou a consagração aos demais fatores influentes na produtividade, com manifesto prejuízo geral (Mendes, 1966, p. 169-170).

Neste trecho, vê-se claramente como para o governo e o capitalista colonial a exploração da "mão de obra" só pelo uso e abuso do trabalhador era o principal mecanismo de extração de mais-valia. Porém, tal como o autor citado reconhece a "desatualização" de Portugal em relação à necessidade de abertura e ampliação dos direitos dos trabalhadores na sociedade capitalista, o que Mendes chamou de "demais factores influentes na produtividade", ou, se preferir, elementos favorecedores da exploração do trabalho pelo capital, como nos ensinou Iamamoto e Carvalho (2014). Num tom de tristeza Mendes reconhece tal "desatualização" como provocador de "manifesto prejuízo geral", por ter agudizado a sempre latente revolta dos angolanos, estimulando os ataques da luta pela libertação. Enfim, fez com que os "valores da nova escola" portuguesa caracterizados pela "brandura", capaz de seguir "a ordem administrativa", as "normas da vida em sociedade" que alienam o outro homem apropriando-se do seu trabalho, "valores" que se julgavam já incorporados fossem abalados, como referimos em Monteiro (2016, p. 93-94).

Realmente, a criação do Serviço Social com o intuito de operacionalizar diferentes serviços, agora inventados para "tapar o sol com a peneira", parece-nos confirmar como verdade a resposta que Iamamoto e Carvalho (2014) formulam quando se debruçam sobre o significado dos serviços sociais. De acordo com os autores:

> A expansão dos Serviços Sociais, no século XX, está ligada ao desenvolvimento da noção de cidadania; a luta pelos direitos sociais é perpassada pela luta contra o estigma do assistencialismo, presente até os nossos dias. Os serviços sociais são assim nada mais e nada menos do que uma forma transfigurada de parcela do valor criado pelos trabalhadores e apropriado pelos capitalistas e pelo Estado, que é devolvido a toda a sociedade sob a forma de serviços sociais; assim, aparecem como benefício, expressão humanitária do Estado e/ou da empresa privada (Iamamoto; Carvalho, 2014, p. 96).

Em Angola, a intervenção do Governo capitalista colonial nas diferentes expressões da questão social através do conjunto de serviços enquadrados nas diferentes políticas sociais, incluindo a formação de Assistentes Sociais, torna a ação pública não só um rearranjo em face da crise estrutural que experimentava, mas um mecanismo de aumento de produtividade. Sobre isso, Mendes, apontando saídas ao então Governo capitalista colonial, sustenta:

> A formação profissional não só é indispensável ao desenvolvimento económico, mas também constitui um dos mais importantes fatores de promoção social [...] em Angola, se nos é permitida a força de expressão, a formação profissional é neste momento tão necessária como o influxo de capitais metropolitanos ou estrangeiro (Mendes, 1966, p. 344).

Numa clara preocupação e desespero face ao atraso e desatualização dos mecanismos de exploração do trabalho angolano pelo Governo capitalista português, o autor continua: "já começam a surgir carências aqui e além, de custosa solução, relativamente ao trabalho especializado. Se não forem tomadas medidas especiais, corre-se o risco de a falta de artífices capazes entravar o próprio crescimento industrial" (Mendes, 1966, p. 344).

Tal arranjo que levou o Estado a intervir nas refrações da questão social em Angola foi apadrinhado pela Igreja Católica que, movida pelos fundamentos da sua Doutrina Social, acredita poder promover justiça no modo de produção capitalista. Para trabalhar neste conjunto de serviços-rearranjos, o "pai e provedor" — Governo e capitalista colonial — precisam de mão de obra qualificada, de trabalhadores sociais, especialmente Assistentes Sociais, que só foram gerados através do casamento com a "mãe e mestre" Igreja Católica. Sobre isso Mendes escreve:

> A utilização de trabalhadores sociais ainda constitui exceção entre as empresas agrícolas da província. Algumas das maiores, com milhares de trabalhadores rurais, não dispõem de um único desses elementos tão úteis no serviço social. Mas já outras revelam interesse nos serviços de assistentes ou agentes de trabalho social. Em curso intensivo, levado a cabo pelo Fundo de Ação Social do Instituto do Trabalho, com o apoio didático do Instituto de Educação e Serviço Social Pio XII, preparam-se cerca de duas dezenas de auxiliares de família, das quais uma parte foi logo absorvida por algumas empresas. Esta feliz iniciativa teve o condão de revelar que muitos dos responsáveis pelas empresas têm a noção da necessidade existente de um serviço social para os trabalhadores (Mendes, 1966, p. 237-238).

Para realçar a importância dos trabalhadores sociais no processo de manutenção da ideologia colonialista e do seu sistema de exploração, bem como o papel do Instituto de Educação e Serviço Social Pio XII, o mesmo autor continua destacando: "as atuais dificuldades de recrutamento de trabalhadores sociais para os meios rurais deverão, dentro de breves anos, desaparecer à medida que o Instituto de Educação e Serviço Social Pio XII os vá formando" (Mendes, 1966, p. 237-238).

2. Tendências teórico-metodológicas do Serviço Social na Angola independente

Proclamada a indepedência política de Angola em 1975, em 1977 a primeira e única escola do Serviço Social, com apenas 14 anos, foi extinta, vivendo-se uma fase de "luto e congelamento" da profissão em quase 30 anos. Em 2005, após terem se passado quase três décadas de guerra civil, que agudizou a já grave situação social dos angolanos que remontava ao tempo colonial, outra vez a Igreja Católica, num quadro de corrida pelo desenvolvimentismo e projetos pós-modernos, refunda a primeira escola do Serviço Social, não mais com o nome de Instituto de Educação e Serviço Social Pio XII, como foi no tempo colonial, mas agora como Instituto Superior João Paulo II, hoje unidade orgânica da Universidade Católica de Angola.

Em 2010, cinco anos mais tarde, cria-se a primeira instituição estatal de Serviço Social em Angola, o Instituto Superior de Serviço Social, sob aprovação do "novo" Estado, agora não mais colonialista, nem socialista, mas capitalista, aberto à economia de mercado e ao pluripartidarismo. Tal acontecimento ocorre num contexto de verdadeira crise humanitária marcada pela pobreza extrema, pela necessidade de reconstrução e pelo desenvolvimento do país no ideário neoliberal, pela forte presença do chamado terceiro setor e do voluntarismo, situados nas organizações da sociedade civil que foram surgindo para atuar nas manifestações da "questão social" face à impotência do Estado.

Passados 14 anos de refundação do Serviço Social em Angola, em 2019 é aprovado no Instituto Superior João Paulo II o primeiro mestrado em Serviço Social e Política Social, montado em colaboração direta com o Programa de Pós-graduação em Serviço Social na PUC-SP.

Ora, considerando que "o novo surge pela mediação do passado, transformado e recriado em novas formas nos processos sociais do presente" (Iamamoto, 2012, p. 101), podemos atentar que em Angola

> [...] o Serviço Social surge ou é demandado para ser um instrumental a serviço da exploração capitalista colonial. O conjunto de políticas e serviços nos quais os Assistentes Sociais trabalharam, que demandaram o seu surgimento e deram significado à sua existência, foram tidos pelos portugueses colonialistas como "mecanismos de aumento da produtividade", embora dialeticamente também representem ampliação e garantia de direitos duramente conquistados [...] Nos tempos atuais, embora os representantes do capital e do Estado tenham mudado, nota-se que o Serviço Social surgiu e ainda tem o selo de atuar na contradição [...] Em Angola, a natureza do Serviço Social — "aquilo que permanece na mudança" carateriza-se por ser uma profissão que nasce para fazer frente à demanda social face ao processo de alargamento do Estado [...] (Monteiro, 2016, p. 272-273).

O Serviço Social que nasce desde o tempo colonial como uma profissão de formação superior com duração de quatro anos e proporciona uma formação científica, técnica, moral e doutrinária, continua assim até aos nossos dias. A institucionalização acadêmica e profissional do Serviço Social tem como cenário o Estado salazarista de regime autoritário e integralista. Basta olhar para a caraterização que Mendes faz ao contexto da institucionalização para facilmente podermos perceber os interesses e a perspectiva teórico-metodológica pela qual passava a formação do Assistente Social em Angola:

> As sociedades aborígenes atuais sofreram uma profunda influência da cultura lusitana. Essa aculturação, cada vez mais sensível e intensa, deu origem a uma nova estrutura tribal e acentuada evolução da orgânica familiar. Uma outra escola de valores foi por eles adoptada. A disciplina clânica ou tribal, outrora tão rígida e severa, cedeu à ordem administrativa, caracterizada pela brandura e liberalização e por abranger apenas as grandes normas da vida em sociedade. Houve um notório abrandamento dessa disciplina, avolumado pela largueza da malha administrativa e pelo afastamento, por parte dos seus funcionários, dos meios tradicionais (Mendes, 1966, p. 161-162).

Vejamos: Mendes (1966, p. 169-170) lamenta o fato de seus compatriotas portugueses ("a maior parte dos empregadores da província") terem encarado "a produtividade como resultante apenas do maior ou menor esforço da mão de obra", e conclui desesperadamente que "esse errado e desatualizado conceito, em si mesmo, não facilitou a consagração aos demais fatores influentes na produtividade", constatando como consequência de tal erro e desatualização um "manifesto prejuízo geral". Já que tal falha agudizou a sempre latente revolta dos angolanos e luta pela libertação, no trecho acima o mesmo autor já se orgulha, porque, além da exploração severa da mão de obra como mecanismo de aumento da produtividade, a educação que ele mesmo assumiu como sendo outro fator influente na produtividade tinha feito o seu papel: os "valores da nova escola" portuguesa caracterizados pela "brandura", capaz de tornar fácil seguir "a ordem administrativa" do patrão explorador, e obedecer brandamente as "normas da vida em sociedade" que alienam o homem apropriando-se do seu trabalho, tais "valores" que ele julgava terem triunfado sobre a disciplina e educação clânica ou tribal que pejorativamente chama de rígida e severa.

Assim, olhando para o contexto ideopolítico da gênese do Serviço Social em Angola resumido nas citações anteriormente apresentadas, não precisamos trazer mais elementos desenvolvidos em Monteiro (2016) para afirmar que, em Angola, o Serviço Social nasceu ancorado em vertentes teórico-metodológicas positivistas fundadas numa sociologia empirista e de inspiração funcionalista-sistêmica, com forte pendor doutrinal católico de inspiração tomista ou neotomista devidamente expresso na doutrina social da Igreja.

Hoje, embora o contexto formal tenha mudado, ainda é válido o que se afirma em Monteiro (2016, p. 197). Tal como no tempo colonial, hoje a formação do Assistente Social em Angola está voltada para a intervenção; uma formação com clara preocupação com a tecnificação do profissional, caracterizada por um aparato de disciplinas voltadas ao domínio da informática, gestão de projetos sociais, entre outras; inexistência de uma corrente ou teoria social como privilegiada ou "hegemônica", o que coloca fronteiras muito tênues entre um ecletismo desavisado e um pluralismo inconsciente; presença das noções de Serviço Social com "casos", "grupos" e "comunidades"; forte presença da visão católica e moderna sobre a "questão social" e seus modos de enfrentamento, constantes pelo menos nos documentos oficiais que orientam a prática formativa, uma vez que ambas as escolas se propõem a "colaborar e participar no projeto de sociedade elaborado pelo Estado Capitalista que abandonou o socialismo"; formação progressista e crítica visando participar na ampliação dos direitos humanos, porém dentro da ordem social vigente e sem proposta de rompimento.

A formação, e consequentemente a prática profissional dos Assistentes Sociais em Angola, por não estar ainda inserida num projeto profissional, no qual os profissionais coletivamente se proponham com seu trabalho e com outras forças da sociedade à construção de outra sociabilidade que supere a atual, marcada pelas relações de produção e reprodução da sociedade capitalista; a formação e em consequência a prática profissional se mantêm tal como foi no tempo colonial e no antigo Instituto de Educação e Serviço Social Pio XII, que naquele contexto já era tido como crítico. Portanto, reconhecemos a formação em Serviço Social hoje como *progressista e crítica*, mas dentro da mesma ordem que a demanda, legitima e coexiste. A formação é demandada e legitimada por uma sociedade e pelo Estado capitalistas que "contemplam reformas, mas dentro dessa ordem" capitalista, embora não mais colonial. Assim, quanto aos seus fins, não encontramos mudanças essenciais, além das metamorfoses que a própria ordem capitalista cria e que as escolas adotam para poder sobreviver.

Hoje, a par das perspectivas funcionalista-sistêmicas ao sabor neotomistas, combinaram-se a perspectivas psicologizantes e estrutural funcionalistas, cujos princípios norteadores fragmentam a história, tratam os processos como fatos sociais isolados e responsabilizam os sujeitos individualmente pela sua condição socioeconômica. Constata-se na profissão a capacitação, o desenvolvimento e o fortalecimento dos sujeitos individualmente, por meio de sua integração ao meio social, como forma de buscar o bem comum, embora isso não signifique que não exista no interior da profissão e da formação outras perspectivas teóricas que vão tensionando estas que são hegemônicas. Aliás, basta olhar para as diferentes escolas que de modo direto ou indireto vão exercendo influência na formação do Assistente Social no país.

A esse respeito, uma pesquisa desenvolvida em 2017 e publicada em 2018 pela Associação dos Assistentes Sociais de Angola (ASS-ANGOLA) mostra que, embora a maioria dos profissionais seja formada, constata-se a presença de docentes estrangeiros e de alguns formados fora de Angola, como o quadro a seguir apresenta:

País de formação	Fr.	%
ISUP	105	48
Portugal	10	5
Brasil	3	0,5
Espanha	1	0,5
ISSS	99	45
Outro	2	0,5
Sem resposta	1	0,5
Total	221	100,0

Fonte: ASS-Angola, 2017

Em relação aos principais espaços sócio-ocupacionais, verifica-se que o Estado é o principal consumidor da força de trabalho do Assistente Social em Angola, sobretudo através dos setores da saúde, de políticas voltadas à proteção e de educação de crianças, seguindo os setores de ordem, de defesa e de segurança. Dentre os entrevistados, 130 enquadram-se no setor público, 43 no privado, 4 em ONGs, 5 por conta própria, e 39 não responderam a questão.

No entanto, apesar de a maioria dos profissionais estar enquadrada no setor público, grande parte não exerce a função de Assistente Social, pelo fato de em algumas instituições não existir a figura desta categoria profissional no seu quadro orgânico.

Setor de trabalho	Público	Privado	ONGs	Autônomo	Sem resposta	Total
Proteção Social e Direitos Humanos	8	1	2	0	2	13
Desenvolvimento Social e Comunitário	11	2	1	0	0	14
Educação de Infância	18	4	0	1	0	23
Saúde e Prevenção de Doenças (HIV)	20	3	1	0	1	25
Administração Pública	16	0	0	0	0	16
Ordem, Segurança e Defesa (Polícia, Forças Armadas Angolanas)	19	0	0	0	1	20
Outros	38	33	0	2	35	108
Total	130	43	4	5	39	221

Fonte: ASS-Angola, 2017

3. Concluindo: desafios do Serviço Social em Angola

Para uma profissão relativamente nova e inserida num contexto tão complexo e em constante movimento, no qual a "questão social" se expressa no ritmo e na característica que esta particularidade impõe, a reflexão sobre os desafios da profissão em Angola não só apresenta como uma tarefa difícil, podendo ser abordada em vários ângulos, mas também necessária e urgente. Nosso breve apontamento a respeito pretende simplesmente atiçar o debate em torno do tema, partindo de dois elementos de análise: os fins que inspiram e orientam o trabalho profissional, bem como o âmbito da atuação profissional.

O fato de não existir ainda um código de ética nacional para os Assistentes Sociais não significa dizer que o trabalho profissional se desenvolva sem nenhuma orientação teleológica, no que se refere aos fins que inspiram e orientam o trabalho profissional em Angola. Reportamo-nos à Federação Internacional do Trabalho Social, que postula o seguinte:

> Desde o seu início, há um século, o trabalho social centrou a sua acção na resposta às necessidades das pessoas, bem como o desenvolvimento das capacidades do ser humano. Os direitos humanos e a justiça social motivam e legitimam a sua acção [...] Os valores subjacentes ao trabalho social constam de códigos de ética da profissão a nível nacional e internacional (FITS, 2000, p. 1).

Ora, a definição da Federação Internacional do Trabalho Social — FITS, ao afirmar que os princípios que orientam a defesa dos direitos humanos em sua perspectiva contemporânea são fundamentais para o trabalho social, amplia o campo de atuação da profissão para novos direitos civis, políticos, sociais, étnicos, ambientais etc. Parece-nos estar alinhada com a base de valores presentes na origem do Serviço Social em Angola. É também verdade que a profissão surge nesta perspectiva de garantir e ampliar direitos antes recusados ao autóctone, embora dialeticamente tais direitos também servissem os interesses do Estado e capital colonialista.

A Constituição da República de Angola, a Associação dos Assistentes Sociais de Angola, as Escolas de Serviço Social em Angola reconhecem aqueles que utilizam as diversas políticas sociais como cidadãos e sujeitos de direitos. A partir disso, defender a garantia e ampliação dos direitos como uma mediação fundamental na mudança das condições de vida dos(as) trabalhadores(as) é importante. Contudo, é urgente definir com clareza a perspectiva, a direção de tais mediações, pois estas podem ter apenas uma perspectiva de integração social, nos marcos do interesse capitalista como foi na origem ou uma perspectiva emancipatória.

Reconhecer e aceitar a orientação da FITS, bem como confirmar a atuação da profissão no âmbito das políticas sociais e dos direitos, é um passo, mas não é tudo. Defendendo que o trabalho profissional não se dissocie de seu arcabouço teórico-metodológico, entendemos que quer as intencionalidades, ou seja, as mediações ético-políticas que estão relacionadas aos objetivos e finalidades das ações do Assistente Social em Angola, quanto os princípios e valores humano-genéricos que os guiam, quer de igual forma as mediações técnico-operacionais, ligadas à capacidade de o profissional articular meios e instrumentos para materializar os objetivos, com base nos valores concebidos (Guerra, 2012), estão intimamente ligados com as mediações teórico-metodológicas.

Além disso, a qualidade — profundidade das mediações teórico-metodológicas, ou seja, da teoria, do conhecimento — influencia quer os objetivos e finalidades, os princípios e valores humano-genéricos que guiam as ações do assistente social — mediações ético-políticas —, como também tem influência na escolha e uso dos meios e instrumentos utilizados para materializar ou atingir os objetivos — mediações técnico-operacionais. Afinal, tanto Barroco (2008) quanto Iamamoto (2001) ressaltam que a dimensão ético-política do trabalho do assistente social só pode ser vislumbrada quando esse profissional realiza ações conscientes e críticas, vinculadas a um posicionamento político de defesa dos direitos dos seus usuários. Entendemos que tais ações só são possíveis se forem reflexos de mediações teórico-metodológicas também críticas. Não podemos esperar ações conscientes e críticas, vinculadas a um posicionamento político de defesa dos direitos dos seus usuários, sem ter em conta o quadro de conhecimentos que iluminam e sustentam tais ações.

Assim, a definição e opção por uma matriz explicativa da realidade e da profissão, sem prejudicar o pluralismo do pensamento e da ação, nem arrastar para o ecletismo desavisado, mas que proporcione ao Assistente Social Angolano a capacidade de realizar ações conscientes e críticas, vinculadas a um posicionamento político de defesa dos direitos dos seus usuários, se afigura como um primeiro e grande desafio.

É preciso nos precavermos quanto ao fato de nos revermos com a FITS sobre a atuação da profissão no âmbito das políticas sociais e dos direitos. Além disso, o fato de a Constituição da República de Angola, a Associação dos Assistentes Sociais de Angola e as Escolas de Serviço Social em Angola reconhecerem como cidadãos e sujeitos de direitos aqueles que utilizam das diversas políticas sociais, não deve levar a atitudes e práticas messiânicas da profissão em Angola. Como se a profissão por si só fosse a varinha mágica da mudança e o Assistente Social o agente desta. A construção de direitos no âmbito da democracia é fruto de conquistas das quais os Assistentes Sociais participam junto com os movimentos sociais organizados, dentre os quais não se pode deixar de registrar o protagonismo dos próprios usuários em seus movimentos sociais organizados. As intervenções socioinstitucionais do Assistente Social podem ser, dependendo dos valores que a inspiram e dos conhecimentos que a iluminam, mecanismos de violações voluntárias ou inconscientes dos direitos sujeitos que são demandantes e/ou usuários do trabalho profissional do Assistente Social.

Do mesmo modo, o Assistente Social pode ser simultaneamente profissional ou usuário das políticas, e como tal não está imune a tais violações na sociedade do capital. É, pois, nesta base que a luta por garantir e ampliar os direitos abre um fecundo caminho para os assistentes sociais poderem colaborar para a construção de uma cultura política, que caminhe da institucionalidade legal de direitos para a prática efetiva dos direitos consagrados na Constituição. Para efeito, construir o projeto ético-político da profissão em Angola constitui outro desafio que, entre outras coisas, pressupõe investir em mediações políticas capazes de superar heranças e presenças conservadoras que alimentam gestões autoritárias e integralistas por um lado, e, por outro, possam dar uma direção política ao quadro da "relativa autonomia" da profissão que, em Angola, sob pena de simplesmente abraçar de modo quase "natural" o ideário conservador que lhe deu origem, quer no tempo colonial como na atualidade.

Num contexto em que o avanço dos ideais neoliberais se espalha em todas as dimensões da vida social, quase sem oposição e como verdade absoluta, onde os direitos sociais mais do que tais são também e sobretudo perfeitas mercadorias proporcionadoras de lucros, lutar por justiça, por direitos e pela construção de uma efetiva presença da profissão nesse contexto exige que tenhamos compromisso político como sujeitos coletivos que partilham vontades históricas determinadas, daí que a construção e solidificação da organização e politização da categoria profissional se apresenta como um importante desafio, de modo que, e dialogando com Martinelli (2011), entre muitas coisas possamos coletivamente:

- fortalecer o trabalho profissional nos espaços de construção de cidadania;
- interferir nos processos de formação e influência para fortalecer a capacidade de fazer análises críticas, conjunturais, desvendando o jogo de forças sociais que impregnam o nosso cotidiano e as nossas ações profissionais;
- investir na construção de mediações capazes de criar e solidificar a política social como espaço de direitos, de luta contra o grande capital e tudo que represente recuo na garantia de direitos;
- trabalhar na construção de mediações que possibilitem encarar o cotidiano da vida social também como presença e saturação do possível, do que ainda não é "como espaço de construção de utopias e de invenção de futuros" num contexto em que a racionalidade capitalista vem impondo no pensar e fazer da profissão situações que cada vez mais buscam o como fazer eficientemente ao ritmo das solicitações imediatas e do mercado de trabalho ávido pelo lucro;
- construir espaços sociopolíticos de construção de projeto ético-profissional do Serviço Social em Angola, dentre os quais merecem destaque: a organização coletiva da categoria e articulação aos movimentos sociais organizados; a participação na gestão democrática das políticas sociais públicas; a qualificação do trabalho profissional nos diferentes espaços sócio-ocupacionais e no próprio território; a gestão social cotidiana dos direitos.

Por fim, e não menos importante, servindo-se da poética de Martinelli (2011), assumir o compromisso de sentir-se nascido a cada momento para a eterna novidade do mundo e inserir a profissão no processo de construção de uma nova ordem societária: uma sociedade justa, igualitária, livre de opressão, dominação e exploração, conforme disposto em nosso projeto ético-político profissional, e lutar por novas formas de acesso à renda e ao trabalho, pois esta é a principal mediação humana: nós nos fazermos humanos pela mediação do trabalho!

Referências

ASSOCIAÇÃO DOS ASSISTENTES SOCIAIS DE ANGOLA (AAS-ANGOLA). *Relatório do inquérito aplicado aos Assistentes Sociais de Angola*. Luanda, 2017.

BARROCO, Maria Lúcia Silva. *Ética e serviço social*: fundamentos ontológicos. 7. ed. São Paulo: Cortez, 2008.

BRANCO, F. A profissão de assistente social em Portugal. *Lócus Social*, Lisboa, n. 3. Disponível em: http://cesss.fch.lisboa.ucp.pt/images/site/locus-social/locus-social-n3-2009.pdf#page=55&zoom=80. Acesso em: 31 ago. 2019.

COHEN, Maria Adélia; DUMBO, Luzia N. *Breve história sobre o Serviço Social em Angola pós-independência e algumas reflexões sobre os desafios profissionais*. Texto de apoio à palestra realizada em 19 de março de 2015 em alusão ao dia Mundial de Serviço Social. Luanda, 2015.

______; SANTO, Felisbela do Espírito. *O Serviço Social nas instituições públicas e privadas em Angola:* desafios e perspectivas. Texto de apoio à palestra realizada em 19 de março de 2015 em alusão ao dia Mundial de Serviço Social. Luanda, 2015.

CFESS. Gestão "Tempo de Luta e Resistência" 2011-2014. A definição de trabalho social da FITS: Por que revisar? *Serviço Social & Sociedade*, São Paulo, n. 108, p. 733-747, out./dez. 2011.

FITS — Federação Internacional de Trabalho Social. *Definição de trabalho social*, 2000. Disponível em: http://www.ifsw.org/p38000411.html. Acesso em: 17 jun. 2019.

FORTI, V. *Ética, crime e loucura:* reflexões sobre a dimensão ética no trabalho profissional. 3. ed. Rio de Janeiro: Lumen Juris, 2013.

GUERRA, Yolanda. Apresentação. *In*: SANTOS, Cláudia M. dos; BACKX, Sheila; GUERRA, Yolanda (Org.). *A dimensão técnico-operativa no Serviço Social*: desafios contemporâneos. Juiz de fora: UFJF, 2012. p. 9-13.

IAMAMOTO, Marilda Vilella; CARVALHO, Raul de. *Relações Sociais e Serviço Social no Brasil*. 41. ed. São Paulo: Cortez, 2014.

______. *Trabalho e indivíduo social*. 5. ed. São Paulo: Cortez, 2012.

______. O debate contemporâneo do Serviço Social e a ética profissional. *In*: BONETTI, Dilséa *et al.* (Org.). *Serviço Social e ética*: convite a uma nova práxis. 4. ed. São Paulo: Cortez, 2001. p. 87-104.

IAMAMOTO, Marilda Vilella. *Renovação e conservadorismo no Serviço Social.* 11. ed. São Paulo: Cortez, 2011.

______. O Serviço Social na cena contemporânea. *In*: CFESS/ABEPSS (Org.). *Serviço Social, direitos e competências profissionais*. Brasília: CFESS/ABEPSS, 2009. p. 1-50.

MARTINELLI, Maria Lúcia. O Serviço Social e a consolidação de direitos: desafios contemporâneos. *Revista Serviço Social & Saúde*, Campinas, v. X, n. 12, p. 1-17, dez. 2011.

MARTINS, A. *Gênese, emergência e institucionalização do Serviço Social português*. Lisboa: Fundação Calouste Gulbenkian; Fundação para Ciência e Tecnologia, 1999.

MENDES, Afonso. *O trabalho assalariado em Angola*. Instituto Superior de Ciências Sociais e Política Ultramaria. Lisboa: Companhia Nacional Editora, 1966.

MONTENEGRO, António Torres. *História, metodologia, memória*. 1. ed. São Paulo: Contexto, 2010.

MONTEIRO, Amor António. *Natureza do Serviço Social em Angola*. São Paulo: Cortez, 2016.

NETTO, José Paulo. *Capitalismo monopolista e serviço social*. 8. ed. São Paulo: Cortez, 2011.

______. A construção do projeto ético-político contemporâneo. *In*: *Capacitação em Serviço Social e Política Social*. Módulo 1. Brasília: CEAD/ABEPSS/CFESS, 1999. p. 1-22.

RAICHELIS, Raquel. O trabalho do assistente social na esfera estatal. *In*: *Serviço Social:* Direitos Sociais e Competências Profissionais. CFESS/ABEPSS, 2009. p. 377-392.

YAZBEK, Maria Carmelita. Os fundamentos históricos e teórico metodológicos do Serviço Social. *In*: *Serviço Social:* Direitos Sociais e Competências Profissionais. CFESS/ABEPSS, 2004. p. 143-164.

PARTE II

SERVIÇO SOCIAL NA EUROPA

Portugal

Neoliberalismo e Serviço Social português: impactos de Bolonha e das políticas de austeridade na formação e no trabalho

Alcina Martins
Maria Rosa Tomé

Introdução

Este trabalho é o resultado da investigação que temos vindo a desenvolver a partir da implementação do Processo de Bolonha e sobre o impacto do neoliberalismo e da(s) crise(s) no Serviço Social em Portugal, partindo de uma análise sócio-histórica e crítica.

O Serviço Social é uma profissão com 80 anos de existência em Portugal, com formação superior reconhecida há mais de 50 anos, com grau académico de licenciatura há mais de 25, com cursos de mestrado e doutoramento nas últimas décadas e reconhecido no domínio de investigação científica (FOS) em 2007. Conta com um contingente de 20.617 diplomados até 2016 (DGEEC, 2017; Martins; Tomé, 2008), cuja trajetória profissional é marcada pelo trabalho no enfrentamento às expressões da Questão Social.

Vencidas as vicissitudes impostas pela ditadura no pós 25 de abril de 1974, a profissão expandiu-se a par com os Direitos Humanos e Sociais constitucionalmente consagrados e implementados pelas políticas públicas, envolvendo-se nas lutas sociais e, simultaneamente, organizando-se em prol da construção de um projeto profissional.

O desmantelamento do Estado Social, o Processo de Bolonha e as políticas de austeridade são processos distintos, mas autoimplicados no contexto da crise do capital, promovendo o agravamento das desigualdades sociais, o empobrecimento, a deterioração das condições de vida e de trabalho da população e o aligeiramento e desinvestimento no ensino superior, na investigação nas ciências sociais e na precarização das condições do trabalho docente.

No que respeita ao Serviço Social, identificamos um processo de regressividade na formação, o crescimento do desemprego dos diplomados, a desvalorização da profissão e a precarização do trabalho dos assistentes sociais.

1. Formação em Serviço Social: a construção do conhecimento e o conhecimento útil para o mercado

A formação de Serviço Social foi criada em Portugal nos anos 30 do século XX, em instituições de ensino privado, vinculadas ao Patriarcado de Lisboa, à Diocese do Porto e à Junta da Província da Beira Litoral. Em 1961, torna-se um dos poucos cursos do ensino superior privado, com formação na área das ciências sociais. Nesta década, os Institutos deram início a processos reivindicativos, no sentido de ser atribuído o grau de licenciatura à formação pós-graduada, à época os cursos complementares e do ensino público integrar a formação de Serviço Social (Martins, 2011). Em 1971, o Sindicato Nacional dos Profissionais de Serviço Social reitera a formação universitária e reclama que os assistentes sociais já formados tenham acesso à licenciatura (Martins, 2003).

Com o processo de laicização do ensino de serviço social após 1974, os três Institutos reivindicaram a sua integração no ensino universitário público. Por despacho ministerial, chegaram a ser criados cursos de bacharelato em

Intervenção Social, para suceder aos cursos de Serviço Social, mas foram suspensos. Em 1976, o Estado não integra o curso de Serviço Social nas universidades, mas assegura, até meados de 1980, o seu financiamento garantindo-lhes o funcionamento e a definição de propinas[1] iguais às praticadas no ensino público. Os estudantes passaram a ter igual direito à educação e à ação social dos estudantes universitários. Os Institutos continuaram a funcionar como até aí, ou seja, como estabelecimentos do ensino superior particular (Martins, 2011). A redução do financiamento público obrigou-os a confrontar-se com a necessidade de aumentar o valor das propinas.

Os ventos neoliberais atingiram a formação em Serviço Social, há época, não pela integração no ensino público, mas pelo alargamento do ensino superior privado, então em expansão. Segundo Augusta Negreiros, o "processo de luta pela integração nas universidades desenvolve-se com várias vicissitudes ao longo de 10 anos (1974-1984) sem atingir o objetivo pretendido" (Negreiros, 1999ª, p. 14-15).

Os Institutos de Lisboa e Porto constituíram-se como Cooperativas de Ensino Superior Particular (1986) e reorientaram as lutas para a qualificação académica e obtenção do grau de licenciatura, motivados pelos processos que paralelamente foram ocorrendo no mercado de trabalho dos assistentes sociais.

À formação de Serviço Social era atribuído um diploma profissional não conferente de grau académico – então prerrogativa das universidades – que dava acesso à carreira nos serviços públicos e a cargos de chefia e direção. Contudo, em 1979 os assistentes sociais confrontaram-se com a reforma da Administração Pública que criou duas carreiras profissionais: a técnica, para os titulares do grau de bacharelato, e a técnica superior, que exigia o grau de licenciatura. Deste modo, perderam o acesso à carreira técnica superior e a lugares de chefia e direção. Assim, os assistentes sociais mobilizaram-se e organizaram um Grupo Coordenador para reivindicar, para os já formados, a equiparação ao grau de licenciatura para efeitos profissionais. A luta será inglória, não abdicando o Ministério do grau académico para o acesso à carreira técnica superior.

---

1. Nota da Redação: Em Portugal, o termo propina refere-se a taxas de matrículas ou mensalidades nas Universidades e Politécnicos.

1. 1 Qualificação, expansão e mercantilização da formação académica de Serviço Social

O reforço do Estado Social com a consolidação dos direitos de cidadania é atravessado pela crise que atinge Portugal em 1977/1979 e em 1981/1984. Todo o processo de luta dos assistentes sociais pela qualificação académica e pela carreira profissional desenrolou-se nesse contexto, cujo desfecho só se vislumbra quando da resposta à crise com o financiamento europeu, proveniente da integração de Portugal na Comunidade Económica Europeia (CEE).

A partir de 1985, os Institutos de Serviço Social que implementaram um plano de estudos com cinco anos desencadearam uma luta pelo reconhecimento do grau de licenciatura, envolvendo as estruturas académicas, as associações de estudantes dos três Institutos e as organizações da categoria profissional: a Associação de Profissionais de Serviço Social e o Sindicato Nacional dos Técnicos de Serviço Social (Negreiros, 1999b). O processo durou quatro anos e resultou de uma luta empenhada contra a proposta ministerial de conferir a este plano de estudos o grau de bacharel. A estratégia definida contemplou a qualificação académica dos docentes, tendo o Instituto Superior de Serviço Social de Lisboa (ISSSL) contado com a cooperação científica da Pontifícia Universidade Católica de São Paulo (PUC-SP), instituição pioneira na criação de cursos de pós-graduação (1972) e doutoramento em Serviço Social (1980) no Brasil.

Esta universidade assinou em 1986 um protocolo com o ISSS de Lisboa que, conforme Rodrigues e Andrade (2009), por um lado reconheceu a formação de base como licenciatura (que aguardava acreditação por parte do Ministério da Educação), por outro corresponsabilizou-se cientificamente pela sua legitimação e destacou um grupo de professores para o curso de mestrado criado em 1987, no ISSSL. Inscrito na cooperação internacional pelas agências de financiamento à investigação de ambos os países (CNPq e JNICT) o curso foi frequentado por vinte assistentes sociais, três dos quais obtiveram bolsa de estudo pela *Junta Nacional de Investigação Científica e Tecnológica (JNICT)*.

Ao longo de quinze anos, a cooperação internacional com a PUC-SP foi fundamental para o desenvolvimento dos primeiros cursos de mestrado e doutoramento (1987 e 1997). Resultaram deste processo: a qualificação académica de mestres e doutores em Serviço Social, de professores dos Institutos e de assistentes sociais portugueses; a criação de cursos de mestrado e de doutoramento em Serviço Social, reconhecidos pelo Ministério da tutela, respetivamente em 1995 e 2003; a criação do Centro Português de Investigação em História e Trabalho Social (CPIHTS), em 1993, associação científica de Serviço Social e das Ciências Sociais, credenciado em 1999 pela Fundação para a Ciência e Tecnologia (FCT) como Unidade de Investigação e Desenvolvimento (I&D) (Martins; Carrara, 2014).

Assim, os anos 90 e a viragem para o século XXI foram prodigiosos tanto na qualificação académica (atribuição dos graus de licenciatura [1989], mestre [1995] e doutoramento [2003]), quanto profissional.

Conquistada a licenciatura, é reconhecido o grau para os efeitos correspondentes aos assistentes sociais anteriormente formados. O plano de estudos tinha então uma duração de cinco anos, com disciplinas da área específica e das áreas das ciências sociais e humanas. Não existindo uma organização formal dos Institutos ou dos seus professores, havia o pressuposto da exigência de uma formação académica sólida, teórica e criticamente. A formação teórico-prática incluía o estágio supervisionado e a investigação em Serviço Social, contemplada na vertente de disciplina, seminário de orientação e de prática de iniciação à investigação (Martins, 2010a).

A criação da carreira Técnica Superior de Serviço Social (TSSS) na administração pública, com o requisito do grau académico de licenciatura, permitiu o desenvolvimento qualificado da profissão e, consequentemente, a procura de formação pós-graduada em Serviço Social. Três cursos de mestrado em Serviço Social foram criados, todos no ensino universitário privado.

O desenvolvimento da profissão incorpora a investigação, sendo criadas associações e unidades de investigação e desenvolvimento (I&D), publicações periódicas da especialidade e produzido conhecimento socialmente pertinente (Martins, 2008). É neste contexto que a categoria profissional inicia o debate e a proposta de criação da Ordem dos Assistentes Sociais (OAS), configurando a construção de um projeto profissional, regulador da formação e do exercício da profissão, norteado por valores éticos e políticos de compromisso com a efetividade dos direitos sociais e humanos e a defesa de uma sociedade justa sem descriminação de qualquer natureza.

Contudo, dois processos coexistem com orientações contraditórias: este, que prossegue com a luta pela qualificação académica e profissional, e outro, que privilegia as regras do mercado, com prejuízo para o processo da expansão qualificada em curso. Proliferam novos cursos de Serviço Social em Instituições de Ensino Superior (IES). Quase triplica o número de cursos até então existentes no ensino universitário privado e concordatário. Com a criação do mercado educacional nesta área, a expansão indiscriminada de cursos e a não existência de *curriculum* ou parâmetros mínimos comuns leva a que nem todas as novas instituições assumam os compromissos em curso: nível da qualificação docente em Serviço Social; formação de base e da criação de estruturas de investigação. Segundo Magalhães (2004, p. 309), no ensino superior

> o crescimento do sector privado não foi apenas o resultado de estratégias mais ou menos pragmáticas das instituições, mas também o produto da combinação destas com dadas políticas governamentais, entretanto desenvolvidas no sentido de criar um mercado educacional ou no sentido de introduzir regulação do tipo de mercado no âmbito da educação.

1.2 Processo de Bolonha e formação em Serviço Social

Na entrada do século XXI, a União Europeia (UE) confirmou a direção neoliberal da educação superior com a *Estratégia de Lisboa*. Em 2000, estabeleceu a Área Europeia da Investigação e Inovação com o objetivo de apoiar uma economia baseada no conhecimento à escala europeia, sob o signo de uma *Europa do Conhecimento*.

O denominado Processo de Bolonha constituiu assim uma pedra angular desta política desde a Declaração em Bolonha (1999), alicerçada na Declaração da Sorbonne e a "Europa do Saber" (1998). Até 2010, previa a construção de um Espaço Europeu de Ensino Superior (EEES) para dinamizar a competitividade europeia num sistema globalizado. A educação nesse sentido passou a ser vista como uma via para o desenvolvimento de uma economia baseada no conhecimento cujas ações, projetos e políticas da educação superior passam a ser dimensionados por interesses políticos e económicos.

A Declaração de Bolonha construiu o caminho e a definição de qual educação e qual formação eram necessárias para o mercado comum europeu e internacional, sob a lógica do capital, culminando em 2009 com a adesão de 46 países signatários e o controlo do mercado de trabalho através da reestruturação da qualificação dos trabalhadores especializados e do ensino superior.

> Um novo perfil de trabalhador foi requerido (...). Da empregabilidade associada ao nível de escolaridade passou-se, preferencialmente, ao licenciado moldado sob a aquisição de competências e habilidades para competir no mercado de trabalho da sociedade do conhecimento do século XXI, com redução no tempo da formação da força de trabalho qualificada (Martins; Carrara; Tomé, 2015).

Neste contexto, a partir de 2000 são criados os primeiros cursos de Serviço Social no ensino público universitário: num Departamento de História, Filosofia e Ciências Sociais, numa Escola de Ciências Humanas e Sociais, na Faculdade de Psicologia e Ciências de Educação, num Departamento de Psicologia e Estudos Humanísticos. A partir de 2002, no ensino politécnico, inscrevem-se majoritariamente nas Escolas Superiores de Educação. Todos estes cursos desenvolveram-se à margem das lutas da profissão dos anos 1980 e 1990. Detinham recursos humanos da área das ciências humanas e sociais disponibilizados por cursos sem procura nem saída profissional (Branco, 2009; Dias, 2006), mas não dispunham de professores qualificados na área específica de Serviço Social, nem de unidades de investigação e desenvolvimento nesta área. Até 2005, mais nove cursos de licenciatura são criados, no ensino público e privado, universitário e politécnico.

Foi definido o tempo necessário para a formação superior com "qualidade" em relação aos espaços da sua utilidade: um primeiro ciclo útil para o mercado de trabalho e um segundo, conducente ao grau de mestre, para aprofundamento dos conhecimentos já obtidos e para especializar para a investigação e para a profissão, segundo o Decreto-lei n. 74/2006 de 24 de março.

Com a reforma do sistema de ensino superior em Portugal, as IES de todos os subsubsistemas procederam à reestruturação dos planos de estudo, segundo as novas orientações, submetendo-os à Direção Geral do Ensino

Superior (DGES) para serem autorizados a funcionar a partir do ano letivo 2006/2007 e 2007/2008. Dos 22 cursos de licenciatura, quatro de mestrado e três de doutoramento em Serviço Social existentes em novembro de 2006, apenas o primeiro (20) e o segundo ciclo (3) efetuaram o registo de adequação.

A investigação de Duarte evidencia que a adequação ao Processo de Bolonha foi realizada sem regulação (Duarte, 2009). A duração dos ciclos de estudo, a estruturação dos planos, os objetivos e as saídas profissionais foram traçadas por cada instituição com grande autonomia, não existindo um *curriculum*, diretrizes comuns mínimas, nem tendo sido adotadas referências internacionais, tais como os *Global Standards for the Education and training of the social work profession* (Sewpaul; Jones, 2004).

A autonomia que subjaz a todo esse processo na formação em Serviço Social desenvolve-se em contramão com a progressiva perda de autonomia universitária resultante do Processo de Bolonha.

Resulta da adequação ao processo de Bolonha, o primeiro e segundo ciclos de estudos (CE) que perfazem a duração da anterior licenciatura (cinco anos), aligeirando os fundamentos teóricos e críticos da formação e reconfigurando o perfil profissional, norteados pela lógica do mercado.

1.3 Serviço Social: área de educação/formação e domínio científico

A reforma do ensino superior com a Declaração de Bolonha desenvolveu-se orientada por um processo de internacionalização da classificação das áreas de educação e formação, cujo objetivo era estabelecer parâmetros de comparabilidade entre diferentes países através da compilação e avaliação das estatísticas educativas, pautada pela Classificação Internacional Tipo de Educação (CITE), concebida em 1977, pela Organização das Nações Unidas para a Educação, a Ciência e a Cultura (Unesco).

Portugal adota estas orientação em 2001, com a Classificação Nacional de Áreas de Formação (CNAF) aprovada pela Portaria n. 316/2001, de 2 de abril, obrigando a oferta formativa do país a atualizar os cursos segundo esta classificação, bem como a recolha e tratamento de dados sobre a formação profissional, nomeadamente no âmbito do Fundo Social Europeu, dos inquéritos e estudos e da identificação da oferta formativa.

Em 2005 a revisão da CNAF dá lugar à Classificação Nacional de Áreas de Educação e Formação (CNAEF — Portaria n. 256/2005, de 16 de março), e esta é retificada em 2013, com a Declaração de Retificação n. 5-A/ 2013, de 25 de janeiro.

A classificação de 2001 apresentava nove "grandes grupos" e 25 "subgrupos", sendo a formação de Serviço Social inserida na área de educação e formação *Trabalho Social e Orientação* (identificada como 762), na área de estudo dos Serviços Sociais, do grande grupo da Saúde e Proteção Social, contrariando a concepção e o caminho percorrido pelo Serviço Social na luta pela qualificação académica na área das ciências sociais. A sociologia e as ciências sociais são excluídas da área 762, sendo classificadas na área das ciências sociais e do comportamento. A adequação da formação de Serviço Social ao processo de Bolonha fica determinada pela CNAEF (2005) e subordinado às áreas anteriormente definidas.

Segundo Rosa e Chitas (2010), desde 2005 o grande grupo da Saúde e Proteção Social era o segundo da CNAEF com maior número de diplomados por ano, situação que não era alheia ao fenômeno do processo do envelhecimento da população e extensão das funções sociais do Estado, com reflexos no recrutamento de pessoal mais qualificado.

Em 2013, a área do Trabalho Social e Orientação apresentava um total de 184 cursos, com 37 designações, proveniente de cursos de: Aconselhamento e Orientação Profissional, Aconselhamento Familiar e Matrimonial, Apoio a Alcoólicos e a Toxicodependentes, Apoio Social, Maus-Tratos, Política Social, Teoria Social Aplicada, Trabalho Social e Serviço Social.

Em 2012/13 diplomaram-se 2.154 na área do Trabalho Social e Orientação em cursos: de especialização tecnológica (CET) (84); licenciaturas (1.736); mestrados (225); especialização-curso de mestrado (93) especialização pós-licenciatura (15). O único curso de doutoramento — 3º ciclo, com um diplomado, era de Serviço Social (DGEEC, 2015). Neste ano, 47,5% dos diplomados na área de Trabalho Social e Orientação eram de Serviço Social (1.014). Provinham: dos CET (62); do 1º ciclo (875); 2º ciclo (46); especialização-curso de mestrado (18); especialização pós-licenciatura (12) e 1 do 3º ciclo (DGEEC, 2015a).

A questão da investigação no Serviço Social remete a outros referenciais, nomeadamente, o Programa Nacional de Acção para o Crescimento e o Emprego 2005/2008, definido na Estratégia de Lisboa e a Classificação de Domínios Científicos e Tecnológicos (CDCT) — Fields of Science and Technology (FOS).

A Estratégia de Lisboa define como objetivo central da política de Ciência e Tecnologia (C&T) a aceleração do desenvolvimento científico e tecnológico e da inovação, pelo reforço da cooperação entre o tecido empresarial e as Universidades, os Centros de Investigação e as instituições culturais, aumentando a internacionalização das instituições públicas e privadas de ensino superior, investigação e desenvolvimento, permitindo um aumento sustentado do investimento público e privado em I&D (Estratégia de Lisboa, 2005, p. 20).

A Classificação das Atividades de Investigação e Desenvolvimento por Domínio Científico (186ª Deliberação do CSE, de 28 de março de 2000) é substituída e atualizada em 2007 pela Classificação de Domínios Científicos e Tecnológicos.

No âmbito da OCDE, o Grupo de Peritos Nacionais em Indicadores de Ciência e Tecnologia aprovou em 2006 a revisão da classificação "Fields of Science and Technology (FOS)" no Manual de Frascati, grupo no qual Portugal se fez representar. Esta classificação adotada pelo Eurostat foi aprovada em D.R. n. 65/2008, de 2 de abril, II Série e aplicada pelo Serviço de Estatística Nacional (SEN).

Esta classificação vigente em termos comunitários e internacionais é utilizado ainda para efeitos de caracterização dos recursos humanos altamente qualificados no âmbito do Inquérito aos Doutorados (CDH) e dos Doutoramentos realizados e reconhecidos em universidades portuguesas. (Antunes, 2010).

A *Classificação de Domínios Científicos e Tecnológicos 2007* é constituída por três níveis hierarquicamente relacionados: 6 grandes áreas (nível 1), 2 subgrandes áreas (nível 2) e 42 áreas (nível 3). No anexo 2, Notas explicativas, a grande área das Ciências Sociais (5) integra a área de Sociologia (5.4), com duas subáreas: Sociologia, demografia; antropologia; etnologia e Assuntos Sociais (estudos sobre: mulheres e género; questões sociais e familiares; serviço social).

A integração do Serviço Social é assim, pela primeira vez, reconhecida no domínio científico em Portugal, na *Classificação de Domínios Científicos e Tecnológicos* (CDCT) – 2007 (**FOS**). Contudo, a FCT só vem a legitimá-lo como subárea da Sociologia passados sete anos, no *Guião para Elaboração e Submissão de Candidaturas ao Concurso de Bolsas Individuais, Bolsas de Doutoramento, de Doutoramento em Empresas e Bolsas de Pós-Doutoramento*, tanto em 2014 como em 2015 (FCT, 2014).

Para a avaliação de Unidades de IC&DT no documento da FCT, *Evaluation Guide. FCT Evaluation of R&D Units 2013*, as Ciências Sociais e Humanidades constituem o domínio que integra a área científica de Sociologia (FCT, 2013). Em 2014, a Sociologia consta como subárea da área científica: Instituições, Valores, Crenças e Comportamento, do domínio das Ciências Sociais e Humanidades.

Neste sentido, surpreendentemente o Serviço Social, enquanto subárea da sociologia, fica afastado da política científica da FCT, tanto relativamente à constituição de Unidades de I&D, quanto à apresentação para financiamento de projetos IC&DT (FCT, 2014).

1.4 A austeridade na formação em Serviço Social

Com o impacto da crise financeira e económica de 2008 e de 2011, das políticas de austeridade impostas pela Troika (FMI, Comissão Europeia e Banco Central Europeu) e do Processo de Bolonha, assistimos à fragilização: por um lado, das condições de vida da maior parte da população portuguesa atingida pelo desemprego, pela precarização do trabalho e pelo empobrecimento; por outro à fragilização da formação e do trabalho dos assistentes sociais.

A crise expressa-se na retração da oferta formativa em Serviço Social. Em 2006, eram 22 IES que apresentavam o curso de licenciatura, majoritariamente do ensino superior privado (12), e igual número (5) no ensino universitário e politécnico público. Em 2015, a oferta no ensino privado registrada em 2006 reduziu-se à metade, incluindo a sua extinção no politécnico. Duas Instituições do Ensino Superior universitário não adequaram a formação ao processo de Bolonha, três não viram a formação de 1º ciclo ser acreditada em 2014 e 2015 pela Agência de Avaliação e Acreditação do Ensino Superior (A3ES) (DGES, 2015 e A3ES, 2015), e outra descontinuou o curso. Contudo, registra-se a recente abertura de um no ensino privado, perfazendo um total de sete IES. Quanto ao ensino público, mantém-se o número de IES, tanto no universitário como no politécnico, não obstante um curso ter sido desativado, compensado pela criação de outro. No decurso desse período, as instituições não são exatamente as mesmas, registrando-se variações tanto nas privadas como públicas em todos os ciclos de estudo (1º, 2º e 3º). Em 2019, há: 17 cursos de 1º ciclo (10 dos quais do ensino público); 10 do 2º ciclo (6 dos quais no ensino público) e 4 do 3º ciclo (2 do ensino público) (Portugal, A3ES, 2019).

No ano letivo 2013/2014, havia um total de 3.009 inscritos, distribuídos pelo 1º (2.799), 2º (172) e 3º (38) ciclos (DGEEC, 2015b). Se atendermos aos alunos matriculados pela primeira vez nos anos letivos 2011/12 e 2012/13, após 1 ano, a percentagem dos que permaneciam inscritos no curso em 2014, em IES do ensino superior privado, variava entre um valor mínimo de 58,8% e um máximo de 95,8 % (MEC, 2015). A maior perda de alunos registrou-se num curso do ensino universitário (41,2%), seguida de um no politécnico (32%) e só 2 cursos registravam uma perda inferior a 10%. Nas IES públicas não estavam inscritos nos cursos, passado um ano, entre 4,8% e 21,8% dos estudantes. Isto significa que saíram do curso de Serviço Social para se inscreverem noutro curso, num curso de outra IES, ou mesmo abandonaram o ensino superior.

Em 2014, de um total de 117 estudantes de Serviço Social que já não se encontravam inscritos em nenhum curso do Ensino Superior no país, 64 abandonaram o ensino público e 53 o privado (MEC, 2015). Comparando as percentagens apresentadas por cada IES, de 2012/13 para 2013/14, verifica-se que o abandono cresceu na maioria dos cursos do ensino superior privado e decresceu no ensino público.

Neste período de crise, verifica-se que algumas se confrontaram com a não inscrição de alunos no 1º ano, pela primeira vez, em cursos do 1º, 2º e 3º ciclos. Por seu lado, em 2013, as vagas sobrantes nos cursos de 1º ciclo atingiram todos os subsistemas de ensino, incluindo os cursos em regime pós-laboral, ainda que de forma diferenciada.

As políticas de austeridade têm tido um forte impacto no ensino superior, com o aumento dos custos com a formação, nomeadamente o valor das propinas. O preço do curso de licenciatura varia com a duração do curso e com a natureza pública ou privada das IES. Tendencialmente, a propina anual mais baixa é no politécnico público, situando-se entre 900€ e 1040€; no universitário público, são praticados preços entre 975€ e 1063€. O ensino privado universitário apresenta mensalidades entre 2916€ e 3960€. Tendo por referência o salário mínimo nacional de 2015 (505€), podemos referir que as mensalidades por ano, no ensino público, variam entre 1,8 e 2,1, e no ensino privado entre 5,7 e 7,8 salários mínimos.

Paralelamente ao aumento dos custos do ensino, à redução da atribuição de bolsas de estudo, os estudantes são empurrados a abandonar o curso pelo não pagamento das propinas, a contraírem empréstimos bancários, incluindo os que são bolseiros, ficando alguns endividados. De registrar que o atual governo congelou as mensalidades no ensino público até 2018/19 e aumentou o salário mínimo em 2016 (530 €), 2017 (557€) e 2018 (580 €) (Portugal, Pordata, 2019).

Entre 1993 e 2003, diplomaram-se, em média, por ano letivo, 433 assistentes sociais, formando-se mais neste período do que nos anteriores 57 anos (4540) (Martins; Tomé, 2008). Entre 2003 e 2013, assinalam-se dois períodos: até 2007 há um crescimento vertiginoso, mais que duplica o número de diplomados. A partir de 2008, registra-se uma baixa de cerca de 30%. Assinale-se que é no ano de 2008 que a redução é abrupta (de 1.258 para 895), não obstante o crescimento do número de IES com este ciclo de estudos, que passa de 18 para 21.

Quantos aos mestres em Serviço Social, à semelhança do que se registra de um modo geral no ensino superior, o crescimento destes diplomados após a adequação ao Processo de Bolonha foi significativo. Entre 1997 e 2017, diplomaram-se um total de 566 (Portugal, DGEEC, 2018). Até 2011, registrou-se uma procura crescente que depois vem a regredir. É notória a discrepância entre as centenas de diplomados/ano no 1º ciclo e as escassas dezenas no 2º ciclo (5%).

2. A qualificação do trabalho profissional dos assistentes sociais: expansão e constrangimentos

Ao crescimento exponencial do contingente profissional associa-se a criação da carreira Técnica Superior de Serviço Social (TSSS) na administração pública (1991), com o requisito do grau académico de licenciatura.

A expansão dos serviços da administração pública e a sua descentralização repercutiram-se no número de funcionários, que duplicou entre 1979 e 1999: de 372.086 passaram para 716.418 (Araújo, 2005). O mercado de trabalho dos assistentes sociais ampliou-se por todo o país (continente e ilhas), quer na administração central, quer local. É indicador desse desenvolvimento a abertura de concursos públicos e o número de vagas após a criação e regulamentação da carreira de TSSS. Segundo Pires (2009), foram abertos de agosto de 1991 ao final da década, 691 concursos, entre internos e externos, para 1.478 vagas, distribuídas pelos Ministérios da Saúde, Trabalho e Solidariedade, Justiça, Educação, Planejamento e Administração Interna, Agricultura, Defesa Nacional, Finanças, Obras Públicas, Transportes e Comunicações e no âmbito da Administração Pública Local para Câmaras Municipais e Juntas de Freguesia. Se 633 vagas eram para TSSS de 2ª classe, em início de carreira, 403 destinavam-se a TSSS assessores e a cargos de chefia e direção (Pires, 2009). Nesse processo, a intervenção profissional qualificou-se ao ir para além da execução de medidas de políticas social. Abriu-se à investigação, à concepção e elaboração de projetos, à participação na gestão e avaliação de serviços e políticas públicas e aos cargos de coordenação de equipas, chefia e direção.

O impacto do neoliberalismo e do regime de acumulação flexível a partir de meados da década de 80 e anos 90, paradoxalmente, fez o Estado recuar na sua ação de provisão de serviços, desenvolvendo programas em detrimento de políticas públicas de cariz universal, que se tornaram parcelares e focalizadas, alicerçadas em parcerias público-privadas.

Se uma parte do contingente dos diplomados em Serviço Social é absorvida pelos serviços públicos, outra parte será captada pelo setor "privado não lucrativo", como diretores técnicos ou profissionais das Instituições

Particulares de Solidariedade Social (IPSS). Entre 1998 e 2007, o número de equipamentos sociais, de natureza lucrativa e sem fins lucrativos, em funcionamento no continente aumentou 40,4%. Dos mais de 2.100 equipamentos, 86,8% são do setor privado sem fins lucrativos (Ministério do Trabalho e Solidariedade Social, Carta Social, 2007) traduzindo-se em espaços sócio-ocupacionais ocupados por assistentes sociais.

Entretanto, o desemprego começou também a atingir os licenciados em Serviço Social, ficando alguns na expectativa de encontrarem trabalho. A criação de empregos no setor privado não acompanhou o ritmo de crescimento dos diplomados e a perda crescente de emprego na Administração Pública. De 2005 para 2006, registra-se uma redução de 71 mil empregos para quadros superiores e dirigentes da Administração Pública e empresas (INE, 2007).

A investigação de António, T. relativa ao mercado e condições de trabalho dos assistentes sociais que, em 2007, exerciam a profissão no concelho de Tomar da região centro do país, dá conta de que o tempo de espera entre a obtenção do diploma e a entrada no mercado de trabalho vinha a alargar-se, não ultrapassando, na maioria dos casos, os doze meses. Os assistentes sociais encontravam-se no setor público e privado (lucrativo e não lucrativo), sendo ainda o Estado o maior empregador, com tendência a ser ultrapassado pelo setor privado (António, 2009).

Neste concelho, prevalecia o contrato de trabalho sem termo. Na Administração Pública, os assistentes sociais auferiam melhores salários, mais dias de férias, e o horário de trabalho era mais reduzido do que no setor privado (António, 2009). No setor privado lucrativo, as condições eram mais precárias. As garantias no trabalho eram reduzidas ou mesmo suprimidas, a flexibilização e a desregulamentação das relações de trabalho manifestavam-se nos contratos precários, na polivalência exigida, nos horários que incluíam o trabalho ao fim de semana e feriados, folgas rotativas e horas suplementares não pagas, baixa de salários e perda de outros direitos (António, 2009). Registrava-se ainda o pluriemprego em complemento aos baixos salários, atividades do âmbito do autoemprego, do empreendedorismo ou atividades empresariais.

Se uma parte significativa dos assistentes sociais com emprego usufruía de alguma estabilidade, os recém-licenciados à procura do primeiro emprego confrontavam-se com o não emprego ou a precarização do trabalho profissional, procurando a sobrevivência noutros trabalhos, emigrando ou fazendo outras formações.

2.1 Políticas de austeridade e retração no mercado de trabalho

A situação do desemprego agravou-se nos países que, desde meados dos anos 1970, viram agudizar a crise na sua feição estrutural. Em 2013, o número de desempregados no mundo, segundo o relatório da Organização Internacional do Trabalho (OIT, 2014), aumentou 5 milhões, superando os 202 milhões de pessoas. Nesse ano, 23 milhões de trabalhadores abandonaram o mercado, e estima-se que até 2018 o número de pessoas à procura de trabalho aumentará em mais de 13 milhões. Outra tendência identificada no relatório é a grande lacuna de emprego para os jovens adultos com idades entre 25-34 anos. Em países como Grécia, Irlanda, Portugal e Itália, as perdas de emprego foram mais pronunciadas nessa faixa etária.

Neste cenário sombrio, ao lado do desemprego, o trabalho flexível e o trabalho precário foram impostos e considerados, na atualidade, como tendências universais, "cuja emergência se relaciona com a reestruturação produtiva, e pelas atuais características da acumulação capitalista em tempos de mundialização financeira, *custoprazismo* dos lucros do Estado neoliberal e crise do movimento sindical" (Mota, 2013, p. 47).

A precarização e a insegurança avançam por toda a parte do mundo do trabalho, como consta em *Il Manifesto*, 13/2/1998, citado por Mészáros (2013, p. 37): "o trabalho sem garantias e mal pago está se alastrando como uma mancha de óleo, ao passo que mesmo o trabalho mais estável está sofrendo uma pressão em direção à intensificação sem precedentes à plena disponibilidade para uma submissão aos mais diversificados horários de trabalho".

Em Portugal, em 2009 o desemprego cresceu em todas as categorias profissionais. Para os quadros superiores da administração pública, dirigentes e quadros superiores de empresas, o crescimento foi de 31,2% (ISCTE-CIES, 2010). Em março de 2014, a Europa registra altas taxas de desemprego (11,8%)

e Portugal 15,2%, sendo 35,4% de jovens com menos de 25 anos (135 mil) (Eurostat, 2014).

No ano seguinte, no bojo de uma crise política e financeira interna, Portugal acaba por se submeter aos imperativos das agências de financiamento externa – intensificando as medidas de austeridade como: cortes nos vencimentos e pensões, redução do número de dirigentes e funcionários públicos, corte nos subsídios de doença e desemprego, aumento dos impostos, aumento e intensificação da jornada de trabalho, corte no financiamento da saúde e no setor de medicamento, aumento dos preços dos serviços de abastecimento de energia e gás, corte orçamentais em todos os níveis de ensino (básico, secundário e superior), encerramento de serviços públicos da justiça, saúde, educação, medidas essas que consolidaram os processos de privatização com o agravamento do desemprego e do empobrecimento da população portuguesa.

De acordo com o Observatório das Desigualdades (2014) e a partir dos registros do INE, 2013 é o ano com menor número de população empregada (4514 milhares) e o maior número de desempregados (876 milhares). Em dezembro, 146,5 mil licenciados encontravam-se desempregados, e mais de metade já eram de longa duração, isto é, desempregados há mais de um ano.

Como refere Pochmann (2013, p. 62), o "desemprego transformou-se num fenômeno complexo e heterogêneo, pois atinge de forma generalizada praticamente todos os segmentos sociais, inclusive camadas de maior escolaridade, profissionais com experiências em níveis hierárquicos superiores e em altos escalões de remuneração".

Os estágios profissionais têm vindo a ganhar uma expressão crescente enquanto resposta ao desemprego. Criados em 1997, foram vistos como mecanismos que beneficiavam os jovens licenciados no mercado de trabalho. Segundo o Instituto de Emprego e Formação Profissional (IEFP), entre 2001 e 2011 abarcaram 255 mil pessoas, das quais 10% a 30% tiveram mais probabilidades de conseguir um emprego (Campos, 2014). Com a Portaria n. 92/2011, o estagiário foi equiparado a um trabalhador por conta de outrem, com uma bolsa mensal de estágio sujeita a taxa de Imposto sobre Rendimentos Singulares (IRS) e a descontos para a Segurança Social. A coparticipação do IEFP no valor da bolsa varia em função da natureza jurídica e da dimensão das entidades, sendo o valor para licenciados, mestres e doutores de 691.71€ (Oliveira, 2012). A partir de 2013, os estágios emprego foram concebidos como "uma forma de transição para a vida ativa que não deve consistir na ocupação de um posto de trabalho" (Portaria n. 204-B/2013). Segundo Campos (2014), o estágio profissional (ou estágio emprego) não é mais do que "uma oportunidade para o vazio", uma precariedade permanente, a que está subjacente a "quimera do emprego, que arremessa no futuro a promessa de um contrato com direitos", inserindo-se na "lógica de uma valorização desqualificadora, na qual o acesso ao emprego se faz por uma antecâmara de concorrência e precariedade" (Martins; Tomé; Carrara, 2015, p. 100-101).

2.2 Austeridade, desemprego e precarização do trabalho profissional

Mantendo a tendência do desemprego dos licenciados no país, os assistentes sociais registraram crescentes taxas de desemprego. Entre 1984 e 2013, formaram-se 13.721. Destes, 1.361, cerca de 10% dos diplomados, estavam à procura do primeiro ou de novo emprego, segundo os registos do IEFP em 2014. Entre 2011 e 2013, licenciaram-se 2.225, e encontravam-se registrados 605 como desempregados, em junho de 2014, no IEFP. Em média por ano, dos 742 diplomados, 200 estavam desempregados, sendo 53% desempregados de longa duração (DGEEC, 2015c).

Dos 153 mestres em Serviço Social formados entre 2011 e 2013, 16 (cerca de 10%), encontravam-se desempregados. O curso de mestrado não sendo garantia para o emprego, constituiu-se ainda assim como um patamar de formação mais qualificada, atenuando as desigualdades e as fragilidades geradas pela formação de licenciaturas após Bolonha. Ilustrando, veja-se como exemplo a notícia do Diário de Notícias (2015) sobre a recente abertura de concurso para Técnicos Superiores para a Assembleia da República, que exclui candidatos licenciados após o Processo de Bolonha, exigindo licenciatura pré-Bolonha ou o 2º ciclo (pós-Bolonha).

Na última década tem havido um registro crescente de assistentes sociais no IEFP à procura de emprego. A obrigatoriedade de frequentar as ações de formação impostas por este organismo impede o acesso a cursos de pós-graduação e mestrados, contrariamente ao que ocorre noutros serviços europeus similares, como referido por uma assistente social portuguesa, emigrada na Dinamarca (Martins; Tomé; Carrara, 2015, p. 118-119). Isto significa que o IEFP não valoriza a formação pós-graduada, reduzindo oportunidades, a exemplo do atrás mencionado.

Relativamente ao mercado e às condições de trabalho dos assistentes sociais, há a assinalar que, com a reforma da Administração Pública (2008) e consequente extinção da carreira TSSS, os assistentes sociais foram integrados na carreira técnica superior. A partir de 2010, foram suspensos os concursos públicos, congelada a abertura de novos concursos e a progressão na carreira.

As políticas de austeridade e a formação de um exército assistencial de reserva (Iamamoto, 2008) fragilizaram os contratos e as condições de trabalho, reduziram os salários, aumentaram o horário de trabalho (40 horas) e diminuíram os direitos de trabalho e os direitos sociais, de uma forma geral.

A desvalorização salarial dos assistentes sociais ocorre tanto nos serviços da Administração Pública como nas IPSS. Segundo a Portaria n. 30-A/2008 de 10 de janeiro para a carreira do regime geral da Administração Central e Local, estão definidas as categorias de estagiário, técnico superior de 2º, de 1ª classe, principal e assessor, com salários cujos valores variavam entre 1070,89€ e 2368,63€. A partir de 2009, sem atender aos cortes salariais efetuados, à sobretaxa e ao aumento de outros impostos, a tabela remuneratória única apontava para o técnico superior o valor mínimo de 995,51€. Relativamente à remuneração dos assistentes sociais nas IPSS, e de acordo com o Boletim do Trabalho e Emprego de 2012, os salários definidos pelo contrato coletivo estabelecido entre a Confederação Nacional das Instituições de Solidariedade (CNIS) e a Federação Nacional de Educação (FNE) e outros, desde 2010 variavam entre os 1015€ e 917€, respectivamente para assistente social de 1ª classe e de 3ª classe.

Acresce ainda que, com o encerramento e a privatização de serviços públicos, aumentou o trabalho de voluntariado e os estágios profissionais, desencadeando um processo de desprofissionalização. A precariedade, a flexibilização do trabalho, os baixos salários, a emigração no enfrentamento ao desemprego, fazem parte da realidade socioprofissional dos assistentes sociais portugueses (Martins; Carrara; Tomé, 2015).

Nota conclusiva

Os assistentes sociais não ficaram incólumes aos impactos da crise do capital: seja com o desmonte do Estado Social, a redução e focalização das políticas públicas e a redefinição do acesso aos direitos sociais, seja com a extinção de postos de trabalho e aumento do desemprego. Com o Processo de Bolonha e a austeridade, a construção do projeto profissional foi abruptamente interrompida. A não regulamentação da profissão tem-se constituído em mais um elemento que vem fragilizando a condição da formação, do trabalho e da organização dos assistentes sociais portugueses. O Estado neoliberal faz o Serviço Social refém da política do assistencialismo, da perda generalizada dos direitos sociais tendo inviabilizado de 1997 até 2019 a organização coletiva enquanto categoria profissional. Após múltiplas tentativas e depois de ter sido rejeitada pela Assembleia da República a primeira proposta de lei para a criação da Ordem dos Assistentes Sociais (OAS) em 2015, novo projeto de lei é apresentado e finalmente aprovado em julho de 2019, sendo promulgado em agosto pelo Presidente da República.

O ano de 2019 foi igualmente significativo para o Serviço Social português pela criação, em março, da Sociedade Científica em Serviço Social e registro dos seus Estatutos. Esta nova organização científica é fruto de um movimento de doutores e doutorandos em Serviço Social, que escreveram "Carta Aberta" ao Ministro da Ciência, Tecnologia e Ensino Superior e ao Grupo de Reflexão sobre o futuro da FCT, em 2016, a propor que o Serviço Social fosse plenamente integrado na política científica da FCT. Neste sentido, foi constituída a Sociedade Científica que visa "contribuir para consolidar o processo de afirmação académica do Serviço Social como área substantiva e autónoma de produção de conhecimento científico" (Ata da Constituição da Sociedade Científica em Serviço Social, 2016).

Os desafios para os assistentes sociais residem, na luta por uma política de ensino superior de qualidade, pelo desenvolvimento e articulação entre as organizações da categoria, ao nível profissional, académico e científico, e pelo fortalecimento de estratégias coletivas contra a austeridade e de resistência e luta em prol de uma sociedade alternativa.

Referências

ANTÓNIO, T. *Mercado e condições de trabalho dos assistentes sociais no concelho de Tomar*. Dissertação (Mestrado em Serviço Social) –Instituto Superior Miguel Torga, Coimbra, 2009. Disponível em: http://repositorio.ismt.pt/handle/123456789/198. Acesso em: 9 fev. 2014.

ANTUNES, S. Conservação e restauro: sector da actividade económica versus domínio científico-tecnológico — uma realidade, uma ficção ou uma utopia? *Ge-conservación/ conservação*, nº 1, p. 37-57, 2010. Disponível em: http://dialnet.unirioja.es/descarga/articulo/3626331.pdf. Acesso em: 8 jul. 2014.

ARAÚJO, J. F. A reforma administrativa em Portugal: em busca de um novo paradigma, 2005. Disponível em: neapp.eeg.uminho.pt/.../visitante_download_ficheiro.php5?...reforma+.... Acesso em: 8 jul. 2014.

Boletim do Trabalho e Emprego, nº 6, 15/2/2012.

BRANCO, A. *O processo de institucionalização do curso de Serviço Social na Escola Superior de Educação do Instituto Politécnico de Leiria*. Dissertação (Mestrado em Serviço Social) – Instituto Superior Miguel Torga. Coimbra, 2009.

BRANCO, F. A investigação em Serviço Social em Portugal: trajectórias e perspectivas. *Locus Soci@l*, Revista de Serviço Social, Política Social & Sociedade, Centro de Estudos de Serviço Social e Sociologia, da UCP nº 1, p. 47-63, 2008.

CAMPOS, A. *Estágio: oportunidade ou precariedade permanente?*. 2014. Disponível em: http://inflexaoblog.blogspot.pt/search/label/Adriano%20Campos. Acesso em: 23 mar. 2014.

Classificação de Domínios Científicos e Tecnológicos, 2007 (FOS). Disponível em: http://www.dgeec.mec.pt/np4/%7B$clientServletPath%7D/?newsId=26&fileName=Classificacao_FOS_VersaoPortuguesa.pdf. Acesso em: 4 maio 2015.

MEC. *Dados e Estatísticas de Cursos Superiores*, 2015. Disponível em: http://infocursos.mec.pt/. Acesso em: 20 jun. 2015.

DGEEC. *Diplomados em estabelecimentos de Ensino Superior* — 2015/2016, 2017.

DGEEC. *Diplomados em estabelecimentos de Ensino Superior* — 2012/2013, 2015a.

DGEEC. *Estatísticas. Inscritos em estabelecimentos de Ensino Superior* — 2013/14, 2015b.

DGEEC. *Caracterização dos desempregados registados com habilitação superior*, jun. 2014, 2015c.

DGES. *Ensino Superior: situação em 2012/2013 dos inscritos pela primeira vez em 2011/12. Dados estatísticos*. 2014

DGES. *Ciclos Autorizados 2015*. Disponível em: http://www.dges.mctes.pt/DGES/pt/OfertaFormativa/CursosConferentesDeGrau/CiclosAutorizados/. Acesso em: 29 mar. 2015.

DIAS, M. F. *Formação Acadêmica de Assistentes Sociais. Singularidade Açoriana*. Dissertação (Mestrado em Serviço Social) – Instituto Superior de Serviço Social. Lisboa, 2006.

DIÁRIO DE NOTÍCIAS. Parlamento recusa licenciados de Bolonha, 29 de maio. Disponível em: http://www.dn.pt/inicio/portugal/interior.aspx?content_id=4595656. Acesso em: 29 jun. 2015.

DUARTE, T.. *Formação de 1º Ciclo em Serviço Social após adequação ao Processo de Bolonha em Portugal*. Dissertação (Mestrado em Serviço Social) – Instituto Superior Miguel Torga, Coimbra, 2009.

ESTRATÉGIA DE LISBOA. Estratégia de Lisboa – Portugal de Novo — *Programa Nacional de Acção para o Crescimento e o Emprego 2005/2008. 2015.*

EUROSTAT. Disponível em: http://epp.eurostat.ec.europa.eu/cache/ity_public/3-02052014-ap/en/3-02052014-ap-en.pdf. Acesso em: 4 maio 2014.

FCT. *Evaluation Guide. FCT Evaluation of R&D Units 2013*. Disponível em: http://www.fct.pt/apoios/unidades/avaliacoes/2013/docs/GuiaoAvaliacao_AvaliacaoUnidades2013.pdf. Acesso em: 13 mar. 2015.

FCT. *Guião para Elaboração e Submissão de Candidaturas ao Concurso de Bolsas Individuais 2014. Bolsas de Doutoramento, de Doutoramento em Empresas e Bolsas de Pós-Doutoramento*. Disponível em: http://www.fct.pt/apoios/bolsas/concursos/docs/BolsasGuiaoCandidatura2014.pdf. Acesso em: 13 mar. 2015.

FCT. *Guião para Elaboração e Submissão de Projetos de IC&DT*, 2014. Disponível em: http://www.fct.pt/apoios/projectos/concursos/2014/docs/Guiao_Candidatura_C2014_PT.pdf. Acesso em: 13 mar. 2015.

IAMAMOTO, M. Mundialização do capital, "questão social" e Serviço social no Brasil. *Em Pauta*, Rio de Janeiro, n. 21, p. 117-139, 2008.

INE. *Estatísticas Demográficas 2012*. Disponível em: http://www.ine.pt/xportal/xmain?xpid=INE&xpgid=ine_publicacoes&PUBLICACOESpub_boui=151772777&PUBLICACOESmodo=2. Acesso em: 4 fev. 2014.

INE. *Estatísticas de Emprego*, 4º trimestre de 2007.

ISCTE-CIES. Observatório das Desigualdades, 20 de janeiro de 2010

MAGALHÃES, A. *A identidade do Ensino Superior. Política, Conhecimento e Educação numa Época de Transição*. Lisboa: Fundação Calouste Gulbenkian, Fundação para a Ciência e a Tecnologia, 2004.

MARTINS, A. Investigação em Serviço Social: perspectivas actuais. *In*: HENRÍQUEZ, B. A.; FARINHA, M. A. (Org.) *Serviço Social: Unidade na Diversidade. Encontro com a Identidade Profissional — I Congresso Nacional de Serviço Social*. Lisboa: Associação dos Profissionais de Serviço Social, 2003. p. 50- 61.

______. Investigação em Serviço Social no Portugal contemporâneo: paradoxos e desafios, *Locus Soci@l*. Revista de Serviço Social, Política Social & Sociedade, Centro de Estudos de Serviço Social e Sociologia, da UCP, n. 1, p. 32-47, 2008.

______. *Trajectória, Desenvolvimento e Desafios Contemporâneos ao Serviço Social em Portugal*, Comunicação no Colóquio Internacional — *Desafios do Serviço Social: políticas, intervenções e luta contra a pobreza e a exclusão*, Universidade dos Açores, novembro, 2010a.

______. Formação e Mercado de Trabalho em Serviço Social, nos últimos 20 anos em Portugal. Conferência no *II Congresso Nacional de Serviço Social*. Almada: Associação dos Profissionais de Serviço Social, 2010b.

______. 70 anos de formação em Serviço Social em tempos de ditadura e democracia: da Escola Normal Social ao Instituto Superior Miguel Torga. *Temporalis*, Brasília, ano IX, n. 18, p.187-213, jul./dez., 2011.

______; TOMÉ, R. Formação Contemporânea do Serviço Social em Portugal. *Em Pauta*. Rio de Janeiron. 21, p. 153-169, 2008.

______; ______; CARRARA, V. A emigração dos assistentes sociais portugueses: faces do trabalho e do desemprego em tempos de crise e austeridade. *Serviço Social e Sociedade*, São Paulo, n. 121, p. 95-124, jan./mar. 2015.

______. CARRARA, V. Serviço Social português e brasileiro em diálogo: internacionalização da formação profissional. *Em Pauta*, Rio de Janeiro, v. 12, n. 33, p. 205-227, 2014.

MÉSZÁROS, I. Desemprego e precarização: um grande desafio para a esquerda. In: ANTUNES, R. (org.). *Riqueza e miséria do trabalho no Brasil*. São Paulo: Boitempo, 2013.

MINISTÉRIO DO TRABALHO E SOLIDARIEDADE SOCIAL. *Carta Social*, Lisboa, 2007.

MOTA, A. E. Trabalho Precário na Indústria de Confecções: apontamentos sobre a realidade brasileira e a portuguesa. *Em Pauta*, Rio de Janeiro, v. 11, n. 31, p. 40-65, 2013.

NEGREIROS, M. A. Qualificação académica e profissionalização do serviço social — o caso português. *In*: NEGREIROS, M. A.; MARTINS, A.; HENRÍQUEZ, A; FIGUEIRA, M. D. *Serviço Social, profissão e identidade, que trajetória?* Lisboa/São Paulo: Veras Editora, 1999a.

______. *Serviço Social uma profissão em movimento. A dinâmica académico-profissional no Portugal pós-74*. Tese (Doutorado em Serviço Social) –Pontifícia Universidade Católica de São Paulo, 1999b.

OBSERVATÓRIO DAS DESIGUALDADES. *A evolução do desemprego em Portugal. Taxa de desemprego em 2013 é a mais alta da última década*. Disponível em: http://observatorio-das-desigualdades.com/2014/03/17/a-evolucao-do-desemprego-em-portugal-taxa-de-desemprego-em-2013-e-a-mais-alta-da-ultima-decada/. Acesso em: 5 abr. 2014.

OCDE. *Manual de Frascati. Proposta de práticas exemplares para inquéritos sobre investigação e desenvolvimento experimental*. Coimbra: Gráfica de Coimbra, 2007.

OLIVEIRA, A. Medidas ativas de emprego. Apoio ao empreendedorismo. IEFP, 2012. Disponível em: http://ec.europa.eu/portugal/pdf/comissao/9maio_2012/apresentacoes/apresentacao_medidas_ativas_emprego_alexandre_oliveira_iefp_pt.pdf. Acesso em: 12 dez. 2012.

OIT. *Global employment trends 2014: risk of a jobless recovery?*, Disponível em: http://www.ilo.org/wcmsp5/groups/public/---dgreports/---dcomm/---publ/documents/publication/wcms_233953.pdf. Acesso em: 25 fev. 2014.

PIRES, S. M. *Mercado de trabalho em Serviço Social no setor público em Portugal nos anos 90. Análise a partir da abertura de concursos públicos*. Dissertação (Mestrado em Serviço Social_ – Instituto Superior Miguel Torga. Coimbra, 2009.

POCHMANN, M. Desemprego do Brasil. In: ANTUNES, Ricardo (org.). *Riqueza e miséria do trabalho no Brasil*. São Paulo: Boitempo, 2013.

PORTUGAL. AGÊNCIA DE AVALIAÇÃO E ACREDITAÇÃO DO ENSINO SUPERIOR (A3ES). *Resultados dos processos de acreditação — acreditação de ciclos de estudo*. Disponível em: https://www.a3es.pt/pt/acreditacao-e-auditoria/resultados-dos-processos-de-acreditacao/acreditacao-de-ciclos-de-estudos. Acesso em: 25 jun. 2019.

PORTUGAL. DIREÇÃO GERAL DE ESTATÍSTICAS DE EDUCAÇÃO E CIÊNCIA — DGEES. Caracterização dos desempregados registados com habilitação superior — junho 2018. *Estatísticas*: desemprego dos diplomados. Disponível em: http://www.dgeec.mec.pt/np4/92/. Acesso em: 25 maio 2019.

PORTUGAL. PORDATA. Salário Mínimo Nacional. Disponível em: https://www.pordata.pt/Portugal/Sal%C3%A1rio+m%C3%ADnimo+nacional-74. Acesso em: 10 set. 2019.

PORTUGAL. PORTAL DIREITO DO TRABALHO. 2014. *Licenciados sem trabalho há mais de um ano crescem até 81 mil*, 2014. Disponível em: https://www.jn.pt/economia/interior/licenciados-sem-emprego-ha-mais-de-um-ano-crescem-ate-81-mil-3668971.html. Acesso em: 23 mar. 2014.

RODRIGUES, F.; ANDRADE, M. Intercâmbio e produção de conhecimentos. Brasil e Portugal em tempos de viragem. *Serviço Social & Sociedade*, São Paulo, n. 100, p. 749-771, out/dez. 2009.

ROSA, M.; CHITAS, P. *Portugal: os números*. Lisboa: Editora Fundação Francisco Manuel dos Santos, 2010.

SEWPAUL, V.; JONES, D. *Global Standards for the Education and training of the social work profession*. Austrália: IASSW, IFSW, 2004.

UNESCO. Classificação Internacional Tipo da Educação. CITE. (Reedição). UNESCO-UIS, 2006. Disponível em: http://www.dgeec.mec.pt/np4/{$clientServletPath}/?newsId=26&fileName=ISCED97_pt.pdf. Acesso em: 30 maio 2015.

França

O Serviço Social francês: balanço, questões e perspectivas*

Brigitte Bouquet

Na França, o serviço social é tido atualmente como um componente do trabalho social e, em um sentido mais amplo, da intervenção social, expressão a que se atribui, no contexto francês, um significado particular. Com efeito, se os assistentes de serviço social atuam no tipo mais emblemático de profissional social — a primeira a se organizar, profissionalizar e institucionalizar —, é só a partir da Segunda Guerra Mundial que outras profissões do mesmo campo passam por processos semelhantes. Entre 1964 e 1975, todas as profissões sociais se veem inseridas em um ambiente excepcionalmente propício à ação social, como atestam a progressão dos recrutamentos, a integração dos diplomas, o reconhecimento e a abertura dos sistemas de formação. Nos anos 1970, por exemplo, o termo "trabalho social" é oficializado e utilizado pela administração francesa para harmonizar — segundo uma função simbólica — e tornar compreensíveis entre si profissões sociais diversas, heterogêneas, com diferentes níveis de qualificação. Além disso, a partir da década de 1980, as profundas mudanças do campo social e a emergência de novas profissões contribuem para o surgimento e o destaque da "intervenção social" em detrimento do "trabalho social", compreendendo, assim, uma definição mais ampla, capaz de abarcar o conjunto de pessoas que intervêm no campo da ação social, sejam elas diplomadas ou não nessa

---

* Nota das Organizadoras: Tradução do texto original em francês por Lética Campos de Resende.

área. A escolha e o sentido desse vocabulário — trabalho social, intervenção social — não são, portanto, neutros, mas revelam antes uma posição política sobre o lugar e a legitimidade dos profissionais sociais.

Uma vez especificada a particularidade francesa, este artigo tratará do serviço social, de sua gênese, sua realidade e dos desafios a serem enfrentados. Tentaremos nos concentrar em quatro eixos: a evolução histórica; uma breve apresentação do serviço social atual; a análise das transformações nas instituições e práticas; o impacto e os problemas causados por essas evoluções na atuação profissional.

1. Breve história do Serviço Social francês

Como em muitos países, o serviço social francês surge no fim do século XIX em obras de caridade, quase sempre de caráter confessional, e na "questão social"[1]. Desse modo, atuando lado a lado com associações filantrópicas que visavam à melhoria da situação dos indivíduos, e buscando a reconciliação das classes sociais entre si, o Estado francês começa a se preocupar com o tratamento da questão social e cria gradualmente uma legislação sobre a qual são lançadas as bases do desenvolvimento do serviço social. Outros fatores explicam igualmente a criação desse campo de atuação:

— o desenvolvimento do feminismo reformista e burguês, que reivindicava a criação de profissões médico-sociais e sociais, nas quais as mulheres pudessem ser admitidas;

— a secularização dos ideais e das práticas sociais, com a separação entre Igreja e Estado;

— o surgimento das ciências humanas;

— a racionalização científica dos modos de assistência e o desenvolvimento da técnica.

1. Na França do século XIX, a pobreza, a miséria e as dificuldades enfrentadas pela classe trabalhadora foram o estopim de revoltas e de uma verdadeira crise social e política, à qual se deu o nome de "questão social".

É nesse contexto que surgem as primeiras assistentes sociais, a cuja atuação se atribuiu, por muito tempo, um caráter mais voluntário do que profissional.

1.1 A era pioneira do serviço social

O serviço social francês tem início entre os anos 1900 e o fim da Primeira Guerra Mundial. Ele nasce com a corrente higienista e busca se distinguir do amálgama filantrópico por uma concepção educacional e por um espírito de maior justiça social. Dele decorrem, portanto, dois modelos que coexistirão até 1938: as enfermeiras visitantes e as trabalhadoras sociais. Cada uma dessas funções tem uma origem diferente e apresenta uma concepção particular que varia segundo sua ideologia, seus objetivos e sua formação.

Essas enfermeiras são o produto de uma nova concepção da profissão de enfermagem e da corrente higienista. A devastação causada pela Primeira Guerra Mundial (1914-1918), a ajuda americana e uma série de leis contribuíram igualmente para o desenvolvimento dessa atividade. Gradualmente, o papel dessas enfermeiras tenderá a uma atuação polivalente, priorizando o aspecto social. As trabalhadoras sociais representam o segundo ramo profissional, denominado "social puro", a fim de se diferenciar dos aspectos médicos e médico-sociais. Essa profissão se desenvolve mais lentamente e é subdividida esquematicamente em três correntes distintas: as assistentes sociais em residências sociais; o serviço social de tipo familiar; e as superintendentes de fábrica. A profissionalização de ambas as áreas ficou essencialmente a cargo das mulheres, ainda que constem apenas os nomes de homens como seus fundadores. Essas mulheres pioneiras idealizam e empreendem projetos, são motivadas e se veem em condições de buscar apoio. Elas desenvolvem toda uma estratégia feminista de emancipação e abertura, rompendo com a ordem existente e criando um novo modelo profissional e uma formação destinada a elites. A institucionalização é resultado da criação do "*diplôme d'État*"[2] em 1932, que se segue à primeira conferência

2. Nota da tradutora: Na França, um "*diplôme d'état*" é uma certificação emitida por um ministério que abarca profissões regulamentadas, em geral, no campo da saúde, da assistência social,

internacional de serviço social de 1928 em Paris, graças à qual foi possível lançar as bases de um conhecimento do serviço social, que, por esse mesmo viés, passou a ser reconhecido como área de atuação. Mas foi principalmente o desenvolvimento das leis de proteção social que impulsionou a profissão de assistente social. As oportunidades de retorno salarial, criadas gradualmente, tomam a forma de prestações familiares, medidas sanitárias, ou de serviços sociais de proximidade, focados nos mais variados tipos de auxílio, a maioria dos quais existe até hoje.

Os modelos de enfermeira visitante e assistente social acabam se fundindo, no entanto, em razão das políticas de recrutamento e de uma atuação cada vez mais indiferenciada no que concerne aos diferentes serviços prestados. Um decreto de 17 de fevereiro de 1938, que reúne sob a mesma égide a formação das enfermeiras visitantes e das assistentes sociais, preconiza uma profissão única: a assistente social. Resultado de um compromisso, esse decreto confere uma inflexão médico-social ao serviço social e relega as enfermeiras à técnica de prestação de cuidados — características essas que ainda marcarão as duas profissões por muito tempo.

1.2 A idade de ouro do serviço social francês: 1940-1970

A partir da Segunda Guerra Mundial, o serviço social não é mais a única profissão social. Surgem os educadores especializados, que continuarão a se desenvolver. A profissão de animador cultural se institucionalizará na década de 1960. É nesse período, conhecido como "os trinta anos gloriosos", graças ao progresso econômico e social dos países desenvolvidos da época, que tem início a idade de ouro do serviço social.

Em 1964, a reforma de desconcentração do Estado unitário francês, que passa a ser reorganizado em divisões administrativas locais, fortalece o nível departamental e coordena a ação administrativa com o objetivo de se aproximar dos usuários. O resultado desse processo é a organização de um serviço social departamental, verdadeiro serviço público comandado pelas

---

do esporte etc.

Directions Départementales d'Actions Sanitaire et Sociale [Diretorias Departamentais de Ações sanitária e social] (DDASS). O serviço social polivalente setorial, organizado segundo as divisões territoriais de ação social, torna-se o pivô de uma política social que se quer global, territorial e próxima da população. Assim, a desconcentração local, a setorização completa de especialização, a unificação das estruturas, a cooperação e o acordo com outras instituições sociais são as características desse novo modo de estruturação do serviço social.

A década de 1970 representa uma etapa importante para a concepção de um novo tipo de ação social. A diversidade de políticas públicas marca esse período. O sexto e sétimo planos quinquenais defendiam, entre outras coisas, uma vida social coletiva, a animação e a ação global, o desenvolvimento e a promoção de indivíduos e grupos. Em 1975, vemos a adoção de leis-quadro (em especial, a lei relativa às *Institutions Sociales et Médico-sociales* [Instituições Sociais e Médico-sociais]) que serão responsáveis por marcar fortemente o trabalho social. Finalmente, a ação social passa a ser levada em conta pelo governo graças à criação do cargo de secretário de Estado, de 1974 a 1978. O surgimento de institutos regionais do trabalho social também contribui para o agrupamento do ensino das várias profissões sociais junto a escolas formadoras por profissão. Todas essas políticas prenunciam o fim do pensamento por profissões sociais e o desenvolvimento de um novo tipo de administração central, encarregado de uma melhor gestão do setor social.

Mas, paralelamente a esse movimento de desenvolvimento do trabalho social, a crítica às instituições "totalitárias" (prisões, hospitais psiquiátricos) começa a afetar fortemente esse tipo de trabalho, que passa a ser acusado de controle social. Esse campo de atuação é levado, assim, a repensar seus modos de intervenção.

1.3 1980-1990: a ruptura

A década de 1980 marca uma ruptura. A crise socioeconômica (com mais de três milhões de desempregados), o questionamento do sistema de proteção social, o aumento da violência social e a guetorização das cidades são alguns dos fatores que levam à designação desse período como "a nova questão social". Acrescentam-se a isso a destruição de valores e a intensificação dos individualismos, regionalismos, integrismos. A reforma de descentralização começa em 1983 com o objetivo de otimizar respostas por meio de uma territorialização e, assim, aproximar-se do usuário, fato que modifica o contexto institucional da ação social e reconstrói o sistema de atores sociais. Ao atribuir a competência da ação social aos *Conseils Généraux* [Conselhos Gerais] e ao submeter o serviço social departamental à autoridade desse mesmo órgão, a reforma engendra uma aproximação entre política e trabalho social. Como resultado, o serviço social passa a ter acesso a uma função técnico-política e, ao mesmo tempo, perde cada vez mais sua autonomia profissional. Paralelamente, o Estado começa a desenvolver um outro tipo de política social, transversal e desconcentrada, que leva à territorialização de novos dispositivos de ação social: nomeadamente, a política da cidade[3] dá início à inscrição territorial e ao desenvolvimento local, introduzindo novas ferramentas, como a parceria, a globalização e a finalização temporal e local. Da mesma forma, a lei do *Revenu Minimum d'Insertion* [Rendimento Mínimo de Inserção[4]] (RMI)[5], que prevê uma ajuda financeira concedida pelo governo francês a famílias de baixa renda, tem consequências significativas para o trabalho social, que se torna um pré-requisito para a aplicação da lei. O Estado também lida com áreas delicadas, oferecendo proteção ao menor vítima de abusos e maus-tratos, o que resulta em forte pressão sobre os trabalhadores sociais.

Para o serviço social, as consequências da crise econômica e da proteção social, bem como a elaboração de novas políticas sociais, são aspectos importantes. Por um lado, face à pobreza, ao problema de solvabilidade e ao superendividamento, o serviço social está preso ao fenômeno da regulação de emergência; por outro lado, na presença de novos públicos, ele deve ampliar seu campo de atuação para obter respostas mais adequadas.

3. A política da cidade envolve uma abordagem global, de caráter social, econômico e urbanístico, focada em problemas específicos às cidades. Desde sua criação até nossos dias, uma série de planos vem se sucedendo.

4. Em Portugal, existe uma lei similar, à qual se dá o nome de "Rendimento social de inserção". Por se tratar, contudo, de realidades de países diferentes, optamos por uma tradução mais literal. (N.T.)

5. A lei que estabelece o RMI representa o momento fundador das políticas de inclusão articuladas em torno de dois objetivos: o combate à pobreza e o acesso ao emprego.

Além disso, as novas palavras de ordem são "desenvolvimento social local", "inclusão" e "acesso a direitos". O trabalho social passa a operar segundo uma lógica de missão, um modo contratual, uma verdadeira parceria ativa e ampliada, uma nova concepção territorial, uma metodologia de projeto. Como resultado de todas essas mudanças, a polivalência do setor é repensada, dando-se andamento a uma reorganização interna dos serviços sociais na maioria dos departamentos, ainda que de forma heterogênea.

Podemos dizer que a década de 1980 marca uma ruptura no conjunto das profissões sociais. As identidades profissionais são, mais uma vez, questionadas. Vemo-nos diante de uma quebra de modelos. O serviço social é particularmente afetado. Em meio a esse mal-estar, e sentindo-se pouco reconhecido pelo Estado francês, o setor organiza uma greve nacional em 1991, que não surte qualquer efeito.

1.4 As décadas de 1990-2000: desestabilização e redefinição

Os problemas sociais continuam a crescer[6]. Somam-se a isso as consequências do neoliberalismo, as mudanças decorrentes da criação da União Europeia, os efeitos da globalização.

Diante de todas essas reviravoltas, o Estado francês elabora leis importantes, em especial a lei da luta contra a exclusão de 1998, visando à garantia do acesso de todos a direitos fundamentais, e a lei de renovação da ação social e médico-social de 2002, que reafirma os direitos dos beneficiários e de seu entorno, reiterando as missões da ação social e médico-social. As consequências dessas duas leis são importantes para o trabalho social. Ele encontra nelas um apoio, embora se submeta mais uma vez à modificação de suas práticas, nomeadamente, devido à obrigação de avaliação e à abordagem de qualidade. De fato, a gestão e a dimensão gerencial tornam-se

6. Entre 1975 e 1997, a França vê sua taxa de desemprego subir de 3% para quase 11%. Em 2012, ela atinge 10% da população ativa na França (de acordo com a Organização Internacional do Trabalho). A parcela de pessoas em situação de subemprego passa a 5,2% segundo o *Institut National de la Statistique et des Études Économiques* [Instituto Nacional da Estatística e dos Estudos Econômicos] (INSEE).

proeminentes. O cálculo dos custos e a lucratividade passam a ser imperativos importantes. O trabalho social, até aquele momento, sujeito a uma lógica de meios, é obrigado a se submeter a uma lógica de resultados[7].

A descentralização é revista, modificada e dá início a uma nova fase, o "Ato II", com o objetivo de reorganizar os dois níveis de "coerência" da ação pública (o Estado e a região) e de fortalecer os níveis de "proximidade" que constituem o departamento, a comuna e as intermunicipalidades. A ação social se torna objeto de uma mudança significativa: as leis de 18 de dezembro de 2003 e de 13 de agosto de 2004 estabelecem a responsabilidade dos departamentos de praticar ações de inclusão social, e das regiões de promover formação profissional e aprendizado, em especial, na área do trabalho social.

Ao longo de todos esses anos, a implementação do conjunto de novas políticas sociais aumenta a divisão do trabalho no interior do campo do trabalho social. Elas dão origem às "novas profissões" sociais, supostamente, mais adequadas ao contexto. No interior dos dispositivos relacionados à inclusão, à cidade, à prevenção da delinquência, à habitação, atuam, entre outros, gerentes de projetos, agentes de desenvolvimento e inclusão, executivos do ramo da inclusão, gestores de projetos municipais. Ao mesmo tempo, há um crescimento significativo do número de assistentes sociais pouco qualificados, atuando principalmente nas áreas de ajuda em domicílio ou de mediação social. O serviço social tem seu espaço cada vez mais reduzido.

* Este breve apanhado histórico mostra que a profissão de assistente social é confrontada com um contexto em constante evolução, capaz de limitar cada vez mais sua ação e de redefinir seu lugar, seus papéis e modelos. A figura emblemática do assistente de serviço social, no entanto, mantém sua importância, na medida em que se situa territorialmente, assumindo uma função abrangente e geral, e desempenhando um papel de ligação e coordenação com as instituições sociais e os demais atores sociais.

---

7. Além disso, a introdução das novas tecnologias, nomeadamente a informática, leva à adoção de diferentes métodos de trabalho e altera a relação entre trabalhadores sociais e usuários, o que suscita um amplo debate ético.

2. O Serviço Social atual: estatísticas, estatuto, formação

Como funciona o serviço social atualmente? Basta observarmos as estatísticas, o estatuto e a formação dos/as assistentes de serviço social para constatarmos suas principais características.

2.1 Estatísticas antigas

Na França, as estatísticas referentes aos trabalhadores sociais são antigas e datam de 2002. Naquela época, havia 40 mil assistentes. Ainda que o número de efetivos tenha aumentado significativamente ao longo dos anos (de 19 mil em 1970 para 40 mil), sua evolução é menos pronunciada do que em outras profissões sociais. Assim, embora o serviço social tenha ocupado, durante muitos anos, a primeira posição, sua queda para o segundo lugar se explica pelo aumento do número de educadores especializados (90 mil).

2.2 Um estatuto "médio"

Desde a sua criação, o serviço social tem sido exercido fundamentalmente por mulheres (que representam entre 94% e 96% da força de trabalho), atuando principalmente no serviço público em nível territorial, nomeadamente nos *Conseils Généraux*. Seguem-se a esses conselhos os ministérios, os órgãos de proteção social e os serviços de saúde. Como é o caso de outros trabalhadores sociais, seu estatuto, seus salários e sua carreira podem ser determinados ou por regulamentos no setor público, ou pelo código trabalhista e por acordos coletivos nos setores semipúblico e privado. Como resultado, os/as assistentes de serviço social podem ocupar uma multiplicidade de posições estatutárias, frequentemente compartimentalizadas, tendendo assim a ser considerados/as membros de uma classe "média"[8].

---

8. No serviço público, ao serem selecionados/as por provas de títulos, os/as assistentes sociais são classificados/as na categoria intermediária B, com possibilidade de acesso a um cargo específico de dirigente A; este é menos interessante, contudo, que a categoria administrativa A.

Assim, no que diz respeito à possibilidade de carreira, com exceção daqueles que gerenciam os/as assistentes sociais que fazem trabalho de campo, a mobilidade vertical que permite o acesso a outros cargos de responsabilidade é praticamente inexistente. Nos cargos de gerência, é necessário distinguir a posição de dirigente hierárquico e dirigente funcional. Os dirigentes hierárquicos assumem uma posição de responsabilidade em relação aos demais funcionários (gestão, responsabilidade pelas equipes); sua autoridade é exercida de acordo com a delegação do empregador. Os dirigentes funcionais, por sua vez, são responsáveis por uma função específica, que inclui formação, experiência, supervisão, coordenação, ou uma missão específica (inclusão, moradia etc.). As possibilidades de mobilidade transversal são maiores e compreendem a mobilidade geográfica (embora haja grandes disparidades entre determinadas regiões e locais), a mobilidade interinstitucional (mudança de empregador) e a mobilidade intersetorial (que abarca, por exemplo, desde a polivalência até a especialização).

No entanto, entre as profissões sociais, a de assistente social é a única especificamente protegida. A lei de 8 de abril de 1946, que até hoje nunca sofreu modificações[9], estipula que só é permitido conferir o título de assistente de serviço social àqueles/as que possuem um diploma na área. Em caso de exercício ilegal da profissão ou de fraude do título, a lei prevê igualmente a possibilidade de multa ou prisão. Ficam estabelecidos, além disso, o caráter de serviço público do serviço social e a necessidade de sigilo por parte daqueles que exercem a profissão, de acordo com as disposições inscritas no Código Penal.

2.3 Uma formação em constante evolução

Na França, principalmente por razões históricas, o trabalho social não é considerado uma disciplina, mas um campo de práticas. Assim, seu ensino não se encontra sob a égide da universidade. Dispensado dos centros de

9. Lei estabelecida pelos artigos 411-1 a 441-6 do atual *Code de L'action Sociale et des Familles* [Código da Ação Social e das Famílias].

formação privados ou semipúblicos[10] e subvencionado pelo Estado, o trabalho social é do âmbito do ensino profissionalizante e é de responsabilidade do *Ministère des Affaires Sociales et de la Solidarité* [Ministério dos Assuntos Sociais e da Solidariedade].

Diante das muitas mudanças que afetam o setor social, e diante do surgimento e agravamento de novas questões sociais, esse ministério desenvolveu um *Schéma national des formations sociales* [Esquema nacional das formações sociais], que estabelece as principais diretrizes para os anos 2001-2005. Dentre essas diretrizes, destacam-se: a adequação das ofertas de formação/emprego; a evolução do planejamento dos cursos que emitem diplomas com certificação ministerial; o reforço do aparato de formação e sua regulamentação; uma melhor articulação das formações iniciais e continuadas; o desenvolvimento e a estruturação da pesquisa. Ao se inscrever nesse quadro, a formação de assistentes de serviço social passou por uma reforma em 2004 guiada por quatro imposições principais: adaptar o diploma à evolução do contexto; tornar compreensível e clara a função do órgão de *Allocation de Solidarité Spécifique* [Subsídio de Solidariedade Específica] (ASS) por meio da definição de uma atividade de base; facilitar o acesso pela *Validation des Acquis de l'Expérience* [Validação da Experiência Adquirida] (VAE), que permite aos alunos com experiência prévia na área de formação pretendida obter um certificado de qualificação professiona[11]; inscrever a formação no sistema *Licence-Master-Doctorat* [Graduação-Mestrado-Doutorado] (LMD). (Desde então, sucederam-se as *Notes d'orientations pour les formations sociales* [Diretrizes para as formações sociais] nos intervalos de 2007-2009 e de 2011-2013, a fim de tratar das mudanças que exigem a adaptação das formações, questão que discutiremos mais adiante).

---

10. Cerca de 90% dos centros de formação são administrados por organizações sem fins lucrativos, suscitando, assim, questões do direito privado; os demais centros estão sob o comando de estruturas públicas que dependem diretamente dos *Conseils Généraux* ou do sistema de *Éducation Nationale* [Educação Nacional].

11. Implementada pela lei de modernização social de 17 de janeiro de 2002, a VAE implica reconhecer as experiências anteriores de profissionais — sejam eles assalariados ou voluntários — atuando há, ao menos, três anos na área do diploma exigido. A VAE requer uma organização pedagógica a partir de currículos individualizados.

Com duração total de 3.650 horas ao longo de três anos, a formação inclui um viés teórico de 1.740 horas e um viés prático de 12 meses. O programa compreende quatro áreas: intervenção profissional no serviço social; experiência social; comunicação profissional; envolvimento em dinâmicas de parcerias e em dinâmicas institucionais, interinstitucionais. No serviço social, a cada área de formação corresponde uma unidade principal, com a qual contribuem outras unidades.

Campo de competências	Prova de certificação
Intervenção profissional	comprovação de práticas profissionais e defesa
Experiência social	monografia com defesa oral
Comunicação profissional	elaboração de um dossiê de comunicação
Envolvimento em dinâmicas de parceria e em dinâmicas institucionais	prova de conhecimento das políticas sociais

A introdução de um novo conceito, o "local de qualificação" ["*site qualifiant*"], que auxilia na profissionalização de alunos, modificou o processo até então, conhecido como "estágio". Os "locais de qualificação", parte essencial do processo de certificação, recebem estagiários preparando-se para formar na área do trabalho social: esses estabelecimentos transferem competências específicas para o estagiário, respeitando o "referencial de habilidades" do diploma.

Dentre os 150 centros em funcionamento, 43% são multissetoriais e cerca de 60 oferecem formação de Assistente de serviço social. As estatísticas mais recentes, que datam de 2010, revelam um número de 8.643 alunos sendo formados pela *Allocation de Solidarité Epécifique* (ASS) — desse total, 69,9% têm entre 17 e 23 anos de idade. Dos 3.027 alunos da ASS que, ainda em 2010, tentaram obter um *diplôme d'État*[12], 2.478 foram bem-sucedidos. Dentre as 107 pessoas que obtiveram uma redução dos créditos necessários para a formação, apenas 15 pessoas recorreram à VAE, o que mostra que essa importante reforma ainda não alcançou os profissionais da ASS (embora ela

12. Nota da tradutora: ver nota 2 [*N. T.*].

já se aplique a outras profissões sociais). Vários centros permitem que os alunos obtenham um *diplôme d'État* na área de serviço social em concomitância com uma graduação — esta é realizada em parceria com uma universidade escolhida pelo próprio centro.

Os/As assistentes de serviço social podem se aperfeiçoar por meio de cursos de formação continuada ou pela qualificação profissional garantida por um diploma do ensino superior. Na França, após a lei de 1972 que estabelece o princípio da formação continuada para todos os trabalhadores assalariados, a lei relativa à formação profissional ao longo da vida e ao diálogo social, promulgada em 4 de maio de 2004, tornou mais concreta essa possibilidade. As formações continuadas destinadas aos trabalhadores sociais variam muito, embora, na maioria dos casos, sejam de curta duração e não ofereçam um diploma (em 2011, foram identificados cerca de 70 mil estagiários em formação profissional continuada). Em relação às formações de nível superior na área do trabalho social, o *Ministère des Affaires Sociales* criou três diplomas diferentes:

— O *Certificat d'Aptitude aux Fonctions d'Encadrement et de Responsable d'Unités Territoriales* [Certificado de aptidão para as funções de gerenciamento e para os responsáveis por unidades territoriais] (CAFERUIS) foi estabelecido em 2004 e atende os membros de unidades de intervenção social cuja missão principal é o gerenciamento de uma equipe e a tomada de responsabilidade pelas ações que afetam os usuários. Devido à experiência da qual beneficiam certos candidatos, esse diploma de nível II abrange uma versão "curta" de 330 horas de ensino teórico e 210 horas de formação prática, bem como uma versão "longa" de 400 horas de ensino teórico e 420 horas de formação prática (a duração completa da formação não pode exceder 24 meses).

— O *Diplôme d'État d'ingénierie sociale* [*Diplôme d'État* de engenharia social] (DEIS),[13] criado em 2006, permite a aquisição das competências necessárias ao exercício das funções de supervisão, assessoria, desenvolvimento e avaliação aplicadas às áreas de política social e intervenção social. A formação é feita em cooperação com uma

13. O DEIS substitui o *Diplôme Supérieur de Travail Social* [Diploma superior de trabalho social] (DSTS) criado em 1978.

universidade e tem duração de 700 horas de aprendizado teórico e 175 horas de treinamento prático.

— O *Certificat d'Aptitude à la Fonction de Directeur d'Établissement Social* [Certificado de aptidão à função de diretor de estabelecimento social] (CAFDES), criado em 1985 e emitido pela *École des Hautes Études en Santé Publique* [Escola de Altos Estudos em Saúde Pública] (EHESP), é uma formação global técnica e estratégica que permite o acesso a cargos de direção de estabelecimentos, bem como a aquisição de ferramentas de gestão e de uma cultura comum entre os futuros diretores. O ensino abarca três anos com duração total de 1.120 horas.

Além disso, a criação de diversos terceiros ciclos universitários focados em intervenção e desenvolvimento social e na gestão de instituições possibilita um aprofundamento da cultura profissional e do acesso a cargos de responsabilidade.

Quanto à pesquisa, ela continua sendo relegada até hoje ao papel de prima pobre do trabalho social. Ainda que a lei confie aos centros de formação uma missão de pesquisa, nenhum crédito de funcionamento lhes foi concedido para esse fim. Apenas um número muito reduzido de centros de formação foi capaz de criar uma unidade de pesquisa e realizar um trabalho em resposta às ordens de instituições sociais locais, de coletividades territoriais, de empregadores etc. É possível dizer assim que, na França, a constituição de um meio de pesquisa no campo do trabalho social tem sido realizada de maneira informal e oculta. A cadeira de trabalho/intervenção social[14], no entanto, é um dos elementos que impulsionam a evolução dessa situação, graças ao alto nível de qualificação instituído, à formalização, ao

14. A primeira e única cadeira do trabalho social na França foi criada em 2000 no *Conservatoire National des Arts et Métiers* [Conservatório Nacional das Artes e dos Ofícios], uma instituição de ensino superior. Ela iniciou suas atividades em 2001 com os seguintes objetivos: estabelecer a articulação entre práticas profissionais e saberes disciplinares; estruturar conhecimentos e práticas profissionais por meio da apropriação de um conhecimento já formalizado que permite ser repensado, adaptado, reestruturado e refundado da forma mais rigorosa possível; pensar a ligação entre políticas sociais públicas e práticas profissionais confrontadas com as realidades encontradas no trabalho de campo. Ela oferece ainda um mestrado profissionalizante ou focado na pesquisa, organiza um seminário em torno de temáticas relacionadas ao trabalho social e orienta teses.

desenvolvimento e à difusão de saberes com fins operacionais. Em suma, graças à sua forte contribuição para a estruturação do meio de pesquisa na área do trabalho social.

* Para concluir esta apresentação do serviço social como visto hoje na França, devemos mencionar alguns pontos de debate relativos principalmente à formação de trabalhadores sociais, dentre os quais se incluem os assistentes de serviço social.

A reforma do *diplôme d'État* tem provocado debates acalorados. Estes se concentram, por um lado, no fato de a monografia final apresentar limitações na elaboração de uma problemática que não é confrontada com as realidades do trabalho de campo (o que não ocorria no modelo anterior). Muitos lamentam essa redução a um exercício teórico de pesquisa. Por outro lado, os debates tratam do aumento de horas de treinamento que não conta com financiamento do Estado.

A questão da qualificação se coloca mais diretamente em função de certas preocupações (certificação, políticas sociais, desenvolvimento do emprego) e enfrenta um contexto de restrições orçamentárias. Como se trata de uma formação profissional e não acadêmica, submetida aos conselhos regionais, estes se veem livres para estabelecer esquemas regionais de formação, desenvolver uma profissão social em detrimento de outra, ou exercer influência sobre a formação e o *Ministère des Affaires Sociales* — Ministério de Tutela —, mantendo apenas a garantia dos diplomas e orientações nacionais. É por isso que foi elaborada a *Note d'Orientations pour les Formation Sociales 2007-2009* [Diretrizes para as Formações Sociais 2007-2009], cuja função consistiu em situar o novo panorama resultante da descentralização, a fim de identificar os lugares, as contribuições e articulações necessárias para promover uma melhora constante da formação. Do mesmo modo, a *Note d'orientations* atual, compreendendo o período de 2011 a 2013, tem o objetivo de reforçar a adaptação do trabalho social às intensas mudanças econômicas e sociais, à modernização da ação pública e à evolução das organizações da ação social, ao mesmo tempo em que são reforçados os valores e o envolvimento dos trabalhadores sociais.

Em suma, os trabalhadores sociais e, em particular, os/as assistentes de serviço social lamentam o fato de o diploma emitido ao fim de três anos, após a obtenção do *Baccalauréat* (diploma nacional que atesta o fim dos estudos secundários na França), não ser homologado por uma instituição universitária. Depois de alguma reflexão, a *Union Nationale des Associations de Formation et de Recherche en Intervention Sociale* [União Nacional das Associações de Formação e Pesquisa em Intervenção Social] (UNAFORIS)[15] assumiu, entre seus principais objetivos, a inscrição no ensino superior profissional europeu (fora da universidade), tendo como modelo a *Haute École Spécialisée* [Escola Superior Técnica] criada na Bélgica ou na Suíça. Essa instituição de ensino superior conta com formações profissionais reconhecidas em nível universitário e oferece cursos de bacharelado, formação continuada, mestrado e a possibilidade de orientação de teses.

3. Análise das transformações nas instituições e práticas

A retomada histórica mostrou que o serviço social vem constantemente evoluindo e que seu papel e suas funções não são imutáveis. Mas, desde a década de 1980, ele nunca havia sofrido tantas transformações. O alcance da economia neoliberal, sua penetração nas políticas públicas e a reforma dos serviços públicos do Estado são algumas de suas características definidoras. Desse modo, exige-se de todo o trabalho social francês, incluindo o serviço social, repensar seu papel e suas funções, bem como renovar seus modos de intervenção. Três aspectos demonstram isso.

15. A UNAFORIS reúne as duas principais federações de formação em trabalho social: a *Association Française des Organismes de Formation et de Recherche en Travail Social* [Associação Francesa dos Órgãos de Formação e Pesquisa em Trabalho Social] (AFORTS) e o *Groupement National des Instituts Régionaux du Travail Social* [Agrupamento Nacional dos Institutos Regionais do Tabalho Social] (GNI), do qual faz parte a formação de assistentes sociais

3.1 Metodologias de intervenção em renovação

Na prática profissional, outras denominações substituíram as anteriores, que diziam respeito às metodologias de intervenção clássica. Assim, a intervenção individual passa a ser "a intervenção social de ajuda à pessoa". O "trabalho social de grupo", o trabalho comunitário e "o desenvolvimento local" são reunidos em uma única expressão: "intervenção social de interesse coletivo".

Como a intervenção individual tendia a se posicionar em meio a faltas, carências e necessidades, uma nova elaboração a substitui e passa a ser chamada de "intervenção social de ajuda à pessoa". Essa abordagem mais transversal se vê como um processo dinâmico de trocas entre o trabalhador social e a pessoa que se beneficia desse trabalho — esta, encarada como ator em interação com a sociedade, passa a ocupar o centro da intervenção. A abordagem abrange igualmente a noção de acompanhamento social, criada na década de 1980, junto com as problemáticas de inclusão, coesão social e recriação da relação social. O acompanhamento social valoriza o "fazer junto", com base na capacidade das pessoas de desenvolver seus próprios recursos, sua capacidade de iniciativa e escolha, seu potencial de construção de um projeto de vida.

Quanto à *Intervention Social d'Intérêt Collectif* [Intervenção Social de Interesse Coletivo] (ISIC) — termo tipicamente francês que compreende o "trabalho social de grupo", o "trabalho comunitário" e o "desenvolvimento local" —, sua finalidade é promover, fortalecer ou restaurar objetivos de interesse geral e benefícios coletivos de uma dada população no seu território. Com vistas a promover a emancipação da relação social e da cidadania, os componentes da ISIC incluem principalmente a participação daqueles diretamente afetados por um problema ou por um fato social; o compromisso com a "coconstrução" dinâmica; a necessidade de uma postura de empoderamento [*empowerment*]; o estabelecimento de parcerias, avaliação participativa etc. Os freios e obstáculos impostos pela ISIC, contudo, ainda são consideráveis e se situam no nível das práticas profissionais, que permanecem essencialmente limitadas à ajuda à pessoa e para as quais as instituições não oferecem campos de estágio adequados.

As técnicas continuam a se sistematizar — como ocorre com contratos, projetos etc. Assim, no caso do contrato, este permanece, desde sua origem, como um elemento da prática profissional (um exemplo é o *Case Work* e o trabalho social com grupos) que se tornou, no entanto, mais referencial do que prático; ele é reativado e sistematizado pelos textos legislativos. Do mesmo modo, o projeto como método e técnica passa a ser sistematizado e regulamentado graças à lei de 2 de janeiro de 2002, que proporciona a renovação da ação social e médico-social. Uma vez transformado na base do trabalho social, o projeto implementa uma ação cuidadosamente preparada a partir de uma abordagem de mudança em vários níveis: o projeto da pessoa (entre incerteza e projeção no futuro, entre autonomia e imposição), o projeto de grupo, o projeto institucional.

3.2 Um gerenciamento institucional reforçado

Os dispositivos de racionalização levam a profundas mudanças estruturais na gestão das instituições sociais, obrigadas a assumir uma postura de gerenciamento moderno. As mudanças se tornam, por sua vez, inevitáveis (melhoria da qualidade e segurança do atendimento) ou insuportáveis (prioridade da economia em detrimento dos objetivos finais). Ou as instituições e os serviços realizam uma gestão racional e comedida dos recursos humanos e dos meios financeiros, respeitando as práticas educativas e sociais e adotando a concepção de uma "gestão emancipatória"[16], aberta "à escuta, à observação, ao relacionamento, ao entendimento da complexidade e do contexto, à confiança psicológica, social e histórica"; ou correm o risco de ser instrumentalizados pelas técnicas de gestão, pelas normas gerenciais e pela "ideologia do desempenho". Para superar a dualidade da "especificidade da ação social/racionalização" e da "autonomia/injunção" que afeta os trabalhadores sociais, a gestão de instituições e serviços implica lidar com as tensões crescentes entre desempenho econômico, respeito às pessoas e antecipação das expectativas dos usuários, de suas famílias e seus parceiros. Há, portanto, a necessidade de acomodar a sociabilidade em seus

16. Cf. BARBIER, René. "Le 'management émancipant'". *Journal des Chercheurs*, out. 2009.

eixos estruturantes, desenvolver o imaginário estabelecido[17] e buscar uma dimensão humana, estratégica e política.

3.3 Uma parceria necessária

A parceria se mostra cada vez mais necessária para responder aos problemas sociais, embora se torne gradativamente mais ampla e complexa. Por um lado, ela assume um aspecto organizacional essencial. A multiplicação de novos atores e novas estruturas de ação social requer uma organização séria baseada no reconhecimento recíproco. É preciso saber atuar nas missões institucionais, ao mesmo tempo em que se promove uma abertura capaz de incluir um trabalho em rede envolvendo vários atores sociais. Por outro lado, a parceria tem uma função que emana das leis e assume assim um caráter mais político. Desse modo, o serviço social deve saber se situar na interface entre a política e a técnica, a fim de possibilitar a inovação, não obstante as amarras institucionais.

* O impacto dessas principais evoluções mostra que os/as assistentes de serviço social são levados/as — de modo, ao mesmo tempo, voluntário e coercitivo — a renovar seus métodos de intervenção. O serviço deve não apenas se adaptar, mas conservar seu papel e objetivo. Isso implica desafios e questões importantes.

4. Desafios e questões impostos aos profissionais pelas evoluções

O fato de "a questão social" se manter, ainda hoje, íntegra e central na França, e o fato de as desigualdades serem multidimensionais resultam em

17. Para Castoriadis Cornelius, o imaginário social corresponde à "criação, presentificação, [ao] fazer ser". Cf. *Une société à la dérive*. Paris: Seuil, 2005.

uma mudança profunda das políticas sociais, bem como em uma redefinição dos compromissos assumidos pelo Estado em relação às instituições de ação social. Várias leis importantes preconizam a necessidade de conceder proteções específicas às pessoas em situação de exclusão — por programas de acesso ao emprego, à saúde, auxílio à moradia e pela facilitação do exercício da cidadania —, tendo como problema central o reconhecimento do lugar e dos direitos dos usuários. Essas leis reafirmam a condição de "Sujeito" e "ator" assumida no interior das instituições e intervenções sociais, reforçando os valores de reconhecimento e respeito da pessoa.

Ainda assim, com a submissão dos poderes públicos à racionalidade instrumental e com a restrição da lógica operacional e dos meios financeiros, multiplicam-se os dispositivos e as instâncias responsáveis por uma mudança de natureza no papel do/a assistente de serviço social. Os atos profissionais se tornam progressivamente mais restritos e regulamentados por diretrizes e medidas administrativas. O empilhamento, a justaposição, a duração limitada das medidas provocam uma fragmentação do ato profissional. A "comoditização" do social se encontra em andamento, e a ideia neoliberal de solvabilidade dos usuários busca substituir as instituições sociais e seus profissionais. Assim, disfarçada de modernidade, a deriva tecnocrática, instrumental e utilitarista leva o trabalho social a se transformar cada vez mais em um sistema de administração dos problemas do funcionamento social. Além disso, os referenciais da ação social são danificados pelo surgimento de uma forte ideologia de segurança, que acentua o controle social e a repressão em detrimento do auxílio.

Os debates sobre o papel do trabalho social se tornam assim importantes, criando um espaço de tensão. Dentre as profissões sociais, o serviço social é aquela que mais se vê tomada por contradições. Façamos um resumo concreto:

* Espera-se que o serviço social ajude uma pessoa a recuperar gradualmente sua autonomia; que contribua para a construção ou restauração de sua identidade; que a acompanhe em sua (re)inserção na sociedade. As ações realizadas em parceria com e em benefício da pessoa se mantêm como uma constante, um espaço nodal do trabalho social. Mas, ao mesmo tempo, exigem-se-lhe intervenções pragmáticas, imediatas, curtas, capazes de amortecer os efeitos da crise.

* Requer-se do serviço social saber interpretar a demanda e as necessidades das pessoas, posicionando-se em um nível de especialização. Ao mesmo tempo, ele se torna cada vez mais refém da necessidade de aplicação dos dispositivos e procedimentos das políticas sociais.

* Espera-se que o serviço social saiba trabalhar dinamicamente, em uma ampla parceria, com objetivos definidos, condução de projetos, planejamento e avaliação da ação. Mas, ao mesmo tempo, impõe-se-lhe uma lógica de racionalização e gestão, uma lógica de mercado que funciona segundo a oferta e a procura, de modo a restringi-lo à sua capacidade de escutar as "demandas" dos usuários e prestar os serviços estabelecidos.

Assim, as evoluções se fazem em sentidos contraditórios, difíceis de serem controlados pelo trabalho social, que oscila entre a gestão dos problemas sociais e a transformação social. Conflitos de valores, dilemas éticos cada vez mais comuns, tudo isso encoraja o trabalho social a redefinir o sentido de sua ação, a torná-lo conhecido e, quem sabe até, a defendê-lo.

O serviço social restabelece fortemente seu propósito e sua ética profissional. Ele vem se embasando, por um lado, no reconhecimento legislativo do sigilo profissional e, por outro, no Código de Deontologia da *Association Nationale des Assistants de Service Social* [Associação Nacional dos Assistentes de Serviço Social] (ANAS)[18], bem como no Código Internacional de Deontologia proposto pela Federação internacional de assistentes sociais. Mas, nos últimos anos, devido à evolução da sociedade francesa, à garantia de mais direitos por parte dos usuários, à descentralização administrativa, à informatização, à multiplicação dos dispositivos de parceria, às leis contraditórias de proteção a crianças e crianças em risco, essas instituições se tornaram ainda mais vigilantes. É por isso que as reflexões e propostas da ANAS, assim como os relatórios do *Conseil Supérieur du Travail Social* [Conselho Superior do Trabalho Social] e as decisões tomadas por sua comissão de ética e deontologia são importantes e se referem a diferentes aspectos.

---

18. O Código de Deontologia da ANAS, elaborado em 1949, foi revisado e atualizado em 1981; sua versão mais recente data de 1994.

* **Em conclusão,** quando posto à prova da modernidade, o trabalho social lida com questões de natureza organizacional, pedagógica, metodológica, ética, política, social etc. Situado no centro de um panorama nacional e internacional cada vez mais complicado, os/as assistentes de serviço social, assim como outros profissionais da área, precisam provar não apenas sua experiência e capacidade de inovação, mas sua força de convicção, a fim de que, diante de crescentes incertezas, eles/as continuem a afirmar e criar campos de "possibilidade" para as pessoas que atendem, contribuindo para a evolução e promoção de uma sociedade mais justa e solidária.

Referências

BOUQUET, B.; GARCETTE, C. *Assistente sociale aujourd'hui*. Paris: Maloine, 2011.

______. *Éthique et travail social:* la recherche du sens. Paris: Dunod, 2012.

DE ROBERTIS, C. *Méthodologie de l'intervention en travail social*. Paris: Bayard, 2007.

______ *et al. L'intervention sociale d'intérêt collectif*: de la personne au territoire. Rennes: Presses EHESP, 2008.

FERRAND, S. *Intervention professionnelle en service social:* ISAP, ISIC, auto-évaluation: méthodologie assistants de service social. Paris: ASH, 2011.

GUERRAND, R.-H.; RUPP, M. A. *Brève histoire du service social en France*. Paris: Privat, 1978.

JOVELIN, E.; BOUQUET, B. *Histoire des métiers du social en France*. Paris: ASH, 2005.

MOLINA, Y. *DEASS, Études et diplôme d'assistant de service social*. Paris: Vuibert, 2012.

PASCAL, H. *La construction de l'identité professionnelle des assistantes sociales*: l'association nationale des assistants de service social. Rennes: Presses EHESP, 2012.

Sites

www.unaforis.eu
www.travail-social.com
www.anas.travail-social.com

Reino Unido

Da modernização à *Big Society*: continuidade e mudança no Serviço Social no Reino Unido*

Iain Ferguson

Introdução

Mais de três anos se passaram desde que o colapso do banco de investimento americano Lehman Brothers, em setembro de 2008, transformou o que até então para muitos observadores parecia ser uma crise financeira confinada principalmente ao mercado imobiliário dos EUA, no que é hoje, de consenso geral, a crise mais profunda do capitalismo global desde a década de 1920 (Callinicos, 2010). Três observações podem ser feitas sobre os avanços desde 2008. Em primeiro lugar, as expectativas iniciais de que a crise duraria pouco e de que a economia mundial logo retornaria aos "negócios de sempre" mostraram-se extremamente otimistas demais. Em uma discussão sobre os fatores que contribuem para essa falta de recuperação, Callinicos (2011, p. 5) sugere que:

* Nota das organizadoras. Texto originalmente publicado em *Cuadernos de Trabajo Social*, ISSN: 0214-0314, v.. 25-1, p. 19-31, 2012. Disponível em: http://dx.doi.org/10.5209/rev_CUTS.2012.v25.n1.38431. Esta publicação foi do texto original em inglês com amplo resumo em espanhol feito por Elena Roldán García, aqui não incluído em decorrência da tradução ao português. Autorização obtida pelo autor para publicação nesta coletânea. A tradução do original inglês para o português é de Isabella Leite.

A realidade é que a economia mundial ainda está profundamente condicionada pelos efeitos simultâneos da crise e das medidas tomadas para evitar que ela se agravasse. A bolha financeira que precipitou a crise foi impulsionada por empréstimos massivos dos estados, dos bancos e das famílias. Todos estão tentando fazer menos empréstimos e economizar mais. Como um maior dinamismo da poupança reduz a procura efetiva de bens e serviços, as consequências econômicas são negativas.

A segunda característica notável da situação desde 2008 é que a resposta uniforme dos governos nacionais no Ocidente, encorajada pelas principais instituições financeiras globais, como o Fundo Monetário Internacional (FMI) e o Banco Central Europeu, pode ser resumida em uma palavra: austeridade. Na Grã-Bretanha, por exemplo, poucos meses depois de assumir o poder em maio de 2010, o governo de Coalizão Conservador/Liberal Democrata implementou cortes de 81 bilhões de libras, dos quais 18 bilhões vieram diretamente da assistência social, superando os cortes nos serviços públicos impostos pelo governo Thatcher dos anos 1980 (Brewer; Browne, 2010). O resultado é que na Grã-Bretanha, como na Grécia, Espanha, Portugal, Irlanda e outros lugares, é a população — e frequentemente a parte mais vulnerável — que está sendo forçada a pagar pela crise, através dos tipos de cortes nos serviços e privatização no atacado de serviços públicos anteriormente associados aos Programas de Ajustamento Estrutural impostos pelo Fundo Monetário Internacional durante os anos 1990 em países do Sul Global (Stiglitz, 2002).

O argumento não foi em uma única direção, no entanto, a terceira característica da crise é a resistência a que essas medidas de austeridade deram origem. Tanto a Grécia quanto a Espanha, por exemplo, testemunharam protestos de jovens em uma escala nunca vista desde a década de 1970, além de a Grécia estar vivenciando uma série de greves gerais sem precedentes. Os efeitos da crise (incluindo aumento dos preços e desemprego) também contribuíram para a "Primavera da África do Norte" de 2011, enquanto na Grã-Bretanha houve uma explosão de protestos estudantis no final de 2010 contra aumentos nas taxas escolares e cortes nos benefícios estudantis, os quais foram seguidos por meio milhão de fortes manifestações sindicais no início de 2011, acompanhados por uma greve significativa contra investidas do governo às pensões dos trabalhadores em junho daquele ano (Callinicos; Jones, 2011).

Estes três desenvolvimentos fornecem o contexto para uma discussão dos Serviços Sociais na Grã-Bretanha após a eleição do governo da Coalizão em maio de 2010. Um argumento central do artigo será o período que desde então tem sido marcado por continuidade e mudança: continuidade na medida em que, apesar da crise do capitalismo global, os pressupostos neoliberais que sustentaram o trabalho social durante o governo New Labour continuam a inteirar a abordagem da Coalizão; mudança em que a promoção do neoliberalismo agora ocorre dentro de um novo quadro ideológico — a Big Society.

Começarei localizando o trabalho social no Reino Unido em seu recente contexto político, a "modernização" do trabalho social durante o governo do Partido Trabalhista (New Labour) de 1997 a 2010 (Harris; White, 2009). Nesse primeiro momento, assim como em outras partes do artigo, o foco principal será o cuidado social adulto, em parte porque o trabalho social no Reino Unido é agora muito fragmentado para abordar todas as áreas de prática, mas também porque é quando ocorreu o desenvolvimento de algumas das políticas mais significativas. Em seguida, será analisada criticamente a Big Society, ideia de governo da Coalizão, e procurará identificar sua base de fundamentação. Alguns críticos do trabalho social que normalmente não são a favor das políticas conservadoras sugeriram que o projeto tem o potencial de permitir que o trabalho social se reconecte a alguns elementos de seu passado mais progressista. Na parte final do artigo, vou desafiar essa sugestão através de uma consideração de três principais vertentes do projeto da Big Society: personalização, localismo e "serviços abertos".

Uma ressalva é necessária. Referi-me acima ao "trabalho social no Reino Unido". Desde 1999, a responsabilidade por certas áreas do governo no Reino Unido, incluindo educação, saúde, trabalho social e assistência social, foi delegada aos Parlamentos (ou Assembleias) locais na Escócia, País de Gales e Irlanda do Norte. Em alguns casos, levou a uma divergência política significativa. Na Escócia, por exemplo, enquanto operava dentro de uma estrutura econômica amplamente neoliberal, o partido do governo (o Partido Nacional Escocês) às vezes adotava uma abordagem mais social-democrata, menos voltada para o mercado do que os outros partidos principais, incluindo o *New Labour*. Da mesma forma, o principal quadro político para o desenvolvimento do trabalho social (Scottish Executive, 2006) é diferente do quadro inglês. Embora seja errado exagerar a extensão dessa divergência, e embora permaneçam semelhanças na política e na prática do trabalho social em todo o Reino Unido, em alguns casos as diferenças são importantes e, quando relevantes, serão mencionadas no trabalho (exceto os desenvolvimentos no País de Gales e Irlanda do Norte, dos quais não estou suficientemente bem informado).

1. Modernização dos Serviços Sociais: Trabalho Social no *New Labour* 1997-2010

A criação de um "negócio de trabalho social" (Harris, 2003) no trabalho social britânico, no sentido da aplicação de disciplinas de mercado ao bem-estar social, não começou com o governo *New Labour* de 1997-2010. Começou alguns anos antes com a criação, pelos seus antecessores Conservadores, de um mercado (ou "quase-mercado") de assistência social baseado numa divisão entre autoridades locais, remoldado como "comprador" de serviços e um setor provedor ou "independente", formado por organizações voluntárias e privadas. No entanto, apesar da retórica inicial de "Terceiro Caminho" do *New Labour*, ficou claro que sua liderança compartilhava das mesmas suposições neoliberais de seus antecessores, acima de tudo em seu compromisso de alinhar a economia britânica (e a força de trabalho britânica) com as exigências de uma economia globalizada (Callinicos, 2001).

Harris e White identificam características comuns do neoliberalismo no trabalho social sob os governos Conservador e *New Labour*, como a terceirização (ou subcontratação) de serviços do setor público por organizações privadas e voluntárias; aplicação de valores e prioridades do setor privado a organizações do setor público, sobretudo os "3 E's" de economia, eficiência e eficácia (Audit Commission, 1983); e ênfase no papel fundamental da administração como uma disciplina distinta na melhoria do desempenho e da eficiência (Harris; White, 2009, p. 5-6).

Juntamente a essas características aconteceram, no entanto, algumas mudanças do *New Labour*. Essas incluíam ênfase em medidas de desempenho, tais como indicadores de metas e de performances, com órgãos de regulamentação e inspeção recém-criados responsáveis por assegurar que essas metas fossem atingidas; mais dependência do uso da tecnologia da informação e comunicação (TIC); e uma abordagem supostamente "não ideológica" para o bem-estar, com base na noção de prática baseada em evidências (Webb, 2006). O elemento central do projeto de "modernização dos serviços sociais" do *New Labour*, implícito na ênfase de gestão do desempenho, era a visão de que não se podia confiar nos assistentes sociais para oferecer serviços de qualidade.

Até que ponto essas medidas melhoraram efetivamente a qualidade do trabalho social no Reino Unido está em aberto. Em relação à gestão de desempenho, por exemplo, há agora um volume considerável de evidências de pesquisa e relatórios oficiais que sugerem que a ênfase na última década em definir metas com foco centralizado, impostas de cima e policiadas por meio de um regime estrito de regulação e inspeção, muitas vezes deu origem à prática mecanicista e defensiva. De acordo com uma recente solicitação do governo de revisão da Proteção à Criança na Inglaterra:

> Um tema dominante nas críticas à prática atual é o desvio nas prioridades que se desenvolveram entre as demandas dos processos de gestão e inspeção e a capacidade dos profissionais de exercer seu julgamento profissional e agir no melhor interesse da criança. Isso levou a um sistema excessivamente padronizado que não consegue responder adequadamente às diversas necessidades das crianças (Munro, 2010, p. 5).

Opiniões semelhantes a essas foram expressas por trabalhadores escoceses experientes entrevistados pelo autor em 2009. Um comentou:

> Vivemos em uma estrutura de desempenho em que os resultados precisam ser medidos. Eu acho que todos nós sabemos que os resultados são realmente muito, muito difíceis de medir, mas mesmo assim eles são medidos, muitos deles são medidos de maneiras sem sentido (Ferguson; Woodward, 2009, p. 69).

Para os profissionais, as implicações do gerenciamento de desempenho para a prática ética foram profundas. Na útil frase de Munro, uma ênfase abrangente na preparação para inspeções e no cumprimento de metas e indicadores de desempenho levou a uma situação em que o sistema se preocupou com os indivíduos "fazendo certo as coisas" em vez de "fazer a coisa certa" (Munro, 2010, p. 14).

Outro elemento-chave de modernização do trabalho social no *New Labour* envolveu o aumento da dependência da tecnologia da informação e comunicação (TIC). Embora as abordagens do *Old Labour* fossem retratadas (ou caricaturadas) como burocráticas, hierárquicas, centralizadas e ineficientes, por contraste, os serviços baseados em TIC eram mais acessíveis aos clientes (ou consumidor), ofereciam maiores oportunidades de padronização e eram particularmente mais "modernos" no uso de tecnologias de ponta. No entanto, como Coleman argumentou, em um estudo sobre o uso de centros de atendimento (ou contato) do trabalho social na Inglaterra, é enganoso retratar o uso da TIC como simplesmente a extensão de uma tecnologia neutra no interesse de maior acesso do cliente. Mais propriamente:

> O uso da TIC como um aspecto do gerencialismo não é "neutro"; é um reflexo das tendências econômicas, influências culturais e relações de poder nas quais ela existe (Harlow, 2003, p. 17). Sua adoção ocorreu em um contexto em que o gerencialismo já havia mudado fundamentalmente a maneira como o setor público era organizado e gerenciado, por meio da introdução de práticas de gestão do setor privado (Coleman, 2009, p. 33).

Essas tecnologias também não são neutras, em um segundo sentido. Um estudo de uma estrutura de avaliação computadorizada, o Quadro de Avaliação Infantil (CAF) — *Children's Assessment Framework* —, em crianças e famílias da Inglaterra, realizado após a morte de uma criança nas mãos de seus cuidadores, descobriu que a estrutura do CAF interrompeu o que os pesquisadores descreveram como "a exibição temporal e narrativa da informação" (White; Hall; Peckover, 2009). Não houve oportunidades para o pesquisador fornecer uma perspectiva cronológica sobre o caso ou o seu envolvimento, nem para contar uma história ou caracterizar a criança ou os pais.

Outra descoberta de White e outros — e que provocou uma boa cobertura da mídia — foi um tipo de software comumente usado, o Sistema Integrado para Crianças, que exigia dos trabalhadores o gasto entre 60% e 80% de um dia normal para dar entrada nos dados em seus computadores, o que não foi o melhor uso do tempo de um profissional e muito menos do tipo de relação de trabalho esperada, dificilmente sendo o que atraiu muitos trabalhadores para a profissão (White; Wastell; Broadhurst; Hall, 2010).

Explorar a insatisfação generalizada com a abordagem de gestão "descendente" do *New Labour* e a sensação de impotência experimentada pelos profissionais de primeira linha foi um elemento importante na estratégia eleitoral do Partido Conservador em 2010, sobretudo como expresso na ideia da *Big Society*. Voltamo-nos agora para a consideração dessa ideia e de suas implicações para o trabalho social e assistência social.

2. A *Big Society*

Por razões bastante óbvias, a eleição de um governo conservador nem sempre foi bem aceita pela comunidade do trabalho social no Reino Unido. No passado, não só se previa frequentemente uma investida aos padrões de vida de algumas das camadas mais pobres da comunidade, mais evidentes no governo de Margaret Thatcher depois de 1979, mas, além disso, os governos conservadores têm sido tradicionalmente menos do que compreensivos ao trabalho social como profissão, muitas vezes vendo os assistentes sociais como excessivamente ideológicos (no sentido de "correção política") e muito solidários aos grupos "menos favorecidos" dentro da comunidade, como pais solteiros, requerentes de asilo e jovens infratores.

Por várias razões, no entanto, a resposta ao resultado da eleição geral de 2010, por algumas partes, foi mais ambivalente. Em primeiro lugar, como nenhum partido conseguiu obter uma maioria geral, os Conservadores agora governam como parte de uma Coalizão com os Liberais Democratas, muitos dos quais são pessoas que se veem politicamente à esquerda do *New Labour* (e muitos dos quais surpreendentemente não ficaram então desapontados quando a liderança do Partido decidiu governar em parceria com os Conservadores). O envolvimento dos Liberais Democratas como um parceiro menor no governo é visto por alguns como uma influência restritiva sobre a direita do Partido Conservador. Em segundo lugar, como argumentei acima, houve uma insatisfação considerável na profissão sobre como o plano do *New Labour* de modernização era visto como prejudicial tanto à base de valores quanto à face terapêutica/humanista do trabalho social, reduzindo-a a uma profissão técnica "sem valor". Além disso, os assistentes sociais foram amplamente excluídos das iniciativas do *New Labour* para lidar com a pobreza, como do programa *Sure Start* para crianças e famílias, e de várias iniciativas do *New Deal* (Jordan; Jordan, 2001). Em terceiro lugar, e mais importante, o Partido Conservador de David Cameron procurou se apresentar ao eleitorado como uma investida diferente da existente no partido liderado por Margaret Thatcher (apelidado de "o partido desagradável" por um dos seus principais porta-vozes). Diferentemente dos líderes do Partido Conservador, por exemplo, Cameron se manifestou lamentando o materialismo e o declínio da comunidade, enfatizando a necessidade de priorizar a felicidade e o bem-estar nacional (Cameron, citado em Jordan, 2007, p. VIII). Muitos desses temas se juntaram à iniciativa da *Big Society*.

A ideia foi apresentada pela primeira vez por Cameron em uma palestra pública em 2009 e desenvolvida em uma série de discursos no ano seguinte, em que ele a descreveu como "sua grande paixão" (Cameron, 2009). Embora criticado, tanto naquela época como agora, por críticos e outras pessoas (incluindo membros de seu próprio partido), por ser vago e confuso, de fato existe um tema evidente, em sua essência, envolvendo uma crítica ao "Big State" e a seu suposto papel de enfraquecimento da responsabilidade pessoal. Em sua palestra em 2009, tendo prestado a devida homenagem ao *Welfare State* (Estado de bem-estar social) do pós-guerra, Cameron continuou:

> Mas à medida que o Estado continuou a se expandir, isso tirou das pessoas mais e mais coisas que elas deveriam e poderiam estar fazendo para si mesmas, suas famílias e seus vizinhos. Bondade humana, generosidade e imaginação estão sendo constantemente eliminadas pelo trabalho do Estado. O resultado é que hoje o caráter de nossa sociedade — e de fato o caráter de algumas pessoas, como atores da sociedade — está mudando.

> Há menos expectativa de assumir responsabilidade, trabalhar, apoiar a mãe de seu filho, conquistar, engajar-se com sua comunidade, manter seu bairro limpo, respeitar outras pessoas e seus bens, usar seu próprio critério e julgamento. Por quê? Porque hoje o Estado está sempre presente: ou fazendo isso por você, ou dizendo a você como fazer, ou certificando-se de que você está fazendo como eles querem (Cameron, 2009).

Tal fala pode ser vista como uma audácia de tirar o fôlego. Cameron também procurou colocar a culpa pelo aumento do egoísmo, individualismo e aumento dos níveis de desigualdade não sobre as políticas neoliberais executadas pelos governos conservadores e pelo *New Labour* nos últimos trinta anos, mas sim sobre o *Big State*, especialmente sobre os novos governos trabalhistas de 1997-2010:

> Há um paradoxo preocupante de que, devido ao seu efeito sobre a responsabilidade pessoal e social, o recente crescimento do Estado promoveu não a solidariedade social, mas o egoísmo e o individualismo (Cameron, 2009).

Ao *Big State*, Cameron contrapôs a ideia da *Big Society*, cujo objetivo era tirar o poder dos políticos e entregá-lo ao povo: "Trata-se de libertação — a maior e mais dramática redistribuição de poder das elites em Whitehall para o homem e a mulher na rua" (Cameron, 2009).

Desde o primeiro debate de Cameron, houve três amplas respostas à ideia da *Big Society*: em primeiro lugar, o ceticismo generalizado, a suspeita de que a ideia é pouco mais do que palavras calorosas que não têm qualquer substância real; em segundo lugar, uma visão de que a *Big Society* é uma forma de encobrir os cortes (Toynbee, 2010; Holman, 2011); em terceiro lugar, uma resposta mais favorável, que vê a ideia de Cameron como uma tentativa de abordar questões reais de desagregação da comunidade, baixos níveis de felicidade e do bem-estar da sociedade britânica. Curiosamente, entre aqueles que estiveram em prol do terceiro posicionamento, estão alguns críticos renomados no campo dos trabalhos sociais, os quais normalmente não são a favor das políticas conservadoras, especialmente Bill Jordan (Jordan, 2011). Em um artigo recente, Jordan interpretou a ideia da *Big Society* como sendo, acima de tudo, uma resposta à abordagem gerencial do trabalho social do

New Labour e que proporciona à profissão uma oportunidade de se reconectar a um objetivo ético (em oposição a um tecnocrático). A justificativa para a *Big Society*, ele sugere, é dupla:

> Por um lado, oferece aos cidadãos o formalismo tecnocrático dos novos serviços públicos, com suas obsessões sobre regras, sistemas e listas de verificação; convida a participação, entusiasmo e compromisso. Por outro lado, promete restaurar aos profissionais o poder de exercer julgamento, crítica e perícia — readquirir do governo, dos gerentes e dos inspetores a tomada de decisão (Jordan, 2011, p. 3).

Mais fundamentalmente, ele sugere que a *Big Society* procura saber do que realmente se trata os serviços sociais. O *New Labour* reduziu tudo a uma rede de incentivos e contratos que buscavam orientar o comportamento das pessoas, sem envolvê-las moralmente. Em contraste, ele sugere: "A Big Society é uma tentativa de restabelecer a regulamentação moral (em lugar de contratual), em pelo menos parte desse campo" (Jordan, 2011, p. 4).

3. De Sociedade Quebrada a *Big Society*

Jordan está correto em retratar a *Big Society* de maneira positiva? Será que, como alguns outros críticos radicais também sugeriram, oferece uma oportunidade para o trabalho social se reconectar com seus valores centrais (Beresford, 2010)? A insatisfação generalizada com uma abordagem tecnocrática do bem-estar é, sem dúvida, um elemento da crítica de Cameron e uma razão, por exemplo, para o governo de Coalizão estar preparado para continuar o processo de reforma do Serviço Social iniciado pelo anterior governo do *New Labour*. Até o momento, as mudanças iniciadas pelo Conselho de Reforma do Serviço Social incluíram o estabelecimento de um novo Instituto de Serviço Social, destinado a representar a profissão como um todo; a introdução de um período probatório para assistentes sociais e novos padrões profissionais para trabalhadores e empregadores (Social Work Reform Board, 2011). (Estas reformas aplicam-se apenas na Inglaterra e no País de Gales.)

O fato de o governo de Coalizão ter encontrado a possibilidade de apoiar essa reforma, no entanto, talvez não seja tão surpreendente. Uma crítica que localiza os problemas do trabalho social contemporâneo é feita não aos trabalhos orientados pelo mercado das últimas duas décadas, como argumentaram alguns críticos, mas sim à "burocracia" e aos processos democráticos que se encaixam facilmente com a retórica antiestatista da *Big Society* (DE, 2011). Também não é surpreendente que a principal proposta da Coalizão para a redução de tal burocracia e processos burocráticos seja a criação de Práticas de Serviço Social, operando fora das estruturas das autoridades locais:

> As Práticas de Serviço Social (PSS) são um exemplo de executar funções de assistências sociais tradicionais de maneira diferente. São parcerias profissionais de assistentes sociais, organizações do setor voluntário e organizações do setor privado, independentes do conselho que atuam como empresas sociais (DH, 2010, p. 36).

Enquanto algumas organizações de assistência social receberam as PSSs como um meio de reduzir a burocracia e capacitar os trabalhadores da linha de frente, outros argumentaram que não apenas "inclinam o equilíbrio do trabalho social" na direção do setor privado (Garrett, 2009), mas indiscutivelmente irão replicar grande parte da burocracia do trabalho social das autoridades locais (Cardy, 2010, p. 439).

Ao passo que a crítica sobre o *ethos* tecnocrático do *New Labour* é um componente do discurso da *Big Society*, no entanto é errado vê-lo como o elemento principal. Pelo contrário, a principal preocupação de Cameron é com a relação entre os indivíduos e o Estado e, acima de tudo, com o suposto papel desse Estado em criar dependência e responsabilidades enfraquecidas, como mostra a citação de sua palestra de 2009. No entanto, a sua visão de dependência e responsabilidade é bastante seletiva. Ele não faz referência, por exemplo, àqueles banqueiros altamente pagos cujo comportamento imprudente e irresponsável contribuiu para a formação de uma crise econômica global em 2008, resultando na necessidade de serem resgatados por esse mesmo *Big State* (Mason, 2009). Em vez disso, a preocupação de Cameron é com o extremo oposto da sociedade, que, seja por idade, deficiência ou desemprego, depende, em maior ou menor grau, do *Welfare State*. Nesse sentido, a *Big Society* é uma continuação e uma resposta à sua tese anterior de que a Grã-Bretanha é uma "Sociedade Quebrada" (*Broken Society*), quebrada não pelas políticas monetaristas dos governos conservadores dos anos 1980 que fecharam setores inteiros, destruindo comunidades da classe trabalhadora e deixando milhões desempregados e sem esperança (Davies, 1998), mas sim pela ineficiência dos pobres e sua incapacidade de romper com a dependência do bem-estar. Como publicado no *Daily Mail*, "em dezembro de 2008, por exemplo, ele argumentou:

> Como pode Gordon Brown [o então primeiro-ministro britânico] argumentar que as pessoas que falam sobre uma sociedade quebrada estão erradas? Essas crianças sofreram nos momentos mais incisivos da nossa sociedade quebrada, mas em todo o país também existem outras jovens vítimas. Crianças cujos brinquedos são garrafas de bebida descartadas pelo pai; cujos modelos são criminosos, mentirosos e preguiçosos; cuja inocência é perdida antes do primeiro dente de leite. Quais as chances para essas crianças? Criadas sem boas maneiras, moral ou educação decente. Elas estão presas na mesma cadeia destrutiva que seus pais. A qual se vincula ao desemprego, ao colapso familiar, à dívida, às drogas e ao crime (Cameron, 2008).

É uma diatribe familiar de direita, que lembra uma teoria muito subclassificada dos anos 1980 e que convenientemente responsabiliza os pobres pela sua pobreza. Como dissemos anteriormente, também está errado em todas as suas afirmações-chave (Ferguson; Lavalette, 2009). No entanto, em termos da discussão atual, longe da ideia de a *Big Society* representar uma ruptura ou rejeição desta visão de mundo, ela é mais precisamente vista como um desenvolvimento desse pensamento, como uma tentativa de enfraquecer e abalar as esperanças da população ao procurar apoio no *Welfare State* quando estão doentes, desempregados ou idosos, transferindo a responsabilidade do Estado para o indivíduo. Como argumentou, devidamente, Coote (2011, p. 82):

> Sob sua linguagem sedutora sobre dar mais poder aos cidadãos, a "Big Society" é um importante programa de mudança estrutural que visa derrubar *Welfare State* do pós-guerra. A ideia principal é descartar o estado

de responsabilidade das necessidades e gerenciamento de riscos que os indivíduos não conseguem enfrentar sozinhos. Funções que foram financiadas através de impostos e realizadas por órgãos públicos por mais de 60 anos devem ser transferidas para a "sociedade civil" e exercidas através de autoajuda, assistência mútua, caridade, filantropia, empresas locais e grandes companhias.

4. Trabalho Social na *Big Society*

Quais são, então, as implicações da abordagem da *Big Society* para o trabalho social no Reino Unido?

Serão brevemente considerados aqui três elementos-chave dessa abordagem: personalização; fortalecimento das comunidades e incentivando à ação social; abertura dos serviços públicos (HM Government, 2010).

4.1 Personalização: fortalecendo os usuários dos serviços ou transferindo riscos?

A Personalização (ou Suporte Autodirigido, como é conhecido na Escócia) refere-se à política de fornecer aos indivíduos uma quantia em dinheiro (conhecida como pagamento direto ou orçamento individual/pessoal) para permitir que eles se assistam. Embora seja uma abordagem inicialmente pioneira de ativistas no *Independent Living Movement* nas décadas de 1980 e 1990 como um meio de escapar dos serviços paternalistas (Campbell; Oliver, 1996; Slorach, 2011), o fato de também ser compatível com o consumismo neoliberal, o qual constitui consumidores como clientes racionais, tornou-a popular entre os governos Conservador e do *New Labour* desde meados da década de 1990 (Ferguson, 2007). Em um exemplo da continuidade política observada anteriormente neste artigo, a personalização é agora promovida pela Coalizão como um elemento-chave do plano da *Big Society*, uma vez que envolve a mudança da responsabilidade do Estado para o usuário do serviço (DH, 2010).

A personalização foi promovida de norte a sul, oferecendo uma nova filosofia para o trabalho social. A realidade, no entanto, está se mostrando bastante diferente. Um estudo realizado por pesquisadores da Universidade de Strathclyde, por exemplo, constatou que uma grande preocupação dos assistentes sociais entrevistados relacionou-se ao contexto de austeridade em que a personalização está sendo implementada e à suspeita de que a retórica progressista de escolha e controle associado à política está sendo usada para esconder os cortes (Cunningham; Nickson, 2011). Essa preocupação apareceu em uma pesquisa realizada com assistentes sociais pela revista *Community Care* em 2011, a qual também pareceu fundamentar uma queda acentuada no apoio à personalização. Assim, enquanto os questionados apoiavam os objetivos de personalização, apenas 41% acreditavam que os orçamentos pessoais beneficiariam os usuários a médio e longo prazo (o que era cerca de 66% em 2009).

4.2 Fortalecimento das comunidades?

Uma segunda vertente do projeto da *Big Society* envolve "dar às câmaras municipais e aos bairros mais poder para tomar decisões e moldar a sua área". Por um lado, envolve a aparente redescoberta do desenvolvimento da comunidade, refletida, por exemplo, na proposta de empregar 5 mil organizadores comunitários na Inglaterra (Cameron, 2010). Esta ênfase na comunidade foi bem recebida por alguns críticos, que a viram como uma oportunidade para os assistentes sociais de se afastarem das abordagens de gestão de cuidados individualizadas e limitadas, que nortearam o trabalho social britânico nas últimas duas décadas, e se reconectarem a uma abordagem social do trabalho comunitário, que quase desapareceu da educação e prática contemporâneas (Beresford, 2010). Ainda que no seu princípio as oportunidades de se reconectar com abordagens mais coletivas sejam bem-vindas, aqui também, como na personalização, fica impossível de ignorar o contexto de austeridade em que tais iniciativas estão sendo promovidas. Muitas instituições de caridade e organizações voluntárias (incluindo serviços para jovens), vistas pelo governo como a espinha dorsal do projeto da Big Society, dependem muito do financiamento das autoridades locais e estão entre as principais vítimas desses cortes (Kane; Allen, 2011). Dado o enfraquecimento da capacidade comunitária, é difícil ver como o desenvolvimento comunitário, nesse contexto, possa aceitar qualquer ideia, exceto a mais conservadora que tem por objetivo fazer com que as comunidades mais pobres consigam se erguer com os seus próprios esforços.

O segundo aspecto desta ênfase na comunidade envolve a promoção do "localismo", com um novo projeto de lei propondo às câmaras poder de compra de instalações locais, como piscinas e bibliotecas, perante o fechamento como resultado de corte de gastos da autoridade local. Embora a noção de "controle comunitário" das instalações possa parecer interessante na teoria, mais uma vez a realidade está sujeita a ser muito diferente. Em primeiro lugar, há a questão do financiamento; uma proposta de um Banco da *Big Society*, com base em fundos retirados de contas bancárias não utilizadas, não poderá fornecer mais do que uma fração dos custos necessários para administrar essas instalações; em segundo lugar, a proposta de que os voluntários locais irão substituir pessoal competente e qualificado será dificultada não só pela falta de capacitação desses voluntários, mas também pela falta de tempo, dado que os trabalhadores britânicos têm a maior jornada de trabalho da Comunidade Europeia (Eurofund, 2009).

4.3 Abertura dos serviços públicos

O objetivo do localismo é um elemento de reforma mais amplo do setor público, junto ao Livro Branco da Coalizão intitulado Serviços Públicos Abertos — *Open Public Services* — (apelidado de proposta da *Big Society*) publicado para consulta em julho de 2011, e provavelmente para formar a base da legislação em 2012 (HM Government, 2011). O seu objetivo essencial é abrir todos os serviços públicos (para além do sistema judicial e dos serviços de segurança) para concorrência de "qualquer fornecedor qualificado"; a terceirização de serviços, em outras palavras, se tornará o posicionamento padrão.

A crença de que a concorrência garante serviços públicos de alta qualidade sustentou as políticas dos governos Conservador e *New Labour* desde o final dos anos 1980. No entanto, como no regime de gestão do desempenho discutido acima, há poucas evidências de que a "cultura contratual", que se desenvolveu como resultado, tenha levado a uma melhor qualidade de atendimento. Pelo contrário, principalmente no Terceiro Setor, tem levado organizações que disputam contratos, com grande frequência, a uma "corrida para o fundo" (Cunningham; James, 2007). Como relatado por um trabalhador experiente de uma organização voluntária de saúde mental:

> Minha experiência tem sido de que as condições de trabalhado caíram, os salários caíram, as horas subiram [...] Existe algo em ser um profissional numa organização, mas como você fornece capacitação se os trabalhadores forem totalmente incapazes? Não acho que é possível (Doreen, citado em Ferguson; Woodward, 2009, p. 93).

Também não há evidências de que o aumento do envolvimento do setor privado tenha levado a uma melhor qualidade de atendimento. Uma pesquisa do *Financial Times* sobre asilos, em 2011, constatou que uma em cada sete casas de repouso privadas classificava apenas como "adequado" ou "pobre" em comparação com uma em onze entre instituições sem fins lucrativos ou locais (e dado o pequeno número de fiscais, esses dados provavelmente serão uma subestimativa relevante) (citado em Toynbee, 2011). Os perigos, além disso, de maior dependência do setor privado foram claramente destacados em 2011, quando Southern Cross, com 757 residências e 31 mil moradores — o maior provedor de cuidados para idosos no Reino Unido —, entrou em concordata, seguido de uma crise financeira devido a uma combinação de quantias reduzidas, aumento de aluguéis e má gestão financeira, causando intensa ansiedade entre seus moradores e suas famílias. Como um dos principais críticos de política social da Grã-Bretanha observou:

> A "mão morta do Estado" parece mais acolhedora do que a mão do capital privado. O Southern Cross, assim como os bancos, mostrou como os serviços privatizados que são essenciais demais para fracassar obtêm lucros enquanto se apoiam no Estado para recolher os pedaços se tiverem problemas, sem pagar ao contribuinte por esse seguro oculto (Toynbee, 2011).

5. Conclusão

Argumentei neste artigo que o trabalho social sob o governo da Coalizão Conservadora/Liberal foi caracterizado por continuidade e mudança. Indiscutivelmente, até hoje os elementos de continuidade têm sido mais aparentes do que os elementos de mudança. Assim, a maioria das políticas discutidas acima — a promoção de um mercado dentro da assistência social, a implantação da personalização, a criação de práticas de trabalho social, bem como a aceitação da necessidade de cortes severos nos gastos públicos — também foram elementos fundamentais do programa do *New Labour* enquanto governo. Até mesmo a *Big Society*, a grande ideia de David Cameron, pode reivindicar antecedentes na prática do governo anterior (Seymour, 2010, p. 74). Dada a profundidade da crise financeira em curso, discutida na primeira parte deste trabalho, no entanto é bem possível que a Grã-Bretanha, como outros países europeus, ainda possa experimentar uma segunda rodada de medidas de austeridade que transformarão o *Welfare State*, incluindo trabalho social e assistência social, em formas atualmente inimagináveis. Em tal caso, os protestos nas cidades britânicas em agosto de 2011 poderiam indicar qual seria a reação daqueles que sentem que foram abandonados e deixados sem esperança. É difícil ser otimista sobre o futuro do trabalho social no Reino Unido, dado o contexto de austeridade prolongada, aliados ao aumento da privatização dos serviços de assistência social. Uma possível esperança, entretanto, tem sido o desenvolvimento nos últimos anos da crescente oposição dos profissionais, estudantes, acadêmicos e usuários dos serviços à pauta neoliberal no trabalho social, refletida tanto em um interesse renovado na tradição radical do trabalho social como também no surgimento de organizações como a *Social Work Action Network*. Estes ainda são desenvolvimentos frágeis. No entanto, a história do trabalho social sugere que, onde os assistentes sociais são capazes de se conectar com movimentos sociais mais amplos (incluindo o movimento sindical), não só eles estão mais bem posicionados para defender os serviços nos quais seus clientes confiam, mas também que a prática de trabalho social é enriquecida e transformada através desse contato. As crescentes lutas em toda a Europa contra as medidas de austeridade que minarão ainda mais os padrões de vida das pessoas mais pobres e vulneráveis da sociedade sugerem que não haverá escassez de oportunidades para que tais conexões sejam feitas.

Referências

AUDIT COMMISSION. *Performance review in local government:* a handbook for auditors and local authorities. London: Audit Commission, 1983.

BERESFORD, P. An opportunity to reconnect with social work's values. *Community Care — The Big Picture*, 2010. Disponível em: http://www.communitycare.co.uk/blogs/social-care-the-bigpicture/2010/10/by-peter-beresfordin-a-sea.html. Acesso em: 20 ago. 2019.

BREWER, M.; BROWNE, J. Cuts to welfare spending. *In*: YEATES, N.; HAUW, T.; JAWAD, R.; KILKEY, M. (eds.). *In: Defence of Welfare:* The impacts of the spending review. London: Social Policy Association, 2011. p. 4-7.

CALLINICOS, A. *Against the third way:* an anti-capitalist critique. Cambridge: Polity Press, 2001.

______. *Bonfire of illusions:* the twin crises of the liberal world. London: Polity, 2010.

______. Unsteady as she goes. *International Socialism*, v. 131, p. 3-15, 2011. Disponível em: http://www.isj.org.uk/index.php4?id=738&issue=131. Acesso em: 30 set. 2011.

______; JONES, J. The student revolt and the crisis. *International Socialism*, v. 129, p. 3-19, 2011. Disponível em: http://www.isj.org.uk/index.php4?id=697&issue=129. Acesso em: 30 set. 2011.

CAMERON, D. There are 5 million people on benefits in Britain. How do we stop them turning into Karen Matthews? *Daily Mail*, 8 dec. 2008.

______. Hugo Young lecture. *The Big Society*, 2009. Disponível em: http://www.conservatives.com/News/Speeches/2009/11/David_Cameron_The_Big_Society.aspx. Acesso em: 11 out. 2011.

______. Our Big Society Plan, *Speech*, 31 mar. 2010. Disponível em: http://www.conservatives.com/News/Speeches/2010/03/David_Cameron_Our_Big_Society_plan.aspx. Acesso em: 11 out. 2011.

CAMPBELL, J.; OLIVER, M. *Disability politics:* understanding our past, changing our future. London: Routledge, 1996.

CARDY, S. Care matter's and the privatization of looked after children's services in England and Wales: developing a critique of independent "social work practices". *Critical Social Policy*, v. 30, n. 3, p. 430-442, 2010. Disponível em: http://csp.sagepub.com.ezproxy.stir.ac.uk/search/results?fulltext=cardy&submit=yes&journal_set=spcsp&src=selected&andorexactfulltext=and. Acesso em: 11 out. 2011.

COLEMAN, N. This is the modern world! Working in a social services contact centre. *In*: Harris, J.; White, V. (eds.). *Modernising social work:* critical considerations. Bristol: Policy Press, 2009. p. 31-50.

COOTE, A. Big Society and the New Austerity. *In*: Stott, M. (ed.). *The Big Society challenge*. Norfolk: Keystone Development Trust Publications, 2011. p. 82-93.

CUNNINGHAM, I.; JAMES, P. *False economy? The costs of contracting and insecurity in the voluntary sector*. London: UNISON, 2007.

______; NICKSON, D. A gathering storm: re-tendering and the voluntary sector workforce. *International Journal of Public Sector Management*, v. 24, n. 7, p. 662-672, 2011.

DAVIES, N. *Dark heart:* the shocking truth about hidden Britain. London: Vintage, 1998.

DEPARTMENT OF EDUCATION. Department of Education/Department of Health/ Department for Business Innovation and Skills, Letter to Moira Gibb, Chair Social Work Reform Board, 2 fev. 2011. Disponível em: http://www2.warwick.ac.uk/fac/soc/shss/courses/social_work_task_force_report_government_response.pdf. Acesso em: 11 out. 2011.

DEPARTMENT OF HEALTH. *A vision for adult social care:* capable communities and active citizens. London: HMSO, 2010.

DUNNING, J. Social workers say personalisation will fail most service users. *Community Care*, 25 maio 2011. Disponível em: http://www.communitycare.co.uk/Articles/25/05/2011/116868/social-workers-losing-faith-in-personalisation.htm. Acesso em: 11 out. 2011.

EUROFUND. *Working conditions in the European Union:* working time and intensity, Luxemburg: European Fund for the Improvement of Living and Working Conditions, 2009. Disponível em: http://www.eurofound.europa.eu/pubdocs/2009/27/en/1/EF0927EN.pdf. Acesso em: 11 out. 2011.

FERGUSON, I. Increasing user choice or privatizing risk? The antinomies of personalisation. *British Journal of Social Work*, v. 37, n. 3, p. 387-403, 2007.

______; LAVALETTE, M. Globalization and global justice: towards a social work of resistance. *International Social Work*, v. 49, n. 3, p. 309-18, 2006.

______; ______. Social Work after baby P. *International Socialism*, v. 122, p. 115-132, 2009.

______; WOODWARD, R. *Radical social work in practice*. Bristol: Policy Press, 2009.

GARRETT, P. M. *Transforming' children's services? Social Work, Neoliberalism and the 'Modern'World*. Maidenhead: Open University Press, 2009.

HARRIS, J. *The social work business*. London: Routledge, 2003.

______; WHITE, V. (eds.) *Modernising social work:* critical considerations. Bristol: Policy Press, 2009.

HM GOVERNMENT. Open services (social enterprise and social value) Bill 2010/11, 2011. Disponível em: http://services.parliament.uk/bills/2010-11/publicservicessocialenterpriseandsocialvalue.html. Acesso em: 11 out. 2011.

HOLMAN, B. *Big Society, Big Con?*. Speech at the 6th Social Work Action Network Conference, University of Birmingham, abr./2011.

JORDAN, B.; JORDAN, C. *Social work and the third way:* tough love as social policy. London: Sage Publications, 2001.

______. *Social work and well-being*. Dorset: Russell House Publishing, 2007.

______. Making sense of the "Big Society": social work and the moral order. *Journal of Social Work*, publicado *online*, 6 maio 2011. Disponível em: http://jsw.sagepub.com/content/early/2011/05/05/1468017310394241. Acesso em: 20 ago. 2019. Doi: 10.1177/1468017310394241.

KANE, D.; ALLEN, J. *Counting the cuts:* the impact of spending cuts on the UK Voluntary and community sector. London: National Council for Voluntary Organisations, 2011.

MASON, P. *Meltdown: the end of the age of greed*. 2. ed. London: Verso, 2010.

MUNRO, E. *The Munro review of child protection:* Part One. London: Department of Education, 2010. Disponível em: http://www.education.gov.uk/munroreview/downloads/TheMunroReviewofChildProtection-Part%20one.pdf. Acesso em: 11 out. 2011.

SCOTTISH EXECUTIVE. *Changing lives:* Report of the 21st Century Social Work Review, Edinburgh: Scottish Executive, 2006. Disponível em: http://www.scotland.gov.uk/Publications/2006/02/02094408/0. Acesso em: 20 ago. 2019.

SEYMOUR, R. *The meaning of David Cameron*. Winchester: Zero Books, 2010.

SLORACH, R. Marxism and disability. *International Socialism*, Social Work Reform Board, v. 129, p. 111-136, 2011. Disponível em: http://www.education.gov.uk/swrb/. Acesso em: 20 ago. 2019.

STIGLITZ, J. *Globalization and its discontents*. London: Penguin, 2002.

TOYNBEE, P. The 'big society' is a big fat lie — Just follow the money. *Guardian*, 6 ago. 2010. Disponível em: http://www.guardian.co.uk/commentisfree/2010/aug/06/big-society-is-bigfat-lie. Acesso em: 11 out. 2011.

TOYNBEE, P. Southern Cross and Winterbourne view have tested public tolerance to the limit. *Guardian*, 3 jun. 2011.

WEBB, S. *Social Work in a risk society*: social and political perspectives. Basingstoke: Palgrave Macmillan, 2006.

WHITE, S.; HALL, C.; PECKOVER, S. The descriptive tyranny of the common assessment framework: technologies of categorization and professional practice in child welfare. *British Journal of Social Work* 39, 7, p. 1197-1217, 2009.

______; WASTELL, D.; BROADHURST, K.; HALL, C. When policy o'erleaps itself: the 'tragic tale' of the Integrated Children's System. *Critical Social Policy*, v. 30, n. 3, p. 405-429, 2010.

Suíça

O Serviço Social na Suíça. Um olhar atrás do cartão-postal

Tuto Beat Wehrle

Introdução

O Serviço Social consolidou-se no decorrer do século XX como profissão que se caracteriza por uma reflexão ativa e uma ação reflexiva em torno da questão social enquanto expressão sempre conjuntural e multifacetária inerente às contradições e antagonismos do regime capitalista (Martinelli, 2001). Nesse sentido, o Serviço Social não é apenas parte do processo de produção e de reprodução das relações sociais, mas seu "desenvolvimento tem que ser analisado como expressão do desenvolvimento da própria sociedade" (Graf; Vogel, 2010).

O processo de profissionalização do Serviço Social lançado no século passado não é, portanto, um desenvolvimento linear. Ao contrário, sua evolução ocorre, segundo Sonja Matter, assistente social suíça, "em uma arena disputada e contestada (Matter, 2011, p. 14), onde atuam atores diversos com visões e objetivos inversos. Eles são expressões

> de lutas sociais na sociedade [...], da real desapropriação ou redistribuição da riqueza socialmente produzida, que será por consequência distribuída de forma mais igualitária e justo ou então concentrada de maneira injusta nas mãos de poucos (Graf; Vogel, 2010, p. 30, tradução nossa).

Uma análise crítica do Serviço Social na Suíça exige, por isso, uma reconstrução histórica do porvir do Serviço Social e uma contextualização da realidade econômica, política e social deste país específico da Europa continental. O presente texto se divide em três partes complementares. Primeiro, abre a perspectiva para a face normalmente oculta ao senso comum sobre a Suíça enquanto lindo cartão-postal. Em seguida, passa a analisar a evolução do estado suíço de bem-estar social[1] e insere finalmente nessa dupla análise o processo de consolidação do Serviço Social na Suíça.

1. A Suíça: uma ilha de bem-estar?

A análise do Serviço Social na Suíça precisa, antes de qualquer coisa, desmistificar aquela Suíça presente no imaginário internacional, muito próxima de uma ilha de fantasia que se caracteriza pela abundância de bem-estar para todos e por uma democracia participativa e horizontal. Certamente, a democracia suíça tem em sua configuração um potencial que vai além de uma mera estrutura formal e representativa. Mas é preciso ir além das aparências e do senso comum e verificar a "presença de abundância" de bem-estar para todos.

A Suíça é um país de 8 milhões de habitantes, situado no coração da Europa. A oeste, faz fronteira com a França; ao norte, com a Alemanha; a leste, com a Áustria e o Principado de Liechtenstein; e, ao sul, com a Itália. Dispõe de território com 41 mil quilômetros quadrados, o que corresponde a um tamanho pouco menor do que o estado do Rio de Janeiro (43 mil quilômetros quadrados). Sua geografia é marcada por duas cordilheiras montanhosas. A

1. Ao longo do século XX, e sobretudo depois da Segunda Guerra Mundial, os países industrializados centrais, isto é, os países da Europa continental, os países escandinavos e a família de países anglo-saxões (Estados Unidos, Inglaterra, Austrália e Nova Zelândia) desenvolvem uma configuração específica de sistemas de proteção social. Este modelo conhecido como *welfare* ou estado de bem-estar social reconhece direitos sociais de forma ampla e transforma a natureza política das relações entre Estado e sociedade. O modelo do *welfare* se constrói a partir do regime fordista de produção que assegura uma partilha dos ganhos da produtividade capitalista através do aumento dos salários diretos e pela expansão de salários indiretos. Destarte, o *welfare*, ou o estado de bem-estar social, pode ser concebido como regime capitalista de bem-estar.

principal, ao sul, são os Alpes e, ao norte, o Jura. As duas cordilheiras ocupam juntas mais de dois terços do território nacional. Por isso, a terra agricultável não ocupa mais que 10% do território total. Além disso, os invernos rigorosos e prolongados limitam ainda mais as atividades agrícolas.

Do ponto de vista de recursos naturais, destacam-se, sobretudo, os fartos recursos hídricos. Fora isso, no entanto, a Suíça não dispõe de recursos naturais significativos. Destarte, pode-se concluir que a Suíça é um país de lindas paisagens, mas é pobre em recursos naturais e dispõe de um potencial agrícola significativamente limitado.

Não obstante, a *Central Intelligence Agency* (CIA) dos Estados Unidos descreve a Suíça como "[...] país pacífico e próspero, com uma economia moderna de mercado, com baixo índice de desemprego, uma força de trabalho altamente qualificada e um PIB *per capita* entre os mais altos do mundo" (Central Intelligence Agency, 2011). A Suíça alcançou, em 2010, um PIB correspondente a US$ 324,5 bilhões, sendo esse resultado praticamente o mesmo de 2008. O PIB de 2009 sofreu, em decorrência da crise financeira global, uma pequena redução (US$ 316, 4 bilhões) (Ibid). Com esse resultado, a Suíça posiciona-se no 38º lugar do *ranking* dos PIB totais, enquanto o Brasil ocupa o 9º lugar, com um PIB total de US$ 2,2 trilhões. Resultado este que, comparado ao tamanho geográfico do país, não deixa de ser surpreendente.

Ao analisar o PIB *per capita*, a posição da Suíça melhora ainda mais. Ela ocupa o 17º lugar do ranking mundial, com um PIB *per capita* de US$ 42,6 mil (2010) (Ibid). Interessante é a comparação com o Brasil e os três países referenciais do mundo do *welfare* capitalismo: os Estados Unidos, enquanto país modelo do regime liberal; a Alemanha, enquanto referência do regime conservador; e a Suécia do regime social-democrata (cf. Tabela 1).

Tabela 1. Comparação do PIB *per capita* entre Suíça, Estados Unidos, Alemanha, Suécia e Brasil, correspondente a 2010

	Suíça	Estados Unidos	Alemanha	Suécia	Brasil
PIB *per capita* em mil US$	42,6	47,2	35,7	39,1	10,8
Ranking	17	11	33	23	103

Fonte: CIA, *The world factbook*, 2011.

O sociólogo suíço Ueli Mäder conclui que a Suíça

> é um país pequeno. Do ponto de vista de território, ela ocupa o centésimo quadragésimo lugar do ranking mundial. Na Suíça mora 0,1% da população mundial. Este 0,1% dispõe de mais de 1% do PIB global. No que diz respeito às exportações, a Suíça se posiciona no vigésimo lugar do ranking mundial, nas importações no décimo nono. Quanto às transações financeiras, a Suíça é um império. Ela ocupa o quarto lugar nos investimentos diretos no exterior, com 632 bilhões de francos suíços (Mäder *et al.*, 2010, p. 10, tradução nossa).

A historiadora suíça Joëlle Kuntz não tem dúvida de que a Suíça é "depois de Nova Iorque e Londres, o terceiro espaço mais importante em negócios financeiros do mundo" (Kuntz, 2008, p. 101, tradução nossa) e ocupa, portanto, um lugar de excelência no cassino global dos mercados financeirizados. Mas como essa Suíça, marcada por uma pobreza natural e climática, transformou-se em um dos vinte países mais ricos do mundo?

As razões são diversas e complexas. Um aspecto importante é certamente a característica geográfica. A primeira união federativa de 1291 — que dá origem à Suíça — ocorre a partir de um processo de resistência de camponeses contra o domínio feudal. No decorrer dos séculos seguintes, até a configuração territorial da Suíça em meados do século XIX, ocorre uma expansão relativamente pequena do território que atualmente compõe a Suíça. Em função da força das nações vizinhas, uma efetiva política de expansão territorial era impossível. Conforme Kuntz, uma nação ativa que não opta por uma política sistemática de expansão territorial não tem outra opção senão canalizar seu potencial no comércio (Ibid., p. 99), processo este, aliás, que ocorreu de maneira parecida com Portugal.

O aspecto topográfico da Suíça reforçou ainda mais essa tendência, pois o espaço geográfico suíço compõe um corredor entre o Mediterrâneo e o norte da Europa que depende, necessariamente, de passagens difíceis pelos vales apertados dos Alpes. Apenas o descobrimento de caminhos marítimos acaba com o papel central da Suíça no comércio europeu. Mais uma vez, os comerciantes locais se adaptam. Reduzem seus investimentos no transporte de mercadorias e começam a priorizar o financiamento do comércio. Com isso, nascem os primeiros bancos e seguradoras que, passo a passo, vão consolidar o espaço financeiro da Suíça. Destarte, o progresso econômico da Suíça dos séculos XVI e XVII foi marcado, sobretudo, por esse "[...] capitalismo comercial que acumulou mais fortunas que o processo ainda incipiente de industrialização" (Kuntz, 2008, p. 101, tradução nossa).

A reforma protestante foi outro fator importante. Iniciada com Martinho Lutero em meados do século XVI, na Alemanha, irradia-se rapidamente para a Suíça por meio de Ulrich Zwingli, em Zurique, e João Calvino, em Genebra. Em função da resistência da França católica à reforma protestante, os franceses que assumiram a confissão reformada são expulsos do país e fogem para o exterior. Muitos são acolhidos como refugiados religiosos nos territórios protestantes da Suíça. Eles trazem não apenas riquezas significativas, mas chegam com novas tecnologias de tecelagem e contribuem de forma decidida para o verdadeiro *boom* da produção têxtil que está na origem da industrialização suíça (Wittmann, 2011, p. 11).

Pode-se dizer que o processo de industrialização suíça deslanchou a partir da concessão de asilo político-religioso aos refugiados protestantes vindos da França. A Suíça de hoje, que se caracteriza por uma rigorosa política migratória que tenta reduzir a imigração oriunda da União Europeia e conter, de forma muitas vezes autoritária, a imigração provinda de países de fora da União Europeia, obviamente se esqueceu desse fato histórico.

Um segundo aspecto ligado à reforma protestante que influenciou de forma significativa o desenvolvimento econômico da Suíça foi sua determinação de tornar a leitura bíblica obrigatória. Efeito indireto dessa obrigatoriedade, que arrancou do clero católico o monopólio da interpretação da Bíblia, foram as altas taxas de alfabetização da força de trabalho, o que significou uma vantagem importante no mercado de trabalho europeu (Kuntz, 2008, p. 109). Ao mesmo tempo, a Reforma difundiu em toda a Suíça uma ética protestante que se mostrou determinante para o desenvolvimento do espírito do capitalismo (Weber, 2004).

Curiosamente, a evolução dessa base favorável para o desenvolvimento econômico passa pela ocupação da Suíça, por Napoleão Bonaparte, no final do século XVIII. Foi ele que estabeleceu as bases necessárias para a consolidação da Suíça como confederação de cantões[2] a partir de 1848.

2. Os cantões suíços correspondem ao nível administrativo entre o federal e o municipal e podem ser comparados, enquanto entes federativos, aos estados brasileiros.

A fundação da Confederação Helvética[3] foi precedida por uma guerra civil sangrenta entre os cantões protestantes e liberais contra os cantões católicos e conservadores. Os protestantes venceram e imprimiram seu espírito liberal na nova Constituição de 1848, que estabeleceu, finalmente, um espaço econômico e monetário unitário. O principal freio para o desenvolvimento dos potenciais industriais liberais fora removido.

O desenvolvimento econômico da Suíça foi, sem dúvida, consolidado por causa da afirmação de uma aparente neutralidade no decorrer do período das duas guerras mundiais (1914-1918 e 1939-1945). Mais uma vez, a localização geográfica no centro da Europa e a configuração topográfica livram a Suíça da ocupação alemã e possibilitam uma política de negociação pragmática de acertos entre a Suíça e os regimes fascistas da Alemanha e da Itália. No final da Segunda Guerra, a Suíça se lança no período de crescimento econômico do pós-guerra com uma vantagem comparativa significativa. Sua base industrial estava intacta e consolidada, pois não havia sofrido nenhum tipo de destruição.

Esse processo de desenvolvimento não levou exclusivamente a indicadores econômicos destacados, mas consolidou concomitantemente um desenvolvimento humano significativo. Ao analisar o relatório do Programa das Nações Unidas para o Desenvolvimento, encontramos a Suíça na 13ª posição do Índice de Desenvolvimento Humano (IDH) (cf. Tabela 2).

Tabela 2. Comparação do índice de desenvolvimento humano entre Suíça, Estados Unidos, Alemanha, Suécia e Brasil, correspondente a 2010

	Suíça	Estados Unidos	Alemanha	Suécia	Brasil
Índice de Desenvolvimento Humano (IDH) correspondente a 2010	0,874	0,902	0,885	0,885	0,699
Ranking do IDH	13	4	10	9	73

Fonte: UNDP, 2010, p. 142-146.

3. Da denominação confederação helvética deriva a abreviação da Suíça: CH. A confederação é a matriz de constituição do estado suíço e helvética faz referência a um grupo populacional que ocupou o território suíço e era originário das migrações indo-germânicas.

Interessante, no entanto, é a comparação entre as Tabelas 1 e 2. Se no PIB *per capita* a Suíça ultrapassa claramente a Alemanha e a Suécia, o país fica atrás dos dois no que diz respeito ao desenvolvimento humano. Ueli Mäder tem na desigualdade a explicação do dilema entre desenvolvimento econômico e desenvolvimento humano. O autor faz referência ao economista americano Simon Kuznets. Segundo ele (*apud* Mäder *et al.*, 2010),

> [...] a desigualdade é maior na transição de uma sociedade agrária para uma sociedade industrial, pois a nova tecnologia e a maior produtividade tendem a aumentar a renda dos empregados no setor industrial em comparação aos camponeses e aos trabalhadores na agricultura. Em uma sociedade plenamente industrializada, onde apenas poucos estão no setor agrícola, os rendimentos da maioria populacional tendem a aproximar-se em decorrência do crescimento econômico e de sua redistribuição. Também o estado de bem-estar contribui para esse processo redistributivo (Mäder *et al.*, 2010, p. 50, tradução nossa).

É de ressaltar que Kuznets supõe um caminho dedutivo entre crescimento e redistribuição, o que necessariamente não ocorre entre os países. Todavia, Mäder confirma que repetidas pesquisas empíricas chegaram a comprovar essa tese de Kuznets. Mas a análise da desigualdade de renda e de riqueza feita pelo autor no exemplo da Suíça mostra claramente que a tendência de Kuznets foi invertida a partir dos anos 1980. Se a distribuição de renda e de riqueza tendeu, durante certo período, a reduzir o grau de desigualdade, ela voltou, na atualidade, a acentuar o aprofundamento da desigualdade (Ibid., p. 51).

Primeiro indicador de ruptura da tendência defendida por Kuznets é a análise da desigualdade de renda a partir do coeficiente de Gini. Esse coeficiente varia entre 0 e 1. O coeficiente 0 equivale à completa igualdade e o coeficiente 1 corresponde à desigualdade absoluta. Em um total de 136 países analisados, a Suécia é o país com menor desigualdade de renda (cf. Tabela 3) e ocupa o último ou primeiro lugar em índice de desigualdade/igualdade. O país com maior desigualdade de renda é a Namíbia e o Brasil detém a 10ª pior posição na desigualdade de renda. O resultado da Suíça não é bom, mas os Estados Unidos se posicionam de forma ainda pior. O resultado da Alemanha surpreende positivamente.

Tabela 3. Comparação do coeficiente de Gini quanto à distribuição da renda familiar entre Suíça, Estados Unidos, Alemanha, Suécia e Brasil, correspondente a 2010

	Suíça	Estados Unidos	Alemanha	Suécia	Brasil
Coeficiente de Gini quanto à distribuição da renda familiar, correspondente a 2010	0,337	0,45	0,27	0,23	0,567
Ranking	93	39	124	136	10

Fonte: CIA. *The world factbook*, 2011.

Conforme análise da Federação Sindical Suíça, a tendência atual é de agravamento da distribuição desigual de renda (Schweizeirischer Gewerkschaftsbund — SGB, 2011). Se, em 1997, 1% dos trabalhadores com os salários mais altos abocanhava 5,9% do total da massa salarial, essa participação aumentou, em 2008, para 9,4%; um aumento, portanto, de 61%. Consta-se, assim, um aumento significativo da desigualdade da distribuição de renda.

Mas a situação fica ainda mais alarmante ao analisar-se a distribuição da riqueza. Em seu livro publicado em 2010, o sociólogo suíço Ueli Mäder faz referência à densidade proporcional de milionários no conjunto da população e constata que a Suíça apresenta, em 2009, a 3ª maior densidade no mundo, ficando apenas atrás de Cingapura e Hong Kong, somando um total de 221,7 mil pessoas com riqueza maior do que US$ 1 milhão (Mäder *et al.*, 2010, p. 35). Uma pesquisa mais recente do *Boston Consulting Group* mostra, para 2010, portanto exatamente na sombra da crise econômica e financeira dos anos precedentes, que o grupo de milionários suíços aumentou para 330 mil pessoas, o que corresponde a 9,9% da população economicamente ativa. Com isso, a Suíça assumiu o 2º lugar no *ranking* mundial de densidade de milionários (Boston Consulting Group — BCG, 2011, p. 9). Quanto à densidade de multimilionários, com fortunas acima de US$ 100 milhões, a Suíça também ocupa o 2º lugar, desta vez apenas atrás da Arábia Saudita (Ibid.).

O economista americano James B. Davies sistematizou, em estudo realizado pela *United Nations University*, o coeficiente de Gini quanto à distribuição da riqueza (Davies *et al.*, 2007). Na análise de 229 países, situa a Suíça no 3º lugar. Sua desigualdade na distribuição de riqueza é apenas menor do que a da Namíbia e do Zimbábue (cf. Tabela 4). O resultado da

Suécia surpreende, pois conta com a melhor distribuição de renda (cf. Tabela 3), mas tem um desempenho basicamente oposto no que diz respeito à riqueza. A posição da Alemanha repete um desempenho positivo. Suíça, Estados Unidos e Brasil fazem parte do grupo com maior concentração de riqueza, sendo que a riqueza no Brasil chega a ser menos concentrada do que na Suíça e nos Estados Unidos.

Tabela 4. Comparação do coeficiente de Gini quanto à distribuição de riqueza entre Suíça, Estados Unidos, Alemanha, Suécia e Brasil, correspondente a 2007

	Suíça	Estados Unidos	Alemanha	Suécia	Brasil
Coeficiente de Gini quanto à distribuição de riqueza, correspondente a 2007	0,803	0,801	0,671	0,776	0,783
Ranking	3	4	157	14	9

Fonte: Sistematização própria a partir de Davies *et al.* (2007).

Mäder deixa claro que essa face pouco conhecida e quase nunca divulgada da realidade suíça tem que fazer parte de sua real compreensão.

> Na Suíça, aproximadamente 3% dos contribuintes privados dispõem da mesma quantidade de fortuna líquida como os outros 97%. Desde os anos [19]80, e mais acentuadamente nos últimos cinco anos, aumenta a desigualdade social na Suíça. E aumenta mais do que nos outros países do mundo, exceto na Namíbia e no Zimbábue. Pior: em outubro de 2010, o Zimbábue entregou seu segundo lugar em desigualdade para Cingapura. A Suíça, no entanto, permanece inalterada na terceira pior posição. De todos os países industrializados, tem o pior desempenho (Mäder, 2010, p. 91, tradução nossa).

Do outro lado dessa moeda da riqueza, a Suíça contabiliza, hoje, 230 mil demandantes de benefícios da assistência social, o que corresponde a aproximadamente 3% da população (Bundesamt Für Statistik — BFS, 2010, p. 1). Ao mesmo tempo, somam-se 180 mil adultos e jovens sem nenhum tipo de rendimento e 200 mil pessoas identificadas como "pobres com rendimento" (*working poor*) (Mäder, 2010. p. 98-99). Nesse grupo de pessoas em situação de *working poor*, incluem-se aquelas que exercem trabalho assalariado com carga mínima de 40 horas semanais e, assim mesmo, não alcançam um rendimento capaz de lhes assegurar o mínimo necessário para a existência material.

As crianças, no entanto, que são dependentes de adultos em condições de *working poor*, não aparecem nas estatísticas. Nem o número significativo de famílias monoparentais é captado por essas estatísticas, pois, em função da demanda das crianças por cuidados e da inexistência de uma rede pública consequente de creches, as mulheres dificilmente alcançam um trabalho remunerado com carga mínima de 40 horas semanais. Além disso, os "sem-papéis", isto é, os imigrantes ilegais sem permissão de estada, permanecem na invisibilidade social. Estimativas conservadoras falam de, no mínimo, 90 mil (Longchamp *et al.*, 2005). As estatísticas são incompletas e, muitas vezes, se sobrepõem. A imprecisão estatística impede, dessa forma, uma exata noção do fenômeno da pobreza na Suíça, mas, segundo levantamento dos cientistas sociais suíços Christin Kehrli e Carlo Knöpfel,

> o número de pessoas em situação de pobreza na Suíça aproxima-se, certamente, de um milhão. Isso corresponde a 14,3% da população que no ano de 2003 não conseguiram suprir suas necessidades básicas através de uma renda atual ou passada (sem contar aquelas pessoas que solicitam asilo político na Suíça ou as outras consideradas "sem-papéis" pessoais (Kehrli; Knöpfel, 2006, p. 52, tradução nossa).

Essa análise mostra três aspectos importantes da realidade suíça. Primeiramente, a assistência social deixa de cobrir de longe o conjunto de pessoas que, por sua situação pessoal e/ou social, poderiam demandar benefícios. A taxa de cobertura da assistência social é considerada abaixo de 50% (Ibid., p. 52). Segundo, "[...] a Suíça futiliza a pobreza existente e a torna invisível pela definição de suas categorias de análise" (Mäder, 2010, p. 99, tradução nossa). A inexistência de estatísticas transparentes e abrangentes comprova esse fato.

Finalmente, pode-se dizer que o estado de bem-estar suíço não é uma ilha de bem-estar. Não é tampouco um produtor exclusivo de bem-estar.

Atua muito mais como regulador da produção social de bem-estar e de mal-estar. Evidentemente, se comparados com a realidade dos países do hemisfério sul de nosso planeta, os níveis de mal-estar estão ainda menos pervertidos. Isso, no entanto, não altera sua igual lógica de produção contínua e sistemática de desigualdade.

2. Os meandros complexos do estado de bem-estar social na Suíça

Ao comparar a Suíça com outros países europeus, ficam bastante nítidos sua lentidão e seu retardo relativo em desenvolver o estado de bem-estar, denominado de Estado social (*Sozialstaat*). As razões alegadas para essa construção tardia são o federalismo essencial da organização do Estado suíço, a marcada tradição liberal do país e, ao mesmo tempo, as formas de democracia direta que, no entanto, incluíram as mulheres na política de forma plena apenas em 1971 e mantêm os/as estrangeiros/as residentes na Suíça fora dos processos políticos.

O cientista político italiano Maurizio Ferrera confirma que na Suíça

> a tradição da solidariedade cantonal e da autoajuda associativa, associada a uma significativa participação política ao nível local e à democracia direta, freou de forma significativa o desenvolvimento tanto quantitativo quanto qualitativo do estado de bem-estar nacional (Ferrera, 2009, p. 396-397).

Também Esping-Andersen faz referência direta à Suíça para demonstrar os problemas empíricos da teoria institucional que defende a tese do favorecimento da evolução de estados de bem-estar em contextos de amplos direitos democráticos. De um lado, Esping-Andersen mostra que as primeiras grandes iniciativas de estados de bem-estar ocorreram exatamente em regimes que buscaram frear o desenvolvimento democrático (Napoleão III, na França; Bismarck, na Alemanha; e Von Taaffe, na Áustria). E, de outro lado, "[...] o desenvolvimento do estado de bem-estar ocorre de forma retardatária quando o regime democrático é precoce, como nos Estados Unidos, na Austrália e na Suíça" (Esping-Andersen, 2007, p. 28, tradução nossa).

Claro é que a análise de Esping-Andersen se refere ao hemisfério norte, pois no hemisfério sul, e particularmente nos países sul-americanos, pelo contrário, o retardo do regime democrático não levou a avanço de uma perspectiva de *welfare*.

Como fruto do lento processo de consolidação do estado de bem-estar, a Suíça construiu um sistema de seguridade social muito complexo e sem unidade interna. Ele pauta-se essencialmente nos seguros sociais. Os benefícios complementares (assistência social em sentido amplo) e a própria assistência social (em sentido restrito) são acessados mediante comprovação da necessidade. A comparação orçamentária entre seguros sociais e assistência social (em sentidos amplo e restrito) mostra claramente a priorização significativa dos seguros sociais: os gastos efetivados para a assistência social no ano de 2007 somam 3,4 bilhões de francos suíços, o que corresponde a apenas 2,8% dos gastos dos seguros sociais que somam 121 bilhões de francos suíços (Bundesamt Für Sozialversicherungen — BSV, 2010, p. 8).

Os seguros sociais tradicionais representam, portanto, o primeiro nível da seguridade social suíça. É, ao mesmo tempo, o único nível em que a Federação assume diretamente a responsabilidade de seu ordenamento e, em parte, de sua execução. Os referidos mecanismos de seguro garantem proteção social para as situações de velhice, invalidez, doença, acidente, desemprego, maternidade, viuvez e crianças sem proteção dos pais. Funcionam na base de deduções dos salários (seguro para aposentadoria e pensões: *Alters und Hinterbliebenenversicherung* — AHV) ou por meio de contratos obrigatórios firmados fora da relação empregatícia com operadoras privadas (seguro de saúde: *Krankenkasse*).

O segundo nível é denominado de assistência social em sentido amplo. Essa provê, prioritariamente, benefícios de forma complementar aos seguros sociais tradicionais ou a outros sistemas de atenção aos direitos fundamentais. O acesso a esses benefícios complementares é condicionado à comprovação de necessidades específicas. Os benefícios complementares têm caráter exclusivamente financeiro. A assistência social em sentido amplo é assegurada pelos cantões e municípios. Não existe nenhum tipo nacional de regulamentação referencial, o que leva a significativas disparidades na amplitude dos benefícios e também nos critérios de sua aplicação.

O terceiro nível da seguridade social suíça é denominado de assistência social em sentido restrito. Esta tem por objetivo assegurar os mínimos sociais necessários para a existência humana e é compreendida como último recurso na "escada" da seguridade social. A assistência social suíça mostra claramente a presença da concepção liberal

> [...] pela qual [cabe] a cada um [...] suprir por seus meios suas próprias necessidades. Sob essa concepção, o dinheiro público só pode ser aplicado para atender a alguém na condição de um socorro, isto é, quando não tem mais condições pessoais e está em uma situação que a coloca em risco (Sposati, 2011, p. 22).

Destarte, transforma "[...] os cidadãos em necessitados sociais, ou em não cidadãos. A concessão de benefícios ainda traz essa marca de seleção do acesso pela renda, em vez da necessidade ou da segurança a ser alcançada" (Idem, 2009, p. 23), perdurando, portanto, uma compreensão "[...] pela qual a política pública de assistência social deva se ocupar do pobre e da pobreza" (Idem, 2011, p. 23)?

A assistência social na Suíça não dispõe de regulamentação nacional. A regulamentação ocorre nos cantões e sua execução é operacionalizada nos cantões e municípios. Ao mesmo tempo, há organizações privadas atuando nessa área. A coordenação entre execução pública e privada, no entanto, é frágil e insuficiente.

Cada cantão estabelece sua própria legislação para assistência social (*kantonale Sozialhilfegesetzgebung*). Isso significa que não existem disposições válidas e aplicáveis em todo o território nacional. As 26 leis cantonais definem de forma diversa os benefícios e os princípios que regem a assistência social. Assim, cada cantão estabelece os princípios e a amplitude dos benefícios que, no entanto, são sempre condicionados à comprovação de necessidades específicas.

Para agravar, a execução da assistência social fica, na maior parte das vezes, na responsabilidade dos municípios. Esses dispõem de graus diversos de autonomia política e de responsabilidade financeira. Assim, conforme o tamanho do município e dependendo de sua localização geográfica, encontram-se desigualdades significativas nas políticas de integração e de combate à pobreza. Existem disparidades entre os tipos de benefícios, os valores desses benefícios e os serviços assegurados.

Ainda existem inúmeros municípios (sobretudo em regiões rurais) que executam a gestão municipal de forma não profissionalizada. Isto é, os executivos municipais mantêm suas atividades profissionais pessoais e, no tempo disponível, dedicam-se à ação governamental. Meu próprio pai foi eleito duas vezes no município de seu domicílio como secretário de Assistência Social. Nessa condição, ele era a única pessoa no município que se dedicava às questões da assistência social. Assim, era o secretário e, concomitantemente, o aparato total da assistência social. Os usuários eram recebidos em casa, causando forte constrangimento para quem demanda benefícios da assistência social. Essa experiência particular não é caso isolado. Inúmeros municípios pequenos não dispõem de atendimento profissionalizado para assegurar a operacionalização da assistência social.

Destarte, a assistência social na Suíça mantém, até hoje, um conjunto de barreiras ultrapassadas de acesso. A falta de ação profissionalizada é apenas um aspecto. Outro aspecto é o condicionamento dos benefícios da assistência social à participação parental. Assim mesmo, permanece, muitas vezes, a obrigatoriedade da devolução dos benefícios recebidos.

Em muitos cantões suíços, os benefícios recebidos por meio da assistência social são contabilizados como dívida pessoal que precisa ser saldada após o período de recepção de benefícios. No cantão de Friburgo, por exemplo, avança-se para um cruzamento de informações entre os serviços de assistência social e os serviços de imigração. Repetidas vezes, estrangeiros usuários de assistência social tiveram suas solicitações de prorrogação de estada indeferidas. A justificativa utilizada pelo indeferimento é o nível alto de dívida correspondente à soma dos benefícios de assistência social recebida.

A assistência social, assim, transforma-se em instrumento de uma política migratória que busca conter a imigração de estrangeiros. Portanto, a avaliação da assistência social suíça como fortemente descentralizada (com alta desigualdade nos benefícios e serviços oferecidos) e marcada por barreiras discriminatórias e estigmatizantes de acesso continua plenamente válida (Eardley *et al.*, 1996, p. 378).

A definição de parâmetros nacionais a respeito da garantia dos mínimos sociais faz parte da pauta do Congresso Nacional. No entanto, não há nenhuma previsão possível quanto ao prazo de aprovação de uma legislação federal. Os únicos parâmetros referenciais são estabelecidos pela Conferência Suíça de Assistência Social (Schweizerische Konferenz für Sozialhilfe — SKOS). Essa conferência é constituída como entidade privada, mesmo que agregue representantes de operadores públicos municipais, cantonais e federal de assistência social, além de entidades privadas. Os usuários diretos da assistência social não podem associar-se à SKOS.

O objetivo dessa conferência é assegurar um empoderamento dos atores dispersos da assistência social e acumular força política para implementar um caminho de qualificação da assistência social na Suíça. Para isso, a SKOS publica periodicamente um documento referencial a respeito dos "[...] parâmetros para a concepção e o cálculo dos benefícios de assistência social" (Schweizerische Konferenz Für Sozialhilfe — SKOS, 2005, tradução nossa). Os parâmetros estipulados pela SKOS sempre estão no centro do debate político e tendem a aumentar seu reconhecimento público. Muitos cantões assumem os "mínimos sociais" neles delimitados como referência para a execução assistencial. Os parâmetros da SKOS não têm, no entanto, valor legal. Eles correspondem apenas a recomendações que podem ser seguidas ou não.

3. O processo de profissionalização do Serviço Social na Suíça

O caminho percorrido pelo contexto econômico, político e social da Suíça e o decorrente processo de consolidação de seu estado de bem-estar social mostrou que o "cartão-postal" da Suíça fortemente presente no imaginário do senso comum não corresponde à realidade deste pequeno país da Europa continental.

A sociedade suíça é marcada por uma profunda desigualdade social que tende a agravar-se. Sua política social prioriza os que já estão inseridos, isto é, favorece majoritariamente a população masculina que se encontra em trabalhos assalariados. A assistência social é vista como última rede de acolhida. Prevalece uma visão de subsidiariedade e uma compreensão de justiça que se fundamenta no empenho e no rendimento individual. A assistência social não é compreendida como conquista à qual as pessoas têm direito. As pessoas que a acessam continuam sendo estigmatizadas e não têm nenhum tipo de acesso para participar da configuração da regulação das políticas sociais. Além disso, as marcas liberais e protestantes ou conservadoras e católicas perpassam a colcha de retalho de ofertas e serviços públicos e privados que continuam condicionados pela realidade local dos municípios, sem que haja uma legislação federal de referência.

Enquanto ator "solitário", a Conferência Suíça de Assistência Social (Schweizerische Konferenz für Sozialhilfe — SKOS) tenta enfrentar a ausência de regulamentação federal. Se, no contexto atual, a SKOS pode ser identificada como ator que busca qualificar a paisagem da política de assistência social, teve no processo de desenvolvimento do Serviço Social na Suíça um papel bastante polêmico. É a partir da SKOS que começamos a desenrolar o processo disputado de consolidação do Serviço Social no decorrer do século XX.

3.1 As raízes históricas da SKOS e seu papel no desenvolvimento do Serviço Social na Suíça

No decorrer do século XX, a denominação das medidas de regulação da questão social passou na Suíça por uma evolução discursiva. No final do século XIX e no início do século XX, os primórdios de uma política de assistência social ainda eram denominados de 'ajuda aos pobres' (*Armenhilfe*). A partir dos 1920, portanto na fase posterior à Primeira Guerra Mundial, a 'ajuda aos pobres' passou a ser denominada de 'assistência aos pobres' (*Armenfürsorge*). Aos poucos, o conceito 'pobre' desaparece e, lentamente a 'assistência' (*Fürsorge*) transmuta-se discursivamente para a 'assistência social' (*Sozialhilfe*).

No mesmo sentido, a Conferência Suíça de Assistência Social (Schweizerische Konferenz für Sozialhilfe — SKOS) corresponde à denominação atualizada da Conferência Suíça dos Cuidadores dos Pobres (Schweizerische Armenpflegerkonferenz), que fora fundada no início do século XX. Já nessa época, ela buscava formas de superar as fragilidades e os limites do caráter extremamente federalista da "ajuda pública aos pobres" (*öffentliche Armenhilfe*). Essa correspondia a um sistema de ajuda pública ao indivíduo e era exercida majoritariamente pelos municípios. A partir da verificação da necessidade, oferecia benefícios estabelecidos pela legislação municipal ou cantonal.

Esse sistema de ajuda aos pobres e sua fundamentação legal e institucional eram fortemente marcados por uma dicotomia entre 'pobres dignos' e 'pobres indignos'. Os primeiros encontravam-se frente a ocorrências existenciais que justificavam uma ajuda material do Estado (doentes, portadores de deficiências, crianças, terceira idade etc.). Os 'pobres indignos' eram vistos como preguiçosos, sem vontade de trabalhar que se negavam a contribuir com o bem comum. Se aos primeiros eram oferecidos benefícios materiais, os segundos experimentaram a 'ajuda aos pobres' enquanto medidas repressivas e forma de controle social.

Segundo Matter (2011, p. 102 ss.), o funcionamento da "ajuda pública aos pobres" era, muitas vezes, inspirado pelo "Sistema de Elberfeld", pequena cidade alemã que consolidou uma estratégia de acompanhamento dos pobres a partir de pequenos núcleos de convivência nos bairros urbanos. Havia, de um lado, 'cuidadores dos pobres' voluntários. Cada um se encarregava de acompanhar um grupo pequeno de pobres a partir das relações de proximidades do bairro. Oferecia acompanhamento individualizado e seguia passo a passo a reintegração do acompanhado na normalidade social e na autonomia pessoal. Do outro lado, os colaboradores voluntários eram coordenados pelos cuidadores remunerados que conseguiram ocupar postos de trabalho na ainda incipiente burocracia do Estado. Esses postos administrativos eram ocupados exclusivamente por homens. Também a Conferência Suíça dos Cuidadores dos Pobres (Schweizerische Armenpflegerkonferenz), fundada em 1905 por Carl Alfred Schmid e por Albert Wild, que coordenaram o sistema público de ajuda aos pobres na cidade de Zurique, correspondia a uma estrutura de homens e para homens.

Com o crescente processo de industrialização e a consequente migração sistemática rumo aos centros urbanos, o sistema municipal de 'ajuda aos pobres', a exemplo do 'Sistema de Elberfeld', chegou ao limite de seu funcionamento. A alternativa encontrada era o 'Sistema de Estrasburgo', que desenvolveu o 'Sistema de Elberfeld' com maior centralização administrativa e com maior incidência de cuidadores profissionais. Carl Alfred Schmid defendeu técnicas administrativas modernas (Ibid., p. 104) para a regulação da pobreza e tentou, através da Conferência Suíça dos Cuidadores dos Pobres, impulsionar um espaço para além dos limites estreitos dos municípios e cantões específicos, com o objetivo de assegurar um processo de racionalização do sistema público de ajuda aos pobres, aumentando sua institucionalização e profissionalização.

Para alimentar essa tendência de institucionalização do sistema público de regulação da pobreza, Schmid precisava contar com um número crescente de profissionais. Por isso, lutou para criar na universidade um espaço de formação para os quadros demandados. O objetivo, no entanto, não era apenas a formação de profissionais para alimentar o sistema público de assistência aos pobres em expansão. Ao mesmo tempo, a implantação de uma possibilidade de formação de profissionais na universidade buscou servir à defesa de uma área de domínio masculino, ao acesso de posições de direção na administração pública e à possibilidade de obtenção de prestígio social. Mas a promoção de uma assistência pública modernizada aos pobres não contou com o apoio da academia. As duas tentativas de 1908 e de 1922 de instituir uma formação em Serviço Social na universidade foram bloqueadas pelas faculdades tradicionais de Teologia e de Direito.

Também é interessante observar que os cantões católicos da Suíça central não entraram na articulação da Conferência Suíça dos Cuidadores dos Pobres (Schweizerische Armenpflegerkonferenz), que encontrava mais ressonância nas regiões protestantes. Os cantões católicos, mais uma vez, não reforçaram a implementação de mecanismos públicos, mas consolidaram a unificação das ofertas privadas e dispersas de atendimento aos pobres na fundação da Cáritas em 1901 enquanto seção da Associação dos Católicos da Suíça (Schweizerischer Katholikenverein) (Matter, 2011, p. 100). Mas a maior resistência aos projetos da Conferência Suíça dos Cuidadores dos Pobres (Schweizerische Armenpflegerkonferenz) não vinha da organização paralela dos cantões católicos, mas dos primórdios do movimento de mulheres que começou a romper o espaço limitado da caridade privada.

3.2 O movimento de mulheres e o nascimento do Serviço Social

Desde os meados do século XIX, foi se consolidando na Suíça um movimento filantrópico que se expressa na fundação de inúmeras associações masculinas e femininas. Desde o final do século XIX, a participação das mulheres em atividades voluntárias de caridade privada era vista com normalidade.

Paralelamente a outros países da Europa (cf. Inglaterra e Alemanha), as mulheres suíças começaram no início do século XX a questionar o limite imposto ao seu raio de ação que restringia sua participação exclusivamente à esfera privada. Dentro do discurso burguês da época, o papel da mulher se limitava a assegurar o ciclo de reprodução da família. Cada vez mais, as mulheres suíças começaram a exigir uma participação na esfera pública. As pioneiras do Serviço Social na Suíça começaram a querer transformar suas ações privadas de caridade em um trabalho profissional de assistência. Conforme Matter, durante muito tempo, no entanto, a luta das mulheres conseguiu apenas aumentar seu raio de ação sem que se transformasse a dualidade do discurso burguês de gênero (Matter, 2011, p. 24, 50). Expressão clara da lentidão do processo de emancipação das mulheres na Suíça é a institucionalização extremamente tardia do direito ao voto feminino, que ocorreu apenas em 1971.

Além disso, crescia junto ao movimento de mulheres a compreensão da necessidade de superar a caridade espontânea e sem coordenação. A pobreza passou a ser percebida como fenômeno complexo que não era simplesmente determinada pela vontade pessoal. A questão social exigia uma análise mais aprofundada para poder avançar na compreensão de suas causas estruturais e para abrir perspectivas de uma ação mais efetiva.

A biografia das duas pioneiras suíças mais importantes do Serviço Social, Mentona Moser (1874-1971) e Maria Fierz (1878-1956), mostra outro aspecto importante do desenvolvimento do Serviço Social na Suíça. As duas eram filhas de famílias burguesas tradicionais que, nesse momento histórico, foram enfrentando uma necessidade crescente de assegurar às suas filhas uma possibilidade de acesso a trabalhos remunerados.

Mentona Moser e Maria Fierz, no entanto, não encontraram na Suíça possibilidade de formação para qualificar e superar suas ações até então meramente privadas e caritativas. Para isso, foram para Londres e buscaram o contato com o chamado *Settlement Movement* da Inglaterra (Matter, 2011, p. 55). Esse movimento de renovação do Serviço Social defendia que era preciso partilhar o espaço de vida das pessoas a serem assistidas. Não bastava um trabalho individual, mas era preciso buscar melhorias na qualidade de vida de toda a comunidade (*settlement* = assentamento, comunidade). A vivência direta no espaço de vida das comunidades deveria também permitir superação das contradições de classe e abrir perspectivas de mudanças sem necessidade de revoluções. Destarte, o *Settlement Movement* se distancia claramente do movimento operário e socialista. Um aspecto importante do *Settlement Movement*, no entanto, era a importância dada às pesquisas sociais (*social surveys*) que buscavam compreender a questão social dentro de uma perspectiva que ia muito além do caso individual.

Depois de conviver entre 1898 e 1903 com o *Settlement Movement* e concluir a formação profissional em Serviço Social, Mentona Moser e Maria Fierz voltam para a Suíça e atuam como voluntárias no sistema público de assistência aos pobres em Zurique, coordenado pelo fundador da Conferência Suíça dos Cuidadores dos Pobres, Carl Alfred Schmid. O conflito estava programado. Rapidamente, Mentona Moser e Maria Fierz se cansam "[...] do espírito administrativo desta instituição, da mania de controle de seus inspetores [...] e do tom arrogante" (Ibid., p. 60) dos assistentes dos pobres. As duas começam uma ampla campanha de sensibilização e de mobilização pela instalação de cursos de Serviço Social para mulheres. Encontram apoio na Secretaria de Educação do Município de Zurique e lançam, em 1908, seus primeiros cursos. A ação consequente de Moser e Fierz, pela possibilidade de formação de mulheres em Serviço Social, é bastante similar ao trabalho desenvolvido por Alice Salomon, a mais importante pioneira do Serviço Social na Alemanha (Ibid., p. 63).

As iniciativas de Moser e Fierz são abertamente criticadas pelos representantes do sistema público de assistência aos pobres. Eles defendem a importância de benefícios frente ao desenvolvimento de metodologias para oferta de serviços iniciados nos cursos de formação de mulheres em Serviço Social. Questionam a qualidade da formação oferecida por ser curta e fora da universidade. E insistem em defender que o lugar das mulheres pode até ser em posições subsidiárias da assistência social, mas a coordenação e a direção dessa deve permanecer sob domínio masculino (Matter, 2011, p. 109).

Na verdade, frente ao fracasso da instituição de seus cursos na universidade e diante do sucesso dos cursos de Serviço Social para mulheres, o medo dos homens do sistema público de assistência aos pobres está claramente focado na perda de poder na gestão da assistência social.

Mas há outra diferença de fundo que separa os dois atores essenciais no processo de consolidação do Serviço Social na Suíça. De um lado, Mentona Moser deixa claro que

> [...] a pobreza é uma questão social que diz respeito à nação como um todo e a toda humanidade. Sem conhecimento exato das condições sociais e das condições individuais, toda ação de assistência torna-se, direta ou indiretamente, prejudicial. Agir de forma a reforçar [...] os pobres representam uma das tarefas mais difíceis que encontramos em nosso cotidiano (Ibid., p. 13, tradução nossa).

Robert Walser, representante do sistema público de assistência aos pobres de Zurique, de outro lado, afirma ainda em 1936 que

> [...] é possível deduzir da experiência, que a causa principal da pobreza pode ser encontrada nas fragilidades das próprias pessoas. O combate dessas fragilidades só poder ter sucesso se estas são profundamente analisadas e discernidas (Ibid., tradução nossa).

É importante observar que a disputa entre as duas visões referidas representadas por atores distintos ocorre exatamente no período em que avança a consolidação do estado de bem-estar social na Suíça. Nesse sentido, a disputa entre as duas posições não marcou apenas a maneira de consolidação do Serviço Social na Suíça, mas teve direta interferência na forma de constituir seu estado de bem-estar social. O Serviço Social da Suíça pode ser descrito, portanto, como "[...] resultado de um processo de negociação histórica que fora estruturado por determinadas relações de poder" (Matter, 2011, p. 17, tradução nossa).

Os cursos iniciados por Moser e Fierz em 1908, em Zurique, se consolidaram também em outras cidades da Suíça e a partir de 1918 surgiram as primeiras escolas de Serviço Social para mulheres em Zurique, Genebra e Lucerna. Essa última se diferenciava pelo contexto exclusivamente católico e fora influenciada de forma significativa pela doutrina social da Igreja lançada a partir da Encíclica *Rerum Novarum* (1891), do Papa Leão XIII. Destarte,

> [...] as mulheres [representantes das três escolas de Serviço Social] tiveram em função das diferentes confissões religiosas tipos de relações diferentes com o estado de bem-estar em processo de formação. Para as fundadoras católicas da escola de Lucerna, essa relação foi duplamente tensa: frente ao estado de bem-estar masculino e liberal-protestante, elas não buscavam apenas imprimir uma perspectiva feminina, mas também católica (Ibid, p. 93, tradução nossa).

A partir do final da Segunda Guerra Mundial (1945), as escolas de Serviço Social se abrem também para estudantes masculinos. Na fase pós-guerra, influenciado diretamente pela crescente institucionalização do estado de bem-estar social na Suíça, ocorrem uma verdadeira proliferação de escolas de Serviço Social e o surgimento concomitante de orientações diferentes de cursos. Até hoje persistem sobretudo três orientações profissionais: primeiro, o curso de Serviço Social (Sozialarbeit) que prepara profissionais para inserção na rede pública de assistência social, que permanece até hoje campo maior de trabalho dos/das assistentes sociais na Suíça. A segunda orientação é denominada de pedagogia social (Sozialpädagogik) e prioriza a formação de profissionais que atuam com grupos específicos (crianças, jovens, idosos, portadores de deficiências) em espaços socioeducativos. A terceira orientação, finalmente, é denominada de animação sociocultural e foca a formação profissional para a atuação em associações de bairros, casas de cultura etc. Hoje, as três orientações se identificam como aspectos específicos da profissão de Serviço Social em sentido amplo (Soziale Arbeit).

Hoje, os cursos da área de Serviço Social (Soziale Arbeit) são reconhecidos como formação superior (desde 1996). No entanto, estes não se realizam em universidades, mas em escolas superiores de ciências aplicadas (Fachhochschulen). A possibilidade de estudos pós-graduados em Serviço Social existe apenas desde 2008.

Na tensão permanente entre o espírito emancipatório original das escolas de Serviço Social e a tendência liberal-protestante do sistema público de assistência social, o Serviço Social estabelece-se como profissão em permanente disputa entre a afirmação dos direitos de cidadania e o controle disciplinador. A configuração do Serviço Social na Suíça é determinada por uma sobreposição de critérios de gênero, classe social, confissão religiosa, configuração específica do estado de bem-estar e também pela perspectiva transnacional (Matter, 2011, p. 25).

Do ponto de vista quantitativo, os profissionais do Serviço Social contabilizaram nas décadas passadas um aumento de incidência significativo. No período de 1970 a 2000, o número de assistentes sociais se multiplicou por seis. O levantamento mais recente data de 2013 e confirma um número surpreendente de 209 mil assistentes sociais inseridos nos campos diversos do Serviço Social, o que corresponde a mais de 2% da população suíça. Um total de 81% do total dos/das assistentes sociais são mulheres (Avenir Social, 2011, p. 216).

4. O Serviço Social na Suíça: uma história de sucesso?

Se o aumento numérico de assistentes sociais inseridos/as nas políticas públicas de um Estado de bem-estar com orçamento estável aponta para uma história de sucesso do Serviço Social na Suíça, a análise qualitativa do papel desenvolvido pelo conjunto de assistentes sociais na atual conjuntura econômica, política e social, e a avaliação da forma atualmente dominante de regulação das políticas sociais, não confirmam o sucesso dessa história.

Os assistentes sociais suíços Martin Albert Graf e Christian Vogel falam da decepção de ver amplos setores do Serviço Social,

> [...] tanto da teoria quanto da prática, alinhar-se sem resistência às fileiras da opressão neoliberal. Fingem ser progressistas, apesar de justificarem de forma oportunista a opressão (Graf; Vogel, 2011, p. 34, tradução nossa).

Do ponto de vista dos dois, esse processo resulta em uma crescente despolitização do Serviço Social (Ibid.).

De fato, o processo de transnacionalização da produção e a internacionalização dos mercados que se consolida no último quartil do século XX provocam a crise de rentabilidade do capital e, por conseguinte, a crise de regulação nacional de produção de bem-estar que tem o Estado nacional como lócus político de regulação. Esse processo aprofunda-se na atualidade por um processo de financeirização, ou seja, pelo protagonismo do capital financeiro no comando do processo de acumulação no contexto da mundialização da economia (Iamamoto, 2007, p. 106-107). Os mercados financeiros e o grande capital produtivo buscam reverter a crise da rentabilidade do capital e capturam o Estado que reconfigura suas políticas a partir das exigências do mercado (Ibid., p.124).

Mas, segundo a cientista social brasileira Marilda Villela Iamamoto, "[...] a mundialização não suprime as funções do Estado de reproduzir os interesses institucionalizados entre as classes e grupos sociais, mas modifica as condições de seu exercício" (Ibid., p. 121).

O sociólogo inglês Bob Jessop interpreta a reconfiguração das políticas sociais no contexto dos estados de bem-estar como transformação fundamental dos regimes de *welfare* e interpreta esse processo como "[...] continuidade da acumulação do capital nas novas condições da economia global" (Jessop, 1986, p. 4) e como passagem do "[...] estado nacional de bem-estar com perfil à la Keynes para o Estado pós-nacional de *workfare* a la Schumpeter".

O sociólogo suíço Kurt Wyss verifica transição do *welfare* capitalismo para o *workfare* capitalismo, ou seja, a passagem para uma forma de regulação do bem-estar descentrada da produção de bem-estar e centrada na inserção dos usuários das políticas sociais no mercado de trabalho (Wyss, 2007). Para Wyss, a reconfiguração do *welfare* na perspectiva do *workfare* não se processa necessariamente através do desmonte de sistemas de proteção social. No entanto, ela altera a regulação da produção de bem-estar, transmutando, por exemplo, o Serviço Social e a assistência social em instrumentos a serviço do capitalismo globalizado.

O *workfare* capitalismo pode ser descrito pelo tripé de ativação, trabalho e integração. Ele perverte o discurso proativo em absolutização da ativação que sempre pressupõe sujeitos sociais passivos, inertes e incapazes. Além disso, instrumentaliza o discurso do empoderamento (*empowerment*) que originalmente se identifica com uma prática emancipatória de Serviço Social. Se o *empowerment* busca a emergência de sujeitos sociais organizados e mobilizados no sentido de pautar a efetivação de seus direitos sociais de cidadania, o *empowerment* abraçado pelo modelo da ativação não empodera sujeitos individuais e coletivos dentro do contexto das condições de reprodução das relações sociais, mas se propõe a capacitar sujeitos passivos para serem empreendedores individuais capazes de garantir com autorresponsabilidade a sua existência material sem depender do estado de bem-estar.

Bem-estar, neste contexto, se transfigura em capacitação para o trabalho. Por conseguinte, integração não significa outra coisa que inserção no mercado de trabalho. Não importa como: quem é ativo também tem de ser flexível. Assim, a integração discursivamente afirmada não é nada mais que a adaptação a uma vida na precariedade invisibilizada e a submissão a condições exploradoras, muitas vezes ilegais de trabalho. Quem não se integra, isto é, quem não se submete é caracterizado como indisposto para o trabalho e como resistente à integração. Em consequência, sofrerá cortes dos benefícios sociais. Portanto, a reconfiguração do *welfare* na perspectiva do *workfare* através de políticas de assistência social que priorizam ativação, trabalho e integração é mais sutil que o simples desmonte de sistemas de proteção social. O *workfare* freia, trunca e aborta processos de emancipação social e reedita mecanismos tradicionais de tutela autoritária.

O que está no centro não é um desmonte do ponto de vista de redução dos investimentos sociais (mesmo que reduções possam tendencialmente ocorrer), mas a reconfiguração da política social no sentido de assegurar a contenção dos 'perdedores' da competição sem fim na economia globalizada e adaptá-los enquanto 'pobres dignos' conscientes da responsabilidade própria de seu fracasso pessoal.

O Serviço Social na Suíça se consolidou no decorrer do século XX. No entanto, as contradições inerentes ao seu desenvolvimento inicial continuam sendo suas marcas principais na atualidade. Mas concordamos com a assistente social suíça Silvia Staub-Bernasconi[4], que não tem

> [...] muita compreensão pelo lamento constante de assistentes sociais. Claro que o levo a sério e reconheço sua razão de ser. Mas muito rápido eu pergunto: E agora, o que você vai fazer, o que vocês vão fazer? (Avenir Social, 2011, p. 167).

Portanto, sempre é tempo de acordar do pesadelo atual da despolitização do Serviço Social!

Referências

AVENIR SOCIAL (org.). *Wir haben die Soziale Arbeit geprägt*: Zeitzeuginnen und Zeitzeugen erzählen von ihrem Wirken seit 1950. Bern: Haupt Verlag, 2011.

BENZ BARTOLETTA, P. *et al.* (org.). *Soziale Arbeit in der Schweiz*: Einblick in Disziplin, Profession und Hochschule. Bern: Haupt Verlag, 2010.

BOSTON CONSULTING GROUP — BCG. *Shaping a new tomorrow*. How to capitalize on the momentum of change. New York/Zürich: BCG, 2011.

BUNDESAMT FÜR SOZIALVERSICHERUNGEN — BSV. *Sozialversicherungen 2009*. Jahresbericht gemäss Artikel 76 ATSG. Bern: Eidgenössisches Departament des Innern — EDI, 2010.

BUNDESAMT FÜR STATISTIK — BFS. *Die Sozialhilfestatistik — Resultate 2007*. Neuchâtel: Eidgenössisches Departament des Innern — EDI, 2009.

BUNDESAMT FÜR STATISTIK — BFS. *Die Schweizerische Sozialhilfestatistik 2008*. Nationale Resultate. Neuchâtel: Eidgenössisches Departament des Innern — EDI, 2010.

BUNDESAMT FÜR STATISTIK — BFS. *Schweizerische Sozialhilfestatistik 2009*. Trotz schwieriger Wirtschaftslage nur leichte Zunahme der Sozialhilfequote. Neuchâtel: Eidgenössisches Departament des Innern — EDI, 2010.

4. Silvia Staub-Bernasconi se notabilizou pela sistematização do serviço social enquanto profissão de direitos humanos. Ela é assistente social e socióloga. Vive em Zurique e Berlim.

BUNDESAMT FÜR STATISTIK — BFS. *Soziale Sicherheit*: Gesamtrechnung — Daten, Indikatoren. Neuchâtel: Eidgenössisches Departament des Innern — EDI, 2011. Disponível em: http://www.bfs.admin.ch/bfs/portal/de/index/themen/13/01/blank/key/ gesamtausgaben_und.html. Acesso em: 16 jul. 2011.

CARIGIET, E.; MÄDER, U.; BONVIN, J.-M. (org.) *Wörterbuch der Sozialpolitik*. Zürich: Rotpunktverlag, 2003.

CENTRAL INTELLIGENCE AGENCY. *The world factbook 2011*. Washington, DC: Central Intelligence Agency, 2011. Disponível em: https://www.cia.gov/library/publications/the-world-factbook/index.html. Acesso em: 16 jul. 2011.

DAVIES, J. *et al*. *Estimating the level and distribution of global household wealth*. New York: United Nations University — World Institute for Development Economies Research, Research paper 2007/77, 2007.

EARDLEY, T.; BRADSHAW, J.; DITCH, J.; GOUGH, I.; WHITEFORD, P. *Social assistance in OECD countries*. V. I: Synthesis Report. Department of Social Security Research Report, 46. London: HMSO, 1996.

ESPING-ANDERSEN, G. *Les trois mondes de l'état-providence*. Essai sur le capitalisme moderne. 2. ed., Paris: Presses Universitaires de France, 2007.

FERRERA, M. Vom Wohlfahrtsstaat zu Wohlfahrtsregionen? *In*: OBINGER, H., RIEGER, E. (org.). *Wohlfahrtsstaatlichkeit in entwickelten Demokratien*. Herausforderungen, Reformen und Perspektiven. Frankfurt/New York: Campus, 2009. p. 395-427.

GRAF, M. A. *Mündigkeit und soziale Anerkennung*. Gesellschafts- und bildungstheoretische Begründung sozial-pädagogischen Handelns. Weinheim und München: Juventa Verlag, 1996.

______; VOGEL, C. Sozialarbeit als Ausdruck gesellschaftlicher Verhältnisse und Prozesse. *In*: BENZ BARTOLETTA, P. *et al*. (org.). *Soziale Arbeit in der Schweiz*: Einblick in Disziplin, Profession und Hochschule. Bern: Haupt Verlag, 2010. p. 26-39.

IAMAMOTO, M.V. *Serviço social em tempo de capital fetiche*. Capital financeiro, trabalho e questão social. 3. ed. São Paulo: Cortez, 2007.

IMHOF, K.; EBERLE, T. S. (Org.). *Triumph und Elend des Neoliberalismus*. Zürich: Seismo Verlag, 2005.

JESSOP, B. Der Wohlfahrtsstaat im Übergang vom Fordismus zum Postfordismus. *PROKLA — Zeitschrift für kritische Sozialwissenschaft*, Berlim, v. 65, p. 4-33, 1986.

KEHRLI, C.; KNÖPFEL, C. *Handbuch der Armut in der Schweiz*. Luzern: Caritas, 2006.

KUNTZ, J. *Schweizer Geschichte einmal anders*. Altstätten: Tobler Verlag, 2008.

LESSENICH, S. *Die Neuerfindung des Sozialen*: Der Sozialstaat im flexiblen Kapitalismus. Bielefeld: transcript Verlag, 2008.

______; OSTNER, I. Welten des Wohlfahrtskapitalismus — Wandel der Wohlfahrtsstaatsforschung: Beiträge aus der 'dritten Welt'. *In*: LESSENICH, S.; OSTNER, I. (org.). *Welten des Wohlfahrtskapitalismus*: Der Sozialstaat in vergleichender Perspektive. Frankfurt: Campus Verlag, 1998. p. 9-17.

______; ______. (org.). *Welten des Wohlfahrtskapitalismus*: Der Sozialstaat in vergleichender Perspektive. Frankfurt: Campus Verlag, 1998.

LONGCHAMP, C. *et al*. *Sans Papiers in der Schweiz*: Arbeitsmarkt, nicht Asylpolitik ist entscheidend. Bern: GFS.Bern — Forschung für Politik, Kommunikation und Gesellschaft, 2005.

MÄDER, U. *et al*. *Wie Reiche denken und lenken*. Reichtum in der Schweiz: Geschichte, Fakten, Gespräche. Zürich: Rotpunktverlag, 2010.

MARTINELLI, M. L. *Serviço Social*. Identidade e alienação. 7. ed. São Paulo: Cortez, 2001.

MATTER, S. *Der Armut auf den Leib rücken*: Die Professionalisierung der Sozialen Arbeit in der Schweiz. Zürich. Chronos Verlag, 2011.

SCHWEIZEIRISCHER GEWERKSCHAFTSBUND — SGB. *Der Verteilungsbericht*. Bern: SGB, 2011. Disponível em: http://www.verteilungsbericht.ch. Acesso em: 16 jul. 2011.

SCHWEIZERISCHE KONFERENZ FÜR SOZIALHILFE — SKOS. *Richtlinien für die Ausgestaltung und Bemessung der Sozialhilfe*. Empfehlungen zuhanden der Sozialhilfeorgane von Bund, Kantonen, Gemeinden und Organisationen der privaten Sozialhilfe. Bern: SKOS, 4. überarbeitete Ausgabe 2005, Ergänzungen 12/05, 12/07, 12/08, 12/10.

SPOSATI, A. *Concepção e gestão da proteção social não contributiva no Brasil*. Brasília: Ministério do Desenvolvimento Social e Combate à Fome — MDS e Organização das Nações Unidas para a Educação, a Ciência e a Cultura — Unesco, 2009.

______. O trabalho do/a assistente social no Suas. *In*: CONSELHO FEDERAL DE ASSISTÊNCIA SOCIAL — CFESS. *O trabalho do/a assistente social no Suas*: Seminário Nacional. Brasília, CFESS, 2011. p. 32-51.

STAUB-BERNASCONI, S. Es faszinierte mich, dass von einer Theorie so viel Bewegung ausgehen kann. *In*: AVENIR SOCIAL (Org.). *Wir haben die Soziale Arbeit geprägt*: Zeitzeuginnen und Zeitzeugen erzählen von ihrem Wirken seit 1950. Bern: Haupt Verlag, 2011. p. 161-173.

UNITED NATIONS DEVELOPMENT PORGRAMME — UNDP. *Human development report 2010*. 20th anniversary edition. The real wealth of nations: pathways to human development. New York: UNDP, 2010.

WEBER, M. *A ética protestante e o espírito do capitalismo*. São Paulo: Centauro, 2004.

WEHRLE, B. *From welfare to workfare. A modernização da hegemonia capitalista*: análise da assistência social na Suíça. Dissertação (Mestrado em Serviço Social) — Programa de Estudos Pós-Graduados em Serviço Social da Pontifícia Universidade Católica de São Paulo, São Paulo, 2011a.

______. Timm Kunstreich: por uma teoria crítica de Serviço Social. *Serviço Social & Sociedade*, São Paulo, ano 31, n. 108, p. 680-691, 2011b.

______. Le travail social dans la coopération au développement. *Actualité Sociale*: La revue spécialisée du travail social, Berne, n. 37, p. 7-9, 2012.

WITTMANN, W. *Unabhängige Schweiz?* Perspektiven für ein reformunwilliges Land. Zürich: Orell Füssli Verlag, 2011.

WYSS, K. *Workfare*. Sozialstaatliche Repression im Dienst des globalisierten Kapitalismus. Zürich: Edition 8, 2007.

YAZBEK, M. C.; MARTINELLI, M. L.; RAICHELIS, R. O serviço social brasileiro em movimento: fortalecendo a profissão na defesa de direitos. *Serviço Social & Sociedade*, São Paulo, ano 29, n. 95, edição especial, p. 5-32, 2008.

Suécia

História do Serviço Social na Suécia, da perspectiva da migração*

Norma Montesino

A história do Serviço Social está diretamente relacionada à história das migrações. A acolhida ou rejeição, a integração ou marginalização social dos imigrantes ocuparam os pioneiros do Serviço Social há mais de cem anos e continuam a ocupar os assistentes sociais deste novo século. No caso da Suécia, é possível identificar quatro períodos diferentes; períodos que ilustram prioridades e representações no manejo do social e que também refletem os pressupostos fundamentais sobre os quais a história do Serviço Social na Suécia foi construída por mais de um século.

Introdução

Durante muito tempo, a sociedade sueca esteve associada às representações de um Estado de Bem-estar ideal: o estado europeu mais inclusivo e progressista, onde os direitos dos cidadãos foram gradualmente incorporados nos grupos mais atrasados, incluindo refugiados ou outros imigrantes. Essa boa reputação não corresponde mais à realidade (Shierup, 2006), uma

* Nota da Redação: Tradução do texto original em espanhol por Pablo Polese.

realidade que também requer uma revisão crítica do relato dominante sobre a história do Serviço Social.

Existem, hoje, muitos estudos que tratam essa história de diferentes ângulos e perspectivas. Há, por exemplo, estudos que descrevem o surgimento do Serviço Social institucionalizado, enquanto outros se concentram na história da profissão ou na relação do Serviço Social com diferentes categorias da população. As histórias descritivas do Serviço Social incorporam eventos importantes, como o surgimento de atividades organizadas para gerir os problemas sociais (Meeuwisse *et al.*, 2006). O problema é que essas descrições são muito genéricas e, ademais, descrevem características comuns à história do Serviço Social de outros países. Por exemplo, em muitos países europeus (e também latino-americanos), as origens do Serviço Social são identificadas com o movimento filantrópico que surgiu no final do século XIX. Nessas histórias, as questões que explicam o surgimento do Serviço Social são as mudanças estruturais relacionadas aos processos de urbanização, industrialização etc. que deram origem a novas instituições a partir das quais foram construídas novas formas de compreender e governar a vida em sociedade. O problema desses estudos é que o contexto específico de cada país se perde na descrição das generalidades compartilhadas por países com características muito diferentes entre si.

Com a disciplina do Serviço Social, desenvolveu-se, há algumas décadas, uma série de estudos críticos que mostram o papel repressivo das instituições de assistência social onde os assistentes sociais tornaram-se partícipes de práticas disciplinares e repressivas, voltadas àqueles pobres identificados como "anormais" (Swärd; Egerö, 2008). São estudos que mostraram o lado sombrio da história do Serviço Social na Suécia e que, embora assumam uma perspectiva crítica, compartilham, com estudos anteriores, certas premissas que dominam o relato/narrativa da história do Serviço Social. O núcleo deste relato é que há uma continuidade e progressividade na trajetória do Serviço Social na Suécia: um trajeto que começaria com o movimento filantrópico (ao final do século XIX ou início do século XX) e que desembocaria no Estado de bem-estar (*Welfare State*) do período pós-guerra. O Serviço Social aparece, assim, como uma área caracterizada por atividades que inicialmente eram repressivas, mas que, ao longo do tempo, se desenvolveram no sentido do empoderamento crescente daqueles que estavam em condições de pobreza e/ou desigualdade. Essa percepção foi, implícita ou explicitamente, inspirada pela classificação do Estado de bem-estar feita por Esping-Andersen (Esping-Andersen, 1990). A reestruturação do *Welfare State* sueco em direção a um mercado que regula cada vez mais as políticas sociais e onde os cidadãos têm que comprar seus direitos ainda não influenciou esse relato; essas questões ocupam, no entanto, a maioria dos assistentes sociais que, em suas atividades atuais, dedicam-se cada vez mais a adaptar seu trabalho às leis de oferta e demanda ditadas pelo processo de economização de todas os âmbitos da área social.

A perspectiva crítica desenvolvida neste capítulo baseia-se em um questionamento dos pressupostos que condicionaram o relato sobre a história do Serviço Social na Suécia. Por trás desses pressupostos, está a ideia de progresso social, uma ideia que sustenta uma narrativa linear que descreve a origem do Serviço Social em uma etapa inicialmente "subdesenvolvida", baseada em concepções filantrópicas, que posteriormente se "desenvolve", apoiada pelo conhecimento científico, em um processo contínuo; processo que justifica as atividades desenvolvidas na chamada prática do Serviço Social e que legitima, hoje, sua existência como disciplina acadêmica dentro das universidades.

Os historiadores do Serviço Social subordinaram sua percepção da realidade às normas estabelecidas nas práticas, onde o Serviço Social é um projeto de intervenção, realizado dentro dos limites espaciais do território nacional (Righard, 2008). Em oposição a esses pressupostos, que por si já excluem a questão da migração ou a concebem como um problema social, este capítulo trabalha, pelo contrário, a história do Serviço Social na Suécia a partir da perspectiva das migrações. A abordagem da história do Serviço Social a partir dessa perspectiva oferece possibilidades de fazer uma nova leitura da história dessa área de intervenção social.

A história do Serviço Social na Suécia começa no final do século XIX, quando as organizações filantrópicas pediam uma resposta organizada aos problemas sociais que surgiram naquela época, respostas que começaram a ser institucionalizadas nas primeiras décadas do século XX (Wisselgren, 2000; Meeuwisse *et al.*, 2006). Naquele momento, as organizações filantrópicas concentravam a atenção nos pobres identificados como "nacionais", muitos deles migrantes "locais", isto é, pessoas que migram dentro dos limites do território nacional, buscando, assim, melhorar suas condições de vida. Foram essas respostas que institucionalizaram os princípios nacionais de assistência aos pobres e também contribuíram para a criação de uma população com características semelhantes, uma população que mais tarde seria descrita como homogênea. A exclusão daqueles pobres identificados como alheios ou "de fora" da comunidade nacional foi tomada como ponto de partida no trabalho das organizações filantrópicas e mais tarde também nas práticas da nova área de intervenção que se denominou Serviço Social. Os critérios e estratégias para identificar e excluir essas pessoas pobres são aqui considerados parte de uma mesma história, ou seja, as práticas excludentes, embora não sejam nomeadas, também fazem parte da história do Serviço Social.

O Serviço Social fazia parte do projeto de integração social elaborado no início do século XX. Tratava-se de um projeto com claras limitações geográficas. As pessoas que seriam objeto de sua atenção tinham de atender a certos critérios de filiação e pertencimento, critérios que as definiam como membros do Estado-nação. Essa "seleção", baseada na delimitação geográfica das intervenções sociais, foi o ponto de partida da concepção desenvolvida pelos pioneiros do Serviço Social. Em países com políticas ativas de imigração, o *status* de estrangeiro poderia ser negociado, membros potenciais deviam demonstrar que tinham capital ou que contavam com condições de saúde que garantiam seu autossustento através do trabalho (Kraut, 1994); durante esse período, muitos migrantes suecos foram objeto de tais negociações. Naquela época, países como Argentina, Brasil, Estados Unidos, entre outros, impunham essas condições. No final do século XIX e início do século XX, esses países, juntamente com outros, organizaram a recepção de imigrantes recrutados de diferentes países europeus, sendo a Suécia um deles.

Na segunda metade do século XIX, a Suécia tinha cerca de 3.500.000 habitantes. Segundo as estatísticas nacionais, estima-se que entre 1850 e 1930 cerca de 1,2 milhão de suecos emigraram do país (SCB Befolkningsstatistik). Os imigrantes dessa época eram, em sua maioria, suecos que retornavam após terem renunciado ao seu projeto de emigração. A chegada de estrangeiros que não podiam garantir seu sustento sempre fora objeto de atenção especial por parte das autoridades locais, mas a partir de então se tratou de regulamentar essa atenção em nível nacional. Os estrangeiros identificados como indesejáveis deviam ser expulsos na fronteira (Hammar, 1964). As autoridades organizavam diferentes estratégias destinadas a regular os movimentos migratórios. A emigração, que inicialmente também foi organizada com a colaboração das autoridades nacionais, tornou-se um problema quando, em certas regiões do país, se tornou maciça. Os jovens emigravam, os idosos, os doentes e as crianças permaneciam. A demanda por políticas sociais exigia medidas que ajudassem a parar a emigração (Sundberg, 1913).

Até o final da Segunda Guerra Mundial, as políticas suecas de imigração eram restritivas, mas a escassez de mão de obra no período pós-guerra inspirou uma mudança de política, com a qual foram incluídos acordos de imigração com os países vizinhos, assim como o recrutamento de mão de obra de outros países europeus (Grécia, Itália, ex-Iugoslávia). Paralelamente a esta imigração, foi também permitida a imigração de refugiados; a maioria desses refugiados (provenientes de países europeus) foi incorporada ao mercado de trabalho. Na década de 1960, as políticas de imigração destinadas ao recrutamento de mão de obra foram encerradas. Dez anos depois, uma nova etapa na história das migrações começou na Suécia. A imigração, a partir de então, era quase exclusivamente composta de refugiados, que, naquelas décadas, vinham da Europa Oriental e de outros continentes (África, América Latina e Ásia) (Nilsson, 2004). As políticas de imigração atuais, restritivas (e cada vez mais repressivas), não diminuíram a imigração, pelo contrário, contribuíram para a criação de novos processos de exclusão. Essas políticas, iniciadas na década de 1980, criaram um número crescente de estrangeiros que não conseguem legalizar sua situação, os *sem-papéis* (Socialstyrelsen, 2010).

Este capítulo trata, portanto, da história do Serviço Social na Suécia, da perspectiva da migração. A partir dessa perspectiva, podemos distinguir quatro períodos na história do Serviço Social: O primeiro período começa no início de 1900, quando a área do Serviço Social surge, e termina durante a Segunda Guerra Mundial. Durante esse período, as atividades dos assistentes sociais estavam totalmente focadas nos pobres *nacionais*. As necessidades dos estrangeiros pobres eram ignoradas. O segundo período, que começa na década de 1940, representa uma ruptura com as políticas que excluíam todos os estrangeiros identificados como pobres ou vagabundos. A Suécia, então, começou a admitir refugiados que fugiam da guerra nos países vizinhos (Finlândia, Dinamarca e Noruega); no final da Segunda Guerra Mundial, a

Suécia recebeu milhares de refugiados que, de diferentes maneiras, foram vítimas da catástrofe humana criada por essa guerra. Durante esse período, os Serviços Assistenciais de Bem-estar Social estiveram envolvidos na tarefa de acolher e adaptar pequenos grupos de refugiados que não pudessem entrar no mercado de trabalho, refugiados classificados como deficientes (*handikappade flyktingar*). Até a década de 1960, a Suécia continuava a receber pequenas cotas de refugiados classificados como deficientes. O terceiro período, identificado neste estudo, se inicia na década de 1970, quando a recepção de refugiados foi reorganizada. A partir de então, os Serviços Assistenciais de Bem-estar Social assumiram a responsabilidade pela recepção de todos os refugiados que solicitavam proteção na Suécia. Durante esse terceiro período, desenvolveu-se o discurso ainda dominante na área social, um discurso que sustenta que as diferenças culturais (às quais, hoje, é acrescentada também a diferença étnica) são as que impedem ou dificultam a integração dos imigrantes na sociedade sueca. O quarto período começa nos anos 1980, quando tanto as políticas de imigração quanto as de inserção de refugiados se tornaram mais restritivas. As políticas de imigração tentam, a partir de então, reduzir a entrada de estrangeiros que não podem garantir seu sustento, e as políticas sociais são, por sua vez, também restritivas e afetam, entre outros, os imigrantes que dependem do bem-estar social. Nesse período, as novas categorias de imigrantes, que não estão incluídas nas políticas de inserção, representam um dilema para os assistentes sociais da Suécia, uma vez que estes se acostumaram a desempenhar as suas tarefas nos marcos de um Estado de bem-estar social que até recentemente cobria as necessidades imediatas dos grupos econômica e socialmente mais vulneráveis. A categoria dos *sem-papéis* é uma delas e inclui migrantes que carecem de todo tipo de proteção social. Este é o período atual, caracterizado por políticas que reduzem os direitos sociais, criminalizam a mobilidade de certos grupos e desenvolvem práticas ambíguas que pioram ou ignoram a situação dos outros.

O material em que esta discussão está baseada foi compilado nos arquivos nacionais suecos (*Riksarkivet*), trata-se de documentos selecionados em dois projetos de pesquisa, e ambos analisam a relação do Serviço Social com a migração de uma perspectiva histórica. Um desses estudos analisa a história das políticas suecas em relação às minorias ciganas; uma história de intervenção social iniciada por instituições de assistência social no início da década de 1950 (Montesino 2002). O segundo estudo trata da história da recepção institucionalizada de refugiados após a Segunda Guerra Mundial, uma pesquisa iniciada em 2005 com um enfoque especial nos Serviços Assistenciais de Bem-estar Social (Montesino, 2008; Montesino, 2009). Os arquivos nacionais estão organizados em catálogos que contêm documentos sobre o trabalho realizado pelas autoridades estaduais e municipais. Trata-se de uma documentação meticulosa ordenada por áreas; os estudos aqui mencionados baseiam-se em documentos compilados nos arquivos dos Serviços de Saúde e Bem-Estar Social (*Riksarkivet: Medicialstyrelsens arkiv, Socialstyrelsens arkiv*). Os arquivos estão classificados de acordo com as ordens institucionais de cada época. Os documentos relacionados ao cuidado dos doentes e à prevenção de doenças contagiosas são catalogados em arquivos especiais, separados dos arquivos de bem-estar social. O questionamento dos pressupostos estabelecidos orientou essa busca, assim foi possível encontrar, nos arquivos dos Serviços de Saúde, um grande número de documentos descrevendo as cotas especiais criadas após a Segunda Guerra Mundial para decidir o destino daqueles refugiados classificados na Agência Internacional de Refugiados (IRO) como *deficientes*. A análise desses documentos permite identificar os contextos institucionais que condicionam a tarefa dos Serviços Assistenciais de Bem-estar Social. Entre outras coisas, explica por que os Serviços de Assistência Social entenderam a imigração como um problema social. Na análise dos documentos distribuídos nos diferentes arquivos, pode-se distinguir claramente que a redistribuição do bem-estar social é a questão que condiciona as políticas que regulam a imigração, bem como as políticas sociais em relação aos imigrantes. Nessas políticas, o Serviço Social desempenhou um papel fundamental tanto na construção da problemática considerada intrínseca à condição do imigrante quanto também nas práticas de intervenção cujo foco foi a população inserida nessa categoria. O Serviço Social e a precoce representação dos refugiados como *deficientes* são o marco sobre o qual as atividades dos Serviços Assistenciais de Bem-estar Social se desenvolveram. Hoje, existem atividades organizadas a partir dessa representação, ao mesmo tempo que os assistentes sociais adaptam suas tarefas às percepções neoliberais das problemáticas sociais. A situação de abandono sofrida por outros migrantes é percebida em termos jurídicos, onde os migrantes a quem são negados o estatuto de residentes na Suécia são definidos como ilegais. Sua situação se torna uma questão de polícia e os assistentes sociais perdem seu protagonismo na defesa daqueles que ficam fora dos sistemas de proteção social.

A redistribuição do bem-estar social

A questão social da segunda metade do século XIX demandava respostas organizadas aos problemas sociais da época; respostas que desde o início diferenciavam os pobres de acordo com sua capacidade de trabalho. As incipientes políticas sociais visavam aliviar a situação dos trabalhadores assalariados. O Serviço Social era também um novo tipo de intervenção que tomava por objeto aqueles pobres que não podiam se manter com seu trabalho (Steinmetz, 1993), ou seja, aqueles pobres identificados como incapazes de assumir as suas responsabilidades como membros da sociedade (Rosa, 1993; Donzelot, 1977). No caso da Suécia, aqueles que eram objeto dessas intervenções estavam incluídos nas estatísticas da população sueca (nacional). As novas formas de intervenção social ignoravam a existência de estrangeiros pobres. A regularização de sua mobilidade estava estabelecida nas leis de controle e prevenção de epidemias e nas leis contra a vagabundagem.

Assim como a deficiência, a doença e a velhice eram critérios que permitiam classificar quem estava apto a receber assistência econômica e também os critérios determinantes para excluir os estrangeiros pobres. A racionalidade das políticas excludentes era a mesma das políticas inventadas para governar a questão social. Os pobres identificados como membros do Estado-nação tinham a obrigação de trabalhar, e quem não estava em condições de fazê-lo devia atender a certos requisitos para se qualificar como *necessitado e merecedor* de ajuda.

De acordo com a teoria sobre a redistribuição do bem-estar social desenvolvida pela cientista política Deborah Stone (1984), a categoria deficiência teve fundamental importância para resolver o dilema redistributivo, que precisa distinguir claramente entre aqueles que são capazes de trabalhar e aqueles incapacitados para fazê-lo (Stone, 1984). Nesse processo, a aliança entre conhecimento e formas de governar deu legitimidade a novas técnicas para regular a redistribuição do bem-estar social.

A questão da pobreza e as obrigações que correspondiam aos pobres ocuparam as autoridades locais desde o início dos tempos modernos (Geremek, 1991). Medidas repressivas ajudaram a regular este problema; quando o Estado começou a se ocupar das condições de vida da população, foram necessárias novas estratégias que buscavam a sua legitimidade no paradigma científico. A ideia era elaborar critérios neutros (científicos) que avaliassem a capacidade de trabalho; a resposta a esta demanda de neutralidade foi concedida pela medicina, que parecia garantir a eficiência e neutralidade para distinguir entre aqueles que deviam receber ajuda e aqueles capazes de trabalhar. A categoria que atendia aos requisitos necessários, impostos pela nova racionalidade, era a categoria de deficiência/incapacidade (*disability*) (Stone, 1984). Desde o início do século XX, a medicina foi a ciência encarregada de definir esses critérios e também de desenvolver técnicas para medir e tratar a deficiência. Esses critérios e técnicas começaram a ser aplicados para selecionar os pobres "merecedores", ou seja, pessoas com deficiência para o trabalho, e identificar aqueles pobres que deviam ser forçados a trabalhar (ibid.).

A regulamentação da imigração para a Suécia foi governada por essa mesma racionalidade. Primeiro para expulsar os estrangeiros pobres que cruzaram a fronteira, depois, para escolher aqueles que teriam permissão para imigrar. Essa mesma racionalidade posteriormente condicionou o conteúdo das políticas de inserção dos refugiados classificados como deficientes e as formas organizacionais a partir das quais essas políticas eram implementadas. Neste capítulo se demonstra como a mudança nos conteúdos do conceito de *deficiência* legitimou a admissão de refugiados classificados como deficientes após a Segunda Guerra Mundial. Mudanças que também condicionaram as atividades dedicadas à inserção de refugiados que eram organizadas pelos assistentes sociais dentro dos Serviços de Bem-estar Social.

Deficiência

A categoria deficiência tem uma história que remonta ao final da Idade Média, sua função foi desenvolvida desde o início para separar os pobres que poderiam receber assistência dentro de sua comunidade e aqueles que não deviam receber ou não eram "merecedores" dessa ajuda (Castel, 1997). Esta distinção visava regular a mobilidade dos pobres. Os termos usados para mencionar os identificados como deficientes variaram ao longo do tempo, e a mudança de nomenclatura também expressa mudanças de conteúdo. As palavras usadas para identificar essa situação sempre têm uma conotação negativa, expressando uma carência, um desvio do que é entendido como normalidade, uma conotação cuja carga negativa persiste apesar das tentativas feitas para superá-la (Rodriguez Diaz S.; Ferreira, 2010)

Há cem anos, a categoria usada pelas autoridades suecas era a da invalidez. A invalidez que justificava a assistência econômica era então entendida como um estado definitivo e permanente, praticamente sem expectativas de recuperação (Lindqvist, 2007). A conceituação da deficiência foi modificada gradualmente. Após a Segunda Guerra Mundial, a deficiência foi entendida como um estado transitório que poderia ser tratado, isto é, que tinha potencial de recuperação. O tratamento, elaborado pela medicina, foi definido como *reabilitação*. Ville (2009) define a *reabilitação* como uma nova forma de intervenção social na qual o tratamento não é apenas paliativo, mas visa à recuperação (Ville, 2010, p. 63). O objetivo da *reabilitação* é reincorporar os indivíduos às atividades e rotinas incluídas na "normalidade" (escolarização, trabalho remunerado etc.).

As medidas de reinserção no mercado de trabalho dos doentes e inválidos começaram durante a guerra, as "economias de guerra" criavam novas necessidades: a falta de mão de obra, o aumento de indivíduos jovens em condições de invalidez exigiam medidas que permitissem a sua reintegração laboral (Ville, 2010, p. 61). O progresso da medicina (como o uso extensivo de antibióticos) criou condições e também reforçou as expectativas sobre as possibilidades de recuperação. Esses processos criaram espaços no imaginário social e nas práticas institucionais para elaborar e diferenciar novos critérios de definição da deficiência. A categoria de *handikapp*, importada para o sueco do *handicap* inglês em fins da Segunda Guerra Mundial, foi introduzida para capturar exatamente essa mudança; a invalidez era um estado definitivo, enquanto o termo *handikapp* expressava um estado transitório que permitiu a expansão da categoria deficiência. O dinamismo contido na nova conceituação tornou a deficiência uma categoria diferenciada de acordo com critérios elaborados pela medicina.

O tratamento, antes concedido àqueles incluídos na categoria de inválidos, estava determinado pela delimitação do conceito de deficiência a aspectos físicos, uma definição que organizou o trabalho das ciências da saúde antes da Segunda Guerra Mundial. Nas décadas posteriores à guerra, essa mesma representação, que sustentava que a deficiência poderia e deveria ser tratada para fins de *reabilitação*, também inspirou uma nova conceituação dos problemas sociais. Esses novos significados tiveram efeitos expansivos, a categoria deficiência foi estendida a diferentes problemáticas, à deficiência física e mental adicionou-se a deficiência social. Assim, a categoria deficiência foi diferenciada de acordo com distintos critérios, de modo que a deficiência podia ser determinada por problemas físicos, psicológicos ou sociais, como a situação familiar, o analfabetismo, o desemprego etc.

Este desenvolvimento permitiu o que o sociólogo francês Pierre Rosanvallon (1995) chama de "sistema de exclusão indenizada", ou seja, frente ao fracasso na reintegração, diz Rosanvallon, inventou-se um sistema de inclusão com novos critérios que identificavam certos problemas sociais como deficiências sociais (Rosanvallon, 1995, p. 117). Rosanvallon argumenta que o modelo de deficiência como um sistema de inclusão social foi estabelecido na França na década de 1970 (ibid.). É provável que nesse momento o modelo de deficiência tenha se feito visível porque se estendeu para outros grupos, mas a introdução de uma dimensão social na conceituação de deficiência começou no final da Segunda Guerra Mundial, e na elaboração e institucionalização deste conceito o Serviço Social desempenhou um papel fundamental. O problema da adaptação social começou já nesse período a ser conceituado como um problema de deficiência. Em diferentes relatórios nacionais e internacionais, a condição de incapacidade laboral era relativizada pela adição de uma dimensão social na classificação da invalidez (SOU, 1945).

A deficiência poderia ser entendida de acordo com diferentes critérios: critérios médicos estabeleciam graus de deficiência física ou mental, os critérios sociais identificavam obstáculos sociais que impediam a chamada adaptação social. Rosanvallon argumenta que essa expansão do modelo de deficiência representava uma solução para o fracasso dos assistentes sociais em alcançar a reintegração (Rosanvallon, 1995, p. 116). A questão, no entanto, não é se os assistentes sociais falharam ou não na inserção. A questão é que a representação sobre a deficiência social era um pressuposto subjacente na abordagem dos assistentes sociais frente aos grupos que seriam objeto da chamada inserção, e a pergunta é em que medida esse pressuposto continha o fracasso dessas intervenções.

É importante lembrar que os termos utilizados na construção da dimensão social da deficiência foram criados dentro da medicina, de modo que os assistentes sociais adotaram a terminologia e importaram esses conteúdos na elaboração de seus métodos de trabalho. A próxima seção descreve a relação entre Serviço Social e migração, suas continuidades e supostas rupturas. Nela se discute como a conceituação da categoria deficiência foi o marco a partir do qual foram desenvolvidas as novas políticas de imigração e as intervenções dos assistentes sociais a partir da Segunda Guerra Mundial. O projeto de incorporação de um pequeno grupo de refugiados foi estendido a todos os refugiados e imigrantes a partir da década de 1970. A deficiência, que inicialmente era entendida como uma situação social na qual as medidas de *reabilitação* procuravam corrigir para assimilar (e mais tarde integrar), em seguida começou a ser entendida e gerenciada como uma situação mais complexa, em que as diferenças culturais foram incorporadas e subordinadas à categorização dos imigrantes como *deficientes sociais*.

O Serviço Social e os "não nacionais"

As primeiras organizações que representam o Serviço Social no início do século XX tinham a intenção de criar uma resposta organizada a problemas relacionados com a pobreza, uma resposta que lidava com a parte considerada pobre da população nacional. A permanência de estrangeiros pobres dentro das fronteiras do país estava regulada pela Lei contra a Vadiagem promulgada em 1885 (*Lösdriverilagen*) e, mais tarde, pela Lei de Estrangeiros, que, em 1914, estabelecia a expulsão dos estrangeiros que não podiam garantir seu sustento (*Författningssamling*, 1914). Outra legislação, que dava especial atenção aos pobres e incluía parágrafos proibindo a entrada de estrangeiros pobres, era a Lei de Controle e Prevenção de Epidemias (*Epidemilagarna*, 1919). Nessas leis, os pobres eram considerados potencialmente perigosos, especialmente aqueles que não tinham um endereço fixo. A mobilidade dos pobres, tanto suecos como estrangeiros, era considerada uma ameaça à saúde e à ordem social. A Lei de Imigração de 1914 permaneceu em vigor até depois da Segunda Guerra Mundial. Nesta lei se fazia menção especial aos ciganos, que, de acordo com a mesma lei, deveriam ser expulsos assim que alcançassem a fronteira. Até o final da Segunda Guerra Mundial, as atividades dos assistentes sociais foram construídas dentro dos marcos dessas leis.[1]

A legislação contra vagabundos começou a ser questionada no debate social: assistentes sociais exigiam políticas menos repressivas em relação a grupos incluídos na categoria de vagabundos, entre eles os ciganos residentes na Suécia, que foram um dos grupos, antes identificados como estrangeiros indesejáveis, que começaram a chamar a atenção das autoridades sociais. Assistentes sociais e organizações não governamentais exigiram políticas que também incluíssem esses grupos no Sistema de Bem-estar Social. Esta mudança de orientação no debate e nas propostas de política social também refletiu nas políticas de imigração, que permitiram a entrada de refugiados vítimas do desastre criado pela Segunda Guerra Mundial. No discurso público, certas problemáticas sociais, antes definidas como criminais, começaram a ser descritas como resultados inevitáveis do progresso da sociedade moderna. De acordo com essas interpretações, os indivíduos ou grupos afetados por esses problemas eram vítimas desses processos; o progresso criava uma *deficiência social* da qual a sociedade de bem-estar social devia se responsabilizar (Kinberg *et al.*, 1957).

Até então, as medidas voltadas para os pobres dependentes haviam sido bastante repressivas: confinamento em instituições aos pobres nacionais (vagabundos, desabrigados, doentes, crianças etc.) e expulsão para os pobres estrangeiros que se tornavam um fardo econômico (os doentes, criminosos, mães solteiras etc.). As primeiras exceções à regra que excluía os estrangeiros

1. É importante notar que, apesar destas medidas, pequenos grupos de estrangeiros em situação de pobreza se estabeleceram no país. Entre esses grupos, os mais estudados são os grupos de judeus e ciganos que se instalaram na Suécia no final do século XIX (Montesino, 2002; Tyden, 1986). Esses grupos fugiam dos países do Leste europeu. Os judeus receberam ajuda de organizações de judeus residentes no país, sua imigração também foi criticada por outros judeus que se sentiam ameaçados pelo crescente racismo que naquela época tinha como principal alvo os membros da etnia judaica (Tyden, 1986). Os ciganos que imigraram para a Suécia no final de 1800 (cerca de 250 pessoas) foram capazes de entrar e permanecer no país. Eles desenvolveram atividades de comércio ambulante e espetáculos de rua, evitando sempre chamar a atenção das autoridades. O racionamento de alimentos iniciado durante a Guerra (não os incluía por não estarem registrados nos municípios) e as leis que regulavam o comércio tornavam sua situação cada vez mais difícil. No final da Segunda Guerra Mundial, alguns assistentes sociais começaram a chamar a atenção das autoridades para a situação de algumas famílias ciganas (Montesinos, 2002).

que não poderiam garantir seus meios de subsistência foram feitas durante a Segunda Guerra Mundial, quando o governo sueco decidiu apoiar a evacuação temporária da população civil da Finlândia no final de 1930 e início de 1940. Os primeiros estrangeiros incluídos na categoria deficientes foram justamente os finlandeses, que durante a Guerra de Inverno (entre Rússia e Finlândia) haviam ficado incapacitados para participar da guerra (Nordell, 1996). Sua recepção representa o início de uma nova história nas políticas de imigração que até então excluíam os estrangeiros que não podiam garantir seu sustento. O tratamento aos finlandeses *inválidos de guerra* (*krigsinvalider*) tinha como objetivo *reabilitá-los* para reincorporá-los ao mercado de trabalho. Seu tratamento passou a ser assunto dos Serviços de Saúde. A Suécia financiava este tratamento em colaboração com organizações não governamentais (Nordell, 1996). Em 1945, o país começou a permitir a entrada de refugiados, colaborou com a evacuação de campos de concentração nazistas e, nesta época, acolheu refugiados de diferentes países europeus. A maioria desses refugiados foi rapidamente incorporada ao mercado de trabalho. A escassez de mão de obra inspirou novas políticas de imigração, sendo a recepção de refugiados parte dessas novas políticas (Olsson, 1995).

No final da guerra, a Suécia tinha condições excepcionais em comparação com seus países vizinhos (a Dinamarca e a Noruega eram países ocupados pelo exército alemão e a Finlândia estava economicamente em ruínas). Os recursos centralizados e organizados em caso de um possível conflito bélico estavam intactos. Os serviços de saúde passaram a controlar as doenças contagiosas (como a tuberculose) que até então eram consideradas um perigo para toda a população. Esses recursos puderam ser usados na recepção de migrantes que nesse período foram incluídos em uma categoria que na época tinha uma história muito recente, a categoria de *refugiado* (Malkki, 1995).

Refugiados e deficiência

A situação dos deslocados pela guerra na Europa criou um problema, uma nova "anormalidade", a anormalidade daquele que carece da proteção de um Estado nacional (Arendt, 1966). Essa situação começou a ser administrada pelas autoridades internacionais, e a categoria de refugiado foi criada para lidar com essa situação. O representante do Alto Comissariado das Nações Unidas para os Refugiados, Van Heuven, analisava o estado de refúgio (*refugeness*) como uma deficiência jurídica (Van Heuven, 1953). A perda da cidadania criava indivíduos sem proteção legal; de acordo com essa concepção, as políticas internacionais deviam criar condições que concedessem a esses indivíduos a proteção de um Estado nacional, um pertencimento que juridicamente implicava um retorno à normalidade.

Pensada como um problema que afetava exclusivamente os países europeus, esta nova questão social foi resolvida em negociações internacionais. Diferentes países comprometeram-se a receber refugiados: Argentina, Austrália, Brasil, Canadá, Dinamarca, Suécia, entre outros. Cada país selecionava os refugiados até então internados em campos de refugiados europeus (Holborn *et al.*, 1975). Nessa seleção, foi utilizada a mesma racionalidade que diferenciava os pobres, e critérios que determinavam a capacidade de trabalho regularam essas seleções. As classificações utilizadas nos campos de refugiados facilitaram o trabalho de recrutamento das delegações nacionais. Dessa forma, aqueles que conseguiram deixar os campos de refugiados, em primeiro lugar, eram homens jovens e saudáveis. A eles seguiram-se aqueles que poderiam ser incorporados ao mercado de trabalho, profissionais e mulheres jovens qualificadas para trabalhar no serviço doméstico. Assim, restavam, no final da década de 1940, mais de 100 mil refugiados em campos internacionais, refugiados que nenhum país estava interessado em receber (Holborn *et al.*, 1975; Wyman, 1998). Estes eram refugiados que, por idade, educação, situação familiar e/ou saúde, não podiam ser incorporados ao mercado de trabalho, isto é, refugiados considerados potenciais encargos econômicos para os países anfitriões. Esses refugiados foram classificados de acordo com os diferentes tipos de deficiência, incapacidade física, deficiência mental ou psíquica e deficiência social (Bruce, 1960; Holborn *et al.*, 1975).

Novas negociações criaram cotas especiais de emigração para esses refugiados, sendo a Suécia um dos países que se comprometeu a receber alguns deles. A primeira cota de refugiados incluída nesse grupo foi um grupo de 19 pessoas que sofriam de tuberculose[2]. A seleção desses refugiados foi objeto

2. Para entender a prioridade que, neste momento, foi dada à seleção dos refugiados que sofriam de tuberculose, é necessário levar em conta a infraestrutura dos serviços de saúde, que, então, contavam com todos os recursos para receber e tratar pacientes tuberculosos. Havia lugares

de meticuloso trabalho administrativo envolvendo diferentes autoridades: o Ministério do Trabalho (*Arbetsmarknadsdepartmentet*), Ministério da Saúde e Assuntos Sociais (então chamado *Medicinalstyrelsen*). A coordenação entre esses departamentos significou uma seleção que priorizava os refugiados com um prognóstico de recuperação e que também estivessem em um grupo familiar em que pelo menos um de seus membros poderia ser incorporado ao mercado de trabalho (Thor, 2008). Pequenas cotas de refugiados continuaram a ser selecionadas até o final da década de 1960, quando outros refugiados, que ainda estavam internados em campos internacionais, foram objeto das cotas de seleção por parte de vários países (Noruega, Canadá, Suécia etc.). Tratava-se, então, de refugiados classificados nessas instituições como deficientes sociais (Holborn *et al.*, 1975).

Deficiência social

A categoria de deficiência social criou novos espaços de intervenção que permitiram a expansão do Serviço Social em nível nacional e internacional. Esta categoria foi utilizada, na década de 1950, nas negociações internacionais para incorporar os refugiados no ordenamento do Estado nacional. A categoria deficiência social incluía uma quantidade diversificada de situações sociais, como o nível de educação (analfabetismo ou baixa escolaridade), a situação familiar (família numerosa, mãe solteira etc.), a idiossincrasia cultural (ciganos e refugiados de certos países do sul da Europa etc.) etc.

A noção de deficiência social referia-se à situação social e identificava grupos ou indivíduos que supostamente careciam de recursos para ingressar na vida social. A necessidade de intervenção social estava implícita nessas concepções e também a ideia de que os responsáveis por esta intervenção eram os assistentes sociais, cuja tarefa era introduzir os supostos deficientes sociais nas rotinas da vida cotidiana (Berggren, 1962; Baath, 1959 e 1962). Os mesmos dispositivos usados no tratamento de outras categorias de deficientes

---

disponíveis nos sanatórios e havia também pessoal especializado; a tuberculose estava praticamente sob controle (FURANEN, 1984).

foram importados para as atividades criadas para aqueles incluídos nessa categoria. Um exemplo de tais atividades é a chamada *Adaptação à vida cotidiana* (ADL *träning*), sendo uma atividade que havia sido criada pelas instituições de cuidados a pessoas com deficiência mental (retardo mental); também usada no caso de doentes incluídos na categoria de deficientes físicos (doentes com tuberculose).

A representação dos refugiados como deficientes sociais condicionou o encontro dos assistentes sociais com os recém-chegados (e também com os moradores ciganos e outros grupos nacionais previamente incluídos na categoria de vagabundos). Geralmente, eles partiram do pressuposto de que os refugiados precisavam ser introduzidos nas rotinas mais básicas da vida cotidiana (como o uso de máquina de lavar roupa, organização das compras, contato com os vizinhos etc.). Em acordo com a representação dos refugiados como pessoas com deficiência social, as tarefas dos assistentes sociais tornavam-se indispensáveis. Os refugiados deveriam ser capacitados a entrar na sociedade em cursos especiais que lhes preparariam para adentrar no mercado de trabalho e também para o aprendizado de rotinas que lhes ensinariam noções básicas sobre os códigos da normalidade sueca (Marta, 1979, Björklund, 1981). Durante o tempo em que os refugiados participavam desses cursos, o Estado era responsável por sua manutenção. O Estado começou assim a subsidiar a exclusão de refugiados, exclusão administrada pelos assistentes sociais; nesses processos, os assistentes sociais foram os iniciadores de formas de intervenção que mantinham os refugiados (e outros grupos) em situação de dependência e marginalidade.

O uso da categoria deficiência social se generalizou a todos os refugiados acolhidos na Suécia a partir dos anos 1970, quando a imigração para a Suécia começou a ser composta principalmente de refugiados, mas, ao contrário da imigração anterior, os refugiados vinham de fora da Europa. A dimensão cultural foi então introduzida como um aspecto importante na explicação da deficiência social (Carlsson, 1982). A diferença cultural começou a ser subordinada à deficiência social para explicar a situação dos refugiados e para legitimar a expansão de práticas a cargo dos Serviços Assistenciais de Bem-estar, que, a partir de então, começaram a ser a autoridade responsável pela acolhida e integração dos novos refugiados. Não só a situação dos refugiados foi definida como *deficiência social*, mas à própria situação de *refugeness*, entendida como deficiência social, foi adicionada a suposta diferença cultural, ou seja, a origem não europeia, que posteriormente começou a estar no centro dessa definição.

> Refugiados chilenos, refugiados de países do leste, assírios, ugandenses e ciganos são os maiores grupos. Muitos deles precisam de apoio especial para se estabelecer, já que sua língua, sua cultura e seu modo de vida são radicalmente diferentes dos nossos. Muitos desses refugiados têm apenas um histórico escolar de dois anos... Suas habilidades de trabalho não se adaptam às exigências do mercado de trabalho. Isso cria demandas especiais para o pessoal e também exige novos métodos de trabalho dentro dos serviços de bem-estar social (Socialnytt, 1976, p. 40).

A partir desta década, o *status* de refugiado fica subordinado à categoria de deficiência social. A associação direta entre o estatuto de refugiado com a de deficiência social se reflete na própria organização do acolhimento de refugiados, que a partir de então foi incluída na organização dos Serviços Assistenciais de Bem-estar Social. O modelo de deficiência foi concebido como uma solução temporária; a ideia era que os assistentes sociais se encarregassem do processo de introdução e que seriam capazes de acomodar os recém-chegados em rotinas institucionalizadas (escola, mercado de trabalho). Com a reestruturação do mercado de trabalho, o número de indivíduos declarados deficientes sociais começou a subir; não apenas os refugiados recém-chegados eram classificados como deficientes sociais, mas também outros imigrantes (em situação de desemprego), e junto a estes outros cidadãos em situação de desemprego também começaram a ser incluídos na categoria de deficientes sociais (Holmqvist, 2005). O período de introdução dos imigrantes à sociedade sueca foi alongado no tempo. O modelo fora pensado para ser transitório, não obstante os processos que o acompanharam e os conteúdos deste institucionalizaram o modelo de deficiência no trato do Serviço Social para com os imigrantes, transformando-o em uma relação definitiva.

Dentro dos Serviços Assistenciais de Bem-estar Social, criou-se uma seção especial de acolhimento para atender aos refugiados (*Introduktion*); nela, os assistentes sociais assumiam o recém-chegado e sua família, eram os serviços de assistência social que resolviam a questão da habitação, ajudavam o refugiado em seu contato com as instituições (escolas para as crianças, serviços de saúde para os doentes etc.). Qualquer dificuldade cotidiana poderia ser resolvida com essa assistência. A intervenção dos assistentes sociais estava estabelecida pela mesma seção de acolhimento (*Introduktion*). Para compreender o conteúdo e o alcance dessas tarefas, é necessário entender as características do encontro entre assistentes sociais e refugiados. A vida cotidiana na sociedade sueca é muito organizada, o contato diário entre desconhecidos é praticamente nulo. Os recém-chegados que carecem de redes e recursos econômicos permaneciam, até recentemente, praticamente a cargo dos serviços assistenciais de bem-estar. Os assistentes sociais e outros funcionários de serviços de bem-estar se transformavam, então, no único contato dos refugiados com o mundo sueco. Um contato mediado por intérpretes e reduzido ao horário de expediente. Para muitos refugiados, este tem sido um importante obstáculo em sua compreensão da sociedade sueca e também na criação de possibilidades de incorporação no mercado de trabalho.

A reestruturação do Estado de bem-estar social transformou radicalmente as formas de organizar a redistribuição de recursos sociais. Os imigrantes com autorização de residência que não estão incorporados no mercado de trabalho são incluídos em diferentes programas de ativação, todos preparados a partir das premissas do modelo de deficiência. A diferença é que os conteúdos sociais tendem a desaparecer, a deficiência é tratada como um problema individual a cargo de mediadores aos quais são atribuídas diferentes competências especiais (mediadores culturais etc.). Muitos migrantes que não possuem documentos (os sem papéis) entram no mercado de trabalho informal, um mercado sem nenhuma regulamentação; lá eles não têm direitos e estão totalmente expostos à arbitrariedade e à exploração daqueles que os empregam. Na formação profissional dos assistentes sociais, a situação de extrema vulnerabilidade em que esses migrantes vivem ainda é ignorada. Nas atividades do Serviço Social, são as organizações não governamentais que tentam dar algum tipo de apoio a esses migrantes, apoio que em geral se limita a mitigar situações extremas. Para além destes migrantes e dos migrantes que têm autorização de residência permanente, existe um terceiro grupo de migrantes: aqueles que estão em situação de espera. Eles podem ser refugiados aguardando asilo político, parentes de refugiados residentes e crianças que chegam sozinhas na Suécia, em busca de asilo político (*ensamkommande asylsökande barn*). Todos esses migrantes ficam a cargo dos serviços de imigração, serviços que compartilham responsabilidades com os serviços locais de assistência social. Esses migrantes têm pouca chance de obter asilo ou permissão de residência, porque as novas políticas suecas de imigração são extremamente restritivas. Os assistentes sociais participam da administração dessas políticas e da institucionalização de novas rotinas (controle, monitoramento e, em muitos casos, também expulsão).

Existem diferentes teorias sobre as consequências que a reestruturação do Estado de bem-estar social, de acordo com os programas restritivos regulados pelas políticas neoliberais, teria para os grupos em situação de vulnerabilidade. Zygmunt Bauman argumenta que o crescente abandono e indiferença em relação a grupos que permanecem desprotegidos faz parte da lógica perversa da sociedade global neoliberal (Bauman, 2011). A relação do Serviço Social com os migrantes na Suécia ilustra claramente este problema: diferentes categorias de migrantes estão sujeitas a diferentes políticas, os residentes estão sujeitos a políticas restritivas e controladoras regidas pelo modelo de deficiência e legitimadas por um discurso obsoleto sobre integração social, hoje administrado por serviços assistenciais de bem-estar social organizados em uma mistura de atores privados, públicos e voluntários. Os migrantes sem residência fazem parte dos abandonados à própria capacidade de sobrevivência, sua situação desperta certa simpatia em alguns assistentes sociais cujo campo de ação é cada vez mais reduzido. Outros migrantes são aqueles que estão esperando; sua vida é gerenciada por diferentes organizações, em que a tarefa do Serviço Social se reduz a controlar e regular sua sobrevivência imediata até que sua situação legal seja resolvida. O racismo que cresce e se expressa em diferentes atos de discriminação e violência está aumentando na Suécia; a pobreza e a crescente desigualdade não são uma questão central no debate. Os discursos dos políticos se somaram às vozes que estigmatizam os migrantes como uma ameaça e/ou encargos econômicos que contribuem para a justificação de práticas excludentes e racistas. Os assistentes sociais explicam a situação a partir do modelo de deficiência, vitimizando ou culpando os indivíduos, associando a busca por proteção política e a pobreza à ameaça e ao crime.

A desigualdade econômica, a privatização dos serviços de assistência social, as estruturas econômicas que criam exclusão e marginalidade social foram expulsas do debate social.

Conclusões

O discurso estabelecido no Serviço Social continua repetindo concepções ultrapassadas que ignoram as consequências das novas políticas sociais. Em pesquisa anterior, foi mostrado (Montesino, 2002) que as políticas das autoridades suecas em relação aos ciganos que viviam no país eram "reminiscências do passado", isto é, repetiam as representações e medidas implementadas 50 anos antes com os pobres nacionais. Nas práticas atuais, as medidas de intervenção para imigrantes em situação de vulnerabilidade se reduzem àqueles estrangeiros que têm autorização para residir. Nos discursos das instituições assistenciais, os imigrantes aparecem como uma população homogênea que deve ser *integrada* à sociedade. De acordo com essa interpretação, o processo de integração continua a exigir a mediação dos assistentes sociais, e o fracasso dessas atividades é associado à alegada deficiência social que inclui as dimensões étnicas e/ou culturais dos imigrantes. O discurso atual sobre a integração dos imigrantes é também uma reminiscência do passado. A marginalização temporária de muitos imigrantes converteu-se em uma situação permanente. As autoridades reproduzem uma retórica sobre um projeto de integração que constitui um obstáculo para a compreensão das novas realidades sociais. A subordinação do Serviço Social às políticas neoliberais transforma as atividades dos serviços assistenciais de bem-estar social em rotinas administrativas que ignoram os contextos e situações que criam pobreza e desproteção social. Além disso, essas tarefas implicam a colaboração dos assistentes sociais em práticas excludentes e repressivas que afetam um grupo crescente de requerentes de asilo. O Serviço Social não assume uma posição crítica que questiona a reestruturação dos sistemas de proteção social a partir das políticas neoliberais. Os profissionais se adaptam às novas políticas incorporando o modelo de deficiência às práticas individualizadas de assistencialismo e bem-estar. No processo de individuação das problemáticas sociais, esse modelo contribui para a medicalização dos problemas sociais e a criminalização da diferença étnica. Os assistentes sociais assumem essas perspectivas porque continuam a entender o Serviço Social como uma atividade contida dentro dos marcos territoriais do Estado nacional.

A categoria de deficiência social desempenhou um papel fundamental nas formas de intervenção desenvolvidas na área do Serviço Social. A institucionalização do modelo de deficiência social foi ilustrada neste capítulo a partir do trato do Serviço Social para com os imigrantes. As migrações contemporâneas constituem um desafio para o Serviço Social como uma atividade compreendida a partir de seu compromisso com o sofrimento social de nosso tempo. Nesta perspectiva, o Serviço Social na Suécia não é hoje um modelo inspirador.

Referências

ARENDT, H. *The origins of totalitarianism.* New York: Harcourt, Brace & World, 1966. [Ed. bras.: *As origens do totalitarismo.* São Paulo: Companhia das Letras, 2012]

BAUMAN, Z. *Daños colaterales, desigualdades sociales en la era global.* Buenos Aires: Fondo de Cultura Económica, 2011. [Ed. bras.: *Danos colaterais.* Rio de Janeiro: Zahar, 2016]

BERGGREN, A. Socialvårdsbyrån — bakgrund, verksamhet och problem. *Sociala meddelanden,* n. 7-8, p. 593-604, 1962.

BJÖRKLUND, U. *North to another country: the formation of a Suryoyo community in Sweden.* Stockholm, Dep. of Social Anthropology, Univ. of Stockholm [Socialantropologiska inst., Stockholms univ.], 1981.

BRUCE, T. Problems of the sick. *Report on the European Seminar on the Social and Economic Aspects of Refugee Integration: Sigtuna, Sweden, 27 April-7 May 1960.* Stockholm: Swedish Royal Organizing Committee, 1960.

BÅÅTH, I. Ett led i Sveriges fortsatta humanitära flyktingpolitik: Socialvård åt flyktingar. *Sociala Meddelanden,* n. 3-4, p. 226-233, 1959.

BÅÅTH, I. Flyktingar. *Sociala Meddelanden*, n. 6-7, p. 627-634, 1962.

CARLSSON, R. Socialtjänsten och de handikappade. *Socialnytt*, n. 1, p. 38-42, 1982.

CASTEL, R. (ed.). *La metamorfosis de la cuestión social, una crónica del asalariado*. Buenos Aires: Paidós, 1997. [Ed. bras.: *As metamorfoses da questão social*: uma crônica do salário.Petrópolis: Vozes, 1995]

DONZELOT, J. *The policing of families*. Baltimore: John Hopkins University Press, 1977.

FÖRFATTNINGSSAMLING, S. 1914. SfS 1914 §196.

GEREMEK, B. *Den europeiska fattigdomens betydelse*. Stockholm, Ordfront, 1991.

HOLBORN, L. W.; CHARTRAND, P.; CHARTRAND, R. *Refugees: a problem of our time: the work of the United Nations High Commissioner for Refugees, 1951-1972. Vol. 1.* Metuchen, N.J., Scarecrow P., 1975.

KINBERG, O.; INGHE, G.; LINDBERG, T. *Kriminalitet och alkoholmissbruk*. Stockholm: Institutet för maltdrycksforskning, 1957.

KRAUT, A. M. *Silent travelers: germs, genes, and the "immigrant menace"*. New York: BasicBooks, 1994.

LINDQVIST, R. *Funktionshindrade i välfärdssamhället*. Malmö: Gleerup, 2007.

MALKKI, L. Refugee and exile: from 'Refugee Studies' to the National Order of Things. *Annual Reviews in Anthropology*, n. 24, p. 495-523, 1995.

MARTA, C. *A group of Lovara gypsies settle down in Sweden: an analysis of their acculturation*. Stockholm: LiberFörlag/Allmänna förl, 1979.

MEEUWISSE, A.; SUNESSON, S.; SWÄRD, H. *Socialt arbete: en grundbok*. Stockholm: Natur och kultur, 2006.

MONTESINO, N. *Zigenarfrågan: intervention och romantik*. Lund: Socialhögsk., Univ, 2002.

______. Flyktingskap ett handikap. *Socialvetenskaplig tidskrift*, n. 1, p. 37-51, 2008.

MONTESINO, N.; MALIN, T. *Migration och folkhälsa: hälsovårdspolitiska bedömningar i den svenska flyktingmottagningen under 1940-talets första hälft*. v. 129, n. 1, p. [27]-46, 2009.

NILSSON, Å. *Efterkrigstidens invandring och utvandring*. Stockholm: Statistiska centralbyrån, 2004.

NORDELL, B. *De sista offren: en bok om finländska krigsinvalider i Sverige och svenska hjälpen till Finland 1939-45*. Johanneshov: Finlands krigsinvaliders Sverigedistrikt, 1996.

OLSSON, L. *På tröskeln till folkhemmet: baltiska flyktingar och polska koncentrationslägerfångar som reservarbetskraft i skånskt jordbruk kring slutet av andra världskriget*. Lund: Morgonrodnad, 1995.

RIGHARD, E. *The welfare mobility dilemma: transnational strategies and national structuring at crossroads*. Lund: Socialhögskolan, Lunds universitet, 2008.

RODRIGUEZ DÍAZ, S.; FERREIRA, M. Desde la dis-capacidad hacia la diversidad funcional. *Revista Internacional de Sociología*, n. 68, p. 289-309, 2010.

ROSANVALLON, P. *La nueva cuestión social. Repensar el estado providencia*. Mannatial, 1995. [Ed. bras.: *A nova questão social*: repensando o Estado Providência. Trad. de Sérgio Bath. Brasília: Instituto Teotônio Vilela, 1998.]

ROSE, N. Government, authority and expertise in advanced liberalism. *Economy & Society*, n. 22, p. 283-299, 1993.

SHIERUP, C.-U. "Paradise Lost"? *In:* SCHIERUP, C.-U.; HANSEN, P.; CASTLES, S. (eds.) *Migration, citizenship, and the European welfare state: a European dilemma*. Oxford: Oxford University Press, 2006.

SOCIALNYTT. *Socialservice och omvårdnad*. Stockholm: Socialstyrelsen,1976.

SOCIALSTYRELSEN. *Social rapport*. Stockholm: Socialstyrelsen, 2010.

SOU. *Kommitténs för partiellt arbetsföra betänkande*. Stockholm, 1945.

STEINMETZ, G. *Regulating the social: the welfare state and local politics in imperial Germany*. Princeton: Princeton Univ. Press, 1993.

STONE, D. A. *The disabled state*. Philadelphia: Temple University Press, 1984.

SUNDBERG, G. *Emigrationsutredningen. Betänkande i utvandringsfrågan och därmed sammanhängande spörsmål*. Stockholm: Nordiska bokh, 1913.

SWÄRD, H.; EGERÖ, M.-A. *Villkorandets politik: fattigdomens premisser och samhällets åtgärder — då och nu*. Malmö: Égalité, 2008.

THOR, M. Arbetsmarknadsstyrelsen och kvotflyktingarna. Föreställningar om kön, nationalitet, (o)hälsa, yrkeserfarenhet och ålder vid kvotuttagningen av flyktingar under 1950-talet och 1960-talets första hälft. *In:* LUNDBERG, S. P.; ELLINOR (ed.) *Efterfrågad arbetskraft?* Växjö: Växjö University Press, 2008.

VAN HEUVEN, G. The problem of refugees. *Académie De Droit International, Recueil Des Cours*, n. 1, p. 265-369, 1953.

VILLE, I. From inaptitude for work to trial of the self. The vicissitudes of meanings of disability. *European Journal of Disability Research*, n. 4, p. 59-71, 2010.

WISSELGREN, P. *Samhällets kartläggare: Lorénska stiftelse, den sociala frågan och samhällsvetenskapens formering i Sverige 1830-1920*. Stehag: Symposion, 2000.

WYMAN, M. *DPs: Europe's displaced persons, 1945-1951*. Ithaka: Cornell Univ. Press, 1998.

Posfácio

Maria Carmelita Yazbek
Marilda Villela Iamamoto

O propósito deste posfácio é salientar dimensões consensuais e questões polêmicas emergentes no conjunto de textos reunidos nesta coletânea sobre o Serviço Social na história, tratado no marco das particularidades nacionais. Esta publicação oferece um rico acervo de contribuições acerca dos fundamentos do Serviço Social com distintas formas de explicar a profissão e área de conhecimento e para o exercício de suas atividades no âmbito das relações entre o Estado e a sociedade de classes. Sob a ótica que constrói este livro, a concepção de fundamentos históricos, teóricos e metodológicos do Serviço Social privilegia a história em seu movimento e nas suas contradições.

Os fundamentos do Serviço Social na história

A análise dos fundamentos do Serviço Social, no capitalismo contemporâneo, parte do pressuposto de que existe uma estreita relação entre as transformações associadas à nova hegemonia liberal-financeira, especialmente as mudanças na esfera da produção e no mundo do trabalho, e seus impactos na reconfiguração da Política Social e do Serviço Social. A plena mobilidade ao capital convive com restrições ampliadas do direito de ir e vir dos trabalhadores, tais como os óbices mais severos aos movimentos migratórios, como se testemunha na atualidade.

Uma dimensão convergente identificada nos textos desta coletânea são os impactos na Política Social e Serviço Social das transformações recentes da expansão capitalista, capitaneadas pelo capital produtivo internacional e pelo capital que rende juros na reação à crise de larga duração. A prevalência das finanças e a radicalização liberal de raiz privatista, sob a égide do "mercado", na contratendência da crise capitalista, alteram as relações centro-periferia. E transformam os Estados nacionais com a crise do *Welfare State europeu* e/ou de Estados nacionais latino-americanos compromissados com políticas públicas universais. Verifica-se a crescente transferência de responsabilidades públicas à chamada "sociedade civil", ao tempo em que se conclama um pretenso "enxugamento do Estado", na verdade o "confisco" do fundo público para atender aos compromissos com a dívida púbica e as finanças, em detrimento dos direitos sociais e correspondente cobertura universal das políticas sociais. Cabe lembrar, nesse contexto, o grande crescimento do denominado Terceiro Setor, recolocando em cena práticas filantrópicas e de benemerência como expressão desse processo de transferência à "'sociedade" a responsabilidade de respostas às sequelas da "questão social". O enfrentamento da desigualdade passa a ser tarefa da sociedade ou de uma ação estatal errática e tímida, caracterizada pela defesa de alternativas privatistas, que envolvem a família, as organizações sociais e a comunidade em geral. O ideário da "sociedade solidária" como base do setor privado e não mercantil de provisão social parece revelar a edificação de um sistema misto de proteção social que concilia iniciativas do Estado e do setor privado.

Como explicita Netto (2008, p. 3), a denominada globalização "não derruiu o Estado Nacional como pretendem seus apologistas. Ao contrário, ela fortaleceu o poder de uns poucos Estados Nacionais, debilitando — direta ou indiretamente — a soberania dos outros". Amplia-se exponencialmente a barbárie, expressa na naturalização da pobreza, na criminalização do dissenso político e na negação de qualquer alternativa à ordem instituída (Idem, p. 4-5). Cresce a pobreza e radicalizam-se desigualdades e disparidades sociais de classe, de raça e etnia, de gênero e orientação sexual, de território — dentre outras disparidades —, que adquirem variados perfis nas regiões e nações centrais e periféricas e no universo do Serviço Social.

Os textos apresentados colocam em evidência as consequências dessas transformações para as Políticas Sociais e para o Serviço Social. No continente europeu, a crise capitalista de 2008 e a ruptura do pacto social e político que possibilitou a constituição de um sistema universal de proteção social trazem o retorno a um Estado que passa a operar com a recomposição das políticas sociais que se tornam cada vez mais privatizadas, focalizadas e condicionadas, ou seja, atualizam a lógica do *workfare* ou da contrapartida por parte dos que recebem algum benefício. Situação similar é também observada na América Latina, onde nunca se alcançou a plenitude de um Estado de Bem-Estar Social e onde as particulares condições do desenvolvimento desigual e combinado do capitalismo no continente e a conjugação do "avanço" com o "atraso", asseguraram o sucesso da dominação burguesa desde sempre. No mundo africano, especialmente em Angola, observamos em 2005, quase três décadas de guerra civil, a refundação da profissão, extinta em 1977, num contexto de crise humanitária, caracterizada pela pobreza extrema, pela forte presença do Terceiro Setor sob o avanço no país do ideário neoliberal, contexto que desafia a profissão na difícil, necessária e urgente tarefa de enfrentar a "questão social"

De modo geral, esse tempo de mudanças globais vem alterando o perfil das requisições ao Serviço Social, sua inserção no trabalho coletivo das organizações empregadoras públicas e privadas, os tipos de projetos de trabalho eleitos como prioritários e o público a quem se dirigem, os recursos disponíveis, as tecnologias que apoiam a dinâmica organizacional, dentre muitas outras dimensões.

Os desafios colocados ao Serviço Social, em termos mundiais, são também diversos e sempre imensuráveis na perspectiva do atendimento às necessidades da população com a qual trabalha frente ao quadro histórico aqui brevemente apresentado. É nesse âmbito que devemos localizar o significado de nosso trabalho profissional, seja ao nível da pesquisa ou do trabalho cotidiano. Por um lado, mostra-se fundamental a pesquisa sobre as múltiplas expressões da "questão social" — dos sujeitos e conflitos sociais nelas envolvidos — e das políticas e ações do Estado ante as necessidades e reivindicações expressas por segmentos da sociedade civil alvo das ações profissionais. Por outro lado, o trabalho profissional realizado na gestão e operacionalização de políticas sociais nos países pode minimizar impactos das transformações aqui indicadas, nos limites impostos à profissão na divisão social e técnica do trabalho, cuja ultrapassagem requer alianças e compromissos políticos com as forças vivas e emancipatórias que movem a história.

Nesse quadro de amplas e profundas transformações societárias, o Serviço Social inscreve-se nas relações sociais que presidem a sociedade burguesa, e o assistente social, parte do conjunto da classe trabalhadora, participa diretamente da construção cotidiana da sociabilidade capitalista — e da recusa e resistência a esta — pela mediação de Políticas Sociais, nelas operando dentro de limites e possibilidades objetivas dessa profissão. As contribuições de pesquisadores aqui reunidas traçam linhas de *continuidade e mudanças no Serviço Social ao longo de sua trajetória, tendo na diversidade, sua unidade.* São aqui reveladas *dimensões do processo de institucionalização e desenvolvimento do Serviço Social na história dos países e suas metamorfoses — o que já é uma contribuição exemplar e inédita.*

Um primeiro patamar comum identificado *é a inserção do Serviço Social na história dos países considerados, o que imprime selos distintos a esta profissão.*

O compromisso com *valores humanos universais e com os direitos civis, políticos e sociais e com os direitos humanos* é outra linha comum que costura a unidade das diversidades, com derivações na esfera da ética e na direção social e política impressa ao trabalho do assistente social.

Os textos reunidos, na sua *diversidade,* vêm adensar a literatura especializada do Serviço Social, *com ênfase nos seus fundamentos históricos, teóricos e metodológicos,* considerando as particularidades históricas de países da América Latina e Caribe e da África e no Continente Europeu.

Como temos afirmado (Iamamoto, 2007; Yazbek, 2018), a concepção acerca dos *fundamentos do Serviço Social* parte do pressuposto de que a *história da sociedade é o terreno privilegiado para apreensão das particularidades do Serviço Social: do seu modo de atuar e de pensar incorporados e construídos ao longo de seu desenvolvimento.*

A emergência e institucionalização do Serviço Social é uma resultante da história da sociedade em que se inscreve como uma especialização do trabalho e do pioneirismo de assistentes sociais e indivíduos e grupos dedicados à "ação social". Exige-se lançar luzes aos processos sociais e históricos que tornam a institucionalização do Serviço Social como profissão socialmente possível e necessária; e contribuem para desvendar o significado de suas ações nas relações sociais: nas relações de poder econômico e político entre as classes e destas com o Estado. O Serviço Social é também parte e herdeiro do debate cultural de uma época, fruto do diálogo travado com a produção cultural e científica de seu tempo.

Esta concepção, ao *privilegiar a história*, assume que as categorias teóricas com que se procede à análise não são fruto de uma formulação autônoma e aleatória do processo de pensar. Elas são entendidas como expressões, na esfera da razão, *de modos de ser, determinações da existência*, dadas na realidade efetiva, conforme sugere Marx (1974a, p. 27). Estabelece-se, pois, a exigência de fina sintonia *entre conhecimento e história, entre teoria e realidade (prática social), em que o método está na lógica que organiza o processo mesmo do conhecimento, ao contrário da visão reducionista ao tratá-lo como pautas e etapas da ação.*

Nessa linha analítica, desvendar a profissão é, também, elucidar a *herança cultural* a partir da qual se constrói a explicação sobre o seu fazer e de seu pensar expressa no discurso profissional na literatura especializada. Em outros termos, elucidar criticamente o pensamento que pensa o pensado, nos termos de Ianni (2004, p. 317).

O Serviço Social não emerge originalmente como parte da divisão do trabalho entre as ciências, mas tem contribuído com pesquisas que adensam o acervo das ciências sociais e humanas, hoje inscrito no circuito oficial das "ciências sociais aplicadas". Em sua trajetória histórica, o Serviço Social, embora em sua gênese tenha traços antimodernos por seus vínculos, em muitos países, com o pensamento social da Igreja e com o movimento higienista, afirmou-se como uma profissão que vem respaldando seu exercício, sistematizações, saberes apoiados no pensamento social da modernidade, hoje registrando influxos do pensamento pós-moderno e neoconservador. Cabe assinalar que esse pensamento questiona e nivela os paradigmas marxista e positivista por suas abordagens totalizantes e ontológicas. A abordagem pós-moderna dirige sua crítica à razão, recusando a abrangência das teorias sociais.

Em seu desenvolvimento histórico, a profissão amadurece também academicamente, mediante seu ingresso na vida universitária, passando a atender às demandas a ela inerentes nos campos do ensino, da pesquisa e da extensão universitária. Desenvolvem-se cursos de mestrado, doutorado e pós-doutorado, contribuindo para o acúmulo e para a difusão da produção científica de seus pesquisadores, fazendo crescer a literatura acadêmica especializada e sua divulgação no mercado editorial. Assim, o pensamento que pensa o Serviço Social passa a ser também submetido ao crivo da crítica, estimulando a diversidade de concepções e polêmicas teóricas que a enriquecem e a desafiam, o que requer análise rigorosa do conhecimento científico acumulado e das implicações políticas das escolhas teóricas efetuadas.

Para Yazbek (2009, 2018), os fundamentos afirmam a matriz explicativa da sociedade burguesa e da profissão na interlocução entre o Serviço Social e a sociedade, abrangendo múltiplas dimensões: históricas, teórico-metodológicas, ético-políticas e técnico-operativas. Eles também englobam a abordagem histórico-crítica, fundada na teoria social marxiana, incorporando o movimento de história. São, assim, elementos essenciais dessa abordagem a concepção de profissão no movimento histórico da sociedade capitalista; a "questão social" e suas expressões, âmbito privilegiado do exercício profissional; e o trabalho como categoria fundante para analisar o exercício do Serviço Social na sociedade capitalista.

No Brasil, a noção vigente sobre os fundamentos do Serviço Social — históricos, teóricos e metodológicos — é oriunda da formulação das diretrizes curriculares nacionais, propostas pela Associação Brasileira de Ensino e Pesquisa em Serviço Social — ABEPSS (1996,1999). Elas abrangem de modo integrado a apreensão de dimensões do processo de constituição e desenvolvimento histórico do Serviço Social como profissão, as influências teóricas e culturais que as presidiram em determinados períodos históricos e as perspectivas metodológicas (positivismo, fenomenologia, marxismo e outras) que nortearam suas elaborações e os procedimentos operativos no exercício do Serviço Social. As diretrizes norteadoras da educação em Serviço Social no nível nacional compreendem três núcleos de fundamentação que correspondem a níveis distintos de abstração na abordagem de dimensões da vida social e são essenciais para elucidação do trabalho do assistente social. O primeiro, o *núcleo de fundamentos teórico-metodológicos da vida social*, que congrega abordagens teórico-sistemáticas, que requerem maior nível de abstração, referentes, por exemplo, às teorias sobre o ser social, a ética, os modos de produção, as teorias de Estado, as teorias sobre as classes, ideologias, entre outras dimensões. O segundo, o *núcleo de formação sócio-histórica da sociedade brasileira*, em que essas noções se repõem mediatizadas pela dinâmica das particularidades da formação social e histórica do país, tratando temas como: classes sociais — configurações e seus conflitos — em suas desigualdades no desenvolvimento do capitalismo no Brasil, condensadas nas múltiplas expressões da "questão social"; o Estado brasileiro e políticas públicas; o pensamento social brasileiro etc. E, finalmente, o terceiro, o *núcleo de fundamentos do trabalho do assistente social*, em que conhecimentos agregados nos núcleos anteriores se condensam e se atualizam na leitura da "prática" ou do trabalho do assistente social na divisão social e técnica do trabalho social. Assim, decifrar essa especialização do trabalho — em suas dimensões de trabalho concreto/útil e de trabalho em geral/abstrato — implica dispor de elementos analíticos em distintos níveis que permitam captá-lo nas suas múltiplas dimensões e na síntese das determinações sociais que o constituem nas particularidades históricas nacionais.

O debate quanto aos fundamentos do Serviço Social no Brasil vem sendo polarizado por conteúdo temáticos, tais como: o resgate da historicidade da profissão, sua trajetória na formação histórica das sociedades nacionais e particularidades na divisão social e técnica do trabalho; o debate sobre o conservadorismo, a vulgarização marxista e sua ultrapassagem ao focar as relações entre história, teoria e método no Serviço Social; a ênfase na política social pública com especial atenção à seguridade social; as interpretações sobre a "questão social" e suas expressões no país; a ética e o projeto profissional; a reestruturação produtiva, o mercado de trabalho e formas de consumo da força de trabalho do(a) assistente social; o perfil desses trabalhadores e repercussões no trabalho; as competências e atribuições profissionais, o debate sobre o exercício profissional — trabalho, ideologia, práxis ou prática; os sujeitos sociais (individuais e coletivos) com os quais se trabalha em suas dimensões de classe, gênero, raça e etnia, geração e território, entre outras.

O *status* do Serviço Social como área de conhecimento ou disciplina científica — geralmente reconhecido como parte das ciências sociais aplicadas

— é objeto de compreensões diferenciadas neste livro. O espectro de seu tratamento varia entre silêncio sobre o tema, seu reconhecimento coletivo por parte da categoria profissional e por órgãos oficiais de Ciência e Tecnologia dos Estados Nacionais. Estes acompanham a maturação e expansão da pós-graduação *stricto sensu* em Serviço Social. Mas a abordagem do tema não é consensual.

Para alguns, nas trilhas das análises de Lukács sobre o desenvolvimento da sociologia (Netto, 1981), o debate disciplinar envolvendo a pretensa independência entre as questões sociais e econômicas implica a destituição da base econômica na análise da sociedade ante o propósito de a sociologia afirmar-se como ciência universal da sociedade. O fracionamento da totalidade social em especializações disciplinares envolve um viés positivista e conservador, eliminando a dimensão contraditória da sociedade capitalista. Para outros, a dupla dimensão do Serviço Social enquanto disciplina científica e enquanto profissão é fruto do reconhecimento de uma trajetória de lutas profissionais e político-acadêmicas pelo reconhecimento da profissão de Serviço Social na órbita da defesa e viabilização de direitos sociais e humanos e da defesa da justiça social — transformando a imagem social da profissão na ruptura com o seu passado assistencialista e conservador. Mas ela é também decorrente do reconhecimento do Serviço Social pela comunidade científica, o que não destitui escolhas teóricas prevalecentes no circuito do Serviço Social em assídua disputa pela hegemonia ante o avanço das forças regressistas e conservadoras na sociedade contemporânea.

O Serviço Social se constitui em uma especialização do trabalho, inscrito na divisão social e técnica do trabalho social. Assim, o trabalho da(o) assistente social é considerado parte do trabalho coletivo da sociedade, tanto na sua qualidade, *enquanto trabalho útil e concreto,* distinto de outras especializações do trabalho, enquanto produtor de valores de uso, que atendem a "necessidades sociais do estômago ou da fantasia", como já anunciava Marx (1985). Mas este mesmo trabalho também é parte d*o trabalho social médio do conjunto dos trabalhadores*, enquanto trabalho em geral, mero coágulo de força humana de trabalho — trabalho humano abstrato — medido pela sua quantidade, enquanto produtor de valor e/ou de mais-valia (Iamamoto, 2007; Raichelis, 2018a e 2018b).

Esta é apenas *uma* dentre outras perspectivas de análise da prática do assistente social presentes no cenário do Serviço Social. Conforme os autores privilegiados na análise do exercício profissional do assistente social, são distintas as leituras quanto à natureza dessa especialização do trabalho. Para alguns, ela é identificada como *ideologia*; para outros uma *forma de práxis social*, e ainda uma forma de "prática" com indivíduos, grupos e comunidades. Certas abordagens acatam sua configuração como parte da divisão do trabalho na sociedade; outras a consideram como uma forma tecnificada da "ação social".

Esses são alguns dos destaques arrolados de forma despretensiosa ante a riqueza das análises apresentadas nos textos aqui reunidos por autores que gentilmente colaboraram na viabilização desta coletânea, aos quais reiteramos nossos sinceros agradecimentos.

São Paulo/Juiz de Fora, 23 de outubro de 2019

Referências

IAMAMOTO, M. V. *Serviço Social em tempo de capital fetiche*. Capital financeiro, trabalho e questão social. São Paulo: Cortez, 2007.

IANNI, O. *Pensamento Social no Brasil*. Bauru: EDUSC-ANPOCS, 2004.

MARX, K. Introdução à crítica da economia política (1857). *In: Marx*. São Paulo: Abril Cultural. 1974a. (Col. Os Pensadores)

______. *O Capital. Crítica da Economia Política*. São Paulo: Abril Cultural, 1985. Tomo I.

NETTO, J. P. (Org.). *Lukács*. São Paulo: Ática, 1981.(Col. Grandes Cientistas Sociais.)

______. XIX Conferência Mundial da Federação Internacional de Trabalhadores Sociais (FITS). Salvador, Bahia, agosto de 2008. Disponível em: http://www.cfess.org.br/pdf/jose_paulo_netto.pdf Acesso em: 23 out. 2019.

RAICHELIS, R. D. Polêmicas teóricas na análise marxiana do trabalho no Serviço Social. *Revista em Pauta*, v. 16, p. 154-170, 2018a.

______; VICENTE, D. P.; ALBUQUERQUE, V. O. (Orgs.) *A nova morfologia do trabalho no Serviço Social*. 1. ed. São Paulo: Cortez, 2018b.

YAZBEK, M. C. Fundamentos históricos e teórico metodológicos e as tendências contemporâneas do Serviço Social. *In*: GUERRA, Y.; LEWGOI, A.; SERPA, M.; SILVA, J. F. S. (Org.). *Serviço Social e seus fundamentos:* conhecimento e crítica. 1. ed. São Paulo: Papel Social, 2018.

______. Os fundamentos do Serviço Social na contemporaneidade. *In*: CEAD-UNB. (Org.). *Curso — Programa de capacitação continuada para assistentes sociais*. Brasília, DF: CEAD-UNB, 2009.

Sobre os(as) autores(as)

ALEXANDER PANEZ PINTO — Assistente Social. Mestre em Serviço Social pela Pontifícia Universidade Católica do Rio de Janeiro (PUC-RJ). Doutor em Geografia pela Universidade Federal Fluminense (Brasil). Professor da Universidad del Bio-Bio, Chile. Integrante do Grupo de Pesquisa Estado, Classes Trabalhadoras e Serviço Social no Brasil — UERJ.

✉ *E-mail:* alexander.panez@gmail.com

ALCINA MARTINS — Assistente Social. Doutora em Serviço Social pela Pontifícia Universidade Católica de São Paulo (PUC-SP). Pós-doutorado em Serviço Social na PUC-SP. Investigadora do CEPE do Porto, Portugal. Professora-associada do Instituto Superior Miguel Torga (ISMT), Coimbra, Portugal.

✉ *E-mail:* alcina_martins@sapo.pt

AMOR ANTÓNIO MONTEIRO — Assistente Social. Mestre e Doutorando em Serviço Social pela Pontifícia Universidade Católica de São Paulo (PUC-SP). Especialista em Gestão e Auditoria de Sistemas de Saúde pela Faculdades Oswaldo Cruz (FOC). Professor do Curso de Serviço Social da Universidade Católica de Angola (UCAN) e Diretor das Pós-graduações e Investigação Científica do Instituto Superior João Paulo II da UCAN.

✉ *E-mail:* fenoamor@yahoo.com.br

BRIGITTE BOUQUET — Assistente Social. Professora Titular da Cátedra de Serviço Social e Professora Emérita do Conservatório Nacional de Artes e Ofícios (CNAM, Paris. França). Presidente do Serviço Social-Intervenção Social, no Conservatório Nacional de Artes e Ofícios (CNAM). Ex-Diretora do Centro de Formação em Serviço Social em Montrouge e Ex-ciretora do CEDIAS — MuseuSocial. Foi Vice-presidente do Conselho Superior de Serviço Social.

ELIZABETH ORTEGA — Assistente social. Doutora em Ciências Sociais com especialização em Serviço Social pela Faculdade de Ciências Sociais da Universidad de la República, Uruguay (UDELAR — Professora adjunta no Departamento de Trabajo Social da Faculdade de Ciências Sociais. Integrante do Núcleo de Estudos e Pesquisas sobre Profissões e Instituições (NEPPI).

✉ *E-mail:* ortega_ely@hotmail.com

ESTHER LUÍZA DE SOUZA LEMOS — Assistente Social. Doutora em Serviço Social pela Universidade Federal do Rio de Janeiro (UFRJ). Professora da Universidade Estadual do Oeste do Paraná (UNIOESTE). Conselheira do Conselho Federal de Serviço Social (CFESS) (2011-2014). Vice-presidente do CFESS e Coordenadora do Comitê Latino-americano e Caribenho de Organizações Profissionais de Trabalho Social/Serviço Social, COLACATS (2014-2017). Presidente da Associação Brasileira de Ensino e Pesquisa em Serviço Social — ABEPSS (2019 — 2020).

✉ *E- mail:* estherlemos@gmail.com

FELISBELA A. ESPÍRITO SANTO — Assistente Social. Mestre em Serviço Social pelo Instituto Superior de Serviço Social (ISSS) da Universidade Lusíada em Portugal. Professora e diretora do Curso de Serviço Social do Instituto Superior João Paulo II (ISUP — JPII) da Universidade Católica de Angola (UCAN) em Luanda-Angola.

✉ *E-mail:* felibesanto@gmail.com

IAIN FERGUSON — Assistente Social. Professor Honorário de Serviço Social e Política Social da University of the West of Scotland (UWS). Coeditor do periódico *Critical and Radical Social Work: an International Journal*, publicado pela. Bristol University Press and Policy Press.

✉ *E-mail:* iain.ferguson@stir.ac.uk

KATIA MARRO — Assistente Social. Doutora em Serviço Social pela Universidade Federal do Rio de Janeiro. Professora-associada ll da Universidade Federal Fluminense, Campus Universitário Rio das Ostras. Pesquisadora do Grupo de Estudos, Pesquisa e Extensão em Serviço Social, trabalho e processos sociais contemporâneos.

✉ *E-mail:* katiamarro@gmail.com

LAURA VECINDAY — Assistente social. Doutora em Ciências Sociais pela Faculdade Latinoamericana de Ciencias Sociais — FLACSO. Docente e pesquisadora do Departamento de Trabajo Social da Faculdade de Ciências Sociais (Universidad de la República, Uruguay). Coordenadora do Doutorado em Serviço Social da UDELAR. Pesquisadora do "Sistema Nacional de Investigadores de la Agencia Nacional de Investigación e Innovación" (ANII).

✉ *E-mail:* lauravecinday@gmail.com

MARIA CARMELITA YAZBEK — Assistente Social. Doutora em Serviço Social pela Pontifícia Universidade Católica de São Paulo (PUC-SP). Pós-Doutora pelo Instituto de Estudos Avançados da Universidade de São Paulo (USP). Professora do Programa de Pós-Graduação em Serviço Social da PUC-SP. Membro do Conselho Científico e Acadêmico da Faculdade de Serviço Social da Universidad Nacional de La Plata (UNLP) — Argentina. Professora visitante do Instituto Superior João Paulo II de Luanda (Angola) e da Universidade Lusófona do Porto (Portugal). Bolsista de Produtividade em Pesquisa do Conselho Nacional de Desenvolvimento Científico e Tecnológico (CNPq-Brasil), nível 1 A.

✉ *E-mail:* mcyaz@uol.com.br

MARIA LORENA MOLINA MOLINA — Assistente Social. *Magister Scientiae* Administração Pública. Professora Catedrática aposentada e Professora Emérita da *Universidad de Costa Rica (UCR)*. Presidenta da Associación Latinoamericana de Trabajo Social — Centro Latinoamericano de Trabajo Social — ALAETS-CELATS (1989-1992). Membro da Junta refundadora da ALAEITS (2004-2006) e presidenta da ALAEITS (2009-2012). Vice-presidenta da IASSW (1990-1992 e 2009-2012).

✉ *E-mail:* marialore.molina@gmail.com

MARIA LÚCIA DURIGUETTO — Assistente Social. Doutora em Serviço Social pela Universidade Federal do Rio de Janeiro. Pós-Doutorado pela Universidade da Calábria — Itália. Professora Titular e Pesquisadora da Universidade Federal de Juiz de Fora.

✉ *E- mail:* maluduriguetto@gmail.com

MARIA ROSA TOMÉ — Assistente Social. Doutora em Letras, Especialidade História Contemporânea da Universidade de Coimbra. Investigadora do CEPESE. Porto, Portugal. Professora do Programa de Mestrado e da Licenciatura em Serviço Social do Instituto Superior Miguel Torga (ISMT), Coimbra, Portugal.

✉ *E-mail:* rosa_tome@hotmail.com

MARGARITA ROZAS PAGAZA — Assistente Social, Doutora em Serviço Social pela Pontifícia Universidade Católica de São Paulo, Brasil. Docente pesquisadora da Facultad de Trabajo Social -Universidad Nacional de La Plata-Argentina. Diretora do Centro de Estudos em Serviço Social e Sociedade desta Faculdade e diretora do curso de Doutorado em Trabajo Social

✉ *E-mail:* margaritarozaspagaza@gmail.com

MARILDA VILLELA IAMAMOTO — Assistente Social. Doutora em Ciências Sociais pela Pontifícia Universidade Católica de São Paulo (PUC-SP). Pós-doutora em Serviço Social pela PUC-SP. Professora Titular aposentada da Universidade Federal do Rio de Janeiro (UFRJ) e da Universidade do Estado do Rio de Janeiro (UERJ). Professora Visitante na Universidade Federal de Juiz de Fora (UFJF). Bolsista de Produtividade em Pesquisa do Conselho Nacional de Desenvolvimento Científico e Tecnológico (CNPq-Brasil), nível 1 A.

✉ *E-mail:* mviamamoto@uol.com.br

MAURÍLIO CASTRO DE MATOS — Assistente Social. Doutor em Serviço Social pela Pontifícia Universidade Católica de São Paulo (PUC-SP). Professor Adjunto da Universidade do Estado do Rio de Janeiro (UERJ). Bolsista de Produtividade do CNPq — Brasil Nível 2. Assistente Social da Secretaria Municipal de Saúde de Duque de Caxias (RJ). Conselheiro do Conselho Federal de Serviço Social — CFESS (Gestão 2011-2014). Presidente do CFESS (Gestão 2014-2017).

✉ *E-mail mauriliomatos@gmail.com*

MÓNICA DE MARTINO — Assistente Social. Doutora em Ciências Sociais pela Universidade Estadual de Campinas (UNICAMP-Brasil). Professora-associada do Departamento de Trabalho Social da Facultad de Ciencias Sociales — Universidad de la República, Uruguay (UDELAR) Montevideo, Uruguai.

✉ *E-mail:* monica.demartino@cienciassociales.edu.uy

NORMA MONTESINO — Assistente Social. Professor *Senior* da Escola Superior de Serviço Social. Universidade de Lund. Membro do Instituto de Estudos Romani (Suécia) e Membro da Rede de Pesquisa: Roma e Resande nos países nórdicos (RHIN), Instituto Hugo Valentin, Uppsala

✉ *E-mail:* norma.montesino@soch.lu.se

PABLO BENTURA — Assistente Social. Doutor em Ciencias Sociales por la Facultad Latinoamericana de Ciencias Sociales (FCS) da Universidad de la República — UDELAR

— Uruguai. Docente e Pesquisador del Departamento de Trabajo Social de la Facultad de Ciencias Sociales, Universidad de la República. Pesquisador do Sistema Nacional de Investigadores de la Agencia Nacional de Investigación e Innovación (ANII)

✉ *E-mail:* pbentura@gmail.com

PAULA VIDAL MOLINA — Assistente Social. Doutora em Serviço Social pela Universidade Federal do Rio de Janeiro. Professora-assistente do Departamento de Trabalho Social da Facultad de Ciencias Sociales da Universidad Central de Chile. Pesquisadora e Coordenadora do Magister en Trabajo Social na mesma Universidade.

✉ *E-mail:* pvidal71@yahoo.com

RAQUEL RAICHELIS — Assistente Social. Doutora em Serviço Social pela Pontifícia Universidade Católica de São Paulo (PUC-SP). Pós-doutora pela Universidad Autonoma de Barcelona/UAB, Espanha. Professora-assistente Doutora do Programa de Estudos Pós-Graduados da PUC-SP. Coordenadora do Núcleo de Estudos e Pesquisas Trabalho e Profissão. Pesquisadora da Coordenadoria de Estudos e Desenvolvimento de Projetos Especiais (CEDEPE-PUC-SP).

✉ *E-mail:* raichelis@uol.com.br

ROBERTH SALAMANCA ÁVILA — Assistente Social. Mestre em Serviço Social pela Universidade Federal do Rio de Janeiro e doutorando em Serviço Social pela mesma universidade. Docente pesquisador do Programa de Serviço Social e do grupo de pesquisa "Confronto e dinâmicas sociais" da Universidad Externado de Colombia (Bogotá).

✉ *E-mail:* salamancats@gmail.com

SÂMYA RODRIGUES RAMOS — Assistente Social. Doutora em Serviço Social pela Universidade Federal de Pernambuco (UFPE). Atualmente, é Professora Adjunta IV da Universidade Estadual do Rio Grande do Norte (UERN). Foi presidente do Conselho Federal de Serviço Social (Gestão 2011-2014).

✉ *E-mail:* samyarr@uol.com.br

SÉRGIO ANDRÉS QUINTERO LONDOÑO — Assistente social. Doutor em Serviço Social pela Universidade do Estado do Rio de Janeiro (Brasil). Docente da Universidad de Caldas (Colombia). Integrante de grupo "Trabajo Social Crítico" (Colômbia), e do grupo de pesquisa Estado, classes trabalhadoras e Serviço Social no Brasil — UERJ.

✉ *E-mail:* sergio.quintero@ucaldas.edu.co

SILVIA FERNÁNDEZ SOTO — Assistente Social. Doutora em Serviço Social pela Pontifícia Universidade Católica de São Paulo, Brasil. Professora Titular da Faculdade de Ciências Humanas da Universidad Nacional del Centro de la Provincia de Buenos Aires. Diretora do PROIEPS-FCH-UNCPBA. Investigadora do Consejo Nacional de Investigaciones Científicas y Técnicas — CONICET.

✉ *E-mail:* silviafernandezsoto@gmail.com

TUTO BEAT WEHRLE — Teólogo, Mestre em Serviço Social pela Pontifícia Universidade Católica de São Paulo, Brasil. Coordenador do Escritório Latinoamericano da Agência Alemã "Terree des Hommes", em Bogotá (Colômbia).

✉ *E-mail:*beat-tuto@uol.com.br

VÍCTOR NEVES SOUZA — Professor Adjunto e Pesquisador do Departamento de Teoria da Arte e Música da Universidade Federal do Espírito Santo. (Brasil)

✉ *E-mail:* victornsouza01@gmail.com

VÍCTOR ORELLANA BRAVO — Assistente Social. Doutor em Serviço Social pelo Programa de Pós-Graduação em Serviço Social da Universidade Estadual do Rio de Janeiro. Pesquisador na Universidad de Chile.

✉ *E-mail:* vorellanabravo@gmail.com

LEIA TAMBÉM

SERVIÇO SOCIAL EM TEMPO DE CAPITAL FETICHE

Capital financeiro, trabalho e *questão social*

Marilda Villela Iamamoto

9ª edição - 2ª reimp. (2019)
496 páginas
ISBN 978-85-249-1345-7

Este livro traz uma análise completa do Serviço Social brasileiro no processo de (re)produção das relações sociais no movimento global do capital. Priorizando os processos econômicos e políticos que redimensionam o trabalho e a sociedade no tempo presente, Marilda Iamamoto fornece os subsídios para a elucidação da chamada *questão social* no tempo do capital fetiche.

GRÁFICA PAYM
Tel. [11] 4392-3344
paym@graficapaym.com.br